베르그손 고고학

Archéologie de Bergson. Temps et métaphysique

by Camille Riquier

베르그손 고고학 시간과 형이상학

카미유 리키에

엄태연 옮김

읻다

일러두기

1. 이 책은 Camille Riquier, *Archéologie de Bergson Temps et métaphysique, Collection Épiméthée*(Paris, Presses Universitaires de France, 2009)를 저본으로 삼았다.
2. 본문에서 인용한 베르그손의 저작의 경우(아카넷에서 출판된 《의식에 직접 주어진 것들에 관한 시론》, 《물질과 기억》, 《창조적 진화》, 그린비에서 출간된 《정신적 에너지》)는 국역본 본문에 베르그손의 비평판 쪽수가 병기되어 있어 별도 표기하지 않았다. 국내 번역된 작품 중 《웃음》, 《도덕과 종교의 두 원천》, 《사유와 운동》의 경우 원서의 인용에 소괄호로 국역본 해당 쪽수를 표시했다. 참고 도서는 다음과 같다.
《웃음》, 앙리 베르그송, 정연복 옮김, 문학과지성사, 2021
《도덕과 종교의 두 원천》, 앙리 베르그손, 박종원 옮김, 아카넷, 2015
《사유와 운동》, 앙리 베르그송, 이광래 옮김, 문예출판사, 1993
3. 본문과 각주에서의 역자의 개입은 대괄호([ ])로 표시하였고, 베르그손 저작에서의 저자의 첨언은 거북등괄호(〔 〕)로 표시하였다.

서문
작품의 통일성을 향하여

"윌리엄 제임스William James는 학문의 아마추어와 전문가의 차이를 바로 이 점을 통해 규정했다. 전자는 무엇보다도 획득된 결과에 관심이 있고, 후자는 그 결과가 획득된 절차에 관심이 있다."_베르그손[1]

〈프랑스 철학〉을 주제로 삼은 강연에서 베르그손Henri Louis Bergson은 짐짓 자랑스러워하며 프랑스 철학이 자신에게 연속적으로 이어져 왔다고 이야기했다.[2] 하지만 그가 알지 못했던 것은 이러한 연속성이 베르그손 자신과 함께 종결되었다는 사실이다. 후설Edmund Husserl에서 출발하려는, 후설이 사유의 가장자리에 열어둔 새로운 가능성에서 데카르트René Descartes처럼 완전히 새롭게 재출발하려는 야심으로 인해, 프랑스 철학 사상史上 유례없이 비판 없는 명확한 단절이 이루어졌다. 베르그손이 프랑스 철학을 '프랑스적'이라고 칭했을 때, 그가 의미했던 바는 다름 아닌 하나의 반성적 전통이었다. 프랑스 철학은 데카르트에서 출발하여, 과거를 비판적인 방식으로나마 재전유하여 연장하고 미래로 데려갈 수 있는 전통이었다. 분명 20세기 초 프랑스 철학은 베르그손의 영감을 계승하고 있었다. 하지만 후설을 처음 소개한 이들 이후, 특히 1945년 이후의 프랑스 철학은 후설의

1 앙리 베르그손, 〈생령〉, 《정신적 에너지》, 63(76)쪽.
2 앙리 베르그손, 〈프랑스 철학La philosophie française〉, 《잡문집》, 1158쪽.

영감을 이어받았다. 전자에서 후자로의 전환도, 교대도, 이행도 없었다. 어떤 비판도 이루어지지 않았기 때문이다. 대개의 경우 사람들은 양자의 차이에 대해, 부차적marginale이지는 않아도 주변적en marge인 주석을 붙이는 것으로 만족했다. 그들은 미지의 새로움(후설)을 기지既知의 낡음(베르그손)과 대비하여 소개하거나 더 빈번하게는 조르주 폴리체르Georges Politzer의 소책자를 거리낌 없이 베르그손에 대한 결정적인 비판으로 인용했다. 그러나 프로이트-마르크스주의로부터 영감을 받은 폴리체르의 심리주의 비판은 전혀 현상학적인 비판이 아니다. 폴리체르 자신은 베르그손에 대한 후설적 비판의 가능성을 언급하는 데 그친다.

> 후설과 베르그손을 체계적으로 대면시킬 수 있을 것이다. 물론 후설은 신이 아니다. 하지만 이 비교가 베르그손에게 득이 되지는 않을 것이다.[3]

그는 "대면시킬 수 있을 것이다"라고 말하지만, 대면시키지 않았다. 사실을 말하자면, 일시적이고 임시적인 비판들을 제외하고는 폴리체르 이후의 누구도 이 둘을 대면시키지 않았다. **베르그손에서 실존적 현상학으로** 나아가는 가교를 건설하면서 양자를 단절시키려던 자크 타미니오Jacques Taminiaux의 시도[4]조차 《지각의 현상학》에서 개진된 메를로퐁티Maurice Merleau-Ponty의 입장과 함께 폴리체르의 입장을 본질적인 입장으로 채택할 뿐이다. 폴리체르의 입장은 베르그손에 대한 어떤 현상학적 비판도 피해갈 수 없는 기묘한 통로가 되었다. 타미니오의 글에서 후설은 통틀어 두 번밖에 인용되지 않으며, 논의상 그렇게 중요하지도 않다. 사태는 마치 이 비판이 언제나 이미 이루어져 있는 양 진행된다. 그래서 타미니오

3 조르주 폴리체르, 《어느 철학적 가장행렬의 종말: 베르그손주의*La Fin d'une parade philosophique : le bergsonisme*》, Pauvert, 1927, 1968, 13쪽.

4 자크 타미니오, 〈베르그손에서 실존적 현상학으로De Bergson à la phénoménologie existentielle〉, 《루뱅 철학 평론*Revue philosophique de Louvain*》 41호(1956년 2월).

는 1959년에 베르그손의 탄생을 기념하는 학회가 개최된다는 사실에, 그리고 당대의 철학이 여전히 베르그손에게서 어떤 이점을 찾아낼 수 있다는 사실에 놀랐던 것이다. 그는 심지어 이 학회에서 현상학에 대한 언급이(잉가르덴Roman Ingarden과 라차리니Renato Lazzarini의 짧은 발언을 제외하면) 거의 이루어지지 않는다는 사실에 분개한다. 그래서 그는 다음과 같이 말하면서 조금의 애석함도 내비치지 않는다.

> 오늘날의 철학은 다른 원천에서 물을 길어오고 있다. 체계로서의 베르그손주의(체계에 대한 베르그손의 배척에도 불구하고 체계라고 말해야 할 것이다)는 오래전부터 비가역적인 비판에 회부되었다. 그의 인식론은 심리주의적이고, 그의 도구-언어 이론은 이성적 담화의 토대 자체를 파괴한다. 그의 심리학은 [의식을] 물화하는 것으로, 의식의 지향성을 알지 못한다. 그의 형이상학은 어떤 것이건 간에 과학의 시종이며 존재 물음을 고의적으로 무시한다.[5]

오랫동안 베르그손주의에 가해졌던 이 비판들은 비가역적인 것이 아니다. 이유는 아주 단순하다. 비판이 이루어진 적이 없기 때문이다. 사실상 비판은 결코 진정으로 행해진 적이 없다. 오늘날 이 비판을 하려는 것은 하나의 공백을 메우려는 것이고(물론 이것이 공백이라고 가정한다면 말이다), 그때 행해졌어야 하는 일을 오늘에야 하려는 것이다. 이는 결핍을 채워 넣고, 프랑스 현상학이 없어도 된다고 생각했던 — 더 정확히 말하면 언제나 결여된 적이 없다고 믿었던 — 연관을 재수립하는 일이다. 하지만 관건은 역사를 다시 쓰는 것이 아니다. 우리는 정반대를 주장해야 한다. 베르그손에 대해 — 전면적이고 철저하며 체계적인 — 현상학적 비판이 이루어지지 않았다면, 그 이유는 그러한 비판이 가능하지 않았기 때문

5 자크 타미니오, 〈베르그손 학회Le congrès Bergson〉, 《루뱅 철학 평론》, 57권, 55호(1959년 8월).

이다. 사르트르Jean-Paul Sartre, 메를로퐁티, 레비나스Emmanuel Levinas는 학설의 몇몇 구체적인 지점에서 베르그손과 대결하여, 베르그손이 제시한 해결책이 불충분하다는 점을 보여줄 수 있었다. 하지만 베르그손은 자신을 식별하고 결정적으로 기각하는 데 동원된 그 어떤 사조isme에도 계속해서 저항했다. 《지각의 현상학》의 몇몇 주석에서 비판이 이루어지고 있지만, "메를로퐁티는 [베르그손을]" 지성주의와 경험주의로 나뉘어 있는 "그의 비판 체계 속에 쉽게 통합하지 못했다".[6] 따라서 현대철학이 베르그손을 배제했던 이유는 실제적인 불충분성보다는 그를 철학적 장기판 위에 **정위하고** 대립과 논증의 놀이 속에 **기입하기가** 어렵다는 사실에 기인했던 것이다.

오늘날의 상황은 다르다. 더 이상 레비나스가 베르그손이 "대학의 담론 속에서 한자리를 차지할 권리"[7]가 있음을 상기시켜야 했던 시대가 아니다. 베르그손이 언제나 계속해서 철학자들과 철학사가들 — 블라디미르 장켈레비치Vladimir Jankélévitch, 앙리 구이에Henri Gouhier, 마르시알 게루Martial Gueroult, 질 들뢰즈Gilles Deleuze, 잔느 들롬므Jeanne Delhomme, 벤토 프라도Bento Prado, 빅토르 골드슈미트Victor Goldschmidt, 조르주 캉길렘Georges Canguilhem, 장 이폴리트Jean Hyppolite 등 — 의 관심을 끌었다 해도, 그의 작품[전체]에 대한 관심은 최근에서야 프레데릭 보름스Frédéric Worms의 연구로 재개되어 다양한 방향으로 향하게 되었다. 오늘날 우리는 프랑스 철학자들 — 메를로퐁티[8], 사르트르[9], 레비나스 등 — 이 베르그손의 작품과 나

6 르노 바르바라스Renaud Barbaras, 〈경험의 전환점, 메를로퐁티와 베르그손〉,《경험의 전환점*Le Tournant de l'expérience*》, Vrin, 1998, 34쪽.

7 에마뉘엘 레비나스Emmanuel Levinas, 마를렌 자라데르Marlène. Zarader의 《하이데거와 기원에 대한 논의들*Heidegger et les paroles de l'origine*》 서문, Vrin, 1986, 9쪽.

8 르노 바르바라스, 〈경험의 전환점, 메를로퐁티와 베르그손〉, 《경험의 전환점》.

9 플로랑스 케멕스Florence Caeymaex, 《사르트르, 메를로퐁티, 베르그손: 실존주의 현상학과 베르그손적 유산*Sartre, Merleau-Ponty, Bergson, les phénoménologies existentialistes et leur héritage bergsonien*》, Olms, 2005.

눈 연속적인 대화를 더 잘 평가할 수 있다. 이들은 베르그손에 대해 비판을 제기하면서도 베르그손의 작품과 계속해서 대화를 진행했다. 베르그손은 더 이상 고립된 인물이 아니다. 그리하여 오늘날 우리는 베르그손의 작품을 그 통일성과 운동에 밀착하여 고유한 척도로 가늠하는 독해를 시도할 수 있게 되었다. 사실 베르그손을 현대철학의 몇몇 지배적인 인물과 비교하는 작업이 여전히 유용하기는 하지만, 베르그손의 사유가 지닌 특이성을 복원하기에는 불충분했다. 이러한 작업은 최선의 경우에도 하나의 가교를, 예컨대 **베르그손주의에서 실존주의로**[10] 건너가는, 더 일반적으로는 현상학으로 건너가는 가교를 수립하는 역할을 할 뿐이다. 그러나 가교는 단지 넘어가기 위해 수립될 뿐이다. 더 나아가 그것들을 **학설** 대 **학설**로 대립시키는 모든 비교 작업은 베르그손 자신이 철학에 대한 진정한 공헌으로 여겼던 점을 언제나 이미 배제시키고 만다. 베르그손의 공헌, 그것은 바로 그가 사용했던 **방법**이다. "방법은 내가 가장 애착을 갖고 있는 것이다."[11] "나에게 학설보다 더 중요하고 더 근본적인 것은 바로 **방법**이다."[12] 그의 서신, 인터뷰, 강의들이 방법에 대한 무수하고 반복적인 언명을 담고 있기에, 여기서 어떤 중심적인 초점을 발견하지 않을 수 없다. 그의 사유는 이 초점 주위에서 형성된 것이며, 그의 작품은 이 방법을 긴밀하게, 그러나 그가 종종 이야기하듯 불완전한 방식으로 적용하는 것이다. "나는 이 방법이 아주 효과적이라고 생각한다. 한 사람의 고립된 연구자가 그로부터 도출해 낸 불충분하고 불완전한 결과들로 판단하지 않기를 바란다."[13] 우리는 방법에서 출발해야 한다. 베르그손이 방법에 기울이는 주의

10 장 이폴리트, 〈베르그손주의에서 실존주의로Du bergsonisme à l'existentialisme〉, 《철학적 사유의 저명인사들*Figures de la pensée philosophique*》, PUF, 1991, I권, 443쪽 이하.

11 앙리 베르그손, 〈자크 슈발리에에게 보내는 편지, 1926년 3월 2일〉, 《서간집》, 1188쪽.

12 자크 슈발리에Jacques Chevalier, 《베르그손과의 대담*Entretiens avec Bergson*》, Plon, 1959, 57쪽.

13 〈정신-물리 평행론과 실증적 형이상학Le parallélisme psycho-physique et la métaphy-

에서 출발해야 한다. 베르그손 자신도 이 점을 단지 점차적으로만 의식했을 뿐이다. 이 때문에 우리는 종종 구체적인 분석의 층위를 벗어나, 분석이 함축하는, 때로는 복잡한 절차들을 더 잘 드러내야 했다.

방법론적 고찰들은 1889년부터 이미 다양한 방식으로 이루어졌다. 그렇다 해도 그의 철학은 《창조적 진화》에 이르러서야 비로소 스스로를 방법으로 충분히 자각하게 된다.[14] 《창조적 진화》는 방법의 구체적 적용 지점들을 떠나 이 지점들을 주재하는 일반적 정신으로 거슬러 올라가기 때문이다. 베르그손이 《창조적 진화》를 저술했을 때, 그의 진정한 의도는 생명의 형이상학을 제시하는 것도, 심지어는 인식 이론을 제시하는 것도 아니라(물론 베르그손이 이것들에 기여하기는 했지만), 무엇보다도 하나의 방법 — 모든 연구자에게 일반적으로 적용되었을 때 철학이라 불려야 할 그러한 방법 — 을 제시하는 데 있었다. 이 사실을 드러내기 위해서는 다음과 같은 하나의 선언을 인용하는 것으로 충분할 것이다. "따라서 본 논고는 가장 커다란 문제들을 단번에 해결하는 것을 겨냥하지 않는다. **본 논고는 단순히 그 방법을 규정하고,** 몇몇 본질적인 지점에서 **방법의 적용 가능성을 내비치는 것을 목표로 할 뿐이다.**"[15] 1907년에 쓰인 이 저작은 이미 이전 저작들에서 사용되었던 방법을 정교화하고, 거기에 형이상학사를 통합하는 한편, 과학과 철학 사이에 유지되어야 하는 관계를 정확히 기술한다. 이 점에서 이 저작은 하나의 정점이다. 1903년에 쓰인 〈형이상학 입문〉 또한 여기에 결부되어야 할 것이다. 실제로 베르그손은 이 논문을 개정하지 않는다. 단지 1907년의 관점을 채택하는 결정적인 주석들을 덧붙였을 뿐이다. 《사유와 운동》에 포함된 대부분의 논문과 강연 또한 베르그손이

sique positive〉, 《잡문집》, 472쪽.

14 앙리 베르그손, 《창조적 진화》, 3장, 209쪽. "우리가 규정하는 바대로의 철학이 아직 스스로를 완전히 자각하지 못했다는 것을 염두에 두어야 할 것이다" — 이는 《창조적 진화》 이전에 이루어지는 베르그손의 기획 자체에도 마찬가지로 적용될 수 있다.

15 《창조적 진화》, 서문, p. x(필자의 강조).

"철학에" 권장하는 "방법을 주된 대상으로 삼고"[16] 있다고 해도, 〈형이상학 입문〉처럼 그저 보완 역할을 하고 있을 뿐이다. 이런 관점에서, 이 책에 실린 서론격의 두 논문은 방법을 정의하기보다는(베르그손의 고백에 따르면 여기서는 이 방법이 가진 "극도의 복잡성"이 "매우 간략하게만" 논의되었을 뿐이다[17]), "이 방법의 기원으로 거슬러 올라가는"[18] 데 전념하고 있다. 이 글을 쓰던 1922년, 베르그손은 그의 연구가 도달한 (그러나 아직은 잠정적인) 지점 —《창조적 진화》와 《두 원천》 사이 — 에서, 그의 작품에 회고적인 시선을 던지고 있는 것이다. 베르그손의 모든 저작은 이렇게 1907년의 저작이 열어젖힌 전망에 따라 읽혀야 한다. 이 전망에서 출발한다면 베르그손이 권장하는 방법이 가진 수많은 굽이 길을 펼칠 수 있을 것이다. 베르그손의 방법서설을 떼어내어 이 책에 특정한 한 장을 할당하기보다는, 사실상 그의 작품 전체와 한데 용해시켜야 할 것이다.

《창조적 진화》를 특권화하는 이러한 근거들에 마지막 근거가 덧붙여져야 한다. 우리의 독해가 참조할 수 있었던, 대부분 미간행된 수많은 강의가 《창조적 진화》의 집필 시기를 전후로 둘러싸고 있다. 이 강의들은, 특히 콜레주 드 프랑스에서의 강의들은 《창조적 진화》에 실질적인 영향을 미쳤다. 베르그손은 장 기통Jean Guitton에게 강의 주제란 일반적으로 연구 주제와는 다르다고 이야기한 적이 있다. 주석가들은 이 일화를 들어 베르그손의 강의를 배제하고는 했다. 그러나 이 강의들을 살펴보기만 해도 그 반대의 사실을, 즉 교수 베르그손과 저술가 베르그손이 동일한 걸음을 걸으며 서로 다른 관점에서 동일한 문제들에 관심을 기울였음을 알아차릴 수 있다. 게다가 베르그손이 1900년에서 1904년까지 맡았던 고대철학 강의직에서 1905년 근대철학 강의직으로 직위 이동을 요청했을 때, 이는

16 앙리 베르그손, 《사유와 운동》, 1934, PUF, 2011, 서문.
17 같은 책, 22(34)쪽.
18 같은 책, 서문.

강의와 개인적인 연구를 "가능한 한 서로 가깝게"[19] 위치시키려는 아주 단순하고 상식적인 고려를 동기로 삼은 것이었다. 강의가 그의 저작을 대체하는 것은 결코 아니지만, 강의는 저작에 **동반된다**. 필자는 강의들이 다양한 해석 가능성이 있는 이러저러한 구절을 규명하는 경우에만, 오직 확인을 위해서만 강의들을 인용하는 것을 규칙으로 삼았다. 때로 강의들은 베르그손이 저작들 속에서 단순한 공식으로 압축한 내용을 명시적으로 설명해 준다. 때로는 각각의 저작을 갈라놓는 완만한 성숙의 과정을 따르고 이해하는 데 유용한 중계 지점의 역할을 하기도 한다. 어떤 경우건 간에, 출간된 작품이 불충분해지는 것은 아니다.

따라서 《창조적 진화》는 그 속에서 전개되는 방법을 통해 중심적인 저작의 지위를 차지한다. 이 방법이 없다면 [베르그손이 다다른] 결과물들은 달성된 방식과 단절되어 유물론자와 유심론자, 실재론자와 관념론자, 경험주의자와 지성주의자, 모든 분야의 철학자를 언제나 불만족스럽게 남겨둘 것이다. 베르그손은 언제나 "나무와 껍질 사이에 끼어서"[20] 어떤 사람들이 보기에는 너무 말이 많고, 어떤 사람들이 보기에는 너무 말이 적을 것이다. 이런 의미에서 샤를 페기Charles Péguy는 모든 학파가 저마다 베르그손에 반대할 수 있었다는 사실에 놀랐던 것이다.[21] 베르그손은 자신의 방법을 통해 형이상학 자체를 개혁하려 한다. 그리고 방법은 형이상학의 지위를 충분히 변양시켜서 학설 전체에 영향을 미치기에 이른다. 이런 관점에서 고찰한다면, 베르그손에게 가해진 많은 비판은 저절로 사라질 것이다. "일반적으로 내 시각에 대한 해석들이 범하는 오류는 무엇보다도

19 〈행정실에 보내는 편지, 1904년 11월 9일, "근대철학 강의직으로의 직위 변경 요청서"〉, 《잡문집》, 638쪽.
20 앙리 베르그손, 《도덕과 종교의 두 원천》, 3장, 282(390)쪽.
21 샤를 페기, 《데카르트와 데카르트 철학에 대한 부수적인 주석*Note conjointe sur M. Descartes et la philosophie cartésienne*》(1914), 《산문 전집》, La Pléiade, III권, 1992, 1330쪽.

내가 따른 방법에 대한 몰이해에서 오는 것이다."[22]

베르그손의 철학이 어떤 점에서 과학의 방법과는 다른 탐구 방법을 채택하는지 이해하지 않는다면, 과학자들도 베르그손의 결과물들에 만족하지 않을 것이다. 리디 아돌프Lydie Adolphe는 생물학자 르 당텍Félix Le Dantec과 철학자 베르그손 사이의 오해를 훌륭하게 재구성했다.[23] 그리고 베르그손을 읽는 사람은 불가피하게 다음과 같은 질문들을 제기하게 된다. 베르그손 자신이 말하는 것은 무엇이고, 당대의 과학에서 빌려온 것은 무엇인가? 베르그손이 당대의 과학에서 빌려온 내용을 조심성 없이 베르그손 철학의 책임으로 돌려서 베르그손 철학과 그 안에 섞여 있는 내용(그러나 후일에는 베르그손 철학과 무관하다고 여겨질 내용)을 혼동할 위험에 빠져야 할까? 아니면 반대로 베르그손이 과학을 다룰 때 베르그손 철학과 과학이 구분되는 지점을 포착하는 것이 그렇게나 어려운 일이라면, 베르그손 자신에게 과학자와 유사한 지위를 부여하고 그를 예컨대 심리학자로 여기는 데 그칠 수도 있지 않을까? 이렇게 하여 결국 베르그손이 자처하는 철학자의 지위를 박탈할 수도 있지 않을까? 더 멀리 나아가 보자. 베르그손이 획득한 결과들을 그가 기대고 있던 과학들에서 떼어내는 것이 불가능하다면, 생生의 약동이라는 베르그손적 개념을 그것을 시사했던 당대의 생물학, 유전학의 출현 이래 다소 낡아버린 생물학에서 떼어내는 일은 가능할 것인가? 아니면 이 개념은 낡은 생물학과 함께 그 가치를, 혹은 그 적합성을 상실하는 것은 아닐까? 베르그손 자신도 그의 시각을 전유했던 실증과학들에 대해 "실증과학은 자신의 재산을 되찾은 것에 불과하다"[24] 고 말하지 않는가. 베르그손은 생의 약동이라는 주장이 철학이 아니라 과학의 "재산"이라고 말한다. 적어도 그것은 짝을 이룬 과학과 철학의 공동

22 〈스피어만에게 보내는 편지, 1936년〉, 《잡문집》, 1571쪽.

23 리디 아돌프, 《베르그손적 우주*L'Univers bergsonien*》, Éd. du Vieux Colombier, 1955, 17-73쪽.

24 《도덕과 종교의 두 원천》, 2장, 115(161)쪽.

재산이다. 비록 과학이 계속해서 거기에 무관심하더라도 말이다. 이러한 단언은 놀라운 것이다. 그렇지만 이 단언의 급진성은 방법을 정교화할 필요성을 보여준다. 방법은 철학이 섞여 있는 과학들과 철학을 확실하게 구분하면서도 양자의 마주침과 하나가 다른 하나를 이용할 가능성을 제시할 것이다.

들뢰즈는 [베르그손 철학에서] 방법에 주안점을 두었던 첫 번째 인물이다. 또한 그는 이 작업을 탁월하게 행했던 마지막 인물이기도 하다. 그는 베르그손의 방법이 갖는 주요한 특징을 강조했다. 그것은 "본질적으로 **문제 제기적이고**(거짓 문제의 비판과 참된 문제의 발명), **차이화하며**(절단과 교차), **시간화하는**(지속의 견지에서 사유하기)"[25] 방법이다. 그렇지만 베르그손의 형이상학이 학설보다는 방법으로 이해되고, 이 방법이 베르그손이 제시한 몇몇 적용점과 불가분한 것으로 남아 있다면, 그 이유는 이 방법이 내보이는 극도의 복잡성이 방법을 몇몇 규칙으로 고립시키는 것을 방해하기 때문이다. 우리의 포부는 오히려 베르그손의 철학을 포괄하는 것이고, 베르그손 철학을 작동시켰던 방법, 즉 베르그손 철학에 **하나의** 작품이 지닌 통일성과 일관성을 부여했던 방법에서 출발하여 그것을 온전한 전체로 다시 붙잡는 것이다. 그때 베르그손은 자연스럽게 철학적 풍경 속에 기입될 것이다. 접근시킬수록 안개처럼 사라져가는 현상학과의 멀고 흐릿한 친연성에서 출발하는 대신, 베르그손이 지닌 환원 불가능한 차이에서 출발하기로 결심하기만 한다면 말이다.

베르그손의 철학은 추상적 원리의 통일성에 갇히지 않고 자아에서 출발하여 구체적인 시공간 속에 잠긴다. 그렇기 때문에 베르그손의 작품이 지닌 통일성을 드러내는 일은 베르그손의 해석자들이 짊어질 십자가였다. 이 통일성을 도출하려는 시도들은 드물다. 통일성을 고찰하면서 — 베르

25 질 들뢰즈, 《베르그손주의》, 1966, PUF, 2007, 28쪽.

그손이 끊임없이 반대했던 — 체계의 정신에 다시 빠지지 않는 시도는 더 더욱 드물다.[26] 따라서 여기서 제기되는 독해는 이미 충분히 새로운 것이고, 그렇기에 우리는 매 장마다 새로운 점을 강조할 필요를, 들뢰즈의 독해까지 포함하여 이전에 제시되었던 다른 독해들로부터 우리의 입장을 명시적으로 구분할 필요를 느끼지 못했다. 그렇지만 이 책에서 제시되는 해석은 들뢰즈의 독해에 대한 진정한 대안을 제공할 것이다.[27] 이 의도치 않은 새로움은 단지 우리가 베르그손에게 더 충실하기를 바랐다는 사실에서 나오는 효과에 불과하다. 분명 텍스트 본의에 더 큰 주의를 기울였다는 사실이 텍스트의 본래 정신을 회복시킬 수 있었던 것이다.

결국 샤를 페기가 말하듯 "모든 위대한 철학에는 첫 번째 시대와 두 번째 시대, 즉 방법의 시대와 형이상학의 시대가 있다"[28]면, 이 책을 이루는 두 부분도 각기 이 두 시대에 할당될 것이다. 1부는 베르그손이 권장하는 방법에 중점을 두어, 베르그손의 방법이 형이상학적 기획 자체를 심층적으로 개혁한다는 점에서 그의 작품의 일관성을 찾으려 한다. 2부는 이전 작업의 전개 과정에 관한 것으로 베르그손 철학이 맴도는 복잡한 문제, 인격의 문제를 통해 그 운동의 통일성을 포착하는 데 전념한다. 각각의 저작은 인격의 문제가 드러나는 하나의 정지점, 하나의 순간을 이루는 것이다. 그의 작품을 관통하는 시간에 대한 질문은 이 문제에 긴밀하게 연결되어 있다. 시간의 상이한 차원들 — 현재, 과거, 미래, 영원 — 은 각 저작마

26 여기서 프레데릭 보름스의 《베르그손 혹은 생의 두 의미*Bergson ou les deux sens de la vie*》(PUF, 2004)를 언급해 보자. 이 책은 베르그손의 작품의 운동을 따라가며 그 기원과 범위를 포착하려는 의도를 갖고 있다. 보름스는 공간과 지속 간의 본원적 구분에서부터 시작하여 이원성이라는 주제 자체에서 작품의 통일성을 찾는다. 반면 우리는 순수지속 자체의 심화를 통해 이 통일성을 발견할 것이다. 접근 방식이 다르긴 하지만, 우리의 입장이 보름스의 입장과 대립한다기보다는 보완적이기를 바란다.

27 이 점은 《크리틱》(732호, Éd. de Minuit), 2008년 5월 호에 실린 졸고 〈들뢰즈에 (뒤) 따른 베르그손Bergson (d')après Deleuze〉 참고.

28 샤를 페기, 《베르그손과 베르그손 철학에 대한 주석*Note sur M. Bergson et la philosophie bergsonienne*》, 1271쪽.

다 자아 속에서 서로 결부된 상이한 요소들, 혹은 상이한 지속의 층들 — 감각, 기억, 의지, 사랑 — 이 드러남에 따라 차례로 전개된다.

한국어판 서문

베르그손적 방법, 혹은 작품œuvre을 향한 길

카미유 리키에

2001년, 교수자격시험을 마치고 장뤽 마리옹Jean-Luc Marion의 지도 아래 박사 논문 작업에 갓 착수했을 때, 나의 연구 주제는 다른 것이었다. 당시에는 베르그손의 학설과 후설의 학설을, 그리고 여러 지점에서 겹쳐지는 것처럼 보였던 그들의 시간 관념을 각기 비교하려 했다. 새로운 문제를 맞닥뜨린다 해도 내 성격상 연구 주제를 재고하는 일은 없었다. 내가 진행 중인 주제를 바꾸게 되었던 것은, 데카르트처럼 다양한 입장을 취하는 스승들을 너무 많이 가져서 그들 중 누구도 믿지 못하게 되었기 때문도 아니다. 물론 나에게는 스승이 여럿 있었다. 장루이 크레티앵Jean-Louis Chrétien, 르노 바르바라스, 장뤽 마리옹이 그들이다. 하지만 데카르트와는 달리 나는 한 사람이 보여주는 진리가 다른 이가 보여준 진리와 상이할 때에도 그들이 가르친 모든 것을 진심으로 믿었다. 솔직히 말하자면, 오늘날에도 여전히 나는 그들을 계속해서 믿지 않기가 어렵다. 그들의 가르침을 함께 받아들였던 내 안에서 그들이 조화를 이루었기에, 내 작업 속에서도 그들을 다시 조화시켜야 했다. 그들의 말 한마디가 깊숙이 새겨지게 된 건 호기심이 있던 어린 나이였기 때문인지도 모르겠다. 하지만 이제 선생이 되고 나니, 선생은 다음에 가르칠 것들을 생각하느라 자신의 가르침을 잊는다는 것을, 그 가르침을 잊지 않는 것은 학생이라는 것을 안다. 데카르트나 파스칼에 대한 강의, 멘드비랑이나 베르그손에 대한 강의, 메를로퐁티나 레비나스에 대한 강의를 듣는 것만으로도 이미 나는 그들의 비밀스러운 친연성을 느낄 수 있었다. 나로서는 이 친연성을 설명할 수 없었지만, 내 안에서도 동일한 울림이 공명하고 있었다. 그러나 그때에는 그들 사이에 연속성이 존재할 수 있으리라는 점을, 그저 편의를 위한 것과는 다른 방식으로 '프랑스 철학'에 대해 말해야 한다는 점을 알지 못했다.

나를 가장 많이 가르친 것은 아마 최근까지도 소르본을 지배한 현상학일 것이다. 어쨌든 나를 지속적으로 형성한 것은 현상학이다. 그럼에도 불구하고 나는 아주 일찍부터 베르그손의 사유에 강한 매력을 느꼈고, 르노 바르바라스의 강의들은 나에게 베르그손의 위대함을 보여주었다. 돌이켜 보면, 내가 본능적으로 베르그손과 후설을 대면시켰던 이유를, 그리고 그들을 3년 동안 연구한 뒤에 그 연구를 포기했던 이유를 더 분명히 알 수 있다. 그건 당시에 유행하던 주제였다. 몇몇 사람이 이에 대한 작업을 시도했으나, 그것을 밝혀내는 일은 여전히 하나의 도전으로 남아 있었다. 하지만 두 철학자는 서로를 읽은 적이 없다. 베르그손은 후설이 《이념들 I》을 보내준 데 감사를 표했다. 그것은 책을 읽을 생각이 없을 때 종종 보내곤 하는, 저작을 받자마자 작성된 아주 정중하고 짧은 편지였다. 후설이 서재에 소장했던 베르그손의 책에는 펼친 흔적이 전혀 없었다. 하지만 출발점은 분명했고, 하나의 일화가 자주 언급되었다. 로만 잉가르덴의 회고에 따르면, 1917년 후설의 지도 아래 작성한 그의 박사 논문 〈베르그손 철학에서 직관과 지성〉을 제출하며 '순수지속'이라는 말이 베르그손에게 어떤 의미인지 후설에게 설명했을 때 후설이 이렇게 소리쳤다고 한다. "완전히 내가 곧 베르그손인 것 같군!" 이 말의 즉흥성을 차치하면, 여기서 두 천재가 직접적인 계보 없이도 서로 소통하는 철학적 공동체로 인정된 것은 아닐까?

그래서 나는 연구에 착수했다. 하지만 두 사람의 학설을 심층적으로 파고들수록, 양자의 유사성은 연기처럼 사라졌다. 3년 뒤, 그들의 간극은 심연처럼 깊어져 있었다. 종종 등장하는 동일한 용어 사용 이면에서 극도로 상이하고 그 자체로 불안정한 의미들이 발견되었다. 그리고 그 대비의 선명함을 통해 나는 오히려 직관과 같은 베르그손의 특정 개념들이 종종 오해의 대상이 되었음을 알아차리게 되었다. 베르그손에게 직관은 명석성에 대한 요구이기에 사람들은 직관이 언제나 명석한 것이기를 바랐다. 그러나 직관은 일차적으로 명석한 것이 아니고, 대부분의 경우 명석하지 않은 것이다. 실제로 베르그손은 직관이라는 말을 채택하기를 주저했다. 그리고 결국 베르그손이 칸트주의와 더 잘 대결하기 위해 직관이라는 말을 택했다 해도, 그는 그가 의미하는 직관에 가장 근접한 번역은 감*feeling*이라는 영어 번역이라고 털어놓아야 했다. 우리는 본질직관*Wesenschau*에서 멀리 떨어져 있다. 후설에게 직관은 지성과 반목하지 않는다. 오히려 그것은 곧장 언어에 기반을 둔다. 이에 대응하여 조슬랭 브누아Jocelyn Benoist의 연구는 현상학이 언어에 어느 정도 의존하는지 보여주었다. 후설은 직관을 명증적으로 소여된 것의 한계 내에 담아두었기 때문에, 충족되어야 할 의미작용의 매개 없이 **직접적으로 소여되는** — 따라서 "맹목적"이고 더 이상 볼 것을 아무것도 **증여하지** 않는 — 베르그손적 직관을 거부할 수밖에 없었을 것이다. 역으로, 베르그손은 아마 후설이 "지성에 비친 직관의 반사광" 말고는 거의 고찰하지 않았고, 지성의 범주에 갇힌 채로 "직관의 빛이 새어나오"도록 애썼다고 평가할 것이다.[1] 따라서 후설에게 "모호한" 의식이 "더 이상 직관적이지 않은" 의식인 반면,[2] 베르그손의 직관은 곧장 모호하고 혼잡한 것 속에 자리 잡음으로써 그 깊이로 내려가는 것을 두려워해서는 안 되는 것이다. 무엇보다도 나는 이렇게 양자의 학설을 접근시킴으로써 얻을 수 있는 이득보다 내가 감수해야 할 손실이 훨씬 크다는 것을, 이 손실은 베르그손에게서 가장 값진 것, 베르그손이 가장 중요시했던 것을 제거해 버린다는 사실을 알아차리게 되었다. 그것은 그의 방법이다.

1 앙리 베르그손, 〈서론〉, 《사유와 운동》, 87(103)쪽.
2 에드문트 후설, 《순수 현상학과 현상학적 철학의 이념들》, I, 1913, 장프랑수아 라비뉴Jean-François Lavigne 번역, Gallimard, 2018, 201쪽.

그러나 오늘날 내가 더 분명하게 알게 되는 것은, 내 것이라 여겼던 이 불가능한 주제가 내 바깥에서, 즉 프랑스 대학에서의 현상학에 주어진 상황 속에서 추동되었다는 사실이다. 누구도 실제로 결단을 내린 적은 없지만, 베르그손과 후설의 대면은 행해져야 할 과업으로 고정되어 있었다. 그리고 이 상황은 사람들이 그러한 대면으로부터 어떤 대답을 원했는지를 사전에 묘사하고 있었다. 사람들은 베르그손이 현상학이라는 말이 생겨나기 이전의 현상학자였기를 바랐다. 프랑스 현상학은 스스로 독일 현상학의 연장선상에 있다고 생각했다. 다만 독일 현상학의 한계를 시험하는 한이 있더라도 그것을 새로운 영역에 적용해야 한다고 믿었을 뿐이다.[3] 그럼에도 불구하고 베르그손은 쉽사리 철학의 여백들로 되돌아갈 수도, 파스칼이나 루소처럼 철학이 거리를 두면서도 때때로 영감을 길어오는 비철학적 원천 가운데 하나로 여겨질 수 없었다. 베르그손은 오랫동안 대학의 "연옥"[4]에 갇혀 있었다. 어쩌면 많은 사람에게 베르그손은 나쁜 철학자였을지 모른다. 하지만 어쨌든 그는 철학자였다! 프레데릭 보름스가 프랑스 대학에서 베르그손에게 훨씬 더 호의적인 지위를 마련해 주기 이전에도, 베르그손은 이미 현상학적 판단중지를 재고하기 위한, 그리고 "지각의 현상학"에 입문하기 위한 새로운 원천을 그에게서 길어냈던 르노 바르바라스에 의해 긍정적으로 재평가되고 있었다.[5] 결국 사람들은 세계대전 이후 베르그손이 19세기의 낡아빠진 정신주의자로 밀려났을 때 너무 가혹한 평가를 받았다고 말하며 베르그손을 연옥에서 꺼내기로 결심했다. 폴

3 이는 프랑스 현상학을 더 일관적인 방식으로 사유하려는 접근의 타당성을 전혀 손상시키지 않는다. 이로부터 훌륭한 결론들이 도출될 수 있다. 프랑수아다비드 세바, 《한계의 시험: 데리다, 앙리, 레비나스*L'épreuve de la limite: Derrida, Henry, Levinas*》, PUF, 2001; 라슬로 텡겔리·한스 디터 곤덱, 《프랑스의 새로운 현상학*Neue Phänomenologie in Frankreich*》, Suhrkamp, 2011; 카를라 카눌로, 《뒤집힌 현상학*La fenomenologia rovesciata*》, Rosenberg & Sellier, 2004.

4 에마뉘엘 레비나스, 《신과 철학*Dieu et la philosophie*》, Livre de Poche, 1975.

5 르노 바르바라스, 《욕망과 거리: 지각의 현상학 입문》, Vrin, 1999.

리체르, 사르트르, 메를로퐁티가 베르그손에게 가했던 몇몇 부당한 비판은 재고되어야 했다. 이러한 상황 속에서 나는 옳든 그르든 베르그손 철학에서 초기 현상학을 예비했던 요소들뿐 아니라, 또한 현상학을 베르그손 철학이 품고 있는 다른 가능성들로 개방할 요소들, 그리하여 현상학의 적용 분야를 점차 확장시켜 줄 요소들을 발견할 기대를 받고 있다고 생각했다.

그릇된 생각이었다. 무엇도, 누구도 나에게 강요하지 않았다. 내가 논문 제목을 바꿨을 때 장뤽 마리옹이 내게 했던 대답이 아직도 귀에 울린다. 그는 논문이란 이렇게 쓰는 것이라고, 좋은 논문은 특히 그렇다고 말했다. 나는 그가 보인 신뢰에 놀랐지만, 오늘날까지 여전히 그에게 감사하고 있다. 그렇게 나는 2007년 〈베르그손 철학에서 시간과 방법〉이라는 주제로 박사 논문을 제출했고, 이 논문은 출판을 위한 재작업을 거쳐 최종적으로 《베르그손 고고학》(2009)이라는 제목을 달게 되었다. 나의 대부분의 논문뿐만 아니라 그 이후 함께 작업한 나의 두 주요 연구(《폐기의 철학》(2017), 《데카르트의 변신들》(2022))가 기입될 지평은 이 책에서 분명해진 것 같다.

《베르그손 고고학》은 두 부분으로 나뉘어 있다. 1부는 들뢰즈가 천재적으로, 그러나 기이하게 왜곡한 베르그손적 방법을 복원하는 데 전념한다. 2부는 베르그손적 방법이 지금껏 그 누구보다도 심원하게 개혁한 형이상학을 재검토한다. 후자의 작업을 위해 나는 《의식의 직접소여에 관한 시론》(1889)부터 《도덕과 종교의 두 원천》(1932)에 이르기까지 베르그손을 이끌었던 경로의 연속성을 뒤따라야 했다. 베르그손 사유의 여정은 대부분의 경우 형이상학의 거푸집이 되는 체계를 구축하지 않고도 **작동**했고faire *œuvre*, 하나의 **작품**une *œuvre*을 이루었다. 베르그손의 건축술을 발견했을 때, 나는 그것이 보여주는 아름답고 완성된 총체성에 경탄할 수밖에 없었다.

베르그손과 후설의 성과를 요약하는 하나의 방식은 그들을 '토대'와

'주체'의 물음 주위에서 절합節合하는 방식일 것이다. 그러나 3년이라는 시간을 후설과 베르그손의 개념 색인을 만드는 데 할애하였음에도, 이러한 작업이 나를 이 물음들로 향하게 했다고 할 수는 없다. 이 작업이 완벽히 무용했던 것은 아닌지 하는 두려움이 남아 있다. 실제로 내가 논문 작성을 시작했을 때에는 오늘날 박사 학위 기간 단축을 부분적으로 정당화하는 데 동원되는 컴퓨터 도구들을 사용하지 않았다. 물론 베르그손과 후설의 텍스트 자료가 전자 형식으로 온라인에 업로드된 후에는 모든 것이 연구 프로세스를 가속화하기를 촉구하는 것처럼 보인다. 그러나 나에게 충격을 준 것은 오히려 저작들 자체에 대한 느리고 괴로운 되새김질 없이 용어와 용법을 목록화하는 일로 환원된 전문 통계인들의 작업이 지닌 부조리였다. 실제로 나에게 깨우침을 준 것은 베르그손에게 중요했던 용어들이 아니라, 거기에 등장하지 않는 용어들이었다. 나를 놀라게 한 것은 근대철학사에서 결정적인 두 개념 — '토대'와 '주체' — 이 베르그손의 저작들에서 철저하게 부재함에도 불구하고 사람들이 베르그손 철학에 대한 주석 속에 자연스럽게 그것들을 다시 집어 넣고 있다는 사실이다. 마치 이 두 개념 없이는 형이상학을 상상할 수 없다는 것처럼 말이다.

따라서 1부에서는 베르그손 작품의 근간이 되는 방법의 세밀하고 뚜렷한 절차들을 다룬다. 베르그손의 저작, 서신, 콜레주 드 프랑스에서의 강의들 — 우리가 수록한 몇몇 구절은 당시에는 아직 출간되지 않은 것이었다 — 은 모두 베르그손 자신이 획득한 결과보다 그 결과를 얻은 과정에 세심한 주의를 기울였음을 증언한다. 그렇기에 '정초하다fonder'라는 동사가 등장하지 않는다면, 이 부재 자체가 의미심장한 것임에 틀림없다. 다른 동사가, 즉 '용해하다fondre'라는 동사가 빈번하게 그 자리를 채우고 있을 때 더더욱 그러하다. 나는 구체적 시간 속에 빠져들어 순수지속 속으로 **용해되기**라는, 겉보기에는 단순한 이 몸짓을 통해 베르그손이 전통 형이상학의 내부에서 수행한 전복을 평가했다. 그것은 지속을 견고하고 안정적인 제일원리로 삼아 그로부터 출발하기를 거부하는 것, 지속 위에 형이상학 전체를 처음부터 구축한다는 주장을 거부하는 것이다. 더욱이 베르그손은 지속을 사유하라고 제안하기보다는 형이상학의 고전적 문제들을 "지속 안에서 사유하기"를 제안한다. 이는 형이상학의 전적인 개혁을 요구하는 것이었다. 따라서 첫 번째 저작이 하나의 토대를 제공하여 다음 저작들이 점진적으로 상승할 것을 희망하기보다는, 베르그손과 함께 경험의 실을 따라 하강하고 점진적인 심화를 통해 순수지속의 점점 더 심원한 층들에 파고들어야 한다. 이제 새로운 저작들은 각기 새로운 저작이 도달한 층위에 비추어 이전 저작들의 결과를 재해석함으로써 이전 저작들이 삽입되어야 하는 더 큰 틀을 도출한다. 요컨대, 관건은 무한정 후퇴하는 직관의 한계들 속에서 수행되는 고고학이다. 원리에서 출발하는 것이 아니다. 원리는 끝에 이르러서야, 《도덕과 종교의 두 원천》에 이르러서야 비로소 행동하는 진정한 원리라는 이름으로 도달된다. 그리고 그마저도 추론과 개연성의 교차가 아닌 다른 방식으로 원리에 대해 말하는 것을 금하는 방법적인 주의가 동반된다. 이러한 관점을 채택했을 때, 내가 찾던 베르그손 작품의 통일성은 역방향의 이해를 통해, 즉 각각의 저작이 앞선 저작을 전제하는 대신 그것에 토대를 제공하여 결국 마지막 저작이 이전 저작들을 포괄하는 일종의 동심원적 시도들을 통해 드러났다.

우리 작업의 2부는 이러한 일관성에 기대어 하나의 저작에서 다른 저작으로 나아가는 작품의 전개를 뒤따르는 독해를 제시한다. 이 저작들은 각기 하나의 구체적인 문제를 다루고 있으나 한 문제의 해결은 다음 문제로 이어진다. 그리하여 각 저작에서 다루어지는 상이한 문제들 — 자유의 문제(《의식의 직접소여에 관한 시론》), 심신 결합의 문제(《물질과 기억》), 인과의 문제(《창조적 진화》), 의지의 문제(《도덕과 종교의 두 원천》) — 을 계기로 삼아, 하나의 동일한 문제, 즉 인격의 문제가 베르그손의 작품을 가로지르며 각 저작에서 해답의 요소들을 발견한다. 매번 새로운 시간의 차원(현재, 과거, 미래, 영원)이 인격의 문제를 축으로 회전한다. 정초의 작업은 중요치 않다. 따라서 토대로 고정되는 주체도 중요치 않다.

베르그손의 글에서 '주체'라는 용어는 전혀 나타나지 않거나 매우 드물게 나타난다. 지속의 전체는 자아의 심화를 통해 발견되고, 역으로 자아는 지속의 상이한 시간적 차원들이 절합될 장소를 제공한다. 그리하여 인격의 모든 상태가 주체를 대체하고, 초월론적 유배에 대항하여 자기 자신을 시간으로 사유한다. 사실 베르그손의 작품 전체가 시간에 대한 자료체*corpus*라고 할 수 있다.

이처럼 사유를 체계의 필연적 형식 속으로 흘려보내지 않고도 강력한 건축적 일관성을 제공하는 또 다른 철학적 방법이 존재한다. 매번 독특한 방식으로 절합되는 총체성으로서의 작품 관념이 체계의 관념을 대체할 수 있다. 만물을 하나의 단일한 원리로 환원시키라는 체계의 광적인 요구는 우리를 실재의 의미로부터 너무 멀리 떨어지게 만든다. 그렇다면 여기서부터 그간 무시되어 온, 혹은 그 엄밀성을 평가하기에는 너무 주변적인 것으로 여겨져 왔던 엄밀한 철학들을 재발견할 수 있지 않을까? 체계의 정신에 반한다는 이유로 외면당했고, 때때로 천재적인 사유들을 남겼음에도 흩어져 완성되지 못하는 불행한 결과를 지닌 철학 전통이 존재하지 않는가? 사람들은 무엇보다도 베르그손 사유의 생산성을 의심했고, 우리의 이전 세대는 베르그손 철학에 이어지는 후속 작업이 없다고 말하곤 했다. 이렇게 말해도 된다면, 이 책은 베르그손이 정교화하고 그의 학설 속에서 사용했던 방법에 대한 이해를 발전시킴으로써 이러한 물음들에 새롭게 답할 수 있게 해준다. 베르그손에 대한 수용의 폭은 사람들이 말했던 것보다 훨씬 더 넓다. 그것은 막대한 영향력을 지니고 있다. 그러나 이렇게 바라도 된다면, 그것의 후속 작업은 이제 막 시작되었을 뿐이다.[6]

6 우리는 여기서 엘리 뒤링과 폴앙투안 미켈이 정식화한 다음 언명을 계승한다. 우리 세대가 그 탄생을 목격했고, 기여한 운동을 영속화하는 데 우리도 그들만큼이나 관심을 갖고 있기 때문이다. 그들에게 이 언명이 선언문의 가치를 지닌다는 사실을 이해할 수 있을 것이다. "우리 베르그손주의자들은 베르그손을 읽고 또 읽었다. 우리는 베르그손 수용의 굴곡을 따랐다. 우리는 비방자들로부터 그를 변호했다. 우리는 오해를

바로잡고 그의 작업이 지닌 입체감을 복원했으며 그의 주장이 지닌 특이점과 날카로움을, 느슨함이라는 잘못된 외양('어떻게 몇몇 사람은 이 점을 착각할 수 있었는가?') 아래 숨겨진 그의 까다롭고 '어려운' 사유 방식이 지닌 섬세함을 시험했다. (…) 이것들은 모두 필요한 일이었다. 그러나 이제 더 이상 '새로운 철학'에 두 번째 젊음을 부여할 때가 아니다. 베르그손은 이제 우리와 함께 있다. 그는 자신의 시대를 가졌고, 그에게는 동료가 부족하지 않다. 이제 문제는 사유 프로그램의 갱신을 무릅쓰더라도 어떻게 사유의 노력을 계속하고 연장할 것인지를 아는 것이다"(엘리 뒤링·폴앙투안 미켈, 〈우리, 베르그손주의자들: 교토 선언문〉, 2015, 《논문, 철학 저널*Dissertatio, revista de filosofia*》, 증간 4호, 앙리 베르그손 편, 2016, 4쪽).

1부

방법의 시간: 방법과 형이상학

1장. 정초fonder냐 용해fondre냐: 형이상학의 바탕fond

데카르트의 암석과 베르그손의 대양

데카르트가 바랐던 것은 "완전히 자기충족적인 기초 위에 건물을 짓는"[1] 일이었다. 《철학의 원리》에 실린 서문 격의 편지에서 데카르트는 자신의 철학을 나무에 비유한다. 나무의 뿌리는 형이상학이고, 둥치는 자연학이며, 거기서 뻗어 나오는 가지들은 다른 학문들이다. 그런데 이 나무가 곧게 자라려면 확고부동한solide 토대fondement가 필요하지 않을까? 그렇기에 사유하는 자아*ego cogitans*, 즉 주체성의 발견이 데카르트 철학을 지탱하면서 데카르트 철학의 지반sol으로 펼쳐진다. 하이데거Martin Heidegger는 1929년 《강연집》 서문에서 철학의 나무가 뿌리내린 이 지반에 대해, 즉 형이상학이 망각했던 존재에 대해 데카르트가 아무런 물음도 던지지 않았다고 말한 바 있다. 그렇지만 건립의 의지를 품었던 데카르트가 철학의 바탕을 완전히 미규정적으로 내버려두지도 않았다고 덧붙여야 할 것이다. 데카르트는 철학의 바탕fond이 또한 기초fonds이기를 바랐고, 적어도 이 바탕 위에 머물며 어떤 안정성을 발견해야 했기 때문이다. 이는 찾아야 할 바탕이 바로 지반이라고, 즉 아주 확고부동한 것이라고 속단하는 게 아니었을까?

1 르네 데카르트, 《방법서설》, 2부, AT. VI, 15쪽.

데카르트는 확고부동함을 확실함으로 여기고, 변동을 의심스러움과 동일시한다. 그리고 후자는 다음의 이유로 배제된다. "내 모든 기획은 나 자신의 확신만을 유일한 목표로 삼았다. 그것은 변동하는 흙과 모래를 거부하고 암석이나 점토를 찾는 일이었다."[2] 의심스러움을 거부하고 확실함을 찾는 일, 그것은 모래를 거부하고 암석을 찾는 일이기도 하다. 토대에 대한 데카르트의 탐구 전체는 그 가장자리에 어떤 집요한 이미지화를 동반한다. 데카르트의 탐구는 땅의 원소 주변을 맴돈다. 데카르트의 회의를 가능케 하는 것은 땅의 원소가 지닌 부수적인 성질이다. 베르그손은 반대로 사유에 확신을 주는 암석을 떠나 변동을 사유하는 위험을 선택한다. 따라서 베르그손의 입장에서 질문할 문제는 다음과 같다. 지반으로서의 바탕도, 자기충족적인 기초도 없을 때, 건축의 가능성과 단호히 결별하는 방법을 적용하기. 실제로 형이상학자가 딛고 있는 땅 자체가 발아래서 꺼진다면, 형이상학은 어떤 지반 위에 건립될 수 있을 것인가? 철학의 나무 아래로 흘러가는 변동적 실재가 어떤 고체성solidité도 제공하지 않는다면, 철학의 나무는 어떤 지반에 뿌리를 내릴 수 있을 것인가? 요컨대, 사유가 그 본성적 운동에 반하여 모든 안정적 받침점을, 견고함과 토대를, 즉 데카르트가 앎의 총체를 놓으려 했던, 필증적 확실성으로 보장된 견고한 핵核을 포기해야 한다면, 철학함은 어떻게 계속 가능할 것인가? 그렇지만 지반의 부재가 필연적으로 하이데거적인 존재의 심연을 가리키는 것은 아니다. 근거*Grund*와 심연*Abgrund*의 양자택일을 넘어, 지반도 아니고 그 기슭에만 접근할 수 있는 무無도 아닌 다른 곳으로 형이상학을 옮겨 놓을 가능성이 존재하지 않는가? 어떤 고정된 지표로도 깊이를 가늠할 수 없는 움직이는 변동적 원소 속으로 형이상학을 이전시켰을 때, 우리는 베르그손이 형이상학의 일차적 과업을 근본적으로 변화시킨다고 생각한다. 형이

2 같은 책, 3부, 29쪽.

상학은 언제나 정초를 일차적 과업으로 삼았다. 독창성이 결여된 철학 전통은 '형이상학'이라는 통상적이고 낡아빠진 이름을 덜 애매해 보이는 다른 여러 이름 — 제일철학, 체계, 형식적 존재론 혹은 내용적 존재론, 더 나아가 기초존재론 — 으로 대체하고는 했다. 그러나 어떤 이름으로 불리건 간에 형이상학은 결코 처음의 소임을 잊지 않았고, 언제나 명석한 시각의 명증성 속에서 포착된 필증적 지반을 추구했다. 형이상학의 소임, 그것은 토대, 기반, 건립, 건축, 건설이었다. 더욱이 철학자들은 추상적으로 받아들여지는 이 표현들의 구체적인 출처를 염두에 두지 않았다. 베르그손이 몇몇 텍스트에서 형이상학이라는 말을 방법적으로 어떻게 사용하려 했는지, 또 실제로 어떻게 사용했는지를 추적하여 형이상학이 무엇을 의미하는지 세부적으로 설명하기 전에, 먼저 베르그손에게 지반이라는 말이 무슨 뜻인지, 형이상학이 정초하는(정초되는) 데 있어 무엇이 결여되었는지를 정확히 해야 할 것이다. 형이상학은 자신을 — 자신뿐 아니라 그것이 지탱한다고 간주되는 과학들 또한 — 확립하지 못하고, 변동성 속에 용해시키는(용해되는) 것에 가깝다. 다음으로, 지반에서 끌어낸 원소로는 지반의 부재를 지시할 수 없다면, 이러한 지반의 부재, 즉 베르그손이 철학의 영역으로 삼기를 촉구하는 변동하는 실재인 순수지속을 이야기하기 위해서 그가 어떤 이미지를 동원하는지, 이미지라는 말을 어떤 의미로 사용하는지를 이해해야 할 것이다. 관건은 데카르트와는 반대 방향으로, 그러나 철학의 나무에 열린 모든 과실을 수확할 수 있게 된 후에, 그 나무가 뿌리내린 견고한 땅을 떠나 물속으로 잠기는 것이다 — 베르그손은 자신이 사유해야 하는 변동성을 암시하기 위해 물의 이미지를 특권화한다. 데카르트가 말하는 변동성, 데카르트의 기획이 방법적 회의를 통해 거부하려는 변동성이 여전히 땅의 원소의 궤에서 이해되고 있음에 주목하자. 데카르트에게 변동적인 것은 변동하는 모래다. 모래와 암석의 대립 속에서 줄곧 소극적으로 나타나는 변동성을, 베르그손은 액체적 원소를 통해 적극적으로 시사하려 한다.

1. 땅, 지성의 이미지: 고체화, 고체성, 고체, 지반

> 땅 자체가 그 실체로 공기와 물을 한없이 더럽혀 우리가 호흡하는 원소가 되는 곳._폴 클로델Paul Claudel[3]

지성이 전적으로 행동을 위해 마련되었다는 그 유명한 주장을《창조적 진화》의 주된 공헌으로 여길 수는 없다. 이미《시론》이 사유가 발화되려면 동질적 공간 속에 펼쳐져야 한다는 언어의 사회적 요구를 드러내지 않았던가? 이미《물질과 기억》이 지각의 실천적 용도가 드러나는 지점까지 거슬러 올라가, 바로 이 동질적 공간을 심화하여 사물에 대한 우리 행동의 도식으로 규정하지 않았던가? 그래서 지성을 행동 능력의 부속물로 규정하는 순간이 왔을 때, 이 방향은 베르그손 사유의 시작점부터 주어져 있었다. 우리 안의 모든 것은 행동을 향해 "공모하기"[4] 때문이다. 모든 것이 공모하여 우리를 안정적이고 불변하는 대상 앞에 마주 세우고, 대상에 대한 확신을 갖게 만든다. 이를 위해 지성은 잘게 쪼개고, 응고시키고, 재단하고, 분리하고, 구분한다. 한마디로 지성은 분석한다.

이러한 주장을 베르그손의 고유한 주장으로 여길 수도 없다. 심지어 이 주장은 특정한 사상 조류[5]를 지칭하기 위해 사용될 수도 있었다. 그러나 지성이 애초에 실천적인 목적으로 생겨났다는 사실로부터, 지성이 전하는 인식이 상징적인, 말하자면 비실재적인 성격을 갖는다는 결론이 따라 나오는 것은 아니라고 한다면, 이는 베르그손의 주장이 된다. 따라서

3 폴 클로델,《5대 송가*Cinq grandes odes*》II,〈정신과 물L'esprit et l'eau〉,《운문 전집》, La Pléiade, 1967, 235쪽.

4 〈서론〉, II,《사유와 운동》, 75(89)쪽. '함께 호흡하다'라는 강한 의미에서 취해진 '공모하다conspirer'. 이는 스토아 학파가 부여하고 라이프니츠Gottfried Wilhelm Leibniz가 계승한 의미다.

5 [역주] 1870년대 미국에서 시작된 실용주의를 가리킨다.

베르그손의 주된 공헌은 행동의 그물 속에서 포착되는 사태가 환영적인 성격을 갖는다는 입장에 대한 거부다. "행동은 비실재 속에서 움직일 수 없다."[6] 앞선 저작들이 우리의 행동을 운동의 실재적 연속성을 은폐하는 상징적 표상 속에 남겨 두었다면, 《창조적 진화》는 바로 그 지점에서 생까지 거슬러 올라가 우리의 모든 능력을 생에 결부시킨다. 생은 행동을 위해 능력들을 창조하면서, 창조의 대가로 이 능력들에 하나의 지반을 제공했던 것이다. 지각, 언어, 우리의 모든 사회적이고 개인적인 활동들은 이 지반에 뿌리를 내리고 이 지반에서 자연적이고 엄밀하게 사용된다. 이 지반은 바로 고체다. 우리의 능력들이 우리를 포착되지 않는 실재의 유동성에서 떼어놓기 위해 공모한다면conspirent, 그 이유는 그 능력들이 처음에 실재 속에서 살아가기 위해 행동할 것을 요구받았으며, 이 실재 속에서 하나의 지반을 호흡하기respirent 때문이다.

"**그 안에서 우리 자신이 행동하는 것을 바라보는** 지속"은 바라봄이 만들어내는 미세한 물러남을 통해 행동이 삽입될 공간을 펼치는 반면, 오직 "**그 안에서 우리가 행동하는** 지속"[7]만이 본질적인 운동성에 응답한다. 하지만 《물질과 기억》의 주장과는 달리, 이 두 지속이 일상적 인식과 진정한 인식으로 서로 대립하는 것은 아니다. "행동하고 자신의 행동을 아는 것", 그것 역시 "실재와의 접촉 속으로 들어가는 것이고, 더 나아가 실재를 사는 것이다".[8] 달리 말하면, 지성 속에서 스스로에 대해 외재화된 의식은 감각적 세계의 '텅 빈 그림자'가 아니라, 우리의 행동을 자극하는 한에서의 실재 자체에 가닿는다. 그것은 고체에 대한 인식이다. 우리 신체의 견고함과 신체가 끌어당기는 중량, 신체에 저항하는 지반은 실재적이고, 의

6 《창조적 진화》, 서론, p. vii.
7 《물질과 기억》, 4장, 207쪽(필자의 강조)
8 《창조적 진화》, 3장, 192쪽. 〈회프딩에게 보내는 편지〉(《잡문집》, 1149쪽)를 보라. "실천적인 인식은 그 고유한 영역에 머무는 한 진정으로 즉자적인 실재, 절대적 실재에 대한 인식입니다."

식은 이를 실재적인 것으로 체험한다. 수행해야 할 과업으로 향하는 신체의 활동성은 이러한 근육 작용 속에서 우리를 견고한 땅에 정박시킨다. 이것이 우리의 유일한 지반이다. 그리고 지성성이 우리의 모든 감각에 침투하지 않았다면 어떤 감각도, 심지어 촉각마저도 우리를 실재의 확고부동함과 접촉케 할 수 없었을 것이다. 이렇게 세계를 향해 열리는 최초의 바라봄에서부터 물리학의 최신 진척들에 이르기까지, 지성은 끊임없이 물질의 바탕에 접근하고, 실재 자체에 절대적으로 근거한다.

그렇기 때문에 실재에 대한 표상의 구성 과정에서 공간의 역할은 전혀 약화되지 않는다. 우리의 능력들은 공간 **속에서** 작동한다. 공간은 이 능력들을 **통해** 기능적인 것이 된다. 즉 공간은 이 능력들을 통해 나누어지고 고체화되어, 두드러진 윤곽을 지닌 분할된 물체들을 공간의 그물 속에 붙잡는다. 지각, 기억, 언어 등 우리의 모든 능력이 여기에 기여한다. 이 모든 능력은 — 마치 거대한 간척지와도 같이 — 거주 가능한 인간적 세계를 만드는 데 소용된다. 따라서 고체화 작업은 공간화 작업과 중복되는 것이 아니다. 오히려 전자는 후자의 보완물로써 공간의 상징화 역량이 초래하는 비실재성의 효과를 벌충하는 무게 추를 제공한다. "축자적으로도 비유적으로도 우리는 고체성을 필요로 한다."[9] 이 두 작업은 공동으로 작동한다. "우리 지성의 본질적 기능은 '공간화'하고 '고체화'하는 것이다."[10]

베르그손 철학에서 공간의 지위를 주제로 삼은 다양한 연구가 존재하는 만큼,[11] 분명히 공간에 의존하면서도 그만큼이나, 혹은 그보다 더 많

9 앙리 베르그손, 《기억 이론들의 역사: 1903-1904 콜레주 드 프랑스 강의》, Éd. A. François, PUF, 2018, 1903년 12월 11일 강의, 11쪽.

10 〈에밀 보렐에게 보내는 편지, 1907년 8월 20일, 1907년 9월 10일 《월간 평론*La Revue du mois*》에 실리게 될 르 당텍에 대한 답변〉, 《잡문집》, 734쪽.

11 무엇보다도 우선 프레데릭 보름스의 철저한 논문, 〈베르그손에게서 공간 물음의 세 차원Les trois dimensions de la question de l'espace chez Bergson〉, 《공간 자체*L'Espace lui-même*》, 《에포케 평론*Revue Epokhè*》 4호, 1994, Millon, 89-116쪽. 그리고 《베르그손 혹은 생의 두 의미》, PUF, "Quadrige"(2004), 29쪽 이하. 프랑수아 아이드섹François Heidsieck, 《앙리 베르그손과 공간 관념*Henri Bergson et la notion d'espace*》, PUF, 1957.

이 출현하는 고체의 지위에 대한 연구 또한 가능할 것이다. 고체의 관념은 우리 인식의 토대 문제를 직접적으로 겨냥한다. [《창조적 진화》] 3장에서 규명되는 물질과 지성의 이념적인, 그러나 진정한 발생 과정 속에서, 고체의 관념은 사물들 자체에 준거점을 두고 있다는 사실이 드러난다. 물질은 생의 운동을 전도시키는 이완의 결과로, 그물과도 같은 공간 속에 붙잡힌다기보다는 "공간 속으로 **뻗어간다**".[12] 그리고 사물들의 공간성은 실재적이기 때문에, 물질의 이완이 끝에 이르면 도달할 기하학적 공간은 실재로의 접근을 박탈하는 상징적 도구가 아니라 과거, 현재, 미래의 모든 자연학의 가능 조건이 된다. 지성은 단지 이러한 이완 과정에 대한 예상된 **구도**를 제공할 뿐이다. 요컨대, 사물들 자체는 우리의 자연적 기하학에 확고부동한 토대를 제공한다. 상징화와 고체화라는 이중적인 작업은 더 이상 우리 능력의 사적 영역에서 드러나지 않는다. 실재의 흐름을 잘게 분할하여 실재를 고체화하거나 실재의 고체화를 강화하는 것은 더 이상 《시론》에서처럼[13] 언어로 이중화된 공간도 아니고, 《물질과 기억》에서처럼[14] 기억으로 이중화된 지각도 아니다. 혹은 더 정확히 말하면, 그것이 여전히 그러한 것이려면, 사물들이 이미 고체화 작업에 동참하여 스스로 그리로 향해 감으로써 우리의 모든 고체화에 하나의 지반을 제공해야 한다. 이제 문제는 우리 능력의 고체화 자체가 어떤 방식으로 이루어지는지를 묻는 것이다. 모든 사물을 물들이는 지성은 더 광대한 실재 속에서 "**일종의 국지적인 고체화를 통해** 형성되었다".[15] 물질성과 지성은 그것들을 묶어주는 더 높은 통일성에서 서로를 받아들이기 시작하고, 점진적인 순응을 통해 — "양자의 점진적인 **공고화***consolidation*를 통해"[16] — 각기 상대방으로

12 《창조적 진화》, 3장, 204쪽.
13 《의식의 직접소여에 관한 시론》, 2장, 97(166-167)쪽.
14 《물질과 기억》, 4장, 235-237쪽.
15 《창조적 진화》, 3장, 193쪽(필자의 강조).
16 같은 책, 4장, 368쪽(필자의 강조).

부터 자신의 형태를 부여받는다. 베르그손이 물질과 지성의 하강이 시작된 생까지 거슬러 올라가 발견하는 것은, 우리의 능력들이 단지 그 능력들 모두를 고체화하는 하강운동에 실려 가는 한에서만 실재를 고체화한다는 사실이다. 생은 자신을 바닥으로 끌어당기는 물질을 싣고 있기 때문에, 진화는 진화 과정에서 공고화되는 고체를 낳고 사라지는 고체화 운동이다. 이런 관점에서 요소적인 입자들은 물질이 하강을 완료하는 경우 도달할 궁극적 상태에 불과하다. 우리 지성은 이미 그것을 기다리고 있으며, 그것을 생각하기를 즐긴다. 그렇기 때문에 지성은 진화된 것으로 진화된 것을 재조합하고, 고체 입자로 진화 운동을 재구성한다. 그러나 지성은 자신이 기원과 결말을 혼동한다는 사실을 알지 못한다. 이것이 바로 스펜서Herbert Spencer의 오류다. "그의 방법의 본질은 점진적인 공고화 작업인 진화 자체를 다시 찾아내는 대신, 공고화된 것으로 공고화된 것을 재조합하는 것이다."[17]

《창조적 진화》 이전에 베르그손이 묘사한 지성은 공간적 도식schème을 정당하게 적용할 만한 장소 없이 그 도식을 사용하고, 또 남용했다. 이제 지성은 공간과 함께 [고체의] **구도***schéma*를 사용할 만한 대상을 갖게 되었다. 물론 그것은 생의 운동이 아니고, 지속하는 한에서 자신을 낳은 생의 원리의 일부를 간직한 물질도 아니다. 심지어 생의 원리의 공간적 추락을 의미하는 무기물질matière brute, 즉 타성적 물질도 아니다. 액체나 기체 상태의 물질은 유동성으로 인해 여전히 부분적으로 지성을 벗어나기 때문이다. 그것은 단지 고체라는 "특정한 측면"[18]이다. 따라서 표면으로 거슬러 올라와 우리의 표상 속에서 돌출하는 대상은 실재의 대부분을 놓치게 만든다. 대상은 우리 행동을 지탱할 암석이 나머지 것들로부터 고립되어 솟아날 수 있도록 모든 형태의 변동성을 삭제하는 경우에만 나타나기

17 같은 책, 4장, 365쪽.
18 같은 책, 서문, p. viii.

때문이다. 최소한 이 고체적인 부분은 아무리 미미하다 해도 완벽히 알려질 수 있다. 그것은 "물질적 세계에서 우리 지성이 특별히 적응한 부분"[19]이기 때문이다. 베르그손은 서론의 시작 부분에서부터 이 점을 예고한다.

> 실제로 그것은 이 시론의 결론들 가운데 하나가 될 것이다. 우리는 다음과 같은 사실들을 알게 될 것이다. 인간 지성은 타성적 대상들, 더 구체적으로는 고체들 사이에 놓일 때 안정감을 느끼며, 고체들 속에서 행동은 받침점을, 산업은 작업 도구를 발견한다. 우리의 개념들은 고체의 이미지를 따라 주조되었으며, 우리의 논리는 무엇보다도 고체의 논리다. 이런 이유로 우리의 지성은 타성적 물질과 논리적 사유 간의 친연성이 드러나는 기하학 속에서 승승장구하는 것이다.[20]

지성이 고체화의 길을 따라 형성된 것이라면, 우리의 논리와 개념들은 공간이 우리의 능력 일반을 위해 구성한 이 지반에서 출발하여 갱신되는 경우에만 그것의 제작 공정이라 불릴 만한 것 — 고체의 이미지를 본떠 형성되었다는 사실 — 을 복원할 것이다. 인식을 위한 지반이 존재할 수 있다면, 이 지반은 정의상 고체적이어야 한다. 달리 말하면, 토대라는 관념을 불문에 부치지 않고 '지반'이라는 용어를 미지의 은유로 남겨두지 않는다면, 실재는 고체의 확고부동함을 나타내는 제한된 영역에서만 인식의 지반을 제공할 수 있다.

이제 우리는 다음과 같은 사실을 이해할 수 있다. 어떤 지반 위에 자리 잡아 존재와 인식을 정초하기를 자처하는 모든 철학은 어떤 독창적인 본성을 가졌다고 주장하건 간에 여전히 형이상학에 속한다. 그뿐 아니라 그것은 베르그손이 '**무기물질의 형이상학**'이라고 부르는 것이다. 우리는 강

19 같은 책, 2장, 154쪽.
20 같은 책, 서문, p. v.

박적으로 "모든 실재를, 그것이 얼마나 유동적이건 간에, 완전히 정지한 고체의 형태로 사유한다".[21] 앞으로의 문제는 이 주장을 조금씩 명시화하는 것이다. 흔들리지 않는 확고부동함으로 인해 선택된 지반은 철학이 우리를 데려가야 하는 제일원소일 수 없다. 그것 또한 지반인 한에서 고체화 운동의 결과에 불과하기 때문이다. 과학이 고체로부터 멀어져 실재의 운동을 포착하려 할수록, 과학은 실재로부터 과학의 고체화 작업을 인위적으로 연장시키는 규약적인 상징밖에 추출하지 못한다. 물론 베르그손의 형이상학도 잠정적이고 어색한 방식으로나마 과학이 형이상학에 제공하는 지반에 기대야 한다. 그러나 이 말은 더 이상 형이상학이 과학을 정초해야 한다는 말이 아니다. 형이상학은 변동하는 실재 속에 자리할 것이고, 이는 어떤 과학도 본질상 다다를 수 없는 무기초의 바탕fond sans fonds이기 때문이다.

고체화, 고체성, 고체, 지반. "흐르는 것을 혐오하고 자신이 만지는 모든 것을 고체화하는" 지성이 어떻게 이 땅에서 자신의 고유한 언어를 빌리지 않을 수 있겠는가?[22] 땅에 속하며 표면에서 편안함을 느끼는 지성은 주저 없이 공기와 물을 더럽히고 그것들을 알갱이로 변형시켜 마치 거울처럼 자기 자신을 재발견한다. 분명 땅의 이미지는 베르그손 저작의 경제 속에서 부정적인 의미를 지니고, 비판적인 역할을 수행한다. 사실상 "우리의 지성은" 자신이 물질 속에 그려내는 정확한 윤곽 속에서 "필연적으로 자기 자신의 이미지를 재발견한다".[23] 베르그손은 땅의 원소를 통해 철학자와 과학자의 정신이 기대고 있는 매개적 이미지를 식별한다. 이 이미지는 거기서 솟아나는 개념들이나 방정식으로 직조되는 관계들의 그늘에 감춰져 있을수록 효과적으로 작동한다. 실제로 실재를 "추론을 유일한

21 같은 책, 2장, 166쪽.
22 같은 책, 1장, 46쪽.
23 〈서론〉, II, 《사유와 운동》, 45(57)쪽.

자원으로 삼아 사유를 통해 엄밀히 재구성할 수 있는 거대한 건축물"처럼 이미지화하는 사람들은 많다. 그리고 베르그손은 철학자와 과학자의 공동 작업을 "사막의 모래를 삽으로 퍼내 이집트 유적"[24]을 파내는 일에 비유하기도 한다. 그는 이런 방식으로 수많은 과학적 설명을 떠받치고 있는 무의식적 이미지를 재활성화한다. 눈의 창조를 해부학적 요소들의 조합으로 설명하는 것은 사실상 운하가 뚫리는 일을 "강기슭을 만들어내는 흙의 기여"로 설명하는 것과 마찬가지다. "기계론은 이 흙을 각각의 수레가 가져왔다고 주장하는 것이고, 목적론은 여기에 흙이 우연으로 쌓인 것이 아니라 수레꾼들이 어떤 계획에 따랐음을 덧붙일 것이다."[25] 시간의 개념까지도 땅의 이미지라는 바탕 위에 고정해서는 안 된다. 시간의 개념에는 모래시계라는 완강한 이미지가 넌지시 덧붙여진다. 이 이미지는 필연적으로 지속의 불가역성을 은폐한다. "시간을 생각할 때 모래시계의 이미지를 피하기가 쉽지 않다." "여기서는 상단의 모래통이 비워지는 동시에 하단의 모래통이 채워진다. 그리고 우리는 모래시계를 뒤집어 놓음으로써 사태를 원래대로 되돌릴 수 있다." 지성이 생명체를 물리-화학적인 과정에 따라 사유할 때마다 "생명체의 시간은 모래시계의 시간과 정확히 동일한 실재성을 갖는다".[26]

에밀 브레이에Émile Bréhier는 베르그손이 철학사에서 길어온 몇몇 전통적 이미지를 왜 계승하지 않았는지 자문한다. "예컨대 필론Philōn에서도, 포르피리오스Porphyrios에서도, 그리고 데카르트에 이르기까지 재발견되는 세계의 나무, 혹은 학문의 나무라는 매우 오래된 이미지"[27] 말이다. 그러나 "이와 같은 이미지들이 사실상 동일한 것들"이고, 각각의 철학자에게 재발견되는 "무한정 변화하는 주제와 같은" 것이라면, 그 이유는 이

24 〈클로드 베르나르의 철학〉, 《사유와 운동》, 235(266)쪽.
25 《창조적 진화》, 1장, 95쪽.
26 같은 책, 17쪽.
27 《베르그손 연구*Les Études bergsoniennes*》, Albin Michel, vol. II, 1949, 218-219쪽.

것들이 주로 지성이 머물기를 즐기는 땅의 원소적 이미지에서 그 재료를 채취하기 때문이다. 철학은 결코 이미지 없이 이루어질 수 없다. 개념들이 이미지로 환원되는 것은 아니지만, 이미지들은 개념에 감각적 받침점을 제공했다. 땅의 이미지는 여기서 과학자와 철학자가 벼린 수많은 개념에 질료를 제공했다. 그렇기에 과학자들이 실재를 분석적으로 재구성하는 데 있어서 장애물이 되는 비고체적인 원소들을 뛰어넘기 위해 '불의 정신분석'[28], 혹은 공기의, 물의 정신분석이 필요하다면, 철학자들은 말하자면 땅의 정신분석이 필요할 것이다. 땅의 이미지는 철학자들이 움직이고 기대어 대개의 경우 철학적 개념들을 형성하는 환경이기 때문이다. 요컨대 철학자들이 실재 속에 다시 자리 잡기를 바라기만 했다면, 분석[의 작업] 자체를 정신분석 하는 일이 필요했을 것이다. 바슐라르Gaston Bachelard의 입장과는 반대로, 개념들을, 과학적인 개념들조차, 개념들이 가진 이미지적 바탕에서 떼어내는 일이 가능할지는 분명치 않다.

이제 과학과 철학의 지반이 한정되었으니, 이렇게 주장할 수 있지 않을까? 토대에 대한 추구란, 지성의 한계 내에 포함되지 않는 변동하는 실재로부터 우리를 더 잘 보호하고 고립시키기 위해 견고한 땅에 묶어두는 철학적 피난처일 뿐이라고 말이다. 데카르트의 암석 이후에, 우리는 자유롭게 하나의 이미지에서 다른 이미지로, 하나의 땅에서 다른 땅으로 막힘없이 이행하여 칸트를 따라 그의 섬으로 옮겨 갈 수 있다. 칸트는 이렇게 말한다. 순수 오성의 왕국은 "환상의 고유한 자리, 곧 광대한 대양에 둘러싸여 폭풍을 맞고 있는 (매혹적인 말인) 진리의 왕국이다. 이 대양에서는 수많은 안개층과 곧 녹아버릴 빙하층들이 기만적으로 새로운 땅을 믿게끔 한다".[29] 칸트가 우리를 살게 한 오성의 왕국은 이웃 왕국과 경계를 맞

28 [역주] "불에 대한 직관은 심리학적으로 분명한 만큼이나 극복하기 어려운 인식론적 장애물이다. 따라서 다소간 우회적인 방식이기는 하지만, 관건은 여전히 어떤 정신분석이다"(가스통 바슐라르, 《불의 정신분석*La Psychanalyse du feu*》, Gallimard, 1992, 105쪽).

대고 있지 않다. 한계 밖에는 환상의 제국이 군림할 뿐이다. 사실상 오성의 왕국만이 우리에게 견고한 땅을 약속한다. 그리고 존재하는 것은 오성의 왕국뿐이기에, 오성의 왕국을 둘러싼 것들은 사라지고 기만적인 땅들로 이루어진 거대한 대양이 나타나 아무것도 없는 곳 한가운데에 있는 섬 하나를 고립시킨다. 그러나 지성의 섬이 떠 있는 대양은 단지 거기서 견고한 땅을 찾기를 기대하는 사람들, "우리를 확립할 수 있는 지반"[30]을 기대하는 사람들에게만 환상적인 것이다. 빙하층은 단지 (거기에 스스로를) 정초하려 결심한 사람들에게만 새로운 땅의 외양을 주는 것이지, 빙하층의 용해를 확인하고 물과 함께 존재 전체 속으로 용해되기를 결심한 사람들에게는 그렇지 않다. 베르그손은 이를 철학이 무릅써야 할 위험으로 제시한다. 칸트가 진리를 "매혹적인 말"이라 여기는 이유는, 깊은 물에 접근하는 것이 불가능하다고 선언하고 우리를 물에서 떼어내기 위함이 아니었겠는가? 사실 그곳에서는 여러 지반을 옮겨 다니는 것assolement도, 하나의 지반만을 고집하는 것isolement도 더 이상 우리를 보호해 주지 않을 것이고, 모든 것을 낳는 모호한 바탕인 이 변동하는 실재로부터 우리를 떼어내지도 않을 것이다.

2. 물의 원소와 그 이미지들 — 은유를 넘어서

베르그손이 민첩하게 끼어들었다. "나는 은유를 거의 사용하지 않습니다. 그건 이미지들입니다."[31]

29 이마누엘 칸트, 《순수이성비판》, AK, IV, 155 (B 295), 알랭 르노Alain Renaut 번역, Aubier, 294쪽.

30 같은 책.

31 〈리디 아돌프와의 대담〉, 《이미지들의 변증법*La Dialectique des images*》, PUF, 1951, p. ix.

고체화에서 비롯되지 않은 지반은 없다. 그렇기에 형이상학은 결코 지반 위로 올라가 건립될 수 없고, 단지 지반 밑으로 빠져들 수 있을 뿐이다. 궁극적이고 원본적인 지반은 존재하지 않는다. 지성이란 생의 고체화 운동에서 비롯된 잔여물이자 결과물이면서도 언제나 이 생의 운동을 배제하기 때문이다. 베르그손은 이러한 생의 운동을 암시하기 위해 액체 원소에서 이미지를 빌린다. 베르그손은 "증기의 분사", "유체", "생명의 대양", "분출", "거대한 파동", "파도", "물결"[32]이라는 이미지를 동원하고, 그의 글에는 '흐름'이나 '유동적'이라는 표현이 빈번하게 등장한다. 그러나 베르그손은 실재 자체를, 즉 우리가 포착할 수 없지만, 그 안에 붙들려서 떠다니는 실재 자체를 기술하려는 것이 전혀 아니다. 그저 베르그손과 함께 데카르트의 바위, 칸트의 섬, 후설의 지반과 같이 요컨대 철학이 언제나 추구했던 고체적 받침점, 베르그손이 보여준 바에 따르면 단지 행동에만 적합한 받침점이 무너질 뿐이다. 이때 이미지는 행동의 지점을 조명하는 빛나는 영역의 가장자리에서 우리의 의식이 잠겨 되돌아가는 절대의 어두운 밤을 어렴풋하게 드러낸다.

베르그손은 무기물질과 고체적 물질을 구분한다. 이 구분은 섬세할 뿐 아니라 결정적이다. 베르그손이 사용하는 이미지화된 언어들은 대부분 이 두 물질의 간격에서 길어낸 것이다. 베르그손은 소크라테스 이전 자연학에서 우주를 구성하던 네 가지 원소들 가운데 물, 공기, 불의 이미지를 이용하여 자신의 새로운 형이상학이 자리 잡을 변동적 실재를 암시한다. 개념들은 땅이 나타내는 뚜렷한 고체성을 본떠 제작된다. 땅의 정적인 성격에 물, 공기, 불의 이미지가 갖는 역동적 성격을 대립시켜야 할 것이다. 그리고 이미지들의 이러한 유동성을 개념화하기가 어렵다는 사실은, 어떤 물질성으로도 환원 불가능한 절대에 대한 사유가 한층 더 어려운

32 《창조적 진화》, 각 248, 46, 192, 194, 192, 100, 119, 226쪽, p. vi, 251, 269-270쪽.

일임을 암시한다. 이미지는 개념과 마찬가지로 "**물리적 세계에서 빌려 온 것**"[33]이다. 하지만 개념과 이미지가 모두 물리적 세계에서 유래한다 해서 그것들이 동일한 평면에 위치하는 것은 아니다. 개념은 고체를 본떠 만들어진다. 반면 이미지가 의존하는 물질은 모든 고체를 넘어서는 것이다. 개념은 실재를 **표현한다**. 그리고 개념이 진정으로 표현할 수 있는 것은 오직 실재에서 붙들어 포착할 수 있는 측면, 즉 고체밖에 없다. 반면 이미지는 개념이 놓치는 것을 **암시한다**. 이미지를 통해 암시되는 것은 [우리가 붙잡을 수 있는 고체와는 달리] 오히려 우리를 붙잡고 있으며, 그렇기에 모든 포착에 저항한다. 그것은 "우리가 존재하고, 움직이고, 살아가는"[34] 절대다. 이처럼 물질에서 속성들을 빌려 오면서도 추상을 통해 그 내력을 은폐하는 개념과는 달리, 이미지는 물질 자체에서 물질을 넘어 모호한 비물질적 바탕으로 향할 수단을 찾는다. 그렇기 때문에 이미지 배후에서 기술되고 재발견되고 전치되는 것은 물이나 불, 공기가 아니라, 그것들 속에서 개념이 흡수하지 못하는 것, 그러나 계속해서 존재의 고유하게 능동적인 계기로 느껴지는 것이다. 그것은 존재의 운동성, 변동성, 지속이다. 달리 말하면, 베르그손적 상상계에서 중요한 것은 "대개 작업, 행동, 운동, 노력 등 역동적이라 불릴 수 있는 이미지들"[35]이다. 게다가 베르그손이 생을 이렇게 하나의 약동에 비유할 수 있었다면, 그것은 "물리적 세계에서 빌려 온 이미지 가운데 생의 관념을 더 근사적으로 제시할 수 있는 이미지가 존재하지 않기 때문이다". 물리적 세계에서 빌려 온 이미지는 생명을 "그

33 같은 책, 3장, 258쪽(필자의 강조).

34 같은 책, 200쪽. 베르그손이 종종 프랑스어로 인용하고, 때로는 라틴어 역 성서의 라틴어 표현으로 반복되는(《사유와 운동》, 176(203)쪽) 이 표현은 〈사도행전〉 17장 28절에 등장하는 바울의 말을 인용한 것이다. "우리는 신 안에서 살아가고, 움직이고, 존재한다." 인용구마다 존재와 삶이 문장 속에서 차지하는 자리가 뒤집히며 이 양자가 갖는 중요성을 변화시킨다(아르노 프랑수아가 편집한 《창조적 진화》, 476쪽을 참조하라).

35 에밀 브레이에, 〈플로티노스적 이미지와 베르그손적 이미지Images plotiniennes, images bergsoniennes〉, 《베르그손 연구》, Albin Michel, II, 1949, 113쪽.

자체로" 고찰하는 것이 아니라 "물질과의 접촉 속에서"[36] 고찰하는 경우에만 유효한 것이다.

따라서 이러한 세 가지 감각적 원소는 베르그손의 작품에서 유일하지는 않아도 특권적인 이미지들의 원천으로 제시된다. 물, 불, 공기가 이루는 상상적 토대의 역동성은 베르그손이 독자들에게 제시하는 수많은 이미지의 일반적 골조를 제공한다. 심지어 다음 가설을 제시할 수도 있으리라. 〈형이상학 입문〉의 한 주석에서 베르그손은 두 가지 이미지를 구분한다. 한편에는 철학자가 자신의 사유를 타인에게 설명할 때 제시하는 이미지가 있고, 다른 한편에는 "철학자 자신에게 필요할 수도 있는, 그러나 언제나 표현되지 않은 채로 남아 있는, 직관에 가까운"[37] 매개적 이미지가 있다. 〈형이상학 입문〉이 전자의 이미지들을 다룬다면, 〈철학적 직관〉에서는 후자의 이미지가 다루어진다. 주석가는 본래적 직관에 접근할 수 없기 때문에 이러한 접근을 단념하고 매개적 이미지를 (재)발견하는 과업을 떠맡아야 한다.[38] 어느 누구도 이미지 없이 작업할 수는 없다. 이미지가 자신을 위한 것이건 타인을 위한 것이건, 베르그손을 위한 것이건 아니면 독자들을 위한 것이건 말이다. 그렇기 때문에 베르그손이 자기 자신을 위해 사용했던 매개적 이미지가 그의 책 속에 담겨 있는 이미지들과 서로 상반되어야 한다는 자의적 가정을 배제한다면, [베르그손의 저작 속에 등장하는] 원소적 유동성이 바로 베르그손의 사유 속에서 "취해야 할 태도와 바라보아야 할 지점에 대한 지침"[39]을 얻기 위해 끊임없이 참조해야

36 《창조적 진화》, 3장, 259쪽.
37 〈형이상학 입문〉, 《사유와 운동》, 186쪽, n. 1(216, 각주 3).
38 1933년 10월 3일 버클리의 직관과 관련하여 자크 슈발리에와의 대담이 이 내용을 확증한다. "사실 나는 버클리의 텍스트에서 버클리의 직관으로 거슬러 올라가기를 자처한 적이 없습니다. 내가 말한 바는 반대로, 버클리에 대해, 그리고 그보다 몇 쪽 앞에서 이야기했던 스피노자에 대해서도, 우리는 **이미지**에, 즉 그들이 가졌던 직관의 **지성적인** 근사치에 머물러야 한다는 것이었습니다"(자크 슈발리에, 《베르그손과의 대담》, Plon, 1959, 198쪽).
39 〈철학적 직관〉, 《사유와 운동》, 130(152)쪽. [역주] 원문에는 인용 표기가 누락되

할 매개적 이미지라고 주장할 수 있을 것이다.

원소적 유동성이 베르그손 학설의 중심부에 놓여서 베르그손 "사유의 굴곡을 그림자처럼"[40] 뒤따르고 있다고 여길 만한 여러 이유가 있다. 물론 베르그손은 자기 자신을 위한 이미지와 타인을 위한 이미지를 구분한다. 그러나 이 두 이미지는 동일한 본성을 가지고 있으며, 이들의 차이는 오직 저자가 독자들에게 이미지를 전달할 때 후자의 이미지에 특별한 주의를 기울인다는 사실에서만 이해되어야 한다. 이미지는 이미지로서 제시되고, 이와 동시에 이미지가 가진 불충분성이 지적되며, 마지막으로 이 불충분성을 교정하는 다른 이미지가 그것을 보완한다. 이처럼 타인을 위해 만들어진 이미지는 작품의 체계 내에서 정확한 기능을 수행한다. 이 정확한 기능에 주의를 기울인다면, 베르그손이 말하듯, "사람들이 말하는 것만큼" 이미지를 "자주 발견할 수는 없을 것"[41]이다. 여기서 언급된 세 가지 요점에 집중하여 베르그손이 유동성을 진정한 매개적 이미지로, 더 나아가 이미지들의 모태로 삼았다는 사실을 보여주도록 하자. 유동성의 이미지는 도처에 편재하기에 단지 독자만을 위해 만들어졌다고 여길 수 없다. 그렇다고 해서 유동성의 이미지가 이미지의 일반적 특성을 벗어난다고 말하려는 것은 아니다. 오히려 우리는 이 유동성의 이미지에도 이미지 일반의 특성들을 부여할 것이다. 우리 역시 베르그손의 시간 개념을 다룰 때 소위 액체적인 은유에 속지 않기 위해 애쓰고 있기 때문이다.

(i) 우선 베르그손이 독자들에게 여타의 이미지를 제시할 때, 그는 대개 그것이 이미지라는 사실을 알리고 이미지에 속지 않게 해주는 수사적인 예비책을 함께 제시한다. 그는 다음과 같은 표현들을 동원한다. "마치 … 같은", "…에 비견할 만한", "그러니까 다음과 같이 상상해 보자",

었다.

40 같은 글, 120(141)쪽.

41 〈플로리스 드라트르에게 보내는 편지, 1935년 12월〉(《영미 평론*Revue anglo-américaine*》 XIII, 5, 1936년 6월, 395-401쪽), 《잡문집》, 1525쪽.

"그것은 말하자면" 등등. 생은 마치 폭발하는 포탄 같은 것이다. 이 말은 생은 포탄이 아니라는 사실을 함축한다. 그런데 액체적이거나 유동성과 관련된 이미지에는 이런 표현이 항상 덧붙지는 않는다. 대개는 그렇지 않다. 베르그손의 글쓰기 작업을 가로지르는 일차적인 도상성iconicité이 여기에 있다. '물결', '흐름', '흐르는', '액체', '유출', '변동' 등의 단어는 용법상의 예비책 없이 반복적으로 풍부하게 사용된다. 그렇다면 이러한 이미지가 "철학자의 정신을 아마도 부지불식간에 사로잡는다"[42]고 말할 수 있지 않을까?

(ii) 다음으로, 베르그손은 독자들에게 이미지를 제시할 때 종종 그 이미지가 갖는 근본적인 불충분성을 동시에 보여주곤 한다. 그렇기 때문에 그는 수정과 교정을 덧붙임으로써 이미지가 부정확하다고 상기시켜야 했다. 베르그손이 생을 대포가 발사한 포탄에 비유할 때, 그는 다음과 같이 덧붙였다. "그러나 우리가 여기서 다루고 있는 포탄은 즉시 파편들로 파열되는 포탄이다." 생을 증기의 분출에 비유할 때에도 마찬가지이다. "이 비유에 너무 밀착해서는 안 된다. 이 비유는 실재에 대한 약화된, 심지어는 기만적이기까지 한 이미지를 제공할 뿐이다."[43] [그러나] 이런 구절들로부터 다른 이미지들, 특히 물의 이미지에 특권을 부여하여, 이런 [유동적] 이미지들은 베르그손이 의식적으로 제시했던 과도한 번역들과는 달리 더 나은 번역, 소위 더 충실한 번역을 제공한다고 결론지어서는 안 된다. 베르그손은 이렇게 말한다. 지속이라는 "흐름의 연속성은 지금껏 보았던 그 어떤 흐름과도 비교할 수 없다".[44] 오히려 이미지는 명시적인 부적합성을 통해 그 의도 — 표현할 수 없는 실재를 암시하기 — 를 더 잘 수행한다. 이미지의 명시적 부적합성은 이미지가 보여주는 것, 더 정확히 말

42 〈철학적 직관〉, 《사유와 운동》, 119쪽.
43 《창조적 진화》, 3장, 99, 248쪽(필자의 강조).
44 〈형이상학 입문〉, 《사유와 운동》, 183(210)쪽.

하면 이미지가 보여주지 않는 것에 속지 않게끔 해준다. 실제로 베르그손은 이런 측면에서 다음과 같이 말한다. "우리는 의식에 아무것도 보여주지 않을 것이다. 우리는 단지 의식이 필요한 노력을 기울임으로써 직관에 스스로 도달하기 위해서 취해야 할 태도를 취하게 만들 뿐이다."[45] 이미지가 "우리를 구체 속에 **남아 있게 한다**"[46]는 점에서 개념보다 특권적이라 해도, 이는 이미지가 개념보다 더 충실하다는 말이 아니다. 단지 이미지가 추상될 수 없다는 의미일 뿐이다. 어떤 의미에서는 이미지와 물질 간의 거리가 개념과 물질 간의 거리보다 가깝지만, 이미지는 실재에 적용될 수 없다는 고백을 함축하기에 불완전한 닮음을 통해 실재를 간접적으로 유도한다. 이미지가 실재와 전혀 닮지 않았다는 말도 아니다. 그렇다면 그것은 이미지도 아니었을 것이다. 단지 극대의 상이성이 언제나 극소의 유사성보다 더 중요할 뿐이다. 이런 관점에서 이미지는 단순한 사본과 구분된다. 사본도 원본을 약화시키지만, 사본은 원본과의 닮음 정도에 따라 우리를 기만한다. 사본은 비록 희미한 것이라 해도 하나의 분신이며, 본성상 언제나 원본에 덧대어져 원본과 혼동됨으로써 우리를 혼동시킬 수 있다. [반면] 이미지는 그 고유한 본성으로 인해 누구도 기만할 수 없다. 이미지가 보여주는 것은 이미지와 혼동될 수 없기 때문이다. 이미지는 "손가락으로 지시한다".[47] 이미지는 실재를 붙잡기에는 너무 큰 두 대립 개념 사이에서 직관을 붙잡아야 하는 중간적 자리를 지시하는 기호 자체다. 흐름의 이미지는 이렇게 '하나'와 '여럿'이라는 두 개념을 거부하면서 양자 사이에서 지속이 직관적으로 포착되어야 하는 장소를 한정한다. 이미지가 자신 안에 고유한 한계를 지니고 있기 때문에, 이미지의 불충분성은 역설적으로 이미지의 가치—"그 자체로는… 어떤 가치도" 갖지 않으면서 무언가를

45 같은 책, 186(214)쪽.
46 같은 책, 185(213)쪽(필자의 강조).
47 〈플로리스 드라트르에게 보내는 편지〉, 《잡문집》, 1526쪽.

지시하는 지점에 놓였을 때만 가치를 갖는다는 가치 ― 를 이루는 것이다. 요컨대 추구되는 것은 부적실성이고, 이미지의 거짓됨은 스스로의 시금석[자기 지표]*index sui*이다. 이미지는 결핍을 통한 기호이고, 그저 지표일 뿐이다. 후에 블롱델Maurice Blondel은 동일한 내용을 더 분명하게 표현했다. "이미지는 반성을 자극하는 역할을 한다. 이미지의 효용은 무엇보다도 반성을 실망시키는 것이다. 따라서 이미지의 가치는 자신의 불충분성을 드러내고 비판을 야기하며 교정을 불러일으키는 데 있다."[48]

데리다Jacques Derrida가 중시하는 〈형이상학 입문〉의 유명한 구절은 이와 반대의 내용을 말하는 것처럼 보인다. 하지만 데리다는 이 구절을 나머지 구절들과 떼어서 생각했기 때문에 이 구절이 이야기하는 이미지의 본성을 잘못 이해했던 것이다.

> 어떤 이미지도 지속에 대한 직관을 대체할 수 없을 것이다. 그러나 서로 다른 사물의 질서에서 빌려온 다양한 이미지가 그 작용의 수렴을 통해 붙잡아야 할 특정 직관이 존재하는 정확한 지점으로 의식을 이끌어갈 수 있을 것이다. 가능한 한 서로 부조화하는 이미지들을 선택한다면, 그 이미지들 가운데 어느 하나가 그것이 불러내야 하는 직관의 자리를 찬탈할 수 없을 것이다. 그 경우 그 이미지는 다른 경쟁자들에 의해 즉시 내쫓길 것이기 때문이다.[49]

데리다가 보기에, 이미지들을 비어 있는 "직관의 자리"를 찬탈할 수 있는 "경쟁자들"로 규정하는 일은 이미지들의 우상화 역량을 드러낸다.[50]

48 모리스 블롱델, 《존재와 존재자들*L'Être et les êtres*》, Alcan, 1935, 18쪽; 에밀 브레이에, 〈플로티노스적 이미지와 베르그손적 이미지〉, 123쪽에서 재인용.

49 〈형이상학 입문〉, 《사유와 운동》, 185-186(213-214)쪽.

50 자크 데리다, 《접촉, 장뤽 낭시*Le Toucher, Jean-Luc Nancy*》, Galilée, 2000, 140-141쪽에 인용된 구절. 〈백색신화〉(《여백들》, Éd. de Minuit, 1972, 254-255쪽)도 인용하지는 않지만, 명백히 동일한 구절을 언급하고 있다.

데리다는 여기에 전혀 반대하지 않는다. 그러나 이 지점에서 텍스트를 주변 맥락과 관계없이 읽어나감으로써, 데리다는 다른 사람들처럼 이미지를 계속해서 단순한 은유로 이해하고 만다. 그렇지만 베르그손이 이미지가 지닌 결핍을 매번 상기시키지 않는다 해서 이미지에 직관을 대체할 수 있는 능력을 부여한 것은 아니다. 이미지의 내재적 부적실성은 이미지가 영광의 자리를 차지하는 일을 스스로 막는다. 베르그손이 생을 점프대 위에서 도약하는 사람에 비유할 때, 누가 이 은유에 속아 넘어갈 것인가? 그리고 이 은유에 속지 않는 사람에게 이 은유가 [직관의 자리를] 찬탈할지도 모른다는 위협을 끌어내 보여줄 수 있을까? 원본과 번역을 혼동할지도 모른다는 위협은 결코 이미지로부터 유래할 수 없다. 우리를 이미지 너머로 이끄는 노력을 지시하고, 요청하고, 암시하고, 환기하는, 따라서 그 노력을 야기하는 이미지의 힘은, 이미지 너머를 표현할 수 없다는 이미지의 무능력에서 오는 것이기 때문이다. 게다가 인용된 텍스트 이후에 전개되는 내용은 데리다가 이미지 속에 있다고 생각한 그러한 위협이 오직 개념으로부터만 유래할 수 있다는 사실을 보여준다. "반대로 이 경우 과도하게 단순한 개념은 정말로 상징이 될지도 모른다. 이때 개념은 **상징화된 대상 자체를 대체하여** 우리에게 아무런 노력도 요구하지 않게 된다." 개념이 가진 상징화의 힘은 개념의 약점이다. 우리의 시선이 개념을 가로지르는 대신 개념 안에 머물러, 우리가 실재의 "지성적 **등가물**"을 획득했기 때문에 진정으로 실재를 향해 나아가지 않아도 된다고 믿게 만들기 때문이다. 베르그손은 정확히 개념이 가진 우상화 역량 때문에 개념의 우위를 박탈한다. 개념은 우상이다. 개념은 명증성으로 시선을 붙잡아 자신의 척도로 메운다. 대상에 대해 전체적이지는 않아도 부분적으로 "충실한" 표상을 얻을 수 있다고 확신하고 여기에 만족하는 시각은 개념으로 채워진다. "환상은 정확히 여기에 있다. 또한 위험도 여기에 있다."[51] 그러나 이미지의 고유성은 정신을 그 너머로 향하도록 추동하는 비적합성, 혹은 긍정적인 용어를 사용하자면 비스듬함obliquité에 있다. 요컨대 베르그손은 적합adéquation이라는 고전적인 이상을 환상으로 치부한다. 언어는 자신이 표현하는 실재를 복제함으로써 실재에 상징적인 막을 덧붙인다. 이 상징적인 막은 실재를 적합하게 드러낸다고 자칭할수록 더 기만적인 방식으로 실재로의 접근을 차단한다. 언어가 사태 자체를 향해 직접적으로, 똑바로 나아가려면, 언어는 비스듬한 것이 되어야 한다.

(iii) 마지막으로, 베르그손이 독자에게 **다수의** 이미지를 제공하는 이유는 직관의 지위를 차지하려는 이미지들이 서로를 배제시키도록 만들어 그것들의 "효과를 중화하거나 제어하기"[52] 위해서라기보다는, 각각의 이미지가 개별적으로 취해졌을 때 갖는 불충분성을 보완하여 이미지들의 수렴을 통해 사유가 취해야 할 방향을 제시하기 위한 것이다. 직관은 이렇게 규정된다.[53] 이미지의 비유사성은 이미지가 홀로 [실재를] 정확히 겨냥하는 일은 불가능하게 만들지만, [그럼에도] 이미지에 보완물의 지위를 부여한다. 이미지들은 필연적으로 **집단**으로 나아가면서, 서로를 쫓아내기보다는 뒤따르고, 서로를 대신하기보다는 완성하며, 서로를 교정

51 《사유와 운동》, 187(215)쪽(필자의 강조).

52 자크 데리다, 〈백색신화〉, 《여백들》, 255쪽.

53 다음과 같은 사례를 통해 데리다의 독해에 대한 반박 작업을 완수할 수 있을 것이다. 〈형이상학 입문〉을 출간했을 시기, '기억 이론들의 역사'에 대한 콜레주 드 프랑스 강의에서 베르그손은 라마르틴Alphonse de Lamartine의 시 〈죽어가는 시인le poète mourant〉에서 "죽어가는 자가 과거로 던지는 영혼의 시선"과 관련된 구절을 인용한다. 실제로 라마르틴은 이 시에서 서로 관련이 없는 다수의 이미지를 환기한다. "부러질 때 가장 숭고한 소리를 내는 리라, 꺼지자마자 갑자기 되살아나서 사라지기 전에 가장 순수하게 빛나는 촛불, 마지막 순간에 하늘을 바라보는 백조 등." 베르그손은 이 이미지들 가운데 어떤 이미지도 다음 구절로의 이행을 설명해 주지 않는다는 점을 확인하면서 다음 해석을 덧붙인다. "이 이미지들 사이의 공통점이 무엇일까요? 그것은 정신적인 방향입니다. 우리는 하나의 정신적인 방향을 의식할 수 있습니다…. (…) 끝을 앞두기 전에 고양되는 무언가가 갖는…. (…) 특정한 추상적 방향 말이죠. (…) 그리고 또한 끝을 앞둔 것이 고양된다고 말할 때, 나는 이미 하나의 이미지를 만들게 됩니다. 기억이 이미 이미지로 실현되는 것이죠. 그러나 일단 이 방향을 따르고 나면, 다른 이미지들로도 향하게 될 겁니다. 그것은 말하자면 신체를 찾는 영혼과도 같습니다. 이렇게 그것은 이미지들로 구체화됩니다"(《기억 이론들의 역사》, 1903년 12월 18일 강의, 55-56쪽).

하면서 줄지어 나타난다. "그러니까 오히려 이렇게 생각해 보자", "…하는 대신 다음과 같이 상상해 보자"[54] 등의 표현에 주목하라. 생명은 "근원적 약동"(88-89)이자, 폭발하는 "포탄"(99)이며, 하강하는 "증기의 분출"(248)이고, "철가루" 속을 파고드는 보이지 않는 손(95-96)이다. 그렇지만 동시에 생명은 이 물리적 이미지들 중 그 어떤 것도 아니다. 개념과 달리 이미지들은 이미지를 초과하는 것을 향해, 이 모든 이미지가 서로 만나는 지점으로 우리를 인도한다. 이미지의 물리적인physique 불충분성이 직관을 고유한 의미에서 형이상학적*méta*physique[물리-너머]으로 만들어 준다. 직관은 이미지를 참조하는 동시에 이미지로부터 벗어난다. 더 주목할 만한 점이 있다. 데리다가 인용하는 대목의 앞부분에서 베르그손이 제시하는 모든 이미지는 내적 지속에 대해 충실하지는 않지만 가능한 하나의 번역을 제시하려는 것이 아니다. 그것들은—방법론적 고찰이 강제하는 바대로—이미지들이 품고 있는 본질적 비적합성에 역점을 두려 한다. 흐름, 풀리는 동시에 감기는 두루마리, 수천의 색조를 가진 스펙트럼, 늘어나는 탄성체, 수축되고 이완되는 용수철과 같이 베르그손이 차례로 환기시키는 이미지들은 이러한 이미지들이 모두 어떤 점에서 적합하지 않은지를 보여주려는 의도에서 제시된다. 결국 베르그손은 다음과 같은 결론에 도달한다. "이미지를 통해 지속을 표상할 수는 없을 것이다."[55] 여기서 어떻게 우상화의 역량을 찾아낼 수 있단 말인가? 반대로 이미지가 갖춘 도상적 지위는 언제나 이미지와 혼동되곤 하는 은유에 대항하는 가장 강고한 성벽이 될 수 있지 않을까?

54 《창조적 진화》, 3장 248쪽, 1장 95쪽.

55 《사유와 운동》, 186(214)쪽. 베르그손이 이미지에 부과하는 지위가 새로운 것이 아님에 주목하자. 이 지위는 바로 프로클루스Proclus와 위僞디오니시우스Pseudo-Dionysius를 거쳐 요하네스 스코투스 에리우게나Johannes Scotus Eriugena까지 거슬러 올라가는 신플라톤주의 전통에 속하는 것이다(cf. 장루이 크레티앵, 〈사선성에 대한 신플라톤주의적 해석학L'herméneutique néoplatonicienne de l'obliquité〉, 《비밀의 미광*Lueur du secret*》, 1985, L'Herne, 137-182쪽).

사실 [은유와 이미지를 혼동한다는] 비판은 이미 메를로퐁티가 나름의 방식으로 베르그손에게 제기했던 비판이다. 메를로퐁티는 베르그손이 순수지속을 기술해야 할 때마다 스스로의 액체적 은유에 속고 있다고 비난한다.[56] 앞서 살펴보았듯, 베르그손은 물의 이미지를 사용하는 경우 다른 이미지들을 제시할 때 취했던 방법론적 예비책을 동원하지 않는다. 그러나 물의 이미지가 그렇게 직관을 배반한다 해도, 이는 주의의 부족 때문이 아니다. 물이 특권적 이미지인 이유는 그에게 물의 이미지가 필요 불가결했기 때문이다. 물의 이미지는 그의 글쓰기 유희 전체를 관통하며, 베르그손은 이 새로운 원소 속에 철학을 정착시키려 한다. 물은 베르그손 사유의 매개적 이미지이고, 어떠한 직관도, 베르그손 자신의 직관조차 물 없이는 이루어질 수 없다. 게다가 물 — 그리고 이차적으로는 공기와 불[57] — 은 다양한 이미지를 머금은 채로도 어떤 단순성을 지니고 있다. 저자는 여기서 독자를 위해 다양한 이미지를 뽑아내지만, 물의 단순성은 그 이미지를 본원적 직관에 가장 가까이 자리 잡게 만든다. 말하자면 우리는 이 매

56 모리스 메를로퐁티, 《지각의 현상학》, Gallimard, 1945, 〈공간〉 장, 319쪽, 주석 1.

57 《창조적 진화》에서 공기나 불의 원소가 존재한다는 점에 주목할 수 있다. 베르그손은 이것들에 기반하여 생명을 암시하려 한다. 약동부터가 그러하다. "바람"의 "숨결"(51쪽), "생명의 거대한 숨결"(129쪽), "회오리바람"(129, 269쪽) 혹은 "불꽃"(249, 251, 261-262쪽), "불씨"와 "폭발물"(116, 180, 253-254쪽) 등. 《창조적 진화》(2007, PUF)에 수록된 풍부한 이미지 색인을 보라. 《도덕과 종교의 두 원천》에서는 불타는 이미지의 중요도가 올라간다. 여기서 관건은 생의 약동이 원천으로 삼는 불타는 원리까지 하강하는 것이다. 도덕과 종교의 창조적 감동은 "그 불꽃으로" 지성을 "태운다"(43(64-65)쪽). 창조적 감동이 융합하는 재료들은 감동이 관념들로 식어버리고 고체화된 뒤에도 다시 태워질 수 있다. "불꽃은 다시 점화될 수 있다. 그리고 재점화될 경우 그것은 점점 더 커질"(47(70)쪽) 것이고, 열정을 통해 "영혼에서 영혼으로 산불처럼 무한정"(59(86)쪽) 퍼질 것이다. 이런 점에서 이 구절들은 위대한 선인들에 관련된 〈의식과 생〉(1911)의 그 유명한 '화산'의 이미지(《정신적 에너지》, 25(36)쪽)에 충실한 것이다. 우리가 보기에 물을 특권화하는 것은 단지 베르그손의 시간과 방법에 주의를 기울이는 경우에만 정당화될 수 있다. 《창조적 진화》는 베르그손이 이 점을 명확히 의식한다는 사실로 인해 중심적인 저작이 된다. 《물질과 기억》에서는 이러한 이미지들이 — 물을 통해 그 이미지가 제시되는 지속과 마찬가지로 — 그다지 눈에 띄지 않으며, 부재하기도 한다.

개적 이미지 속에서 점묘법적 통일성을 확인한다. 이 통일성은 베르그손이 제시하는 더 복잡한 다수의 이미지를 잠재적으로 소유한 것처럼 보인다. 물론 몇몇 사례가 우리의 입장을 반박하거나, 베르그손의 텍스트를 샅샅이 뒤져서 나온 넓은 범위의 이미지들을 보완할 수 있다. 그럼에도 베르그손적 이미지들은 물, 공기, 불의 유동성으로부터, 그리고 그것들 사이에서 이루어지는 이행(액화, 기화, 응결, 동결, 용해)의 연속성으로부터 환기évocatrice의 역량을 획득하는 것은 아닌지 자문해야 할 것이다.

〈철학적 직관〉에서 베르그손은 철학자들이 가진 직관의 매개적 이미지를 찾아야 한다고 말한다. 대개의 경우 이 이미지는 철학자들이 제시하는 개념의 그늘에 감춰져 있다. 이를 통해 베르그손은 철학사에 입문하는 새로운 방식을 제안한다. 예컨대 대도시의 거리에 불어닥치는 강풍의 이미지는 사르트르의 철학을 어떤 개념보다도 잘 요약하는 것처럼 보인다. 사르트르 자신은 《존재와 무》에 제시된 이미지들이 사유의 이차적인 장식물이고 없어도 된다고 생각했지만, 아마도 이 이미지들이야말로 인간 자유에 대한 그의 직관 — 과 그 한계들 — 을 가장 가까이 드러낼 것이다. 따라서 사르트르의 문학과 철학을 분리하지 않고, 《존재와 무》를 《구토》의 연장선상에서 읽을 수 있다. 그의 첫 번째 소설인 《구토》에서 무엇을 읽을 수 있는가? "도시에서는 광물 외에 다른 것을 만날 일이 거의 없다. 광물은 존재하는 것들 가운데 가장 덜 무서운 것들이다."[58] 주인공 앙투안 로캉탱은 땅에서 나와 땅을 덮고 있는 광물에 둘러싸일 때만 편안함을 느낀다. 도시를 이루는 순수한 광물이 가져다주는 차가움이 그를 행복하게 만든다. 그에게는 수렁과도 같은 시골 도시인 부빌조차 "떠나서는 (…) 안 되는" 도시로 남아 있다. 그는 도시의 삼면이 증식하는 식물로, 나머지 한 면은 바다로 막혀 있다고 생각한다. 로캉탱이 부빌을 불편해하는 이유

58 장폴 사르트르, 《구토》, Gallimard, 1935, 220쪽.

는 도시가 응당 막아주어야 할 자연적 요소들이 부빌에 너무 많기 때문이다. 로캉탱이 공원에서 찾아낸 자연적 요소들이 도시 밖에 있는 것들—바다의 악과 삶의 악—에 대한 공포를 차용하고 우발성을 폭로함으로써 그의 구토를 유발하는 것은 아닌가? 어떤 연금술과도 같은 작용으로, 죽어가는 나무가 쓰러져 있는 땅과 비가 섞여 진흙이 만들어진다. 부빌이라는 도시의 이름은 '진흙boue'에서 유래한 것이다. 로캉탱의 관점에서 진흙은 날것의 실존—젖은 것, 질척대는 것, 눅진한 것, 외설적인 것—을 육화하는 물질이다. 《존재와 무》에서 이루어지는 끈적거림에 대한 분석은 이러한 실존을 다시 만나게 할 것이다. 끈적거림은 액체가 고체화되는 이미지, 물자체가 아교처럼 의식에 끈적하게 달라붙어 의식을 삼켜버리는 끔찍한 이미지를 보여준다. 부빌은 진창이고, 공원에서의 끔찍한 도취에 이어 곧바로 로캉탱은 파리로 돌아가기로 결심한다. 파리에서 로캉탱의 의식은 순수한 것으로, 하나의 "강풍"[59]으로 느껴질 것이다. 사르트르의 저작 속에서 이러한 이미지들을 재활성화한다면, 현상학적 존재론—베르그손의 표현을 빌리자면 한 사람이 만들어 "전체를 받아들일 것인지 전체를 기각할 것인지를 결정해야 하는"[60] 광대한 종합—이 되겠다는 사르트르 철학의 일반적 야심에 이의를 제기할 수도 있을 것이다. 우리가 보기에 이러한 야심은 적어도 그의 철학—문헌 작품과 정치 참여—을 극복 불가능한 대도시의 지평 속에 놓도록 만드는 것 같다. 특히 즉자와 대자 사이를 가르는 사르트르의 근본적인 구분이 그러하다. 이 개념들은 그것들을 비밀스럽게 떠받치고 있는 이미지들로 향할 때 더 잘 이해된다. 먼저 사르트르가 말하는 즉자란 대자의 실존과 꽤 명확히 구분되는 도시의 이러한 광물적 타성이 아닌가? 그리고 우리 자신인 무, 인간적 실재 자체

59 장폴 사르트르, 〈후설 현상학의 근본 관념: 지향성〉(1939), 《철학적 상황들*Situations philosophiques*》, Gallimard, 1990, 10쪽.

60 《창조적 진화》, 3장, 192쪽.

인 이 근본적 자유를 비유적으로 표현하는 데에는 수도 거리에 부는 강풍보다 더 나은 이미지가 없지 않은가? 생이 식물이나 동물의 형태로 — 그러나 언제나 도시 밖에 있는 것으로 — 나타날 때, 사르트르는 자신이 생에 보편적으로 귀속되었다는 사실을 새로이 느낄 잠정적 가능성을 마주하는 대신, 언제나 엄습하는 공포, 유類의 뒤섞임, 끈적거림, 즉자 속에 삼켜진 대자를 마주한다. 생에 대한 사르트르의 거부 — 실존을 옹호하기 위한 — 는 어쩌면 이해할 만한 것일지도 모른다. 그러나 이 거부가 논증되는 것은 아니다. 이미지가 여기서 논변의 역할을 대신한다. 우리는 베르그손을 통해 이 생을 포기하지 않을 수 있게 될 것이다!

베르그손 또한 버클리George Berkeley의 문장을 활용할 때 이러한 접근 방식을 채택한 것이 아닌가? 베르그손은 버클리의 《인간 인식의 원리들》 3절에서 다음 문장을 인용하는데, 이 문장은 신비롭기는커녕 다소 하찮아 보이기까지 한다. "우리는 먼지를 일으켜 놓고 나서는 앞이 보이지 않는다고 투덜댄다." 베르그손은 이 문장에서 버클리의 사유에 새겨진 방향을 나타내는 희미한 지침을 발견한다. 버클리는 물질을 "인간과 신 사이에 놓인 **얇고 투명한 막**으로"[61] 여긴다. 그리고 실체, 힘, 추상적 연장 같은 단어들은 우리가 일으킨 먼지들로, 이 투명한 막을 불투명하게 만들어 신을 보는 일을 방해한다. 그런데 버클리 철학에서 그 발생적 이념과 가까운 매개적 이미지를 다시 발견할 수 있다면, 베르그손 철학에 대해서 동일한 작업을 수행하는 것이 왜 불가능하겠는가? 베르그손은 개념보다 이미지에 더 높은 자리를 부여했던 최초의 인물이고, 그의 글은 다른 누구의 글보다도 이미지를 배양할 수단을 더 많이 제공하는데 말이다. 게다가 베르그손이 이러한 매개적 이미지가 아닌 다른 이미지, 혹은 이미지들을 염두에 두었다 해도, 그의 글에서 드러나는 것은 물의 이미지다. 따라서 물

61 〈철학적 직관〉, 《사유와 운동》, 131(153)쪽.

의 이미지는 "마치 동일한 원본에 대한 두 번역이 서로 다른 언어로 된 등가물인 것처럼"[62] 베르그손이 염두에 둔 이미지의 등가물임이 틀림없다. 그리고 이 두 이미지가 서로 등가적이라면, 물의 이미지가 제시하는 번역이 어떤 의미에서는 곧바로 원본적originaire이라는 말이 아닐까? 베르그손은 이미지가 직관으로부터 "**직접적으로** 유래"한다고, 그리고 이미지에 의해 밀려난 직관이 놓이는 어두운 밤의 심층에서 정신은 자기 자신을 상실하는 방식으로만 자신과 일치한다고 말하지 않는가. 직관은 순수 기억과 마찬가지로 무의식적인 것이고, 무의식의 경계에서 포착될 수 있는 것은 이미지뿐이다. 따라서 이미지가 없다면 직관을 획득할 수 없다. 이 경우 자의적인 해석이란 매개적인 이미지를 제안하는 것이 아니다. [자의적인 것은] 이미지를 배제하는 것, 그리하여 베르그손의 모든 저작이 반대하는 체계의 정신을 통해 베르그손을 읽는 것이다. "'본원적originelle 직관'을 모호한 사유로 여기지 않고 '학설의 정신'을 추상으로 여기지 않으려면, 우리 해석자들은 매개적 이미지를 재수립해야 한다."[63] 직관을 배반하지 않고 적절히 사용될 수 있는 다른 이미지들도 있을 것이다. 그러나 우리의 목적, 곧 베르그손 철학을 그 방법에 근거하여 밝히고 지속을 특권적인 도구로 제시하기 위해서는 액체적 원소가 가장 적합한 것처럼 보였다. 존재의 진리에서 추방된 인간은 진리 속에서만 자신의 원소를 찾게 된다는 하이데거의 말[64]처럼, 지속은 이제 그 속에서 사유가 움직여야 하는 새로운 유동적 원소이자, 베르그손의 요구에 따라 "의식이 호흡하는 지성성의 대기"[65]로부터 벗어나려는 철학이 결정적으로 거주해야 하는 장소다.

베르그손 철학에서 이미지의 지위에 대해 서로 상반되면서도 대칭적

62 같은 책, 130쪽.
63 같은 책.
64 마르틴 하이데거, 〈인간주의에 관한 편지〉, 《물음들 III》, 로제 뮈니에Roger Munier 번역, Gallimard, 70쪽.
65 《창조적 진화》, 4장, 356쪽.

인 두 가지 오류가 존재한다. 우선 첫 번째 오류는 과학자들의 오류로, 이미지가 개념을 예비하며, 베르그손의 사유를 더 매력적인 것으로 꾸미기 위한 단순한 여분의 장식이라고 생각하는 것이다. 두 번째 오류는 철학자들의 오류로, 이미지에 증명의 힘을 부여하여 이미지가 직관을 대체하고 독자들을 기만할 수 있다고 여기는 것이다. 우리가 보기에 이 두 비판은 너무 과하거나 너무 부족한 것이다. 그것들은 모두 베르그손적 이미지를 은유라는 고전적인 수사 형식과 동일시하는 데서 기인한다. 은유적*méta*phorique[다른 곳으로 전치된][66] 형이상학*méta*physique[자연학 너머]을 구축하기는커녕, 오히려 낡은 형이상학의 은유 작용을 통해 형이상학의 해체를 가능케 했던 베르그손 자신의 경계에도 불구하고, 많은 독자는 이미지와 은유 사이의 이러한 동일시를 받아들였다. 예를 들어 사람들은 하이데거와 은유의 문제를 중심으로 데리다, 리쾨르Paul Ricœur, 그레시Jean Greisch를 한데 묶는 논쟁[67]에 베르그손의 이름이 전혀 언급되지 않았다는 사실에 놀랄 수도 있다. 이들의 독해는 서로 상이하고 그로부터 도출되는 결론들도 다양하지만, 이들은 모두 형이상학을 은유라는 지배적인 형식에 결부시킨다는 공통점이 있다. 혹자는 형이상학이 은유를 감성계에서 가지계可知界로의 전이로 정의함으로써 은유의 **개념**을 구축하고, 이를 통해 은유를 지배하기에 이르렀다고, 또 이러한 은유의 정의가 존재를 형상εἶδος으로 여기는 플라톤적인 존재 규정을 전제하는 한에서 은유가 존재의 역사 속에서 어떤 위치를 차지하는지 한정할 수 있다고 말한다(하이데거). 혹자는 반대로 형이상학은 이미 **은유적인** 개념밖에 구축할 수 없기에 해체

66 [역주] 은유métaphore의 어원이 되는 '메타포라μεταφορά'는 '다른 곳으로μετα 옮기는 것φορά'을 의미한다. 아래 인용문에서 베르그손은 은유를 '전치transposition'로 이해한다.

67 이 논쟁은 하이데거가 《근거율》(Gallimard, 1962, 112-128쪽)에서 제시하는 간결하면서도 결정적인 주장에서 출발하여 재구성될 수 있다. "은유적인 것은 형이상학의 내부에만 존재한다." 예로, 장뤽 아말릭Jean-Luc Amalric, 《리쾨르, 데리다. 은유 작용*Ricœur, Derrida. L'enjeu de la métaphore*》, PUF, "Philosophies", 2006.

된다고 말한다(데리다). 그렇지만 어떤 경우건 간에 이들은 비유 일반을 은유에 종속시킴으로써 은유에 총칭적인générique 성격을 부여한다. 은유는 아리스토텔레스 이래로 총칭적인 것으로 여겨졌고, 다른 어떤 저자도 이 점에 반대하지 않았다. 그렇지 않다면, 베르그손적 이미지를 [은유가 아닌] 다른 방식으로 이해하는 것이 그토록 어렵다는 사실을 어떻게 설명할 수 있겠는가? 이미지는 언제나 다시 은유라는 집요한 형식으로 이끌려 가지만, 베르그손은 이미지라는 중립적 용어가 제시하는 여분의 일반성을 통해 이미지를 은유에서 떼어내고자 한다. 베르그손의 글 속에서 이미지가 은유의 자리와 지위를 차지한다 해도, 적어도 그것은 갱신된 은유 관념으로 향하며, 이 갱신된 은유에 대해서는 더 이상 은유라는 말을 사용하지 않는 편이 더 나을 것이다. 《사유와 운동》의 두 번째 서론에서 발췌한 다음 구절은 이 지점에서 결정적이다.

> 비유와 은유는 여기서 표현될 수 없는 것들을 암시할 것이다. 그것은 우회로가 아니다. 우리는 단지 목표를 향해 똑바로 나아갈 뿐이다. 계속해서 소위 '과학적'이라고 불리는 추상적 언어를 사용한다면, 사람들은 정신에 대해서는 물질을 통한 정신의 모방물밖에 제시하지 못할 것이다. 추상적 관념들은 외적 세계로부터 추출한 것이기에 언제나 공간적 표상을 함축하기 때문이다. 하지만 사람들은 정신을 분석했다고 믿을 것이다. 따라서 추상적 관념들만으로도 우리는 물질을 본떠 정신을 표상할 것이고, 전치를 통해, 즉 그 말의 정확한 의미에서 은유를 통해 정신을 사유할 것이다. **외양에 기만당하지 말자. 이미지화된 언어가 의식적으로 축자적으로 말하고, 추상적 언어가 무의식적으로 비유적으로 말하는 경우들이 있다.** 우리가 정신적 세계에 다다르는 즉시, 이미지는, 만일 이미지가 단지 암시suggérer만을 겨냥한다면, 우리에게 직접적인 시각을 제공할 수 있다. 반면, **표현*exprimer*을 자처하는, 공간적 기원을 갖는 추상적 용어는 대체로 우리를 은유에 빠뜨릴 것이다.**[68]

사실 베르그손이 이미지와 은유 사이에 간극을 두는 이유는 결국 은유와 개념 사이에 언제나 가정되었던 더 오래된 구분을 전복하기 위한 것이다. 지성은 공간을 적합한 도식으로 삼는 고체의 지반을 떠나지 못하고, 고체로부터 추상적 관념들을 채취한다. 지성은 생과 정신의 불안정성을 통해 더 이상 고체에 속하지 않는 것을 표현하려 할 때조차 고체를 참조한다. 외적 세계가 내적 세계의 상징이 되고, 이 소위 내적 세계라는 것은 외적 세계의 은유적 전사décalque가 되고 만다. 달리 말하면, 상징적 장에서 이미지를 배제할 때, 베르그손은 이미지를 은유의 오염으로부터 보호하려는 것이다. 개념 — 탁월한 기호이자 특출한 상징 — 이 은유의 오염을 늘상 피할 수 있는 것은 아니다. 대부분의 경우에는 피할 수 없다. [그렇다고 해서] 개념이 데리다의 생각처럼 추상을 통해 그 출처를 사상함으로써 부각되는 낡아 죽은 백색 은유이기만 한 것도 아니다. 그렇지만 개념이 개념에 고유한 방향을 부여하는 고체의 이미지를 따라 과도하게 비유적으로 확장되는 경우, 처음에는 은유가 아니었어도 은유로 변질될 수 있다. 개념이 그 자체로 은유적이지는 않다. 그렇지만 개념이 정당한 적용 영역에서 벗어나 개념을 배제하는 변동 쪽으로 전치, 전이, 이전되는 경우에는 은유적이게 된다. “아무리 추상적인 공식에 도달하더라도 언제나 그 안에는 여전히 은유적인 면이 존재한다. 마치 지성이 정신적인 것을 물리적인 것으로 전치시켜야만 정신적인 것을 이해하고 표현할 수 있었던 것처럼 말이다.”[69] 베르그손은 은유라는 “말”에 “정확한 의미”를 부여하여 “은유적 번역”을 “공간적 전치”로 정의할 수 있었다.[70] 그렇기 때문에 베르그손이 축자와 비유라는 고전적인 대립을 계승한다 해도, 이는 단지 개념과 이미지의 지위를 동요시키고 이 대립의 일상적 용법을 정지시키기

68 〈서론〉, II, 《사유와 운동》, 42(54)쪽(필자의 강조).
69 같은 책, 34쪽.
70 같은 책, 76쪽.

위한 것일 뿐이다. 비유적인 것이 축자적인 것이 될 수 있고, 그 반대도 마찬가지다. 한편으로는 비유적이라고 여겨지는 이미지가 가장 축자적이다. 이미지는 어떠한 전유도 요구하지 않고 "**단지 암시만을 겨냥**"하기 때문이다. 다른 한편으로 개념은 비유가 된다. 개념은 그것이 표현하는 것, 혹은 "**표현한다고 자처하는**" 것에 적합하다는 잘못된 믿음을 야기하기 때문이다. 따라서 우리는 역설적으로 다음과 같이 주장해야 한다. **의식적으로** 이미지화되기를 결심함으로써 지속 속에 자리한 철학은 은유적이지 않고 **축자적으로** 형이상학적인 것이고, 반대로 어떤 지반 위에 스스로를 정초함으로써 명석하고 명증적인 원리에 도달하고, 이 명증적인 원리에서 도출되는 사실학을 이 지반 위에 건립하려는 철학은, 그 지반이 아무리 필증적일지라도 **무의식적으로** 비유를 통해 말하고 **실제적으로** 은유적인 형이상학에 속하게 된다. 정초적인 철학은 건축의 은유로 이끌린다. 정초는 은유인 반면, 용해는 이미지다. 은유와 이미지 사이의 대립이 분명해지면, 그것은 개념의 엄밀성과 이미지의 모호함 사이에 있다고 여겨지는 대립에서 멀어진다. 은유와 이미지의 대립은 죽은 은유와 살아 있는 은유의 대립일지도 모른다.[71] 이 대립은 오히려 고체의 이미지로 이루어진 개념들을 배제한다. 건축술architectonique의 기획은 개념들을 감성적으로 떠받치는 땅의 이미지로 인해 건축architecturale 작업의 세력권에 놓이기 때문이다.[72]

71 리쾨르가 이 표현을 선택하기 전에 이미 베르그손은 그가 소유한 플로티노스의 《엔네아데스》의 여백에서 유사한 표현을 사용한 바 있다. "개념=말라붙어 죽은 이미지"(두세 재단, BGN-II-25 1/2, Éd. R. Volkmann, vol. II, 《엔네아데스》, IV, 4, 39장, 158쪽).

72 [역주] 칸트는 〈초월적 방법론〉에서 건축술*Architectonik*을 "체계들의 기술"로 규정한다. "나는 건축술을 체계들의 기술이라고 이해한다. 체계적 통일성은 보통의 인식을 비로소 학문으로, 다시 말해 인식의 한낱 집합으로부터 체계를 만들어내는 것이므로, 건축술은 우리의 인식 일반에서 학문적인 것에 대한 이론이고, 그러므로 필연적으로 방법론에 속한다"(A832/B860). 칸트는 건축술적 통일과 기술적인 통일을 분리하면서, 학문들에 체계를 부여하는 건축술적 통일은 경험적 의도가 아니라 선험적 이념에 따라 분절되어 있다는 점을 강조한다. 여기서 리키에는 개념들의 건축술architectonique이 고체와 땅을 매개로 하여 건축의architecturale 은유에 기대고 있음

따라서 베르그손이 제안한 전복은 전혀 무근거한 것이 아니다. 그는 과학이 실재적 시간의 효력을 완전히 은유적인 것으로 받아들여 실재적 시간을 배제하는 것에 대해 다음과 같이 응답한다. "사람들은 그것이 은유에 불과하다고 말할 것이다. 실제로 기계론의 본질은 시간에 유효한 작용이나 고유한 실재성을 부과하는 모든 표현을 은유적이라 여기는 데 있다."[73] 정신은 자신이 단번에 물질의 고체적 영역으로 **이전되어***se transporte* 그곳에 기대고 있다는 사실을 모르기 때문에, 반대로 고체적 영역에서 **빠져나와***s'en exporte* 자기 자신에게 되돌아가는 모든 담화를 은유적이라고 비난한다. 관건은 "추론보다도 강력하고 직접적 관찰보다도 강력한 (…) 정신의 기계론적 본능"[74]이다.

베르그손이 (지속 속의) 사유와 (공간 속의) 언어 간의 환원 불가능한 간극을 확인했음에도, 사람들은 계속해서 베르그손이 일치의 이상, 즉 지성과 사물 간의 일치*adæquatio intellectus et rei*라는 이상을 가지고 있다고 판단한다. 그러나 베르그손은 이 이상을 과감히 해체하려던 최초의 인물이었다. 사람들은 베르그손 철학 속에서 이미지와 은유를 구분하지 않았기 때문에, 베르그손 철학이 언어의 지위를 박탈한다고 주장하려 했다. 언어의 지위가 박탈되었기에 사유는 부득이한 방편으로 이미지를 사용하여 사유의 도구를 브리콜라주하고 본래 용법에 반하여 이용해야 한다고 말이다. 그러나 그들은 언어가 상상계의 승격을 통해 복원되어 이 "우회로"를 따라 "목표를 향해" — 사태 자체로 — "똑바로 나아갈 수 있"다는 사실을 보지 않았다. 데리다가 베르그손을 더 주의 깊게 읽었더라면, 아마도 이미지를 통해 "백색신화"[75]와 은유 일반을 벗어나는 형이상학을 제안하

을 지적함으로써, 건축술의 선험성이 실상은 총괄적 경험에 접근하지 않는 편파성임을 주장하는 것이다. 건축술에 대한 이러한 비판은 베르그손이 체계의 논리를 거부하는 것과 연결되어야 한다.

73 《창조적 진화》, 1장, 16쪽.

74 같은 책, 17쪽.

려는 베르그손의 시도를 알아챘을 것이다. 메를로퐁티가 베르그손이 이미지에 부여한 구체적인 지위를 알아챘더라면, 그래서 베르그손 철학이 행하는 "은유의 불가사의한 뒷거래"[76]를 고발해야 한다는 믿음을 갖지 않았더라면, 아마도 베르그손이 자신의 현상학이 수립하는 간접 언어와 친연성을 갖고 있음을 발견했을 것이다.[77] 바슐라르가 훨씬 더 기묘한 방식으로 "베르그손의 관점에서 상상[이미지화]은 완전히 은유적인 것"[78]이라고 선언하지 않았더라면, 단지 경멸적인 의미만을 가진 단순한 은유와 창조적 이미지를 그렇게나 참신한 방식으로 대립시킬 수 있다고 생각하지 않았을 것이다.[79] 아마도 바슐라르는, 이 은유들이 존재한다는 사실을 망각할 정도로 강박적인 은유들로부터 우리를 해방시키는 치료법을 베르그손적인 이미지에서 발견할 수 있었을 것이다.

따라서 고체의 자연학에 대한 대책과 보완물로 이미지의 형이상학을 덧붙여야 한다. 이미지의 형이상학은 변동하는 실재 속에 자리하여 고체의 자연학이 내버려둬야 했던 물질의 고체적이지 않은 잔여를 이용한다. 순수지성은 자신의 제한된 능력으로 정신을 판단하여, 고체로 고체를 분해한다. 따라서 지성의 분석은 고체적인 것밖에 발견할 수 없다. 그것은

75 자크 데리다, 〈백색신화〉, 《여백들》, Éd. de Minuit, 1972, 249쪽.

76 모리스 메를로퐁티, 《보이는 것과 보이지 않는 것》, Gallimard, 1964, 〈물음과 직관〉, 167쪽.

77 피에르 로드리고Pierre Rodrigo는 〈언어 현상학의 발생: 베르그손과 화이트헤드에서 메를로퐁티까지Une genèse de la phénoménologie du langage: de Bergson et Whitehead à Merleau-Ponty〉(《베르그손 연보*Annales bergsoniennes*》 II, PUF, 427-439쪽)에서 이 유사성을 명확하게 보여주었다. 그러나 그는 아마도 메를로퐁티의 현상학적 혁신을 온전히 남겨두기 위해, 여전히 베르그손적 이미지와 고전적인 은유를 동일시한다. 따라서 그는 베르그손의 이미지에서 베르그손이 제시하든 안 하든 상관없고, 엄밀히 말해 스스로에게는 별 필요가 없는 "미봉책"(같은 책, 436쪽)밖에 발견하지 못한다. 그는 메를로퐁티가, 메를로퐁티만이 이 미봉책을 절대적 필연으로 전환할 수 있었다고 말한다. 이는 사실이 아니다.

78 가스통 바슐라르, 《공간의 시학》, 1957, PUF, 2005, 79쪽.

79 cf. 마리 카리우Marie Cariou, 《베르그손과 바슐라르*Bergson et Bachelard*》, PUF, 1995, 33쪽.

이 '생의 대양'에 무지하다. 지성 자신이 이 대양의 응축이며, 이 대양 위를 떠다니고 있는데도 말이다. 분석에서 직관으로, 고체에서 액체로, 여기에는 단절이 존재한다. 그렇기에 철학이 자연적이고 인간적인 터전을 떠나기로 결심했을 때 철학에는 "도약"[80]이 강제되는 것이다. 철학은 물의 이미지를 통해 환기되었던 새로운 원소 속에 자리 잡아야 한다.

어떻게 그 안에 자리 잡을 수 있을까? 지성으로서의 우리를 솟아낸 이 캄캄한 운동과 여전히 관계하는 무언가가 우리 안에 존재하지 않았다면 말이다. 지성 아래 의지가 고동치고 있다. 더 일반적으로 말하면, 우리의 판명한 의식을 떠받치는 감응적인 기저가 존재한다. 의지, 혹은 감응적 기저란 우리 안에서 계속되고 명확해지면서 강렬해지거나 이완되는 생명과 다름없다.[81] 이 원소들은 우리 안에 거주하는 절대와 계속해서 접촉하면서, 우리에게 절대의 깊이가 갖는 내밀한 감정을 전달한다. 요구되는 것은 지성을 이 원소들 쪽으로 이끌어 가는 일이다.

3. 깊이의 관념: 주체와 대상, 자아와 전체에 대한 고찰들

> 칸트와 피히테Johann Gottlieb Fichte 이래로 '객관적objectif'이라는 단어는 거의 전적으로 좁은 의미로만, 즉 **자아 앞에 놓인** 사물이라는 의미로만 사용되었다._폰 바더Franz Von Baader[82]

철학은 다시 한번 전체 속으로 용해되기 위한 노력일 수밖에 없다. 지성은 자신의 원리 속으로 흡수될 때 자신의 발생을 거꾸로 체험할 것이다. 그러나 이

80 《창조적 진화》, 3장, 194쪽.
81 《창조적 진화》, 3장, 225쪽.
82 프란츠 폰 바더, 《인식의 효모 1822-1824*Fermentia Cognitionis, 1822-1824*》, 1985, 외젠 쉬시니Eugène Susini 번역, Albin Michel, V, 7, 176쪽.

시도는 단번에 완수될 수 없을 것이다. 그것은 필연적으로 집단적이고 점진적일 것이다. 그것은 무수한 인상의 교환으로 이루어지고, 이 인상들은 서로를 교정하고 중첩됨으로써 결국 우리 안에서 인간성을 팽창시키고 인간성의 자기 초월을 가능케 할 것이다.[83]

하지만 이 전체가 무엇인지, 철학이 어떻게 그 속에 **용해되어야** 하는지는 언급되지 않는다. 물의 이미지의 용법이 정확히 서술되지 않고 부유하는 상태로 남겨진다면, 거기서 영감을 길어내려는 사람들을 오도할 수도 있다. 직관은 존재의 어두운 밤으로 물들어 있고, 정신은 지성과 개념으로 둘러싸인 빛나는 원의 배후에서 존재를 어렴풋하게 분간해 낸다. 직관은 처음에는 **볼 수** 없다는 불가능성을 통해 모호한 형태로 드러나며, 오직 "부정의 역량"[84]만 가지고 있다. "고체는 고체와는 전혀 다른 것으로 해소되어야 한다."[85] 직관은 직관을 번역하는 이미지에 이러한 (무)역량을 전달한다. 직관도 이미지도 할 수 있는 것은 부정밖에 없다. 그래서 베르그손은 이 둘 가운데 고유한 의미에서 부정을 행할 수 있는 것은 무엇인지 명확한 답을 내리지 않는다. "직관에, **혹은 직관의 이미지**에 내재적인 부정의 역량."[86] 이미지는 우리가 존재에 도달하리라는 것을 보장해 주지 않지만, 존재가 아닌 것으로부터 우리를 보호한다. 이미지가 내포하는 부정과 마찬가지로 이미지 또한 그 자체만으로는 실증적인 것을 전혀 알려주지 않는다. 직관이 없다면 이미지는 그 고유한 빈곤성으로 환원되어 쓸모없는 것이 될지도 모른다.

조르주 무렐로스Georges Mourélos의 오류는 자신이 만들어낸 이미지로 베르그손의 이미지를 대체할 수 있다고 생각한 것이었다. 그는 선택된 이

83 《창조적 진화》, 3장, 193쪽.
84 〈철학적 직관〉, 《사유와 운동》, 121(142)쪽.
85 〈서론〉, II, 《사유와 운동》, 77(92)쪽.
86 〈철학적 직관〉, 《사유와 운동》, 121(142)쪽(필자의 강조).

미지들이 선택되었다는 그 이유만으로 베르그손이 말하듯 타협할 수 없는 "절대적 필연성으로"[87] 받아들여져야 한다는 것을 인정하지 않았다. [그러나] 이미지들을 전부 받아들이거나, 전부 받아들이지 않아야 할 것이다. 이미지들은 부조화적 다수성을 통해 수렴의 방향을 나타내기 때문이다. 이 수렴의 방향을 통해 겨냥되는 지점, 정식화되는 즉시 번역되는 이 직관의 지점에는 어떤 깊이의 관념이 놓여 있는 것처럼 보인다. 그것은 표면으로 고체화된 평면 위에서 작동하는 지성은 결코 도달할 수 없는 바탕이다. 우리를 인도하는 이미지가 없다면, 이 깊이를 단순한 공간적 깊이와 혼동할지도 모른다. 하지만 그것은 "깊이 이상이다. 그것은 이전 지각이 현재 지각과 연대적으로 남아 있게끔 하고 근접 미래가 현재 속에 부분적으로 그려지게끔 하는 네 번째 차원 같은 것이다".[88] 이 깊이는 우리가 그 속으로 파고들 수 있도록 자신 안에 시간의 두께 전체를 보존하고 있다. 이것이 바로 모든 긴장tension과 확장extension[89] 정도에 따라 고찰된 지속 자체다. 지속은 수직적인 것으로 두어야 하는 어떤 축 위에서 표상의 공간적 길이, 넓이, 깊이의 차원을 통해 수립된 수평적 축과 교차한다. 이런 측면에서 강이라는 헤라클레이토스적 이미지는 반증의 역할을 한다. 강의 이미지는 베르그손이 거부하는 유일한 액체적 이미지다. 강의 이미지는 지속 자체를 환기할 수 없다. "어떤 힘도 할당할 수 없는, 정의할 수 없는 방향으로 흐르는 바닥도 없고 둑도 없는" 강. 실로 이러한 강은 깊이의 관념 전체와 모순되는 것이 아닌가? 이것은 지속에서 색조를 제거하

87 〈1935년 12월 플로리스 드라트르에게 보내는 편지〉, 《잡문집》, 1525쪽. cf. 조르주 무렐로스, 《베르그손과 실재의 층위들*Bergson et les niveaux de réalité*》, PUF, 1964, 92, 96쪽.

88 〈변화의 지각〉, 《사유와 운동》, 175(202)쪽.

89 [역주] 《물질과 기억》에서 베르그손은 운동이 완료된 채로 공간 속에 뻗어 있는 데카르트적 연장étendue과 공간 속으로 뻗어가는s'étendre 물질의 확장extension을 구분한다. 이를 통해 베르그손은 물질과 공간을 구분하고, 물질이 지닌 고유한 지속을 보존하려 하는 것이다.

고 존재에서 정도를 떼어내는 것이 아닌가? 그리고 철학 체계로부터 이 강이 여전히 흐르고 있다는 양보를 받아냈다 해도, 이는 어디까지나 "논리의 태만"을 이용한 것일 뿐이다. 논리는 언제나 흐름을 응고시킬 준비가 되어 있다. 흐름은 합리주의에서는 "거대한 고체층"(단일성)으로, 경험주의에서는 "결정화된 무한한 바늘들"(다수성)로, 결국 "언제나 필연적으로 **관점**의 부동성을 분유하고 있는 하나의 **사물**로"[90] 응고된다.

반대로 지속을 분석하려 하지 않고, 관점의 채택을 강요하는 거리 없이 직관의 노력을 통해 단번에 지속 안에 자리 잡는다면, 강의 이미지는 해소될 것이고, 물의 이미지들이 권리를 회복하여 지속을 고체화하는 개념적 추상으로부터 우리를 보호할 것이며, 실재적 흐름은 그 아래서 깊이를 되찾을 것이다. 하나와 여럿은 너무 넓은 두 개념이다. 물의 이미지는 이 두 개념을 끊임없이 밀어냄으로써 존속하는 것으로, 하나와 여럿 사이에 놓인 지속은 여기서 비로소 피난처를 찾는다. 물의 이미지가 갖는 중요성은 추상 작업이 물의 이미지에서 제거하는 것들, 즉 더 혹은 덜 강렬한 리듬의 단계들을 통해 **역으로** 정당화된다. 리듬의 단계들은 위와 아래라는 두 방향으로 갈라진다. 한편에는 한 점으로 수축되어 신적 영원성 속에서 개괄되는 지속이 있고, 다른 편에는 이완되어 물질적 순간 속으로 흩뿌려지는 지속이 있다. "실제로 지속의 유일한 리듬은 없다. 복수의 상이한 리듬들을 상상할 수 있다. 더 느리거나 더 빠른 이 리듬들은 의식들이 갖는 긴장이나 이완의 정도를 측정하고, 그를 통해 존재의 계열 속에서 각 의식의 자리를 고정시킬 것이다."[91]

이러한 깊이는 우리의 표상 습관을 동요시킨다. 지속 전체 속으로의 **용해**란, "선잠 든 목동이 흐르는 물을 바라보듯" 시간의 흐름을 바라보기 위해 자신으로부터 거리를 두고 시간에서 물러나는 수동적인 태도를 취

90 〈형이상학 입문〉, 《사유와 운동》, 209-210(241)쪽.
91 《물질과 기억》, 4장, 233쪽.

하는 것이 아니다. 의지의 노력 — 긴장과 이완 — 을 통해 (밑)바탕 속으로 자신을 용해시켜야 한다. 이러한 의지의 노력이 "형이상학적 직관의 본질적으로 능동적인 특성"[92]을 항상적으로 상기시킨다. 달리 말하면, "존재 자체" 속으로, 즉 "존재의 깊이 속으로"[93] 침잠하는 노력을 통해 자신을 용해시켜 존재 안에 자리 잡음으로써 우리를 절대 속에 위치시키는 절대를 우리 안에서 다시 붙잡아야 한다. 이 절대는 우리가 점진적이고 집단적인 팽창을 통해 인간적 조건을 넘어 절대에 합류하도록 추동한다. 베르그손은 강이라는 수평적인 은유를, 둑도 없고 우리가 고정시킨 어떤 좌표도 없는 거대하고 깊은 대양이라는 수직적 이미지로 대체한다. 대양 속에 잠겨 들면, 과거에서 미래로 향하는 진전을 따라 흐름에 실려 가지 않을 것이다. 그렇다고 해서 둑에 머무르며 미래에서 과거로 나아가는 반대의 운동을 따라 흐름을 관찰하는 것도 아니다. 강의 이미지는 베르그손적 의미에서의 이미지가 되기에는 이미 과도하게 상징적이다. 일찍이 상징처럼 여겨졌던 액체적 이미지에 전통적으로 부여된 의미를 제거하려면, 액체적 이미지는 부적실한 것으로 남아야만 한다.

형이상학의 바탕은 "우리가 그리로 잠겨 들고 모든 면에서 우리를 초과하는 바탕 없는 중간milieu"[94]이다. 어떤 지평도, 현상학적 지평조차 더 이상 '전체'와 인간, 즉 앎의 총체와 앎을 포착하는 시각의 유한성이 서로에 대해 은폐되었기를 바라며 양자를 화해시킬 수는 없을 것이다. 지평은 수평성에서 유래하며, 수평성은 시간의 수직성과 모순된다. 입체감 없는 평면은 시간의 순간적인 절단면에 불과하다. 반대로 생성devenir의 깊이 속에 자리 잡는다면 지평은 사라질 것이고, 세계는 더 이상 삼중으로 된 시간적 지평[95]의 바탕 위에서 현출하지 않을 것이다. [반대로] 이 삼중의 시

92 〈형이상학 입문〉, 《사유와 운동》, 206쪽.
93 《창조적 진화》, 3장, 201쪽.
94 베르그손은 폴 자네Paul Janet를 인용한다. 《잡문집》, 377쪽.
95 [역주] 현상학이 제시하는 내적 시간의식의 지평을 말한다. 후설은 내적 시간의식이

간적 지평이 세계의 동시성이나 우리의 의식 체험의 동시성에 덧붙여져야 하는 것이다. 시간적인 원근법perspective이 존재하지 않는 것과 마찬가지로, 그리고 그와 동일한 이유에서,[96] 베르그손에게는 공간적 지평과 유사한 시간적 지평이란 존재할 수 없다. 시간은 이 시간적 지평이 표본으로 삼는 세계의 수평성으로부터 빠져나와야 할 것이다.

상식적인 생각과는 반대로, 철학은 깊이를 거의 존중하지 않는다. 후설이 보기에 철학이 학문이 되기 위해서는 깊이를 드러내는 대신 쫓아내야 했다. "깊이는 카오스의 징후다. 진정한 학문이라면 이를 코스모스로, 즉 분석되고 단순하고 절대적으로 명석한 질서로 변형시키려 할 것이다. 진정한 학문은 그 학설의 효력이 미치는 범위에 깊이를 남겨두지 않는다. 완성된 학문의 각 부분은 지성적 단계들의 총체를 형성하는데, 이 단계들 각각은 즉각적으로 가지적이기 때문에 아무런 깊이가 없다. 깊이는 현자의 사무事務이고, 개념적 가지성과 명석성은 엄밀학의 사무다."[97] 따라서 대개의 경우 깊이는 방법적인 가치만을 가진다. 주체성이 깊이에 명석한 주변 영역을 할당하여 깊이가 주변 영역들로 환원되면 이러한 방법적 가치는 해소되고 말 것이다. 이렇게 환원된 깊이는 인간의 유한한 차원에 절대를 개방하는 구체적인 실재를 지시할 수 없다. [하지만] 인간은 절대에 잠겨 있으며, 자신의 고유한 구성적 주체성을 포기함에 따라 절대 속으로 자신을 용해하기 시작할 것이다.

시간적 깊이의 수직축을 도입하는 일은 필연적으로 객관성objectivité과

파지-근원인상-예지의 삼중 구조로 이루어졌다고 설명한다.

96 〈장마리 귀요의 《시간 관념의 발생》에 대한 서평〉, 1891년 1월, 《잡문집》, 353쪽.

97 에드문트 후설, 《엄밀학으로서의 철학》, 1911, PUF, 마르크 드 로네Marc de Launay 번역, 1989, 83쪽. 내적 시간의식이 갖는다고 일컬어지는 깊이는 오직 이런 의미에서 이해되어야 할 것이다. (제라르 그라넬Gérard Granel이 그의 저서 《후설에서 시간과 지각의 의미*Le Sens du temps et de la perception chez E. Husserl*》(Gallimard, 1968)에서 주장한 바와는 반대로) 내적 시간의식은 어떤 경우에도 지각의 층위보다 더 기원적인 층위를 참조하지 않는다. 내적 시간의식은 지각과 동일한 층위에 있으나 지각의 구성 과정 전체에 걸쳐 해명된다.

주관성이라는 개념들의 경계를 획정하여, 우리의 행동이 생성에서 잘라내는 절단면들의 수평성 내부로 한정된 자리를 이 두 개념에 할당하는 일로 귀착된다. 행동의 필요성을 통해 대상을 겨냥하는 자가 보기에, 대상이란 필연적으로, 철학이 주체와 대상을 대립시킨 이래로 자기 앞에 던져지고 — 오브-옉트*Ob-jekt*, 오브제objet —, 또 자기와 마주한다고 — 게겐슈탄트*Gegenstand* — 여겨지는 것, 그러니까 정확히 주체성에 수평적으로 대립한다고 여겨지는 것이다. 즉 그것은 대상인 동시에, 대상이 기입된 대상성objectité의 지평이다. 그러나 시간의 진행을 고려한다면, 베르그손의 관점에서 주체와 대상은 평행하게 나란히 따라 달리며 마주 봄으로써 궤적의 운동성을 서로 무효화하는 두 열차와 같은 상황에 처해 있다. 그리고 주체와 대상은 자신들에게 깊이를 부여하는 지속을 제거하기 때문에 마주 봄 속에 모든 수직성을 흡수하여 그것을 장, 평면, 요컨대 지평의 형태로 다시 전개한다. 주체와 대상은 상관적인 것으로 이 지평 속에 기입되고 획정되고 한정된다. 베르그손은 나란히 달리는 이 두 열차를 최소 두 개의 흐름에 대한 유비로 제시한다. 내 흐름과 내 흐름에 대립되는 흐름. 두 흐름이 나란히 달리는 일은 아주 예외적인 상황일지도 모른다. 만일 이 두 흐름의 나란한 운행이 대개는 강제적인 방식으로, 즉 나를 횡단하는 흐름들을 주체성이 포착하고 지배할 수 있도록 내 리듬에 맞추는 식으로 진행되는 것이 아니었다면 말이다. 실제로 이 예외적인 상황이 "우리의 관점으로는 규칙적이고 정상적인 상황으로 보인다. 왜냐하면 이런 상황에서만 우리는 사물들에 대해 작용할 수 있고 사물들도 우리에 대해 작용할 수 있기 때문이다".[98] 그래서 베르그손은 '대상'이라는 말을 사람들이 언제나 의미하는 방식으로 사용할 경우 대개 이 말을 굵은 글씨로 강조한다. 따라서 이 말의 사용은 단지 표면적으로만 적절한 것이지, 깊이의 관점에

98 〈변화의 지각〉, 《사유와 운동》, 159(185)쪽. 이 비유는 몇 쪽 뒤에서(170(198)쪽) 주체/대상 대립을 나타내기 위해 다시 등장한다.

서는 결코 적절하지 않을 것이다. 고체화된 지각은 우리가 외적 세계에 대립되는 경우에만 "서로 모여들어 대상이 되려 하기"[99] 때문이다. 그렇다면 대상이라는 말에 그것을 깊이에 따라 분절하는 새로운 용법을 부여하는 것보다는 새로운 용어를 제시해야 하지 않았을까? 아마 그럴지도 모른다. 하지만 베르그손은 새로운 전문용어를 만드는 데 별로 관심이 없었다. 그래서 그는 대상이라는 용어를 보존하면서도, 그 의미를 상당히 변화시키고, 대상의 폐위라는 결론을 이끌어내는 일은 다른 이들의 몫으로 남겨둔다. 적어도 베르그손은 다른 대상성 관념을 도출한다. 이 다른 대상성의 관념은 대상의 예측 불가능한 도래를 받아들이기보다는 대상을 시야 안으로 포착하는 주체의 모든 지향에 대해, 언제나 주체에 선행하는 지속을 이용하여 위쪽과 아래쪽에서 반론을 가한다.

> 우리가 말하는 방법만이 (…) **우리 상위의, 혹은 하위의**, 그러나 또한 어떤 의미에서는 우리에게 내적인 **대상들의 실존을 긍정**할 수 있게 해준다.[100]

베르그손이 보기에, 오직 오성의 논리만을 따른다면 실제로 우리의 지속이나 우리에 대립되는 지속, 즉 '주관적' 시간이나 '객관적' 시간 말고는 다른 지속들을 상정할 아무런 이유가 없다. 그러나 베르그손의 글에는 이 두 형용사가 결코 등장하지 않는다. 이는 주체와 대상을 평평하게 맞세우는 이항대립에 시간을 옭아매는 것이다. 그리고 주체와 대상 양자 모두가 현시하는 평면의 수평성은 지속의 흐름들이 수직축에 따라 배열된 그만큼의 서로 다른 리듬들로 다양화되는 것을 막는다. 따라서 지성의 관점에서는, 주체에 속하는 것이건, 아니면 주체가 자기 앞으로 투사하는 대상에 속하는 것이건 간에, 하나의 유일한 시간밖에 존재하지 않는다. 이

99 〈형이상학 입문〉, 《사유와 운동》, 210쪽.
100 같은 책, 206(237)쪽(필자의 강조).

런 이유로 대부분의 경우 베르그손은 지성의 틀을 넘어서는 직관을 통해 우리의 이해가 확대된다는 표현보다는 수직축의 방향을 중시하는 심화라는 표현을 선호한다. "경험은 더 이상 단순히 표면에 있는 것이 아니다. 그것은 또한 깊이 속으로 뻗어간다."[101] 그런데도 들뢰즈는 극도로 암시적인 차이의 개념을 통해 지속의 내적 깊이를 제거하려 했다. 그는 상위와 하위를 변별적 가치로 분쇄하여, 거기서 공속성의 평면, 혹은 내재성의 평면으로 전개될 맹아를 발견한다.[102] 그러나 어떤 평면을 통해서도 계속해서 우리를 초과하는 내적 실재, 우리가 스스로를 초월하여 그리로 향하기를, 그 안에 자리 잡기를 요구하는 이 실재를 충분히 나타낼 수는 없다. 내재성의 평면이라 해도 마찬가지다. 평면의 평평함이란 언제나 "입체감과 깊이를 갖는 실재를 필연적으로 평면적으로 투사한 것"[103]에 불과하다. "의식은 우리를 이 평면 아래쪽에 위치시킨다. 진정한 지속은 거기에 있다."[104] 우리가 절대와 맺는 관계를 단지 부분이 전체에 포함되어 있다는 식으로 설명하는 것은 불충분하다. 베르그손은 이 사실을 예감하였다. 이런 관점에 머무르는 일은 절대의 수직적 차원을 제거할 것이다. [그러나] 이 수직적 차원이야말로 모든 것을 정면으로 가져오는 대신 우리를 위쪽으로, 혹은 아래쪽으로 이전시키는 것이다.

> 직관의 노력을 통해 단번에 지속의 구체적 흐름 속에 자리 잡는다면, (…) 직관은 (…) 우리가 아래로, 혹은 위쪽으로 따라가려 노력해야 할 지속들의 연속성 전체와 우리를 접촉시킬 것이다. 아래를 향하건 위를 향하건 어느 경우에나 우리는 점점 더 강렬한 노력을 통해 우리를 무한히 확장시킬 수 있고, 두 경우

101 〈정신-물리 평행론〉, 《잡문집》, 494쪽.

102 질 들뢰즈, 《베르그손주의》, 1966, PUF, 2007, 25쪽. "실제로, 하위와 상위라는 말에 속아서는 안 된다. 이것들은 본성상의 차이를 가리킨다."

103 《창조적 진화》, 1장, 52쪽(필자의 강조).

104 같은 책, 4장, 360쪽.

모두 우리는 우리 자신을 초월한다.[105]

이미 폰 바더가 말했던 것처럼, 더 넓은 대상성을 열망할 수는 없는 것일까? 그리하여 대상성이 "나 **이상과 이하**에 자리하는 것들에도, 즉 내가 종속되어 있는 것과 나에게 종속된 것에도 동등하게 적용되기를" 바랄 수는 없을까? "수평적 평면 위에서만 움직이는" 철학은 "이 평면의 내부에서만 방향을 잡을 수 있다. 즉 다시 말하면, 이 철학은 진정한 의미에서는 **방향을 잡을** 수 없다".[106] 이런 의미에서 베르그손은 대상성의 틀을 수직적으로 가로지름으로써 그 틀을 균열시키고, 대상성이라는 용어를 버리지는 않지만 그 의미를 심층적으로 변형시켜 일상적인 대상성과 모순을 일으키는 지점까지 이끌어간다. (실천적인) 대상이 일상적인 대면 속에서 자신의 한 측면을 우리에게 현시한다면, 이 측면에 대해 무사심한 직관은 현시된 측면을 심화함으로써 우리 인간성의 방향을 교란시키고 그 접근[방식]을 쇄신하여 새로운 방향을 제시할 것이다. 이 새로운 방향으로의 안내자는 물자체物自體가 될 것이다. 이상과 이하, 위와 아래, 초인간과 비인간. 이것들은 모두 가로좌표에 맞서는 세로좌표들이다.

필요한 몇몇 구절에서 '표상représentation'이라는 말을 '현전화présentation'로 대신한다면, 그다지 엄밀하지 않다고 여겨지곤 하는 베르그손의 몇몇 정식에 덜 놀랄 것이다.[107] 표상 속에서 **자신을** 현전화하는 것은 대상

105 〈형이상학 입문〉, 《사유와 운동》, 210(241)쪽(필자의 강조).

106 프란츠 폰 바더, 《인식의 효모 1822-1824》, 176쪽.

107 베르그손은 1901년 5월 29일 프랑스 철학회에서 다음의 제안을 하지만 기각된다. "프랑스어의 '표상'이라는 단어는 다의적이다. 어원상 그것은 절대 처음으로 정신에 현전하는 지성적 대상을 지시해서는 안 된다. 그 단어는 정신이 수행하는 사전 **작업**의 표지를 지니는 관념이나 이미지에 대해서만 쓰여야 할 것이다. 따라서 지성에 순수하고 단순하게 현전하는 모든 것을 일반적으로 지시하기 위해 '현전'이라는 단어(이 단어는 영국 심리학에서도 사용한다)를 도입할 여지가 있을 것이다"(《잡문집》, 506쪽). 베르그손이 주장한 어원은 잘못되었다. 그러나 그 주장의 철학적 타당성은 유지된다. 여기서 우리는 데리다가 표상의 의미론적 통일성에 이의를 제기하려 할 때 열린 채로 놓아둔 문제들을 연장하려 한다. 주지하다시피 하

이 아니라, 스스로 **자신을** 제시하는 물자체다. 직접소여로서의 지속이 때때로 표상된다고 일컬어진다는 사실은, 지속이 자신의 고유한 리듬에 따라, 어떤 인접성 속에서, 즉 표상 공간에 의해 표상 공간 속에 생겨나는 모든 거리 두기에 반하여, 스스로 자신을 현전화한다는 것을 의미한다. 적어도 1903년에는 그런 의미를 갖게 될 것이다. 순수지속은 이따금 위쪽에서, 대부분 비스듬하게 우리를 사로잡기 때문에, 언제나 처음에는 우리의 표상 능력을 벗어나는 입사각으로 우리에게 도달한다.

> **상태, 질**, 요컨대 우리에게 안정적인 외관으로 현전화하는 모든 것의 진정한 본성을 이해한다면, 인간과 우주의 관계는 **점진적으로 심화**될 수 있을 것이다. 이 경우 대상과 주체는 앞서 말했던 두 기차와 유사한 상황에서 서로를 마주할 것이다. 부동성의 효과는 운동성을 운동성에 맞추어 특정한 방식으로 조정하는 경우 생기는 것이다. 이제 이 생각을 깊이 새기도록 하자. 사물들에 대한 정적인 시각으로 번역되곤 하는 **대상과 주체가 맺는 특수한 관계**를 결코 시야에서 놓치지 말자. 그러면 경험이 대상에 대해 가르쳐주는 모든 내용은 주체에 대한 인식을 증가시킬 것이다. 그리고 후자가 받아들인 빛은 반사를 통해 이번에는 전자를 밝혀줄 것이다.[108]

주체는 자신을 넘어서고 앞서가는 것을 자신의 표상 공간에 정돈하여 자신 앞에 마주 세운다. 주체는 오직 생성 중의 총체성 속에서 수평적인 절단을 행하여 인식하고 행동할 세계를 투사하는 경우에만 주체로 정

이데거에게 표상의 의미론적 통일성이란 존재의 역운 속에서 데카르트와 함께 라틴어 표상=재현*repraesentatio*으로 시작하여 근대 기술의 몰아세움*Gestell* 속에서 표상=앞에 세움*Vorstellen*으로 막을 내리는 한 시대를 규정하는 것이다. 하이데거는 표상의 의미론적 통일성을 동원하여 현재화, 즉 점점 더 강압적인 방식으로 처분 가능하게 만드는 작업이 낳는 계산 가능성의 지배를 고발하려 한다(〈발송〉, 《프시케, 타자의 발명》, Galilée, 130쪽 이하).

108 《사유와 운동》, 175(201)쪽(필자의 강조).

립된다. 그러나 사방에서 우리를 넘어서는 운동적 실재 속에 빠져들고 나면, 주체/대상 관계는 제한적인 권리만을 갖는 하나의 "특수한 관계"에 불과한 것이 된다. 이 관계는 사물들을 정적인 차원으로 환원함으로써 사물들에 대한 접근을 제한한다. 사물은 하나의 흐름이며, 사물 안에서 내적으로 작동하는 리듬을 부정하는 경우에만 **대상**이 된다. 자아는 또 다른 흐름이며, 여타의 흐름들이 갖는 운동성을 자신의 운동성에 맞추어 조절함으로써 그것들 각각의 리듬과는 다른 하나의 리듬을 따르도록 강제하는 경우에만 **주체**가 된다. 주체는 흐름을 저지하여 자신의 발걸음에 맞추며, 그렇게 하여 흐름을 응고시키고 흐름이 갖는 역동적 깊이를 무효화하는 정적인 대면 속에서 흐름을 대상으로 상정한다. 달리 말하면, 어떤 유일한 시간적 흐름이 존재해서 그 시간이 흐른다는 사실을 포착하기 위해 — 시간 **밖의** 주체를 개념화하기를 추동함으로써 — 시간 밖으로 빠져나와야 하는 것이 아니다. 지속은 내 의식의 흐름 속에서, 그리고 내 흐름이 내 흐름 속에서 직조되는 다른 흐름들, 더 혹은 덜 이완된 리듬들과 관계하며 살아가는 대립 자체 속에서 절대적으로 느껴질 수 있다.

이것이 바로 그 유명한 설탕물 분석으로부터 끌어낼 수 있는 교훈 중 하나다. 아무리 설탕이 녹을 것임을 알고 있고, 그 화학적 성분과 용해의 결과를 떠올린다 해도 소용이 없다. 설탕의 리듬은 나의 리듬이 아니고, 나는 설탕이 녹기를 기다려야 한다. 그리고 리듬들 간의 이러한 격차는 나의 초조함과 상응한다. 나는 사건의 리듬을 따라야만 하고, 따라서 내 지속을 제거될 수 없는 것으로 경험해야 한다. "아무리 …해도 소용이 없다." 나는 의지가 나를 데려가는 곳, 즉 물리 과정의 종착점까지 갈 수 없다. 나는 시간을 가속화하여 사물들의 리듬이 내 리듬에 맞도록 조절할 수 없다. 내가 할 수 있는 일이라곤 오직 설탕의 리듬을 하나의 시간으로 채택하고 기다리는 것뿐이다. 즉 나는 때때로 나의 지속을 우주의 지속에 끼워 넣고, 우주가 총체적으로 지속함을 단언해야 한다. 우리가 초조해하기 때문이다. "어떤 물리적 과정이 내 눈앞에서 이루어질 때, 그것을 가속하거나 늦추는 것은 내 지각에 달린 일도, 내 의향에 달린 일도 아니다."[109] 숟가락 하나만 있으면 설탕의 용해를 가속하여 더 이상 기다리지 않고 설탕물을 마실 수 있다고 할 것인가?[110] 그러나 이 반박은 그것이 무효화하려는 논변을 오히려 확증한다. 숟가락은 도구다. 호모파베르*homo faber*[제작인]인 우리는 배치된 기술을 통해 [무언가를] 일반적으로 현재화하여 현재의 처분에 맡김으로써 더 이상 초조해하지 않을 수 있다. 그러나 그렇게 할 때 우리는 리듬들의 다양성을 무효화하고 우리의 발걸음에 맞추어 리듬들의 실재성을 압제적으로 부인한다. 설탕물이 내 기대에 부응하려면, 먼저 내 의식을 수직적으로 가로질렀던 지속의 리듬들 간의 격차를 표상의 공간적 지평 속에 동시적으로 재배치해야 한다. 요컨대 모든 흐름은 내 의식의 흐름 속에 용해될 수도 있고, 사회가 나를 위해 선택해 놓은 객관적 운동 속으로 용해될 수도 있다. 나는 원하는 대로 따로 취해진 각각의 흐름에 주의를 기울일 수도 있고, 한꺼번에 취해진 전체 흐름에 주의를 기울일 수도 있다. 사실상 "안과 밖으로 (…) 나누어지느냐"[111] 나누어지지 않느냐는 내 주의에 달린 일이다. 행성의 자전운동과 같이 그것들 모두에 내가 원하는 공통된 리듬(시계 시간)을 부과하는 것 또한 내 주의에 달린 일이다.

달리 말하면, 모든 지속이 나의 지속 안에 들어올 수 있지만tiennent, 내 지속은 엄밀히 말해 어떤 지속도 **포함하지***con*tienne 않는다. 칸트가 지성적 형식으로 환원될 수 없는 감성적 질료를 긍정하였을 때, 그는 "데카르트주의자들로부터 버림받은" 어떤 데카르트주의를 부활시킬 수 있었을지도 모른다. 칸트가 질료를 '물자체'로서 접근 불가능한 것으로 선언하

109 《창조적 진화》, 4장, 338쪽; 1장, 10-11쪽.

110 [역주] 질 들뢰즈, 《시네마 I: 운동-이미지》 1장 3절을 참조하라. "그런데 이것은 조금 기묘하다. 베르그손은 숟가락의 운동이 이 용해를 빠르게 할 수 있다는 것을 잊은 듯이 보이기 때문이다."

111 《지속과 동시성》, 3장, 67-68쪽.

면서 그 질료에 동질적 시간의 유일 형식, 즉 우리 감성의 선험적 형식을 부과하는 대신, 질료 안에 자리 잡아 질료의 독특한 리듬들과 그 운동, 리듬들의 고유한 형식을 뒤따르기로 마음먹었다면 그럴 수 있었을 것이다. "의식은 상승과 하강의 이중적 노력을 통해"[112] 수직적으로 배열된 다중적인 경험의 평면들을 드러낼 수 있었을 것이다. 이제껏 어떤 단일하고 체계적인 학문도 이러한 다중적 평면들을 포착할 수 없었다. 그 이유는 그러한 학문이 언제나 이미 단일한 연구 평면에 자리 잡았기 때문이다. 그 평면은 바로 자연이다.

전체 속으로 용해되기 위해 노력하기, 그리고 직접소여로 향하기, 그것은 "칸트주의자들과 반-칸트주의자들이" 합심하여 인식론을 벼리는 데 사용해 온 주체와 대상이라는 "용어들을 배제하는 일"[113]이다. 그것은 그러한 이분법을 통해 자기 자신과 전체를 파악하는 개념적 이해를 넘어서는 일이다. 베르그손 자신의 용어를 사용하자면, 그것은 스스로를 초월하는 일이다. 의식의 직접소여가 갖는 내재성은 '초월하기' 없이는 이루어지지 않는다. 이 '초월하기'는 하이데거와 사르트르 이전에 베르그손이 이미 이 말에 부여했던 최초의 정확한 용법에 따라 이해해야 한다. 실제로 베르그손은 한 번의 예외를 제외하고 이 용어를 명사적인 방식이 아니라 동사적인 방식으로 사용한다. (**자신을**) 초월하기. 장 발Jean Wahl이 《형이상학 논고》에서 제안한 초월이라는 말의 두 가지 의미 구분에 따르면, 베르그손은 이미 초월이라는 말을 '…을 향한 넘어섬의 운동'으로 이해하며, 이 운동이 향하는 종착점으로 이해하지 않는다.[114] 실재 속으로 용해되기, 그것은 또한 실재를 완전히 자기 존립적인 단단한 지반 위에 정초하는 작업을 포기하는 일이기도 하다. 기초를 놓을 바탕이 아니라, 수심을 잴 깊

112 《창조적 진화》, 4장, 357쪽.
113 〈서론〉, II, 《사유와 운동》, 83-84(99)쪽.
114 장 발, 《형이상학 논고*Traité de métaphysique*》, 1968, Payot, 〈초월〉. 또한 다음을 참조하라. 《인간 실존과 초월*Existence humaine et transcendance*》, PUF, 1968, 47쪽.

이가 중요하다. 직관은 "동일한 대양의 바닥을 더 혹은 덜 깊은 곳에서 접촉하는" 어떤 "탐사봉"[115]에 비유될 것이다. 따라서 "두 경우 모두 우리는 우리 자신을 초월한다".[116] 다른 말로 하면, 전체 속으로의 침잠immersion이 존재하기 때문에 우리는 '초월상승transascendance'이나 '초월하강transdescendance'을 통해 우리의 자아를 확장한다. 초월은 나와 그것을 분리하는 거리 속에서 긍정되는 것이 아니라, 나를 거기에 합류하도록 이끄는 정향된 운동 속에서 긍정되는 것이다. 그와 동시에, 전체를 향해 **자신을** 초월하는 일은 전체 속에 흡수되어 자신을 삭제하는 일로 환원되지 않는다. 역으로 이 초월은 자기 자신에게 유익한 것인데, 전체란 바로 이 운동 속에 있는 것이기 때문이다. 초월하기, 그것은 자기로부터 멀어지는 것도 아니고 전체로부터 분리되는 것도 아니다. 그것은 "순수지성을 초월하기"[117]다. 우리를 절대로부터 멀어지게 하고, '…에 대한 관점'이라는 거리를 부과하여 절대가 우리를 횡단하지 못하게 만드는 것은 바로 순수지성이기 때문이다.

철학은 전체 속으로 용해되기 위한 **노력**이다. 전체는 우리가 기울여야 하는 이 **노력** 속에 있다. 이 노력만이 우리가 지성을 초월하여 향해 가는 전체에 의미를 부여해 준다. 우리는 이 노력 속에서 지성을 상실하는 것도 아니다. 오히려 지성은 지성을 넘어서는 노력을 통해 의지 속에 응축된다. 따라서 지성은 우리의 나머지 능력들처럼 생으로 다시 흡수되고, 이 생이 우리를 존재하도록, 전체를 이해하도록 해준다. 따라서 내부성은 주체성이 아니다. 내부성 속에서 자기 자신은 다시 한번 총체성 속으로 감겨들고, 이를 막고 있던 우리 인식의 '지반'은 지워지고 사라진다. 그러나 이것은 근거 와해가 아니다. 노력은 또한 끊임없이 우리를 다시 붙잡고 지탱

115 〈형이상학 입문〉, 《사유와 운동》, 225(257)쪽. 또한 218(249)쪽을 참조하라. "더 생생한 실재에 가닿을수록 **탐사봉은 더 깊이 던져진 것이다**"(필자의 강조).
116 같은 책, 210(241)쪽.
117 《창조적 진화》, 3장, 201쪽.

하여 우리가 자신을 넘어 스스로 고양될 방도를 제공하기 때문이다. 노력에 대한 의식은 일련의 정도들을 가지고 있으며, 의지는 이 정도들을 기준음 삼아 우리가 자리 잡은 층위보다 우리를 상승 또는 하강시킴으로써 의지의 음조를 조절할 수 있다. 요컨대 하위의 것과 상위의 것이 우리에게 내적이라면, 이는 존재 전체를 절대적 주체성의 내부에 거주하게 만들었기 때문이 아니라, 주체성이 가지고 있던 초월론적인 위엄을 박탈한 뒤에 전체에 합류하려는 노력을 기울였기 때문인 것이다. 달리 말하면, 대상과 주체를 마주 세우는 오성의 모든 이원성에서 벗어나는 즉시, 자기 밖으로 나가기와 자기로 되돌아오기, 전체를 포착하기와 자기 자신을 포착하기는 더 이상 양자택일을 이루지 않는다. "반대로 전체는 자아와 동일한 본성에 속한다. 그리고 (…) 우리는 자기 자신을 점점 더 완전하게 심화함으로써 전체를 포착한다."[118]

여기서 베르그손은 단지 형이상학을 분간하기 위한 최소의 표지를 스케치할 뿐이다. 형이상학의 가장 중요한 기능은 넘어섬이다. 정초라는 기획의 짐을 벗어던진 형이상학[자연학 **너머***méta*physique]은 단지 본성**초월***trans*physique일 뿐이다.[119] "철학은 인간의 조건을 넘어서기 위한 **노력**"이자 "전체 속으로 용해되기 위한 **노력**"[120]이어야 할 것이다. 베르그손이 제시하는 이 유명한 두 정의는 서로 대립하기보다는 엄격히 상호 보완적인 것으로, 철학이 기울여야 하는 노력 자체를 통해 동일시된다. 사실상 여기서 노력은 일단 전체에 합류하고 나서 처분해야 할 우리 유한성의 잔여물이 아니라, 실제로 전체에 합류하도록 해주는 유일한 **경로***via*다. 첫 번째 정의

118 〈프랑스 철학회에서의 토론〉, 《잡문집》, 774쪽.

119 [역주] 여기서 자연학/본성 등으로 번역된 'physique'의 어원이 되는 '퓌시스φύσις'는 존재하는 것들의 총체(자연)를 가리키는 동시에, 그러한 존재자들의 자연적 전개와 운동(본성)을 나타내기도 한다. 이러한 의미상의 이중성은 라틴어 '나투라natura'에서도 동일하게 유지된다.

120 〈형이상학 입문〉, 《사유와 운동》, 218(250)쪽, 《창조적 진화》, 3장, 193쪽(필자의 강조).

는 버려야 할 것을 알려준다. 두 번째 정의는 향해야 할 곳을 가리킨다. 우리는 지성을 버리지만, 그것은 노력 속에 포함되어 의지를 통해 확장된 지성에 더 잘 합류하기 위한 것이다. 여기서 생은 더 혹은 덜 높은 집중 정도에 따라, 더 혹은 덜 낮은 이완 정도에 따라 우리 안에서 내적으로 계속된다. 이렇게 이해한다면, 베르그손을 초월성의 철학자로 만드는 것만큼이나 내재성의 철학자로 만드는 것도 잘못된 일이다. 양자 모두 공간적 은유에 속하는 것이다. 초월적인 것은 하나의 시각이 갖는 총체성 속에서 포착해야 할 절대적 종착점이 아니라 우리를 내재성 속에 다시 잠겨 들도록 하는 이러한 노력이기 때문에, 초월성transcendance과 내재성immanence의 대립보다는 침잠immergence과 용출[창발]émergence의 대립이 더 적합할 것이다.[121] 우리는 생의 운동으로부터 용출한다. 생의 운동은 우리를 우리 자신의 표면에 붙들어 두고 존재의 내재성으로부터 분리시킨다. 지성은 이 존재의 내재성을 우리에게 초월적인 것으로 만든다. 따라서 침잠하기는 초월하기라는 형이상학적 몸짓이 결코 충분히 흡수할 수 없을 만한 내적 거리를 내재성 속에 벌려 놓는 것이다. 그것은 노력을 통해 전체 속으로 용

121 앙리 베르그손, 《시간 관념의 역사: 1902-1903 콜레주 드 프랑스 강의》(카미유 리키에 편집, Paris, PUF, 2016)의 7강(1903년 1월 23일)을 참조하라. 베르그손은 그러한 개념쌍을 불신하거나, 적어도 시간의 문제와 관련하여 그 의미를 정확히 하려는 것처럼 보인다. "포함, 배제, 내속, 외재성, 상호, 내재성, 초월성. 우리가 공간적인 은유들에 호소하고 공간 속에 위치한다면, 이것들은 모두 매우 명백한 용어들이다. 그러나 (…) 일단 공간의 영역을 벗어나고 나면, 내재성과 초월성이 무엇을 의미하는지 말하기란 극도로 어렵다. 그리고 아마도 시간에 대한 물음, 시간의 문제는 정확히 이 물음을 둘러싼 애매성을 일부 해소하는 데 도움이 될 것이다." 여기서 제기되었던 문제는 "어떤 의미에서 아리스토텔레스의 형상이 감각적 실재에 내재적이고 플라톤의 이데아는 감각적 실재에 초월적인 것인지"의 문제였다. 자크 슈발리에와의 대화는 비록 완전히 다른 관념의 질서 속에서 이루어진 것이기는 하지만, 이러한 애매성들이 특정한 이율배반을 포함한다고 인정하는 것처럼 보인다. "당신이 십자가 요한의 사례에서 보여준 이미지는 초월성-내재성의 이율배반을 제거합니다. 올라가지도 내려가지도 않는 계단 말입니다."(《베르그손과의 대담》, 1928년 7월 15일, 100쪽); 또한 장 발, 《인간 실존과 초월》, 37쪽을 참조하라. 베르그손이 초월성과 내재성이라는 용어를 아주 제한적으로 사용한다는 사실에 비추어 볼 때, 실제로 그가 이 양자택일을 제거하려 했다고 생각할 수 있을 것이다.

해되는 것이지만, 이 노력은 결코 초월적인 종착점에 다다를 수 없다. 초월적인 종착점은 노력을 그 반대의 것으로 역전시킴으로써 우리에게 완전히 내재적인 것으로 만들기 때문이다.

이렇게 형이상학은 "총괄적 경험"[122]으로 규정될 수 있다. 사실상 형이상학이 넘어서는 경험, 형이상학이 **총괄하며** 넘어서는 경험은 경험의 전체가 아니라 단지 일상적이고 외적인 경험이다. 이 일상적인 경험의 가능성은 실천적 지성의 틀에 의해 사전적으로 고정되어 있으며, 우리는 이 틀에 의해 전체와 분리되는 동시에 우리 자신과 분리된다. 우선적으로, 그리고 대부분의 경우 일상적인 경험을 조명하는 빛은 정신이 거의 배타적으로 이 경험에만 주의를 기울인다는 사실에서 온다. 지성이 이 일상적 경험을 점점 더 명석판명하게 만들어감에 따라 이 **외적인** 경험이 우리에게는 유일하게 가능한 경험처럼 보이기 때문이다. 그러나 이 경험은 단지 눈에 띄는 경험에 불과하다. 이 경험을 지성이 깨끗이 닦았고, 과학과 기술의 공통 진전이 언제나 더 눈에 띄는 것으로 만들어주었다. 그러나 이 경험의 광채는 다른 경험, 내적인 경험을 감추고 만다. 하지만 이 내적경험이 없다면 경험의 절반을 잘라내 버리고 말 것이다. 경험이 수반하는 불가피하게 그늘진 부분은 이 내적경험의 몫이며, 경험이란 밝혀질수록 언제나 더 많은 것을 어둠 속으로 던지기 마련이니까.

122 〈형이상학 입문〉, 《사유와 운동》, 227(259)쪽.

제일철학 없는 형이상학을 위하여

비평가들은 책 속에서 가장 빈번하게 나타나는 말들을 중요시하며 검토한다! 오히려 저자가 회피했던 말들, 저자에게 너무 가까웠던, 혹은 확실히 멀어서 이질적이었던 말들, 다른 저자들과는 달리 이 저자가 꺼렸던 말들을 찾아보라._앙리 미쇼Henri Michaux[123]

한 철학자가 중요시하는 용어들은 반복적으로 사용되기 때문에, 이 용어들의 사용 내역을 검토함으로써 철학자가 자신의 주장으로 여기는 내용을 한정할 수 있을 것이다. 그렇지만 철학자의 글에 놀랍게도 등장하지 않는 용어들 또한, 때로는 자주 사용되는 용어들만큼이나 결정적이다. 특정한 말에 대한 거부, 혹은 심지어 무관심이 은연중에 어떤 독창적인 철학적 입장에 대한 긍정을 나타내는 것은 아닐까? 특정한 말을 사용하지 않으려는 태도가 이미 충분히 어떤 주장에 대한 진술은 아닐까? 이 말들이 부재하기 때문에 더 눈에 띈다. 이때 우리에게는 두 가지 선택지가 주어진다. 먼저 우리는 이 말들을 정당한 자리, 즉 이 말들이 발견되리라 기대했던 곳에 다시 놓을 수 있다. 이 경우 설명의 예리함은 틀림없이 사라질 것이다. 아니면 이 말들에 기피의 의미를 부여할 수도 있다. 이러한 기피가

123 앙리 미쇼, 《모서리 기둥*Poteaux d'angle*》, 1971, 《앙리 미쇼 전집》, La Pléiade, III권, 2004, 1080쪽.

본질적인 지점에 대한 것이라면, 그것은 철학 작업 전체에 새로운 방향을 불어넣을 것이다. 어떤 선택지를 고르느냐에 따라, 사람들은 베르그손을 다시 형이상학의 길 위에 놓을 수도, 아니면 형이상학을 벗어난 이로 여길 수도 있을 것이고, 자기 자신을 망각하는 전통 철학자로 폄하할 수도, 아니면 이 전통을 넘어선 이로 여길 수도 있을 것이다. 본서의 2부에서 다루어질 주체나 주체성이라는 용어도 마찬가지일 것이다. 베르그손은 주체나 주체성보다는 자아moi나 인격personne이라는 용어를 선호한다. 이미 앞서 다루어졌던 토대라는 용어도 마찬가지였다. 토대는 데카르트 이래로 중심 용어였으나, 베르그손은 이 용어를 거의 사용하지 않는다. 베르그손이 토대라는 용어를 언급할 경우, 그는 언제나 이 말이 구체적이고 건축학적인 기원을 갖는 은유의 빛을 담고 있음을 되살려 보여준다. "형이상학은 하나의 건축에 불과하다."[124] 여기서 베르그손은 앞선 건축들이 견고한 토대 위에 지어질 수 없었고, 따라서 취약하다는 비판을 하려는 것이 아니다. 그런 비판은 오히려 형이상학자들이 서로에게 끊임없이 제기했던 것이다. 베르그손은 건축의 견고함을 의문시하지 않는다. 그가 반대하는 것은 이미 모두가 과도하게 성공한 건축의 기획 자체다. 관건은 재구축도, 해체도 아니라, 지금까지 형이상학을 정향 지은 건축학적 은유를 쓸모없는 것으로 거부하는 일이다. 형이상학은 자신이 가장 먼저 놓은 견고한 토대 위에 개념들을 차례로 쌓아 올려 대성당처럼 우뚝 선 철학을 건설한다. 형이상학은 이렇게 나아간다. 형이상학은 "[그것에 영감을 준] 건축 방식과 마찬가지로, 점점 높아지는 일반성으로, 놀라운 건축물의 중첩된 층들로"[125] 향한다.

반대로 베르그손의 관점에서는 모든 것이 용해되고 아무것도 정초되지 않는다. 과학이 실재를 재구축하는 데 필요한 사실들의 유일한 물질성

124 《물질과 기억》, 4장, 205쪽.
125 《창조적 진화》, 4장, 362쪽.

위에서 이루어지는 정초를 제외한다면 말이다. 물리학은 이 물질성 속에서 마주치는 고체성에 힘입어 "하나의 객관적 토대"[126]를 발견한다. 그러나 이 경우에도 베르그손은 과학이 진전할수록 과학이 상상하는 입자들이 "하나의 우주적 상호작용 속으로 용해되는"[127] 경향을 가질 것이라는 점에 주목한다. 그 밖에도 생의 요소들이 갖는 진정한 본성을 다시 포착하려면, 지성이 이 요소들을 자신 안에 정초할 수 있어야 하는 것이 아니라, [오히려] 이 요소들이 "지성과 함께 용해되어야" 한다. 또 다른 구절에서는, 마치 생명이 자신 안에 용해된 여러 경향을 전개하듯, 우리의 인격이 자신 안에 용해된 여러 인격을 재통합한다고 일컬어진다. 그리고 베르그손이 우주가 우리처럼 지속한다는 사실을 받아들여야 할 때, 물속에 용해되는 설탕 말고 어떤 사례를 내세우겠는가?[128] 철학 자체가 전체 속으로 용해되기 위해 노력해야 하지 않는가? 이따금 철학을 사로잡는 거짓 문제들도 그것을 심화시키려 하는 즉시 용해된다. 심지어 토대라 여겨지는 것조차 용해fusion라는 정반대의 작용을 자신의 이면이자 조건으로 전제한다. 실제로 철학의 체계적 정합성은 앎의 총체를 하나의 원리 위에 놓았다는 점에서 도출된다. 철학은 이 원리가 단순하기를 바란다. 그러나 이 원리에 토대의 지위를 부여하기 위해서는 차후에 그로부터 도출된다고 여겨지는 모든 항을 사전에 은밀히 원리 속에 용해시켰어야 한다. 철학이 먼저 요소들을 용해시키지 않으면, 철학은 아무것도 정초할 수 없을 것이다. 이 요소들은 용광로 속에 용해되어 철학이 필요로 하는 토대를 가져다줄 것이다. "실제로 단순한 관념으로 여겨지는 것 — 기계론이 시원적primitive이라고 생각하는 것 — 은 종종 그로부터 파생된 것처럼 보이는 더 풍부한 여러 개념의 용해로 획득되었고, 이 여러 개념은 용해 자체 속에

126 같은 책, 1장, 10쪽.
127 같은 책, 3장, 189쪽.
128 《창조적 진화》, 1장 9쪽, 49쪽, 2장 101쪽, 118쪽.

서 서로를 중화한 것이다."[129] 그 후에 용해된 요소들이 식으면, 명석한 시각에 드러나는 바탕의 고체성으로 인해 요소들이 지닌 그 모호한 기원은 잊히게 되었다. 달리 말하면, 형이상학이 언제나 추구했던 제일원리들은 그 원리들 속에 다른 모든 것을 용해시켜 비밀스럽게 획득될 수 있었던 것이다. 아리스토텔레스는 처음으로 "모든 개념을 하나의 개념 속에 용해시키고, 플라톤적인 선의 이데아와 친연적 유사성을 지니는 '사유의 사유'를 보편적 설명 원리로 상정"하였다. 그러나 다른 모든 사람이 그 뒤를 따랐다. 사실상 아리스토텔레스를 통해 형이상학 전체가 "유사한 노선"에 진입하였고, "아리스토텔레스 철학의 후계자"인 "근대철학"[130]에 그 방향이 제시되었기 때문이다. 형이상학이 실재를 건축물로 재구축하려 할 때는 분석과 종합을 통해 인위적 용해가 이루어진다. 반면, 베르그손이 다시금 전체 속으로 용해되려 할 때는 실재적 용해가 직관에 제공된다.

베르그손은 이렇게 용해하다fondre라는 동사가 지닌 다양한 의미를 활용한다. 이 다양한 의미는 오직 토대를 찾으려는 모든 시도에 대항해 결집할 때만 통일성을 갖는 것으로 보인다. 정초fonder냐 용해fondre냐. 이것이 베르그손이 제안하는 새로운 양자택일이다. 이렇게 하여 형이상학은, 아리스토텔레스에서 시작되고 특정한 데카르트주의가 이어받아 형이상학에 대한 가장 일상적인 정의로 부여된 형이상학의 목적, 즉 제일원인과 제일원리에 대한 탐구라는 목적에서 벗어난다. 철학이 제일학문이 아니라면 철학으로부터 그 지위와 이름이 박탈되어 결국 철학이 아니게 된다고 말할 것인가? 데카르트 이후 말브랑슈Nicolas Malebranche, 라이프니츠, 바움가르텐Alexander Gottlieb Baumgarten, 칸트, 피히테 등이 형이상학에 부여했던 학문들의 학문이라는 규정을 배제한다면, 형이상학은 무엇이 될 것인가? 전통으로부터 계승된 형이상학 개념을 더 이상 사용하지 않는다면,

129 《시론》, 3장, 106(181)쪽(필자의 강조).
130 〈서론〉 II, 《사유와 운동》, 48(60)쪽.

베르그손은 어떤 권리로 형이상학이라는 말을 계속해서 사용하며, 이름 말고는 아무런 공통점이 없는 다른 형이상학 개념 — '총괄적 경험' — 을 만드는 것인가? 제일이기에 보편적이고(신학), 보편적이기에 제일인(보편수학) 제일의 보편학으로서의 위엄을 포기한 형이상학은 무엇이 될 수 있을까? '형이상학'이라는 말을 왜 남겨야 하는 것인가? 왜 베르그손의 제자들처럼 그가 정말로 '새로운 철학'을 제시했다고 인정하지 않는 것인가? 하지만 이들의 생각과는 달리 베르그손이 우리에게 소개하는 형이상학은 고의적으로 새로운 면모를 드러내려 하지 않는다고 말해야 할 것이다. 심지어 그는 이 형이상학을 이전 형이상학들과 동일선상에 기입하여, 이 형이상학이 결국 이전 형이상학의 실현임을 보이려 할 것이다. 그러나 이러한 실현을 이루기 위해서는 형이상학이 제일철학이라는 자신의 낡은 지위를, 혹은 제일철학으로 가는 중계지점relais으로서의 체계라는 더 최근의 지위를 포기하고, 대상보다는 방법을 통해 규정되어야 한다. 그러고 나면 베르그손적 형이상학은 전체를 정초하지 않고 전체 속으로 용해될 수 있을 것이고, 자신이 거주하는 절대를 자신 안에서 조금씩 심화하여 결코 확정적 토대의 고체성을 갖지 않는 바탕에 도달할 수 있을 것이다.

4. 이름 없는 절대

> 존재하는 것과 이루어지고 있는 것의 내밀한 본질이 어떤 것이든, 우리는 거기에 속한다._베르그손[131]

아리스토텔레스에게 형이상학μετὰ τὰ φυσικά이라는 말이 부재한다는

131 〈철학적 직관〉, 《사유와 운동》, 137(160)쪽.

사실은 잘 알려져 있다.[132] 아리스토텔레스가 《형이상학》 E권 1장에서 제일철학φιλοσοφία πρώτη이라는 표현을 도입했을 때, 그가 찾던 것은 다른 학문, 보편학이었다. 문제는 요구되는 보편성, 즉 존재하는 한에서의 존재에 도달하려면, 이 보편학이 어떤 학문에 우위를 두어야 하는가 하는 것이었다. 분리되어 있으나 운동 중인 실재들을 다루는 자연학에 우위를 두어야 할까? 아니면 부동적이지만 (그것들이 추상된 질료로부터) 분리되지 않은 실재들을 다루는 수학에 우위를 두어야 하는 것은 아닐까? 그도 아니라면 이 학문은, 부동성과 분리라는 두 요구 조건을 재통합하는 실재를 다룬다는 점에서 위의 두 학문에 없는 특권을 지닌 신학과 동일시되는 것일까? 이처럼 다양한 학문이 검토된다. 그러나 이들 중 무엇도 형이상학이 아니다. 형이상학은 여기서 추구되는 학문, 즉 보편학에 성급하게 동일시될 수 있는 것이 아니고, 이 요구에 응답하는 것으로 간주되고 그 요구를 사실상 보장하는 학문, 즉 제일학문에는 더더욱 동일시될 수 없다. 형이상학이 교과서적으로 일반 형이상학*metaphysica generalis*과 특수 형이상학*metaphysica specialis*으로 나누어짐으로써[133] 이 모든 명칭을 포괄한다면, 형이상학은 개념으로 정립하기 힘들 정도로 빈곤할뿐더러 불확정적인 규정밖에 소유하지 못할 것이다. 이 경우 형이상학이 갖는 명목상의 의미는 단지 자연학의 경계를 넘어서는transgresser 것, 그렇게 하여 새로운 대지에, 즉 누군가에게는 휴경지이며, 누군가에게는 황무지이겠으나, 어떤 경우건 형이상학에는 미지인 새로운 대지에 정착한다는 것뿐이다.[134]

132 뤽 브리송Luc Brisson, 〈그토록 오랫동안 명명되지 않았던 것Un si long anonymat〉, 《형이상학, 형이상학의 역사, 비판, 초점들*La métaphysique, son histoire, sa critique, ses enjeux*》, Éd. Jean-Marc Narbonne et L. Langlois, Vrin, 1999, 37쪽 이하를 보라.

133 [역주] 중세철학자 수아레스Francisco Suárez에서 시작되어 데카르트, 볼프, 칸트 등을 거쳐 근대철학 전반에 걸쳐 받아들여진 구분. 일반 형이상학은 존재로서의 존재를 다루는 존재론 일반을 가리키고, 특수 형이상학은 자연을 다루는 우주론, 정신을 다루는 심리학, 신을 다루는 신학을 지칭한다.

134 장뤽 마리옹, 〈언제나 추구되었으나 언제나 결여되었던 학문La science toujours recherchée et toujours manquante〉, 같은 책, 13쪽 이하를 보라.

따라서 전통적으로 형이상학과 제일철학이 한데 묶였던 이유는 오직 보편적 학문이 감성계의 경계를 넘어서 있는 제일 존재자에 정초되었기 때문이다. 장뤽 마리옹은 '근거들의 질서'에 의거하여 더 이상 존재자적이지 않은, 노에시스적인 우위를 받아들임으로써, 데카르트가 실체(우시아οὐσία)나 원인(카우자*causa*)에 선행하는 우위를 향해 소급했음regresser을 보여주었다. 이제 실체나 원인은 제일원리로 승격된 자아*ego*에 의해 인식되는 것으로 여겨진다.[135] 데카르트가 시작한 운동을 칸트와 후설이 따랐고, 이 운동은 점점 더 확고하게 형이상학 없는 제일철학을 수립하기에 이르렀다. 실제로 이들 모두는 형이상학의 이름으로 자행된 월경transgression이 낳는 난점들로부터 정초의 작업을 떼어내는 것을 목표로 하기 때문이다. 후설의 시도는 이런 측면에서 범례적이다. 그는 제일철학이라는 이 오래된 칭호를 재발굴할 것을 제안하면서도 모든 초월적인 겨냥점을 포기한다는 명시적인 의도를 내비치기 때문이다. 후설에게는 초월론적 주체도 제일원리가 아니다. 그것은 "더 이상 완전한 제일의 시작점에 속하지 않는다."[136] 후설에게 제일원리란, 현상학을 그 자신에게 개방하는 단순한 방법론적 작업, 즉 앞선 철학들에 의심스러운 채로 남아 있던 모든 것을 밖으로 배제하고 의식에 내재적인 것으로 환원하는 작업이다. 이리하여 제일철학은 앎의 총체가 세워질 수 있는 하나의 원리, 다양한 학문을 하나의 거대한 체계로 통일할 수 있게 하는 최상의 종합을 낳는 것으로 여겨진다.

베르그손이 다시 한번 형이상학에 진입할 것을 제안했을 때, 그는 철학의 일반적인 방향이 자신의 방향에 반한다는 사실을 몰랐던 것일까? 그는 이 사실을 모르지 않았다. 베르그손 자신이 이미 마찬가지의 이유로

135 장뤽 마리옹, 〈다른 제일철학과 증여의 문제L'autre philosophie première et la question de la donation〉, 《철학*Philosophie*》, 49호, Éd. de Minuit, 1996년 3월, 68쪽 이하를 보라.

136 에드문트 후설, 《제일철학》, II권, PUF, 아리옹 켈켈Arion Kelkel 번역, 9쪽.

스펜서의 철학을 채택하여, 초기 몇 년간의 연구에서 이 방향을 따랐기 때문이다. 스펜서의 철학은 다른 철학에 비하면 상당히 빈곤한 것으로, 단지 이 철학들의 청사진만을 보존하고 있다. 스펜서의 철학이 열망하는 것은 단지 여러 학문의 광대한 체계화를 이룩하는 것이다. 여전히 수학에 심취한 젊은 교수였던 베르그손은 이 철학에 만족했을까? 젊은 베르그손이 보기에 스펜서의 철학은 올바른 방향으로 나아가고 있었으나, 제거되어야 할 형이상학적 차원이, 이미 서두를 여는 보잘것없는 역할로 축소되긴 했으나, 여전히 존속하여 스펜서의 철학에 혼란을 일으키고 있었다. 스펜서의 기획을 간략히 상기해 보자.

1862년 출간된 《제일원리》는 두 부로 나뉘어 있다. 《제일원리》 1부의 목표는 '인식불가능자'를 다루는 것이었다. 여기서 이루어지는 형이상학에 대한 논의를 통해, 스펜서는 형이상학의 중립화까지는 아니라 해도, 적어도 형이상학적 작업의 포기에 대한 자신의 관점을 충분히 해명할 수 있었다.

> 과학의 최종 관념들은 모두 불가해한 실재들을 나타낸다. 사실들을 수집하고 점점 더 넓은 일반화를 수립하는 데 아무리 큰 진전을 이룬다 해도, 제한되고 파생적인 진리들을 더 커다랗고 더 중심적인 진리들로 통합하는 일을 아무리 멀리까지 밀고 나갔더라도, 근본적 진리는 언제나 닿지 않는 곳에 남아 있다.[137]

과학의 최종 관념들은 인식불가능자 속으로 완전히 쫓겨난 종교의 최종 관념들에 연결된다. 공간, 시간, 물질, 그리고 운동의 내밀한 본성은 우리에게 불가해한 것으로 남아 성숙한 학자에게 신자와 동일한 지위를

137 허버트 스펜서, 〈과학의 최종 관념들〉, 《제일원리》, 1862, Alcan, 1907, 에밀 카젤 Émile Cazelles 번역, I, 3장, 58쪽.

채택하기를 강요한다. 이것은 인식불가능자에 대한 스펜서의 종교다. 절대는 돌이킬 수 없는 방식으로 상대로부터 분리된다. 그리고 이 저작의 2부에서는 이에 대립되는 것, 즉 '인식가능자'를 상세히 논의할 장이 마련된다. 스펜서는 여기서 그 자체로는 명확히 어떤 초월적인 겨냥점도 갖지 않는 사실들을 탐구하며, 다양한 구체적 관찰을 통해 점진적인 일반화에 다다른다. 여기서 관건은 완전히 기계론적인 체계를 전개하는 것이다. 기계론적 체계의 관계들은 절대 자체를 현상의 언어로 번역하는 일을 사전에 배제할수록 더 잘 포착된다. 이처럼 스펜서는 계속해서 절대가 상대 속에 함축되었다고 상정하면서도, 절대를 상대 속으로 옮겨 오는 일을 헛된 것이라 여긴다. 이 저작이 독자적인 두 부분으로 나뉘어 있다는 사실은 스펜서의 체념을 드러낸다.

하지만 이렇게나 모호한 유심론과 이렇게나 정밀한 기계론이 어떻게 공존할 수 있었을까? 한편에는 절대가 군림한다. 우리는 이에 대해 아무것도 알 수 없고 절대를 인격신 속에서 다루는 즉시 절대는 인간적인 것으로 타락한다. 절대의 비결정성으로 인해, 절대 속에서 어떤 정신도 발견할 수 없고 어떤 내용도 부여할 수조차 없다. 이것이 **인식불가능자**이며, 그 이상 무엇도 아니다. 다른 편에는 기계론적 언어로 표현된 상대가 군림한다. 세계는 물질과 운동으로 환원되어 정신을 예고할 모든 질적 의미를 박탈당한다. 이것이 **인식가능자**다. 아직 학생이었던 베르그손은 어떻게 하나의 동일한 학설 속에서 하나가 다른 하나에 접합될 수 있는지, 그 가능성도 필연성도 이해하지 못했다. 스스로의 자취를 돌아보며 스펜서의 절충적 철학을 개선하려던 자신의 논문 초고를 떠올리는 구절에서, 베르그손은 자신의 입장을 다음과 같이 설명한다.

> 스펜서의 철학은 사물들의 본을 뜨고 세부적인 사실들을 모델로 삼고자 했다. 물론 그것은 여전히 모호한 일반성들 속에서 그 받침점을 찾고 있었다. 우리는 《제일원리》의 결함을 직감했다. 그러나 우리가 보기에 이 결함은 저자

의 불충분한 준비로 인해 그가 역학의 "최종 관념들"을 깊이 탐구할 수 없었다는 데서 기인하는 것으로 보였다. 우리는 그의 저작의 이 부분을 손질해서 그것을 완성하고 공고히 하기를 바랐다. 우리는 힘닿는 한에서 이 작업을 수행했다.[138]

베르그손이 앙제에, 그다음으로는 클레르몽페랑에 교사직을 얻어 떠났을 때 그의 논문의 초고는 아직 시간을 의식의 직접소여로 만드는 것이, 따라서 시간의 개념을 심리학적인 무언가 속에 **용해**시키는 것이 아니었다. 반대로, 그와는 모순일 만큼 정반대로, 베르그손의 초고는 기계적 과학을 **정초**하는 것, 즉 스펜서가 미정으로 남겨두었던 과학의 가장 근본적인 개념들을 "과학철학"[139]의 틀 안에서 규명하는 것이었다. 시간은 이 근본적 개념들 중 최우선으로 다뤄져야 하는 것이었다. "그것을 완성하고 공고히 하기" 위해 필요했던 것은 저작의 이 "부분"을 손질하여 스펜서가 인식불가능자 속으로 쫓아낸 "모호한 일반성"을 제거하는 일이었다. 베르그손은 《제일원리》를 다시 작업해야 할 것으로 만들었다. 그가 보기에 이 저작의 불충분성은 단지 스펜서의 과학적 앎이 부족했다는 사실에 기인할 뿐이었다.

내가 말하는 시기, 그러니까 1883년에서 1884년 사이 클레르몽페랑에 머물기 시작했을 때, 나의 주의를 끌었던 것은 《제일원리》의 제일의 개념들에 대한 장들이었습니다. 특히 시간의 개념에 대한 장이었지요. 당신은 이 장들이 과학적으로는 그다지 큰 가치를 갖지 않는다는 것을 알고 있을 겁니다. 특히 역학 분야에서 스펜서의 과학적 소양은 대단한 것이 아니지요. 그런데 그 당시 나의 흥미를 끌었던 것은 본질적으로 과학적인 개념들, 특히 수학적이고

138 〈서론〉, 《사유와 운동》, 2(10)쪽.
139 〈회프딩에게 보내는 편지, 1906년 1월 9일〉, 《서간집》, 145쪽.

역학적인 개념들이었습니다….[140]

스펜서는 여전히 너무 형이상학자였다. 그가 충분히 좋은 수학자가 아니었기 때문이다. 베르그손에게 스펜서의 철학은 "충분히 단정적인 기계론이 아닌"[141] 것처럼 보였다. 따라서 스펜서의 철학을 완성하는 일은 이 제일원리들을 규명함으로써 급진화하는 방향으로 향할 수밖에 없었다. 베르그손은 과학의 최종 관념들을 정확하게 만듦으로써, 인식 불가능한 절대라는 이 기묘한 물체가 제거된 실증주의를 제시하기를 희망하였다. 최종 관념들은 과학에 토대를 제공함으로써 다시 제일관념이 될 것이고, 철학의 과업은 이 토대fondement를 "공고히 하는consolider" 일일 것이다. 다른 말로 하면, 베르그손이 계획했던 총괄적 기계론에 대한 논문은 스펜서의 학설 전체를 비정합적으로 만들었던 형이상학적 잔재들을 치워버린 제일철학 이상도, 이하도 아니었다. 스펜서보다 더 스펜서적이었던 베르그손은 스스로를 유물론자라고 칭하는 것도 거부하였다. 베르그손은 자크 슈발리에에게 이렇게 고백한다. "유물론은 형이상학입니다. 나는 어떤 형이상학도 원하지 않습니다."[142] 요컨대 베르그손은 피히테가 초월론적 관념론을 완수하기 위해 물자체를 처분했을 때 피히테가 칸트와 맺었던 관계를 스펜서와 맺고 싶었던 것이다. 베르그손은 스펜서가 인식불가능자에 남겨 둔 거추장스럽고 낡아빠진 이 부분과 결정적으로 단절된, 완전히 상대적인 기계론 체계를 제안하고자 했다.[143]

우리는 2부에서 이러한 시도가 숙명적으로 실패할 수밖에 없었다

140 샤를 뒤 보스Charles Du Bos, 《일기*Journal*》(1921-1923), Buchet-Chastel, 2003, 1922년 2월 22일, 63쪽, 131-132쪽.

141 《서간집》, 145쪽.

142 자크 슈발리에, 《베르그손과의 대담》, 1922년 2월 7일, 38-39쪽.

143 피에르 도렉Pierre d'Aurec, 〈스펜서주의자 베르그손에서 《시론》의 베르그손으로De Bergson spencerien au Bergson de l'*Essai*〉, 《철학 아카이브*Archives de philosophie*》 XVII, Beauchesne, 1946, 116쪽.

는 점을, 그리고 이것이 베르그손으로 하여금 스스로에 대해 눈뜨게 해주었다는 점을 상세히 다룰 것이다. 과학의 모든 관념 가운데 시간의 관념은 실제로 체계를 와해시키는 체계 속의 틈이 될 것이다. 하나의 정의 안에 갇히는 것을 거부하는 지속은, 심리학적인 형태로 자기 자신에게 되돌아오는 절대가 취하는 형상이 될 것이다. 지금 우리가 관심을 갖는 지점은 베르그손이 실패를 거쳐 이 기획을 포기하면서 기획 자체의 일반적 형식을 재검토했다는 사실이다. 정초가 아니라 용해하기. 베르그손은 이렇게 말한다. "잘 규정된 윤곽을 지닌 몇몇 철학적 개념을 심화했을 때, 나는 그 개념들이 심리학적인 특성을 지닌, 붙잡기 어렵고 희미한 무언가로 **용해된다**는 사실을 발견했습니다."[144] 스펜서의 방법에 매혹된 나날을 보낸 뒤, 베르그손은 스펜서에게 대항하여 등을 돌리고, 스펜서의 방법을 반면교사로 삼았다. 스펜서의 방법은 철학을 과학 위로 올려놓을 수 있다고 믿음으로써 철학을 망치는 타락한 존엄성의 모델이었다.

이때 베르그손은 형이상학을 벗어나는 일이 불가능하다는 사실을 어쩔 수 없이 깨달을 수밖에 없었다. 정면에서 추방된 절대는 절대를 회피하려는 우리의 노력에도 불구하고 비스듬히 되돌아 온다. 사실상 누구도 형이상학을, 게다가 인식론조차 배제할 수 없다. 이것들을 포기할 수 있다고 믿는 사람들조차, 그리고 그런 사람들일수록 더더욱 그러하다. 베르그손은 스펜서를 교정하여 절대 없는 상대를 사유하려 했던 것인가? 그러나 훗날 베르그손은 다음과 같이 인정한다. "상대만을 사유하는 경우에도 절대의 관념이 내포되어 있다. 절대 없는 상대는 절대일 것이기 때문이다."[145] 스펜서는 아무리 불충분한 것이라 해도 인식불가능자에 관한 이론

144 〈테오될 리보에게 보내는 편지, 1905년 7월 10일〉, 《잡문집》, 658쪽(필자의 강조).

145 〈폴 자네의 《형이상학과 심리학의 원리들》에 대한 서평, 1897년 11월〉, 《잡문집》, 381쪽. 베르그손은 이 글에서 원저자가 사용했던 표현을 자주 반복해서 사용한다. "위의 정의를 통해 희생된 것처럼 보였던 절대의 개념조차 사람들이 생각하는 것만큼 상대에 대한 학문 속에서 완전히 배제되는 것은 아니다. 실로 절대 없는 상대

을 받아들임으로써 그의 철학을 혼합적인 것으로 만들었다. 베르그손은 유물론자가 되기를 거부하고 단지 기계론자로 남기를 시도했던 것인가? 그러나 그가 차후에 고백해야 했듯이, "급진적인 기계론[마저] 하나의 형이상학을 함축한다".[146]

베르그손은 폴 자네Paul Janet의 《형이상학과 심리학의 원리들*Principes de métaphysique et de psychologie*》에 긴 서평을 남겼다. 베르그손은 자네의 입장을 비판하기보다는 옹호한다. 자네의 입장이 베르그손적 방법을 구축하는 데 있어 상당한 중요성을 지녔음을 부인하기는 어려울 것이다. 자네는 자신이 규정한 엄밀한 철학 관념을 약화시키는 당대의 철학관들을 거론하며, 그 가운데 하나로 제일철학의 가설을 언급한다. 베르그손은 자네의 언급을 설명하기 위한 사례로 스펜서의 학설을 제시한다. 베르그손이 처음에 길잡이로 삼았던 저자를 통해 자신의 입장을 설명할 기회가 주어졌을 때, 스펜서가 제시한 제일철학, 다른 어떤 제일철학보다도 더 단순한 제일철학은 모든 제일철학을 지배하는 전제들을 폭로할 수 있게 해주었다. 스펜서의 미숙함은 인식불가능자에 한 파트를 할애할 필요성을 보여주었다. 베르그손은 스펜서의 저작에서 이 절반을 삭제하기를 바랐다. 하지만 자네는 이러한 가설이 제거하려 했던 형이상학을 여전히 암묵적으로 포함하고 있음을 보여주었고, 이 가설을 추동하는 [제일철학의] 기획을 헛되고 무용한 것으로 만들었다.

> 스펜서의 학설은 제일철학이다. 그의 학설은 특수한 학문들과 구분되는 것으로, 이 학문들을 통일하고 완수한다는 점에서 그것들보다 우월한 것이다. 물론 스펜서의 철학은 현상계를 넘어서지 않기를 자처하며, 직접적 경험의 대상이 아닌 것들은 모두 인식불가능자 속으로 쫓아낸다. 그러나 현상이 존재

는 그 자신이 절대가 된다"(《형이상학과 심리학의 원리들》, 1897, 17쪽).

146 《창조적 진화》 1장, 39쪽.

를 일정 정도 포함하는 것은 아닌가 하는 문제가 제기되며, 이 문제를 해결하려면, 혹은 심지어 단지 이 문제가 해결 불가능하다고 정당하게 선언하려면 인식 능력에 대한 비판적 검토가 필요하다. 그러니까 특수한 학문들 위에, 제일원리에 대한 학문 옆에, 하나의 인식 비판이 다시 놓여야 한다. 그러나 이 비판이 인식불가능자를 어떻게 특징짓건 간에, 그것에 대해 무언가를 단언하는 이상 인식불가능자와 인식가능자 사이에 어떤 관계를 수립하는 것이고, 결국 인식불가능자가 어느 정도는 인식 가능하다는 사실을 시인하는 것이다. 이를 어떻게 확정할 것인가? 이러한 연구를 원하는 대로 명명해 보라. 그래도 그것은 여전히 형이상학일 것이다.[147]

스펜서가 요구한 대로 존재와 현상을 구분하거나 차후에 현상학이 할 것처럼 존재를 현상에 일치시키려면, 우선 인식 가능한 것에 대해 의사를 표명해야 한다. 존재는 어느 정도로 현상 속에서 주어지는 것인가? 달리 말하면, 사람들이 제일철학에 갖는 관념 자체가 불가피하게 어떤 인식론을 요청하며, 더 나아가 이 인식론과 동일시된다. 그러고 나서 절대가 인식 불가능하다고 말하고, 절대를 초월적인 것으로 상정하며, 절대를 포착하는 일을 포기한다 해도, 여기에는 이미 배제하려던 형이상학이 필연적으로 내포되어 있다. 실로 접근 불가능하다고 말할 때, 우리는 접근 불가능하다고 선언된 것에 여전히 접근하기 때문이다. "절대가 인식 불가능하다고 선언함으로써 절대를 상대 뒤로 내쫓을 때, 그 사실 자체로 인해 절대가 정립된다."[148] 더 정확히 말하면, 절대를 금지한다면, 절대는 절대로의 접근을 막는 금지 너머에 그 자체로 남는다. 추방하여 불가침한 것으로 만들었다고 해서 절대가 말소되는 것이 아니다. 그것은 단지 '물자체'로서 우리의 능력 너머로 옮겨질 뿐이다. 절대는 존속한다. 취소선 아

147 《잡문집》, 383쪽.
148 《잡문집》, 381쪽.

래에서도 말이다. 장 발이 지적하듯, 실제로 절대라는 개념은 양의적인 것으로 남아 있다. 절대의 개념 속에 분리의 의미와 포괄 및 내포의 의미가 공존할 것이기 때문이다.[149] 이런 이유로 절대에 대한 정의는 우리가 절대와 직조하는 관계에 걸리게 된다. 그 관계가 비-관계로서의 관계라 하더라도 말이다. 그러므로 절대의 의미는 형이상학과 인식 능력 비판을 통해서만 분명해질 수 있다. 오직 실증주의, 과학주의만을, 혹은 언제나 더 견고해지기를 요청받는 원리 위에 세워진 제일철학만 상대할 것인가? 그렇다 해도 "과학을 하는 것과 과학**만** 해야 한다고 주장하는 것은 다른 일이다".[150] 철학이 자기 자신을 어떻게 정의하든지, 어떤 방식으로 형이상학에서 벗어나려 하든지, 형이상학을 거부하려는 움직임은 언제나 형이상학에 통합된다. 절대가 인식 불가능하며, 인식 불가능한 한에서만 알려진다고 말한다면, 절대가 **분리되어** 있다고 말하는 것이다. 헤라클레이토스, 칸트, 스펜서는 절대를 이렇게 생각한다. "사물들의 본질은 우리를 벗어나며, 언제나 그러할 것이다. 우리는 관계 속에서 움직인다. 절대는 우리의 권한에 속하지 않는다. 인식불가능자 앞에서 멈춰 서도록 하자."[151] [반대로] 정도의 차는 있으나 적어도 어느 정도는 절대를 인식 가능하다고 말한다면, 절대가 **포함적***inclusif*이라고 말하는 것이다. 베르그손은 절대를 이렇게 생각한다. 그가 보기에 "우리는 절대 속에서 존재하고 행동하며 살아간다".[152] 두 경우 모두 절대는 즉자적 존재에 대해 아무것도 말해주지 않고, 즉자적 존재를 정의하는 것도, 심지어는 그것을 지칭하는 것도 아니다. 하지만 절대는 형이상학이 — 인정된 형이상학이건 거부된 형이상학이건 — 절대와 자기 사이에 어떤 관계를 할당하느냐에 따라 즉자적 존재의 의미를 변조한다.

149 장 발, 《형이상학 논고》, 640쪽 이하.
150 《잡문집》, 383쪽.
151 《창조적 진화》 〈서론〉, p. vii.
152 《창조적 진화》 3장, 201쪽.

그러므로 형이상학을 두둔하는 편이 더 나았다. 베르그손은 우리를 단호하게 형이상학에 입문시킴으로써 힘든 과업을 자진했다. 1903년《형이상학과 도덕학 논평》에 게재된 〈형이상학 입문〉은 베르그손적인 형이상학으로의 진입을 나타낼 뿐 아니라, 베르그손 자신이 형이상학사를 통해 전달된 형이상학으로 진입하고 있음을 나타내기도 한다. 실제로 베르그손은 여기서 처음으로 형이상학의 언어를 사용한다. 그는 그때까지 결코 역사적으로 규정된 의미로 사용한 적이 없었던 몇몇 용어를 형이상학에서 빌린다. 직관은 물론이거니와, 무엇보다도 이 논문의 서두에 등장하여 논문의 축을 이루는 상대/절대의 대립 또한 형이상학에서 빌린 용어들이다.

> 형이상학에 대한 여러 정의와 절대에 대한 여러 견해를 서로 비교해 본다면, 철학자들이 외견상의 차이에도 불구하고 하나같이 사물을 인식하는 데 있어서 서로 심층적으로 차이 나는 두 방식을 구분하고 있음을 알아챌 것이다. 첫 번째 방식은 사물들 주위를 도는 것을, 두 번째 방식은 사물 안으로 들어가는 것을 함축한다. 전자는 우리가 취하는 관점과 우리의 입장을 표현하는 데 사용되는 상징들에 의존한다. 후자는 어떤 관점도 취하지 않고, 어떤 상징에도 기대지 않는다. 전자의 인식에 대해 우리는 그것이 **상대**에 머문다고 말할 것이고, **후자의 인식**에 대해서는, 그것이 가능하다면, **절대**에 다다른다고 말할 것이다.[153]

153 〈형이상학 입문〉,《사유와 운동》, 177-178(204-205)쪽. 형이상학이 존재하기 위한 최소 요건을 수립하는 베르그손의 방식은 자네가 철학을 규정할 때 사용하는 방식과 유사하다. "우리는 단지 어떤 철학적 학파에 속하건 간에 철학에서 거부할 수 없는 **최소**가 무엇인지를 찾으려는 것이다. 우리가 지금까지 규정한 이 **최소**는 철학 전체를 허용하기에 충분하다"(같은 책, 1권, 17쪽). 다른 곳에서와 마찬가지로 여기서도 우리는 베르그손이 착상을 얻은 영향과 원천을 재구성하려는 것이 아니라, 그의 사유의 작업을 지배했던 철학적 직관과 그 직관의 적용을 위해 권장되었던 방법을 복원하는 것이다. 하지만 베르그손이 그의 첫 두 저작을 방법에 따라 저술하는 일이 이미《형이상학과 심리학의 원리들》(1897) 출간 이전에 이루어졌다 하더라

베르그손이 묘사하는 형이상학의 정의는 최소주의적일 뿐 아니라 미결정적인 것이기에, 모든 철학자는 입장의 상이함에도 불구하고 이 점에서 틀림없이 의견 일치를 볼 수 있을 것이다. 또한 베르그손이 사용하는 언어는 본의에 어긋나게 활용되어야 했기 때문에, 그는 형이상학의 용어들을 재전유하면서도 그것을 빌려 온 철학자들이 사용했던 것과는 다른 방향으로 이 용어들을 굴절시킨다. 실제로 칸트와 스펜서가 현상과 '물자체'를 대립시킴으로써 상대와 절대를 구분하고자 했던 반면, 베르그손은 사물 주위를 도느냐, 사물 내부로 들어가느냐에 따라 사물을 인식하는 두 가지 방식을 구분함으로써 이 두 용어를 서로 접근시킨다. 베르그손은 우아한 표현을 사용하지만, 그의 정의가 느슨한 것은 아니다.

상대와 절대

먼저 베르그손은 상대를 절대에 접근시킨다. 물론 베르그손은 사물 주위에서 획득된 상징적 시각을 언급함으로써 어떤 간극을 남겨 놓으며, 오직 직관만이 사물 안으로 진입하여 이 간극을 해소할 수 있으리라 말한다. 그러나 이와 동시에 그는 현상과 소위 '물자체'라고 불리는 것 사이의 연속성을 복원한다. 현상은 물자체를 은닉하기는커녕, 그 바탕 속에서 물자체를 현시한다. 밖으로부터 취해진 다수의 시각은 아무리 더해지더라도 안으로부터의 단순한 봄을 대체할 수 없을 것이다. [그러나] 적어도 이 시각들은 모두 사물 자체에 대해 취해진 것이다. 레옹 위송Léon Husson의 말처럼, "우리의 일상적 인식과 그것을 연장하는 과학적 인식은 여전히 **상대적인***relatives* 인식이다. 그러나 이것들은, 적어도 이 말의 가장 엄밀한

도, 이 저작을 통해 베르그손은 처음으로 자신의 고유한 방법을 비추어 볼 거울을 갖게 된 것으로 보인다. 베르그손은 처음에 자신의 방법을 적용하는 데 사로잡혔지만, 아마도 자네의 책을 읽으며 방법 자체를 의식하기 시작했을 것이다. 그의 〈형이상학 입문〉이 절대의 관념에 중요성을 부여하면서도 절대를 완전과 무한에 동일시했다는 점은 자네에게 빚지고 있다(《형이상학과 심리학의 원리들》 2권).

의미에 있어서, 더는 상대에 대한*du relatif* 인식이 아닐 것이다. 이것들은 이미 어떤 의미에서는 절대를 대상으로 삼을 것이다. 물론 굴절을 통해서만 절대에 도달하기는 하지만 말이다."[154] 달리 말하면, 상대는 언제나 개별적 절대에 대한*d'*un absolu 상대이기 때문에, 이 인식들은 절대 자체에 대한*de* l'absolu 상대적 인식을 이루는 것이다. 하나의 실마리가 경험 속에 절대를 유지하고, 따라서 절대에 합류하는 것을 권리상 금지하는 것은 아무것도 없다.

베르그손은 절대와 상대 사이의 단절을 메우려는 것처럼 보인다. 그런데 이런 유형의 인식을 순전히 상징적인 것이라고 평가절하 하려면, 절대와 상대 사이의 단절을 되돌려 놓아야 하는 것은 아닐까? 어떻게 베르그손은 동시에 분석이 "표현, 번역, 혹은 상징적 표상"[155]이라고 말할 수 있는 것일까? 상징이 사물을 표현한다는 말과 번역한다는 말은 다른 말인데 말이다. 표현이 사물의 "표식"을 취하는 일이라면, 번역은 사물을 "왜곡하는" 일이다.[156] 따라서 다음의 양자택일이 강제된다. 한편에는 추출extraction의 길이 있다. 여기서 상징은 사물에서 떨어져 나오지만, 아무리 미소하더라도 사물의 일부분을 채취한다. 다른 한편에는 추상abstraction의 길이 있는데, 여기서 상징은 마치 기호가 그것이 표상하는 바와 구분되는 것처럼 사물과 분리된다.

그러나 베르그손을 따라 상징을 관점point de vue과 동일시할 경우, 난점은 해소된다. 관점의 특징은 때에 따라 표현이나 번역이 될 수 있다는 것, 그리고 "이러한 이중의 이유로"[157] 상대적이라 불린다는 것이다. 분석한다는 것은 대상 주위를 돌면서 대상에 대한 관점을 다양화하는 것이다.

154 레옹 위송, 《베르그손의 지성주의: 베르그손적 직관 개념의 발생과 전개*L'Intellectualisme de Bergson. Genèse et développement de la notion bergsonienne d'intuition*》, PUF, 1947, 41쪽.
155 〈형이상학 입문〉, 《사유와 운동》, 182(208)쪽.
156 같은 책, 181, 187(207, 215)쪽.
157 같은 책, 178쪽.

우리가 어떤 관점point de *vue*에 위치하건 간에, 그 관점이 "동적이건 부동적이건", 그것은 우선 하나의 시각vue을 제공하며, 이 시각의 기능은 운동 중의 실재를 "부동화하고"[158] 그로부터 하나의 지각대상, 혹은 하나의 개념을 추출하는 것이다. "부동성은 우리 정신이 실재에 대해 찍는 장면vue(이 말을 사진적으로 이해할 때)에 불과하다".[159] 시각vue은 사물 자체에 대해 찍힌 장면vue이기 때문에, 더 이상 지각 혹은 개념화를 뒷받침하는 기호가 아니다. 시각이 전해주는 것은 오히려 사물의 스냅 사진이기 때문이다. 그렇다면 [반대로] 어떻게 시각은 단지 순수한 상징에 그칠 수 있는 것일까? 시각 속에서 사물은 절대적으로 소여되지 않아도 그 자신으로 소여될 수 있다. 그렇지만 시각이 절대의 추출물로서 절대에 상대적인 것이라 해도, 그것은 또한 관점*point* de vue인 한에서, 절대에 접근하는 우리에게 상대적인 것이기도 하다. 우리는 대상 주위를 돌면서 대상을 "좌표계나 지표점에"[160] 삽입한다. 그런데 대상을 둘러싸고 좌표를 제공하는 공간적 그물망이 일단 대상 아래 놓이면, 연구해야 할 사물을 시각*vue*에서 제거하고 오직 지점들*points*만을, 그리고 지점들이 서로 직조하는 관계들의 체계만을 남겨두는 일을 금지하는 것은 없다. 사람들은 대상을 총체적으로 재구성하고 대상의 생산을 주재하는 법칙을 제시한다고 주장할 것이나, 절대를 포기하고 절대의 번역을 선호함으로써 사물을 와해시키고 상대 속에 정착할 것이다.

이처럼 1903년의 논문[〈형이상학 입문〉]은 "시각과 관점"[161]이 동일하지 않다는 점을 주장하나, 이 점을 충분히 설명하지 않는다. 그렇지만 베르그손은 《창조적 진화》에서 라이프니츠의 모나드론을 설명하며 양자를

158 같은 책, 178, 213쪽.
159 〈플로리스 드라트르에게 보내는 편지, 1923년 8월 23일 혹은 24일〉, 《잡문집》, 1418쪽(필자의 강조).
160 〈형이상학 입문〉, 《사유와 운동》, 178(205)쪽.
161 같은 책, 203(234)쪽.

구분할 수 있게 된다. 베르그손은 라이프니츠에게 받은 영향을 명시하지 않으나, 아마도 라이프니츠의 관점 이론을 빌려 왔을 것이다. 라이프니츠의 주장은 다음과 같다. 모나드가 신에 대한 가능한 시각이라 해도, 우리의 불완전한 정신은 지각을 연장의 용어로 번역하고 "**질적으로 차이 나는 시각들**을 이 시각들이 취해진 **양적으로 동일한 관점들**의 질서와 위치에 따라 분류하기"[162]를 선호한다. [이 말을] 적절하게 변경해 보자. 우리가 사물의 주위를 돌면서 추출하는 시각들이 서로 이질적이라 해도, 이 시각들은 그것들이 취해졌다고 간주되는 지점들로 대체되어 양적으로 비교 가능한 것이 된다. 그러면 인식은 절대로부터 단절되어 순수하게 상대적인 것이 될 것이다. 분석이 사물에 대해 갖는 객관적인 관점들에서 출발하여 사물을 재구성하려 해도 소용없을 것이다. 운동이 주파한 다수적 상태들에서 출발하여 운동을 복원하려 해도 소용없을 것이다. 이러한 인식은 원리적으로 실패할 것이다. 그것은 이제 관점들만 다루며, 관점들을 통해 볼 수 있었던 것들은 배제하기 때문이다. 시각에서 관점으로, 지각대상에서 개념으로 이행하면서 상대주의는 "상징의 파편"이 "사물의 파편"이라고 혼동할 것이다. 결국 베르그손은 다음과 같이 말할 것이다. 오성은 관계의 개념에 대해 작업할 때에는 "**과학적** 상징주의에 도달하고," "사물의 개념에 대해 작동할 때에는 (…) **형이상학적** 상징주의에 도달한다".[163]

베르그손은 이렇게 자신이 상대에 부여했던 이중적 의미를 해명하고, 어떻게 [절대에 대한] 상대적인 인식(표현)이 상대에 대한 인식(번역)으로 변모될 수 있는지, 더 정확히 말하면 악화될 수 있는지를 보여준다. 실제로 개념은 자신이 유래한 사물로부터 추상되는 즉시 일반화되어 순전한 상징이 된다. 달리 말하면, 사물 속에서 개념들은 서로 녹아들어 서로로부터 전체의 독특한 색조를 부여받지만, 시각들로서 사물의 직관적 바

162 《창조적 진화》 4장, 350쪽(필자의 강조).
163 《사유와 운동》, 192, 220(221, 251)쪽.

탕에 더 이상 매달리지 않는 개념들은 무한한 사물에 공통적인 것이 되어 그 사실 자체로 인해 이 무한한 사물들을 왜곡한다. 게다가 '시각vue'이란 '순간moment'과 함께 베르그손이 에이도스εἶδος의 번역어로 제시했던 단어가 아니던가 — 이 번역은 하이데거의 번역만큼이나 과격하기도 하고, 하이데거의 번역과 유사하기도 하다. 하이데거는 에이도스를 "보임새aspect"(모습*Anblick*)[164]라고 번역한다. 그러니까 고대인들이 보기에 형상, 이데아, 본질은 특권적인 **시각**이었다. 그러나 "시각"이라는 말은 [형상, 이데아라는] 플라톤적 모델보다는 노에타νοητὰ[가지적인 것들]라는 플로티노스적인 모델에 더 가깝다 — 우리가 곧 살펴볼 것처럼, 베르그손은 라이프니츠의 모델 자체를 플로티노스의 모델에 결부하려 할 것이다. "시각"으로서의 가지적인 것intelligible에는 다른 모든 가지적인 것이 배어 있기에 계속해서 전체를 반영한다. 그러나 시각으로서의 관념을 그것과 분리 불가능하게 연결된 시각의 대상으로부터 절단한다면, 관념은 다른 것들로부터 고립되어 팽창하고, 확장되고, 뻗어감으로써 모든 사물 위로 제한 없이 군림한다. 관념은 이런 방식으로 일반 관념이 된다. 일반 관념의 기만적 성격은 그것이 포섭할 수 있는 다른 사물들의 수가 증가함에 따라 비례하여 증대한다.

이러한 구분은 알아채기 힘든 것이지만, 그럼에도 1903년부터 이루어지고 있다. 심지어 **부분들**로의 파편화와 **요소들**로의 분석을 대립시키는 베르그손의 논의는 이 구분을 뒷받침하기까지 한다. 엄밀히 말해 베르그손은 분석을 평가절하 하는 것이 아니다. 오히려 그는 이데올로그들이 분석을 단순한 분해로 환원함으로써 만들어내는 파생적이고 변질된 형태의 분석에 대항하여 [본래적인] 분석을 복원하려는 것이다. 파편들은 "**구성적 부분들**"로, 이 부분들을 재조립하여 전체를 재구성할 수 있다고 여겨진

164 《창조적 진화》 4장, 314쪽; 하이데거, 《니체》, I, Gallimard, 1971, 피에르 클로소프스키Pierre Klossowski 번역, 157쪽.

다. 반면 요소들은 "**부분적 표현들**", "**메모들**", "**부분적 표기들**", 요컨대 전체를 포착하는 "시각들"[165]이다. 전체는 개별적 포착 각각은 물론이거니와, 이 포착들 전체에 비해서도 언제나 과잉된 것으로 남아 있다. 따라서 분석이 본래적인 분석이 되기 위해서는, 직관을 대체하는 것이 아니라 직관을 전제해야 한다. "직관에서 분석으로 나아갈 수는 있지만, 분석에서 직관으로 나아갈 수는 없다."[166] 분석은 직관으로부터 그 원천을 길어오지만, 직관을 망각한다. 그러나 이러한 단순한 직관이 없다면, 분석은 분석이기를 그치고 파편화가 되어버리고 말 것이다.

하지만 요소가 파편과는 달리 진정한 전체의 부분*pars totalis*이라는 사실이, 베르그손이 라이프니츠주의를 옹호한다는 식의 부당한 결론으로 이어지는 것은 아니다. 베르그손의 관점 이론은 적어도 세 가지 이유에서 라이프니츠의 이론과 근본적인 차이를 보인다. 먼저, 어떤 모나드론도 베르그손적인 의미에서의 관점을 완전히 닫아두지 못한다. 관점에는 열린 문과 창문이 있기 때문에, 라이프니츠와는 반대로 모나드를 구체적인 연장과 지속 속에 기입하여 넣는다. 이를 통해 우리는 절대의 더 혹은 덜 깊은 층위에 자리 잡을 수 있다. 다음으로, 공간을 통해 사유를 상징적으로 번역하는 일은 더 이상 환영적인 작업이 아닐 것이다. 라이프니츠의 입장에서 기계론은 단지 우리에게만 가치를 갖는다. 반면 베르그손이 보기에, 적어도 《창조적 진화》 이후로, 기계론은 사물들의 물질성 자체에 상응하는 것이다. 상대는 그것을 상대적인 것으로 여기게끔 하는 절대 자체가 없어도, 이런 측면에서 그 나름의 방식으로 개별적 절대를 전달할 것이다. 마지막으로, 그리고 무엇보다도, 베르그손은 여전히 더 본질적인 방식으로 라이프니츠와 차이를 보인다. 라이프니츠에게 신은 "관점을 갖지 않는 실체" 혹은 "예정조화"로 규정된다. 신은 자신 안에 다양한 시각을 통

165 같은 책, 4장, 192, 193, 203쪽.
166 같은 책, 202쪽.

합하는 동시에, 모나드들이 서로를 상호 보완하고 각기 전체를 표현할 뿐만 아니라 서로를 조화롭게 상호 표현할 수 있도록 해준다. 그러나 베르그손은 다음과 같이 말할 것이다. (관점 없이) 장소를 갖지 않고 세계를 보는 것은 (무한한 관점 속에서) 어디에서나 세계를 보는 것과 동일하지 않다. 따라서 신이 어디에서나 그리고 장소를 갖지 않고 본다고 말하는 것은 라이프니츠에게서 불분명한 지점을 내포하며, 세계의 평면도géométral라는 관념[167]은 이 불분명함으로 인해 수용 불가능한 것이 된다. "세계의 모든 측면을 가능한 모든 방식으로 주시하는" 신이 어떻게 "개체들이 우주를 보는 방식으로 우주를" 볼 뿐 아니라 "그들 모두와는 완전히 다른 방식으로도" 볼 수 있는 것인가?[168] 이에 반해 베르그손적 절대는 이렇게 시각들의 총체를 하나의 원리가 갖는 통일성 속에 모아 넣는 세계의 평면도라는 관념을 거부한다. 그 원리가 신이라 하더라도 말이다. 그렇기 때문에 이 절대는 깊이에 따라 단계를 이루고 다양한 층위로 배분되어야 한다. 실제로 절대에 대해 취해진 시각들 전체를 소유하기만 하면 특정한 방식으로 절대 안으로 진입해 들어갈 수 있다는 주장은 이미 분석과 직관을 혼동하는 것이 아니었던가? 어떤 도시의 사진을 찍는 것, 혹은 그 도시를 소묘하는 것은 필연적으로 도시를 원근법 속에 밀어 넣고 그 도시에 대한 하나의 관점을 표현한다. 그리고 "하나의 도시를 가능한 모든 관점에서 찍은 모든 사진이 서로를 무한정 보완한다 해도, 이 사진들은 이러한 입체감 있는 원본, 즉 우리가 거니는 도시와 전혀 **동등하지** 않을 것이다."[169] 가능한 사진을 아무리 전부 모아도, 계속적인 열거를 통해 신이 행하는 동시적 포

167 [역주] 라이프니츠는 모든 관점을 포괄하는 하나의 관점, 즉 신의 관점을 표현하기 위해 '평면도géométral'라는 개념을 사용한다. 저자는 여기서 라이프니츠가 사용하는 평면도의 관념이 관점들의 총합과 무관점적 전체를 혼동하고 있음을 지적하고 있다.

168 고트프리트 빌헬름 라이프니츠, 《형이상학 논고》, art. XIV, Gallimard, 52쪽.

169 〈형이상학 입문〉, 《사유와 운동》, 179-180(207)쪽(필자의 강조).

착을 대체함으로써 라이프니츠적인 신의 시선에 필적하려 시도해도 소용이 없다. 총망라l'exhaustivité는 불가능하다. 그리고 베르그손에게는 어떤 사물을 절대적으로 인식하는 일이 "현상들의 일반적 체계"[170]를 회전시킴으로써 그 모든 측면을 동시에 바라보는 이상을 갖는 것도 아니다. 그러한 이상에 다다르지 못하기 때문이 아니라, 그러한 이상 자체를 포기해야 하기 때문이다. 관점을 갖지 않는다는 것은 완전히 다른 일이다. 그것은 "한없는 열거"를 요구하는 "불가분적 포착"이다.[171]

절대와 상대

이와 대칭적으로 베르그손은 절대를 상대에 접근시켜야 한다. 사물 속으로 진입해야 하기 때문에, 절대는 이제 베르그손 이전에 그러했던 것처럼 모든 관계로부터 분리되고 풀려난 존재로 규정되지 않는다. 절대는 즉자적으로 스스로 **존재하는** 것을 지시하는 대신 즉자적으로 스스로 **인식되는** 것을 지시하며, 오직 그것만을 지시할 수 있다. 실제로 분리된 절대조차 그 **자체로** 분리된 것이며, 또 그러한 것으로 **인식된다**. 따라서 형이상학은 사물을 절대적으로 인식할 수 있는 가능성을 통해 인지되고, 절대는 절대를 인식하는 것이 불가능하다고 선언하는 사람에게조차 우리의 인식 능력에 결부된 것으로 남게 된다. 결과적으로 절대와의 일치란, 우리의 유한성을 세계와 맺는 실천적인 관계의 탓으로 돌리고 나서 어떤 명령을 통해 그 유한성을 제거하는 일이 아니다. 다시 한번 사도 바울의 말을 인용하여, 우리가 절대 안에서 살아가고 움직이고 존재한다면, 실로 어떻게 우리의 능력을 절대라는 (과잉)척도(dé)mesure에 부합시킬 수 있을까? 사물 안으로 진입하여 그 내부에 자리 잡을 때, 절대는 우리의 유한성이 닿을 수 있는 어떤 **무한**과 우리의 불완전성에 물들지 않은 어떤 **완전성**을 전달

170 고트프리트 빌헬름 라이프니츠, 《형이상학 논고》, 51쪽.
171 〈형이상학 입문〉, 《사유와 운동》, 180(208)쪽.

해 준다. 요컨대 사물 안으로 진입할 때 우리는 "절대 자체l'absolu"에 도달하는 것이 아니라 어떤 "**개별적** 절대*un* absolu"에 도달한다.[172] 달리 말하면, 직관은 "절대적인d'absolu 인식"[173]이지, 절대 **자체에 대한***de l'*absolu 인식이 아니다. 따라서 《창조적 진화》의 설명에 따르면, 실재를 상대적으로 포착하는 개념들이 갖는 본래의 실천적인 성격으로 인해 우리가 실재를 왜곡한다고 해도, 이 개념들을 제거하고 직접적인 것으로 곧장 나아가는 일이 절대를 더 절대적으로 알게 만드는 것도 아니고, 전체를 총체화할 수 없게 만들면서 절대를 채우고 있는 깊이를 감소시킬 수 있는 것도 아니다. 우리는 결코 우리의 유한성을 떠나지 않는다. 점진적인 확장을 통해 한계를 무한정 밀어내고 절대적 인식을 무한정 심화시킬 수는 있지만, 인류 전체가 어떤 경계도 갖지 않을 수는 없을 것이다. 사실상 절대 자체에 대한 절대적 앎이라는 허구적인 이상을 겨냥해서는 안 된다. 절대 **자체***l'*absolu는 겸허하게도 **개별적** 절대*un* absolu를 통해서만 접근할 수 있다. 지속 **자체**가, 독특하고 특정한 리듬을 가진 다수의 지속으로 횡단되는 **하나의** 주어진 실재 안에 감겨 있는 것으로만 경험될 수 있는 것처럼 말이다. 우리 자신이 사실적으로 절대에 포함되어 있다는 점이 아무리 놀라울지라도, 사람들이 붙잡으려 했던 절대는 오히려 그 이상으로 우리를 자신의 영향하에 잡아 두며, 우리가 절대를 완전히 소유하지 못하도록 하는 아득히 먼 내부로 파고든다. 이는 절대를 한눈에 포착하기 위해 필요한 거리를 남겨 둘 외적 관점이 존재하지 않기에, 절대는 우리가 절대에 속하는 것과 엄격히 상관적인 깊이에 따라 우리 안으로 퍼져 들기 때문이다. 나는 **개별적** 절대에 다다르는 바로 그만큼 절대 **자체** 속에 존재한다. 달리 말하면, 절대가 단절된(영원한) 것이 아닐 때, 그것은 필연적으로 포함적이고 내포적인(시간

172 같은 책, 178, 216(206, 247)쪽(필자의 강조).

173 〈"인식불가능자에 대하여", 1908년 7월 2일 프랑스 철학회에서의 토론〉, 《잡문집》, 774쪽.

적인) 것이다.[174]

그런데 우리를 절대 자체 속으로 진입시키는 이 개별적 절대는 무엇인가? 사실 베르그손은 이렇게 말하는 것처럼 보인다. 사물의 표면에서 밖으로 나열되는 것이 아니라 안에서 심층적으로 포착되는 **하나의** 실재, 오직 하나의 개별적 실재만 있다면, 우리는 절대로의 실질적인 입구를 마련할 수 있을 것이다. 사실 그가 선택한 〈형이상학 **입문**_Introduction_ à la métaphysique〉이라는 제목이 설정한 목적은 이러한 방식으로 완벽히 충족되는 것이 아닐까? 실제로 "우리 모두가 내부로부터, 단순한 분석이 아니라 직관을 통해서 포착하는 실재가 **적어도** 하나 있다. 그것은 시간을 가로질러 흐르고 있는 우리의 고유한 인격이다".[175] 우리는 하나의 편린을 통해 절대에 붙어 있다. 이 편린이 좋은 것인가는 중요치 않다. 절대에 속하고 절대 속으로 진입하는 데에는 하나의 편린으로도 충분하기 때문이다. 넌지시 데카르트까지 거슬러 올라가는 이 〈형이상학 입문〉은 명백히 멘드비랑Pierre Maine de Biran의 명맥을 이어가는 것이다. 베르그손이 차후에 언급하는 것처럼, 멘드비랑 역시 "인간 정신이 **적어도 한 지점에서는** 절대에 도달하여 그것을 사변의 대상으로 삼을 수 있다고 판단"[176]하였다. 우리는 모든 측면에서 우리를 초과하는 대양 속에 빠져 있으며, 이 대양

174 [역주] 우리의 유한성이 낳는 왜곡을 제거함으로써 무한한 절대에 다다를 수 있으리라는, 혹은 그러한 왜곡은 제거 불가능하기에 절대에는 결코 다다를 수 없다는 양자택일에 맞서, 저자는 그러한 양자택일이 영원한 절대 자체와 시간적 유한성의 분리를 전제하고 있다는 사실을 지적한다. 저자는 이에 반해 유한성 속에서 마주하는 범속한 사물들을 개별적 절대라는 개념으로 포착하려 한다. 우리가 인식하는 사물들은 우리가 완전히 소진할 수 없는 내밀한 깊이를 소유하고 있는 한에서 무한한 것으로 주어진다. 절대에 대한 직관은 우리가 마주치는 사물 너머에서 이 사물을 주재하는 궁극적인 절대, 전체를 붙잡는 "절대에 대한 인식"이 아니라, 상대적으로 주어지는 이 사물을 전체적으로 인식하려는 "절대적 인식"을 의미한다. 이런 의미에서 절대적 인식, 즉 형이상학의 관건은 우리의 유한성을 극복하는 것이 아니라, 우리의 유한성으로 인해, 그 유한성 속에서 주어지는 시간적 깊이를 평면화하지 않고 마주하는 것이다.

175 〈형이상학 입문〉, 《사유와 운동》, 182(209)쪽(필자의 강조).

176 〈프랑스 철학〉, 《잡문집》, 1171쪽(필자의 강조).

과 부분적인 일치를 이룬다. 하지만 이 부분은 잠재적으로 전체를 포함한다. 그것은 바로 우리 자신, 노력을 기울일 뿐 아니라 지속하는 우리 자신이다. "흘러가고 있는 우리 자신의 인격에 대한 의식은 우리를 어떤 실재의 내부로 **진입케** 하며, 우리는 이 실재를 모델로 삼아 다른 실재들을 표상해야 한다."[177] 베르그손은 여기서 유비의 방법을 권장하는 것이 전혀 아니다. 존재의 터에 진입해 있다는 사실, 말하자면 우리의 인격을 통해 존재 속으로 스며들었다는 바로 그 사실이 세계를 우리와 닮은 것으로 여기지 못하게 만든다. 자기 안에 유폐된 뒤에 어떻게 거기서 나갈 수 있는지를 물어서는 안 된다. 각각의 사물을 단지 우리 자신과의 유비를 통해 인식해서도 안 된다. 자아를 지반으로 여기는 일을 거부하기만 하면, 자아는 절대를 향해 열린 문이 된다. 우리가 우리의 인격에 대해 갖는 직관은 토대가 아니다. 그것은 우리를 전체 자체에, 그리고 또한 위쪽과 아래쪽에서 우리를 횡단하는 다른 모든 실재에 진입케 하는 중간milieu이다. 형이상학은 필연적으로 자기로부터 출발해야 한다. 그러나 형이상학이 우리 자신 안에서 발견할 절대는 우리를 곧장 절대 안에 자리 잡게 만들 것이다. 심리학이 형이상학을 대신하게 되는 것이 아니다(이 경우에는 실로 심리주의라는 비난을 피하기 어려울 것이다). 심리학은 형이상학의 현관이며, 공감하고자 하는 사물들 속으로 진입할 길을 찾지 **못한** 유한한 **자아**를 위한 특권적 입구이다. 게다가 유한한 자아는 사물들 속으로 진입할 수 없다. 어떻게 사람들은 베르그손이 생명 연구를 결심했을 때, 생명체 속으로 진입하여 생명체를 살게 만드는 비밀스러운 기작을 전하기로 마음먹었다고 생각할 수 있는 것인가? 생명체 주위를 선회하는 것 말고, 즉 자연과학에서 "생명체, 생명체의 기관, 생명체의 해부학적 요소들의 가시적 형태"를 배워서 생명의 "가시적 상징들"[178]을 매개로 생명의 기능을 연구하는 것

177 《사유와 운동》, 211(243)쪽(필자의 강조).
178 같은 책, 181(209)쪽.

말고 다른 길이 없지 않은가? 절대적인 인식이라는 고도의 요청을 따르는 직관에는 긴 분석 작업이 필연적으로 동반되어야 한다. 직관은 "실재의 표면적 현현과 오랜 결속을 맺지 않고는"[179] 어떤 실재와도 깊이 있게 공감하지 못하기 때문이다. 어떻게 사람들은 베르그손이 《창조적 진화》에서 오직 기각하기 위해서 생명과학을 인용했다고 가정할 수 있는가? 베르그손이 다윈주의나 라마르크주의와 같이 당대 존재하던 다양한 형태의 진화론의 명부를 작성할 때, 그가 오직 그 이론들을 비판하려는 의도뿐이었다고 말하려는 것인가? 베르그손은 단지 그 이론들을 서로 대립시킴으로써 그것들이 사라진 폐허 위에 위풍당당하게 펼쳐진 직관의 길을 열고자 했다고 생각하려는 것인가?

> 반대로 그것들은 각각 상당수의 사실에 의지하고 있어 그 나름대로 진실임에 틀림없다. 그것들은 각각 틀림없이 진화 과정에 대한 일정한 **관점**에 대응하는 것이다. 게다가 어떤 이론이 과학적이기 위해서는, 즉 세부의 탐구에 정확한 방향을 주기 위해서는 오로지 하나의 특정한 관점에 머물러야 할 것이다. 그러나 각각의 진화 이론이 그에 대해 **부분적 시각**을 취하는 실재는 그것들 모두를 넘어서는 것임에 틀림없다. 그리고 이러한 실재는 철학의 고유한 대상이다.[180]

달리 말하면, 1903년의 논문[〈형이상학 입문〉]은 분석이라는 관념의 지위를 박탈하는 것이 아니라, 데카르트 이후 분석을 단순한 분해나 파편화에 불과한 것으로 만들었던 기나긴 빈약화에 대항하여 분석 관념에 잃어버린 활력을 불어넣으려는 것이다. 분석은 권리상 가능한 직관의 **지표**_index_라는 지위로 되돌아가는 경우에만 철학적 타당성을 갖기 때문이

179 같은 책, 226(258)쪽.
180 《창조적 진화》, 1장, 85쪽(필자의 강조).

다. 겨냥된 사물과의 이러한 일치가 우리에게 불가능한 것으로, 혹은 부분적으로만 가능한 것으로 남아 있다 해도, 그것은 분석의 비밀스러운 원동력이자 이상으로 보존되어야 한다. 적어도 우리는 우리 내부성의 바탕에 잠겨 들면, 팽창의 노력을 통해 분석이 연구하려는 외적 실재와 우리의 내적 음조가 일치하는 깊이의 층위를 발견할 수 있을 것이다. 정신이 자기 자신에 대해 갖는 직관 말고는 다른 **직관**을 갖지 못했기 때문에, 우리는 우리 안에서, 내부를 조회할 때에만 외적 실재와의 **공감** 속으로 들어갈 수 있을 것이다.[181] 사실상 "총체적 경험"은 이중적이다. 그것은 내적**이면서** 외적이고, 직관적**이면서** 분석적이고, 수직축 위에 서로 맞물려 있으면서도 수평축 위에 표면적으로 전개되어 있었다. 관건은 대상을 우리의 인식 능력에 맞추는 것이 아니라, 우리 안으로 더 깊이, 혹은 덜 깊이 내려가 우리를 사물에 맞춤으로써 사물을 인식할 방편을 제공하는 층위를 채택하는 것이다. 전체 속으로의 용해는 노력을 전제한다. 따라서 절대 속에 자리 잡는 것으로는 충분치 않다. 절대 속에 자리한 후에는 그 속에서 점차적으로 우리 자신을 팽창시킴으로써, 적어도 공감을 통해, 요구되는 층위에 도달할 수 있게 만들어야 한다. 실제로 지속은 우리가 우리 안의 내밀한 깊이까지 스스로를 수축시키는 한에서만 모든 사물로 확장될 수 있다. 지금까지의 오류는 베르그손 작품의 진행을 지속과 접촉하여 이루어지는 점진적인 확대élargissement로 이해한 데 있다. [이 관점에 따르면] 베르그손은 처음에 자신의 밑바탕에서 지속을 발견하였고, 그다음으로는 전체에, 신 자체에 이것을 적용했다. 그러나 이는 베르그손이 도중에 발견하는 다양한 진리들을 층 지음으로써 우리 안의 절대를 심화시키는 과정approfondissement의 상관물로 제시될 때에만 타당한 관점이라 해야 할 것이다. 달리 말하면, 내적경험은 자기 안에 잠겨 듦으로써 외적경험의 층위

181 cf. 다비드 라푸자드David Lapoujade, 〈베르그손에게서 직관과 공감Intuition et sympathie chez Bergson〉, 《베르그손 연보》, III, PUF, 2007, 429쪽.

와 상응하는 깊이의 층위에 자리 잡아야 한다. 그렇다면 외적경험은 역으로 자신의 분석을 통해 외부에서 내부로 향하는 빛을 내적경험에 제공할 것이다. 베르그손은 절대를 상대에 근접시킴으로써 "철학이 **전체에 대한 부분적 학문**"이며, 따라서 "서로 다른 층위에서 전체에 대해 취해진 그만큼의 시각들"을 제공해야 한다는 사실을 알려준다. 그리하여 베르그손은 폴 자네의 말을 되풀이하며 다음과 같이 결론짓는다. "철학은 **절대에 대한 상대적 학문이며, 신적인 것에 대한 인간적 학문이다.**"[182]

형이상학적 기획의 재주조

그러니까 베르그손은 분석(관계에 의한 인식)과 직관(심리학적 인식)을 대립시키려는 것이 아니라, 이 양자를 총괄적 경험으로 이해된 새로운 형이상학 속에서 함께 절합하는articuler 것이다. 중요한 것은 더 이상 직관 없이 분석에서 종합으로 나아가, 분리시켰던 항들을 밖으로부터 다시 연결하는 것(분해/재조합)이 아니다. 관건은 직관에서 분석으로 나아가거나, 도약을 통해 분석에서 직관으로 나아가는 것(상대/절대)이다. 베르그손은 이렇게 가능한 인식에 가능한 두 방향을 할당하면서, 직관과 분석을 분리하기보다는 분석을 종합과 결합시켰던 오랜 결속을 신중하게 끊어낸다. 그는 직관과 분석을 재결합하여 새로운 쌍을 형성하려 한다. 이 쌍은 처음에는 다소 기묘해 보이지만, 베르그손은 여기서 형이상학의 미

182 〈폴 자네의 《형이상학과 심리학의 원리들》에 대한 서평〉, 《잡문집》, 381쪽. 베르그손은 자신이 논평하는 책의 구절들에서 직접 인용하지 않고 이 표현을 되풀이한다. 자네는 모든 철학자에게서 발견되는 것으로 누구도 이의를 제기하지 않을 만한 철학의 최소 정의를 다음과 같이 제안한다. "모든 철학자에게 철학이 절대에 대한 상대적 학문이라고 말하는 것은 그다지 틀린 말이 아닐 것이다. 달리 말하면, 철학은 신적인 것에 대한 인간적 학문이다"(《형이상학과 심리학의 원리들》, 22쪽). 여기서 우리는 프레데릭 보름스가 베르그손의 저작 속에서 아주 정확하게 구분하였던 세 구분(인식론, 심리학, 형이상학)을 맹아 형태로 이해할 수 있다. 이 구분은 베르그손이 절대를 정의하는 방식 자체에 아주 긴밀히 결부되어 있다(cf. 《《물질과 기억》 독해 입문》, PUF, 1997, 개정판. 2008).

래를 본다. 게다가 이 양자의 배합은 정도 차를 가질 수 있으며, 점차적으로 한 층 한 층 순수지속 속으로 더 깊숙이 내려감에 따라 변모할 것이다. 베르그손은 1905년 콜레주 드 프랑스 '자유' 강의의 마지막 시간에 다음과 같이 설명한다. 실제로 직관과 분석의 결합이 이 양자의 분리보다 더 의미 있는 것이라면,

> (…) 직관적 인식과 관계를 통한 논증적 인식 사이에서 수많은 매개항을 상상할 수 있을 것이다. (…) 조금 전에 이야기한 것처럼 물리적인 논증적 인식에서부터 심리적인 직관적 인식에 이르기까지 인식 속에 일련의 정도들이 존재한다는 관점을 채택한다면, 점점 더 깊어지는 중첩된 경험의 평면들을 인정하게 될 것이다. 외부를 통한 인식과 내부를 통한 인식 사이에는 일련의 정도들이 존재한다.[183]

순전히 상징적인 수학과 순수하게 직관적인 신비주의 사이에는 분석과 직관 사이에 존재하는 다양한 배합에 따라 다양하게 배분된 학문들을 위한 자리가 존재할 것이다.

현상과 '물자체'라는 용어를 버리고 절대와 상대라는 말의 의미를 굴절시키는 일은, 베르그손이 정초라는 오래된 기획을 포기한다는 사실로 설명된다. 전통은 형이상학을 이 정초라는 기획에 결부시켰고, 이로 인해 형이상학은 절대와 상대라는 말의 의미를 수학과 관련하여 고정해야만 했다. 사실상 형이상학이 이 점과 관련하여 절대를 상대로부터, 그리고 상대를 절대로부터 분리시켰다는 사실은, 오직 "수학적인 학문을 모범이자 지지대로 삼았다는"[184] 점을 통해서만 설명될 수 있다. 플라톤 이래로 형

183 앙리 베르그손, 《자유 문제의 진화: 1904-1905 콜레주 드 프랑스 강의》, 아르노 프랑수아Arnaud François 편집, PUF, 2017, 20강(1905년 5월 19일), 340쪽.

184 〈정신-물리 평행론과 실증적 형이상학〉, 《잡문집》, 1901년 5월 2일, 490쪽.

이상학의 대상들은 수학적 대상들을 본떠 너무 높은 곳에, 절대적으로 초월적인 실재의 자리에 놓였고, 그래서 그 반대항에 놓인 상대적 경험은 숙명적으로 격하될 수밖에 없었다. 가지계와 감성계가, 초월적인 것과 경험적인 것이 대립하였다. "형이상학과 수학의 이 긴밀한 결속"에서 "칸트가 실재로 여겼던" "몇몇 근대철학자의 이러한 꿈"[185], 즉 보편수학의 꿈이 생겨났다. 보편수학은 실은 과학도 아니고 철학도 아니다. 그것은 단지 철학이 제일πρώτη 학문이자 그렇기 때문에 보편적인καθόλον 학문이라는 자신의 낡은 기획을 과학에 이식한 뒤에 과학이라고 착각하는 키메라에 불과하다.

닿을 수 없는 양적 절대를 우리 경험 안에 놓인 질적 절대로 대체했을 때, 철학이 자신의 포부는 물론, 철학을 인도하는 순전히 합리적인 이상을 격하시킨다고 말할 것인가? 그러나 베르그손은 분리된 절대를 부득이하게 내포적 절대로 대체하는 것으로 그치지 않는다. 이 두 절대를 각기 양과 질로 대립시킴으로써, 베르그손은 지금까지 순수하게 선험적이라 여겨졌던 절대와 무한의 관념이 경험적 기원을 가졌다는 사실을 은연중에 암시하기 때문이다. 사람들은 절대의 관념이 선험적 직관 속에서 주어진다고 말하고는 했다. 그러나 이 관념이 실제로 수학적인 크기와 관련하여 구성된 것이라면, 경험은 이 관념을 이러저러한 방식으로 우리에게 암시해 주었음에 틀림없다. 1897-1898년의 미간행 강의에서, 베르그손은 한 장에 걸쳐 "이성의 이념"을 참칭하는 일정 수의 개념들을 검토한다. 베르그손은 "칸트가 이 표현에 부여했던 의미를 수정하고 한정하여"[186] "인간 활동의 환원 불가능한 소여들의 총체"[187]를 가리키는 표현으로 사용한다. 베르그손은 시간과 공간의 이념, 인과와 목적의 이념을 각기 [적합하

185 〈형이상학 입문〉, 《사유와 운동》, 222(254)쪽.

186 《심리학 강의》, 두세 재단, IX-BGN IV-1 (10), 78쪽. 노트의 표지에 적힌 날짜는 이 노트를 두세 재단에 기부한 앙리 구이에Henri Gouhier가 제안한 것이다.

187 같은 책, 80쪽.

지 않은 개념으로] 실격시키고 나서, 이성의 이념이라는 지위에 오를 수 있는 최종 후보들로 절대와 무한, 완전 개념을 차례로 분석한다. 직접적 경험의 대상인 포함적 절대와는 달리 분리된 절대, 즉 "그 자체로 충분한 것"과 이러한 절대 관념에 결부된 무한과 완전의 관념은 "이성의 이념"임을 참칭한다. 그런데 절대 혹은 무한이 수학적 대상들을 본떠 만들어졌다고 말하는 것은, 절대와 무한이 선험적 직관의 대상이라 선언한 상황에서 그것들이 사실은 경험적으로 구축된 것은 아닌지 암묵적인 의심을 제기하는 것이다. 베르그손은 실제로 이 관념들의 선험적 성격을 부인한다. 베르그손이 보기에 이러한 선험적인 성격은 "경험 속에서는 어디에서도 실현되지" 않는 유일한 이념인 완전의 이상에서 출발할 때에만 획득될 수 있는 것이다. 보편수학의 꿈은 불완전한 절대 관념에 의존한다. 불완전한 절대는 경험에 의해 암시된 것으로, "상대성의 부정"에 불과하다.

> 불완전한 절대의 관념은 단지 경험이 수립하는 상대성의 관념을 역전하여 획득되는 것이다. 원인에서 결과로 나아가는 과학적 질서와 반대 방향으로 현상들을 주파함으로써, 나는 원인을 출발점으로 채택하기로 결정한다. 결과적으로 나는 원인을 절대로 채택하게 된다. 다른 말로 하면, 출발점으로 제시된 설명의 원리는 아무리 전적으로 규약적인 것이라 하더라도 보편적이라고 가정되는 즉시 하나의 절대가 된다. 유물론자는 원자들의 총체를 상정하고, 거기서 모든 것을 연역한다. 따라서 원자들은 절대이다. 이렇게 이해된 절대가 제일관념이라고 볼 수는 없을 것이다.[188]

다른 한편, 보편수학의 꿈은 불완전한 무한 관념에도 기인하는데, 불완전한 무한이란 유한의 부정으로 헤겔이 '악무한'이라 부르는 것이다.

188 같은 책, 78쪽.

실제로 여기서 무한이 양적 무한이라면,

> (…) 아마도 그것은 무한정, 즉 언제나 유한에 유한을 더하여 획득되는 것에 불과할 것이다. 그런데 우리를 언제나 더 멀리로 데려가는 이러한 운동은 경험을 통해 드러나며, 공간이 언제나 다른 공간으로, 지속이 언제나 다른 지속으로 연장된다는 사실을 통해 우리 안에서 충분히 설명된다. 여기에서도 역시 정신의 활동이 경험 위에서 수행될 수 있도록 유지되어야 하는 반면, 소위 선험적 이념이라 불리는 것을 획득하는 데에도 경험에 아무것도 더할 필요가 없다. 따라서 직관은 존재하지 않는다.[189]

양적 절대와 양적 무한의 불완전성에 대항하여, 베르그손은 우리 안에서 실증적으로 경험되는 질적인 개별적 절대를 내세운다. 순수원리로 여겨진 모든 원리는 사실상 실재의 추출물이기 때문에, 이 원리 속에 실재 전체를 포함시켜 실재를 원리의 귀결로 연역하려는 생각은 포기해야 할 것이다.

여기에서 베르그손은 형이상학을 제일원리와 제일원인에 대한 학문으로 삼으려는 모든 갈망에서 벗어나려 한다. 이 사실에 주목하지 않는다면, 베르그손이 절대를 우리가 닿을 수 있는 것으로 놓을 때 제시한 외견상 아주 빈약한 형이상학의 정의가 어떤 풍부한 가능성을 제공하는지 이해할 수 없을 것이다. 사실 언제나 추구되지만 결코 도달할 수 없는 이 제일원리들을 형이상학으로부터 제거하고, 형이상학을 그 자신으로 환원하고 나면, 형이상학에 남은 모든 것은 바로 절대에 대한 열망이 아닐까?

하지만 베르그손의 기획이 계속해서 20세기 마지막 형이상학의 범주로, 심지어는 19세기 마지막 자연철학의 낡아빠진 범주로 분류되고 있으

189 같은 책, 79쪽.

며 앞으로도 그렇게 분류될 것이라면, 그 이유는 베르그손이 전개하는 논의가 시대에 뒤떨어진 고풍스러움으로 여겨져 베르그손이 감행하는 전복의 과감성을 은폐하기 때문이다. [그러나] 베르그손이 감행하는 전복은 한없이 몰락하면서도 죽기를 거부하는 형이상학에 종언을 선언하는 일보다도 훨씬 과감한 것이다. 이 전복이 수행하는 전회는 더 고립된 것이지만 더 근본적인 것으로, 형이상학 전체보다도 더 오래된 철학적 기획에 반하여 제기되는 것이다. 너무나도 오래되어 베르그손 이전까지는 철학 자체로 여겨졌던 기획, 그것은 제일철학의 기획이다.

우리는 너무 오랫동안 철학을 위계상 가장 높은 학문으로 여겨왔다.[190]

철학이 개별 학문 위로 올라가 그것들을 완수하려 한다면, 철학은 이 다수의 학문으로부터 배제되어, 이 학문 전부를 통해 증대되는 대신 학문 각각에 의해 감소될 것이다. 철학이 제일학문을 참칭할 때, 철학은 학문에 대한 반성이라는 이차적인 지위로 쫓겨나 결국 최후의 학문이 될 것이다. 학문은 더 이상 그리스적이지 않다. 과학이 개념이 아니라 관계를 다루기 시작하면서, 과학을 조망하는 일은 무용할뿐더러 불확실한 것이 되었다. 과학이 효율적으로 작동하기 위해 그 원리를 보증하는 일은 이제 불필요하기 때문이다. 베르그손적인 형이상학은 우월성을 포기한다. 그러나 그것은 보편성을 포기하지는 않는다. 이는 앞서 모든 형이상학이 갈망했던 전체에 다른 방식으로 도달하는 방법을 제시한다. 베르그손에게 형이상학은 '총괄적 경험'을 자처한다.

190 〈베르그손 자택에서의 한 시간〉, 조르주 에멜George Aimel, 1910년 12월 11일, 《잡문집》, 843쪽.

5. 체계의 정신, 즉 형이상학의 존재-신-학적 구조

> 자신에게 던져진 '왜'라는 물음을 끝까지 밀고 나가 대답할 수 있다고 단언할 수 있는 사람은 아무도 없다. 철학자들에게는 다행스러운 일이다. 대다수의 사람은 두세 번 '왜'라고 묻고 그에 대한 응답을 듣는 것으로도 이미 피로감을 느끼고, 다른 이야기를 하고 싶어 한다. 그러나 어떤 사람이 아주 오랫동안 고집스럽게 물음에 물음을 거듭한다고 가정해 보자. 그렇다면 우리는 학문의 끝에 도달했음을, 우리 학문이 최종 심급에서는 무지 위에 놓여 있음을 시인해야 할 것이다._새뮤얼 버틀러[191]

철학은 경험 위로 고양될 수도 없고, 절대를 하나의 원리 속에 가두고 나서 세계 전체를 이 원리의 결과로 도출할 수도 없다. 지속, 기억, 생의 약동. 이것들은 원리가 아니다. 형이상학의 바탕은 분명히 자기soi 안에 존재한다. 그렇다고 해서 이 바탕fond이 하나의 기초fonds로서 완전히 자기에 속해 있는 것은 아니다. 형이상학의 바탕은 더 이상 토대가 아니다. 이 바탕은 바탕으로 남아 있으며, 더 이상 확정적 토대를 참칭하는 거짓말을 하지 않는다. "보편학을 잠재적으로 하나의 원리 속에 잡아매는 일을 포기해야 할 것이다."[192] 절대는 더 이상 원리적이지 않다. 절대에는 이름이 없다. 심지어는 대문자로 쓰여서도 안 된다. 셸링Friedrich Schelling은 절대를 대문자로 쓰면서 절대에 더 높은 위엄을 부여했다. 실제로 철학은 절대에 어떤 이름을 부여한다는 사실만으로도 절대를 전유하여 제일학문을 자처하게 된다. "바로 여기에 철학적 체계들의 일차적인 악덕이 존재한다. 그것들은 절대에 이름을 붙이기만 하면 절대에 대해 무언가를 알려준다고 믿

191 새뮤얼 버틀러Samuel Butler, 《수첩들*Carnets*》, Gallimard, 1936, 발레리 라르보Valery Larbaud 번역, 78쪽.
192 〈서론〉, II, 《사유와 운동》, 27(37)쪽.

는다."[193] 중요한 것은 절대에는 아무런 이름도 없다는 사실이다. 절대 속으로 빠져들어 그 속에서 움직일 수 있으려면, 절대를 사유하거나 절대의 지고한 권위에 주목해서는 안 되기 때문이다. 요컨대 절대 속으로 접어들기 위해서는 "세계가 실제로 하나인지"[194] 더는 알지 못해야 하고, 세계 속에 자리하면서도 세계의 중심은 아닌 자신의 현존재를 받아들여 세계 자체가 무한정한 것이라 결론지어야 한다. "존재하는 것과 이루어지는 것의 내밀한 본질이 어떤 것이건 간에, 우리는 거기에 속한다."[195] 절대의 이름은 중요치 않다. 우리는 절대가 아니다. 하지만 우리는 절대에 속해 있다. 물론 우리 자신이 하나의 절대라고 말할 수도 있다. 그러나 이러한 절대를 자기의 밑바탕에 존재하는 어떤 주체로 삼아, 마치 사유 속에서 주체를 이념적으로 전개하는 과정이 존재의 실제 역사와 상응한다는 양 거기서 출발하는 일은 불가능하다.

지속은 절대적absolue이지만, 그렇다고 해서 지속이 대문자 절대l'Absolu인 것은 아니다. 더 정확히 말하면, 지속은 어떤 관념도 원리로 수립될 수 없음을, 어떤 원리로부터도 사전에 모든 결론을 연역할 수 없음을 보증한다. 베르그손은 원리에 대한 탐구를 거부하는 데 그치지 않고, 정초적 원리가 수립되는 과정을 폭로한다. 고대의 개념들, 근대의 법칙들이 하나의 개념 혹은 법칙 위에 정초되는 것이 아니다. 정초를 위해서는 먼저 이것들이 모두 그 속에 용해되어 있어야 한다.[196] [원리로] 선택된 관념은 실재로부터 추출되었기에 다양한 방식으로 주어질 수 있다. [그렇지만] 이 관념을 통해 언제나 실재 전체를 재발견할 수 있다면, 그 이유는 실재 전체가

193 같은 책, 49(62)쪽.

194 같은 책, 27(37)쪽.

195 〈철학적 직관〉, 《사유와 운동》, 137(160)쪽.

196 《창조적 진화》 4장, 348쪽: "플라톤, 아리스토텔레스, 플로티노스 같은 사람들이 학문의 모든 개념을 **하나의 개념 속에 용해시켰을 때**, 그들은 이렇게 해서 실재 전체를 파악하고 있다"(필자의 강조).

사전에 이 관념 속에 잠재적으로 농축되었기 때문이다. "모든 것은 우리가 이 개념들 가운데 어떤 것들에 무게를 두는지에 달려 있다." 그리고 일단 어떤 무게가 할당되고 나면, 우주 전체는 그 무게를 중심으로 선회할 수 있을 것이다. 그렇지만 그 경우에도 "이 무게는 언제나 임의적일 것이다. 대상에서 추출된 개념은 물체의 그림자에 불과한 것으로, 무게를 갖지 않을 것이기 때문이다. 이렇게 하여 우리가 검토하는 실재에 대한 외적인 관점, 즉 실재를 둘러싸는 더 넓은 원의 수만큼, 다수의 상이한 **체계들**이 솟아날 것이다".[197] 가능한 체계들이 철학자의 수만큼 존재할 것이고, 이 체계들은 각기 하나의 사실 혹은 하나의 관념을 선출하여 그것을 중심으로 새로운 사유를 조직할 것이다. 선출된 개념은 언제나 실재에 대해 무언가를 말해줄 것인데, 그 이유는 그 개념이 실재로부터 추출된 것이기 때문이다. 심지어 조금만 인내를 기울인다면, 결국 그 개념을 통해 실재 전체를 말할 수도 있다. [그러나] 이러한 일이 가능한 이유는, 그 개념에서 도출하고자 하는 것들이 미리 그 개념 안에 채워졌기 때문이다. 제일원리는 없다. '원리'란 언제나 부차적인 것이기 때문이다. 그것은 단지 "개념들의 개념"[198]에 불과한 것으로, 이는 지고한 일반화의 결과로 차후에야 도래하는 것이다. [원리가 부차적으로 생산되고 나서,] 그 후에 이 원리가 후험적으로 응축한 항들을 선험적으로 연역할 수 있다고 믿는 데서 환상이 비롯된다. 따라서 스펜서를 [논의의 주제로] 삼은 것은 전략적 선택이었다. 베르그손은 피히테의 체계에 거울상을 제시함으로써[199] 제일원리 위에 정초되었음을 주장하는 모든 철학의 비밀스러운 절차를 밝혀낸다. 스펜서가 외적 실재에서 출발하여 일반화를 통해 원리로 거슬러 올라간다면, 피히테는 원리의 단일성 속에 실재를 회고적으로 투사함으로써 원리 속에

197 〈형이상학 입문〉, 《사유와 운동》, 188(216)쪽.
198 〈서론〉, II, 《사유와 운동》, 26(36)쪽.
199 《창조적 진화》 3장, 190-191쪽.

실재를 압축시키고, 그 후에 마치 원리에서 실재를 도출하는 척한다. 체계에 대한 베르그손의 비판에서 논증의 요지는 체계가 결국 하나의 원리 위에 합리적으로 정초될 수 없다는 데 있지 않다. 베르그손의 비판은 반대로 이 체계들 모두가 각기 다른 체계에 반대하고 자신의 체계만을 옹호하면서도, 하나같이 너무 쉽게 정초에 성공한다는 사실을 겨냥한다. 다른 말로 하면, 체계들이 실격되는 이유는, 이 체계들이 고찰 대상인 실재를 하나의 유일한 원리를 중심으로 결집시킬 수 없기 때문이 아니다. 오히려 이 체계들 각각에 대해 성공이 사전에 미리 보장되어 있다는 사실이 문제적인 것이다.[200]

철학적 체계들의 다양성은 이 체계들 모두의 통일성을 주재하는 체계의 정신을 은폐한다. 철학은 과학자가 사실들에 의미를 불어넣을 이론들을 기대하며 가공되지 않은 사실들을 다루는 것이 아니라는 점을 망각한다. 관찰된 사실들은 최악의 경우 [이미] 하나의 암묵적 형이상학을, 최선의 경우에도 과학자의 물음에 답을 제시하거나 다른 물음을 던질 수 있게 하는 하나의 의미를 내포하고 있다. 더욱이 주목할 만한 점은, "철학적 정신"을 "체계의 정신"[201]의 예속에서 해방시킨 사람이 한 사람의 과학자였다는 사실이다. 그는 클로드 베르나르Claude Bernard다. 베르그손은 클로드 베르나르에 대한 논문에서 그의 과학적 작업들이 아니라 그 작업들에서 도출되는 실험적 방법에 경의를 표한다. 실제로 이 실험적 방법은 다른 철학함의 방식을 암시한다. 경험 위로 고양되어 제일원리로부터 경험을 찍어 누르는 대신, 경험과의 대화에 돌입하는 방법 말이다.

형이상학적 관점에서 원리란 무한정한 외연을 갖는 포괄적 개념이다. 그렇다면 이 원리의 개념이 가진 것처럼 보이는 특권은 어디서 유래하는 것인가? 실재로부터 추상된 개념이 이제 어떤 제약으로도 막을 수 없이

200 예컨대, 《도덕과 종교의 두 원천》, 92쪽.
201 〈클로드 베르나르의 철학〉, 《사유와 운동》, 237(268)쪽.

팽창하는 공허한 상징에 불과한 것이 되었다는 사실은, 여전히 왜 이 개념이 원리가 되어 지고하게 실재적인 것으로 나타나는지를 설명해 주지 않는다. 이 환상은 너무나도 완강한 것이기에, 베르그손은 수차례 이 논점으로 되돌아와 다양한 견지에서 공격을 가한다. 형이상학을 토대에 대한 추구로 여길 수 있다면, 형이상학에 대한 비판은 세 가지 계기로 분절되어야 할 것이다. 존재론에 대한 비판, 신학에 대한 비판, 논리학과 논리학의 우월성에 대한 비판. 베르그손이 '체계'라는 말을 플로티노스에게도 적용할 수 있을 만큼 아주 느슨한 의미로 사용하기에, 우리는 이 말을 대체하지 않으면서도 베르그손이 이 말에 부여한 구체적인 의미를 정교화할 수 있는 다른 용어를 자유롭게 선택할 수 있다. 편의를 위해 우리는 이를 존재-신-학onto-théo-logie이라는 이름으로 지칭할 것이다. 베르그손의 이 논의를 30년 뒤에 하이데거가 제시할 형이상학의 존재-신-학적 구조와 비교하지 않을 수 없기 때문이다.

존재론 — 존재와 지속은 때때로 동의어로 제시되는 것처럼 보인다.[202] 그렇지만 베르그손은 절대를 명명하려는 것도, 존재론의 잔해로부터 존재론을 재건하려는 것도 아니다. 존재론은 "감성계에 포함된 모든 실재적 특성과 일치하는 하나이자 완전한 학문"[203]을 전제한다. 그러나 비시간적 직관이라는 기만적인 역량을 존재론에 허용한다 해도, 존재론은 오로지 공허하고 비결정적인 개념에 도달하여 그것을 실재 전체로 잘못 확장할 뿐이다. 사실상 "세계에 대한 설명으로 (…) 수립된 원리"는 단지 규약적인 기호에 불과한 것으로, 직관의 결실이라기보다는 개념들을 "내용 없이 순전히 언어적인"[204] 방식으로 광대하게 종합하여 얻어낸 것이기

202 예컨대, 《창조적 진화》 4장, 336쪽.
203 《창조적 진화》 4장, 353쪽.
204 〈서론〉, II, 《사유와 운동》, 49(61)쪽.

때문이다. 존재론은 세계의 이전 상태에 무언가를 덧붙여 현재 상태를 도출하는 대신, 생략을 통해 세계의 상태들 모두를 이 유일한 개념, 즉 "존재 전반l'Être global"[205]으로 환원한 뒤, 여기서부터 이 상태들을 직접적으로 연역할 수 있다고 주장할 것이다.

존재는 가장 공허한 개념이다. 그것은 "미규정적 내용을 가진 개념, 혹은 더 정확히 말해 내용 없는 개념"[206]이다. 콜레주 드 프랑스에서 이루어진 한 강의는 이 점을 더 정확히 설명한다. 존재의 외연이 확장되어 결국 대부분의 언어에서 단순한 계사로 환원됨에 따라, 존재의 내용은 점차 텅 빈 것이 된다. "동사 있/이다être의 기원을 찾을 수 있는 모든 언어에서 발견되는 것은 우선 이 동사가 호흡하다, 혹은 머무르다라는 사태를 의미했다는 사실이다. 이로부터 나오는 의미는 철두철미하게 구체적이다. 그 후에 이러한 구체적인 의미가 변양되는 과정이 뒤따르며, 종국에는 존재한다는 관념 일반에 다다른다. 즉, 사물이 있다. 더 나아가서는 이러한 의미 자체가 한층 더 기화되어, '있/이다'라는 단어는 결국 '테이블이 둥글다'와 같은 속성 판단 속에서처럼 긍정 명제 말고는 아무것도 지시하지 않는 상황에 이른다."[207] 철학은 존재가 갖는 이러한 미규정성을 벌충할 수 있는 더 풍부한 개념과 존재를 동일시함으로써 존재를 (재)규정하려 했기에, "존재를 스피노자의 실체, 피히테의 자아, 셸링의 절대, 헤겔의 이념, 혹은 쇼펜하우어Arthur Schopenhauer의 의지로 만들었던"[208] 것인가? [그러나] 이 개념들은 모두 존재와 일치함에 따라 그것이 명명하려 했던 존재에 잉여적인 것으로 전락하고, 그에 따라 이번에는 이 개념들 자체가 공허해질 것이다. "결국 이 말이 존재하는 모든 것을 지시하기에 이른다

205 《창조적 진화》, 4장, 361쪽.

206 〈서론〉, II, 《사유와 운동》, 50(63)쪽.

207 앙리 베르그손, 《시간의 관념: 1901-1902 콜레주 드 프랑스 강의》, 가브리엘 메이에르비쉬Gabriel Meyer-Bisch 편집, Paris, PUF, 2019, 16강(1902년 4월 25일), 123쪽.

208 〈서론〉, II, 《사유와 운동》, 49(61)쪽; 또한 26(36)쪽을 보라.

면, 그것은 오직 존재만을 의미할 것이다. 그렇다면 단지 세계가 존재한다는 것을 확인하는 대신 세계가 의지라고 말하는 것에 어떤 이득이 있겠는가?"[209] 개념은 외연이 넓어질수록 내포를 상실한다. 그렇기에 실체의 존재론이나 의지의 존재론처럼 어떤 개념이 존재론의 지위로 상승하는 경우, 이 개념은 다른 개념들로 완전히 대체 가능한 것이 되고 만다. 무엇을 선택하건 간에 그것은 "결과적으로 언제나 동일한 것"[210]이 될 것이다. 이러한 개념에서 출발해서 실재를 정합적으로 재조직할 여지가 있다면, 그 이유는 개념이 실재에서 추출된 것이기 때문이다. 그러나 이 개념이 존재 자체와 일치하는 즉시, "이러한 설명은 모호하고 가설적일 것이고, 이러한 통일은 인위적일 것이다".[211]

다음의 논의를 덧붙여 보자. 갈릴레이Galileo Galilei와 데카르트 이래로, 존재론은 근대과학의 기계론적 방법을 유일하게 유효한 것으로 여기며 거기에 의존해 왔다. 철학자들이 계속해서 공상적 개념들 위에서 사변하거나, 이 개념들에 토대를 제공하는 하나의 원리 속에 그것들을 응축시키려 한 반면, 기계론은 감성적 세계에 수학을 적용함으로써 "고대 형이상학의 기획 가운데 절반을 이미"[212] 은밀히 완수한다. 그런 후에 형이상학이 기계론을 자신의 종합 속에 총괄하여 보편성에 이르게 하건(보편수학의 다른 이름), 아니면 그러한 총괄을 거부하고 개념적 층위에 남아 있건 간에, 이제 형이상학은 기계론의 시녀로 남게 된다. "새로운 과학의 첫 번째 결과는 실재를 두 개의 절반, 즉 양과 질로 나누는 것이다. 전자는 **물체**에 대한 설명을, 후자는 **영혼**에 대한 설명을 각기 그 목표로 삼는다."[213] 달리 말하면, 기계론적 과학은 볼프Christian Wolff가 행한 일반 형이상학과 특

209 같은 책, 50(62)쪽.
210 같은 책, 26(36)쪽.
211 같은 책.
212 같은 책, 43(55)쪽.
213 《창조적 진화》, 4장, 349쪽.

수 형이상학 사이의 학적 구분을 강제한다. 기계론적 과학이 우주 속에서 서로 수학적으로 연결된 질점들의 체계를 고립시켰을 때, 그것은 분명 하나의 방법을 제시했으나, 또한 철학자에게 하나의 학설을 암시하기도 했다. 그것은 바로 보편적 기계론의 학설, 즉 우주가 그 자체로 이러한 질점들의 체계이며, 하나이자 총괄적인 과학이 이 체계 전체를 포착할 수 있으리라는 학설이었다. 기계론적 과학은 이러한 작업을 처음 시도했던 그리스인들의 영향을 받아, 시공간 속에 흩뿌려진 모든 지점을 수축시켜 그것들을 영원 속에서 설명할 하나의 유일한 원리 속에 그러모으려 했다. 그 원리란 존재 전체, 혹은 사람들이 존재 전체의 동의어로 선택한 무언가이다.

> 칸트 이후 철학이 기계론적 이론들에 아무리 까다롭게 굴었다 해도, 그것은 기계론으로부터 모든 종류의 실재에 대해 동일한 단일학의 이념을 받아들이고 있다. 그것은 자신이 상상하는 것보다도 더 기계론에 가깝다. 왜냐하면 물질, 생명, 사유에 대해 고찰하면서 그것은 기계론이 가정한 복잡성의 연속적 단계들을 관념의 실현 단계 혹은 의지의 객관화의 단계들로 대치하지만, 여전히 단계들에 대해 말하고 있으며, 이 단계들은 존재가 단일한 방향으로 주파할 사다리의 단계들이기 때문이다. 요컨대 칸트 이후 철학은 자연 속에서 기계론이 분간하는 것과 동일한 마디들을 분간한다. 그것은 기계론의 도안 전체를 유지하고 있다. 단지 그것은 이 도안을 다른 색으로 칠할 뿐이다. 그러나 이 도안 자체, 혹은 적어도 이 도안의 절반은 다시 그려야 할 것이다.[214]

따라서 위에서 인용한 셸링, 피히테, 헤겔, 쇼펜하우어가 아무리 기계론을 비판한다 해도 소용없다. 이들이 계승하는 체계의 정신이 바로 기계

214 같은 책, 361-362쪽.

론에 "영감을 불어넣는 관념"[215]이기 때문이다. 이들은 보편학과 보편학이 포함하는 항들 간의 연대성, 이 항들의 단계적인 복잡화를 전제한다. 쇼펜하우어의 의지 존재론은 베르그손에게 특권적인 사례를 제시한다. 의지 존재론처럼 의지를 세계의 존재로 여긴다면, 의지라는 관념은 그 내용을 상실하고 말 것이다. 의지는 의지하지 않는 물질과 분명히 구분되는 것으로 한정되는 경우에만 의미를 갖기 때문이다. 존재와 의지가 동일시되는 경우, 남게 되는 유일한 내용은 그것이 배제하려 했던 기계론일 뿐이다. 기계론이 물질의 복잡화 정도라고 이야기할 때마다 쇼펜하우어는 '의지의 객관화 정도'라고 말한다. 색채는 바뀌었으나 도안은 동일하게 남아 있다. "'모든 것이 기계다'라고 말하건 '모든 것이 의지다'라고 말하건 내게는 별 차이가 없다. 두 경우 모두 모든 것이 뒤섞여 있다. 두 경우 모두 '기계론'과 '의지'는 '존재'의 동의어가 되며, 따라서 **서로가 서로의 동의어가 된다**."[216] '존재' 개념은 모호하고 판명하지 않은 것이기에, 그것은 전체를 기계론적 체계와 등치로 만드는 전환기convertisseur가 되고 만다. 이때 각각의 철학은 기계론적 체계 속에서 자신이 수립한 체계의 색채를 결여한 거울상을 발견한다. 달리 말하면, 근대철학자들은 수학자로서 형이상학을 "양과 질을 동시에 포괄하는 더 광대한 수학"[217]으로 여기는 경향이 있었다. 근대철학자들 가운데 수학자가 아닌 사람들조차 수학을 모델로 삼아 작업 대상이 되는 몇몇 개념을 연역적으로 취급하는 경향이 있었다.

신학 — '존재' 개념, 혹은 그 자리를 대신하는 개념이 공허하고 미규정적인 것이기 때문에, 존재론이 그 개념을 원리로 삼기 위해서는 형식에 내용을 부여할 수 있는 신학의 도움을 받아야 한다. "그러나 사람들은 이

215 같은 책, 347쪽.
216 〈서론〉, II, 《사유와 운동》, 49(62)쪽(필자의 강조).
217 같은 책, 47(59)쪽.

렇게 하여 도달된 미규정적 내용을 가진 개념, 혹은 더 정확히 말해 내용 없는 개념, 더 이상 아무것도 아닌 개념이 모든 것이기를 바란다. 그때 사람들은 종교의 신에 호소하는데, 그 이유는 신이란 규정 자체, 더 나아가 본질적으로 행동하는 것이기 때문이다. 신은 존재의 정점에 있다. 그리하여 사람들은 자신들이 부당하게 인식의 정점이라 여긴 것을 신과 일치시키려 한다."[218] 신학은 존재론의 과오를 무마하지만, 가장 빈곤한 개념에 풍요 자체인 신을 연결시키는 반대 극단의 과오를 범한다.

신이 이렇게나 쉽게 형이상학 속으로 들어온 이유는 이미 신에게 어떤 자리가 할당되었기 때문이다. 신은 플라톤의 선ἀγαθόν의 이데아나 아리스토텔레스의 사유의 사유νόησις νοήσεως를 대신한다. 이것들도 "그로부터 모든 것을 연역할 수 있고 모든 것을 포함하고 있는"[219] 존재와 인식의 정점을 가리키는 데 쓰였기 때문이다. 그렇기 때문에 근대 형이상학은 신을 "우리의 고통에 눈멀고 우리의 기도에 귀먹은"[220] 우상, 그러나 형이상학이 자의적으로 세계의 설명 원리로 채택한 개념을 실체화할 수 있게 해주는 우상으로서만 남겨둔다. 따라서 근대 형이상학은 그리스 철학에 신을 더하는 것이 아니라, 오직 신의 이름만을 형이상학 원리의 걸치레로 덧붙임으로써, 이성이 갖지 못한 독단적인 보증을 이성에 제공한다.

철학자들의 '신'은 이런 방식으로 행동하는 원리를 설명 관념으로 전환하여 그 행동 역량을 제거하고 정초 토대의 위엄을 꼬리표처럼 달고 다니는 '존재'를 격상시킨다. 신은 "주어진 모든 것을 자신 안에서 단지 요약할 뿐인 무력한 신"[221]이 되어 보편적 기계론을 왕위에 올려 그 분배적 통일성을 정초한다. 베르그손은 《창조적 진화》의 4장에서 매번 사람들이 '신'으로 삼기를 바랐던 '존재'를 각기 거명함으로써, 형이상학적 체

218 같은 책, 50쪽.
219 같은 책, 48쪽.
220 같은 책.
221 《창조적 진화》, 3장, 198쪽.

계들의 역사를 통해 그것의 존재-신-학적 구조가 내보이는 윤곽을 좇을 수 있게 된다. 스피노자의 '실체', 라이프니츠의 '예정조화', 칸트의 '순수 통각의 종합적 통일', 피히테의 '자아', 셸링의 '절대' 등이 그러한 존재로 거명된다.[222] '시간 관념의 역사'에 관한 콜레주 드 프랑스 강의(1902-1903)에서 베르그손은 더 명시적인 태도를 취한다.

> 칸트가 행하지 않았던 것을 해보자. 즉, 통각의 이 시원적 통일을 신이라 명명해 보자. 그 경우, 데카르트에서 라이프니츠로, 라이프니츠에서 칸트로 나아감에 따라, 신의 관념이 점차 협소해지는 과정을 추적할 수 있을 것이다. 데카르트의 신은 라이프니츠에 이르러 모든 것의 예정조화가 되고, 칸트에 이르러서는 통각의 시원적인 종합적 통일이 된다. 보편학을 보장하는 데에는 이것이면 충분하다. 이 계보가 실재적임을 보이기 위해 다음과 같은 증거를 제시할 수 있을 것이다. 칸트 이후 칸트 사유의 진전을 추적해 보면, 우리는 이 통각의 시원적인 종합적 통일이 신의 이름을 이어받아 다시 신이 되어간다는 점을 발견한다. 우리는 이러한 진행을 목격한다. 그러면 우리는 통각의 시원적인 종합적 통일이, 그로부터 도출되어야 할 것들이 분명해짐에 따라 다시 신이 되어가는 경향이 있다는 사실을 잘 이해할 수 있다.[223]

논리학 — 존재-론onto-logie과 신-학théo-logie은 각기 '논리'인 한에서 결부되어, 토대의 탐구라는 전통적인 형이상학적 기획의 뿌리로 거슬러 올라간다. 실제로 미규정적 '존재'와 이 존재를 그 정점에 집중시키는 무력한 '신'은, 결과에서 원인으로 거슬러 오르는 설명적 회귀를 멈추고 충족이유율에 머무를 때에만 원리로 수립된다. 라이프니츠는 이 충족이유

222 같은 책, 4장, 355-356쪽.
223 《시간 관념의 역사: 1902-1903 콜레주 드 프랑스 강의》, 19강(1903년 5월 8일), 333-334쪽.

율을 과거, 현재, 미래의 모든 형이상학에 대해 단번에 다음과 같이 정식화한 바 있다. "어떻게, 그리고 왜, 무가 아니라 이 원리가 존재하는가?"[224] 논리학은 존재론과 신학에 자신의 우월성을 부과함으로써 이 두 분과의 범위와 의미를 사전에 결정한다. 사실상 제일원리는 자신에게서 도출된 사물들을 해명하기 이전에, 원리를 삼키려고 위협하는 무에 대항하여 **스스로를** 존재 속에 정립해야 한다. 제일원리의 이러한 자기해명은 오직 논리학만으로 가능하다.

플라톤의 형상에서부터 피히테의 자아를 거쳐 그 너머까지, 원리는 논리학의 공리나 수학의 정의와 "동일한 본성의 존재 방식"[225]을 부여받아야 했다. 원리란 모든 것을 설명하면서도 무엇에 의해서도 설명되어서는 안 되는 것이었기 때문이다. 사실상 설명에는 두 가지 방법이 있는데, 그중 충족이유율의 요구사항을 만족시키는 것은 하나밖에 없다. 첫 번째 설명 방식은 원인에서 원인으로 무한히 거슬러 올라가는 것이다. 테이블의 두 대각선이 동일하다는 사실에는 예컨대 다음과 같은 설명이 주어질 것이다. "그 이유는 직공이 탁자를 그렇게 만들었기 때문이다. 즉 직공이 두 대각선이 동일한 탁자를 제작하였다. 하지만 우리는 왜 직공이 탁자를 그렇게 만들었는지 물을 것이다. 그러면 사람들은 다음과 같이 대답할 것이다. 그 이유는 직공의 작업장에 있던 다른 탁자를 복제했기 때문이라고. 그러면 우리는 또 물을 것이다. 왜 직공은 작업장에 다른 탁자를 가지고 있었을까? 그 이유는 직공이 모일 모시 모처에서 그것을 샀기 때문이고 (…) 이런 식으로 계속될 것이다. 우리가 이런 방향에 들어선다면, 이성은 결코 만족하지 않을 것이다. 여기서는 어떤 사태의 이유로 이 사태와 마찬가지로 우발적인 다른 사태가 할당되고, 이 두 번째 사태에는 세 번째

224 《창조적 진화》, 4장, 275쪽.
225 같은 책, 277쪽.

사태가 할당되고, 이런 식으로 무한정 계속되기 때문이다."[226] 두 번째 설명 방식은 논리적이거나 수학적인 정의를 제시하는 것인데, 이러한 정의는 우리를 시공간 밖으로 이동시키고, 이를 통해 이성적 탐구는 비로소 만족감을 얻고 멈춰 선다. 여기서 탁자는 더 이상 시공간 속에 위치한 탁자가 아니라 사각형으로 여겨질 것이다. 그러면 다음과 같은 설명이 가능할 것이다. "사각형의 두 대각선은 동일하다. 왜냐하면 그것은 합동인 두 직각삼각형의 빗변이기 때문이고, 두 직각삼각형은 각기 직각을 둘러싼 동일한 밑변과 높이를 가질 때 합동이기 때문이다. 이것이 바로 두 대각선이 동일하다는 사태에 대한 두 번째 설명이다. 그런데 이 설명은 [앞선 설명과는] 완전히 다른 것이다. 이 설명은 즉시 시간 밖으로 — 심지어 어떤 의미에서는 공간 밖이라고도 말할 수 있다 — 이동하여 사각형을 고찰하려 한다. 우리는 여기 이 구체적인 테이블에 대해 일어나는 일을 설명하기 위해 이러한 사각형 일반을 동원했던 것이다."[227] 따라서 철학의 원리는 오직 논리적이거나 수학적인 존재 방식을 부여받는 경우에만 제일원리가 된다. 이러한 존재 방식이 부여되면, 이성은 필요로 했던 토대에 대해 제시된 설명에 만족하여 더 이상 아무것도 요구하지 않을 것이다. 그때 원리는 모든 것을 붙잡을 것이다. 원리는 아무것도rien 배제하지 않는다. 즉, 원리는 오직 무 자체le rien lui-même만을 배제한다. 하나의 정초적 통일성으로 모든 존재를 망라하기 위해서는 무가 배제되어야 하기 때문이다. 그러나 무는 영원히 이러한 원리의 바탕으로 남았기에, 원리는 무를 전제하는 동시에 무로부터 스스로를 보호해야 한다.

이처럼 체계의 정신은 형이상학사의 전개에도 불구하고 형이상학이 [언제나] 하나의 존재-신-학적 구조를 전개하도록, 그리고 보편

226 《자유 문제의 진화: 1904-1905 콜레주 드 프랑스 강의》, 7강(1905년 2월 3일), 122쪽.

227 같은 책, 17-18쪽.

적καθόλου 학문, 즉 '하나'이고, '보편적'이고, '총괄적'인 학문의 기획을 끊임없이 다시 작동시키도록 추동한다. 보편학의 기획은 존재와 인식, 실존과 본질을 제일원리 속에서 일치시키고, 시간적 생성에 포함된 모든 '존재'를 '신'이 영원 속에서 되찾을 수 있도록 만든다. 이러한 보편학의 모델은 고대인들이 이미 제시하였고, 근대인들이 보편적 기계론을 귀결로 갖는 어떤 원리 위에 보편적 기계론을 정초하려 할 때, 그들은 단지 고대인들이 제시한 모델의 체계적인 성격을 정교화한 것에 불과하다. 베르그손이 계승하는 몇몇 인물을 제외한다면, 플라톤에서 스펜서를 거쳐 그 너머까지도, 형이상학의 역사는 토대에 대한 경쟁적 추구surenchère를 통해 전진한다. 토대는 언제나 더 견고해지지만, 결코 충분히 견고해지지는 않는다. 베르그손은 쿠튀라Louis Couturat의 작업에 기대어 데카르트보다 더 확장 가능한 수학을 겨냥하는 라이프니츠의 기획을 언급할 수 있었다. "라이프니츠는 데카르트가 했던 것보다 훨씬 더 견고한 방식으로 보편수학을 정초하고, 모든 사물을 포괄하는 학문의 가능성과 필연성까지도 더 견고하게 수립하기를 바랐다."[228] 신은 예정조화, 즉 모든 모나드의 상보성이다. 사실 라이프니츠는 예정préétabli이라는 말 대신 "필연이라고, 확립établi이라고 말하고 싶었을 것이다. 모든 모나드 간에는 이러한 일치가 존재하는데, 그 이유는 모나드들은 완전하고 보편적인 가지성에 대한 다수의 표현에 불과하기 때문이다".[229] 뒤이어 칸트가 토대의 공고화라는 작업을 경쟁적으로 격화시켰다. 한편으로 그는 전임자들의 번거로운 가설들을 최소로 축소하고, "갈릴레이 물리학을 무한히 확장 가능한 것으로 가정하는 데에는"[230] 통각의 종합적 통일만으로도 충분하다고 말한다. 다른 한편으로 그는 시간과 공간에 어떤 실증성을 부여함으로써 수학과 순

228 《시간 관념의 역사: 1902-1903 콜레주 드 프랑스 강의》, 19강(1903년 5월 8일), 329-330쪽.

229 같은 책, 13쪽.

230 《창조적 진화》, 4장, 356쪽.

수 논리학 사이에 남아 있는 간극을 설명하려 한다. 사실상 논리학만으로는 수학을 구성할 수 없고, 수학을 구성하기 위해서는 논리학을 공간과 공간화된 시간의 평면에 투사해야 한다. "이렇게 우리는 동시에 두 가지 측면에서 보편적 기계론을 공고화할 것이다. 한편으로는 최소의 전제들로, 즉 최대의 견고함으로 사물들에 대한 하나이자 총괄적인 학문의 필연성을 보여줄 것이고, 다른 한편으로는 시간과 공간에 특정한 실증성을 되돌려 사물들에 대한 하나이자 총괄적인 이 학문이 어떻게 그리고 왜 수학적 형식을 띠는지 보여줄 것이다."[231] 이렇게 하여 형이상학은 각각의 형이상학을 거치며 언제나 더 흔들림 없는 토대*fundamentum inconcussum*를 향해 나아가고, 이 토대를 수립하고 나면 그 위에는 이미 철학의 여명기에서부터 아리스토텔레스가 추구하던 보편학이 실현되리라 생각한다.

그러나 모든 것을 영원한 하나의 원리 속에서 포착한다는 체계의 정신의 주장은, 유동적 지속에 대한 직관을 미리 환상적인 것으로 치부하고 혼잡한 의식의 여백으로 밀어내는 경우에만 가능하다. 실재가 분명하게 보여주는 견고한 측면에만 틀어박히는 일은, 오직 세계의 틈 속에서 내적으로 순환하며 어렴풋이 느껴지는 생성을 **아무것도 아니라고** 치부할 때에만 가능하기 때문이다. 우리의 [인식] 능력은 생성을 가까스로 붙잡기 위해 그것을 대상으로 채워 넣는다. 의식은 실재적 생성 속에 잠겨 있으나, 생성이 "이루어지고 있다는 사실을 (…) 단지 모호하게만 느끼고 있다".[232] 실재적 생성이 대상으로 채워질 때, 그것은 지성의 체를 통과하며, 지성은 생성을 추상적인 두 관념, 존재와 무로 절단한다. 존재가 생성을 걸러내면, 무가 생성을 앗아간다. 실제로 베르그손은 형이상학의 뿌리에서, 그 존재-신-학적 구조의 뿌리에서 "두 가지 이론적 환상"[233]을 발견

231 《시간 관념의 역사: 1902-1903 콜레주 드 프랑스 강의》, 19강(1903년 5월 8일), 335쪽.

232 《창조적 진화》, 4장, 273쪽.

233 같은 책, 272쪽.

한다. 이 두 환상은 지성이 가진 본래적으로 실천적인 사명에 공통 기원을 두고, 베르그손이 해체하려는 하나의 동일한 개시 작용의 양면처럼 서로를 보완한다. 그것은 각기 무의 환상('존재와 무', 275-298쪽)과 불변성의 환상('생성과 형상', 298-313쪽)이다. 이 두 환상을 간략하게만 언급해 보자.[234] 첫 번째 환상은 지성이 무의 관념을 권리상 존재에 **선행하는** 것으로 여긴다는 데서 유래한다. 그러나 사실상 무는 명백히 존재에 **후행하는** 것으로 상정될 수밖에 없다. 무는 존재에서 출발하여 존재에 일반화된 부정을, 그리고 이 부정의 작업을 심리적으로 추동하는 실망감을 덧붙임으로써 구성되기 때문이다. 두 번째 환상은 지성이 형상의 불변성이라는 관념을 생성에 선행하는 것으로 놓는다는 데서 기인한다. 이렇게 하여 지성은 생성을 "추상적이고, 등질적이며, 비가시적"[235]인 것으로 만들어, 마치 영사기처럼 형상을 재생하는 역할만을 부여한다. 하지만 지성이 생성 속에서 뽑아내는 형상들이 조금이나마 풍부한 것이려면, 형상들의 그늘 속에 그에 선행하는 생성을 전제해야 한다. 베르그손의 이 분석들은 널리 알려져 있다. 그러나 이것들은 형이상학을 개시했던 하나의 동일한 작용의 통일성 속에서 이해되어야 할 것이다. 지성은 두 번째 환상에 속아 "생성 속에서 모든 적극적인 특성"[236]을 빼내어 생성 속에서 형상들을 추출하고, 이것들을 생성"에 대해 취한 시각"이 아니라 생성의 "구성적 요소들"이라 생각한다. 생성의 이 부분은 존재로 이전된다. 그런가 하면, 지성은

234 베르그손이 형이상학을 비판할 때 그 요점이 되는 무에 대한 비판은 줄곧 탁월한 분석과 연장의 대상이었다. 그 연구들 가운데 주된 연구들을 인용하자면 다음과 같다. 르노 바르바라스, 〈무에 대한 비판으로서의 현상학적 환원〉, 《욕망과 거리*Le Désir et la distance*》, Vrin, 1999, 2장, 261쪽 이하. 벤토 프라도Bento Prado Jr, 1장, 〈부재의 신기루〉, 《현전과 초월론적 장: 베르그손 철학에서 의식과 부정성*Presença e campo transcendental. Consciência e negatividade na filosofia de Bergson*》, São Paulo, Éd. de l'Université, 1989, 르노 바르바라스 번역, Olms, 2002, 1-43쪽. 질 들뢰즈, 《베르그손주의》, PUF, 1장.

235 《창조적 진화》, 4장, 303쪽.

236 같은 책, 317쪽.

첫 번째 환상에도 속아서 [생성에서 형상이 빠져나가고] 남아 있는 것들을 무가치한 것으로 여기고 무와 동일시한다. 무는 이렇게 자기 정립할 수 없는 생성의 우발성을 흡수하여 존재의 공모자가 된다. 고대인들은 의식적으로 생성을 무에 흡수시키는—플라톤의 '코라χώρα', 아리스토텔레스의 '질료ὕλη', 플로티노스의 '비존재μή ὄν'—반면, 근대인들은 무의식적으로 그렇게 한다. 구체적 생성은 이렇게 탈구되어, 한편으로는 그 안에서 발견될 수 있었던 형상, 개념, 혹은 관계를 통해 존재 쪽으로 상승하고, 다른 한편으로는 지속의 운동성으로 인해 무 쪽으로 떨어진다. 충만하게 규정된 실증성과 전적으로 미규정적인 부정성 사이에서 어떤 중간도 거부되었기 때문이다. '신적인' 원리 속에 집중된 '존재'는 논리적인, 혹은 수학적인 실증성을 요구하는 한편, 선행하는 무를 바탕으로 사유되어 무에서 솟아났다고 간주되기에 자신이 극복한 공허에 둘러싸인 충만한 핵처럼 무에 대항하여 보호된다. 그러나 토대의 바탕에 비밀스럽게 자리 잡은 환영적인 무 관념이 사라지면, 그와 동시에 존재 위에 세워진 형이상학도 무너진다.

그리고 일단 안개가 걷히고 나면, 남는 것은 기계론이라는 뼈대뿐이다. 형이상학은 이 뼈대 위에 실재 전체로 확장 가능한 체계적인 몸을 덧붙이려 했다. 기계론이 그 확장들로부터 잘려 나오면, 근대과학은 본래 모습으로 복원되어 절반의 절대에 접촉하게 된다. 지성 속에 존재하는, 스스로에 대해 외적인 의식이 밝혀낼 수 있는 절반의 절대 말이다. 고체의 견고함이 나타내는 지반 말고 다른 어떤 지반을 제시할 수 있겠는가? 남아 있는 다른 반쪽은 [단단한 지반이 아니라] 우리의 경험이 잠겨 있는 어두운 깊이다. 이러한 깊이 속에서 우리 경험은 시간적 생성을 지성의 체에 거르지 않고 단번에 생성의 내부에 자리한다. 그때 지속은 망실될 수 없는 경험 속에서 주어진다. 존재 속에 지속을 정초하는 근거를 제시할 필요는 없다. "우회로를 거치지 않고, 즉 존재와 우리 사이에 놓인 무의 환상을 경유하지 않고 존재를 직접적으로 사유하는 데" 익숙해진다면, 지속은 "그 자체로 충분한 것이다".[237] 생성 속으로의 침잠은 충만하고 촘촘하며 막대한 실증성과 맞닥뜨리는 일이 아니다. 이러한 실증성과의 만남은 단지 무의 관념에 대한 비판을 뒤집어 반사하는 일에 불과하리라. 이와 달리 생성 속으로의 침잠이란, 우리 자신이 생성에 속한다는 사실을 통해, 존재에도 무에도 없는 깊이와 두께를 생성에 복원하는 일이다.[238]

후에 하이데거가 그러하듯, 베르그손은 형이상학의 토대를 검토하기 위해 형이상학을 라이프니츠의 주도적 물음까지 끌고 간다. 형이상학은 충족이유율의 강압적인 요청에 따라 토대를 찾기 위한 여정을 시작한다. 이때 무는 형이상학이 던지는 의문적 사유를 추동하고, '왜'라는 물음을 다시 던짐으로써, 결국 형이상학이 총체적 존재자(본질)인 동시에 최상의 존재자(실존)인 논리적 원리를 통해 무를 극복하도록 이끈다. 레비나스가 예감했듯, 베르그손이 존재*Seyn*, 있음*Il y a*과 유사한 것에 도달했으면서도, 베르그손에게는 실존이 분리되지 않고 언제나 실존하는 것 안에, "잔여적 존재자"[239]의 내부에 붙들려 있다는 사실은 주목할 만하다. 베르

237 같은 책, 298쪽.

238 따라서 베르그손은 메를로퐁티의 비판에 걸려들지 않는 것으로 보인다. 메를로퐁티는 절대적 부정성과 절대적 긍정성의 동일성을 주장함으로써 사르트르와 베르그손에 대칭적인 비판을 가한다. "**구멍**이라는 의미에서 열려 있는 것, 그것이 사르트르이고, 또 베르그손이다. 그것이 부정성인지 극단적 긍정성(베르그손)인지, 양자는 구분 불가능하다"(《보이는 것과 보이지 않는 것》, 249쪽). 또는, "부정성의 사유는 마찬가지로 긍정성의 사유이기도 하다. 이 전환 속에서 언제나 동일한 것이 남아 있기 때문이다. 두 경우 모두 사유는 무의 공허를 고찰하거나 존재의 절대적 충만을 고찰함으로써 두께, 깊이, 평면의 다수성, 이면의 세계들을 무시한다"(42쪽). cf. 르노 바르바라스, 〈경험의 전환점: 메를로퐁티와 베르그손〉, 《경험의 전환점: 메를로퐁티의 철학 연구》, 50쪽 이하; 벤토 프라도, 《현전과 초월론적 장: 베르그손 철학에서 의식과 부정성》, 178쪽. 메를로퐁티의 비판과는 반대로, 베르그손이 절대적으로 긍정적인 존재(두 번째 환상)와 절대적으로 부정적인 무(첫 번째 환상)를 함께 비판할 때, 그가 재수립하려는 것이 바로 지속의 이러한 두께, 존재의 이러한 깊이, 평면의 이러한 다수성이다.

239 에마뉘엘 레비나스, 《존재에서 존재자로》, 1963, Vrin, 1993, 103쪽: "《창조적 진화》의 마지막 장에서 베르그손이 무의 관념과 삭제의 관념이 등가적이라는 점을 보여주었을 때, 그는 우리를 있음*il y a*의 관념에 이르게 했던 것과 유사한 상황을 예감한 것처럼 보인다." 그러나 베르그손의 비판이 "존재적ontique 질서에 속하지 않

그손과 하이데거는 형이상학에 유사한 비판을 가하지만, 서로 대립하는 방향을 따른다. 베르그손은 무의 매개를 거치지 않고 존재를 붙잡는다. 무는 단지 이미지와 관념에 불과한 것으로 환원된다. 반면 하이데거는 무의 경험을 통해 존재에 접근한다. 하이데거의 입장에서, 존재 역사의 너무 늦은 시기를, 존재 망각이 너무 고착화된 시기를 살고 있는 우리는 존재를 직접적으로 포착할 수 없기에, 무는 사유되지 않은 존재와 동일시된다. 하이데거와 베르그손은 모두 현존재*Dasein* 속에서 형이상학을 재발견한다. 그러나 이 과정에서 하이데거가 현존재를 불안이라는 단독적 경험으로, 그리고 단독적인 한에서 정초적인 색조를 띠는 경험으로 이끌어간다면, 베르그손은 의식에 직접적으로 주어지면서도 다시금 과학을 포함하는 경험 쪽으로 현존재를 데려간다.

6. 지속의 층과 심화를 통한 형이상학적 사유

> 철학의 미래는 진정으로 지속하는 것으로 고찰된 실재를 심화하는 데 있다._ 베르그손[240]

형이상학은 경험을 어떤 원리에 부착시켜 이 원리가 경험에 대한 결정적인 보증을 제공한다고 여기는 일을 그만두고, 경험이 소유한 권리를

는 실증성, 존재자와 분리된 순수한 존재 사실, 있음*il y a*의 실증성을 밝혀내는" 대신, 실질적으로 계속해서 "무언가"로 다시 돌아온다면(로돌프 칼랭Rodolphe Calin, 《레비나스와 자기의 예외*Levinas et l'exception du soi*》, PUF, 2005, 39쪽), 그 이유는 베르그손의 비판이 실증성의 관념 자체("공허의 **밀도**"(104쪽), "무의 **충만**"(95쪽), 혹은 공포를 주는 숨 막히는 현전)를 더 심층적으로 반박하기 때문이다. 레비나스의 현상학적 논의는 베르그손이 비판하는 이 실증성의 관념을 계속해서 묻지 않은 채로 사용한다 — 게다가 하이데거가 진정으로 존재자 없는 존재를 사유할 수 있었는지, 더 나아가 사유하려 하긴 했는지도 불분명하다.

240 〈율리우스 골드슈타인에게 보내는 편지, 1911년 6월 18일〉, 《서간집》, 415쪽.

경험에 돌려주어야 한다. 하지만 이는 지금까지 존재에 할당되었던 충만한 실증성을 생성으로 옮겨 놓는 일이 아니다. 생성은 최종 근거*ultima ratio*가 아니다. 또한 생성은, 베르그손 이전에 초감성이 감성을, 초월론이 경험을 정초했듯, 비이성 자체에 정초 역량을 부여하려는 낡은 형이상학의 최종 형태도 아니다. 실제로 베르그손은 존재를 떠나 생성으로 향하는 동시에, 본질에 부여된 우월성을 제거하고 실존을 향해 나아간다. [물론] 베르그손이 본질과 실존이라는 형이상학적 쌍을 특별히 명시적으로 강조한 것처럼 보이지는 않는다. 그럼에도 그는 지속과 생성의 본질을 입증함에 직접적으로 주어진 우리의 구체적 실존에서 출발함으로써 우선순위를 역전시킨다. "사실을 말하자면 **실존**은 경험 속에서만 주어질 수 있다."[241] 이 경험은 지각적 경험일 수도, 직관적 경험일 수도 있다. [그렇지만] 어느 경우건 간에, 실존은 원리로부터 연역될 수 없다. 개념적 본질로 흡수될 수 없는 것, 개념으로 환원되지 않는 것은 날것의 실존이다. 이러한 실존에 정확한 의미를 부여하려면 구체적인 시공간 속에 있는 의식적 실존에서 출발해야 한다. 따라서 생성은 존재가 가졌던 오랜 특권을 이어받지 않는다. 존재는 논리적인 혹은 수학적인 본질이 갖는 실증성에서 출발하여 실존의 필연성을 보장하는 반면, 생성은 우리 실존의 경험, 그리고 그 안에 나타나는 상위의, 또는 하위의 경험에서 출발하여 그 심리적 본성을 드러낸다. "절대는 우리와 매우 가까운 것, 그리고 어느 정도는 우리 안에 있는 것으로 드러난다. 그것은 수학적이거나 논리적인 것이 아니라 심리적인 본질을 갖는다."[242] 베르그손의 직관은 어떤 대항력을 제공하여 낡은 충족이유율을 충족직관율로 대체함으로써 모든 사물의 본질을 저 홀로 처방하려는 것이 아니다. 직관은 우리를 직접소여로 이끌어 경험 깊숙한 곳에서 절대를 제시한다. 이제 입증책임*onus probandi*은 환영적 무와 마주하여

241 〈서론〉, II, 《사유와 운동》, 50(63)쪽(필자의 강조).
242 《창조적 진화》, 4장, 298쪽.

시간적 실존을 쟁취할 수 없기에 그것을 부인하는 이들에게 있다. "시간은 직접적으로 주어진다. 이것으로 충분하다. (…) 시간의 비실존 혹은 시간의 변질이 증명되기 전까지는 말이다."[243]

그러니까 베르그손 철학의 출발점은 원리가 아니라 실존이다. 실존은 이성으로의 정초를 위해서도, 심지어는, 그리고 무엇보다도, 확실성을 위해서도 유보될 수 없다. "우리가 **가장** 확신하고 **가장 잘** 알고 있는 실존은 이론의 여지없이 우리 자신의 실존이다."[244] [그러나] 사랑에 빠진 경우에 그러하듯, 최상급("가장", "가장 잘")은 우리가 자기 자신에 대해 증언하는 확신을 보강하기보다는 약화시킨다. 나에게 이의를 제기할 수 있는 타자를 "우리" 안에 내포하는 **이론의 여지없음**은 **확실성**과 동일시될 수 없다. 단지 우리가 "외적이고 표면적인" 개념으로 포착하는 다른 실존들과 우리의 실존 사이에 놓여 있는 간극만이 '이론의 여지없음'의 대상이 될 수 있다. 베르그손이 자아를 "특권적 사례"로 여기는 이유는 바로 자아가 자기 자신에게 바탕을 두고 전체에 합류하는 것을 가능케 하면서도, 동시에 자아를 흔들림 없는 제일원리로 두고 그 위에 자신을 확립하지 못하도록 금하기 때문이다.

이를 다음과 같이 보여줄 수 있을 것이다. 베르그손은 자신의 작업이 충족이유율의 불안한 요청에 응답하지 않는다는 사실을 의식하고 있었다. 그의 연구의 각 단계마다, 각 저서마다, 베르그손은 연구의 끈을 끝까지 밀고 나갈 수 없다는 판단하에 하나의 답변에 신중하게 멈춰 서지만, 호모로쿠악스*homo loquax*[245]는 베르그손이 멈춰 선 답변에 불만족하여, 언

243 〈가능과 실재〉, 《사유와 운동》, 116(136)쪽.

244 《창조적 진화》, 1장, 1쪽(필자의 강조).

245 [역주] 수다쟁이 인간. 베르그손은 이미 《창조적 진화》에서 인간 지성의 본질을 호모파베르*homo faber*[제작하는 인간]로 규정한 바 있다. 인간 지성과 직관을 대립시키는 《창조적 진화》의 구절들은 종종 베르그손을 반지성주의자로 규정하기 위해 사용되었다. 그러나 호모로쿠악스와 호모파베르를 대립시키는 《사유와 운동》의 구절은 이러한 독해가 과도하게 뭉툭한 것임을 보여준다. "우리는 직관적 시각만

제나 더 본원적인 원리를 욕망하면서 예의 그 끈질기고 고집스러운 '왜'를 통해 계속해서 원리로 회귀하려는 태도를 보인다.

> 나는 철학을 시작하자마자 **왜 내가 존재하는가**를 묻는다. 내가 나 자신을 우주의 나머지 부분과 연결하는 연대성을 알아차렸다 해도 어려움은 단지 후퇴한 것에 지나지 않는다. 나는 **왜 우주가 존재하는가**를 알고자 한다. 우주를 지탱하거나 창조하는 내재적 또는 초월적 원리를 생각해 보아도 내 생각은 단지 잠시 동안 이 원리에 의지할 뿐이다. 곧 동일한 문제가 이번에는 아주 폭넓게 그리고 일반적으로 제기된다. 무언가 존재한다는 것은 어디에서 연유하며 그것을 어떻게 이해할 것인가? 본 연구에서 물질을 일종의 하강운동으로, 이 하강운동은 상승운동의 중단으로, 이러한 상승운동 자체는 성장으로 정의하고, 결국 창조의 원리가 사물의 근본에 놓여 있다고 했을 때도 같은 물음이 계속된다. **어떻게, 그리고 왜 무가 아니고 이 원리가 존재하는가?**[246]

베르그손은 나아감의 각 단계를 경험의 소여로 취했기 때문에, 이 소여가 그 자신 말고 다른 이유를 갖는지 의문시하지 않았다. 《시론》에서 베르그손은 심층적으로 지속하는 자아에서 출발한다. 그러나 몇몇 독자는 베르그손처럼 의식 상태의 상호침투를 확인하는 대신, 그것을 정당화하는, 말하자면 의식 상태들을 서로 결부시키는 원리가 무엇인지 물었다. 왜 내가 존재하는가? 《물질과 기억》이 직관의 소여를 심화시켜 자아와

큼이나 과학적 인식과 기술적 정통함을 높이 평가한다. 우리는 물질적, 도덕적으로 무언가를 창조하는 것, 사물들을 제작하고 스스로를 제작하는 것이 인간의 본질에 속한다고 믿는다. 호모파베르, 이것이 바로 우리가 제시하는 [인간의] 정의다. 호모파베르가 그의 제작에 대해 행한 반성으로부터 태어난 호모사피엔스 또한 그가 순수지성에만 의존하는 문제들을 순수지성을 통해 해결하는 한, 우리가 보기에는 마찬가지의 존중을 받아 마땅한 것으로 보인다. (…) 호모파베르, 호모사피엔스, 우리는 양자 모두에게 경의를 표하며, 더욱이 이들은 서로 뒤섞이는 경향이 있다. 우리가 유일하게 반감을 가진 것은 호모로쿠악스다"(《사유와 운동》, 91-92쪽).

246 《창조적 진화》, 4장, 275쪽(필자의 강조).

물리적 우주의 연대성을 확인하였을 때, "어려움은 단지 후퇴한 것에 지나지 않"았고, 동일한 물음이 다른 어조로 제기된다. 왜 우주가 존재하는가? 《창조적 진화》가 내적 지속의 점증적 심화를 통해 생의 원리를 우주의 바탕에 두었을 때, 다음의 물음이 강박적으로 돌아와 진정한 문제들이 제기되는 것을 방해한다. "왜 무가 아니고 이 원리가 존재하는가?" 베르그손이 《도덕과 종교의 두 원천》을 저술하는데 25년이라는 시간이 들었다면, 베르그손이 결국 충족이유율을 만족시키기 위해 궁극적으로 신에 도달한 것이 아니라는 사실을 인정해야 할 것이다. 그리고 베르그손이 이미 "의미 없는 물음"으로 규정한 바 있는[247] '왜 무가 아니라 무언가가 존재하는가'와 같은 물음은 꺼내지 말아야 할 것이다.

들뢰즈는 거짓 문제 — 무의 문제 혹은 무질서의 문제 — 와 잘못 제기된 문제를 정확히 구분하였다. [그러나] 이 두 문제 간의 구분보다 이들 간의 연관이 더 심층적이라는 사실을 덧붙여야 한다. 문제들이 잘못 제기되는 이유는, 바로 그것들이 언제나 이미 무의 환상에 사로잡혀 이차적인 지점에 놓이기 때문이다. 문제들은 부분적인 진리를 포함하고 있으나, 진리는 은폐된 것으로 남는다. 이 문제들은 우리가 구체적인 시공간 속에 잠겨 있다는 사실에서부터 제기되지 않고, "절대적 공허"[248] — 즉, 실재가 채우는 "용기容器"[249]로, 플라톤적인 '코라'나 아리스토텔레스의 '질료'로 이해된 순수공간 — 를 바탕으로 제기되었기 때문이다. 이렇게 하여 기하

247 같은 책, 296쪽.

248 〈가능과 실재〉, 《사유와 운동》, 105(124)쪽.

249 같은 책. 베르그손은 순수공간의 이념성에 "공간성의 정도들"(《창조적 진화》, 3장, 206쪽)을 대립할 것이다. 베르그손이 보기에 순수공간의 이념성은, 그것이 오성의 선험적 관념의 이념성이건(《시론》), 사물들에 대한 우리 행동 도식의 이념성이건(《물질과 기억》), 아니면 소진된 생의 약동의 중단으로 귀결되는 구도의 이념성이건 간에 무와 동일시될 수 있다. 벤토 프라도가 말하는 것처럼, "베르그손은 사유된 것*ens rationis*, 결여무*nihil privativum*, 상상된 것*ens imaginarium*, 완전무*nihil negativum*와 같이 부정적인 것이 갖는 다양한 양태를 구분하지 않는다. 그는 칸트의 비판이 분리시킨 구분되는 지층들을 하나의 동일한 층위로 환원한다"(《현전과 초월론적 장: 베르그손 철학에서 의식과 부정성》, 32쪽).

학적 공간은 형이상학적 문제들이 세워지는 보이지 않는 격자막이 되었다. 이와 동시에 형이상학의 문제들은 하나의 존재-신-학적 원리에 결부되어 그로부터 문제에 대한 해답(의 부재)을 받아들였다. 달리 말하면, 무를 바탕으로 존재를 사유하는 일과 공간을 바탕으로 문제를 제기하는 일은 서로 등가적인 것이다.

거짓 문제는 잘못 제기된 문제의 근간에 놓여 있다. 따라서 형이상학사가 왜곡된 형태로 전달한 잘못 제기된 문제들을 재검토하기 위해서는 우선 거짓 문제를 해소해야 할 것이다. 형이상학사는 처음에는 이 문제들을 제대로 다룰 수 없었고, 후에는 이 문제를 제기하기 위해, 또한 제기함으로써 해결하기 위해, 문제들을 시간적 항들로 물화했다. 이렇게 왜곡된 문제들의 목록은 다음과 같다. 자유의 문제(《시론》), 심신 결합의 문제(《물질과 기억》), 인과의 문제(《창조적 진화》), 의지의 문제(《도덕과 종교의 두 원천》). 사람들은 이러한 다양한 철학적 문제에 답하려면 그것을 하나의 제일원리에 결부시켜야 한다고 믿었다. 베르그손은 이 문제들을 제일원리 속으로 편입되는 일에서 구출하기 위해, 형이상학적 탐구의 원천에 놓여 있는 무의 환상을 비판한다. 잘못 제기된 문제가 제일원리에 결부되는 경우, 그것은 오직 부차적인 자리로 밀려나 공간을 바탕으로 제기되고, 존재 속에 자리 잡아 거기서 도출될 수 있는 귀결들로부터 해답(오답)이 제기되기를 기다릴 수밖에 없다. 그러나 거짓 문제들이 존재하는 이유는 또한 진정한 물음들이 존재하기 때문이다. 진정한 물음은 형이상학사가 전승한 문제 제기의 유산 내부에, 생 자체로부터 유래하는 것이다. 진정한 물음은 불안하게 되풀이되는 '왜'로 모든 질문을 대체하여 질문들을 평면화하고 동질화하는 무의 관념을 비밀스러운 동력으로 삼지 않는다. 이러한 물음의 동력은 우리의 인격을 공통의 발생지로 공유하며 그 주위에서 조직되는 삶의 물음들에 있다.

대부분의 사람을 곤경에 빠뜨리고, 번민하게 하고, 열광시키는 문제가 언제나 형이상학자들의 사변에서 우선적인 자리를 차지하는 것은 아니다. 우리는 어디서 왔는가? 우리는 무엇인가? 우리는 어디로 가는가? 이것은 삶의 물음들이며, 우리가 체계를 거치지 않고 철학했다면 즉각 이 물음들을 마주했을 것이다. 그러나 과도하게 체계적인 철학이 이 물음들과 우리 사이에 다른 문제를 개입시킨다.[250]

베르그손은 연장적이면서 시간적인 구체적 실재성에 잠겨 듦으로써, 방법이 '실재' 속에 정박하도록 만든다. 베르그손이 유일한 척도로 삼는 이러한 '실재'는 어떤 개별적 절대 속에서 포착된다. 우리는 이 절대에 포함되어 있으며, 절대를 인식하는 법은 오직 우리 안의 지속을 심화시킴으로써 점진적으로 그 속에 빠져들 때에만 배울 수 있다. 베르그손이 한 책에서 다른 책으로 나아갈 때, 그는 하나의 원리 위에 자신을 정초하려는 환영적 필연성, 즉 종국에는 진정한 시작점에 진입하려는 희망에 이끌려 영원히 재개되는 탐구를 통해 나아가는 것이 아니다. 그는 자신이 필요로 했던 추동력을 제시해 주는 독특한 문제를 공식화하여, 언제나 더 깊은 실재의 층에 점진적으로 접근하는 방식으로 나아간다. 베르그손은 동일한 책을 무한정 다시 쓰는 것이 아니다. 이전의 책들이 다음 책의 토대를 닦아주었다는 양 거기에 의존하지도 않는다. 그는 자신 안에서 막연하게 경험되는 절대를 심화한다. 베르그손이 저술한 책들은 각기 이 절대를 굴절시켜 만들어진 더 포괄적인 하나의 단계, 혹은 하나의 층을 이루는 것이다. "직관은 수많은 강도의 단계를 포함하고, 철학은 수많은 깊이의 단계를 내포한다."[251] 베르그손의 형이상학적 사유는 하나의 원리가 갖는 동일성에 기반하지 않기 때문에, 충만하게 실증적인 본질을 제시하는 것이 아니라 하나의 방향을 암시하는 것이다. 베르그손은 책의 저술을 거듭하는

250 〈의식과 생〉, 《정신적 에너지》, 2(10)쪽.
251 〈철학적 직관〉, 《사유와 운동》, 140(163)쪽.

과정에서 이 방향을 따라야 했으며, 이 강도는 매번 증대되어 결국 베르그손이 '시간 관념의 역사'를 다루는 콜레주 드 프랑스의 한 강의에서 "점점 더 직관과 순수지속의 심화 쪽으로 향하는" "점점 더 심층적인 **지속의 층들**"[252]이라고 부르는 것에 이를 것이다.

우리의 모든 능력은 서로 공조하여 하나의 동일한 방향, 즉 '자연의 경사로'[253]가 우리를 떠미는 방향으로 나아간다. 그렇게 하여 이 능력들은 우리를 세계의 평온한 표면에 고정시켜 그 고체성을 주목함으로써 받침대로 삼게 만든다. 그렇기 때문에 직관은 우리에게 그 반대 방향을 암시하여, 반대 방향으로 나아가려는 정신을 향해, 처음에는 막연하게나마, 거슬러 올라야 한다. "직관은 어디까지 나아가는가? 직관만이 말해줄 수 있다." 직관은 어디까지 거슬러 올라갈 수 있을까? 적어도 "이 철학은 전통 학설들마냥 이미 완성된 체계를 내세우지 않는다. 여기서는 **방향**이 중점이 된다."[254] 《시론》에서 《두 원천》에 이르기까지, 주어진 것은 방향 — 포착되고, 상실되고, 다시 포착되는 실마리 — 이다. 그것은 내 안에서 드러나는 지속에서 출발하여, 그 안에서 예감되는 점점 더 수축되고 압축적인 지속의 층들을 통과하는 방향이다. 우리는 이 방향이 신까지 이른다는 사실을 알고 있지만, 베르그손이 처음 이 방향에 접어들었을 때 그는 이 사실을 모르고 있었다. 이와 대칭적으로 각 항마다 앞선 방향에 상응하는 또 다른 방향이 주어질 것인데, 이 두 번째 방향은 점점 더 이완되고 분산된 지속의 층들을 가로지를 것이다.[255]

252 《시간 관념의 역사: 1902-1903 콜레주 드 프랑스 강의》, 19강(1903년 5월 8일), 325쪽(필자의 강조).

253 〈서론〉, II, 《사유와 운동》, 41(52)쪽.

254 〈율리우스 골드슈타인에게 보내는 편지, 1911년 6월 18일〉, 《서간집》, 415쪽.

255 이렇게 하여 우리는 프레데릭 보름스의 가설을, 순서는 바뀌었지만 완전히 합치하는 형태로, 재발견할 수 있다. 보름스의 가설은 지속과 공간의 대립 속에 함축된 "생의 두 방향"에서 출발하여 베르그손 작품의 운동을 추적하는 것이다(《베르그손, 생의 두 방향》).

이러한 심화의 방법이 수행되려면 우선 "학문 일반, 철학 일반이 어떤 것이어야 하는가에 대한 모든 종류의 선입견, 모든 선험적 개념화"[256]를 제거해야 했다. 형이상학사를 가로지르며 "철학에 대한 동일한 일반적 개념화에 언제나 지배되어 온"[257] 화신들로부터 형이상학 자체를 해방시켜야 했다. 이 점에서 베르그손의 방법은 엄밀학의 관념에 극도로 대립하는 것이었기에, 최초의 베르그손주의자들은 베르그손이 내놓은 결과들을 체계적인 형태로 계승하려는 유혹을 느꼈다. 에두아르 르 루아Édouard Le Roy가 베르그손의 귀결들을 《새로운 철학》[258]에 결부시켰을 때, 그는 이 철학이 새롭다고 생각하면서도, 여기에 전통적으로 사용되었던 제일철학이라는 관념의 날인을 찍었다. 《제일철학에 관한 시론》의 저자였던 르 루아는 다시금 "절대적으로 제일인 토대를 찾기"[259] 시작했고, 존재가 사유에 내재적으로 남아 있는 코기토 속에서 이 토대를 발견하였다. 그는 베르그손을 체계적 연역의 연쇄 속에서 되풀이했고, 이러한 설명 방식은 베르그손이 가장 중시했던 점을 배반하는 것이었다. 베르그손은 자크 슈발리에에게 다음과 같이 고백한다. "그가 나에게서 도출한 것은 모두 나의 것이 아닙니다."[260] 한편 슈발리에 역시 하나의 《베르그손》[261]을 제안했으나, 베르그손은 이 또한 자신의 사유를 연장할 가능성 중 하나로 여기기

256 《시간 관념의 역사: 1902-1903 콜레주 드 프랑스 강의》, 19강(1903년 5월 8일), 24쪽.

257 같은 책.

258 에두아르 르 루아, 《새로운 철학, 앙리 베르그손*Une philosophie nouvelle, Henri Bergson*》, Alcan, 1912.

259 〈관념론적 요청과 도덕적 요청〉, 《제일철학에 관한 시론*Essai d'une philosophie première*》, 1권: '사유', PUF, 1956, 7쪽(2권: '행동', 1958). cf. 미셸 주오M. Jouhaud, 〈에두아르 르 루아, 베르그손주의와 반성철학: 《제일철학에 관한 시론》Édouard Le Roy, le bergsonisme et la philosophie réflexive: l'*Essai d'une philosophie première*〉, 《베르그손 연구》, 5호, PUF, 1960, 126쪽: "《제일철학에 관한 시론》은 근본적으로 새로운 저작인 동시에 — 아마도 잘 드러나지 않았을 테지만 그럼에도 확실한 결론 — 근본적으로 전통적인 저작이다."

260 자크 슈발리에, 《베르그손과의 대담》, 16쪽.

261 자크 슈발리에, 《베르그손》, Plon, 1926.

를 요구했다. 실제로 슈발리에는 베르그손이 사용하는 방법을 단번에 왜곡했는데, 베르그손의 방법은 존재-신-학적 원리가 아니라 구체적인 시간과 연장 속에 잠긴 의식에서 출발하는 것이었기 때문이다. "당신에게는 당신의 책에서 종종 사용되는 방법을 사용할 권리가 있습니다. 그 방법이란 신 속에, 즉 일단 발견되고 나면 총괄적인 진리로 여겨지는 것 속에 자리 잡는 것이지요. 하지만 그것은 당신의 방법입니다. 내가 이미 여러 번 말했던 것처럼, 내 방법은 본질적으로 이와 다른 것입니다. 그리고 만일 내가 무언가 새로운 것을 제시했다면, 그것은 이 방법일 것입니다."[262]

그러므로 도래할 철학을 위해 베르그손이 권장했던 방법에 부합하도록 베르그손을 읽고자 할 때, 피해야 할 두 가지 대칭적 오류가 존재한 것이다. 첫 번째 오류는 베르그손이 우리에게 방향을 제시하는 도중에, 그 단계들 중 하나에 멈춰 서서, 선호에 따라 그의 주저 가운데 하나에 존재를 위치시킴으로써, 그것을 작품의 체계적 중심으로 여기는 것이다. 그리하여 피에르 트로티뇽Pierre Trotignon은 베르그손 철학의 기원에 지속의 관념이 있다는 사실을 인정하면서도, 《창조적 진화》에 멈춰 서서 그것을 자신이 제시하는 관점의 중심으로 삼고, 생의 관념을 "체계적 질서에서 토대가 되는 관념"[263]으로 상정하였다. 두 번째 오류는 언제나 첫 번째 오류를 논박하는 것으로, 각 저작 사이의 간극을 파고들어, 하나의 단계에서 다음 단계로 이행할 때 솟아나는 난점, 혹은 모순을 지적하는 것이었다. "따라서 체계는 없다. 이것이 철학의 원죄이니 말이다. 그 대신 다음과 같은 결론을 체념하고 받아들여야 한다. '내 책들이 언제나 서로 정합적인 것은 아닙니다.' 베르그손은 이렇게 말한다."[264] 알랭 드 라트르Alain de

262 《베르그손과의 대담》, 1926년 4월 9일, 70쪽; 또한 《서간집》, 1187쪽을 참조하라.

263 피에르 트로티뇽, 《베르그손에서 생의 관념과 형이상학 비판*L'Idée de vie chez Bergson et la critique de la métaphysique*》, PUF, "Épiméthée", 1968, 7쪽.

264 알랭 드 라트르, 《베르그손, 당혹감의 존재론*Bergson, une ontologie de la perplexité*》, PUF, "Philosophie d'aujourd'hui", 1990, 19쪽. 드 라트르는 베르그손이 장 드 라 아

Lattre는 베르그손에게서 《당혹감의 존재론》을 읽어내도록 만들어, 결국 "각 저작을 (…) 하나의 전체로 취하는 것"[265]을 금하려 한다. [그러나] 이 두 독해는 모두, 지속이 고유한 리듬으로 점점 더 강렬해지고 긴장되는 실재의 층위들 속으로 빠져들어 "의식 이하의 다양한 깊이들로 파고들기를 요구하는"[266] 방향에 주의를 기울이지 않았다.

우리가 확인한 바 있듯, 하나의 '라이트모티프leitmotiv'가 베르그손의 작품을 뒤따르고 있다. 이는 적어도 《물질과 기억》에서 지속이 갖는 복수의 리듬과 의식의 다양한 평면이 발견된 이후에는 전면에 드러나며, 콜레주 드 프랑스에서의 강의들에서도 암묵적으로 나타난다. "하나의 지속이 아니라 더 혹은 덜 긴장된 다수의 지속이 존재한다. 이 지속들은 가장 낮은 정도의 물질성인 완전한 이완에서부터 그 자체로 완전히 수축된 지속, 즉 영원성이라는 가장 높은 긴장에 이르기까지 상상 가능한 모든 긴장 정도를 표현하고 그에 상응하는 것이다."[267] 베르그손의 작품이 점진적으로 짜일 뼈대로써 제공된 골조는 뒤집힌 원뿔 모습일 것이다. 베르그손이 종종 사용하는 바에 따르면, 이 역원뿔의 형상은, 물질로 펼쳐지고 희석된 지속의 층에서 출발하여, 한 점으로 모여 신으로 집중되는 층으로 나아가는 것이다. 이것이 바로 베르그손의 전진을, 또 그의 글쓰기의 경제를 이끄는 도식화된 밑그림이다. 각각의 저작은 저마다의 시기에, 저마다의 장소에 도래하여, 자신의 몫을 채색할 것이다. 달리 말하면, 우리의 지속이, 더 혹은 덜 긴장되고 더 혹은 덜 이완된 리듬을 갖는 다른 지속들에 의해

르프에게 했던 말을 인용하면서 문장의 첫 부분을 누락했다. 문장의 첫 부분에서 베르그손은 "유감스럽게도" 이러한 비정합성이 생겼다고 말한다(《시론과 증언들 *Essais et témoignages*》, Neuchâtel, 1941, 1936년 9월의 대담, 360쪽). 따라서 베르그손은 정합성을 의도하지 않았던 것이 아니다.

265 같은 책, 21쪽.

266 〈에밀 뤼박에게 보내는 편지, 날짜 미상[1934년 11월 말]〉, 《서간집》, 1482쪽.

267 《시간의 관념: 1901-1902 콜레주 드 프랑스 강의》, 19강(1902년 5월 16일), 159쪽: "우리는 이렇게 말한 바 있다. 이것이 이 강의 전체의 라이트모티프였다…."

횡단되고, 우리 자신이 갖는 지속의 리듬이 이 다른 지속들과 함께 구성되고 조직되기에 그것들에 공감할 수 있다면, 철학은 어떤 지속의 층을 선택하느냐에 따라 다양한 깊이의 층위에 자리할 것이고, 제시된 방향으로 더 멀리 나아갈수록 더 강렬한 노력을 기울여야 할 것이다.

따라서 어쩌면 독해의 순서를 뒤바꾸지 않은 채로 저작 전체의 방향을 역전시켜야 할지도 모른다. 철학에서 자신의 방법을 권장함에 있어, 베르그손은 사유의 방향을 역전시키지 않았다. 그는 우리의 인식 능력이 조명하는 견고한 표면에 고착된 시선에서 점진적으로 물러나, 점점 더 자신 안에 스스로를 집중시키고 점점 더 높고 깊은 지속의 층들과 공감했을 뿐이다. "의식이 더 고양될수록, 사물들의 지속과 관계하여 의식의 지속이 갖는 이러한 긴장은 더 강렬해진다. 긴장, 집중, 우리는 각각의 새로운 문제에 대해 정신에 전적으로 새로운 노력을 요구하는 방법을 이러한 단어들을 통해 특징지었다."[268] 따라서 어떤 사유의 층에 위치하기로 마음먹느냐에 따라, 동일한 사실들이 전혀 다른 의미를 암시할 수도 있을 것이다. 당면 문제와 관련하여 응용 학문들에서 수집된 다른 사실들이 덧붙여진다면, 우리의 직관이 향할 지속의 층을 역으로 조명할 것이다. 달리 말하면, 예컨대 《시론》에서 《물질과 기억》을 연역하는 것이 불가능하며, 두 책 사이에 부정합적인 간극이 느껴진다면, 그 이유는 첫 번째 저작에서 분출된 새로운 문제의 필요성으로 인해 두 번째 저작은 더 심층적인 지속의 층에 자리 잡아야 했으며, 이 지속의 층이 깊어진 만큼 '실재의 원'이 확장되었기 때문이다. 따라서 [《시론》에서 《물질과 기억》이 연역되는 것이 아니라] 그 역이 참일 것이다. 시작 부분에 결말을 은밀하게 재도입할 필요도 없을 것이고, 베르그손이 사용하는 개념들은 추후에 갖게 될 중요성을 [그에 앞서 미리] 갖지 않을 것이다. 그럼에도 각 저작은 이전의 저작

268 〈서론〉, II, 《사유와 운동》, 97(114-115)쪽.

이 내놓은 결과들을 포함할 것이다. 여기서 우리는 체계 혹은 제일철학으로 이해된 전통 형이상학의 건축 방식을 엄밀하게 역전시키는 진행 방식을 따르게 된다. 베르그손이 에두아르 르 루아에게 보낸 것처럼 보이는 결정적인 편지가 이 사실을 훌륭하게 확증한다. 여기서 그는 상기한 책(《새로운 철학, 앙리 베르그손》)에 실린 르 루아의 베르그손 논문 두 편을 재검토한다. [이 책의] 1장에서 다룬 방법이라는 주제가 다시 논점으로 등장한다.

> 내게 제기되었던 비판들 가운데 몇몇 비판이 지적하는 난점, 내 이러저러한 시각들을 한데 조화시키기 어렵다는 난점은, 내가 생각하기로는, 무엇보다도 그 비판들이 이 시각들을 하나의 원리에 결부시킨 뒤 그 원리로부터 그것들을 체계적으로 연역하려 든다는 데에서 기인하는 것이다. 나는 완전히 다른 방식으로 작업했다. 나는 경험을 — 우선은 내적경험을, 그렇지만 외부에 대한 경험도 — 한발 한발 따라가면서 나아갔다. 나에게는 다른 원리가 없었다. 내 '체계' 전체가 여기에 있다. 물론 나는 특정한 통일성, 혹은 적어도 실재의 특정한 연속성을 고려하였다. 그렇지만 실재에 속하는 무언가를 희생시키느니 모든 종류의 통일성을 포기하는 길을 택할 것이다. 실재가 일원론적인지 아니면 다원론적인지, 그리고 어떤 의미에서 그러하며, 어느 정도까지 그러한지를 말해주는 것은 경험의 소관이다. 내 책들 가운데 어떤 것도 직선을 연장하듯 이전의 책에서 연역될 수는 없다. 이 책들은 각기 이전 저작이 연구한 실재의 원을 확장시키려 시도한다. 이것은 동심원적인 시도들이다. 만일 첫 번째 저작에서 마지막 저작을 도출하려 한다면, 내용으로부터 용기容器를 도출하려는 것과 같은 부조리에 처할 것이다. 내 입장들이 서로 일치하지 않는다고 사람들이 나를 비난할 때, 이들은 종종 이러한 부조리를 행하려 한다. 내가 보기에, 역전된 경로를 따라간다면 일치는 명증하게 나타날 것이다.[269]

따라서 다음과 같은 구도를 수립할 수 있을 것이다. 이 구도는 베르그손이 다다를 수 있었던, 혹은 다다라야 했던 방향을 제시하되, 강제하지는 않는 것이다. 우리는 베르그손의 저술들 속에 '산재된 관념들'을 액체적 이미지로 고양시켰다. 우리는 "이제 이미지들 속에 갇혀 있는" 이 관념들을 "추상적 공식에 이르기까지"[270] 끌어올리려 한다. 베르그손의 독자는 원한다면 다음과 같은 공식에 밀착할 수 있을 것이다.

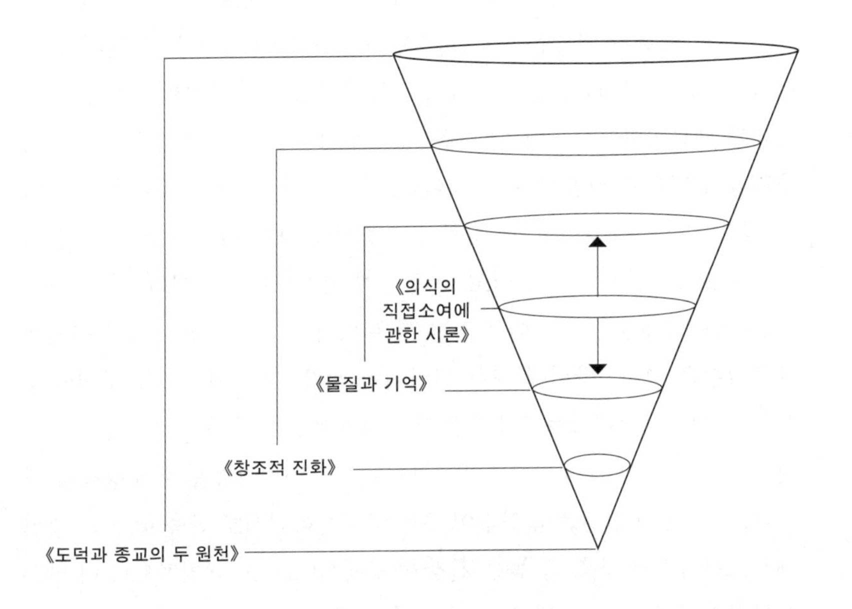

물총새[271]처럼 바다가 잠잠해지기를 기다려 둥지를 짓는 대신, 베르

269 〈1912년 10월 30일의 편지, 베르그손의 미간행 서신〉, 장루이 비에이야르바롱 Jean-Louis Vieillard-Baron, 《베르그손 연보》, II, 474쪽(필자의 강조); 또한 471-473쪽에 주목하라.

270 〈철학적 직관〉, 《사유와 운동》, 132(155)쪽.

271 [역주] 그리스신화에서 알키온ἀλκυών(물총새)은 바람의 신 아이올로스의 딸이자 테살리아의 왕비였던 알키오네의 변신으로 등장한다. 남편의 죽음에 절망하여 몸을 던진 알키오네를 위해, 겨울철에 물총새가 알을 품고 있을 때 아이올로스가 바람을 자제한다고 일컬어진다. 니체는 이 평화로운 나날*halkyonische Tage*을 디오니소스적 정신이 아폴론적인 빛 속에서 드러나는 어떤 부활의 순간으로 강조하며, 장

그손은 자기의 밑바닥에서 지속의 유동적 깊이를 측정하고, 도달한 층위에 비례하는 어려움을 사유에 제기하는 역행의 길을 택한다. 우리의 노력이 어떤 층위를 향해 긴장함에 따라, 그만큼 그 층위 이하에서 우리의 노력은 이완된다. 실제로 《시론》에서 우리는 먼저 우리의 지속이라는 중간 지점으로 진입하였기 때문에, 저술이 진행됨에 따라 우리가 지속 내부에서 더 긴장된 리듬을 향해 고양될수록(초월상승), 정확히 대칭적인 방식으로 가장 이완된 리듬을 향해 하강한다는 사실(초월하강)은 자명한 일이다. 제시된 구도의 열린 밑면을 연장하여 구도를 복잡화할 필요성이 제기되기 때문이다. "우리가 더 깊은 지점에 접촉할수록, 더 강력한 압력이 우리를 표면으로 되돌려 보낼 것이다."[272] 직관은 지속의 원뿔이 가진 이 두 극단 사이에서 움직이며, 직관이 심화됨에 따라 이 운동은 언제나 더 큰 진폭으로 진동한다. "그리고 이 운동이 형이상학 자체이다."[273] 따라서 〈형이상학 입문〉은 이미 이 논점을 매우 드러내고 있었다. 그러나 여기서 베르그손은 그저 "방법에 대한 일반적인 시각"만을 제시했을 뿐이었다. 〈형이상학 입문〉에서는 "이 운동의 **여러 단계**를 (…) 훑어볼 수는" 없었다. 실제로 베르그손의 각 저작은 하나의 추가적인 점증 단계에 상응할 것이다. 이를 통해 절대는 끊임없이 우리를 포함하면서도 한층 더 높은 층위에서, 그 지속의 한층 더 높은 긴장 정도에서(그리고 대칭적으로 더 낮은 이완의 정도에서) 고찰된다. 그리고 각 저작은 다른 문제를 만나 길을 잃

보프레는 질 들뢰즈와의 짧은 문답에서 알키온을 디오니소스와 아폴론이라는 대립되는 신격을 화해시키는 제3의 신격으로 제시하기도 한다.

272 같은 책, 137쪽. 여기서 원뿔은 지속의 리듬들의 다양성을 묘사하기 위해 제시한 것이다. 이 원뿔을 베르그손이 《물질과 기억》 3장(169쪽)에서 제시하는 기억의 원뿔과 혼동해서는 안 된다. 그럼에도 기억의 원뿔은 이 원뿔을 전제한다. 말하자면 그것은 이 원뿔로부터 떨어져 나온 편린일 것이다. 실제로 서로 다른 의식의 평면들이 층을 이루는 원뿔 ABS는 의식의 관점에서 보면 그만큼의 가능한 지속의 리듬들이다. 이 원뿔은 첨점 S를 통해 물질적 평면 P에 삽입되는데, 이 평면 P는 [우리가 제시하는] 순수지속의 광역적 원뿔에서 하위층에 위치하고, 그 층위와 일체를 이룬다.

273 〈형이상학 입문〉, 《사유와 운동》, 211(242)쪽(필자의 강조).

기 전까지는 하나의 문제를 해결하기 때문에, 일치는 반대 방향에서, "동심원적 시도들"을 통해 수립되어야 한다. 그것은 이전 저작들로 거슬러 올라가 그 저작들이 이후 저작들의 어떤 지점에 삽입될 수 있는지를 보이고, 그렇게 하여 이전 저작들에 더 심층적인 의미를 부여하는 과정이다.[274]

베르그손은 제일원리에 머물기를 거부하고, 경험 — 내적경험이건 외적경험이건, 깊이의 경험이건 표면의 경험이건 — 이 총괄적으로 재해석되었을 때 드러나는 절대적인 면모에 밀착하려 한다. 그렇다고 해서 베르그손이 아르케archê를 혐오하는 것은 아니다. 그는 오직 형이상학이 절대적 토대를 탐구하면서 거기에 다다르는 데 시간을 쓰지 않는 경우에만, 즉 방법을 사용하는 데 끈기 있게 시간을 들이지도 않고, 시간이라는 방법을 사용하지도 않는 경우에만 원리를 포기한다. 형이상학은 경험이 제시하는 방향으로 경험의 끈을 끈기 있게 뒤따르는 대신, 단번에 경험의 경계를 넘어 "추상적이고 공허한 통일성"이라는 우상을 향해 도약한다. "만일 통일성이 존재한다면, 그것은 연구의 끝에서 결과물로 나타날 것이다. 그것을 시작점에 원리로 놓을 수는 없다."[275] 개념적인 낡은 우상들의 잔해 위

274 우리가 베르그손 저작의 천재성으로 여기는 이러한 방법에 선행자가 없었던 것은 아니다. 비록 베르그손이 이 방법을 지속 속에서 사유했던 유일한 사람이지만 말이다. 폴 자네는 베르그손이 긴 서평을 달았던 저작에서 그가 "진리층의 법칙"이라고 부르는 것에 대해 진술한다. 그런가 하면 폴 자네는 이 법칙의 기원을 파스칼이 사용했던 '정에서 반으로의 역전'의 방법, 혹은 '점증'의 방법에 둔다. 베르그손 역시 〈자크 슈발리에에게 보낸 편지〉(1936년 3월 6일, 《서간집》, 1531쪽)에서 이 방법을 언급한다. cf. 《형이상학과 심리학의 원리들》, 14쪽: "우리가 부분들밖에 인식할 수 없다는 사실을 인정하더라도, 우리는 각각의 부분 속에서 전체를 포착한다. 이로부터 다음과 같은 새로운 정의가 나온다. 철학은 **전체에 대한 부분적 학문**이다. (…) 이제 이러한 진리의 부분들은 다른 관점에서 고찰될 수 있다. 이 부분들은 전체 속에 존재하며 전체에 의해 존재하기 때문에, 단순히 부분적이기만 한 것이 아니라 전체에 대해 상관적이다. 그것들은 단순한 **파편들**이 아니다. 그것들은 진리의 **정도들**이며, 그러한 한에서 이상적 진리를 향한 노정이다. 실제로 사물들을 다양한 정도의 깊이에서 고려한다면, 어떤 학설은 특정한 정도에서는 참일 수 있으나, 더 우월한 층위에서는 더 이상 참이 아닐 것이다. (…) 이러한 **진리층의 법칙**에 대해 많은 사례를 제시할 수 있을 것이다"(필자의 강조).

275 〈서론〉, II, 《사유와 운동》, 27(37)쪽.

에서 "풍부하고 충만한 통일성", 진정한 "행동 원리"[276], 즉 순수한 사랑 행위로서 신에 다다를 가망이 있다 해도, 베르그손은 오직 경험 속에서 주어진 실재성을 심화한 끝에만 그렇게 할 수 있을 것이다. 극도로 강렬화되기 위해 나아가고 있는 어떤 지속의 직관도 아직 그 끝을 예측할 수 없다. 관건은 [여전히] 아르케에 관한 학, 즉 고고학archéologie이다. 그러나 그것은 무한정 확장될 수 있을지언정 직관의 한계 내에서 이루어지는 고고학이다. 원리의 초월성은 일단 이 여정이 완수된 뒤에, 지속의 원뿔이 압축된 끝에 그 영원한 첨점으로 무한히 수축되었을 때에야 드러나는 것이다.

> 실로 우리가 모든 사물을 지속의 견지에서*sub specie durationis* 사유하고 지각하는 데 더 익숙해질수록, 우리는 실재적 지속 속으로 더 파고들게 된다. 그리고 우리가 지속 속으로 더 파고들수록, 우리는 **더 원리의 방향**으로 돌아오게 된다. 이 원리는 **초월적이기는 하지만** 우리가 참여해 있는 것으로, 이 원리의 영원성은 불변하는 영원성이 아니라 생의 영원성이 틀림없다. 우리가 달리 어떻게 거기서 살아가고 움직일 수 있겠는가? 우리는 그 안에서 살아가고 움직이고 존재한다*In ea vivimus et movemur et sumus*.[277]

276 같은 책, 48(61)쪽.

277 〈변화의 지각〉, 《사유와 운동》, 176(202-203)쪽. 베르그손은 다시 한번 〈사도행전〉 19절, 바울의 공식을 되풀이한다. (라틴어는 베르그손의 강조이며, 그 외의 것들은 필자의 강조다.)

2장. 직관과 방법

빛에서 어둠으로 — 그리고 어둠에서 빛으로

7. 개념과 언어: 촉각의 우위와 은유

> "행동은 너를 붙잡는 것.
> 손만이 너를 밝히니." _릴케Rainer Maria Rilke[1]

실재의 진정한 분절들은 각기 더 혹은 덜 수축된 지속의 층들에 수직적으로 배분된다(본성상의 차이). 이에 반해, 지성으로 외재화된 의식은 이 분절들을 삭제한다. 지성은 처음에는 우리가 붙잡는 대상의 고체적인 골조arêtes를 지각하고, 그 후에는 이 대상이 취했으면 하는 잠재적인 형상의 골조를 다시 그려내 "우리 마음대로 재단할 수 있는 거대한 옷감" 위에 "고체들의 세계"[2]를 펼쳐 놓는다(정도상의 차이). 밝게 빛나는 하나의 층이 실재를 짓눌러 그 깊이를 제거하고, 실재에 대한 행동이라는 관점에서 실재를 조명하는 것이다. 이렇게 우리의 모든 능력은 지성이 지정한 방향으로 나아간다. 그리고 지성은 "시간을 보는 일에 등을 돌리고…, 흐르는

1 라이너 마리아 릴케, 《기도시집Le livre d'heures》, 《시, 희곡 전집》, La Pléiade, 299쪽.
2 《창조적 진화》, 2장, 157쪽.

것을 혐오하며, 손에 닿은 모든 것을 고체화한다".[3]

달리 말하면, 우리의 능력들은 행동 쪽으로 수렴되기에 언제나 결국 촉각을 추구한다. 순수지각은 원거리 촉각이다. 그것은 망막에 닿는 촉각이 아니라 **가능적** 촉각이다. 지각이란, 심지어 사유 일반이란 행동을 위해 행동을 삼가는 것이다. 지각과 사유가 조명하여 열어내는 세계 속에서, 우리의 행동 능력과 [사물에 대한] 접촉의 가능성이 각기 서로를 굴절시킨다. 사실상 "우리는 본질적으로 접촉이라는 행동을 통해 사물을 사용한다. 그리고 접촉이 이루어지는 경우, 우리가 사물에 대해 행동한다는 말은 사물이 우리에 대해 행동[작용]한다는 말과 다를 것이 없다".[4] 이는 지각과 운동으로 분할되기 이전의, "수동적인 동시에 능동적인 촉각"이 지니는 특수성에 대한 언급이다. 초보적 유기체들은 "수축성"[5]이라는 성질을 통해 '직접적 접촉'에만 반응한다. 이는 또한 시각이나 다른 감각에 비해 촉각이 지니는 우위를 보여주는 것이기도 하다. 촉각은 (수동적인) 감각 중추와 (능동적인) 운동 중추의 분리에 선행하는 반면, 다른 감각들은 이 분리를 통해 비로소 생겨나는 것이니 말이다. 시각이 잠재적 행동인 반면, 촉각은 실재적 행동의 결과로 나오는 것이고, 여기에는 우리 신체가 다른 물체와 접촉하여 느끼는 감응affection이 섞여 있다. 촉각 속에서 신체는 더 이상 지각하지 않는다. 신체는 감각하고 행동한다. 신체는 세계 속에서 행동하면서도(능동적 촉각) 세계에 노출되어 있다(수동적 촉각). 다른 말로 하자면, 현상학자들에게 유명한 '만져지는 만짐'의 현상은 체험된 신체가 대상적 신체로 구성되는 고유한 방식이 아니라, 사물에 대한 우리 행동이 갖는 감각적 대응물이다. 만지지 않는다면 행동은 불가능하기 때문에 아이를 둘러싼 시각적 이미지들은 점차 고체화되고, 또 아이가 이 이미지들

3 《창조적 진화》, 1장, 46쪽.
4 〈존 듀이에게 보내는 편지〉, 1913년 1월 3일, 《서간집》, 499쪽(또한 날짜가 적히지 않은 편지 초고를 보라, 493쪽).
5 《물질과 기억》, 1장, 28쪽, 55쪽.

에 접촉함에 따라 아이가 자기 자신의 신체에 대해 갖는 이미지 또한 고체화된다. 이런 이유로, "외부와 내부의 공통 한계"인 우리의 신체는 "지각되는 동시에 감각되는 유일한 연장의 부분"[6]인 것이다.

> 이 시각적 이미지들—견고하지 않은 꿈들—이 바로 물체들이다. 물체들에는 조금씩 살이 붙는다. 처음에는 [이 물체들 가운데] 우리에게 제일 먼저 구분되어 나타나는 우리의 신체가 촉감각들로 '채워지고', 촉감각을 통해 실체성을 갖는다. 얼마 지나지 않아 우리는 다른 물체들을 우리 신체와 동류시한다. 그렇기 때문에 이러한 시각적 이미지들로부터 특정한 촉지각을 읽어내지 않고는 그것들을 지각할 수 없는 것이다.[7]

[그러나] 촉각이 앎의 패러다임으로 여겨졌을 때, 촉각은 지각의 능동적인 성격을, 그리고 지각이 물질 속에서 실천적인 역할을 맡는다는 사실을 도외시하기에 이르렀다. 사람들은 지각이 조명하는 고체적인 핵으로서의 촉각에 도달하는 대신, 지각(《물질과 기억》)과 물질(《창조적 진화》)의 기원으로서의 촉각에서 출발한다.

(i) 한편으로 사람들은 감응(수동적 촉각)을 통해 지각을 설명하려 한다. "사람들은 감응적 감각이 (거기에 내포된 혼란스러운 노력으로 인해) 단지 모호한 방식으로만 국재화되었다는 점을 들어 곧바로 그것이 비연장적이라고 선언한다. 이렇게 그들은 이 감소된 감응, 즉 비연장적 감각을 공간 속에서 이미지들을 구성하는 데 사용되는 **재료**로 여긴다."[8]

(ii) 다른 한편으로 사람들은 객관화된 촉지각(능동적 촉각)에서 출발하여 물질을 설명하려 한다. 원자적 실재론과 이 실재론에 내포된 원소

6 같은 책, 58쪽.
7 1900-1901년 콜레주 드 프랑스에서의 베르그손 강의, 《원인의 관념》, 자크 슈발리에의 요약, 《잡문집》, 440쪽.
8 〈요약과 결론〉, 《물질과 기억》, 263쪽.

적인 입자의 관념은 운동과 운동이 수축되어 나타난 질qualité 사이에 원자나 다른 원소들의 고체성을 개입시키는 아주 일상적인 습관의 피해자다. "따라서 고체성과 충돌이 갖는 외관상의 명백성은 실천적 삶의 습관과 필요에서 빌린 것이다. 이런 부류의 이미지는 사물의 바탕을 전혀 규명해 주지 않는다."[9] 액체와 기체 상태의 연속성에 대한 실험을 통해 고체 상태의 환원 불가능한 성격을 논박하는 판데르발스[10]의 작업을 인용한다고 해서, 베르그손이 이를 통해 원자가 액체적이거나 기체적일 수 있음을 암시하려는 것은 아니다. 베르그손이 강조하는 것은 실재를 고체적이지 않은 것으로 사유할 때 우리가 겪는 어려움이다. 톰슨[11]과 패러데이[12]의 새로운 물리학이 이러한 사유에 도달했다고 할 것인가? 그러나 이들의 물리학이 제시하는 이미지들 — "소용돌이와 역선" — 은 그저 그 속에서 형성되는 원자들 — 물론 관념화되었다 하더라도 — 을 더 잘 포착하기 위해 사용될 뿐이다. 물질적 공간이 관념적이라고 주장하건 실재적이라고 주장하건, 그것은 언제나 우리의 '객관화된 촉지각'의 산물로 남아 있다. 물리학은 "모든 감관이 촉각을 향해 수렴하도록 만들어" 저도 모르게 지각이 실천적인 기능을 가지고 있음을 확인해 주지만, 그러면서도 "촉각 자체에서 단지 촉지각의 추상적 도식만을 남기고 이 도식으로 외부 세계를 구성한다".[13] 우주적인 연속성을 가장 잘 암시하는 물리학 이론조차 계속해서 어떤 무색무취의éthérée 지각에 의존하고, 이러한 무색무취의 지각이 고체성

9 같은 책, 4장, 223-224쪽. 또한, 228쪽을 참조하라.

10 [역주] 요하너스 디데릭 판데르발스Johannes Diderik van der Waals, 네덜란드의 물리학자. 기체-액체 변환의 조건을 계산하는 기체 상태방정식을 발견해 1910년 노벨물리학상을 수상하였다.

11 [역주] 조지프 존 톰슨Joseph John Thomson, 영국의 물리학자. 전자와 동위원소를 발견하고 질량분석계를 발명하였다. 전자 발견과 음극선에 관한 연구로 1906년 노벨물리학상을 수상하였다.

12 [역주] 마이클 패러데이Michael Faraday, 영국의 물리학자이자 화학자. 전자기학과 전기화학 분야에 큰 기여를 했다.

13 같은 책, 243쪽.

의 관념을 제거하는 경향이 있다 해도, 고체성을 떠받치는 촉각적인 기원을 제거하는 데까지 나아가지는 못한다. "이 흐름, 이 운동들, 이 중심들은 그 자체가 단지 하나의 무력한 접촉, 무효의 추동력, 무색의 빛과 관계해서만 규정된다. 그러나 그것들은 여전히 이미지들이다."[14] 과학적 구성물들은 언제나 볼 수 있고, 만질 수 있다. [더 정확히 말하면] 그것들은 만질 수 있기 때문에 볼 수 있다.

> 이 이론[근대의 지각 이론]이 사물의 구성 요소로 삼는 감각들은 실제로 시각적이라기보다는 촉각적이다. 어쩌면 촉각적이기만 할지도 모른다. 촉각에서는 물질의 구성 요소가 갖는 형태와 크기가 절대적인 것으로 여겨지는 반면, 시지각의 경우에는 대상의 모양과 크기가 관측자의 위치와 거리에 따라 변화하기 때문이다. 형태와 크기가 변하지 않는 사물을 사유하는 것은, 그 사물을 '시각적'이라기보다는 '촉각적'으로 사유하는 것이다.[15]

따라서 감각을 통해 지각을 설명하는 것(《물질과 기억》)과 고체를 통해 물질을 설명하는 것(《창조적 진화》)은 서로 대칭적인 두 가지 오류다. 두 경우 모두 오류는 손과 촉각을 사유의 기관으로 삼는 것이다. 그렇지만 더 본질적으로 보았을 때 손과 촉각은 사유의 적용 지점에 불과하다. 정신은 신체를 통해 적용점에 투입된다. 이때 육화된 정신인 지성은 방향을 틀어 반대의 방향, 신체의 방향을 채택한다. 지성은 신체의 리듬에 따라 진동하고, 지각이 제시하는 방향으로 지각을 연장하여 고체에 도달한다. (지성적이라 불리는) 우리의 모든 능력이 이렇게 지성 위에서 재발견된다. 어떤 의미에서는 지성이 이 능력들에 근거를 제공한다고 할 수도 있다. 지성은 물질을 자신의 하강운동에 동반시켜 물질이 지닌 고유한 공간

14 같은 책, 32쪽.
15 〈프랑스 철학회에서의 토론, "비네: 정신과 물질"〉, 《잡문집》, 644쪽.

화의 경향을 강조하기 때문이다. "과학의 역할은 바로 모든 지각을 촉각의 용어로 번역하는 것이다."[16] 과학은 "미소微小 고체"를 통해 지각을 재구성한다. "마치 고체성이 우리와 가장 가깝고, 가장 잘 조작되는 것이라는 이유로 물질성의 기원에 놓일 수 있기라도 한 것처럼 말이다."[17]

베르그손이 보기에 지성이 "타성적인 것의 **조작**에 익숙"[18]하다거나 물질에 대해 사유할 때 물질을 '**가공한다**'는 말에는 은유적인 면이 전혀 없다. 지성은 인공적 기관들을 덧붙여 자신의 역량을 증가시키기 위해, 신체의 행동(프락시스πρᾶξις)을 연장하여 제작(포이에시스ποίησις) 쪽으로 나아가게 만들기 때문이다. 그렇기에 베르그손이 이성(누스νοῦς)보다는 지성이라는 개념을 선호한다면, 그 이유는 "오성이란 하늘에서 떨어져"[19] 여러 신체 속에 개체화된 것이 아니라, 반대로 "손에서 머리로"[20] 거슬러 올라가 자신을 반성함으로써 사유와 학문(테오리아θεωρία)이 된 것이기 때문이다. 그리고 지성이 처음에는 손에서 생겨났기 때문에, 베르그손은 교사들에게 아이가 "촉각을 하나의 기예tact에 이르기까지 완성할"[21] 수 있도록 교육 제도는 손재주에 대한 교육에서 시작해야 한다고 제안한다. 그렇기 때문에 베르그손은 언어가 대부분의 경우 사유에 동반된다고 해도 사유에 본질적인 요소는 아니라고 단언할 수 있었던 것이다.[22] 숱한 오해를 불러일으켰던 이 구절에 대한 정확한 설명을 미간행의 한 강의에서 찾을 수 있다. 베인이나 로크처럼 사유가 필연적으로 말로 명시화되는 내적 발화라고 주장할 때, 철학자들이 제시하는 것은 "그들 자신만의 심리학이지 만인의 심리학이 아니다". 이런 주장은 오직 "말을 일종의 도구로,

16 《창조적 진화》, 2장, 169쪽.
17 같은 책, 3장, 264쪽.
18 같은 책, 2장, 165쪽(필자의 강조).
19 같은 책, 152쪽.
20 〈서론〉, II, 《사유와 운동》, 93(110)쪽.
21 같은 책.
22 〈영혼과 신체〉, 《정신적 에너지》, 44쪽.

즉 일상적 기구로 삼는" 사람들에게나 참일 것이기 때문이다. 일상적으로 다른 일에 종사하는 마을의 목수에게 "그와 같은 사유가 불가능하다"고 말할 수는 없다. 목수는 "다른 방식으로 사유"할 뿐이다. 그는 말로 사유하지는 않지만, "도구의 운동, 손의 운동이라는 이미지"를 통해 사유한다. 목수의 진리는 "손 안에"[23] 놓여 있고, 목수의 사유는 말의 분절운동보다도 더 섬세한 운동을 통해 투입된다.

즉, 언어 없는 사유라고 해서 구체화가 덜 된 것은 아니다. 심지어 우리가 갖는 일차적인 확실성은 손에서 온다고 할 수도 있다. 삼각형의 두 각이 같을 때 두 변도 같다는 사실을 "내가 **확실히** 알고 (…) **절대적으로** 이해한다"[24]면, 그 이유는 도형을 **본** 적이 있기 때문이 아니라 **그려봤기** 때문이고, 삼각형을 그리는 데 필요했던 운동으로부터 삼각형의 성질들을 도출했기 때문이다. 우리 인식의 토양은 하나뿐이다. 여기서 토양이란 손으로 삼각형을 그리기 위한 모래다. "자연적 기하학은 (…) 받침점의 역할을"[25] 하고, "물체들의 고체성을 대상으로 삼는다".[26] 이 기하학은 "다른 연역들에 비해 압도적인 **명석성**과 **명증성**을 갖는다".[27] 베르그손은 여기서 자연적 기하학이 더 엄밀한 것이라거나 학적 기하학 — 유클리드의 기초기하학이나 데카르트의 해석기하학 — 을 맹아 상태로 포함한다고 말하는 것이 아니다. 그저 학적 기하학이 우리의 손에서 나오는 일차적인 명석함과 지성이 들인 습관을 이용해야 했다는 것이다. 명석판명한 관념들이 가진 명증성은 손을 통한 조작에서 유래하고, 또 그리로 귀착된다.

하이데거는 형이상학사 속에서 시각의 우위가 작동하고 있음을 확

23 《시간의 관념: 1901-1902 콜레주 드 프랑스 강의》, 16강(1902년 4월 25일), 111쪽.
24 《창조적 진화》, 2장, 212쪽(필자의 강조).
25 같은 책, 1장, 46쪽.
26 같은 책, 2장, 162쪽.
27 같은 책(필자의 강조). 이 점에 대해서는 베르그손이 에밀 보렐의 논문, 〈기하학적 지성의 진화〉에 대해 남긴 응답(1908년 1월, 《잡문집》, 754-755쪽)을 참조하라.

인하려 했다. 베르그손은 하이데거에 앞서 시각의 우위를 전복시킨다. 실제로 "전형적인 감각은 시각"이라 해도, 시각은 오직 그것이 "외부 세계에 대한 우리의 행동을 준비"함으로써 "촉각의 척후병"[28]과도 같은 역할로 제한되고 환원되는 한에서만 전형적인 감각이 된다. 지성은 이러한 경향을 강화하는 것에 불과하다. 지성이란 정신이 신체의 눈을 통해, 신체의 방향으로 외부를 볼 때, 즉 물질을 가공하여 신체의 행동 역량을 증대시킬 목적으로 외부를 바라볼 때, 갖게 되는 시각이다. 인간의 투쟁은 존재의 현전보다는 지성이 가능케 하는 물질의 "장악mainmise"[29]을 목적으로 삼는다. 이러한 장악을 토양으로 삼을 때라야, 그것을 없는 셈 치려는 형이상학의 경쟁적 추구가 계속해서 더 높은 영역으로 격화될 수 있는 것이다.

베르그손은 이렇게 개념이 겸허하고 실천적인 기원에서 비롯되었다는 사실을 상기시킨다. 이념Idée은 대문자 이념이기를 그치고, 심리학의 소관인 관념idée이 된다. 그것은 더 이상 시공간 밖에 있는 것이 아니라 시공간 속에서 추출되는 것이다.

첫째로, 개념은 일반성을 통해 규정된다기보다는 — 개별적 개념도 있다 — 고정성을 통해 규정된다. 개념이란, 정신이 생성 속에서 작업 대상을 길어낼 수 있도록 생성을 고정시키고 부동화하는 것이다. 개념은 유사성을 추출한다. 그것은 때로는 대상이 자신의 미소 변이들을 가로질러 대상 자신과 갖는 유사성(개별개념)이고, 때로는 대상이 다른 대상들과 갖는 유사성(일반개념)이다. 베르그손은 에이도스라는 용어의 축자적 의미로 돌아온다. 에이도스는 본질이라는 철학적 의미를 갖기에 앞서 사물의 가시적 외양을 의미한다. 그리고 베르그손이 에이도스라는 용어에 대해 제시하는 두 가지 번역("외관"과 "순간"[30])은 상호 경쟁한다기보다는

28 〈변화의 지각〉, 《사유와 운동》, 163-164(189-190)쪽.
29 《창조적 진화》, 2장, 184쪽.
30 같은 책, 4장, 314쪽.

보완하는 것이다. 관념은 생성 속에서 수행된 절단이므로 더 이상 영원 속에 자리 잡은 것이 아니라 연장 속에("외관"), 그리고 시간 속에("순간") 놓여 있는 것이다. 관념은 시간과 공간을 점유한다. 실제로 사물은 언제나 특정한 관점에서 고찰되고, 지속의 특정한 한순간에 취해진다. 그렇기에 그리스인들에게 사물은 가장 적절한 각도에서 **보여지고** 가장 알맞은 **순간**에 포착되었을 때 본질을 전달해 주는 것이다. 그리스인들의 오류는 단지 사물이 추출된 생성으로부터 사물을 떼어냄으로써 사물이 비시간적이라고 믿었던 데 있었다. 한마디 덧붙이도록 하자. 에이도스는 언어의 프리즘을 통해 굴절되어 형태(명사)와 특질(형용사), 그리고 행위를 이끄는 의도(동사)로, 즉 사물들에 대한 행동을 조장하는 그만큼의 상태들로 변화한다. 베르그손은 이렇게 행동의 영향이 가장 멀어 보이는 곳에서까지 행동의 우위를 확고히 한다.

둘째로, 개념이 일반적이고 안정적이라는 기호의 본성을 따른다 해도, 개념이란 무엇보다도 태도를 암시하거나 행동을 촉구하는 것이다. 예컨대 지각된 온도는 모두 인력과 척력의 감정으로 환원된다. 우리는 이러한 감정을 토대로 더위와 추위를 명확히 구분하고, 일반적인 방식으로 사유할 수 있다. "행동은 분명한 선택을 통해 진행된다. 행동은 예 혹은 아니요를 필요로 한다." 그래서 개념은 대개 쌍으로 작동하는 것이다. 이처럼 언어의 불연속성은 다양하고 연속적인 지각들에 동일하게 반응하여 그것들을 단숨에 일반화하는 우리 행위의 불연속성에 기인한다. "따라서 개념 형성의 토대에 있는 것은 말하자면 우리 행위의 둔감함paresse이다 — 나는 이 말을 저울의 둔감함과 같은 의미로 이해한다. 이러한 다행스러운 둔감함은 자연이 의도했던 것이다."[31] 달리 말하면, 일반성은 표상되기 이전에 신체에 의해 작동된다. 이러한 작동적 일반성은 "상이한 작용들에 대한

31 《시간 관념의 역사: 1902-1903년 콜레주 드 프랑스 강의》, 3강(1902년 12월 19일), 66-68쪽.

반작용의 동일성"을 통해 가능해지는 것으로 생적인 것을 대상으로 하는 경우에는 "상이한 작용들 위로 솟아 나와 그 작용들에 유사성을 도입"[32] 하고, 기하학적인 것을 대상으로 하는 경우에는 그 작용들에 동일성을 도입한다.

이러한 것이 바로 개념적 객관성, 혹은 더 정확히 말하면 "실재 자체에 내속적인 객관적 일반성들"이다. 개념들은 대개 인위적으로 만들어지지만, "이 일반성들이 지닌 고체성의 일부분"[33]을 빌려 실재 위에 접목된다. 실제로 이러한 접목이 이루어지면, 인간은 언어, 그리고 언어가 가진 유동성을 통해 손에서 머리로 거슬러 올라가 "실천적으로 유용한 노력"을 벗어나는 "잉여적인 힘"을 소비할 수 있고, 그리하여 반성 속에서 의식을 되찾는다. 원천적인 봄은 무사심한 것이 아니지만, 지성은 언어를 덧붙여 "자신이 작동하는 장면을 하나의 광경으로" 열어젖히고, 그럼으로써 "내적 세계 전체"를 빛으로 인도하는 "보충적"이고 "무사심한 작업"을 획득하는 것이다. 지성은 이렇게 더 높은 영역으로 상승하여 자신의 제국을 확장하며 더 이상 말을 사물에 결부시키는 것이 아니라 사물에 대한 표상에, 그리고 "사물을 표상하는 행위에 대한 표상에"[34] 결부시킨다. 개념에서 개념으로 거슬러 올라가는 지성은 이런 방식으로 물질적 사물 혹은 사물의 이미지 속에서는 아직 불투명하게 남아 있던 빛나는 핵을 고립시킬 수 있다. 그것은 지성 스스로가 만들어낼 내용을 [미리] 충분히 확보하는 일이다. "지성이 오직 이런 식으로만 **명석**과 **판명**에 도달한다고 말할 때, 지성이 표현하는 것은 바로 이런 작업이다."[35]

32 〈서론〉 II, 《사유와 운동》, 56(69)쪽. 베르그손은 여기서 관념을 세 갈래로 나누어 구분한다. 생적인 기원을 갖는 관념, 기하학적 기원을 갖는 관념, 사회적 기원을 갖는 관념. 《물질과 기억》은 후자의 두 관념을 한편에 치워두고 "우리가 유사성의 지각이라고 부르는 것에 정초된 관념들만을 고찰한다"(3장, 173쪽).

33 같은 책, 58(71)쪽.

34 《창조적 진화》, 2장, 160쪽.

35 같은 책, 161쪽.

그렇지만 아무리 인위적이고 무사심해진다 해도, 개념은 실천적인 기원의 표지를 간직하고 있다. 개념은 실천적인 원천에서 빛을 끌어왔던 것이고, 반성은 오직 작업의 용이함을 위해 그 빛을 순화했을 뿐이기 때문이다. 개념은 여전히 우리가 실재에 취해야 하는 태도, 혹은 실재가 우리에게 취하는 태도에 상대적인 하나의 관점으로서 무한수의 대상들에 적용될 수 있는 틀을 제공한다. 무기물을 대하듯 개념에 대해 작업하는 지성이 개념들을 명석판명하게 사유하려면, 개념들은 "그것들이 만들어질 때 견본이 되었던" 공간 속의 고체들처럼 포착되어야 할 것이다.

> 개념들은 (…) 서로 결합되어 '가지적' 세계를 구성한다. 가지적 세계는 그 본질적 특성들로 인해 고체의 세계를 닮았지만, 구체적인 사물들의 순수하고 단순한 이미지보다 더 가볍고, 더 창백하며, 지성이 더 조작하기 쉬운 요소들로 이루어져 있다.[36]

이처럼 어떤 관념들은 전적으로 지성적인 작업을 위해 마련된 것들이지만, 이 결정화된 상징들은 우리 스스로 만들어낸 것, 따라서 사물에 대한 우리의 행동에 상대적인 것이다(이러한 상징의 가장 좋은 사례는 수의 관념이다). 이 상징들에 대한 일종의 정신적 접촉이 가능하려면, 그래서 고체의 세계가 확장된 '조작'[의 가능성]을 제시하려면, 상징들이 더 복잡한 방식으로 조직화되어야 한다. 이로부터 학적 기하학의 법칙들이 출현한다. 학적 기하학의 법칙들은 자연적 논리학의 규칙들을 확장한 것이고, 자연적 논리학은 또 "특정한 자연적 기하학을 확장한" 것에 불과하다. 따라서 확실성의 유래는 우리 손아귀에서 나왔던 빛을 개념들 속에서 선별하여 개념들을 조작할 수 있다는 확신에 있다. 그렇기 때문에 물리학

36 같은 책.

자가 물질의 고유한 공간화 경향을 밀고 나갈 때, 지성은 계속해서 조작의 가능성을, 예컨대 "가능한 시각과 가능한 접촉, 즉 빛 없는 시각과 물질성 없는 접촉"을 참조하는 것이다. 심지어 물리학자가 '원자', '힘의 중심', '소용돌이', '흐름', '운동' 등의 상징을 사용하여 감성적 물질에서 멀어질 때조차 이 상징들은 언제나 "어떤 무력한 접촉, 무효의 추동력, 무색의 빛과 관련하여"[37] 규정될 것이다.

그렇지만 우리의 관념이 모두 이렇게 명석판명하고 정확한 언어로 나타나는 것도 아니다. 이 관념 중 대다수는 직접적으로 생명체를 대상으로 하는 것도(생물학적 유개념), 물질을 대상으로 하는 것도(기하학적 법칙 개념) 아니기 때문이다. 이들은 단지 자신의 견본을 본떠 구성되고, 자신의 제작 과정을 모방하는 데 그친다. 지성은 본디 사회적 삶의 요구를 충족시키기 위해 동원된 것으로 유용한 행동, 그리고 타인과의 더 나은 협력을 위해 관념을 구성하고, 타인에게 즉각적인 행동을 권유하기 위해, 그리고 미래의 행동을 기술하기 위해 관념을 사용한다. 지성은 사물에 대해 말하려 하지 않는다. 이는 사물에 대한 더 나은 소통을 목적으로 삼을 때조차 마찬가지다. 대부분의 경우 지성이 담고 있는 것은 행동에 대한 호소일 뿐이고, 이는 인간을 유일한 응답자로 삼는다. 인간이 사물들을 대신하여 응답하기 때문에, 사물들의 자연적 분절은 더 이상 드러나지 않는다. 이제 지성은 그저 사변의 즐거움을 위해 이 관념들에 대한 관념을 구성할 수 있고, 실재가 우리에게 얼마나 유용한지에 따라 실재를 미리 재단한 단어들 위에서만 반성을 수행한다. 이 개념들은 사회 속에 축적되어 지성의 기교를 통해 실재의 분절을 해체하고 재조립한다.

실제로 이런 개념들에는 아무런 객관성도 없다. 이 개념들이 우리에게 제공하는 확신은 그저 실재 자체에 정초된 진정으로 고체적인 개념들

37 《물질과 기억》, 1장, 32쪽.

이 이들 주위에서 계속해서 발산하고 있는 빛에서 유래할 뿐이다. 따라서 "일반 관념들은 모두 그중 몇몇 관념이 가진 객관성을 이용한다".[38] 일반 관념들 가운데 오직 몇몇 관념만이 객관성을 갖는다. 그것은 우리 손에서 나온 관념들이다. 하지만 이 관념들이 다른 관념들에 명석함을 전달한다 해도 이들 사이에는 심연이 놓여 있다. 그리고 호모사피엔스는 자신의 사유가 갖는 객관성을 호모파베르에 대한 반성에서 도출하는 반면, "호모로쿠악스"는 "말에 대한 반성"을 통해 사유의 부재를 강화하고, 사회 속에 축적되어 사물들 자체를 대체한 모호한 개념들을 교묘하게 조작한다.

그러므로 베르그손이 몇몇 철학적 개념을 언급할 때, 실천적이고 구체적인 어휘를 사용하는 것은 합당한 일이다. 베르그손은 철학적 개념들이 겸허한 기원을 가지고 있음을, 그래서 오직 은유를 통해서만 정신에 적용될 수 있음을 상기시켜 준다. 베르그손적 이미지가 "여전히 보인다는 점에서 거의 물질이고, 더 이상 만져지지 않는다는 점에서 거의 정신"[39]이라면, 개념은 여전히 만져지고 조작되는 한에서만 보여지는 것이고, 정신을 번역하는 데 쓰이는 즉시 은유로 변질되는 것이다. 베르그손이 은유라는 말을 본질적으로는 비판을 위해, 그러나 은밀하게는 논쟁을 위해 사용한다는 점을 염두에 둔다면, 베르그손이 은유를 반복적으로 사용한다는 사실에 놀라서는 안 될 것이다. 은유는 개념의 기저에서, 개념의 원천에 있는 물질적 이미지를 드러내는 역할을 한다. 개념은 이 물질적 이미지를 통해서 계속해서 외견상의 견고함을 부여받는다. 실제로 수많은 철학적 개념은…

> (…) 온갖 부류의 조작, 단순화, 변형을 거친 후라 해도, 일련의 매개항들을 통해, 본질적 유사성들을 번역하는 소수의 관념에 결부되어 있다. 때로는 이 관

38 〈서론〉, II, 《사유와 운동》, 64(77)쪽.
39 〈철학적 직관〉, 《사유와 운동》, 130(152)쪽.

념들과 함께 다소간 긴 우회로를 거쳐 그것들이 결부된 유사성까지 거슬러 올라가는 일이 유익하리라.[40]

베르그손이 은유를 동원하는 이유는 오직 형이상학이 은유에 기대고, 더 나아가 은유에 인도되기 때문이다. 형이상학은 정신에 대해 작업할 때 추상적인 개념들을 사용한다. 그렇지만 정신은 본래 추상적인 개념들을 다루기 위해 만들어진 것이 아니기에, 이 개념들을 정신에 적용하려면 개념들을 낳은 물질적 기원을 은폐하는 다소간의 왜곡을 거쳐야 한다. 베르그손이 사용하는 은유들을 텍스트적으로 열거하는 일은 지난한 일이리라. 우리는 이미 "건축" 혹은 "재건축"[41]에 대해 이야기하며, 어떻게 토대의 관념이 건축학적 은유를 나타내는지, 베르그손이 어떻게 건축학적 은유가 내포하는 이미지를 통해 토대라는 표현의 엄밀성을 발견할 수 있었는지 보았다. 더구나 칸트적인 종합 개념을 "진주알들을 하나의 목걸이로"[42] 꿰는 끈에 결부시키는 것은 단순한 비유가 아니다. 종합은 하나의 끈이고, 목걸이이다. 일단 우리가 종합 개념이 결부된, 그러니까 종합 개념에 그 유일한 명석함을 부과하는 감각적 인상까지 거슬러 올라가기만 하면 말이다. 이러한 감각적 인상이 없다면, 서로 구분되는 순간들이 하나의 동일한 대문자 시간에 속한다는 관념 자체가 그 외견상의 가지성을 상실할지도 모른다. 오성의 범주들은 "액자들"[43]이고, 학문은 "액자 속의 액자"[44]이다. 기억의 영역들은 "서랍"이고, "장부"이며, 개별적 기억들이 "음반"처럼 정리된 "선반"[45]이다, 등등. 모든 과학적 발견이나 철학적 발견의

40 〈서론〉, II, 《사유와 운동》, 58(71)쪽(필자의 강조).
41 예컨대 《사유와 운동》, 8, 46, 57, 72, 90, 97, 118, 139, 202, 219, 221쪽.
42 《창조적 진화》, 1장, 3쪽.
43 같은 책, 6쪽.
44 〈형이상학 입문〉, 《사유와 운동》, 221(252)쪽.
45 《창조적 진화》, 5쪽. 〈영혼과 신체〉, 《정신적 에너지》, 55(66)쪽. 《사유와 운동》, 80(95)쪽.

기저에는 그것을 인도했던 은유가 숨겨져 있다. 오류는 베르그손이 상대방의 이론들을 지시하기 위해 사용했던 은유들이 베르그손 자신의 것이라 생각하는 데 있을 것이다. 베르그손은 가능한 경우엔 상대방의 이론들로부터 직접적으로 용어를 차용하기도 한다. 이러한 맥락에서 베르그손이 기억을 에디슨의 "축음기"[46]에 비유할 때 그가 참조하는 은유는, 장마리 귀요Jean-Marie Guyau에 따르면 스펜서의 '기계 피아노'나 텐Hippolyte Taine의 '인쇄기'와 '사진판' 등에서 이미 통용되던 더 정적인 유비들을 대체하려던 것이 틀림없다.[47]

바슐라르는 이러한 은유의 사용이 논쟁적인 성격을 가지고 있다는 사실을 잘 보았다. 그렇지만 그는 베르그손의 은유에 잘못된 지위를 부여한다. 그는 베르그손이 개념을 서랍에 비유할 때 개념들 자체에 대한 불신을 표현하기 위해 굉장히 무례한 은유를 사용한다고 생각한다. 이런 이유로 바슐라르는 다소 농담 삼아 서랍을 구출하기 위해 출동하고, 서랍이 지닌 시적 역량을 상기시키는 것이다. 그러나 베르그손에게 "개념이 곧 서랍"[48]은 아니다. 오히려 서랍의 이미지 자체가 추상과 왜곡을 거쳐 하나의 개념이 되었다고 해야 한다. '서랍'은 말하자면 잔여물인 지각적 바탕으로, '개념'의 개념 자체는 이 바탕 위에서 단순화, 변형, 조작을 거쳐 구성된다. 이러한 지각적 바탕이 없다면, 개념은 모든 명석함을 상실할 것이다. 베르그손에게 은유는 "표현하기 어려운 인상에 구체적인 몸체를 부여하는"[49] 것이 아니다. 오히려 반대로 구체적이고 견고한 물체에 대한 감각

46 〈영혼과 신체〉, 《정신적 에너지》, 각 33, 51-52, 55, 73(43, 62, 66, 86)쪽.

47 장마리 귀요, 〈기억과 축음기La mémoire et le phonographe〉, 《프랑스와 외국의 철학 평론*Revue philosophique de la France et de l'étranger*》, 1880, 319-322쪽. [이 은유들에 대한] 참조는 '기억 이론들의 역사'에 대한 베르그손의 강의에서 분명히 드러난다(《기억 이론들의 역사: 1903-1904 콜레주 드 프랑스 강의》, 1904년 3월 18일 강의, 243쪽).

48 가스통 바슐라르, 《공간의 시학》, 1957, PUF, 2005, 79쪽.

49 같은 책, 80쪽.

적 인상 위에 머물러 개념을 은유적으로 만들지 않는다면, 따라서 개념을 다른 곳으로 옮겨 **놓지**métaphorique 않는다면 개념 자체가 사유될 수 없을 것이다. 개념의 빛은 다른 곳에서 오기 때문이다. 요컨대 바슐라르의 비판은 엇나간 지점을 겨냥한다. 베르그손은 서랍을 전혀 "경멸"하지 않는다. 베르그손은 자신이 은유라는 것을 잊은 개념들만을 경멸한다. 베르그손이 '서랍', '액자', '목걸이'에 대해 이야기할 때, 그는 단지 물질에서 정신으로의 이행을 가능케 해주었던 왜곡의 작업을 재활성화하며 그것들에 정당한 번역을 복원할 뿐이다. 이로써 베르그손은 각각의 개념을, 추상을 통해 숨겨졌으나 개념 속에서 가장 견고한 것, 즉 개념의 감각적 이미지로 다시 데려간다.

의식을 통해 현시되어 우리를 이끄는 것 밖으로 벗어날 수 없다고 할 때, 베르그손이 직관을 규정하기 위해 서로 다른 감관들(접촉, 시각, 청각[50])을 다양한 방식으로 참조한다면, 어떻게 데리다의 비판처럼 베르그손적 직관이 촉각의 은유에 종속되었다고 할 수 있겠는가? 직관은 오히려 촉각의 우위를 중화하는 방식으로만 행사될 수 있으리라. 우리의 인식 능력들이 하나같이 보기 위해 보지 않고 오직 행동을 위해 보려 할 때, 다른 감관들을 지배하면서 은밀하게 군림했던 것이 바로 촉각이기에.

8. "보기, 그러나 믿지 않기": 직관과 방법

"보기, 그러나 믿지 않기 — 이것이 바로 앎을 가진 인간에게 제일의 덕이다. 앎을 가진 인간에게 가장 큰 유혹은 명증성이다."_니체[51]

50 〈변화의 지각〉, 《사유와 운동》, 164(190)쪽.
51 프리드리히 빌헬름 니체, 유고, 1883년 여름, 12 [1], § 127.

직관이라는 용어는 종종 베르그손주의의 공식, 혹은 간략한 요약으로 제시되곤 했다. 그렇지만 직관을 베르그손의 말이라 여겨졌던, 혹은 베르그손에 대해 말해졌던 일련의 오류들로 보는 편이 더 정당할지도 모른다. 베르그손의 사유를 거부하려는 마음을 이미 품었던 사람들만이 직관이라는 용어가 베르그손의 사유를 잘 요약한다고 생각했기 때문이다. 실제로 베르그손주의가 비합리주의라는 고발은 직관 개념을 중심으로 이루어졌다. 베르그손의 중상자들이 몇몇 두드러진 주장을 자신들의 방식으로 진술했기 때문에, 베르그손 철학을 옹호하려는 지지자들은 직관 개념에 대한 논의를 전개할 수밖에 없었다. 그리하여 이번에는 베르그손 자신이 직관 개념을 재검토했고, 1919년부터는 1934년 《사유와 운동》에 실릴 긴 서론을 쓰기 시작한다. 베르그손은 한편으로 "수많은 비난의 대상이 되었던 이" 직관이 "무엇으로 이루어져 있는지를 이해시키려" 했고, 다른 한편으로는 "거짓 지성인들과 거짓 과학자들에 맞서 진정한 지성, 진정한 과학을 옹호"[52]하려 했다. 이 둘은 사실 하나의 의도인데, 그것은 그가 생각하는 직관이 결코 지성을 격하시키지 않음을, 오히려 반대로 철학이 지성에 씌운 가면들faux-semblants 너머로 지성을 고양시킬 수 있음을 보여주는 것이었다. 철학의 '사조들ismes'은 위반에만 관심을 둔다. 그래서 장 라포르트Jean Laporte가 《데카르트의 합리론》에서 데카르트의 합리론이 존재했었다는 주장에 반대하는 것과 동일한 방식으로, 레옹 위송은 **베르그손적 직관 개념의 발생과 전개**를 주제로 삼는 연구를 《베르그손의 지성주의》라 명명한다.[53] 우리에게, 그리고 '직관주의'라는 말이 편의상 세워둔 조잡한 표지

52 〈뮈라 백작부인에게 보내는 편지, 1919년 12월 21일〉, 《서간집》, 889쪽.

53 레옹 위송, 《베르그손의 지성주의: 베르그손적 직관 개념의 발생과 전개》, PUF, 1947. 우리는 베르그손 자신의 판단을 존중할 것이다. "이는 일급의 작품, 다른 철학적 주석의 본이 될 만한 주석입니다. 당신은 내 입장을 훌륭하게 이해했습니다. 이렇게나 통찰력 있고, 이렇게나 정확한 연구에서 수정할 부분은 전혀 찾을 수 없습니다"(〈레옹 위송에게 보내는 편지, 1939년 7월 25일〉, 《서간집》, 1637쪽).

를 따르지 않고 직관의 굽이치는 운동을 따르려는 자에게 이 연구는 얼마나 값진 안내인가!

그럼에도 진정한 지성을 옹호하기 위해 역설적으로 직관의 기치를 드는 것보다 더 나은 방법이 없었는지 의문을 제기할 수 있으리라. 베르그손이 직관이라는 용어 자체에 내보였던 주저는 이 말이 그의 글 속에서 불가피했지만 또한 유감스러웠던 것임을, 이 말이 베르그손적 기획의 독창성을 명확히 드러내는 데 실패하였음을 암시하지 않는가? 베르그손은 스스로의 도정을 반추하면서 직관에 대해 다음과 같이 쓴다.

> 우리가 보기에 지속에 대한 이러한 고찰들은 결정적인 것이었다. 이 고찰들은 우리가 직관을 철학적 방법으로 수립하도록 만들었다. 우리는 오랫동안 '직관'이라는 말을 사용하는 것을 망설였다. 직관은 인식의 양태를 가리키는 모든 용어 가운데 가장 적합한 것이었으나 혼동의 여지를 담고 있었다.[54]

직관이라는 용어 사용을 망설였다고 고백하는 것은 무엇을 의미하는가? 직관이라는 용어 자체가 그의 사유에 대해 던져졌던 오해들과 무관하지 않다는 말이 아니겠는가? 이는 직관이 다양한 의미 — 누스, 인투이투스, 안샤웅 — 를 내포하며, 이 의미들을 차례로 내보이면서도 이 의미들의 차용만으로는 완전히 설명되지 않기 때문이다. 베르그손은 이러한 혼동을 독자의 탓으로 돌리기보다는 전통 전체를 담고 있는 말의 탓으로 돌린다. 직관이라는 말 자체가 "혼동을 초래"하기 때문에 베르그손은 이 말의 사용을 오랫동안 주저했고, 또 직관을 방법으로 수립하여 자신만의 의미를 부여하는 데에는 더 오랫동안 망설였다. 실제로 직관은 언제나 원리들에 대한 직접적인 앎으로 이해되었으나 베르그손은 이를 "지속 속에

54 〈서론〉, II, 《사유와 운동》, 25(35)쪽.

서 사유하기"[55]를 가능케 하는 하나의 방법으로 규정하고자 했다. 마치 베르그손이 직관이라는 용어를 받아들이는 오류를 일단 범하고 나서, 용어의 혼잡함에 자신의 망설임들을 덧붙여 그 의미를 끊임없이 교정했던 것 같다.

하지만 실은 그 반대였다. 베르그손이 스스로의 주저에 대한 고백을, 심지어 반복적인 고백을 중요하다고 생각했으므로, 아마도 이러한 주저에는 엄밀하게 철학적인 효과가 부여되어야 할 것이다. 그가 주저했던 이유는 서로 다른 두 방향 사이에서 진동하면서 이 두 방향을 동시에 제시하고 싶었기 때문이다. 왜 이 두 방향을 구분하여 차례로 차용하지 않았는가? 실제로 직관이라는 용어 사용을 결심하는 경우, 베르그손은 직관 개념을 형이상학 전통 속에서 길어와야 할 것이고, 전통이 그러하듯 직관에 적어도 봄vision이라는 최소 의미를, 더 나아가 절대와의 접촉이라는 의미를 부여해야 할 것이다. 반대로 직관이라는 말이 베르그손의 의도에 비해 너무 애매하기 때문에 이 말을 포기하는 경우, 베르그손이 제시하는 방법은 어떤 봄에도 의존해서는 안 될 것이다. 베르그손 자신조차, 혹은 탁월한 베르그손주의자들조차 소위 순수지속에 대한 명증적이고 명백한 소여라는 봄을 유지할 수 없을 것이다. 이 두 방향을 각기 검토해 보자.

(i) 베르그손은 직관이라는 말을 점차적으로만 사용했던 것에 비하면 꽤 뒤늦게 직관에 방법이라는 의미를 부여하였다. 그렇지만 이 최종적인 의미는 이전의 의미들을 취소한다기보다는 전제한다. 베르그손적 직관이 실재를 표현하는 개념들을 넘어 직접적 실재에 다다르기 위한 정신의 노력이라면, 방법은 엄밀히 말해 직관이라기보다는 직관을 종착점으로 삼아 우리를 이끌어가는 것이다. 물론 베르그손은 결과로 향하는 길보다 결과 자체를 연구했던 것이므로, 그 결과에 도달하기 위해 발휘해야 했

55 같은 책, 30쪽.

던 힘과 수단은 사후적으로만, 그리고 점진적으로만 정당하게 평가되었다. 이 힘과 수단은 명석하게 제시된 직관을 그 도달점으로 삼는다. 그러나 방법은 여정이고, 직관은 이 여정이 향하는 곳이다. 따라서 직관을 방법으로 수립하는 것은 "방법으로서의 직관"[56]을 제시하는 것이 아니다. 들뢰즈가 직관의 다섯 가지 규칙을 뽑아내면서 방법과 직관을 융합했을 때, 그는 이 두 용어를 확장하고 남용한다. 들뢰즈가 제시한 규칙들은 직관의 정당한 적용을 보장하지만, 직관에서 다른 모든 의미를 제거할 것이다. 베르그손은 1916년 "마드리드 학생들을 대상으로 한 연설"에서 다음과 같이 설명한다.

> 내가 생각하는 철학적 방법은 정신의 두 가지 잇따르는 작업으로 이루어집니다. 이 두 계기 가운데 나중의 것, 최종적인 작업을 나는 직관이라 부릅니다. 직관이란 선입견적 관념들로부터, 기성의 지성적 습관들로부터 단절하고, 공감을 통해 실재의 내부로 옮아가는 매우 어렵고 고통스러운 노력을 의미합니다.[57]

혹은 베르그손은 1912년 5월 16일 조제프 드세마르Joseph Desaymard에게 다음과 같은 지적을 건넨다.

> 내가 말하는 직관은 대부분의 경우 실증과학이 사태들로부터 어떤 특정한 지점에 모아들인 것을 전부 연구하고, 심화하고, 비판하고, 때로는 확장한 후에야 작동할 수 있는 것입니다.[58]

56 질 들뢰즈, 〈방법으로서의 직관〉, 1장, 《베르그손주의》, PUF.
57 〈"마드리드 학생들을 대상으로 한 연설", 1916년 5월 1일〉, 《잡문집》, 1197쪽.
58 1912년 11월에 출간된 조제프 드세마르의 책, 《앙리 베르그손의 사유》에 대한 메모 — 이 메모는 24쪽 이하에 대한 것이다(두세 재단, BGN 2966).

이는 직관과 방법을 권리상 서로 떼어낼 수 있다는 말이 아닌가? 그리고 베르그손이 직관과 방법을 함께 사유하는 일에 몰두했다면, 베르그손 이전에는 직관이 언제나 [방법에서] 분리된 상태로 주어졌기 때문이 아닌가? 마치 우리가 자연스럽게 누리는 과실이 그것을 경작한 사람의 노고를 잊게 만들어 그 사람을 과실로부터 소외시키는 것처럼 말이다. 달리 말하면, 먼저 직관이 여기저기서, 즉 과학, 예술, 철학에서 작동하고 있음을, 그렇지만 우연적이고 방법을 결여한 채 작동하고 있음을 베르그손이 확인하지 않았더라면, 실재를 직관적으로 다시 포착하는 고생스러운 작업을 인도하는 방법도 존재하지 않았을 것이다. 베르그손이 어떤 맥락에서 이 용어를 처음 사용하는지 주의를 기울여야 할 것이다. 그리하여 직관의 관념에는 방법이 결여되었음을, 그리고 [방법 없는 직관이 드러난] 이후에는 방법의 관념이 암묵적으로 직관을 언제나 도달해야 할 것으로 포함한다는 점을 주목해야 할 것이다.

(ii) 두 번째 가능성, 직관을 결여한 방법에 대해 이야기해 보자. 이 가능성은 오직 이차적으로만, 대조를 통해 베르그손적 의미의 직관을 이해하려는 목적으로 접근해야 할 것이다. 1935년 8월 16일 고르스 신부에게 보낸 편지에서 베르그손은 다시 한번, 그렇지만 이번에는 완성된 작품들이 허용하는 다소간의 거리를 둔 채로, 그의 주저를 언급한다. 이 편지에 쓰인 다음의 문장은 결국 직관이 갖게 되는 중요성에 비추어 본다면 매우 놀라운 것이다. "**부득이한 경우에는 직관 개념이 없어도 무관했을 겁니다.** 그러나 그 경우에는 명백성과 편의성을 희생시켜야 했겠지요. '지성'이나 '사유'라는 말에 두 가지 의미를 부여해야 했을 테고, 독자들은 매번 그 말이 어떤 의미로 쓰였는지 선택해야 했을 것입니다."[59] 그렇다면 직관이라는 말을 사용하지 않는 베르그손 철학, 그럼에도 불구하고 놀랍게도 베르

59 〈고르스 신부에게 보낸 편지, 1935년 8월 16일〉, 《잡문집》, 1520쪽(필자의 강조).

그손 자신이 말했듯 — 편리함은 덜할지라도 — 동일하게 남아 있을 베르그손의 철학을 상상해 보자. 쓰인 말의 이면에서 사태를 잘 이해한다면, 직관은 그저 인간 지성의 가능한 의미들, 혹은 가능한 방향들 가운데 하나를 가리킬 뿐이다. 따라서 직관은 인간에게 스스로를 절대 속으로 옮겨 놓을 능력이나 어떤 추가적인 힘을 발휘하는 신비롭고 잉여적인 능력을, 그러니까 대부분의 사람이 언제나 소유하지 못할 새로운 능력을 부여하는 것이 아니다. 꼭 천재성이 아니라 방법을 통해서도 직관으로 나아갈 수 있다면, 그 이유는 직관이 틀림없이 우리의 인간적 능력들만으로 구성될 수 있기 때문이다. "직관으로 향하기 위해 감관과 의식의 영역 밖으로 옮겨갈 필요는 없다. 칸트의 오류는 그렇게 믿었"[60]던 것, 그리하여 우리 유한성의 표지인 감성적 직관을 신성의 전유물이 된 지성적 직관에서 분리한 것이었다.

이것이 바로 베르그손의 기획 전체에 스며든 독특한 요구다. 베르그손은 언제나 이 요구를 고집한다. 직관의 영역에서 절대에 도달하기. 그러나 그러면서도 감성적 세계에 정박한 우리의 유한성을 떠나지 않기. 베르그손의 주저에는 다른 동기가 없다. 베르그손이 철학을 인간적 조건을 넘어서기 위한 노력으로 규정하였다 해도, 이는 우리에게 주어졌던 조건을 충분히 받아들일 때만 가능하다는 말을 덧붙여야 할 것이다. 이것이 바로 우리를 지탱하고 고양시키는 노력 자체의 의미다. 지속 속에 잠긴 자는 사람들이 탁월성의 편린을 발견하는 곳에서 직관을 찾는 대신 필연적으로 자신의 유한성 속에 잠긴다. 그는 유한성 속으로 충분히 파고들 때만 유한성을 극복할 것이다. 그런데 우리 안에서 가장 유한한 것은 무엇인가? 어떤 관념이 마치 낙인처럼 유한성의 표지를 지니고 있는가? 그것은 물론 애매모호한 관념들이다. 베르그손적 방법은 정확히 이 관념들 주위에 노

60 〈철학적 직관〉, 《사유와 운동》, 141(164)쪽.

력을 결집시켜 집중하여 조금씩 명확하게 만들어 결국 명석한 직관으로 이끌어 가려고 한다. 이렇게 베르그손 철학에서 직관과 방법 간의 복잡한 상호작용을 추적하여 우리는 직관 이론에 정당한 자리를, 알맞은 몫으로 감소된 자리를 할당할 수 있을 것이다. 작품의 경제 속에서 직관 이론에 할당되는 몫은 지속 이론에 비하면 이차적이고 파생적일 것이다.

직관에 방법이 결여된 경우

베르그손은 꽤 뜻밖의 동기로 직관에 대해 이야기한 것처럼 보인다. 베르그손이 직관을 주제화하기로 결심한 것 또한 〈형이상학 입문〉에 이르러서였다. 1903년의 이 논문이 쓰이기 이전에 베르그손은 직관이라는 말을 그저 일상적으로 사용했기에, 직관이 지속에 적용된다는 사실은 분명하게 드러나지 않았다.

《의식의 직접소여에 관한 시론》을 살펴보자. 순수지속을 포착해야 할 때, 베르그손은 직관이라는 용어보다 반성된 의식, 순수의식, 직접적 의식, 주의 깊은 의식이라는 말을 선호한다. 더 정확히 말해보자. 이 저작에는 직관이라는 말이 열다섯 번 출현하지만, 여기서 직관은 한 번의 예외를 제외하고는 정확히 반대 의미로 사용된다. 즉 그것은 수를, 정확히 말하면 공간을, 더 정확히 말하면 정신의 단순한 행위를 통해 대상을 안정된 표면 위에 개념화할 수 있게 해주는 '동질적인 터'를 겨냥한다. 이때에도 베르그손은 계속해서 안을 보기*in-tueri*라는 어원에 의존하고, 이를 통해 직관이라는 말에 '보기'라는 일차적인 의미를 부여한다. 실제로 순수지속을 경험하기 위해서는 지속을 명시화하여 대상으로 만드는 우리의 표상 공간에서 떨어져 나와야 한다 해도, 우리는 공간 속의 표상을 통해 우리 행위 각각의 시간적 차원을 취소할 때만 보고*voir*(현재), 알고*savoir*(과거), 예측할*prévoir*(미래) 수 있다. 공간에 대한 직접적immédiate 직관은 대상에 대한 매개적médiate 인식 속에 함축되어 있고, 대상objet은 일단 대상을 겨냥하는 목적objectif이 고정된 뒤에야 명석판명하게 나타난다. 우리의 내적 지속은 바로 이 목적을 동요시킬 수밖에 없는 것이다.

《물질과 기억》의 경우는 어떠한가? 직관은 마지막 장에서 등장하여 자연스럽게 물질에 대한 직접적인 인식을 가리키는 데 쓰인다. 정신은 일상적으로 물질에 가하던 실용적인 작업을 덜어냄으로써 물질을 직접적으로 인식한다. 그러나 여기서 직관은 전문적인 의미로 사용되기는커녕, 베르그손이 이러한 직접적 인식을 가리키기 위해 사용하는, 때로는 매우 진부한 표현들 가운데 하나일 뿐이다. 다른 많은 표현 — 직접적 인식, 직접적 의식, 직접적 시각 등 — 이 직관이라는 말과 동의어로 사용되며, 더 나아가 직관보다 더 중시되기까지 한다. 일상 언어로부터 빌려 온 직관이라는 말은 1903년 이전까지는 어떤 특권도, 어떤 특별한 의미도 가지지 않기에, 아직 엄밀한 의미에서 베르그손적이라고 강조할 수도 없다. 1901년 루이 쿠튀라, 귀스타브 블로Gustave Belot와의 토론 중에 베르그손은 직관이라는 용어를 사용하지 않는다. 그는 그의 형이상학을 여전히 하나의 "이론"으로 제시한다. 물론 그것이 "경험으로 충만한" 이론이라는 설명을 덧붙이지만 말이다.[61]

그렇다면 베르그손은 어떻게 직관을 〈형이상학 입문〉의 중심적 주제로 삼은 것일까? 이러한 조짐이 앞선 어떤 저작에서도 드러나지 않는데 말이다. 그것은 베르그손이 스승이 되기도 전에 벌써 제자들이 있었기 때문이다. 《물질과 기억》은 베르그손을 본의 아니게 새로운 철학 학파의 수장으로 만들었다. 베르그손이 여전히 주저했을 때, 직관 개념을 기치로 내걸어 흔들었던 것은 에두아르 르 루아를 필두로 한 그의 제자들이었다. 제자들은 언제나 스승보다 더 교조적이기 마련이다.[62] 스승이 제자들에게

61 〈정신-물리 평행론과 실증적 형이상학〉, 1901, 《잡문집》, 501쪽.

62 《기억 이론들의 역사: 1903-1904 콜레주 드 프랑스 강의》, 1904년 4월 29일 강의, 291쪽: "제자들이 일반적으로 그러하듯, 스승의 사유를 과장하여 끝까지 밀고 나가는 것은 제자들이다." 이 점에 대해서는 레옹 위송, 《베르그손의 지성주의: 베르그손적 직관 개념의 발생과 전개》, 54-62쪽을 참조하라.

어떤 영향을 미쳤는지 가늠하는 대신, 제자들이 스승에게 미쳤던, 때로는 유해한 영향력을 측정하는 철학사가 기술되어야 할 것이다. 스승의 연구는 더 본래적이지만, 더 많은 망설임을 담고 있다. 그렇기 때문에 스승의 연구는 제자들의 경직적이고 교조적인 이해에 더 영향받기 쉽다. 이런 제자들이 없었다면 베르그손의 사유는 아마도 동일한 경로로 진행되지 않았을 것이고, 그렇게 직관 개념을 정면으로 맞닥뜨리지도 않았을 것이다. 우리는 베르그손이 왜 언제나 직관에 유보 사항을 두는지 더 잘 이해할 수 있다. 르 루아는 이미 1899년에 《과학과 철학》을 출간하여 직관을 철학적 방법으로 수립한다. 르 루아는 과학자였음에도 베르그손보다 훨씬 더 과학에 비판적이었기에, 직관을 물자체로 곧장 나아가기 위해 과학적 인식을 초월하는 공감의 행위로 규정한다.

〈형이상학 입문〉은 이러한 정세 속에서 설명된다. 그것은 진정 하나의 선언문이었다. 이 글에서 베르그손은 스승이 되기를 수락하며, 제자들이 베르그손 자신보다 먼저 사용했던 용례들을 인가하여 제자들의 제자가 된다. 그 이전까지 베르그손은 수영을 할 수 있는지, 혹은 수영을 어떻게 하는지 알지 못한 채 물에 뛰어들듯, 형이상학이 가능한지, 혹은 심지어 형이상학을 복원할 필요가 있는지 묻지 않은 채 형이상학적 결과물들을 제시하였다. 이런 측면에서 〈형이상학 입문〉은 어떤 새로운 결과물도 제시하지 않는다. 그렇지만 이 글은 앞서 제시된 결과물들을 상대/절대의 쌍을 필두로 한 기존 학설들의 언어로 공식화하고, 이를 통해 그것들의 위치를 확고히 한다.

우리가 앞서 살펴본 것처럼, 베르그손은 하나는 상대적이고 하나는 절대적인 두 인식 방식에 대해, 모든 사람이 동의할 수 있는 최초의 정의로 글의 서두를 연다. "첫 번째 방식은 사물 주위를 도는 것을, 두 번째 방식은 사물 안으로 진입해 들어가는 것을 함축한다."[63] 이러한 용법에 정확을 기하기 위해, 베르그손은 운동이 수학적인 성격을 갖는지 심리적인 성격을 갖는지 데카르트(《철학 원리》, II, 29절)와 헨리 모어Henry More(《철학적 저술들*Scripta philosophica*》, 1679, t. II, 248쪽) 사이의 대립을 암묵적인 사례로 끌어온다.

> 데카르트가 운동의 상호성réciprocité에 대해 말했을 때, 모루스Morus[64]의 다음과 같은 응답은 근거가 없지 않았다. "내가 조용히 앉아 있고 다른 사람이 열 걸음 멀어지며 얼굴이 피로로 붉어진다면, 움직이는 것은 그 사람이고 쉬고 있는 것은 나이다." 과학이 우리 눈으로 지각되고 우리의 척도와 시계로 측정된 운동의 상대성relativité에 대해 말할 수 있는 모든 것은, 우리가 우리 자신으로부터 나온 운동을 수행하고 노력을 들일 때 갖는 심층적인 감정을 건드리지 않고 내버려둘 것이다.[65]

데카르트는 그가 위치한 관점에 따라 운동을 다르게 지각하고, 이런 이유로 운동을 상대적이라고 칭한다. 반면 모어는 근육이 움직이는 감각을 통해 운동을 안으로부터 경험하고, 이런 상이한 이유로 운동을 절대적이라고 칭한다. 그렇기 때문에 베르그손은 어떤 운동이건 내가 그 속으로 나 자신을 밀어 넣을 수 있다면 나는 그 운동을 내가 행하는 운동처럼 안으로부터, '즉자적으로', 하나의 절대로 포착한다고 말하는 것이다. 그리고 이러한 절대 자체는 "하나의 직관 속에서만 주어질 수 있을 것이다".[66] 분석이 대상 주위를 돌며 다양한 장면vue을 찍는 데 그치는 반면, 직관은 대상 속으로 침투할 것이다.

그런데 베르그손은 여기서도 형이상학이 받아들여질 수 있는지, 혹은 심지어 베르그손 자신이 형이상학을 받아들이는지 밝히지 않은 채로 형

63 《사유와 운동》, 177(204)쪽.
64 [역주] 헨리 모어의 라틴어 표기.
65 《지속과 동시성》, 37-38쪽. "우리는 〈형이상학 입문〉에서 이 점을 강조한 바 있다." 또한 《물질과 기억》, 4장, 216-217쪽을 보라.
66 《사유와 운동》, 181(208)쪽.

이상학자의 직무를 다음과 같이 규정한다. "만일 그러한 직무가 가능하다면", 직관은 "그 직무가 가능해지는 지점에" 있다. 요컨대 "[그러한] **수단이 존재하기만 한다면** (…) 바로 이것이 형이상학일 것이다".[67] 이때 베르그손은 오직 가정법으로만 이야기한다. 형이상학을 정의하는 다음과 같은 문장에서도 오직 그 바람만이 드러났을 뿐이다. "따라서 형이상학은 상징 없이 이루어지기를 **바라는** 과학이다."[68] 달리 말하면, 베르그손은 형이상학이 형이상학으로서의 지위를 획득하기 위해 요구되는 필요조건들을 상기시키는 것으로 그친다. 형이상학이 형이상학이 되려면, 이 조건들에 유일하게 가능한 응답은 직관일 수밖에 없다.

> **사람들은**[69] 이러한 종류의 **지성적 공감**[70]을 직관이라고 부른다. 이것은 대상 내부로 옮겨 가 대상이 가진 독특한 측면, 따라서 표현 불가능한 측면과 일치할 수 있도록 해준다.[71]

최초 판본에는 '지성적'이라고 칭해졌던 이러한 직관의 정의는 베르그손이 처음 제시한 것도 아니고, 베르그손이 더 특별하게 제시한 것도 아니다. 베르그손에 따르면, 모든 형이상학은 직관을 하나의 능력, 혹은 적어도 수단으로 인정해야 한다. 칸트처럼 이러한 직관이 불가능하다고 선언하기 위해서라 해도 말이다. 더 정확히 말하면, 베르그손은 사람들이 종종 말했던 것처럼 칸트를 적수로 삼기는커녕, 칸트가 제안했던 형이상학의 정의를 받아들인다.

67 같은 책, 각 178, 181, 181-182쪽(필자의 강조).
68 같은 책, 182쪽(필자의 강조).
69 베르그손은 30년 뒤에 《사유와 운동》에 실릴 동일한 제목의 최종본에서 이 구절을 "우리는 여기서"로 수정한다.
70 지성적이라는 표현은 최종본에서 삭제된다.
71 〈형이상학 입문〉, 《형이상학과 도덕학 논평》, 1903, 《사유와 운동》, 181(208)쪽(필자의 강조).

《순수이성비판》의 가장 중요하고 가장 심오한 관념들 가운데 하나는 다음과 같다. 만일 형이상학이 가능하다면, 그것은 변증을 통해서가 아니라 봄을 통해서 가능할 것이다. (…) **칸트는 만일 형이상학이 가능하다면 그것은 직관의 노력을 통해서만 가능하다는 점을 결정적으로 확증하였다.**[72]

베르그손의 형이상학은 칸트의 비판 이전 시대로의 반동적 회귀가 아니다. 칸트가 결국 형이상학에 대한 논의를 불가능한 것으로 선언하려 했다 해도, 그전에 먼저 미래의 모든 형이상학의 가능 조건을 연역해야 했기 때문이다. 달리 말하면, 칸트가 절대를 분리된 것(물자체)으로 놓기 위해서는 절대를 포착하는 원형적인 직관(본체)을 가능성의 영역에 남아 있는 것으로 전제해야 했다. 이러한 원형적 직관을 전제한 이후에 그것이 도달 불가능한 것이라 선언하는 것은 별개의 일이다.

그러나 몇몇 사람은 이 구절에 기대어, 여기서 베르그손이 제시하는 방법을 발견하려 했다. 베르그손에게 관건은 비판철학을 거부하면서, 대상을 밖으로부터 고찰하는 대신 상상을 통해 연구 대상 내부로 들어가는 일, 요컨대 불가능을 가능으로 만드는 일이라는 것이다. 《월간 평론*Revue du mois*》에 실렸던 펠릭스 르 당텍의 비판은 여러 측면에서 이러한 오해를 대표한다. 그는 다음과 같이 말한다. 《창조적 진화》에서 베르그손은 "관찰 대상의 피부 속으로 들어가" "마치 그 안에 있는 것처럼 생명체에 대해" 이야기하고 "사유를 통해 타성체의 내부에" 위치하여 "즉자적 운동을 포착하려" 함으로써, 결국 현상을 외부에서 관찰하는 과학의 객관적 언어에 완벽히 무용한 주관적 언어를 덧붙인다. 베르그손은 1907년 《월간 평론》 9월 호에서 이 반론을 검토하고 르 당텍에게 응답한다. 상대적 운동 이외에 다른 것을 관찰하는 것이 불가능하다는 그의 응답 가운데 주

72 〈변화의 지각〉, 《사유와 운동》, 154-155(179-180)쪽.

요한 요소들을 인용하도록 하자.

그러나 그 점에 반대할 사람이 어디 있겠습니까? 나는 그저 사람들이 통상적으로 절대적 운동에 대해 말할 때, 운동체에 내부를 상정하고 그들 자신이 의지적으로 수행하는 운동들에 대한 의식을 참조한다는 사실을 언급했을 뿐입니다. (…) 이는 당연히 "운동체 자체가 되었다고" 상상하는 일이 "운동을 이해하는 데" 어떤 도움이 된다는 말이 아닙니다. 르 당텍 이전에 이런 비범한 방법을 생각해 낸 사람이 존재하기라도 했을까요? (…) 그렇지만 르 당텍은 내가 어떤 운동체가 내달리는 것을 볼 때마다 사유를 통해 이 운동체 속에 자리 잡아 그 운동체와 함께 내달리기를 즐긴다고 생각합니다. 그는 이 생각에서 출발하여 내 책 전체를 재구성했습니다.[73]

베르그손은 〈형이상학 입문〉의 최종본에서 이 논문을 재검토하며 그가 "단지 사람들이 형이상학적인 의미에서 절대적 운동에 대해 말할 때 그들의 정신 속에 떠오르는 것"[74]을 말하려 했을 뿐임을, 그가 말하려 했던 것은 사람들이 직관에 대해 말할 때 칸트 자신도 받아들일 수 있었을 만한 내용임을 정확히 표현하는 주석을 추가한다.

그럼에도 불구하고, 우리가 이미 앞에서 보았듯, 베르그손은 사물에 대한 대립되는 두 관점, 즉 직관의 관점과 분석의 관점을 대립하기보다는 분석에서 직관으로 이행할 가능성을 복원하고 결국 형이상학을 우리 사유의 자연적 운동을 역전시키는 학문으로 규정하려 한다. "만일 형이상학이 가능하다면 형이상학은 단지 사유 작업의 자연적 경사로를 거슬러 올

73 〈에밀 보렐에게 보내는 편지〉, 《월간 평론》, 1907년 9월 10일, 351-354쪽, 《잡문집》, 731-733쪽.

74 〈형이상학 입문〉, 《사유와 운동》, n. 1, 178(204-205, 각주1)쪽(베르그손의 강조). "여기서 우리가 어떤 운동이 절대적인지 아닌지를 판명할 수단을 제시하려는 의도가 아님을 굳이 언급할 필요가 있을까?"

라, 정신의 확장을 통해 즉각적으로 연구의 대상이 되는 사물 속에 위치하여, 결국 개념에서 실재로 가는 것이 아니라 실재에서 개념으로 나아가기 위한 노력일 수밖에 없다."[75] 만일 형이상학이 가능하다면, 형이상학이 수행하는 인식은 안에서 밖으로 향해야 하고, 따라서 사물들을 인식하기보다 사물들에 행위하는 데 쓰이는 개념들을 초월해야 한다.

이러한 [형이상학의] 가능성만으로 무엇이 도출될 수 있을까? 사실상 이러한 정의가 형이상학에 부여되고 나면, 베르그손에게 관건은 어떻게 절대의 직관적 포착에 도달할 것인지가 아니라 실제로 자기 자신이 거기에 도달했는지, 더 나아가 다른 사람들이 거기에 도달했는지 묻는 데 있다. 소위 형이상학의 불가능성이라 불리는 것을 반박하기 위해 형이상학의 실재성을 확인하는 것보다 더 나은 방법이 있을까? 경험 자체를 통해 직관적 행위의 가능성을 증명하기. 이것이 바로 베르그손의 항상적인 태도다. 그렇기에 형이상학이 단번에 완수되지 않는다고 해도, 그것이 수행될 지점을 발견하기 위해서는 "우리 모두가 안으로부터 포착하는 실재가 적어도 하나"[76] 필요할 것이다. 그렇지만 베르그손은 고유한 작업을 통해 우리 인격을 직접적으로 포착하기에 앞서, 그러한 실재를 자신의 내부가 아닌 다른 곳에서 확인하고 또 확인하려 한다. 베르그손은 먼저 그것이 흔하게 유통되었다는 사실에 주의를 기울인다. 직관을 우리 지속의 흐름에 결부시켜 고유하게 베르그손적인 의미를 부여하기 전에, 베르그손은 직관이 도처에서, 즉 과학에서(〈형이상학 입문〉), 예술에서(〈변화의 지각〉), 심지어 철학사 속에서(〈철학적 직관〉) 작동하고 있음을 발견한다. 이 세 영역 가운데 어떤 영역을 참조하건 베르그손은 언제나 사례를 들어 직관이 불가능하다는 선언을 기각한다. 예술은 바로 이러한 맥락에서 지각의 확장을 권장하는 철학을 돕기 위해 등장한다.

75 같은 책, 206(237)쪽(필자의 강조).
76 같은 책, 182(209)쪽.

사람들은 이러한 확장이 불가능하다고 이야기하리라. 어떻게 신체의 눈, 혹은 정신의 눈이 보이는 것 이상을 보도록 요구할 수 있는가? 아무리 정교하고 명백하고 강화된 주의를 기울이더라도 처음부터 지각의 장 속에 있지 않았던 것을 생기게 할 수는 없을 것이다. **이것이 사람들의 반박이다. 그러나 우리가 생각하기에 이 반박은 경험에 의해 기각된다.** 실로 몇 세기에 걸쳐 우리가 자연적으로는 지각하지 못하는 것을 보는 일을, 또 우리에게 그것을 보게 만드는 일을 정확히 자신의 직무로 삼는 사람들이 있다. 그들은 예술가들이다.[77]

이제 직관이라는 용어의 사용이 베르그손적 방법이라는 의미로 환원될 수 없는 이유를 이해할 수 있다. 그 이유는 아무런 방법 없이도 직관에 도달할 수 있는 특권을 자연적으로, 간간이, "다행스러운 우연을 통해"[78] 부여받은 몇몇 사람 — 터너, 뉴턴, 스피노자, 플로티노스, 십자가의 요한 등 — 에게서 직관의 실재성이 우선적으로 확인되기 때문이다. 이때 직관은 영역을 가리지 않고 예술적, 과학적, 철학적, 신비적 영역에서 전개된다. 이러한 직관이 방법이라는 단일한 의미로 환원될 수 없었다면, 그 이유는 베르그손이 처음에 발견했으며 다른 사람들도 받아들일 것으로 상정한 직관 — 절대에 접촉하는 직접적인 봄, 접촉 — 이 완전히 헐벗은 것이었기 때문이다. 형이상학은 가능하다. 형이상학은 비록 대부분의 경우 사람들이 위치시키는 지점과 다른 곳에서 수행되더라도 실재적으로 존재하기 때문이다. 그렇지만 형이상학이 예술과 혼동되지 않아도 "예술은 충분히 (…) 지각 능력이 확장될 수 있다는 사실을 보여줄 것이다".[79] 베르그손적 직관은 전통적인 의미의 직관보다 더 정확할 필요가 있지만, 그럼에도 전통적 직관과 완전히 단절될 수는 없다. 가장 높은 대상이 결여된 경

77 〈변화의 지각〉, 《사유와 운동》, 149(173-174)쪽(필자의 강조).
78 같은 책, 152(177)쪽.
79 같은 책, 150(175)쪽.

우에도, 직관은 이 전통적 의미에 의존하여 충분하고 온전하게 실현되기 때문이다. 이미 직관이 드문드문 이루어지고 있었다. 차후에 직관이 지속과 접촉하여 그 의미를 변형시켜도 이 변형된 직관조차 그것을 포함하는 직관의 유類 속에 기입될 것이고, 이를 통해 베르그손은 형이상학사 속에 기입될 것이다. 직관이 형이상학 일반에 고유한 것이라면, 어떻게 직관을 통해 베르그손 철학의 고유성을 규정할 수 있겠는가? 베르그손은 자신이 지닌 직관에 기대지 않는다. 지속의 직관에 대해 말할 때, 그는 대부분 조건법으로만 말한다. 반대로 그는 다른 이들의 직관을 확증된 사실처럼 이야기한다. 달리 말하면, 베르그손의 방법은 직관과 동일시될 수 없다. 관건은 다른 사람들이 베르그손 이전에 방법 없이 획득했던 것을 방법을 통해 획득하는 일이기 때문이다. 베르그손은 직관을 방법으로 수립하여 자신이 계승한 측면(직관 — '형이상학')과 자신의 독특한 측면(방법 — '입문')을 동시에 제시한다.

직관이 모든 경우에서 직접적인 포착을 의미한다고 해도, 베르그손은 직관이 그의 최초 발견, 즉 지속과 접촉하여 변형되는 경우에만 망설임 없이 직관이라는 말의 사용을 정당화할 수 있을 것이다. 베르그손이 사용하는 직관 개념은 전통이 부여했고 베르그손이 이상으로 남긴 의미(명석한 봄)와, 이 전자의 의미에 보충적이면서도 엄격하게 반대되는 베르그손의 고유한 의미(혼잡한 경험) 사이에서 필연적으로 분열되어 있다. 베르그손은 직관을 선善으로 삼는 형이상학에 사후적으로 기입되었기에, 일단 지속이 드러난 이후에야, 직관을 이미 특정한 명석함에 이르도록 고양시켰던 이 여정을 통해, 비로소 자신의 이름으로 직관 개념을 떠맡을 수 있었다. 이런 이유로 베르그손은 하랄트 회프딩Harald Höffding이 "직관 이론을 지속 이론보다 훨씬 더" 강조했다고 비판하며, 자신이 보기에 "직관 이론은 지속 이론보다 훨씬 늦게 도출되었을 뿐"이라고, "직관 이론은 지속 이론에서 파생된 것으로 지속 이론을 통해서만 이해할 수 있다"고 말하는 것이다. 실제로 지속이 직관의 대상이 될 수 있으려면 — 그리하여 베르그손이 직관의 적용 지점을 공간에서 시간으로 이동시키려면 — 혼잡한 경험이 명석한 봄이 되어야 했다. 정의가 가진 정확성을 단번에 직관에 요구한다면, 암묵적으로, 혹은 회프딩과 같이 명시적으로, 직관을 지속에 비해 일차적인 것으로 여기며, 마치 직관이 먼저 전시된 액자 틀처럼 지속을 앞질러 명석한 현전 속에서 지속이 도래할 장소를 마련한다는 식으로 생각하게 된다. 모순적이게도 이 경우에 지속은 본질의 영원성이라는 토대 위에 세워진 전통적 의미의 직관을 통해 사유될 것이다.

방법에 직관이 결여된 경우

베르그손은 전통적 의미의 직관이 작동하고 있음을 확인한다. 그러나 이러한 직관이 지니는 한계는 천재성이 없는 사람들, 그러니까 우리가 직관의 상징이나 적용밖에 알지 못한다는 것이다. 직관에 반대하는 궁극적인 유혹이자 고전적인 반론은 언제나 우리에게 결여된 이러한 직관에 대한 조롱, 우리가 볼 수 없는 것은 믿지 말자는 주장이 아니었던가? 직관의 결여를 보완하는 방법이 없다면 이러한 반론을 벗어날 수 없으리라. 방법은 직관이 과학과 예술에서처럼 자연적 재능을 지닌 몇몇 사람의 전유물로 남지 않게 한다. 방법을 통해 직관은 노력과 수고를 기울이는 만인의 전유물이 된다. 베르그손에 따르면 철학의 일차적인 열망은 바로 직관을 보완하는 이러한 방법을 제시하는 데 있다.

> 그런데 자연의 실수를 통해 이따금 특권적인 개인에게 부여되는 무언가를, 철학은 다른 방향으로, 다른 방식으로, 즉 만인을 위해 시도할 수 있지 않을까?[81]

80 〈회프딩에게 보내는 편지, 1915년 3월 15일〉, 《잡문집》, 1148-1149쪽.
81 〈변화의 지각〉, 《사유와 운동》, 153(178)쪽.

예술은 본성과 운을 지닌 특권적인 사람들에게만 그저 이따금 만족감을 줄 수 있을 뿐이다. 그렇지만 이런 식으로 확장된 철학은 만인에게 만족감을 제공할 것이다.[82]

과학이나 예술에서처럼 형이상학 분야에서도 "이러한 역전이 방법을 통해 수행된 적은 없다".[83] 그것은 그저 드물게 이루어졌을 뿐이다. 그렇기 때문에 사유의 작업을 역전시키는 일이 더 이상 고립된 천재들의 과실이 아니라 만인의 노력이 되려면 하나의 방법이 필요하다. 그렇다면 방법은 직관이 결여되었을 때 나타나는 것이 아닐까?

직관을 방법으로 수립한다는 것이 곧장 문자 그대로 양자의 동일시로 여겨져서는 안 된다. 사실 엄밀히 말해, 직관을 가졌다면 방법은 필요 없을 것이다. 그리고 방법을 따른다면, 이는 방법의 수고를 면제할 직관을 갖지 못했기 때문일 것이다. 그렇기 때문에 베르그손은 순수지속의 심층을 탐험하는 신비적 직관에 대해 다음과 같이 말했던 것이다.

> 여러분은 신비가를 특권적 인간이라고 부를 것이다. 물론 위대한 신비가들은 천재들이다. 그러나 우리가 방법이라 부르는 것은 천재성을 부분적으로 대신하는 수법이다. 적절한 방법이란 바로 우리 모두가 내적 삶의 사태들을 아무런 장막 없이, 직접적인 시각으로 관조할 수 있게 해주는 방법일 것이다.[84]

우리 자신과 동일시되는 영혼의 빈곤함과 절대에 대한 명석하고 직접적인 시각을 보유할 이 천재성 사이에서, 베르그손 자신은 어느 편에 있었던 것인가? 그는 자신의 강연을 듣는 독자들이 어느 편에 있다고 생각했던 것인가? 마치 마음의 메마름에 더 이상 고통받지 않도록 순수한 사

82 〈철학적 직관〉, 《사유와 운동》, 142(165)쪽.
83 〈형이상학 입문〉, 《사유와 운동》, 214(245)쪽.
84 〈'인간 영혼'에 대한 마드리드 강연〉, 1916, 《잡문집》, 1201쪽.

랑으로 자신을 지탱했던 페늘롱François Fénelon[85]처럼, 베르그손이 자신이 전혀 갖지 못한 직관을 이야기했다는 말은 아니다. 그렇지만 모든 맥락을 고려할 때, 베르그손은 독자들과 한배를 타고 있었고, 그가 결국 지속에 대한 명확한 직관을 가졌다 해도, 그것은 오랜 연구의 끝에 이르러서 획득되었을 뿐이다. 베르그손이 지속의 직관을 이미 가지고 있었고, 이 직관을 독자들에게 전달하는 일이 베르그손이 맞닥뜨린 유일한 난점이었다는 생각은 잘못된 것이다. 베르그손이 《물질과 기억》을 재검토하며 고백하듯, 만약 베르그손이 지속의 직관을 이미 가지고 있었다면, 그가 지속의 직관에 이미 숙달했더라면, 그는 실어증에 대한 연구들을 검토하는 데 수년을 쓰는 대신 결론으로 곧장 나아갈 수 있었을지도 모른다.[86]

순수지속 속으로 파고들었을 때조차 베르그손은 사물의 핵심을 간파하는 시선을 갖지 못했다. 물론 베르그손은 몇몇 천재가 드문드문 보여주는 이러한 시선의 가능성을 도래할 형이상학의 희망으로 삼았다. 그러나 더 이상 천재들의 직관이 아니라 직관 그 자체를 언급해야 할 때, 베르그손의 서술은 놀랍게도 무력함이나 허약함을 드러내는 용어들로 점철되어 있다. 직관에는 "확신의 힘"이 없기에 "불분명하고 희미"하며, "모호"하고, "모호한 동시에 무엇보다도 불연속적"이다. 그것은 "막연하게" 감지되는 "모호한 안개"이자 "지성의 표상들" 주위에 "무용한 장식"을, "어둠 속으로 사라질 불분명한 장식"을 그리는 "혼잡한 표상"이다.[87] 《창조적 진화》에는 결정적인 표현이 등장한다. "우리가 속해 있는 인류에서 직관은 거의 완전히 지성에 희생되었다." 직관은 "사물들에 대한 우리의 행동을 이끄는 데 있어서 아무런 도움도" 되지 않기 때문에, 단지 "모호한

85 [역주] 프랑수아 페늘롱은 17세기 프랑스 로마 가톨릭 주교이자 신학자다. 페늘롱은 신과의 거리가 야기하는 내적 메마름을 신과의 합일을 준비하는 시련으로 여겼다.
86 〈서론〉, II, 《사유와 운동》, 80(94)쪽.
87 《창조적 진화》, 각 46, 47, 268, 179, 273, 49, 46쪽.

암시"밖에 가져다주지 않는다.[88] 직관은 명석판명한 관념이 응축되어 솟아오르는 밤의 영역이고, 우리 지성이 조명(개괄)하는embra(s)se 빛나는 핵을 에워싸는 어두운 구멍이다. 따라서 직관은 결코 명석한 소여를 제시하지 못한다. 직관이 무언가를 밝힌다고 말할 때도, 그것은 그 나름의 방식을 따를 뿐이다. 직관은 가장 약한 단계의 빛밖에 견딜 수 없기 때문이다. 직관이 웅크린 암흑의 바탕 속에서 밝히는 "전등"은 "거의 꺼져가면서", 우리와 사물들에 그저 "너울거리는 희미한 빛"을 던질 뿐이다. 소진된 직관은 "대상을 점점 더 먼 곳에서 조명할 뿐인" "사라져 가는 직관들"로 파편화된다.[89]

이는 직관이 봄을 요구받을 때, 지성에 의존하지 않는다면 스스로는 아무것도 볼 수 없다는 말이다. 데카르트부터 후설에 이르기까지 직관을 순수한 봄이라고 여겼던 사람들은 직관의 소여에 명증성을 부여하는 빛의 기원을 은폐하였다. 직관을 자연스럽게 순수한 명증성과 동일시하는 것은 부지불식간에 데카르트의 자연의 빛*lumen naturale*을 계승하는 것이다. 데카르트 자신도 이 자연의 빛이 무엇인지 묻지 않은 채 남겨두었다. 사실상 직관은 명석과 판명이라는 한정된 형태를 취하기에 앞서 불가피하게 의식의 어두운 깊이 속에 그 뿌리를 내리고 있다. 따라서 직관은 원본적으로 증여하는 직관intuition originairement donatrice일 수 없다. 직관은 자신이 갖지 못한 것을 스스로 증여할 수 없다. 직관은 오직 자신이 받아들인 것을, 직관에 제시된 것을 증여할 수 있을 뿐이다. 반복하건대, 직관은 신비로운 능력을 더하는 것이 아니다. 직관은 별개의 능력도 아니다. 직관은 우리의 감관과 의식을 통해 충분히 설명된다. 그렇기 때문에 지속 속에 빠져들었을 때, 직관은 거의 직관의 부정에 가까워져 그저 어둡고 모호한 감정의 안개 속에서 직관이 솟아날 지점을 가볍게 개괄하는 데 그치는 것이다.

88 같은 책, 각 267-268, 47쪽, 《두 원천》, 282쪽.
89 같은 책, 268쪽.

베르그손은 우리의 명석판명한 관념들이 어디서 발생하는지 면밀히 검토하여 그것들이 두 가지 가능한 원천에 결부되었음을 드러낸다. 명석판명한 관념들은 한편으로는 직관적인 원천에서, 다른 한편으로는 지성적인 원천에서 발원한다.

> 지성적 기원을 갖는 개념은 즉각적으로 명석하거나, 적어도 충분한 노력을 기울일 수 있는 정신이 보기에는 즉각적으로 명석한 반면, 직관에서 나온 관념은 우리의 사유 능력이 어떻든지 보통 처음에는 애매한 것이다. 이는 두 종류의 명석함이 존재하기 때문이다.[90]

직관을 최초로 포착하는 관념들은 필연적으로 처음에는 애매하고 혼잡하다. 하나의 이념, 개념, 관념이 지닌 가지성이 언제나 단순한 정신의 통찰*inspectio mentis*로 한눈에 식별 가능한 것은 아니다. 대부분의 경우에는 그렇지 않다. 관념들은 오히려 실제로 사용됨으로써 조금씩 가지성을 획득한다. 관념들이 지니는 "광채의 대부분은, 이 관념들이 이끌어 낸 사실과 응용들로부터 반사되어 다시 관념들로 돌아오는 빛에서 오는 것이다. 그러므로 한 개념의 명석함이란 개념을 유용하게 조작할 수 있다는 보장의 획득 이외에 다른 것이 아니다".[91] 명석한 관념이 조작 가능한 관념을 의미한다면, 그 이유는 직관이란 빛을 비추는 것이지 스스로 빛을 내는 것이 아니기 때문이다. 직관에서 유래하는 관념들은 관념이 적용된 사실이 지니는 달빛의 명석함에 의존한다. 관념을 사용하기 위해 들인 이러한 습관을 망각할 때만 관념이 그 자체로 명석하다는 착각을 하는 것이다. "어떤 관념의 가지성은 그 관념이 얼마나 풍부한 내용을 암시하느냐, 그리고 얼마나 넓은 범위에 얼마나 풍부하고 확실하게 적용될 수 있느냐, 그 관념

90 〈서론〉, II, 《사유와 운동》, 31(41)쪽.
91 〈형이상학 입문〉, 《사유와 운동》, 223-224(255-256)쪽.

이 실재 속에서 얼마나 많은 분절을 드러내느냐, 결국 그 관념이 내적으로 얼마나 큰 에너지를 가지냐에 따라 결정된다."[92] 베르그손이 지속을 통해 질적인, 즉 이질적인 다양성, 기억, 생의 약동과 같은 개념들을 제시했어도 이 개념들의 사례는 다른 곳에서 다양한 영역에 걸쳐 발견된다. 미분의 관념은 아주 애매한 것이었으나 "수학 전체를 해명하는 탁월하게 명석한 관념"이 된다. 이와 마찬가지로 베르그손은 심리 상태란 정의상 의식 상태라고 "오랫동안 가르쳤다는 사실에 가책을" 느낀다. 실제로 무의식의 관념은 처음에는 모순에 가까워 보였지만, 심리학의 진전과 프로이트의 제자들에 힘입어 빈번하게 사용되어 점차 "명석한 관념으로 변화하는" 경향이 있었다. "우리의 정신이 확장되고 강화되어, 결국 처음에는 포착하기 어려웠던 이 표상을 이해하게 되었다." 연장의 관념이 지니는 명석판명함 또한, 16세기와 17세기에 이루어진 천문학과 물리학의 발견들, "특히 무엇보다도 데카르트의 발견"을 통해 획득된 것이다.[93] 그렇지만 이러한 관념들은 모두 그것들을 낳은 애매한 기원들로부터 단절되어 관념들에 정확성을 부여했던 척도가 경험적 본성을 지니고 있음을 은폐하고 기성의 관념으로 변모한 것이다.

《사유와 운동》의 〈서론〉에는 두 번째 유형의 명석함이 등장한다. 이 두 번째 명석함은 지성적인 기원을 지녔다는 점에서 전자의 명석함과 구분된다. 여기서 관념들은 곧장 명석하게 드러난다. 이러한 관념들은 본디 행동을 향해 있기 때문이다. [전자의 경우와는 달리,] 이러한 관념들은 차후에 기성의 관념으로 변모하는 것이 아니다. 페기가 말하듯, 그것들은 "**만들어지는***fait* **도중에도**, 만들어지기 전에도 이미 완성된toutes faites 관념이다. 마치 기성복 외투가 **외투를 만드는 도중**에 이미 완성된 형태를 전제하

92 〈정신-물리 평행론과 실증적 형이상학〉, 1901년 5월 2일 프랑스철학회에서의 토론, 《잡문집》, 473쪽.
93 같은 책, 474-475쪽.

는 것처럼 말이다".[94] 이러한 관념들은 기성 의류prêt-à-porter와도 같은 기성 사유prêt à penser로서, 지성은 이 관념들 속에 있을 때 완전히 자신의 영역에, 즉 "인식의 왕국에 있음을 느낀다".[95] 관념은 그것이 우리의 인식 능력에 완벽하게 조응되어 더 이상 그 애매한 바탕에 밀착되지 않은 원자적 명석함이 되는 경우에만 명석하게 나타나기 때문이다. 데카르트의 단순 본성 역시 마찬가지다. 단순 본성이란 "정신이 자신의 고유한 바탕에서 끌어내어 스스로 구성하고 조망할 수 있으며 정신이 만들었기 때문에 정신이 온전히 붙잡을 수 있는 관념들이다. 여기서 데카르트의 방법은 본질적으로 분해와 재구성이라는 이중적인 작업으로 이루어진다".[96] 이러한 관념은 아무리 새롭고 복잡하다 해도 만들어지는 중에 이미 완성된 것이기에, 분석은 이 관념에 내포된 명석함이 단지 "우리가 이미 가지고 있는 요소적 관념들을 새로운 순서로"[97] 배열한 것에 불과하다는 사실을 발견할 것이다.

베르그손은 데카르트주의의 용어를 다시 사용하면서도 전복시킨다. 실제로 그는 명석/애매, 판명/혼잡의 쌍을 조금은 과도할 정도로 사용한다. 그러면서도 그는 지성 외적인 기원을 지닌 애매하고 혼잡한 관념들,

94 샤를 페기, 《베르그손과 베르그손 철학에 대한 주석》, 《산문집》, Éd. de la Pléiade, III권, 1256쪽.

95 〈서론〉, II, 《사유와 운동》, 31(42)쪽.

96 〈데카르트 강의〉, 1896-1897년, 젊 이작의 노트 필기, 두세 재단(BGN 3155-IX/BGN-IV-1 (17)). 베르그손이 단순 본성의 생산을 언급하며 데카르트의 방법을 앎의 주관화의 방향으로 이끈다고 강조할 필요는 없을 것이다. 아리스토텔레스적 누스가 제일원리들을 대상으로 한다면, 데카르트적 인투이투스는 인식하는 자아에 종속시켜 단순화할 경우 직접적으로 포착될 수 있는 대상들을 겨냥한다(cf. 장뤽 마리옹, 《데카르트의 회색 존재론에 대하여》, 1975, Vrin, § 7, 47쪽 이하). 그렇다면 직접성이 직접성을 가지적으로 만드는 조건들(질서와 척도)에 선행하는 직관, 의식의 심층에 뿌리를 내리는 베르그손적 직관을 위한 자리를 남겨 놓을 수 있지 않을까? 이러한 직관은 더 이상 데카르트적 직관은 아닐 것이나, 그럼에도 "데카르트가 명명하지 않고 언급했던" "심신 결합에 대한 인식"일 것이다(베르그손, 〈데카르트 학회〉, 《잡문집》, 1577쪽).

97 《사유와 운동》, 31(42)쪽.

행동에 무용하다는 특징적인 표지를 지닌 관념들을 예기치 못한 방식으로 승격시킬 것을 제안한다. 오해하지 말자. 베르그손은 계속해서 데카르트주의자를 자처한다. 데카르트가 《정신 지도를 위한 규칙》에서 제안한 분해의 방법méthode résolutive 또한 환원 불가능한 원초적 요소들(아르카이*arkhai*)로 향한다고 주장하는 것이 아니라, 지성에게 단순한 요소들, 즉 지성이 이미 아는 것들로 쉽게 포착할 수 있는 요소들로 나아가려 하기 때문이다. 관념의 명석함과 관념이 지닌 설명적 역량을, 즉 이론과 그 적용을 상호적으로 조건 짓는 일은 데카르트의 대척점에 있는 것처럼 보이지만, 실제로는 데카르트의 연장선상에 있다. 데카르트로 인해 우리의 근대성은 "어떤 관점에서 보자면, 그리고 어느 정도는" "형이상학적 실용주의"에 뿌리를 박고 있다.

> 데카르트는 아리스토텔레스주의를 무위로 돌렸다. 아리스토텔레스주의는 선재하는 관념들을 조작하여 나아가는 방법이었다. 데카르트가 작업의 대상으로 삼은 새로운 요소들은 '명석판명한 관념들'이어야 했다. 그런데 인위적이거나 우연적이지 않은 명석함과 경험을 자의적으로 재단해 만들어지지 않은 판명함을 어떻게 알아볼 수 있을 것인가? 필연적으로 그것의 유효성efficacité을, 혹은 더 정확히 말해, 프랑스어 단어를 영어적인 의미로 사용하자면, 그 '효력efficience'을 가늠해야 할 것이다.[98]

지성의 명석함이란 지성의 실천적인 유효성에 부차적이기 때문에, 그리고 이러한 명석함은 사실에 접촉하는 경우에만 생길 수 있기 때문에, 명석함에는 거짓 명석함과 진정한 명석함이 존재할 것이다. 전자는 우리가 욕망하는 명석함이고, 후자는 우리가 경험하는 명석함이다. 또한 전자는

98 〈데카르트 학회〉, 1937년 6월, 《잡문집》, 1578쪽. 또한 1577쪽을 보라. "종종 연역적 철학의 전형으로 인용되곤 하는 이 학설은 사실 본질적으로 직관적이다."

우리의 자연적 빛에 뒤따르는 것이기에 우리가 증거 없이 채택하는 명석함이고, 후자는 "인정받는 데 시간이 드는" 명석함이다. 어떤 관념들은 정직하다고 보기에는 과도하게 매끄럽고, 일부러 광을 낸 것은 아닌지 의심스러울 정도의 광휘를 지니고 있다. 예컨대 생명체가 엄밀한 기계론에 전적으로 종속될 수 있다는 관념은 만들어지기도 전에 이미 완성된 관념, 자연적 명증성 덕에 사실도 증거도 없이 채택된 관념이다. 이러한 관념을 옹호할 수 있는 것은 관념을 실재에 대면시키지 않고 무의식적 형이상학 속에 빠져 있는 거짓된 학자들뿐이리라. "이러한 관념이 지닌 외견상의 명석함, 그것을 참으로 여기고 싶어 하는 우리의 초조한 욕망, 그토록 많은 탁월한 정신들이 그것을 증명도 없이 받아들일 때 드러냈던 열성, 결국 그것이 우리 사유에 행사하는 그 모든 유혹 때문에, 오히려 우리는 그것을 경계해야 할 것이다. 우리를 사로잡는 이러한 관념의 매력은 그것이 우리의 타고난 경향을 만족시킨다는 사실을 충분히 증명하고 있다."[99] 명증성은 이제 앎의 총체가 놓여야 할 궁극적 시금석이 아니다. 그것은 오히려 철학이 처음부터 따라서는 안 되는 비밀스러운 유혹이 된다. 우리의 자연적 빛이 미광 속에 남겨둔 타고난 경향이 우리의 눈을 언제나 이미 고체의 방향으로 돌리고 있기 때문이다.

"우리의 직관"

직관은 (거의) 아무것도 보지 않기 때문에, 지속 속에 잠겼을 때도 지속에 대한 어떤 직접적 명증성도 갖지 않는다. 심지어 직관은 직접적 명증성에 반하여 수행되어 자신이 일상적으로 보던 것들을 더 이상 믿지 않는 데까지 이르러야 할 것이다. 직관은 지구를 움직이기 위한 아르키메데스의 받침점을 고정시키는 것이 아니다. 오히려 직관은 우리가 자발적으로

99 《창조적 진화》, 20-21쪽.

바다 한가운데로 뛰어들 수 있도록 확실성의 닻을 들어 올리는 양묘기揚錨機가 된다. 베르그손은 직관의 약점을 강점으로 전환하여 지성과 철학이 언제나 내버려두었던 애매하고 혼잡한 관념들을 다시 검토할 수 있게 된다. 이것이 바로 '철학적 직관'에 부여되어야 할 의미다. 철학적 직관과 사변의 관계는 소크라테스의 다이몬*daïmon*이 실천과 맺는 관계와 같다. 그것은 부정의 역량이다. 직관은 자신이 보지 못하는 것을 믿기는커녕, 자신이 보는 것을, 설령 명증성을 필두로 한 모든 것이 우리에게 그것을 보도록 추동할 때에도 더 이상 믿지 않기를 결단해야 한다.

> 일상적으로 수용된 관념들, 명증한 것으로 보였던 주장들, 이제까지 과학적인 것으로 여겨졌던 명제들 앞에서, 직관은 철학자의 귀에 **불가능**이라는 말을 속삭인다. **불가능해. 여러 사실과 근거가 너에게 그것이 가능하다고, 실재적이라고, 확실하다고 믿게끔 유혹한다 해도.** 불가능해. 아마 혼잡할 테지만 그럼에도 결정적인 어떤 경험이 내 목소리를 통해서 너에게 증언할 거니까. 이 경험은 원용된 사실들, 주어진 근거들과 양립 불가능하다고, 그러니까 이 사실들은 잘못 관찰되었고 이 추론들은 거짓임이 틀림없다고. 직관의 부정적 역량은 얼마나 특이한 힘인가![100]

직관은 실로 특이한 것이다. 가능한 것, 실재적인 것, 확실한 것보다 직관에 외견상 더 반대되는 것은 없다. 베르그손적 직관의 특이성은, 필증적 명증성을 획득하기 위해 봄을 경쟁적으로 추구하기는커녕, 명증성을 완전히 포기한다는 데 있다. 데카르트는 모든 의심에 저항하는 확실성을 추구했다. 베르그손은 확실성 자체에 저항하는 '혼잡한 경험'을 발견한다. 과학은 이 혼잡한 경험을 완전히 무시할, 더 나아가 배제할 권리를 지

100 〈철학적 직관〉, 《사유와 운동》, 120(141-142)쪽(필자의 강조).

니고 있으나, 철학자는 이러한 경험에 귀를 기울이는 책임을 맡을 수 있다(물론 이러한 책임은 종종 방기된다). "정신에 대한 인식을 직관에 할당한다 해도 지성에서는 아무것도 제거되지 않는다"는 말은 이렇게 이해된다. "우리는 지성이 이제까지 차지한 어떤 영역에서도 지성을 쫓아내지 않기"[101] 때문이다. 우리는 지성이 쓸모없다 여기며 버려둔 경험들, 관념들을 향해, 그러니까 정신의 애매하고 혼잡한 측면들을 향해, 방법론적인 주의를 기울이기를 결단했을 뿐이다. 베르그손은 이렇게 데카르트가 버려둔 사과 바구니[102]를 되찾아, 데카르트가 과도하게 나아간 지점에서 반대 방향의 과도함으로 균형을 맞추려 한다. 데카르트가 관념들이 정말로 참인지 의심했다면, 베르그손은 관념들이 정말로 모두 거짓일지 의심한다. 이것이 바로 베르그손의 방법이 출발하는 직관의 지점, 혹은 적어도 베르그손이 두둔하는 지점이다. 가장 허약해 보이는 진지를 체계적으로 선택하여, 사실과 근거의 명증성에 반하는 것을 변호하기. 철학에서 언제나 골리앗에 대항하여 다윗의 편에 가담하기.

들뢰즈는 베르그손이 《사유와 운동》의 〈서론〉에서 직관을 "준-신적인 상태"[103]라고 불렀음을 환기한다. 이는 정확한 지적이다. 지성은, 우리의 고유한 자산까지는 아니라 해도, 우리 안에서 신적이지 않은 측면을 가리킨다고 할 수 있기 때문이다. 그렇지만 들뢰즈는 표현을 맥락에서 탈피시켜 베르그손이 저술한 바와 반대의 의미를 부여하고, 신격화의 능력까지는 아니라 해도 전능함에 대한 욕망을 투사한다. 이러한 욕망은 베르

101 〈서론〉, II, 《사유와 운동》, 85(102)쪽.

102 [역주] 데카르트는 《성찰》에 제기된 일곱 번째 반론에 대한 답변에서 관념들의 확실성을 검토하는 과정을 사과 바구니의 이미지를 통해 표현한다. "그 사람이 어쩌다 사과로 가득 찬 바구니를 갖게 되었다고 해보자. 그는 몇몇 사과가 썩었다는 것을 알고 있었고, 나머지 사과가 부패되기 전에 썩은 사과를 버리고 싶었다. 그는 어떻게 해야 할 것인가? 먼저 바구니를 비운 뒤에 모든 사과를 하나씩 살펴보면서, 나머지는 내버려두고 상한 자국이 없는 사과만 골라서 바구니에 다시 집어 넣지 않겠는가?"(데카르트, AT, VII권, 481쪽)

103 같은 책, 65(78)쪽.

그손의 본래 표현 속에 존재하지 않았던 것이다. 베르그손이 "대책 없이 주제넘은"[104] 이성이라는 용어를 배제하고 지성이라는 용어를 사용하는 이유는, 인간의 오만을 억제하고 아무리 큰 것이라 해도 유한성의 몫이 뒤섞여 있음을 상기시키기 위한 것이다. 지성(외)적인 직관을 통해 인간에게 신적인 능력을 부여한다면, 이는 그저 오만에 허영을 덧붙이는 일에 불과할 것이다. 게다가 베르그손은 이 준-신적인 상태에 대해 말할 때 세심하게 다음 구절을 덧붙인다. "이 상태가 아무리 보잘것없다 해도". 이러한 어조는 결정적이다. "우리의 의식이 아무리 정제되고 정신화된다 해도 여전히 섞여 있는 인간적 면모를 전부"[105] 알 수는 없다. 철학이 인간적 조건을 넘어서기 위한 노력이라면, 철학은 필연적으로 우선 인간적 조건을 충분히 받아들인 뒤에, 우리에게 가장 애매한 것(그리고 가장 낮은 것)이 반성의 힘으로 결국 가장 즉자적으로 명석한 것(그리고 가장 높은 것)이 되기를 희망해야 하리라. 우리는 여기서 베르그손이 데카르트에 대한 참조 위에 아리스토텔레스의 《자연학》 초반부(I, 1, 184a)에 대한 참조를, 그 또한 뒤집어 중첩했음을 발견한다.[106] 애매하고 혼잡한 직관은 그저 하나의 길, 하나의 방향을 지시할 뿐이다. 이 방향을 따라 오랜 연구와 반성이 이루어질 경우, 우리는 즉자적 명석함으로 향할 것이다. 명석판명하게 나타나는 것은 실천의 요구들에 대해 명석판명한 것이므로, 물자체는 접근 불가능한 것이 아니라 그저 중심에서 솟아나는 빛나는 현상으로부터 밀려나 어두운 여백에 놓여 있을 뿐이다. 물자체가 단번에 우리의 손아귀에 포착되지 않을수록, 대상을 자연적으로 조명하고 조작하는 우리의 인식

104 《창조적 진화》, 1장, 48쪽.

105 〈서론〉, II, 《사유와 운동》, 29(39)쪽.

106 [역주] "자연스러워 보이는 길은 우리에게 더 알려져 있고 명석한 것으로부터 본성상 더 알려지고 명석한 것으로 나아가는 길이다. 실제로 절대적으로 알려진 것들과 우리에게 알려진 것들이 동일한 것은 아니다. 그렇기 때문에 본성상 애매하지만, 우리에게는 더 알려진 것에서 출발하여 본성상 더 명석하고 그 자체로 알려지는 것으로 나아가야 한다"(아리스토텔레스, 《자연학》, I, 1, 184a17-184a21).

능력이 가진 역량에 복종하지 않을수록, 우리는 물자체와 관계할 기회를 더 많이 가질지도 모른다.

그러므로 승리를 구가하는 직관이 아니라 베르그손이 서술하는 직관이 지닌 명시적인 열등함과 허약함에 집중해야 할 것이다. 베르그손은 이러한 직관을 위험으로 받아들일 것을, 그러면서도 역설적으로 이 위험을 지금껏 철학이 열망한 가지성에 대한 손쉬운 보증보다 선호할 것을 요구한다. 베르그손의 서신들을 뒤져서 베르그손이 책에는 적지 않았던 허튼소리를 끄집어내는 것을 양해하길 바란다. 한 서신에서 베르그손은 직관이 여성적인 반면 지성은 남성적이라고 적고 있다. 물론 적절치 못한 구분이지만 베르그손은 직관의 허약함을 말하려 했던 것이 아니었을까? 이런 생각은 재차 등장하며, 우리는 적어도 한 번, 《정신적 에너지》에서 동일한 생각을 재발견할 수 있다. 〈생령〉에서 베르그손은 그의 논증 가운데 하나를 장면화하여, 어린 소녀가 위대한 의학자의 연설을 듣고 있는 광경을 기억해 낸다. 혹은 기억해 내는 척한다. 이들은 연설 이후 들은 말을 곱씹으며 식사를 하러 갔다.

> 테이블을 떠날 때, 열심히 듣고 있던 소녀가 나에게 와서 말했다. "제가 보기에는 저 의사분이 조금 전에 잘못 추론한 것 같습니다. 그의 추론 어디에 오류가 있는지는 모르겠습니다만 오류가 있음이 틀림없습니다." 그렇다, 오류가 있었다! 자그마하고 어린 소녀가 옳았고, 위대한 학자가 틀렸다.[107]

철학적 직관, 소크라테스의 다이몬은 작고 어린 소녀라는 인격화된 특성으로 재발견된다. 그녀는 위대한 학자의 말을 듣고 철학자의 귀에 "불가능"이라는 말을 속삭인다. 이것이 베르그손 철학의 출발점이고, 이

107 〈생령〉, 《정신적 에너지》, 68(81)쪽.

를 통해 베르그손의 과학적 앎은 몇몇 사람이 그것과 혼동하곤 하는 과학주의와 언제나 구분될 것이다. 골리앗에 대항하여 다윗의 편을 들기. 위대한 학자에 대항하여 작고 어린 소녀의 편을 들기. 위대한 학자의 강점이자 약점은 근대과학의 기계론에 공모한다는 것이다. 작고 어린 소녀의 약점이자 강점은 그러한 기계론에 무지하다는 데 있다. 자유의 문제를 해결할 것을 선택하였을 때, 베르그손은 이 불균등한 힘의 관계 속으로 들어갔던 것이 아닌가? 물론 직관적인 관점이 궁극적으로는 이성의 갈등을 해소할 테지만, 그럼에도 처음에는 이성을 분할하는 두 진영 가운데 어느 한 곳에 가담해야 할 것이다. 칸트가 순수이성의 이율배반이라고 부르는 것과는 달리 베르그손이 보기에는 두 주장 중 하나는 다른 하나만큼 잘 옹호되지 못한다. 그래서 《시론》은 모든 논증과 사실이 인간의 자유라는 관념에 반하여 제기된다는 점을 상기하며 시작했던 것이다. 반대편보다 옹호하기 어려운 편이 언제나 존재한다. 철학자가 해야 할 일은 이 옹호하기 어려운 편을 체계적으로 선택하는 일이다. 물론 철학자는 이를 위해 시간을 들여야 하고, 옹호하기 어려운 편에 가담하는 위험을 받아들여야 할 것이다.

> 철학적 논쟁 속에서 직관적 관점이 갖는 충격적인 약점은 이렇게 설명된다. 두 철학자가 함께 논의하는 것을 들어보라. 한 철학자는 결정론을 옹호하고, 다른 철학자는 자유를 옹호한다고 해보자. 옳은 말을 하는 것처럼 보이는 것은 언제나 결정론자다. 결정론자가 초보자이고, 그의 논적이 노련할 수도 있다. 그럼에도 결정론자는 자신의 입장을 무사태평하게 변호할 수 있는 반면, 상대방은 자기변호를 위해 피땀을 흘려야 한다. 사람들은 언제나 결정론자가 단순하고 명석하며 참되다고 말할 것이다.[108]

108 〈서론〉, II, 《사유와 운동》, 33(43)쪽.

방법 없는 직관과 직관 없는 방법. 몇몇 천재적인 사람이 이따금 보유하는 명석하고 정확한 직관과 애매성을 통해 결여된 것을 지시하는 혼잡한 직관—즉 엄밀한 의미에서의 직관이자 '우리의 직관'—을 구분해야 할 것이다. 우리는 이제 왜 베르그손이 직관이라는 용어의 사용을 주저했는지 이해할 수 있다. 베르그손이 우리 지성의 빈자리, 지성의 여백에 그렸던 것은 직관의 충만하고 전적인 소유가 아니라 직관의 결핍이었기 때문이다. 게다가 직관이 유동적 지성을 대상으로 한다는 사실은 다분히 직관이 빠져 있는 애매성과 혼잡성을 설명하는 것이지, 직관이 요구하는 명석한 시각을 드러내는 것이 아니다. 대부분의 경우, 베르그손은 직관을 이야기하기보다는 '직관의 **노력**'에 대해 이야기한다. 직관에 대한 이러한 약속은 우리를 직관으로부터 갈라놓는 바를 의미하는 동시에, 직관에 도달하기 위해 요구되는 바를 가리킨다. 관건은 어떤 특정한 높이에 위치하는 것, 우리가 인식 능력을 빼앗겼기에 물자체의 빛에 주의를 기울일 수 있는 높이에 위치하는 것이다. 기실 명증성을 비껴가는 직관이 완전히 맹목적으로 변모하는 것은 아니다. 정신은 그저 자기 자신의 고유한 빛이 만들어낸 눈부심 때문에 쇠약해진 상태로 밖에 나왔을 뿐이다. 이때까지 사물들을 조명했던 상징들을 제거하고 다시 사물의 심부로*in medias res* 잠긴다면, 어둠에 익숙해진 정신은 희미한 미광들 쪽으로 나아가야 할 것이고, 결국에는 그것들을 식별할 것이다.

혼잡한 직관과 명석한 직관 중, 후자의 직관에서만 봄은 그 대상과 일치한다. 이 두 직관을 갈라놓는 간극 속에 방법을 위한 자리가 있다. 베르그손은 우리가 전자에서 후자의 직관으로 이행할 수 있도록 복잡하고 섬세하고 분명한 방법을 제시한다. 그리고 전자의 직관에서 후자의 직관으로, 그리하여 하나의 책에서 다른 책으로 이행하는 과정에는, 그것들 사이를 갈라놓는 수십 년의 시간이 놓여 있었다. 이 수십 년의 시간 동안 베르그손은 무수한 시행착오를 겪어야만 했고, 그의 연구 주제에 문자 그대로 빛을 던져줄 사실들의 철저한 연구를 반복해야만 했다. 물론 직관에는 직관 나름의 고유한 원천이 있다. 하지만 자크 마리탱Jacques Maritain이 베르그손이 인식 능력을 둘로 잘랐다고, 또한 베르그손은 직관을 위해 생이 인간에게 부여한 거의 유일한 능력인 지성을 희생시켰기에 막대기를 반대쪽으로 너무 휘게 했다고 생각했을 때, 이는 부정확한 것이다.[109] 분명 과학자는 자신의 내부에 틀어박힐 수도 있을 것이다. 그는 물질을 향해 곧장 돌아서 있기에 본능적으로 물질 안에 자리 잡고 있으며, 과학자의 계산은 사전에 미리 실재에 맞춰져 있기 때문에 언제나 실재에 연결된다. 그렇지만 반대로 철학자는, 스스로의 사유 속에 감금되었을 때 직관을 유지할 수 없다. 지성이 자연적으로 인간을 세계와 합치시키고, 세계를 인간에게 친숙하게 만들기 때문에, 사유하는 인간은, 사유하는 인간이야말로, 어쩌면 사유하는 인간만이 "행동하는 인간으로 사유"[110]함으로써 자신의 밖으로 나가야 하는 것일지도 모른다. 사유하는 인간이 스스로를 가장 잘 탐구할 수 있는 순간은 독일에서 '난로방'에 틀어박혔을 때만이 아니라,[111] 세계를 마치 자기 자신의 작품인 양 대면했을 때이기도 하다. 그렇지만 이때 사유하는 인간은 거의 저항이 없는 [물질의] 경사로를 따라 내려가는 대신, 복잡화의 지점들을 겨냥해 그 지점들에 자신의 능력들을 집중시켜 그 지점들에 적용될 수 있는 정신을 향해 상승할 것이다. 직관은 실천적이지 않다. 그렇기에 직관은 철학자의 과업이다. 그러나 바로 이러한 이유에서 철학자는 "행동하는 인간으로" 사유해야 하고, 사실로부터 굴절을 통해 이차적인 명석함을 부여받은 관념들을 그 누구보다도 사실에 접촉시

109 자크 마리탱, 《베르그손 철학》, 1914, 《전집》, Éd. universitaires, Suisse, 1권, 7장, 211쪽 이하.

110 《잡문집》, 1579쪽. "내가 철학자에게 제안하려는 경구, 심지어 일반 대중에게 제안하려는 경구는 어떤 경구보다도 더 단순하고, 내 생각에는 가장 데카르트적인 경구다. 내가 말하려는 바는 다음과 같다. 사유하는 인간으로 행동하고, 행동하는 인간으로 사유해야 한다."

111 [역주] 데카르트는 《방법서설》에서 독일 울름의 한 난로방에서 어떠한 교제도 없이 틀어박혀 자기 자신과 천천히 대화했던 경험을 술회한다.

켜 시험해야 한다. 그런 연후에만 직관은 지성이 덧붙어 우리의 것이 된다. 그래서 "우리의 직관은 반성이다".[112]

우리는 단지 베르그손이 제시하는 이러한 방법의 실마리를 언급했을 뿐이다. 베르그손은 혼잡하고 애매한 (복수의) 관념들을 철학을 위한 그만큼의 출발점들로 제시한다. 그는 보편적 우주론에 틈을 만드는 균열들에 주의를 기울여, 자기 자신을 팽창시키고 심화시킬 저항의 지점들을 탐구한다. 그러나 애매한 관념들이 모두 직관이라는 숨겨진 보물을 간직하는 것은 아니다. 어림도 없다. 수도 없이 거짓된 발자취와 역행의 지점, 막다른 길과 후퇴를 만날 것이다. 베르그손은 자신의 방법이 드러내는 기호들을 섬세하게 역전시킨다는 점에서 데카르트주의자로 남아 있다. 베르그손이 리디 아돌프에게 한 권의 책이 어떻게 쓰이는지 이야기하는, 거의 알려지지 않은 다음의 대담은 이 점을 어떤 증언보다도 잘 보여준다.

> 사람들은 언제나 내가 무엇을 하고 있는지 묻고는 했습니다. 내가 새로운 작업을 시작한다면, 그것은 이전 작업에서 어떤 난점을 만났기 때문이죠. 나는 내가 **특정한** 사태에 참된 입장을 취하고 있음을 압니다. 그런데… **이 지점에서 무슨 일이 일어나는지 알고 싶어지는 겁니다**(이 철학자는 병든 손으로 정확한 지점 한 곳을 가리킨다). 우선은 이 지점을 잠정적으로 배제해 두죠. **이 작업이 끝나고 나면 이리로 다시 돌아와서 이 지점을 해명하려 노력해 보자고 말입니다**(그는 결심한 듯 머리를 끄덕인다). 나는 이 난점을 정식화하지 못합니다. **그것은 검은 구멍입니다. 이 구멍이 나에게 하나의 중심이 됩니다.** 여기에 밝혀야 하는 검은 무언가가 있습니다! **나는 이 검은 지점 주위를 돌면서** 그것을 중심으로 **하나의 원주를 그립니다.** 원주의 서로 다른 지점들을 말이죠. 이 지점들이 연구의 시작점이 됩니다.[113]

112 《사유와 운동》, 95(113)쪽.
113 리디 아돌프, 《이미지들의 변증법》, PUF, 1951, 3쪽.

베르그손적 직관은 전통적으로 직관에 할당된 보증과는 거리가 먼 시행착오의 작업이다. 이러한 직관은 명석한 시각이라는 극점을 가지고 있으면서도, "오늘날 몇몇 사람이 사용하는 의미"[114](사람들이 가지고 있으며 신뢰할 수도, 신뢰하지 않을 수도 있는 때로는 모호한 직관들)에도 연결될 수 있다. 베르그손적 직관이 일차적인 준거로 삼는 것은 그리스어[누스]도, 라틴어[인투이투스]도, 독일어[안샤웅]도 아니다. 그것은 영어를 준거로 삼고 있다. '직접소여'를 언급할 때, 베르그손이 가장 먼저 떠올리는 것은 **감***feeling*이라는 용어다. 1901년에 베르그손은 이에 상응하는 프랑스어 단어를 발견하지 못했음을 시인하지만 말이다.[115]

베르그손의 직관은 어떤 직관에 대해서나 제기되었던 비판들, 그럼에도 불구하고 아주 비일관적이게도 직관 속에 탁월하게 응축되었다고 여겨졌던 비판들 — 정확하고, 명증적이고, 모든 실험적 검증에서 벗어난 앎 — 에 걸려들지 않는다. 오히려 그 반대가 참이다. 직관이 원리의 명증성 속에서 단번에 전부 주어지지 않기 때문에, 베르그손은 시간을, 글쓰기의 시간을 들여야 했다. 베르그손의 사유는 베르그손의 책보다 더 빨리 나아가지 않는다. 그리고 수년의 기간이 책들 사이를 갈라놓고, 이 기간이 점차 길어진다면, 그 이유는 지속의 직관이 작품의 연대기에 자신의 리듬을 부과하기 때문이다. 지속의 직관은 이루어지는 중인 작품에, 완만함과 지연으로 가득 찬 더 비밀스러운 리듬을 부여한다. 이는 철학적 탐구의 리듬 자체이다. 혹은 그러한 것이어야 할 것이다. 페기는 라신Jean

114 〈데카르트 학회에서의 전언〉, 《잡문집》, 1577쪽.

115 〈1901년 5월 23일 프랑스 철학회에서의 토론〉, 《잡문집》, 506쪽. "심리학에서는 아직 지칭할 말이 없으나 명명하는 편이 유용할 사태들이 있다. 이아노프스키 교수는 조금 전에 영어 단어 '*feeling*'을 언급한 바 있다. 이 말은 많은 경우 '직접소여', 즉 단순한 직관 속에서 의식에 현시하는 바를 가리킨다. 우리에게는 이에 상응하는 용어가 없다. 그러한 용어가 필요할 것이다." 이 구절은 아주 기묘한데, 그 이유는 찾고 있던 단어[직접소여]가 아직 발견되지 않았음에도 이미 텍스트 속에 등장하기 때문이다.

Baptiste Racine과 코르네유Pierre Corneille의 작품이 각기 어떤 진행 곡선을 보이는지 비교한 바 있다. 전자는 규칙적으로 글을 쓰는 수적인 리듬을 따르고, 후자는 그 생의 막바지에 이르러 장황해지는 유기적 리듬을 따른다.[116] 그렇지만 만일 페기가 베르그손의 작품을 이끌었던 진행 과정을 본다면, 아마 경탄을 금치 못하리라. 베르그손의 작품은 완성을 통해 생겨난 것이 아니다. 그것은 예상된 작품이 범람하고, 심지어 이전 작품을 연장하고 넘어선 작품조차 범람하여 생겨난 것이다. 뻗어가고 늘어나서 간극을 벌리는 이 아주 특이한 유기적 리듬은 어떤 외적 제약을 통해서도 가속되지 않고, 규칙적인 리듬이 되지도 않는다. 오히려 이 리듬의 진행은 점진적인 심화를 통해 드러난다. 《시론》에 4년,[117] 《물질과 기억》에 7년, 《창조적 진화》에 11년, 마지막으로 《도덕과 종교의 두 원천》에 25년. 이러한 자연적 지연은 철학적 탐구 자체를 구획 짓는 내적인 강렬화intensification를 나타내는 것이리라. 우리는 숱한 주저와 의심들이 당시 베르그손의 여정을 가로질렀음을 예감할 수 있다. 이 주저와 의심이야말로 베르그손적 직관을 그 자체로 확실한 앎의 지위로부터 떼어내는 것이다. 베르그손은 세르티앙주Antonin-Dalmace Sertillanges에게 이렇게 말했다. "아아, 나 스스로 천재성을 조금이라도 느끼기는커녕, 단지 내가 얼마나 많은 막다른 길에 봉착했으며 내 연구 속에서 얼마나 많은 극복 불가능한 장애물들에 직면했는지, 그것만을 알고 있습니다."[118] 직관은 방법과 천재성, 저항의 지점과 명석한 시각이라는 두 극 사이를 진동한다. 그리고 베르그손의 천재성은 자신에게 천재성이 없다고 생각했던 데, 그리하여 빈약한 정신과 쇠약

116 샤를 페기, 《빅토르마리, 위고 백작*Victor-Marie, comte Hugo*》, 《산문집》, La Pléiade, III권, 306-307쪽.

117 〈테오뒬 리보에게 보내는 편지, 1905년 7월 10일〉, 《잡문집》, 657쪽. "《직접소여에 관한 시론》은 1883년에서 1887년 사이에 쓰인 책입니다."

118 〈앙토냉달마스 세르티앙주에게 보내는 편지, 1937년 1월 19일〉, 《잡문집》, 1574쪽.

한 직관을 지닌 우리에게 철학적 방법을 전했던 데 있다. 철학적 방법은 직관을 만인의 수중에 두기 위한 것이다. 철학에서 수고와 노력, 그리고 무엇보다도 실수의 위험을 받아들인다면 말이다.

9. 진리의 성장과 교차의 방법: 베르그손과 제임스

"그럼에도 불구하고 진리는 하나뿐이다."
"나는 진리 말고 다른 것에 관심을 둔 적이 없습니다."_베르그손[119]

《사유와 운동》 서론 1부의 제목은 두 개의 부제로 나누어진다. 〈진리의 성장, 참의 역행운동〉. 두 번째 부제는 종종 첫 번째 부제를 은폐했다. 베르그손이 참의 역행적 논리를 비판한다는 사실 때문에, 사람들은 베르그손이 진리를 격하시키는 것은 아니라 해도 적어도 거부하기를, 진리보다는 예측 불가능한 새로움을 지닌 실재를 옹호하기를 바랐다. 최선의 경우에도 사람들은 베르그손 이전에는 가지적인 것 속에서 동일시되었던 진리와 실재가 베르그손에게는 감성적인 것 안에서 동일시된다고 말할 뿐이었다. 그렇지만 진리가 성장한다는 말은 어떤 적극적인 진리 개념을 암시하며, 이는 참되다는 말이 비록 지속을 수식하기 위한 것일지라도 반복적으로 사용된다는 사실("참된 지속"[120])을 통해 입증된다. 베르그손적 방법은 직관이 자연적으로 잠겨 있는 최초의 어둠 속에서 직관을 떼어내고, 떼어낸 직관을 사실과 근거에 적용하여 점증하는 명석함을 향해 간다. 달리 말하면, 지속의 직관이 부분적으로 실재와 일치할 수 있다 해도, 그 자체로는, 그것만으로는 어떤 진리도 전달되지 않는다. 그 "타당성은 달

119 베르그손, 《창조적 진화》, 3장, 239쪽; 자크 슈발리에, 《베르그손과의 대담》, 68쪽.
120 〈서론〉, I, 《사유와 운동》, 13(22)쪽.

성한 결과, 획득한 결과를 통해서만 측정될 수 있다. 여기서 참된 직관과 환영적 직관을 구분하는 것은 도달한 결과, 즉 실천이다. 실천이란 불확실한 방법을 적용하는 일이다".[121]

베르그손이 데카르트주의의 운동 속에서 형이상학적 실용주의를 간파했다면, 윌리엄 제임스의 《실용주의》에서는 그에 대한 명시적인 이론을 발견했다고 해도 과언이 아닐 것이다. 베르그손은 어느 정도 윌리엄 제임스에게 동조하기도 한다. 그렇지만 베르그손이 제임스의 모든 결론을 채택하는 것은 아니다. 특히 이 결론들이 "'급진적 경험론'의 길로"[122] 접어들 때는 더더욱 그러하다. 우리는 《사유와 운동》에 실린 제임스의 《실용주의》에 대한 베르그손의 서문 이외에도 베르그손이 《진리의 의미》에 따로 끼워 넣은 메모들에 적힌 값진 독서 노트들(현재는 두세 재단의 도서관에 보관되어 있다)을 검토할 것이다. 베르그손이 보기에, 제임스의 다원론적 실재 개념에 대한 베르그손 자신의 "유보"[123]란, 이러한 실재 개념과 "일체를 (…) 이루는"[124] 제임스의 진리 규정을 굴절시켰던 이유일 것이다. 따라서 베르그손은 자기 자신의 진리 개념을 동원하여 제임스의 진리

121 《시간 관념의 역사: 1902-1903 콜레주 드 프랑스 강의》, 19강(1903년 5월 8일), 327쪽. 그다음 해 열린 《기억 이론들의 역사》에 대한 강의에서 인용한 다음의 구절도 마찬가지로 참된 직관과 단순한 환상 사이를 명시적으로 구분한다. 과학의 소여들을 분석한 뒤에는 "완전히 다른 노력을 통해, 일종의 비약*Saltus*, 진정한 도약saut을 통해, 우리가 직관이라 부르는 것 내부에 자리 잡고, 이 직관에서 출발하여 직관을 전개함으로써 분석의 소여들을 다시 찾으려 노력해야 한다. 만일 분석의 소여들을 다시 찾지 못한다면, 우리는 거짓을 범한 것이다. 이미 말한 바 있듯, 직관을 분석과 끊임없이 접촉시키지 않고 직관만 이야기하는 철학은 순전한 환상에 불과할 것이다. 철학은 언제나 끊임없이 실증과학과 접촉하여 검증받을 때만 가치를 지니는 것처럼 보인다. 따라서 우리는 분석으로 직관을 만들 수 없을 것인데, 그 이유는 직관은 분석과 완전히 다른 것이기 때문이다. 그러나 직관에서 출발하여 직관을 따르고 전개함으로써 분석의 소여들을 재발견해야 한다. 진리의 편에 서지 않는다면, 참된 직관이 아니라 환상 속에, 꿈속에 있게 될 것이다"(11강, 1903년 12월 11일, 25-26쪽).

122 〈윌리엄 제임스에게 보내는 편지, 1905년 2월 15일〉, 《잡문집》, 652쪽.

123 〈윌리엄 제임스의 실용주의에 대하여: 진리와 실재〉, 《사유와 운동》, 251(283)쪽.

124 같은 책, 250쪽.

개념을, 때로는 아무런 언급 없이 수정한 뒤에야 제임스의 입장에 동조할 수 있었다. 베르그손에게 진리란 실재, 즉 순수지속과 직관적으로 접촉해야 하는 것이기 때문이다. 베르그손의 진리 개념은 제임스의 진리 개념과 상보적인, 혹은 적어도 가까운 것이다. 베르그손의 진리 개념은 오직 그것을 작동시키는 철학적 방법을 통해서만 제임스의 것과 구분된다. 이 방법, 교차의 방법은 마주할 실재가 일원론적인지 다원론적인지 속단하지 않는 경우에만 유효하게 작동한다.

먼저 두 저자 사이의 심층적인 일치를 강조해야 한다. 베르그손은 이러한 일치가 일종의 "예정조화"[125]에서 온 것이라 즐겨 말했다. 기실 이들은 전통적인, "즉 플라톤적인" 진리 개념을 거부한다는 데서 같은 편에 선다. 플라톤적 진리 개념에 따르면, "진리는 실재이며, 실재와의 일치"[126]다. 즉, 그것은 인간적 판단들이 더 가까이 혹은 덜 가까이 접근할 수 있는 관념 혹은 법칙의 체계다. 이때 "실재는 진리와 마찬가지로 영원 속에서 총체적으로 주어질 것이다".[127] 이러한 진리 개념은 진리와 실재를 동일시하기 때문에 진리를 어떤 초월적인 실재 속에, 아니면 내재적인 사실이나 법칙들 속에 유폐시킨다. 그러면 이성은 이러한 초월성 혹은 내재성 속에서 진리를 되찾으려 노력해야 할 것이다. 이성의 공준은 다음과 같다. "진리를 찾는 것은 거기에 이미 존재하던 무언가"를, 발견되기를 그저 "기다리던 무언가를 되찾는 일이다".[128] 반면 프레데릭 보름스가 말하듯 "이 두

125 〈제임스에게 보내는 편지, 1908년 7월 23일〉, 《잡문집》, 776쪽.

126 《진리의 의미*The Meaning of the Truth*》 독서 노트, 두세 재단, M. T. 61-63, BGN 643-총 16개 장 중 5번째 장. 또한 〈제임스에게 보내는 편지, 1909년 10월 28일〉, 《잡문집》, 801-802쪽을 보라. "내가 보기에 이 책[《실용주의》] 전체에서 도출되는 결론은 무엇보다도 실재와 진리 사이의 명확한 구분인 것 같습니다. (…) 일단 사물들의 세계를 표상하고 나면, 진리가 이 사물들(혹은 이 관념들)을 서로 짝지어 만들 수 있는 결합 양태의 영원한 집합으로 이루어졌다고 생각하지 않기란 어려운 일입니다. 그래서 실재와 진리는 동일한 질서로 이루어진 두 항이 되고 맙니다."

127 《창조적 진화》, 4장, 353쪽.

128 '독서 노트', 두세 재단, M. T. 61-63, BGN 643, 6번째 장.

저자에게는 진리와 실재 사이에 (…) 근본적인 간극이 존재한다. 이들은 진리와 실재, 인식의 구조와 실재의 구조가 무매개적으로 맞붙을 수 있다고 여기는 모든 이론에 반대한다."[129]

이들은 개념들의 기원, 역할, 영향력에 대해서도 같은 입장을 취한다. 베르그손을 주제로 서술된 장에서 제임스는 자신의 실용주의를 베르그손이 개념에 부과한 실천적 성격에 기대어 둔다.[130] 실제로 개념을 통한 인식이 변동적인 실재를 부동화하여 왜곡한다는 말(베르그손)은 개념적 인식이 전달하는 진리가 우리의 관점에 상대적이라는 의미(제임스)이기도 하다. 물론 개념적 인식은 우리의 필요에서 떨어져 나와 고체적인 물질 자체에 접근하는 경우 "우월한 객관적 실재"를 현시할 수 있다. 그렇지만 일반적으로 볼 때, 개념들은 "우리에 의해 실재에서 **추출**"되었음에도 "실재에 **포함되어 있지는**"[131] 않았던 것이다. 따라서 개념들의 객관적 진리는 "그것을 처음으로 공식화한 이"[132]에게 긴밀하게 의존한다. 제임스는 동일한 주장을 다른 각도에서 보았을 뿐이다. 그리고 베르그손은 "제임스의 입장에서 자신의 학설 전체와 양립 불가능하다고 생각지 않았다". 두 사상가의 차이를 강조하는 논문을 쓴 월터 B. 피트킨Walter B. Pitkin에게 베르

129 프레데릭 보름스, 〈제임스와 베르그손: 교차하여 읽기James et Bergson: lecture croisées〉, 《철학》, n° 64, "윌리엄 제임스", Éd. de Minuit, 1999, 54쪽. 우리는 이 두 인물 사이에 존재하는 복잡한 관계를 검토하는 데 있어 보름스의 연구를 참조했다. 따라서 보름스가 두 인물의 차이점을 강조하고 우리가 두 인물의 공통점을 강조한다 해도, 대부분의 경우 그저 강조점의 차이에 불과하다. 그렇지만 하나의 논점에 대해서는 논쟁의 여지가 있는 것 같다. 우리는 프레데릭 보름스처럼 "**제임스에게는 진리가 실재보다 우월한 반면, 베르그손에게는 실재가 진리보다 우월하다**"(54쪽)고 주장할 수는 없다. 베르그손의 진리 개념 또한 제임스의 진리 개념을 부분적으로 공유하는 것처럼 보인다. 다만 베르그손은 진리 개념을 작동시키는 교차의 방법을 통해 이 진리 개념을 독특한 것으로 전환할 뿐이다.

130 윌리엄 제임스, 《경험의 철학》, Flammarion, 1910, 원제 《다원주의자의 우주*A Pluralistic Universe*》, Hibbert lectures, 1909, 6장, 〈베르그손과 지성주의 비판〉.

131 〈월터 B. 피트킨의 논문 〈제임스와 베르그손〉에 대한 응답〉, 1910년 5월 18일〉, 《잡문집》, 821쪽.

132 〈윌리엄 제임스의 실용주의에 대하여〉, 《사유와 운동》, 247(279)쪽.

그손은 이렇게 대답한다. "정반대로 나는 윌리엄 제임스의 해석이 완전히 정확하다고 생각합니다. 나에 대해 쓴 장 또한 내 사유를 충실히 (게다가 내가 사용했던 말보다 더 나은 표현으로) 재수록하고 있습니다."[133]

베르그손은 제임스에게서 "진리가 (…) 우리의 단언을 통해 창조되는 것처럼 **보인다**" 해도, 이는 실재에 제기될 독특한 질문들을 통해 실재를 조명하는 것이기에 전혀 "자의적이지"[134] 않다고 정확히 표현한다. 두 저자 모두에게 판단은 단지 인간적인 것이기에 적용을 통해 검증될 때만, 참된 것이, 즉 실재에 합치하는 것이 **될 수 있다**. 이 지점에서 베르그손은 제임스의 저작 속에 나타나는, 그 이후에 종종 부각되고는 했던 모순을 해소한다. 제임스는 "한편으로 감각의 카오스가 자발적인 주관적 원리들을 통해 정돈된다는 발생적 서술"을 제시하면서도 "다른 한편으로는 인식이 본으로 삼아 복제해야 할 선재하는 질서"[135]를 상정한다. 베르그손은 "서로 다른 기원을 가졌음에도 (…) 아주 잘 양립될 수 있는 세 개의 실용주의"를 구분하여 이 난점을 제거한다.[136]

(i) 첫 번째 부류의 실용주의는 가장 일반적인 것으로 심리학의 관점을 채택한다. 이러한 실용주의는 수학, 물리학, 역사, 도덕을 포괄한다. 이에 따르면, 판단은 "어떤 초인간적 판단(플라톤)이나 인간 일반의 판단(칸트)에" 합치하는 무언가가 아니다. 판단은 개인적인 것이기에 "실재를 대면하는 특정한 구체적 태도를 (…) 통해 채택되기 전에는 잠재적으로도 존재하지 않았던 것이다". 판단은 어떤 질문에 대한 응답이다. 그런

133 〈월터 B. 피트킨의 논문에 대한 응답〉, 《잡문집》, 824, 821쪽. 베르그손은 1909년 3월 11일에 보낸 편지에서 윌리엄 제임스의 입장에 이미 동의를 표한 바 있다. "당신이 내게 보내려 했던 메모들은 아주 흥미로워 보입니다. 개념이 순수하게 실천적인 성격을 지닌다는 사실을, 당신은 나보다 훨씬 잘, 그러나 동일한 방향에서, 설명하고 있습니다"(《서간집》, 251쪽).

134 《사유와 운동》, 247(279)쪽(필자의 강조).

135 다비드 라푸자드, 〈윌리엄 제임스: 심리학에서 급진적 경험론으로William James: de la psychologie à l'empirisme radical〉, 《철학》, n° 64, 15쪽.

136 앙리 베르그손, '독서 노트', 두세 재단, M. T. 61-63, BGN 643, 13번째 장.

데 이 질문은 "전적으로 질문을 던지는 사람의 호기심을 통해 **창조된** 것일 수 있으며, 그렇다면 그에 대한 응답 역시도 (…) 하나의 창조이다". 그러나 여기서 중요한 점은 다음과 같다. 이 응답은 "객관적으로 참인 (실재에 합치하는…) 것이 **되었다**". 나중에 지우기는 하지만, 베르그손은 여기서 다음과 같은 예를 든다. "이렇게 묻는다고 해보자. 팡테옹은 런던의 세인트 폴 성당보다 더 높은가? 예라는 대답은 참이나 거짓이다. 말할 것도 없이 이러한 대답은 실재에 관한 것이다."[137]

(ii) 두 번째 부류의 실용주의는 다원론의 관점을 채택한다. 이러한 실용주의는 더 제한적으로 물리학, 역사, 도덕에 적용된다. "무엇도 **하나의** 우주가 존재함을 보증하지 않는다." 따라서 우리는 어떤 사실의 선을 좇느냐에 따라, 즉 예컨대 물리적 질서에 위치하느냐, 아니면 도덕적 질서에 위치하느냐에 따라 "완전히 다른 진리들에 도달한다". 우리는 스스로의 흥미에 따라, 그렇지만 "반성되지 않은 흥미"(베르그손은 "우리의 약동"이라는 표현을 덧붙였다가 지운다)에 따라 이 진리 중 하나를 자유롭게 선택한다. "이 두 계열 가운데 어느 하나가 우리에게 더 많은 가치를 지닌다. 즉, 우리가 그것에 더 많은 가치를 부여한다는 사실 자체로 인해 이 두 계열 중 어느 하나가 긍정된다." 여기서 제임스는 "어떤 위계를 인정하는 듯 보인다".[138] 그는 서로 다른 방향 중에서 "실재 자체가 가리키는"[139] 방향을, 그러니까 더 큰 힘으로 우리를 이끌어 가는 실재의 흐름에 우리 자신을 결부하고 종속시키는 방향을 따르려 한다.

(iii) 세 번째 부류의 실용주의는 훨씬 더 제한적인 것으로 오직 도덕의 영역에만 적용된다. "우리는 진리에 가담함으로써 진리를 **창조한다**. 그리고 만인이 여기에 참여할 것이다."[140] 베르그손은 《믿음의 의지》를 인

137 같은 책, 9-10번째 장.
138 같은 책, 12-13번째 장.
139 〈윌리엄 제임스의 실용주의에 대하여〉, 《사유와 운동》, 249(281-282)쪽.
140 앙리 베르그손, '독서 노트', 두세 재단, M. T. 61-63, BGN 643, 13번째 장.

용하여 르누비에Charles-Bernard Renouvier의 철학에 결부시킨다. 도덕이라는 이 축소된 장에서 진리란 절대적 창조다.

물론 베르그손은 제임스가 종종 "철학적 논쟁"의 "덫에 걸려" 이 구분을 언제나 지키는 것은 아니며, "반박의 위협"에 너무 빨리 응답하여 자신의 주장을 "반대자들이 제기할 법한 방식으로" 제기한다고 말한다. 그렇지만 베르그손은 제임스의 주장이 원 상태로 드러나는 즉시, 실용주의는 반박을 모면할 것이라고 생각한다. 이러한 반박은 세 가지 부류의 실용주의를 혼동하는 경우에만 제기되기 때문이다. "사람들은 '우리가 진리를 만든다'는 경구를 제임스가 세 번째 경우에 부여하는 절대적인 의미로 받아들이고 나서, 다른 두 경우에도 동일한 의미를 부여하려 한다. 그렇지만 이 경구는 앞선 두 경우와는 상이한 의미를 지닌다. 그 의미는 상당히 완화되어 있다."[141] 따라서 베르그손에게도 제임스에게도, 도덕적 진리를 제외한다면, 진리가 전적으로 창조될 수는 없다. 그리고 진리를 다양한 사실에 실천적으로 적용하는 일은 우리를 실재로부터 멀어지게 하기는커녕, 진리가 실재에 뿌리를 내리게 만들어 우리를 실재 쪽으로 데려간다.

그러니까 베르그손은 개념이 실천적인 기원, 역할, 영향력을 가졌다는 이유로 개념을 거부하지 않는다. 그렇지만 자연적 개념 옆에는, 사회 속에 축적된 훨씬 더 많은 수의 인위적 개념들이 존재한다. 그렇기에 그는 인위적 개념들에 기대어 발명을 도외시하는 철학, 실재와 대면하기보다는 실재 위로 상승하는 철학을 비판해야 했다. 기실 이런 부류의 철학은 더 이상 노력을 기울이지 않고, 각 개념이 품고 있는 미미한 빛을 이용하여, 개념들을 연장하는 데 만족한다. 그것은 개념에 대한 개념을 구성하고, "실재에 대한 단순한 메모"에 이어 "이 메모에 대한 메모"[142]와 같은 것들을 만들어 결국에는 명석한 원자들로 응축시키려 한다. 이런 철학

141 같은 책, 14번째 장.
142 〈월터 B. 피트킨의 논문에 대한 응답〉, 《잡문집》, 821-822쪽.

은 사태 자체를 말로 대체하여, 모든 새로운 개념을 그것이 추출될 수 있는 실재가 아니라, 일상 언어에 담겨 있는 기존 개념들에 빗대어 판단할 것이다. 이런 식으로 이루어지는 두 판단 사이의 합치를 베르그손은 "진리의 사회화"[143]라 부른다. 이것이 베르그손이 반대하는 유일한 형태의 진리다. 사태에 속하는*in rei* 항을 사전에 배격했기에, 이러한 진리는 이제 지성과 지성의*intellectus et intellectus* 일치로 규정될 수 있다. 실천적 질서의 진리들에 대해 이루어지는 이러한 사회화는 거짓 명석함을 퍼뜨리기에, 철학이 실재와의 접촉을 복원하려면 이를 경계하는 법을 배워야 할 것이다. 사실상 "고유하게 인간적인 영역, 즉 사회적인 영역 밖에서, 참처럼 보이는 것은 거의 언제나 참이 아니다".[144]

제임스가 그의 실용주의를 세 번째 부류의 실용주의, 즉 도덕적 실용주의와 동일시하지 않는 한 모순을 범하는 것이 아니듯, 베르그손 또한 제임스의 실용주의를 포함하여 다양한 부류의 실용주의를 고려하는 한 제임스와 대립하지 않는다. "아, 제임스가 이 점에 동의한다면 나는 전적으로 그의 편에 설 것이다."[145] 베르그손이 '이성'의 진리와 '감정'의 진리를 구분할 때, 어쩌면 그는 제임스의 저작을 왜곡하는 것일지도 모른다. 그렇지만 적어도 베르그손 자신은 "제임스의 사유에 충실하게 남아 있다"고 생각했다. "날것의 감각을 번역하는 진리들 밖에서 실재 속으로 가장 깊이 뿌리를 밀어 넣는 것은 감정의 진리들일 것이다."[146] 이성의 진리와 감정의 진리를 각기 첫 번째 부류의 실용주의와 두 번째 부류의 실용주의

143 〈서론〉, II, 《사유와 운동》, 95(112)쪽.

144 같은 책, 90(106)쪽.

145 '독서 노트', 두세 재단, M. T. 61-63, BGN 643, 15번째 장. 그러나 그는 다음과 같은 괄호를 덧붙인다. "(물론 두 번째 논점에 대해서는 다소간의 제약을 덧붙여야 할 것이다. 나는 그렇게나 (알아볼 수 없는 단어)한 우주는 믿지 않는다.)" 우리가 곧 보게 될 것처럼, 이는 제임스의 형이상학적 다원론에 대한 제약으로 보인다.

146 〈윌리엄 제임스의 실용주의에 대하여〉, 《사유와 운동》, 250(282)쪽. cf. 프레데릭 보름스, 〈제임스와 베르그손: 교차하여 읽기〉, 59쪽.

에 결부시켜야 할 것이다. 첫 번째 실용주의는 심리학에 뿌리를 두고 있기에 인간적 관심이 향하는 방향에 의존적이다. 그것은 표면의 순수한 경험에 밀착하여 날것의 감각들을 우리의 효용성에 따라 정돈한다. 이때 경험은 인간 주위에 조직화되어 "**인간적 세계**"[147]를 구성하는 데 기여한다. 그러나 "우리를 실재 속으로 밀어 넣기보다는 실재를 사용하려는"[148] 이러한 심리학적 실용주의와는 달리, 두 번째 실용주의는 베르그손이 데카르트에서 그 기원을 찾았던 형이상학적 실용주의를 이어받는다. 이것은 우리의 자연적 경사로를 거슬러 실재와의 접촉을 직관적 깊이 속에서 회복한다. 베르그손은 《종교적 경험의 다양성》을 언급하는데, 이 책에서는 진리들이 "사유되기 전에 감각되고 체험된다". 사유의 점진적 확장을 통해 사유와 실재의 간극을 해소하는 이러한 진리는 더 이상 인식의 **도구**가 아니라, 우리 감정의 어두운 바탕 위에서 획득된 무사심한 **봄**으로 규정된다. "철학의 목표는 사변, 즉 보는 것이다."[149] 의심의 여지없이 베르그손은 두 번째 실용주의를 선호하고, 심지어 거기서 "'실용주의'를 인도하는 관념"[150]을 발견한다. 베르그손에게 필요한 것은 **철학함**, 즉 인간적 조건의 역할이 완수되는 지점에서 인간적 조건을 넘어서는 일이기 때문이다. 관건은 인간에게 익숙한 길에서 벗어나 새로운 경로들을 그리는 것이다. 이 새로운 경로들이 더 이상 행동의 편의에 따라 요구된 것이 아니라면, 그 이유는 그것들이 실재 자체를 통해 암시되어야 하기 때문이다.

그리하여 두 실증주의는 서로 반대 방향으로 나아가 두 "종류의 진리"[151]에 연관된다. 우리는 이성의 진리와 마음의 진리를 나누는 파스칼의

147 같은 책, 243쪽.
148 같은 책, 250쪽.
149 《창조적 진화》, 3장, 197쪽.
150 〈윌리엄 제임스의 실용주의에 대하여〉, 《사유와 운동》, 244(275)쪽.
151 같은 책, 250쪽.

구분에서 이러한 두 진리의 기원을 찾을 수 있을 것이다.[152] 유일한 차이는 다음과 같다. 직관 속에는 아직 아무런 명증성이 없다. 그래서 직관이 참된 것이 되려면 직관의 희미한 빛을 붙잡아 둘 "개념 속에 거주"[153]해야 한다. 개념은 직관의 빛을 실재에 투사하여 실재를 조명하고, 그 반사광을 통해 결국 명석함을 획득한다. 이성의 진리들은 개념에서 실재로 나아가 실재에 맞춰 스스로를 검증하고, 실재 속에서 인간에게 응답하는 모든 것을 조명한다. 반대로 감정의 진리들은 "정신의 확장을 통해 즉시"[154] 직접적 감정 속에 자리 잡아 실재에서 개념들로 나아간다. 직관의 내적인 빛은 처음에는 너무나 약하고 희미해서 거의 어둠 자체와 혼동될 정도이지만, 직관은 이 빛을 굴절시킬 방도를 개념 속에서 발견할 것이다.

> 기성의 것들만 파악하고 밖에서 바라보는 지성**만**의 눈이 아니라 정신으로 보려고 **시도하자**. 즉 행동하는 능력에 내재된, 말하자면 의지가 자기 자신을 비틀 때 솟아나는 이러한 봄의 능력으로 보려고 해보자.[155]

지성은 신체의 눈이 터놓은 길에서 그 길이 가리키는 방향으로 밖을 보는 정신일 뿐이다. 오성이 홀로 빛을 독점하고 빛이 어디서 온 것인지 묻지 않을 때, 명석함은 지성에 있고, 자연의 빛*lumen naturale*은 지성에서 온다. 적어도 사람들은 그렇게 믿는다. [반대로] 직관은 내부로 눈을 돌려, 정신이 자신에 대해 갖는 직접적이고 애매한 감정의 접점에서, 이전의 방향과는 반대로 향하는 새로운 방향을 정복해야 할 새로운 영토로 예감하

152 자크 슈발리에, 《베르그손과의 대담》, 1922년 2월 7일, 39쪽. "실재를 통해 사유를 무한정 확장해야 합니다. 파스칼은 이를 잘 보았고 스스로 실행하기까지 했지요. 나는 나아갈수록 점차 파스칼에 가까워짐을 느낍니다. 파스칼이 '감정'이라고 부르는 것은 내가 '직접적인 것'이라고 부르는 것과 다르지 않습니다."

153 〈서론〉, II, 《사유와 운동》, 31(41)쪽.

154 〈형이상학 입문〉, 《사유와 운동》, 206(237)쪽.

155 《창조적 진화》, 3장, 251쪽(필자의 강조).

는 정신일 뿐이다. 그렇기 때문에 직관은 볼 수 있으면서도 아무것도 보지 않는다고, 오직 실천을 통해 직관에서 진리를 도출하는 추론과 지성의 도움을 통해서만 조금씩 직관의 눈을, 파스칼적으로 말하자면 마음의 눈을 뜨게 된다고 해도 과언이 아니다. 직관과의 접촉을 복원하는 일은 물론 중요하다. 그렇다 해도 직관이 참된 직관이 되려면, "밖에서 관찰된 사실들과 과학이 이 사실들을 서로 연결하는 데 사용하는 법칙들"[156]을 포괄해야 한다. 여기서 직관은 마치 자기 자신에게 거리를 두는 것처럼 자발성spontanéité과 반성을 뒤섞어, 결국 **보는** 동시에 **보게 만든다**. 종종 베르그손은 접촉과 시각을 혼동하는 것처럼 보인다. 하지만 어쩌면 접촉과 시각을 구분하여 양자를 가르는 간극 속에, 직관을 진리 쪽으로 이끌어가는 불확실한 방법, 시행착오의 방법을 놓아야 할지도 모른다. "이 지속이야말로 **우리가 느끼는 것이자 살아가는 것**이다. 지속이 무엇인지를 모색하면 어떨까? 지속을 **보려 하되** 측정하지 않으며, 그렇게 시간을 포착하지만 정지시키지는 않고, 결국 자기 자신을 대상으로 삼아 관객과 배우, 자발적인 것과 반성된 것을 일치시킬 때까지 고정된 주의와 흘러가는 시간을 서로 접근시킬 의식에게 지속은 어떻게 나타날 것인가?"[157]

형이상학적 실용주의는 실재의 표면에 우리 자신이 선택한 방향을 새겨 넣기보다는 실재의 깊이와의 접촉을 복원한다. 그렇기에 그것은 "단지 사유되었을 뿐인 진리보다 실재 자체를 더 잘 포착하고 축적할 수 있다".[158] 더 정확히 말하면, 형이상학적 실용주의는 실재 자체가 암시하는 방향을 따르기 때문에, 진리는 더 이상 우리가 추구하는 관심에 따라 변화할 수 없을 것이다. 진리는 점차적으로 발명이라기보다는 드러냄이 될 것이다. 동일한 맥락에서, 예술가들이 창조를 행한다고 "예술가가 본 것이

156 〈철학적 직관〉, 《사유와 운동》, 138(161)쪽.
157 〈서론〉, I, 《사유와 운동》, 4(12)쪽(필자의 강조).
158 〈윌리엄 제임스의 실용주의에 대하여〉, 《사유와 운동》, 251(283)쪽.

아니라 창조를 한 것이라고, 즉 예술가들이 우리에게 전달하는 것이 상상의 산물이라고 말해야 할 것인가?" 그렇지만 "사태가 단순히 이러하다면, 왜 우리는 어떤 작품—거장의 작품—이 **참되다**고 말하는 것일까? 위대한 예술과 순전한 환상 사이의 차이는 어디에 있는 것일까?"[159] 철학자 또한 예술가와 마찬가지로 창조와 진리를 화해시켜야 한다. 베르그손이 창조와 진리를 동일시한다는 생각은 오류다. [물론] 더 어둡고 비밀스러운, 더 깊이 잠복한 진리를 끌어내야 할수록, 창조의 노력은 그만큼 더 커질 것이다. 베르그손에게 실재는 창조 자체다. 그렇기 때문에 창조가 아닌, 창조일 수 없는 사태가 존재하는 경우에는, 진리가 그 사태를 조금씩 눈앞에 드러내는 것이다. 진리를 통해 드러나는 실재가 발견되지 않고 창조되는 한에서, 진리는 창조되지 않고 발견된다. 베르그손은 《실용주의》를 보내준 제임스에게 감사를 표하면서도, 제임스에 대한 찬사에 다음과 같은 말을 덧붙여 미묘한 차이를 부각시킨다.

> 내가 당신처럼 "진리가 변할 수 있다"는 주장까지 나아가야 할까요? 내가 믿는 것은 **진리**의 변이 가능성이라기보다는 **실재**의 변이 가능성입니다. 우리가 직관 능력을 실재의 운동성에 맞춰 조정할 수 있다면, 이러한 조정은 안정적인 것이 아닐까요? 그리고 진리—즉 이 조정 자체—는 이러한 안정성을 띠지 않을까요? 그렇지만 이러한 안정성에 도달하기 위해서는 무수한 시행착오가 필요할 것입니다.[160]

철학적 진리는 빛을 향한 성장, 안정적인 것을 향하는 노정이다. 그렇지만 이러한 안정성은 인식 능력의 돌연한 혁명을 통해 사물들을 우리의 인식 능력에 맞추어 부동화하는 방식이 아니라, 반대로 인식 능력을 점진

159 〈변화의 지각〉, 《사유와 운동》, 150(175)쪽.
160 〈제임스에게 보내는 편지, 1907년 6월 27일〉, 《잡문집》, 727쪽.

적으로 개정하고 사물들에 맞춰 조정하여 결국 사물들의 운동성에 순응하는 방식으로 이루어지는 것이다.

달리 말하면, "모든 진리는 영원하다는, 우리 지성에 뿌리내린 원리에 근거하여"[161] 전통적 설명이 진리에 부여했던 회고적 가치를 비판할 때, 베르그손은 흔히 오해되듯 진리를 포기하는 것이 아니라 진리를 **변이 중인** 실재에 적용하려는 것이다. 진리의 역행운동은 한 시점에 참인 실재가 언제나 가능적으로나마 참이었기를 바란다. 순수 사건이 예측 불가능한 방식으로 솟아나더라도 우리의 지성은 그 사건이 실재적으로 존재하기 전에도 가능적으로 존재해야 했다고 간주한다. 선행하는 원인 없는 결과는 없으며, 원인 속에는 결과가 잠재적으로 포함되어 있어야 했던 것이다. 분명 이러한 진리 규정은 시간의 효력을 약화시킨다. 그렇다고 해서 시간의 효력에 대한 옹호가 진리의 관념 자체를 무화시키는 것은 아니다. "창조적 시간이 존재하지 않는 물리학의 영역에서는(특정한 변수를 다른 변수에 결부시키는 물리학의 법칙은 날짜를 갖지 않는다)"[162] 이러한 역행운동이 정당화될 수 있으며, 역행운동이 낳는 환상들을 해소하고 나면 이 운동을 시간적 실재에 적용하는 일도 가능할 것이기 때문이다. "물론 관건은 이 논리를 포기하는 것도, 그것에 대항하는 것도 아니다. 오히려 **그것을 확장하고 부드럽게 만들어**, 새로움이 끊임없이 분출되고 창조적 진화가 이루어지는 지속에 **적용해야 한다.**"[163] 이는 진리를 아직 있지 않지만 있게 될 것 쪽으로 가져가는 세 번째 의미의 실용주의를 따라 "진리를 **만드는**" 것이 아니라 두 번째 의미, 형이상학적 실용주의를 따라 진리를 솟아나게 하는 것이다. 진리는 직관으로부터, 그리고 직관을 사실에 적용하는 작업으로부터 솟아난다. 사실fait은 과거분사 형태라는 사실이 보여주듯, 사

161 〈서론〉, I, 《사유와 운동》, 14(24)쪽.
162 '독서 노트', 두세 재단, M. T. 61-63, BGN 643, 16번째 장.
163 〈서론〉, I, 《사유와 운동》, 19(30)쪽(필자의 강조).

실은 이미 이루어진 것fait, 관찰과 과학에 의해 수집된 것이다. 여기서 관건은 더 이상 전망을 통해 [새로운] 경로를 그리는 것이 아니라, 이미 그려진 사실의 선들을 회고적으로 추적하여 새로운 과학들과 발걸음을 맞추고, 이 과학들의 진행에 따라 실재의 진행을 더 잘 추적하는 것이다. 이러한 방식으로 작동하는 경우, 참의 역행운동은 직관을 실재에 맞춰 조정함으로써 변동적 실재에 충실하게 남을 것이다. "조정의 정확성을 언제나 동일하게 보존하려면, 질료에 맞춰 끊임없이 새로운 형식을 다시 빚어야"[164] 하기 때문이다.

실제로 과학이 진전된다면, 과학이 우리에게 전달하는 사실들도 증가하거나 다양화되거나 정확해질 것이다. 어떻게 철학이 과학과 함께 진전되지 않을 수 있을 것인가? 어떻게 철학이 도달한 결론들을 언제나 재검토하지 않을 수 있을 것인가? "그러한 철학은 덧없을 수밖에 없는 무매개적 확실성을 더 이상 열망하지 않을 것이다. **그것은 충분한 시간을 들여 빛을 향해 점진적으로 상승할 것이다.** 점점 더 높은 개연성을 갖는 점점 더 광대한 경험을 토대로 하여, 우리는 극한으로서의 결정적 확실성으로 향할 것이다."[165] 베르그손이 실용주의에서 높이 평가하는 측면은 그것의 "비-체계성"[166], 즉 실용주의가 참된 인식의 조건들을 미리 속단하지 않는다는 점이다. 그 전체가 이미 주어진 실재란 없기 때문에, 총괄적인 진리도 존재하지 않는다. 그렇기에 진리는 성장하는 것이며, 직관적 실재가 잠겨 있는 최초의 어둠에서 점진적으로 떨어져 나오는 것이다.

달리 말하면, 베르그손에게 진리의 탐구란 이 탐구를 작동시키는 교차의 방법을 통해서만 가능하다. 베르그손의 관점에서 교차의 방법은 진리의 탐구와 분리 불가능하다. 정확히 이 지점에서, 베르그손은 제임스

164 〈정신-물리 평행론과 실증적 형이상학〉, 《잡문집》, 474쪽.
165 〈의식과 생〉, 《정신적 에너지》, 3-4(13)쪽(필자의 강조).
166 〈조르주 소렐에게 보내는 편지, 1921년 7월 12일〉, 941쪽.

가 두 번째 부류의 실용주의와 결부한 다원론적 실재 개념에 유보를 표할 수밖에 없었다. 바로 여기서 베르그손은 제임스와 갈라진다. 제임스가 단일 우주univers의 관념에 대항하여 다원-우주pluri-vers를 옹호할 때, 베르그손은 세계의 통일성도 다원성도 주장하지 않고 확언을 피한다. "세계가 실제로 하나인지 아닌지 누가 알겠는가? 오직 경험만이 그 여부를 말해줄 수 있을 것이다."[167] 이로부터 중대한 결론이 도출된다. 베르그손의 독서 노트들도 이를 암시한다. 제임스가 보기에는 "그 무엇도 **하나의** 우주가 있음을, 사실의 선들이 서로 만나리라는 것을 보장하지 않"기에 "사실의 선들은 서로 만나지 않을 가능성이 크다". 순수경험 속에서 서로 다른 사실의 선들을, 예컨대 물질적인 사실이나 정신적인 사실이 그리는 선들을 추적함에 따라, 이 선들은 서로 분기하고 결국 "우리는 자유롭게 선택할 수 있는 서로 다른 진리들에 도달한다". 베르그손은 이를 설명하기 위해 '심신 관계'를 예로 든다. "만일 우리가 물리학자라면, 우리는 (…) 신체의 선을 따라 의식의 붕괴-필멸성에 도달할 것이다. 그러나 만일 우리가 정신 연구를 수행하는 도덕학자라면, 우리는 다른 사실의 선을 따를 것이다."[168] 도덕학자가 따르는 이 선은 정신의 선으로 영혼의 존속, 적어도 가능한 존속으로 이어질 것이다. 그러나 제임스가 하나의 원초적 실재에서 출발하여 서로 분기하는 방향들로 나아가는 반면, 베르그손은 이 분기하는 방향들을 차례로 추적하여 사실의 선들을 그려내는 와중에, 오히려 이 선들이 서로 만나서 교차하며 각각의 개연성을 통해 서로를 강화하는 순간에 주의를 기울인다. "**사실의 선들**이 존재한다. 이 선들 가운데 무엇도 홀로 진리를 규정하기에는 충분치 않지만, 이 선들의 상호 교차는 진리를 규정한다."[169] 관건은 더 이상 여러 사실의 선 가운데 선택을 내리는 일이

167 〈서론〉, II, 《사유와 운동》, 27(37)쪽.
168 '독서 노트', 두세 재단, M. T. 61-63, BGN 643, 11-12번째 장.
169 〈정신-물리 평행론과 실증적 형이상학〉, 《잡문집》, 483쪽.

아니다. 진리는 사실의 선들이 서로 교차하는 바로 그 지점에서, 선들의 만남을 통해서만 솟아나기 때문이다.

> 내가 낸 길은 막다른 길들이었습니다. 그렇지만 내 생에 이따금 두 개의 길이 서로 만나곤 했지요. 그때 이 지점에서 참이 솟아납니다. 연구에 착수할 때 나는 이 지점에 접근하려 합니다. 나는 이 지점에 도달하는 경우에만 만족을 느낍니다.[170]

어디로도 이어지지 않는 무수한 길이 존재한다. 그렇지만 어떤 특정한 길을 통해 우리가 특정한 지역을 다시 주파하였을 때, 이 길들은 실재로 나아가 진리를 위한 공터를 형성한다. 진리는 직관이 끊임없이 실재에 맞춰 조정되고 새로운 과학들의 리듬에 따라 전진할 것을, 사실의 윤곽들을 반복적으로 주파하며 역동적으로 굽이치는 사실의 선들을 따를 것을 요구한다. 직관이 획득할 진리는 결코 확정적인 것이 아니라, 언제나 되풀이해야 할 것, 언제나 성장하는 것이다.

이 지점에서 교차의 방법은 기하학적 방법*more geometrico*에 반대된다. 그것의 정반대라고도 말할 수 있다. 페기를 제외한다면, 주석가들은 종종 기하학적 방법의 영향력을 간과하고는 했다. 기하학에서 "내 확실성은 완전하다".[171] 고찰의 대상이 되는 실재가 오직 크기들로만 이루어졌기 때문에, 한 번 참인 것은 항상 참이다. 이런 이유로 기하학의 진리는 진리의 범형이 된다. 귀납이나 연역과 같은 "지성의 모든 조작은 기하학을 지향한다".[172] 그래서 우리의 판단들은 실재에 적용되는 경우, 자연적으로 교차하기보다 중첩되는 경향이 있다. "실제로 버너 속의 물이 어제 끓었던 것처

170 자크 슈발리에, 《베르그손과의 대담》, 1921년 5월 22일, 35쪽.
171 《창조적 진화》, 3장, 216쪽.
172 같은 책, 211쪽.

럼 오늘도 그러할 것이고, 이것이 절대적 필연성에 속한다고 말할 때, 나는 상상력이 오늘의 버너를 어제의 버너 위로, 오늘의 냄비를 어제의 냄비 위로, 오늘의 물을 어제의 물 위로, 오늘 흐르는 지속을 어제 흐른 지속 위로 옮겨놓는 것을 모호하게 느낀다. 우리는 **중첩된** 두 삼각형의 두 변이 전부 일치할 때 세 번째 변도 일치하는 것과 같은 이유로, 나머지 것들도 틀림없이 일치할 것이라 느낀다."[173] 요컨대 나의 판단은 "오늘의 체계가 어제의 체계에 **중첩될** 수 있음"을, "질들이 마치 크기들인 양 서로 **중첩될** 수 있음"[174]을, 그것들이 다소간 동등하고 상호 교환 가능함을 함축하였던 것이다. 우리는 단번에 절대적 확실성을 겨냥하여 각각의 순간을 나누는 시간을 무시하고, 마치 중첩 가능한 순간들이 모두 하나의 순간 속에 뒤섞인 양 처신한다.

하지만 수학적 확실성을 모든 진리의 패러다임으로 삼는 대신, 지속의 영향을 받는 실재가 그 변이 가능성을 통해 수학적 확실성과 거리를 둔다는 점을 인정한다면, 중첩의 방법은 교차의 방법으로 대체되어야 할 것이다. 기실 "자연은 이러한 중첩을 염두에 두지 않는다. 자연은 측정하지도, 계산하지도 않는다".[175] 자신을 실재에 맞춰 조정하는 일은, 자신을 실재에 맞게 가다듬기를, 끊임없이 실재를 가로지르고 또 교차하기를, 실재로 다시 돌아가면서도 동일한 지점을 되풀이하지 않고 사실의 선들을 다양화하기를 요구한다. "진리의 방향으로 나아가고 있다면", 이 사실의 선들은 서로 "**대략적으로** 만나게 될 것이다". "대략적으로"라는 표현이 중요하다. 접합은 결코 완전하지 않을 것이다. 전통 형이상학에서처럼 접합이 기하학적 방법*more geometrico*으로 이루어지는 것이 아니기 때문이다. 혼동된 직관에서 결정적 확실성에 이르기까지, 그만큼의 매개적 정도들

173 같은 책, 216쪽(필자의 강조).
174 같은 책, 217쪽(필자의 강조).
175 같은 책, 219쪽.

이 존재한다. 철학적 탐구는 어떤 사실의 선도 다른 선과 동일하거나 교환 가능하다고 여기지 않으면서, 이 매개적 정도들을 주파해야 한다. "철학적 확실성이 다양한 정도로 이루어져 있음은 아무리 반복해도 지나치지 않을 것이다."[176] 어떤 설명 방식이 모든 시간에 중첩되어 단번에 결정적인 확실성에 도달하지 못한다고 해서, 그것을 선험적으로 기각할 수는 없다. "여기서 완전하고, 엄밀하고, 수학적인 증거를 요구하지는 말자. 그러면 아무것도 얻지 못할 것이다."[177] 베르그손이 조르주 소렐George Sorel에게 말하듯, "여기서는 우리의 밤에 미광을 퍼뜨릴 수 있는 것, 일정 수의 알려진 사실들을 한데 묶을 수 있는 것, 결국 어떤 방식으로든 우리의 호기심을 만족시킬 수 있는 것이라면 뭐든지 전부 수집되어야 합니다. 그것은 그 자신이 결정적이지 않아도, 아마 결정적인 설명을 이루는 요소가 될 것입니다".[178]

분명 '참은 발견되는 것'이다. 그렇다 해도 발견된 진리는 현행적으로도, 잠재적으로도, 이미 거기에 그저 숨겨진 채로 존재하던 것이 아니라 [진리가 존재하지 않았던] 최초의 어둠에서 끌어낸 것임을 인정해야 한다. 이는 발견découverte이라기보다는 오히려 벗겨냄découvrement이고, 비은폐성*Unverborgenheit*이라는 하이데거적인 의미에서의 탈은폐désoccultation다. 베르그손이 전통을 비난하는 이유는 전통 철학이 '참은 발견되어야 한다'고 생각했기 때문도 아니고, "정신의 개종conversion(회심ἐπιστροφή)"[179]을 요구했기 때문도 아니다. 그것은 전통이 진리를 발견하기 위해 우리를

176 《도덕과 종교의 두 원천》, 3장, 272(376)쪽. 베르그손의 교차의 방법이 존 H. 뉴먼(《동의의 문법》, 가스통 파리Gaston Paris 번역, 1907)으로부터 영감을 받았을 가능성이 있다. 베르그손의 조카, 플로리스 드라트르Floris Delattre는 뉴먼을 주제로 삼은 연구를 수행한 바 있다(《존 H. 뉴먼의 사유》, Payot, 1914). 《서간집》, 각 627, 1025쪽, 《잡문집》, 1592쪽을 보라. 뉴먼은 구체적 확실성을 향한 정신의 노정이 개연성의 수렴을 통해 이루어지는 것으로 묘사하고는 했다.

177 〈의식과 생〉, 《정신적 에너지》, 6(16)쪽.

178 〈조르주 소렐에게 보내는 편지, 1912년 7월 12일〉, 《서간집》, 941쪽.

179 〈변화의 지각〉, 《사유와 운동》, 153(178)쪽.

외양들 속으로, 즉 아직 탐사되지 않은 미답지의 어두운 밤 속으로 빠뜨리는 대신, 외양들을 회피해야 했기 때문이다. 외양들이 펼쳐 놓는 어두운 밤 속에서는 계속되는 손질을 통해 개연성으로 개연성을 보강하면서 끊임없이 외양들로 되돌아가 외양들을 다시 주파하여 교차시키기를 요구할 때에만 빛에 다다를 수 있다. 언제나 운동 중인 실재에 대해서는 결코 동일한 판단을 되풀이할 수 없기 때문이다. 페기는 이러한 교훈을 포착하여 우리에게 전달한다. 페기가 《제2비가》에서 훌륭하게 표현하듯, "실재의 이러한 불모지들에도 그렇게 발길이 잦지 않건대, 하물며 우리는 이러한 불모지에서 스스로 자신에게 (다시) 발길을 돌리는 일, 즉 교차recoupement를 삼갈 것인가".[180]

《지속과 동시성》은 《시론》이 이미 방문했던 지역으로 되돌아가는 탐구가 아니라면 무엇이겠는가? [《시론》에서] 베르그손은 순수지속의 한가운데 자리를 잡았다. 이 층과 아주 가까운 곳에서 《지속과 동시성》은 기계론적 과학의 수학적 시간에 대한 기존의 연구를, 특수상대성이론에서의 시간에 대한 새로운 연구와 교차시킬 수 있었다. 아인슈타인의 이론은 로렌츠 방정식이나 마이컬슨-몰리 실험과 함께[181] 베르그손에게 다른 사실의 선을 제시하였다. 과학들은 각기 그 나름대로 사실의 질서를 제시한다. 마찬가지로 저작들은 각기 하나의 명확한 문제를 다룬다. 그리고 이 저작들이 함께 놓일 경우, 베르그손은 그것들을 이용하여 다양한 사실의 선들을 주파하게 된다. 이 사실의 선들이 진리를 향하는 선들이라면,

180 샤를 페기, 《제2비가*Deuxième élégie*》, XXX, 유작(1908년 9월), 《산문 전집》, La Pléiade, II권, 984쪽. 페기는 여기서 아주 베르그손적인 구도에 따라 수학자의 참과 철학자의 실재를 서로 대립시킨다.

181 《지속과 동시성》, 서문, p. xi. "우리는 이전에 동일한 방향으로 노력을 기울인 바 있다. 상대성이론은 우리가 이전에 수행했던 연구를 재개하여 더 멀리까지 이끌어 갈 기회를 제공하였다." 이 문제에 대해서는 엘리 뒤링E. During, 《베르그손과 아인슈타인: 상대성에 대한 논쟁*Bergson et Einstein: la querelle de la relativité*》, PUF, 2010을 참조하라[역주: 저자가 참조하는 엘리 뒤링의 책은 당시 출간 예정이었으나 아직 출간되지 않았다].

그 선들은 서로 가로질러 만나면서도 동일시되지는 않고, 서로 교차되면서도 중첩되지는 않은 채로, 베르그손을 점점 더 큰 명석함으로 이끌 것이다. 이것이 바로 진리의 성장이다. 이것이 바로 "과학에 기댄 직관"이다. 형이상학은 기하학적 진리와 동등한, 더 나아가 기하학적 진리보다 우월한 진리를 확보할 수 없다. 그렇기 때문에 형이상학은 더 이상 일생에 단 한 번*semel in vita* 수행되기를 바랄 수 없다. 형이상학이 제공하는 앎이 "발화될 때마다" 참이라는 양, 처음 한 번 참이기만 하면 나중의 것들은 전부 거기에 중첩되어 무화될 수 있다는 양 여겨질 수 없다. 새로운 형이상학이 여전히 보편적인 진리를 겨냥한다 해도, 그것이 내보여야 할 양식bon sens은 그것을 "현 시점의 진리"에 결부시킨다. 이는 "단번에 완전히 올바른 것이 되기보다는 **올바름을 향한 여정을 언제나 다시 시작**"[182]하려 한다. 이 선들이 연장될 경우, 사실들 너머에서 수렴할 수도 있다는 점을 덧붙이도록 하자. 이 선들을 통해 정식화될 수 있는 단순한 가설들은 "우리를 그저 참처럼 보이는 것의 영역에" 위치시킨다. 베르그손 연구의 막바지에 등장하는 "신비적 직관"[183]은 이러한 가설에 속한다. 그렇기 때문에 베르그손을 결과까지 이끌어 온 교차의 방법을 도외시하고, 베르그손이 내놓은 결과에만 주의를 기울인다면, 이 결과들이 제시할 수 없는 필증적 확실성을 기대하면서 그것들이 지닌 진리의 무게를 상실하는 것이다. 흥미롭게도 베르그손은 슈발리에와의 대담에서 하이데거에 앞서 실재를 숲에, 진리를 공터에 비유한다.

> 나는 사실과 가설을 아주 철저히 구분하여, 그것들을 동일한 평면에 놓지도 않고 그것들에 동일한 신뢰를 주지도 않는 것을 모든 연구의 본질적 의무로

182 〈양식과 고전 연구〉, 전국 고교 작문 대회 수상식 연설, 1895년 7월 30일, 《잡문집》, 362쪽.
183 《도덕과 종교의 두 원천》, 3장, 272(376)쪽.

여깁니다. 일부분의 불확실성은 다른 부분들에도 영향을 미쳐, 결국 체계 전체에 의심을 던지기 때문이죠. 나의 항구적 방법은 여기에 있습니다. 나의 학설이 어떤 무게를 갖는다면, 사람들에게 어떤 영향을 행사한다면, 그것은 내 학설이 이러한 방법에 의존하기 때문입니다. 실재를 재발견하는 것, 영혼으로 실재의 본을 떠서 실재를 이해하려 시도하는 것이 모든 연구의 목적 아닙니까? 나에게 실재는 장애물이 산재한 광대한 숲처럼 보입니다. 연구자는 나무꾼처럼 숲을 가로질러 길을 냅니다. 무수한 길이 막다른 길에 봉착하지요. 그러나 때때로 두 길이 서로 만나는 경우가 있습니다. 그때 우리는 두 길이 만나는 지점을 명확히 보게 됩니다. 이러한 수렴으로부터 정신은 진리의 감정을 느낍니다. 이러한 신중함이 사실들을 넘어갈 수 없게 만드는 것은 아닙니다. 두 사실이 그것들이 겨냥하는 방향에서 수렴한다는 사실 자체가 관찰된 것, 관찰 가능한 것 너머를 보여줌으로써 사실들의 극복을 촉구합니다. 이런 방식으로 나는 실재를 결코 떠나지 않고서도 나의 사유를 확장하기에 이르렀습니다.[184]

이러한 방법은 연구자들의 공동체를 단번에 개방한다. 이 공동체는 이념적인 것으로 그치지 않고 실재적인 것이 된다. 사전에 제기된 일반적인 기획을 확립하는 데 그치지 않고, 세부 사항으로 계속해서 나아가기 위한 다른 기획들을 요청하기 때문이다. 베르그손이 이미 그것을 요청하고 있다. 베르그손이 이 공동체에 베르그손주의자들을 포함시키지 않는 것처럼 보인다 해도, 이는 전혀 역설적이지 않다. 그는 오히려 공통의 전제가 아니라 서로 다른 출발점에서, 심지어 독립적인 방법에서 출발하였기에 서로를 상호적으로 보강하는 자발적인 만남들을 선호한다. 베르그손은 수많은 측면에서 프로이트와 구분되며, 철학사가의 관점에서는 이 차

184 자크 슈발리에, 《베르그손과의 대담》, 1922년 2월 7일, 39-40쪽.

이점에 주의를 기울여야 할 것이다. 그렇지만 철학자의 관점에서는 양자가 심리학적 무의식의 관념에서 서로 교차한다는 사실만으로도 충분하다. "과거의 총괄적 보존이라는 우리의 관념까지도, 프로이트의 제자들이 수립해 놓은 방대한 양의 실험들을 통해 점차 경험적으로 검증되기에 이르렀다."[185] 그리고 베르그손이 《시론》을 작성할 당시에는 의식의 흐름에 대한 윌리엄 제임스의 작업을 알지 못했다는 사실을 테오될 리보Théodule-Armand Ribot에게 강조한다 해도, 이는 우선권을 주장하기 위해서가 아니라 반대로 각자가 진리에 따라 말한 것을 더 잘 접근시키기 위한 것이다. 후에 그는 제임스에게 다음과 같이 설명한다. "나는 이러한 신화를 그 출발점에서 뿌리부터 잘라내야 한다고 생각했습니다. 내 생각에 미국의 '실용주의'와 프랑스의 '새로운 철학'을 옹호하기 위해 (외적으로) 제기될 수 있는 가장 놀라운 논변은 바로 이 두 학설이 상이한 출발점에서부터 상이한 방법을 통해 서로 독립적으로 구성되었다는 것입니다. 이러한 조건에서 두 학설이 서로 만나는 경향이 있다면, 양자 모두 진리의 편에 있을 가능성이 크겠지요."[186] 따라서 해결책을 "동일한 정도까지 심화시켜 밀고" 나가기만 하면, 즉 실재에서 동일한 층위의 깊이에 자리 잡기만 하면, "철학자가 (…) 다른 철학자들과 의견 일치를 보는 일은 사람들의 생각보다 용이할 것입니다".[187] 베르그손은 각자의 독특성을 보호하지만 동시에 각자를 오류 속에 고립시키는 구획을 만들기보다 모두가 "서로를 보완하고 교정하고 바로잡음으로써"[188] 진리 속에서 모두를 화해시키는 연관들을 직조한다. 아무도 훔치거나 빼앗을 생각이 없음을 안다면, 연구자들은 더 기꺼이 서로를 인용할 것이다. 진리는 공유되는 것이며, 공유를 통해서만 성

185 〈서론〉, II, 《사유와 운동》, 81(97)쪽.

186 〈윌리엄 제임스에게 보내는 편지, 1905년 7월 20일〉, 《잡문집》, 661쪽. 또한 〈테오될 리보에게 보내는 편지, 1905년 7월 10일〉, 656쪽 이하를 보라.

187 〈잔느 에르쉬에게 보내는 편지, 1936년 11월 21일〉, 《잡문집》, 1571쪽.

188 《창조적 진화》, 〈서론〉, p. x.

장할 수 있다. 베르그손을 통해 철학적 탐구는 발견해야 할 대상을 전혀 속단하지 않게 되었다. 더 나아가 철학적 탐구는 유일한*la* 진리를 추구하는 것이 아니라, 언제나 이미 진리 속에 자리 잡고 진리 속을 전진하여, 총체적이고 확정적인 진리를 버리는 대신 진리의 성장하는 근사치를 우선시할 것이다.

베르그손, "잃어버린 시간을 찾아서"

전 저작에서 단 한 번 등장하는 표현을 통해, 베르그손은 결정적인 지점에서 프루스트를 만나게 된다. 이 표현은 《사유와 운동》의 서론에서 우회적인 방식으로 등장한다. 《사유와 운동》은 1934년에 출간되었으나 이 서론은 프루스트가 사망한 해인 1922년에 쓰인 것이다. 여기서 베르그손은 내적 삶의 흐름 속으로 되돌아간 뒤에(결국 가장 어려운 것은 되돌아가는 일이 아니다) 어떤 분야가 이러한 내적 삶을 심화하여 탐험할 수 있는지 묻는다.

> 이 방향에서는 소설가나 도덕가가 철학자보다 더 멀리 나아가지 않았던가? 아마 그럴 것이다. 그러나 그들은 필요의 강요에 의해 단지 간간이 장애물을 돌파했을 뿐이다. 아직까지는 어느 누구도 방법론적으로 "잃어버린 시간을 찾아서" 나아가려 하지 않았다.[189]

외견상의 찬사에 균열을 내는 공격이 아주 소박하기에 이 구절에 주의를 기울였던 사람들도 구절의 의미를 반대로 이해하여, 철학자가 예술 일반에, 더 구체적으로는 프루스트에게 과장된 경의를 보낸다고 해석했

189 〈서론〉, 《사유와 운동》, 20(30-31)쪽.

다. 그러나 여기서 예술은 철학에 합류하여 철학을 돕는다기보다는 철학에 대적하는, 혹은 적어도 철학과 경쟁하는 상황에 처해 있다. "아마" 철학과 예술은 동일한 방향으로 향할 것이다. 그렇지만 베르그손 이전에는 "누구도", 프루스트조차도 베르그손만큼 확실하게 나아갈 수 없었다. 오히려 반대로 베르그손은 프루스트의 기획을 탈취하면서 나아가는 것이 아닌가? 프루스트가 요구했던 지위를 가로채고, 프루스트의 대작에 붙여진 제목을 탈취하는 것 말고도, 프루스트에 대항하는, 혹은 적어도 프루스트와 관계하는 더 나은 방법은 없었던 것일까? "누구도" "방법론적으로" "잃어버린 시간을 찾아서" 떠나지 않았다. 소설가는 잃어버린 시간을 그저 "필요의 강요에 의해 간간이", 즉 우연히 여기저기서 되찾을 수 있었을 뿐이다. 과거가 다시 솟아난다 해도, 작가는 그 상기에 아무런 책임이 없었다. 그것은 비자발적 기억이다. 베르그손은 프루스트와 협력하여 공유된 성과를 얻으려 하기보다는 장르의 혼합을 거부하고 철학에 엄밀학의 지위를 부여하려 한다. 예술은 분명 시선을 통해 드러나는 어떤 통찰력의 표현이지만, 그럼에도 불구하고 철학은 예술과 언제나 거리를 둘 것이다. 문학에서 철학으로의 전치나 타협은 가능하지 않다. 양자가 동일한 목표를 겨냥한다는, 언뜻 보기에는 역설적인 이유로 말이다. 두 분과는 동일한 목표를 겨냥하기 때문에 경합 중인 것이고, 각 분과가 지니는 고유한 양태들로 인해 동일한 지위로 목표에 도달할 수 없다. 여기서 방법의 물음이 제기되는 것이다!

10. 철학의 침습浸濕: 철학에 문제를 제기하는 법

"젖지 않도록 만들어진 옷감을 적실 수는 없다. 아무리 많은 물을 부어도 소용이 없다. 관건은 양이 아니라 접촉이기 때문이다. 물을 붓는 것은 중요치 않다. 중요한 것은 그저 물이 옷감에 침입하느냐 마느냐, 물이 어떤 접촉에 돌입

하느냐 마느냐이다. 이렇게나 신비로운 현상을 사람들은 침습浸濕이라 부른다."_페기[190]

그럼에도 예술은 올바른 방향으로 나아갔다. 철학이 직관을 등한시하고, 더 나아가 부인했을 때에도, 예술은 철학에 직관의 가능성을 보여주었다. 일견 예술과 철학은 서로 뒤섞일 수 있는 것처럼 보였고, 어떤 사람들은 실제로 양자를 뒤섞기도 했다. 기실 예술이란, 자연이 필요에 결부하기를 망각하고 자유롭게 풀어둔 어떤 감관을 통해 "우리와 우리의 의식 사이에" "가로놓인" "장막"[191]의 한 모서리를 들어 올리는 일이 아닐까? 예술 또한 [철학과 마찬가지로] 사유의 일상적 방향을 역전시키는 "주의의 전환conversion"[192]을 요구하지 않는가? 베르그손은 문학보다는 회화를 예술의 패러다임으로 삼았다. 모방이라 일컬어지는 회화의 기능은, 올바르게 이해될 경우 예술이 지닌 "가장 높은 열망"[193]이기 때문이다. 예술은 보는 것을, 그러면서도 보게 만드는 것을 열망한다. 그렇다면 결국 예술 작품에도 "보편적 진리"[194]가 존재하고, 이는 우리가 예술 작품을 수용할 때 "진정으로 보기 위해" 요구되는 노력에 비례하는 것이 아닐까? 예술가들은 우리에게 눈이라기보다는 안경을 제공할 것이고, 이 안경의 투명도는 작품이 품은 진리에 좌우될 것이다. 예술가와 철학자가 직관을 종별적 도구로 공유한다 해도, 양자의 간극은 여전히 넓다. 세 가지 변별적 특성이 양자를 가르고 있다.

(i) 예술이 천재가 타고난 운 좋은 자질을 이용하는 반면, 철학이 동

190 샤를 페기, 《데카르트와 데카르트 철학에 대한 부수적인 주석》, 1914, 《산문 전집》, La Pléiade, III권, 1308쪽.
191 《웃음》, 3장, 115(153)쪽.
192 〈변화의 지각〉, 《사유와 운동》, 153(178)쪽.
193 《웃음》, 3장, 119(158)쪽.
194 같은 책, 124(164)쪽.

일한 지점에 도달하려면 방법을 동원해야 한다. 철학은 물자체에 직접적으로 진입할 수 없기에 필연적으로 처음에는 세계의 물질에 전념하고, 그 이후에도 "적어도 사변의 절반은" 계속해서 "만인의 시선을 따르는"[195] 수고로운 우회로를 택할 수밖에 없다. 직관이 철학을 인도하는 어둠 속에서 정신은 직관을 따를 수 없다. 이 때문에 철학은 정신에 결여된 빛을 얻기 위해, [직관에 인도되는] 동시에 과학과 관찰이 되돌려주는 사실들을 분석해야 하는 것이다. 예술적 직관과 달리, 철학에서 직관은 계속해서 물질에 자연적인 주의를 기울이는 가운데, 오직 "**추가분으로**"[196]만 달성된다. 이때 직관은 정신이 전념한 물질에서부터 정신까지 거슬러 올라가고, 정신은 마치 곁눈으로 흘긋 보는 것처럼 자기 자신에 대해 "**보충적인 주의**"를 기울인다. 따라서 여기서 주의의 전환은 서로 반대 방향으로 나아가는 두 개의 기능, 즉 지성과 직관을 자신 안에 통일하는 이접적 종합이라는 특성을 지닌다. 철학의 겹쳐봄複視, diplopie은 초반에는 아주 초보적이고, 예술의 산물에 비교할 때는 미숙하기 그지없으나, "방법론적으로 배양/전개되고" 나면 예술적 직관을 따라잡고, 심지어는 넘어설 것이다. 예술적 직관은 직접적이기에 국지적일 수밖에 없기 때문이다. 궁극적으로는 서로 연결되는 이 두 가지 요점을, 베르그손은 이미 하랄트 회프딩에게 보낸 편지에서 명확히 표현한 바 있다.

> 당신은 철학과 예술의 동일시가 내 입장이라 여기지만, 나는 이에 찬동할 수 없습니다. 그 이유는 다음과 같습니다. 1) 예술은 생동하는 것만을 대상으로 삼고, 직관에만 호소합니다. 반면 철학은 정신을 심화하면서도 필연적으로 물질과 관계하며, 그렇기에 (직관이 철학의 종별적 도구라 해도) 직관뿐 아니라 지성도 사용합니다. 2) 철학적 직관이 예술적 직관과 동일한 방향에 접어

195 〈변화의 지각〉, 《사유와 운동》, 154(179)쪽.
196 〈서론〉, II, 《사유와 운동》, 85(101)쪽(필자의 강조).

들면, 철학적 직관은 더 멀리까지 나아갑니다. 예술이 이미지를 대상으로 하는 반면, 철학은 이미지로 흩어지기 이전의 생을 고찰합니다.[197]

(ii) 이 인용문의 마지막 문장에서 두 번째 변별적 특성이 도출된다. 기실 예술에는 직관에 학문적 정확성을 부여하여 더 멀리까지 전진시키는 방법이 부재하기에, 예술은 자연이나 정신의 안정된 표면 위에 흩어져, "마치 아직 현상액에 잠기지 않은 사진 이미지처럼" 세계 속에서 본 적 없는 것을 드러내는 '이미지'를 보는 데, 그리고 보게 만드는 데 전념할 수밖에 없다.[198] 달리 말하면, 예술은 이미지에 전념하기에 "그다지 현재를 넘어서게 해주지 않는다".[199] 예술은 정적인 것으로 남는다. 물론 예술은 종종 지속의 상이한 여러 층위에 자리 잡을 수 있고, 극예술이 그러하듯, 우리의 현실적 삶이 쳐내는 "심층적 실재"[200]를 백일하에 드러낼 수도 있다. 그러나 이때 예술은 물자체를 하나의 이미지 속에 기입하며, 이미지는 철학이 사물의 깊이를 복원하는 것과는 반대로 사물에서 깊이를 박탈한다. 철학이 예술처럼 "실천적으로 무용한 것을 향해" 고개를 돌리기를 요청받을 때에도, 이는 일상적으로 관찰되는 것과는 다른 현상을 표면에서 보라는 요청이 아니다. 이전에는 본 적 없는 것을 드러내는 일, 이것은 예술의 고유한 과업이지 철학의 과업이 아니다.

아마도 우리는 **예술**을 통해 자연적 지각보다 더 많은 질과 뉘앙스를 발견할 것이다. 예술은 **우리의 지각을 확장시키지만**, 지각의 깊이보다는 **표면을 확장시킨다**. 예술은 우리의 현재를 풍요롭게 만든다. 그러나 그다지 현재를 넘어서

197 〈회프딩에게 보낸 편지, 1915년 3월 15일〉, 《잡문집》, 1148쪽.

198 〈변화의 지각〉, 《사유와 운동》, 149-150(174)쪽. 본 적 없는 것l'invu과 보이지 않는 것l'invisible의 차이에 대해서는, 장뤽 마리옹, 《보이는 것의 교차점*La Croisée du visible*》, PUF, 1991, 2장, 51쪽 이하를 보라.

199 같은 책, 175(202)쪽.

200 《웃음》, 3장, 121(160)쪽.

게 해주지는 않는다. 철학을 통해 우리는 현재가 담고 있는 과거를 현재와 분리하지 않는 데 익숙해진다. 철학으로 인해 **모든 사물은 깊이를 획득한다.**[201]

예술은 확대의 방향으로 나아가고, 철학은 심화의 방향으로 나아간다. 하나의 평면 위, 곧 고립된 경험의 장場 속에 줄지어 나타나는 평면적 현상에 반대할 때, 철학적 직관은 더 이상 [예술을 따라] 현상의 내부에서 존재를 나타낼 수 있는 무언가를 정적으로 판별하지 않는다. 철학적 직관은 모든 현상을 그 이미지의 기저로, 현상성의 깊이 쪽으로 가져가, '이미 이루어진 것'을 '이루어지고 있는 것'으로 이끌어 현상이 지닌 지속의 두께를 동적으로 입증한다. 강도적으로 점점 더 수축되는 지속의 리듬들 속으로 파고들 때마다 우리의 생명성을 증가시키는 방향이 제시된다. 요컨대, 베르그손에게 관건은 "지속의 견지에서*sub specie durationis* 사물들을 사유하고 지각하는"[202] 법을 배우는 것이고, 이는 "연극의 견지에서*sub specie theatri*"[203]와는 다르다. 전자는 우리를 생과 다시 접촉시키는 반면, 후자는 프루스트에서 그러하듯 때로는 우리를 생에서 떼어내고, 작품 속에서의 재현을 위해 생을 희생시키기까지 한다.[204]

(iii) 마지막으로, "예술은 언제나 **개별적인 것**을 겨냥한다".[205] 반면 철학은 **일반적인 것**을 고찰한다. 우리가 나날이 행하는 지각은 유사성을 강조하고, 혼잡 속에서 차이를 삭제한다. 예술은 실재를 **지금 여기**로 되돌려 개별화함으로써, 지각되었으나perçu 식별되지aperçu 않은 것을 변별한다. 이때 의식을 방해하여 보지 못하게 만드는 베일의 은유는 자연이나 정

201 〈변화의 지각〉, 《사유와 운동》, 175(202)쪽(필자의 강조).
202 같은 책, 176(202)쪽.
203 《웃음》, 2장, 81(112)쪽.
204 cf. 장프랑수아 마르케Jean-François Marquet, 〈프루스트, 상상도 못 할 축제Proust, la fête inconcevable〉, 《동일성의 거울들*Miroirs de l'identité*》, Hermann, 201쪽. cf. 안느 앙리Anne Henry, 《소설가 프루스트*Proust romancier*》, 1983, Flammarion, 205쪽.
205 《웃음》, 3장, 123(163)쪽.

신 속에서 판명하고 구체적인 형상들을 구별하기 위해 풀어내야 하는 혼잡함을 의미할 뿐이다. 그러나 이는 철학의 과업이 아니다. 그렇기에 《시론》의 자아가 데카르트의 자아보다 더 구체적임을 자처한다는 이유로, 자아가 어떤 개별성에 달라붙어야 한다고 생각했던 것은 오류였다. 물론 철학은 예술과 동일한 방향으로 나아간다. 그렇지만 철학은 어떤 깊이를 탐구하건 예술과 동일한 시선의 양태들을 소유하지 않는다.

> 미적 직관은 개별적인 것만 붙잡는다. 그렇지만 물리학이 외적 지각의 방향을 끝까지 추적하여 개별적 사실들을 외적 법칙들을 연장시키듯, 예술과 동일한 방향으로 향하면서도 **생 일반**을 대상으로 하는 탐구를 상상해 볼 수 있을 것이다. 물론 이러한 철학이 그 대상에 갖는 인식을 과학이 과학의 대상에 갖는 인식에 비견할 수는 없을 것이다.[206]

철학과 예술의 관계는 과학과 외적 지각의 관계와 같다. 과학이 외적 지각을 연장하여 고체를 더 정확하고 일반적으로 고찰한다면, 철학은 과학과는 정반대의 방향에서 예술을 연장하여 외적 지각이 내려온 경사로를 거슬러 올라간다. 철학의 과업은 더 이상 사실로부터 본질을 잘라내 투명하고 창백한 본질을 형상적 직관에 제시하는 일이 아니다. 실존을 직접적으로 소여하는 직관은 실존과의 접촉 속에서 날것의 본질에 침투하여 이 본질이 사실과 추론을 통해 점진적으로 드러나기를 기다린다. 반론은 오직 예상된 결과에 반하는 결과를 내놓을 때만 유효한 반론일 수 있다. 폴리체르가 《시론》의 추상적 심리학은 자아의 구체적인 개별성을 복원할 수 없다고 비판했을 때, 그는 베르그손이 심리학을 하려던 것도, 개별적인 것을 기술하려 했던 것도 아니었음을 잊고 있었다. "구체 속에서 개

206 《창조적 진화》, 3장, 178쪽(필자의 강조).

별적인 사례를 통해 영혼을 탐구하는 일이 문학의 과업이라면", 베르그손이 철학에서 추구했던 것은 그저 "직접적이고 무매개적인 자기관찰을 위한 **일반적 조건들**을 제시"[207]하는 일이었을 뿐이다. 물론 자아는 에이도스라는 판명한 형태로 한정되지 않고, 베르그손은 자아에 구체적인 지속을 복원해 준다. 하지만 그럼에도 자아는 일반적인 것으로 포착된다. 후에 베르그손은 "직접소여가 필연적으로 개별적인 것에 관련된다"고 전제하는 모든 비판들에 대항해 이렇게 말한다. "《물질과 기억》과 《창조적 진화》의 주된 목표 중 하나는 정확히 그 반대를 주장하는 것이다. (…) 직접적인 직관은 생의 본질뿐 아니라 물질의 본질도 포착한다."[208]

유려한 (혹은 유려하지 않은) 글쓰기가 베르그손을 비난하는 근거가 되어서는 안 된다. 베르그손은 문학에 빠지기는커녕, 언제나 문학과 철학 사이의 거리를 강조했다. 철학은 합리성을 추구하기에 직관을 정제하여 순수지속 속에서 역동적으로 진전하는 와중에 일반적 진리들을 제시할 수 있다. 베르그손이 예술에 대해 남긴 언급은 많지 않지만, 베르그손은 미학적 문제에 매진하고 싶었다는 마음을 이사크 벤루비Isaak Benrubi에게 고백한 적이 있다. 그렇지만 베르그손 자신의 방법을 끈기 있게 예술에 적용할 시간이 부족했기에 여전히 철학자로 남아 탐구를 진행했던 것이다.[209]

그러나 예술보다 더 멀리까지 나아가려면, 그 전에 먼저 출발이, 그리고 방향 전환이 가능해야 할 것이다. 예술가에게 이러한 출발과 방향 전환은 자연적으로 가능한 것이었으나 철학에서는 그렇지 않다. 기실 철학에

207 〈서론〉, I, 《사유와 운동》, 20(31)쪽(필자의 강조).

208 〈"직접성에 대하여", 1908년 7월 2일 프랑스 철학회에서의 토론〉, 《잡문집》, 773쪽.

209 이사크 벤루비, 〈베르그손과의 대담〉, 1934년 12월 19일, 《시론과 증언들》, 368쪽. "나는 이 문제에 관심이 아주 많습니다. 하지만 나의 다른 저작들을 쓸 때처럼 이 문제에 대한 자료를 수집하고 철저히 조사하기에는 너무 나이가 들었습니다."

서 잃어버린 것은 시간에 대한 경험 자체, 그리고 우리가 지속에 침잠되어 있다는 사실이다. 그리고 지성과 공간 관념에 대한 추상적인 비판만으로는 잃어버린 것을 충분히 되찾을 수 없다. 심지어 지성 외적인 능력을 활용한다 해도, 우리 지성이 언제나 이미 잃어버린 것("시간의 제거는 우리 오성의 일상적이고 정상적이며 평이한 활동이다"[210])을 되찾기에는 불충분하다. 시간은 언제나 이미 공간으로 대체되기에 문제를 뒤집어 이렇게 물어야 할 것이다. 우리의 모든 인식 능력이 세계의 고체성에 매료되어 자연히 시간과는 반대 방향으로 나아가는 데 공모한다면, 어떻게 잃어버린 시간을 되찾는 일이 가능하기라도 할 것인가? "삶에 더 유용한 기능들에 가려진"[211] 직관은 "실천적으로 무용"하고 "심지어 지성의 몇몇 자연적 열망에 반하기"[212] 때문에, 직관을 잃어버리는 것이, 게다가 직관을 잃어버렸다는 감정까지도 잃어버리는 것이 더 나을 정도라면 말이다.

철학은 체계의 통합을 막는 구체적인 지속과 연장을 몰아낸 뒤에야 체계로 무장하고 개념을 논리적으로 연결할 수 있다. 철학은 자신에게 무엇이 결여된지 알지 못하기 때문에, 그것들을 찾으려 시도조차 할 수 없다. 베르그손 자신도, 오직 최초의 발견이 야기했던 "놀라움"[213]에서 출발할 때만 지속을 심화할 수 있었다. 찾기 위해서는 찾기를 욕망해야 한다. 즉 탐구를 속행할 수 있도록 추동하는 무언가를 어떤 의미에서는 이미 발견한 상태여야 한다. 이 메논의 역설을 《창조적 진화》는 다음과 같이 재해석한다.

> 지성만이 찾을 수*chercher* 있으나 지성 자신은 결코 발견할 수*trouver* 없는 것들이 있다. 이것들은 본능만이 발견할 수 있으나, 본능은 그것들을 결코 찾지 않을 것이다.[214]

210 〈서론〉, II, 《사유와 운동》, 26(36)쪽.
211 같은 책, 47(59)쪽.
212 《창조적 진화》, 4장, 342쪽.
213 〈서론〉, I, 《사유와 운동》, 2(10)쪽.

지성은 "찾을 수 있으나" 어디서 찾아야 할지 모른다. 찾아야 할 것을 발견하지 못했기 때문이다. 본능은 찾으려 하지 않기에 발견하지도 않는다. 각자가 상대방에게는 없는 것, 인식을 가능케 할 것을 지니고 있지만, 지성과 본능은 서로 만나지 않기에 각자의 능력을 무화시킨다. 한편으로 직접소여는 찾지 않을 때 발견되는 것이므로, 탐구는 직접소여에서 멀어지는 방향으로 나아간다. 다른 한편으로 의식의 가장자리에 놓인 애매한 본능은 그저 모호하고 어쩌면 환상일지도 모르는 감정밖에 전해주지 않는다. 본능이 전해주는 감정은 헤겔이 말하는 "모든 소가 검게 보이는 밤"이다. 철학은 "[이] 깊이를 알 수 없는 신비 앞에" 얼어붙어 자기부정에 빠질지도 모른다. 베르그손은 분명하게 말한다. 이러한 신비보다는 차라리 "아리스토텔레스의 자연학으로 되돌아가는"[215] 편이 나을 것이다. 철학에 결여된 것은 명백한 직관, 즉 "무사심해져 스스로를 의식하는 본능, 자신의 대상을 반성하고, 그것을 무한정 확장할 수 있는 본능"[216]이다. 이러한 직관의 존재 및 가능성은 예술을 통해 증명된다.

여기서 드러나는 것은 [지성과 본능 사이에 놓인] 하나의 순환이다. 철학사는 이러한 순환 고리를 끊으려 할 것이다. 오직 철학적 직관만이 이 순환을 활용할 수 있다. 베르그손의 표현에 따르면, 실로 철학적 직관은 "직관이 있는 지점에서 직관을 드러나게 하는 동요"[217]가 지성으로부터 오기를 기다려야 했다. 체계에 대한 비판은 이 지점에서 필요불가결한 선결 조건이 된다. 기실 지성의 결함은 지성이 전력으로 수행될 수 있었던 지점에서만 가시적으로 드러난다. 인간에 의해 제기된, 그러나 철학은 성공적으로 제기하지 못했던 "생의 물음들"[218]이 있다. 철학이 획득한 결과

214 《창조적 진화》, 2장, 152쪽.
215 같은 책, 176쪽.
216 같은 책, 178쪽.
217 같은 책, 179쪽.
218 《정신적 에너지》, 각 2, 58(10, 69)쪽. "우리는 어디서 왔는가? 우리는 무엇인가?

에 기대는 것이 아니라, 철학이 도중에 저버린 해결 불가능한 문제들을 지적해야 한다. 이 문제들은 철학의 사변이 오성의 실천적 범주를 이론적 영역으로 전치시키는 와중에 필연적으로 야기되었던 것이다. 철학은 지금까지 실천에서 이론으로 나아가는 사유의 방향을 바꾼 적이 없고, 만물에 대해 사색할 때도 고체적 물질에 대한 작업에서 획득했던 명석함을 얻기를 바랐다. 심지어 이 명석함을 빛을 내뿜는 원리 속에 유폐시킨다면 명석함이 증가할 것이라 생각하기도 했다. [이에 반해] 사유의 운동을 역전시키고 습관의 경사로를 거슬러 올라가는 방법은 체계가 더 이상 매끈하지 않고 우툴두툴한 지점, 체계가 혼선을 일으켜 해결 불가능한 문제들로 굳어지는 지점을 찾는 일로 귀착될 수밖에 없다.

> 이토록 심원한 경향을 어떻게 뿌리 뽑을 것인가? 어떻게 인간 정신이 습관적인 작동 방향을 역전시키고, 변화와 운동을 출발점으로 삼아 실재를 탐구하게 하며, 정지나 상태가 단지 운동체의 스냅사진에 불과함을 깨닫게 할 것인가? 인간 정신에게 다음을 보여주어야 하리라. 사유의 습관적인 흐름이 대화와 협동, 행동을 위해 실천적으로 유용하고 편리한 것이라 해도, 그 흐름은 거꾸로 제기되었기 때문에 지금이나 앞으로나 언제나 해결할 수 없을 철학적 문제로 향한다는 점을 말이다.[219]

그러므로 베르그손이 고대의 지속 개념들을 거의 언급하지 않는다는 사실에 놀랄 것 없다. 그가 보기에 "철학자들은 지속에 거의 신경을 쓰지 않았다".[220] 베르그손은 플라톤, 아리스토텔레스, 플로티노스의 지속 개념

우리는 어디로 가는가?" 이 질문들은 우리의 인격성, 그리고 우리 인격이 전체 속에서 차지하는 지위에 대한 것이다.

219 〈서론〉, II, 《사유와 운동》, 75(89-90)쪽.

220 〈서론〉, I, 《사유와 운동》, 5(13)쪽.

을 뒤늦게 강의 중에만 다루었고,[221] 아우구스티누스는 읽지 않았다.[222] 베르그손이 형이상학사로의 비판적인 회귀를 시도한다 해도, 이러한 회귀는 무엇보다도 지속의 배제가 이들의 체계 속에 만들어낸 문제들을 경유하여 이루어졌다. 내적경험은 체계의 주름들 속에 감춰진 어두운 지점들에서만 솟아날 수 있기에 직관적 발견은 "내적경험의 길을 열기 위한 장애물의 제거"[223]라는 선결 작업을 요구한다. 달리 말하면, 잃어버린 시간을 찾아 떠나는 "진정한 탐색자"[224]가 보기에 철학사가 유익한 탐구 영역으로 남아 있는 이유는, 바로 그것이 체계적으로 시간을 왜곡했기 때문이다. 기실, 체계가 자신의 원리를 통해 지속을 배제할 때마다 지속은 지속의 배제로 야기된 이론적 문제들이라는 억압된 형태로 되돌아올 것이다.

직관은 본능과 지성 사이의 실현된 모순이 아니라 해도, 반성까지 고양되어 동시에 두 방향으로 시선을 돌려 물자체에 주의를 기울이기 위해 필요한 겹쳐 봄을 배양할 수 있을 것이다. 한편으로 직관은 "지성의 메커니즘 자체를 이용하여, 어떻게"[225] 지성이 자기모순에 봉착하는지, 어떻게 지성이 사용하는 개념들(하나/여럿, 기계론적 원인/목적론적 원인 등) 중 어느 쪽도 지지하지 못하는지 보여줄 것이다. 다른 한편, 직관은 불충분한 것으로 드러난 개념들의 틈새에서 실재를 발견하고, 실재가 암시하는 "모호한 감정"을 거슬러 올라갈 것이다.

이러한 방법이 아니라면, 지속의 유동성이 어떻게 개념의 고체성에 대적할 수 있을 것인가? 실재와의 접촉을 복원할 기회는 "분석이 위대한

221 《시간 관념의 역사: 1902-1903 콜레주 드 프랑스 강의》.

222 장 기통, 《시간과 영원*Le temps et l'éternité*》, 1971, Vrin, 2004, 15쪽을 보라. "베르그손 선생님은 자신이 아우구스티누스를 잘 모른다는 사실을 내게 털어놓았다"(1927년 1월 21일).

223 〈서론〉, II, 《사유와 운동》, 47(59)쪽.

224 같은 책, 90(107)쪽.

225 《창조적 진화》, 178쪽.

문제들 주위에 쌓아 올린 애매함"[226] 속에, 이 애매함을 해소하는 과정에 있다. 전혀 다른 맥락이긴 하지만, 페기는 이러한 작업을 '침습'이라 불렀고, 무게와 양의 물리학에 대립되는 "습윤濕潤의 물리학"[227]을 제시했다. 이것을 베르그손의 사유로 옮긴다면, 이렇게 말할 수 있을 것이다. 실재적 지속이 영원성의 체계 속에 침투하지 못하고 그 위를 미끄러진다면, 반대로 체계들은 하나의 문제를 둘러싸고 서로 대립하는 바로 그 지점에서 지성을 자기모순에 빠뜨리고 지속의 경험이 침습을 통해 지성에 스며들 수 있게 하는 균열을 드러낸다. 자유, 심신 결합, 혹은 생의 인과성이라는 사실이 그저 혼잡하고 하찮은 감정에 그치는 것이 아니라면, 이 사실들은 그것들이 철학에 제기했던 문제들에서 출발할 때에만 다시 나타나 밝혀질 수 있다. 이 문제들은 철학에 대한 저항의 지점이었으나, 철학은 서로 대립하여 이 문제들을 잘못 제기하고 은폐했던 것이다.

> 철학에 이러한 명석함을 늘상 요구하는 사람은 아무것도 배울 수 없다. (…) 이와는 다른 종류의 명석함, 철학적 관념이 오직 점진적으로만 획득할 수 있는 명석함도 있다. 철학적 관념이 오랜 문제들을 해결할 때, 이 문제들에서 솟아난 빛은 관념 위로 반사되어 관념을 조명할 것이다. 따라서 철학적 관념이 필연적으로 명석한 것은 아니다. 그러나 그것은 필연적으로 명석하게 될 *devenir* 수 있다.[228]

형이상학적 사유가 다시금 실재의 유동성 속에 자리잡아 운동성을 탐구할 때, 그것은 자신의 해소적 역량을 이용할 때에만, 즉 '습윤'을 통해 문제들에 배어들 때에만 운동성을 심화할 수 있다. 형이상학은 이 문제들

226 〈형이상학 입문〉, 《사유와 운동》, 207(237)쪽.
227 샤를 페기, 《데카르트와 데카르트 철학에 대한 부수적인 주석》, 1309쪽.
228 베르그손, 〈인격의 문제〉, 1914, 앙드레 로비네André Robinet 번역, 《잡문집》, 1081쪽.

이 거꾸로 제기되었음을 보여줄 것이다. 처음에 직관은 지성과 그리 다르지 않다. 그것은 그저 스스로 자연적인 확신을 갖지 않는 지성, 스스로에 반하여 사유하는 지성에 불과하다. 그렇지만 직관은 "행동의 영역에서 들인 습관을 사변으로"[229] 옮겨놓을 때 생겨나는 완고한 이항 대립(결정론/자유의지, 관념론/실재론, 기계론/목적론 등)을 해체한다. 이를 통해 직관은 내적경험의 길을 열고, 그로부터 거꾸로 제기된 문제들을 해소하는 빛을 얻을 것이다. 인간의 자유는 애매하고 혼잡하며, 어쩌면 환상일지도 모른다. "보편적 결정론에 대한 긍정"에 비하면 자유에는 명증성의 무게가 없다. 그러나 자유는 끊임없이 철학에 문제를 제기했다. 자유가 문제를 제기했기 때문에 체계들은 각기 자유를 옹호하거나 부인함으로써 상호 대립에 놓였고, 지성은 무수한 저자와 사상을 거쳐 자기모순에 빠지게 되었다. 철학사에서 미결로 남아 있는—즉 둘 이상의 모순적 해결책을 용인하는—모든 문제는 필연적으로 잘못 제기된 문제다. 대립하는 진영들 가운데 어느 한 진영에 참여하거나 혹은 이 문제에 대한 다른 해결책을 찾으려 하는 것은 헛된 일이리라. 중요한 일은 "문제를 **발견하는** 것"[230], 하나 이상의 해결책을 용인할 수 없는 문제를 발견하는 것이다. 자유의 문제가 더 이상 공간의 용어가 아니라 시간의 용어로 제기된다면, 이는 저절로 해결되어 자유롭다는 감정에 빛을 되돌려 보내줄 것이다. 자유의 감정은 "하나의 사실로" 드러날 것이고, "우리에게 의심할 수 없는 사실이 **될** *devenue*"[231] 것이다. 이론에 대립하는 것은 다른 이론이 아니라 하나의 사실이 지닌 실재성이다. 결정론은 이러한 사실로 인해 수정되어야 할 것이다. "어떤 이론도 사실에 오랫동안 저항할 수는 없기 때문이다."[232]

데카르트와의 비교를 통해 끝맺도록 하자. 데카르트와의 비교가 의미

229 〈서론〉, II, 《사유와 운동》, 75(90)쪽.
230 같은 책, 52(64)쪽.
231 같은 책, 78(94)쪽(필자의 강조).
232 같은 책, 79(94)쪽.

있으려면, 베르그손이 정신적 습관에 반하여 수행하는 사유의 역전이 철학적 방법에 어떤 기여를 가져오는지 설명할 수 있어야 할 것이다. 데카르트의 제일철학은 하나의 아르키메데스적 받침점에, 즉 모든 앎을 놓을 수 있는 토양으로서 "확실하고 의심의 여지가 없는 것"[233]에 근거를 두어야 했다. 데카르트는 제일원리를 통해 견고하게 유지되는 체계가 근거들의 질서에 따라 충분히 정초되어 체계의 반대자들에 맞설 수 있다고 믿었다. 하지만 체계에 저항하는 사실들이 난입했을 때, 데카르트는 체계를 보다 취약한 것으로 여기지 않았던가? 자연학을 통일시키라는 요구에 답하기 위해, 그는 물질의 액체적 상태에 대한 입장을 표명해야 했다. 자연학의 보편적 현상(빛)이나 생명체를 특징짓는 근본 사실(혈액순환)이 문제시되었기 때문이다. 근거뿐 아니라 사실에도 주의를 기울일 줄 알았던 데카르트는 이렇게 말했다. 빛이 순간적으로 퍼지는 것이 아니라면, 자연학 영역에서 무지렁이를 자처하겠다고, 또한 혈액에 대한 자신의 고찰이 그릇된 것이라면, 자신의 철학 전체를 철회할 각오가 되어 있다고.[234] 단 하나의 사실이 원리가 세워놓은 건축물 전체를 무너뜨릴 수 있다. 데카르트는 경험을 존중했기에 자기 자신에 대항할 수 있었고, 이 점에서 파스칼을 능가했던 것이다. 베르그손은 데카르트의 이러한 경향을 계승한다. [그렇지만] 그는 원리가 아니라 문제를 제기하고, 아르키메데스적 받침점이 아니라 복잡화의 지점을 놓으며, 다른 쪽 끝에서 철학에 진입한다. 이론을 침습시켜 실재가 다시 솟아오를 균열들을 발견하기.

233 르네 데카르트, 《성찰》, AT, IX권, 19p. 1.
234 cf. 〈베크만에게 보내는 데카르트의 편지, 1634년 8월 22일〉, AT, I권, 307-308쪽. 〈메르센에게 보내는 데카르트의 155번 편지, 1639년 2월 9일〉, AT, II권, 501쪽. "내가 이 주제[혈액순환에 대한 반박]나 빛의 굴절 현상에 대해 저술한 내용, 혹은 내 출판물에서 세 줄 이상 다루어진 내용 중 어떤 것이 거짓임이 밝혀진다면, 내 철학의 나머지 부분들도 모두 아무런 가치 없는 것으로 여기기를 바랍니다."

11. 실재의 원뿔: 지속의 상이한 리듬들

> "실제로 지속의 유일한 리듬은 없다. 우리는 많은 상이한 리듬들을 상상할 수 있다. 이것들은 더 느리거나 더 빠름에 따라 의식들의 긴장이나 이완의 정도에 필적할 것이고, 그렇게 함으로써 존재들의 계열에서 그것들 각각의 위치를 고정할 것이다."_베르그손[235]

잃어버린 시간을 찾는 일은 직접적으로 수행될 수 없고, 잃어버린 시간을 연구의 대상으로 삼아서는 안 된다. 그 이유는 단순하다. 시간은 전혀 대상이 아니기 때문이다. 베르그손의 저작들 중 시간을 명시적 주제로 삼은 책이 하나도 없다는 사실이 이를 방증한다.[236] 베르그손은 인격에 결부된 구체적인 문제들을 경유하지 않고 "시간과 공간에 대해"[237] 곧장 사변하는 자들을 비판한다. "그때 그의 사변은 순전히 추상적이고, (…) 사태 자체와 관계하는 것이 아니라 사태에 대한 경험적 연구 이전에 만들어진 너무나도 단순한 관념과 관계한다."[238] 우리가 잠겨 있는 순수지속은 직접적으로 반성되는 경우 원리상 파괴되는 선반성적 앎에 속한다. 따라서 지속은 지속을 시험에 빠뜨리는 다른 문제들에서 출발하여, 직관적으로, 곁눈으로 흘긋 포착될 수밖에 없다. 지속은 이 문제들이 되돌려보내는 빛을 통해 드러날 것이기 때문이다. 관건은 지속을 사유하는 것이 아니라 "지속 속에서 사유하는 것"[239]이다. 지속을 대상으로 삼지 말고 지속 안에 다시 위치시켜야 한다. 충분히 알려져 있기에 굳이 강조되지 않는 혼잡한 직관

235 《물질과 기억》, 4장, 232쪽.
236 《지속과 동시성》을 예외로 들 수 있다. 그러나 이 책이 시간을 주제로 삼을 수 있었던 이유는 과학이 먼저 상대성이론을 통해 시간을 주제화하려 했기 때문이다.
237 〈의식과 생〉, 《정신적 에너지》, 2(11)쪽.
238 같은 책, 3(12)쪽.
239 〈서론〉, II, 《사유와 운동》, 30(41)쪽(필자의 강조).

이지만, 형이상학은 영원한 개념 속에 자리 잡기 위해 언제나 이미 이 직관을 넘어섰다.

그러므로 《시론》 2장에서 수에 대한 분석을 통해 도출되는 지속 관념을 베르그손의 최종적 언술로 여겨서는 안 된다. 직관이 내재적인 앎을 포함하고, 이 내재적 앎이 지닌 무매개적 성격이 무언의 자기일치 속에서 확보되어야 한다고, 그래서 철학이 이러한 자기일치를 통해 종결될 수 있다고 생각해서는 안 된다. 이 경우 우리는 직관을 탐구의 종착점으로 삼아 탐구의 끝에 발견될 것을 속단하고 말 것이다. 직관은 오직 탐구의 시작점에서만 주어지는 것인데도 말이다. 베르그손은 "잃어버린 시간을 찾아서" 출발하며 다음과 같이 덧붙인다. "우리의 첫 번째 책에서 우리는 이 주제에 대한 몇몇 지침만을 제시했고, 두 번째 책에서도 여전히 암시들에 그쳤다."[240] 베르그손은 오직 선택된 문제들과 이 문제들에 상응하는 사실의 질서에 대한 일련의 심화와 조정을 통해서만 심층적 자아의 구체적 지속이 제시했던 [《시론》의] 시간을 변형시킬 수 있었다. 베르그손의 각 저작은 형이상학이 미결로 남긴 문제를 해결하기 위한 분석의 진전과 그에 상응하여 이루어지는 경험의 확장을 보여준다. 경험은 실재의 원뿔 정중앙에서 시작되어, 언제나 더 커다란 진폭으로 펼쳐져, 점점 더 수축된 지속의 리듬을 향해 고양되는 동시에 점점 더 느슨한 리듬으로 이완된다.

우리의 시선이 지속을 향할 경우, 지속은 무수한 상태로 파편화될지도 모른다. 그래서 시간은 베르그손의 **어떤** 저작에서도 온전히 주제화되지 않는다. 그렇지만 시간은 베르그손의 **모든** 저작에서, 시간이 해소해 줄 문제들로부터 되돌아온 빛을 통해 점차적으로, 비스듬히 드러난다. 시간은 대상이 아니기 때문에, 지속의 연속성 속에 잠겨 심화를 통해 지속의 서로 다른 차원들(현재, 과거, 미래)을 굴절시킬 때에만, 그리하여 매 저작

240 같은 책, 20쪽.

마다 더 강렬하고 긴장된 리듬 속으로 파고들 때에만 다다를 수 있는 것이다.

논자들은 베르그손 철학의 진전을 그 첫 번째 순간(《시론》)에, 즉 고립된 내적경험의 층에 멈춰 세웠기 때문에, 베르그손적 시간을 자아가 처음으로 스스로를 포착하는 연속적 지속과 동일시했다. 게다가 《시론》의 베르그손은 의식이 직접적으로 체험하는 현재에 집중했기 때문에, 사람들은 베르그손이 체험된 현재를 넘어서지 못했다고, 시간의 탈자적 구조에 무지하여 시간을 현재적 시간으로 환원했다고 말하고는 했다. 메를로퐁티는 다음과 같이 쓴다. "연속성의 원리로 인하여 과거가 여전히 현재에 속하고 현재가 이미 과거에 속한다면, 더 이상 과거도 현재도 존재하지 않을 것이다. 의식이 스스로 눈덩이처럼 불어나는 것이라면, 의식은 눈덩이처럼, 그리고 다른 모든 사물처럼 현재 속에 있을 것이다."[241] 그러나 지속하는 현재가 추상적이고 수학적인 순간의 첨점 속에 유폐되지 않는다는 말이, 시간 전체가 현재 속에 포함되었음을 의미하는 것은 아니다.

기실 "우리 의식을 특징짓는 고유한 지속"은 우리 안에 담겨 있다기보다는 우리를 담고 있다. 우리는 이 지속으로 인해 여러 리듬의 "합류점"[242]에 놓인다. 한편으로는 더 느리고 긴장된, 다른 한편으로는 더 빠르고 이완된 다양한 리듬이 우리의 독특한 리듬에 앞서거나 뒤처지면서 우리를 지속하게끔 한다. 달리 말하면 **유일한***la* 지속 일반은 존재하지 않으며, 의식의 하위, 혹은 상위에서 감지되는 복수의 리듬이 우리 의식을 횡단한다. 이 리듬들이 내보이는 "긴장의 차이"[243]야말로 의식을 **지속하게 만드는** 동시에, 의식이 그 고유한 리듬을 강화하거나 이완할 수 있도록 해주는 것이다.

241 모리스 메를로퐁티, 《지각의 현상학》, 1945, Gallimard, 1996, 319쪽, n. 1.
242 〈의식과 생〉, 《정신적 에너지》, 16(26)쪽.
243 같은 책, 17쪽.

베르그손의 라이트모티프를 잊지 말아야 한다. 베르그손의 작품은 다양한 리듬으로 나누어지는 지속의 원뿔이라는 암묵적 골조를 바탕으로 움직인다. 원뿔의 첨점에는 지속의 순간들이 생의 영원성으로 결집되고, 원뿔의 밑면에서는 지속이 흩어져서 결국 불연속적이고 희미한 파편들로 분산된다. 우리가 찾던 시간은 시간의 점증적 강렬화(강렬화에 상응하는 이완 또한 덧붙여져야 한다)를 통한 자기 심화의 과정을 거친 뒤에야 이러한 내적 구조를 드러낼 것이고, 이러한 자기 심화의 과정은 처음에는 단지 직접적으로 **주어지는** 데 그쳤던 지속의 한복판에서 시간이 어떻게 **구성되는지** 설명할 것이다. 여기서 세부 사항을 다 보일 수는 없으나 베르그손의 움직임을 간략히 스케치해 보자. 베르그손은 자신의 결과들을 언제나 더 심원한 실재의 층위에 놓인 틀 속에서 다시 논하며, 인격을 이루는 시간의 상이한 차원들을 점진적으로 굴절시키려 한다.

(i) 《시론》은 의식에 대해 지속하는 현재에서 시간을 발견했다. 실로 우리가 회고적으로 추정하는 바에 따르면, "우리만 홀로 지속하는 것은 아니"[244]기에 다른 지속의 리듬들이 우리 지속의 흐름과 속도를 저지할 수 있음에도 불구하고, 베르그손은 "외부 세계로부터의 고립"을 위해 요구되는 "격렬한 추상의 노력"[245]을 통해 다른 리듬들과 독립적으로 고찰 가능한 특정한 리듬의 지속을 발견할 수 있었다. "우리는 꿈을 통해 정

244 《시론》, 2장, 79(138)쪽. 사물들에도 특정한 지속을 부여하는 《물질과 기억》이 《시론》과 모순되지 않는다는 사실은 베르그손 자신에 의해서도 강조되는 것처럼 보인다. "이 점은 내가 《시론》에서 저술한 내용에 모순되지 않습니다. 그 당시 내가 내적 삶을 통해 지속을 발견했던 이유는 지속을 내적 삶 속에서 포착했기 때문입니다. 그래서 나는 내가 자아 속에서 포착한 것을 '지속'이라 부르며, 외부 사물들에는 '지속'이 — **이런 지속이** — 없다고 말했던 것이죠. 사물들 속에 있는 지속은 자아 속의 지속과 같은 것이 아니니까요. 내가 사물들 속에서 확인했던 것은 그저 나의 내적 삶의 몇몇 순간과 일치하는 박동들, 아마도 질적으로 구분되는 무언가에 상응할 그런 박동들이 전부였습니다"(자크 슈발리에, 《베르그손과의 대담》, 1928년 3월 12일, 95쪽).

245 같은 책, 67(117)쪽.

확히 이러한 조건들 속에 놓인다."[246] 꿈은 외적 세계에 무관심하기에, 우리를 외적 세계에서 떼어내 '살도록 방임'하여 의식 상태들의 불가분적 연속성을 자유롭게 포착할 수 있게 한다. 의식 상태들을 어떤 하나의 리듬 속에 결집시키는 꿈을 통해, 우리는 의식의 어느 한 평면에 놓인다. 더 일반적으로 말하면, 꿈을 통해 우리는 실재의 원뿔 속에, 원뿔의 중앙 부분으로 진입한다.

(ii) 아마도 《물질과 기억》의 "출발점"은 꿈속에서 수동적으로 계속되는 지속(《시론》 2장)과 자유 행위 속에서 되찾은 지속(《시론》 3장) 사이에 놓인 대립에서 나온 것이리라.[247] 《물질과 기억》은 "꿈과 행동 사이에서 모든 매개적 정도를 나타내는 다수의 상이한 **의식 평면들**"을 상정한다. 그리하여 꿈과 행동은 원뿔의 두 극단에 놓인다(이 원뿔은 베르그손이 순수지속을 더 깊은 곳까지 탐사할수록 확장될 것이다). 1896년 《물질과 기억》은 이렇게 《시론》을 물질과 정신 사이에 끼워 넣는다. 연장되고 연속적이며 불가분적인 물질은 우리의 꿈보다도 더 흩어진 지속의 리듬을 지니는 반면, 정신은 물질 속에 삽입되었을 때 더 강렬하게 수축된 리듬을 갖는다. 지각과 물질은 《시론》이 도달한 층위의 위와 아래에서 《시론》의 층위를 둘러싸는 두 층위의 깊이, 두 층위의 지속을 가리킨다. 물질은 "모든 것이 서로 균형을 이뤄 벌충되고 중화되는 의식"[248]이고, 지각은 더 흐릿한 복수의 순간들을 수축시켜 "단일한 직관"[249] 속에서 다시 포착하는 의식이다. 붉은색은 어떤 층위에선 "연달아 400조 번 진동하는" 빛이지만, 이를 "여러 순간으로 구획 짓기에는 너무 협소한 지속 속에"[250]

246 같은 책, 94(162)쪽.

247 《물질과 기억》 초판 서문, 《전집》, 1490쪽. 프레데릭 보름스는 《베르그손, 생의 두 의미》, 60쪽 이하에서 이러한 난점[꿈과 행동 사이의 대립]을 강조한 바 있다.

248 《물질과 기억》, 4장, 247쪽.

249 같은 책, 246쪽.

250 같은 책, 230쪽.

수축하는 다른 층위의 지각에 대해서는 하나의 색 감각일 뿐이다. 신체와 영혼, 물질과 지각("흐름 위에 놓인 흐름"[251]), 이 양자의 리듬 사이에 존재하는 "긴장의 차이"가 "양자의 이중성과 공존을 설명하는 것이다".[252] 의식은 지각 속에서 강화되지만, 그와 동시에 물질의 리듬이 의식의 고유한 리듬을 저지하고 지연시킨다. 의식의 주의가 의식이 조명하는 물질의 현재적 부분에 제한될 때, 의식의 뒤편에서는 의식이 오직 잠재적으로만 존재하는 **과거**의 구덩이가 파인다. "해석하는 기억이 긴장하고, 삶에 주의를 기울여, 결국 꿈에서 떠난다면[《시론》은 기억을 꿈속에 빠뜨려 두었다], 외부의 사건들은 **기억의 행진을 구획 지어 그 발걸음을 늦출 것이다** — 시계에서 시계추를 자유롭게 내버려둘 경우 거의 순간적으로 이루어질 용수철의 풀림을 부분들로 나누어 며칠에 걸쳐 분배하는 것처럼 말이다."[253] 반대로 꿈꾸는 정신은 물질에서 빠져나와 자신의 현재 안에 고립되고, 용수철처럼 풀어져서 뒤섞인 기억의 자락들이 연이어 등장하는 것을 목격한다. 요컨대 덜 수축된 의식이 더 수축된 의식에 결부되어, 그것이 한층 더 긴장하도록 강제하지 않는다면, 의식에는 **과거**가 없을 것이다. 자신의 보폭대로 전진하는 의식에서는 자유분방하게 펼쳐지는 과거 전체가 현재에 침투할 것이다. 그러나 우리는 신체인 동시에 영혼이기에, 두 리듬 간의 강도적 차이가 양자 모두를 저지하고 변용하고 승화시켜 과거와 현재 간에 본성상의 차이를 만들어낸다.

(iii) 그러나 의식의 보폭을 늦추는 물질의 무수한 동요가 의식이 그 리듬을 다시 죄도록, 그리하여 물질의 동요들을 지각으로 응축시키도록 추동한다면, 순수지속의 한층 더 수축된 리듬 쪽으로 향하는 《창조적 진화》는 의식 앞에 이 리듬이 예감케 하는 어떤 미래를 파낼 수 있다. 실제

251 〈월터 B. 피트킨의 논문 〈제임스와 베르그손〉에 대한 답변〉, 《잡문집》, 824쪽.
252 〈서론〉, II, 《사유와 운동》, 61-62(75)쪽.
253 〈꿈〉, 《정신적 에너지》, 107(123)쪽(필자의 강조).

로 더 강렬한 리듬에 도달하는 것을 가능케 하는 더 격렬한 노력을 통해, 직관은 순수지속의 더 깊은 곳에 탐사봉을 던진다. 생의 약동의 "구체적인 현현들은 (…) 언제나 약동보다 뒤처지기" 때문에, 생의 약동을 이해하려면 어떤 "만회할 수 없는 리듬의 차이"[254]에서 출발해야 한다. 생의 약동이 창조한 미래는 약동의 억제를 통해 전면에 드러나지만, 약동의 고유한 리듬은 약동이 거기에 머물러 있지 못하도록 만든다. 우리보다 이완된 리듬의 의식이 없었더라면 **과거**가 존재하지 않았을 것과 마찬가지로, 의지의 강렬화를 가능케 하여 의식을 더 긴장된 지속의 리듬으로 다시 죄는 약동의 추동력이 없다면 **미래**는 존재하지 않을 것이다. "극한까지" 긴장된 "의지의 용수철"[255]은 우리가 지속을 수축시켜 "그 자체로 고찰될 경우" 본디 초-의식, "광대한 잠재성"[256]이었던 생 속으로 돌아갈 수 있도록 해준다. 이 생의 중단과 추락이 물질성을 창조했던 것이고, 우리의 지성은 이 생의 공간적 측면을 부각시키는 것이다. 이번에는 1907년의 《창조적 진화》가 이전의 두 저작을 포괄한다. 더 높은 곳(의지)으로 거슬러 올라가는 데 기울인 노력은, 그와 대등하게 이완을 통해 극한으로 이행하여 더 낮은 곳(순수공간성)까지 내려갈 수도 있을 것이다. 이런 측면에서 생의 약동은 물질이 내려온 경로를 거슬러 올라, 지속의 서로 다른 리듬을 더 혹은 덜 높은 그만큼의 생의 정도들로, 그리고 더 혹은 덜 낮은 공간성의 정도들로 전환시킨다. 의식을 횡단하면서 의지 속에서 명확해지는 약동을 통해 우리는 지속의 리듬을 강화하고, 물질이 강제하는 리듬 이상의 긴장 정도로 고양되는 것이 가능해진다. 약동은 이렇게 우리가 잠재적으로 자기를 기투하는 미래 속으로 우리를 내던진다.

(iv) 우리가 살아 있는 한, 이 미래는 열린 지평으로 남는다. 그러나 죽

254 《창조적 진화》, 2장, 128-129쪽.
255 같은 책, 3장, 202쪽.
256 같은 책, 259쪽.

음 이후에 이 지평에 실제로 도달할 가능성은 없을까? 베르그손은 이 가능성을 고찰한다. "신체가 파괴된 후에도 (…) 우리 각자는 본성적 힘의 작용만으로 **현생에서 우리 노력의 질과 양이 이미 잠재적으로 우리를 들어 올렸던** 도덕적 평면에 자리 잡을지도 모른다. 마치 땅에서 풀려난 풍선이 그 밀도에 따라 할당된 높이를 채택하는 것처럼 말이다."[257] 달리 말하면, 미래를 향해 있는 이 의식의 약동은 더 수축된 정도의 지속을 향한 의지의 강렬화를 가능케 하는 것이기도 하면서, 또한 약동이 채택하는 방향을 통해 그 끝에 놓인, "초월적이기는 하지만 우리가 참여하고 있는 원리"를 가리키는 것이기도 하다. 이러한 신, 혹은 "생의 영원성"[258]은, 지속의 모든 순간이 한 점으로 결집되어 하나의 소리로 울리는 원뿔의 첨점으로 상징된다. 영원성 자체가 미래를 향한 우리의 운동을 지탱하는 것으로서 인간적 시간의 구성 요소로 기입되어 있다. 이것이 바로 예수를 필두로 한 신비가들이 우리에게 호소하는 신적인 사랑이리라. 《두 원천》은 "가장 높은 곳에서 가장 깊은 곳에"[259] 가닿으며, 이전의 저작들을 포함하고 원뿔의 두 극단에 도달한다. 신과 무라는 원뿔의 두 극단에서 지속의 분산이 종결된다. 더 정확히 말하면, 종결될 뻔한다.

이처럼 "형이상학은 (…) 지속이 영원성이라 불릴 수 있을 법한 것 속으로 수축될 때까지 점점 더 수축된 지속의 직관으로 되돌아가는 노력을 수행해야 한다".[260] 자아는 점점 더 높은 지속의 층에 자리 잡으며 실재를 심화하고, 이 지속의 층들은 잃어버린 시간에 대한 탐구를 곧장 재개시키는 경우에만 잃어버린 시간을 되찾을 방도를 제공한다. 베르그손은 이를 통해 시간의 상이한 탈자태들을 고정된 구조 속에 주어진 것으로 여기는 대신, 탈자태들의 용출을 설명할 수 있게 된다. 서로 다른 강도의 리듬들

257 〈의식과 생〉, 《정신적 에너지》, 27(37-38)쪽(필자의 강조).
258 〈변화의 지각〉, 《사유와 운동》, 176(203)쪽.
259 쟈크 슈발리에, 《베르그손과의 대담》, 1931년 12월 22일, 150쪽.
260 《시간의 관념: 1901-1902 콜레주 드 프랑스 강의》, 17강(1902년 5월 2일), 139쪽.

이 자아 안에서 공존하고 또 대립하며, 서로를 지연시키거나 가속한다. 그리하여 이 리듬들이 횡단하는 자아는 앞을 향해 걸어가면서도(미래) 뒤를 돌아보아야 하고(과거), 지속들의 이러한 매듭이 인격의 고유한 시간을 구성하는 것이다. 직관이 생득적 인식이 아니기에 그 결과를 미리 속단할 수 없다는 점을, 직관이 운동하는 원뿔은 오직 매 저작마다 확장되는 경험에 따라서만 그 부피를 점진적으로 증가시킬 수 있다는 점을 상기한다면, [1장의 구도에 이어] 다시금 하나의 구도를 제시할 수 있으리라.[261]

이렇게 지속의 원뿔 속에서 이루어지는 작품의 운동, 형이상학 자체

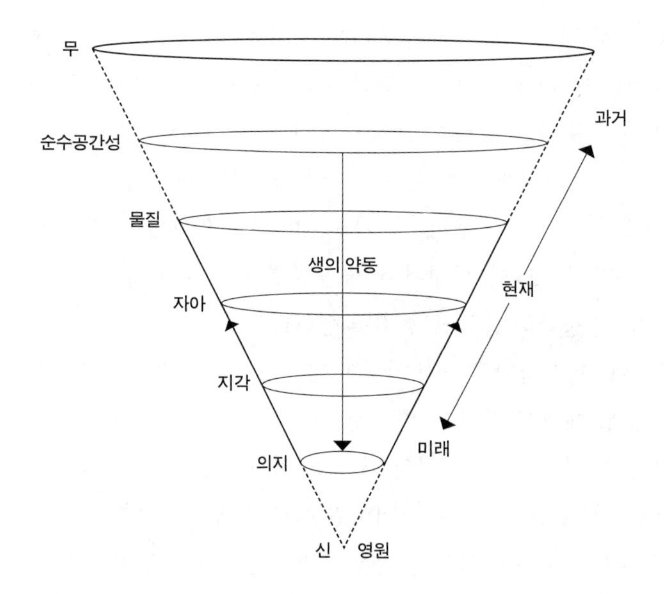

261 베르그손이 무를 개념화하거나 상상할 가능성조차 배제했는데도 순수지속의 원뿔 속에 무를 재도입하려 한다 해서 놀랄 것 없다. 무는 오직 방법론적인 효력만을 가지고 있으며, 제시된 설명 과정에 전혀 개입하지 않는다. 게다가 베르그손이 비판했던 것은 '절대' 무의 관념이지, 상대 무의 관념이 아니다. 상대 무의 관념이 없다면, 어떻게 인간은 "죽음에 대한 확신"(《두 원천》, 136쪽)을 가질 것인가? 그리고 인간 종이 멸종하더라도 신은, 혹은 "생 일반"은 계속해서 존재할 것이다. 무는 존재에 선행하는 것이 아니라, 생의 약동이 중단될 경우 약동이 이완이 도달할 극한의 지점일 것이다.

인 이러한 직관적 운동성은 독자들이 발견한 외견상의 모순들도 해소할 것이다. 이 외견상의 모순들은 하나의 동일한 사실이 저작에 따라 서로 다른 높이에서 고찰되었기 때문에 생겨난다. 기실 베르그손의 방법은 사유에 층을 내어, 확정적으로 여겨지곤 하는 어느 하나의 관점에 머무르는 것을 금지한다. 현재 다루어지는 문제를 경유해야만 논의될 수 있는 물음들에 대해서는 더더욱 그러하다. 동일한 사실이 여러 곳에서 인용되더라도 어떤 실재의 층위에 도달했느냐에 따라 전혀 다른 해석을 불러낼 수 있다. 베르그손의 성과 가운데 어느 하나를 한정해 다루려는 모든 독해는, 작품을 횡단면으로 잘라내어 시사점과 암시를 쌓아 올려서, 대개의 경우 층층이 분절된 설명을 제시하는 데 이를 것이다. 꿈과 실체라는 두 가지 사례를 통해 이를 예증할 수 있다.

(i) 조르주 풀레Georges Poulet는 한 주목할 만한 논문에서 죽어가는 이의 주마등이라는 주제에 대한 베르그손적 해석의 독창성을 보여주었다. 베르그손은 위험에 직면한 힘의 집중(빅토르 에거Victor Egger)이 아니라 정신의 이완을 통해 이러한 기억 이상 증진을 설명한다. 죽음을 확신한 정신은 일상적 긴장을 이완시켜 꿈 같은 상태에 빠진다. 그러면 자아의 지속이 느슨해져 "자신의 눈앞에 지나간 역사의 다양한 세부 사항"[262]을 나열한다. 그러나 풀레는 베르그손이 동일한 현상에 제시하는 다른 설명들에서는 일관성이 흔들리며, 더 나아가 모순이 교묘하게 끼어들었다는 점 또한 지적한다. 베르그손은 한편에 놓인 "선율적 연속성", "유동적 파노라마", 다수의 상호침투"에 대한 직관과 다른 한편에 놓인 "세부 사항의 흩어짐", "응고된 지속", "다수의 병치"[263]에 대한 감정 사이에서 주저한다. [그러나] 풀레처럼 여기서 "학설의 바탕 자체에 난점이 도사리고 있

262 《물질과 기억》, 3장, 172쪽.
263 조르주 풀레, 〈베르그손, 죽어가는 이의 주마등이라는 주제와 병치Bergson, le thème de la vision panoramique des mourants et la juxtaposition〉, 《프루스트적 공간*L'Espace proustien*》에 실린 부록, 1963, 1982, 각 195, 201쪽.

다"[264]는 결론을 도출하는 대신, 전 저작의 연대기를 재수립하여 직관의 점진적 명석함을 밝히는 것으로 충분할 것이다. 직관은 실재의 원뿔 속에서 수직적으로 점진적인 명석함을 획득하여 애매함을 일소하고, 점점 더 넓게 벌어지는 원뿔의 밑바닥에서 만나야 하는 층들까지 꿈의 현상을 심화시킨다. 1889년, 《시론》에서 "살도록 방임된"[265] 정신의 이완을 통해 포착된 순수지속, 꿈의 상태에 가까운 순수지속은 상호 병치되지 않고 상호침투하는 순간들의 연속성이다. 1896년, 《물질과 기억》은 익사한 이와 교수형에 처한 이에게 나타나는 주마등 현상을 통해 전작보다 더 낮은 지속의 리듬에 위치하게 되었고, 그리하여 살도록 방임된 꿈꾸는 자의 이완을 연장하여 죽음에 방임된 이를 탐구하게 되었다. 죽음의 순간, 이들의 생에서는 순간들의 분산이 강조되어 용해의 연속성을 느슨하게 하지만, 연속성이 완전히 끊어지지는 않는다. 이들은 "그들 역사의 모든 잊혔던 사건들이 순식간에 눈앞에 펼쳐지는 광경"[266]을 목격한다. 1911년 베르그손은 죽어가는 이의 주의를 돌려 "그 사람의 전 역사가 눈앞에 움직이는 파노라마로 펼쳐지게"[267] 만드는 예외적인 광경을 다시 언급하며 이러한 해석을 공고히 한다. 그러나 1907년 《창조적 진화》에서 꿈꾸는 자에게 일어나는 노력의 이완은 한 단계 더 하강하여 어떤 융합된 다양체와도 단절되고, 꿈이 지닌 이완의 경향이 강조됨에 따라 꿈의 순간들은 불연속적으로 응고된 공간 속에 외재적으로 병치된다. "우리 자신을 방임해 보자. 행동하는 대신 꿈꾸어 보자. 그러면 우리 자아는 단번에 흩어진다. 그때까지 우리에게 전달된 불가분적 충동 속에 응축되었던 과거는 수천의 기억으로 분해되고, 이 기억들은 서로에 대해 외적인 것이 된다. 기억들은 응고됨에 따라 그만큼 상호침투하기를 거부한다. 우리 인격은 이렇게 공간

264 같은 책, 200쪽.
265 《시론》, 2장, 75(130)쪽.
266 《물질과 기억》, 3장, 172쪽.
267 〈변화의 지각〉, 《사유와 운동》, 170(197)쪽.

의 방향으로 다시 내려온다."[268] 여기에는 아무런 모순도 없다. 꿈에 대한 설명이 차츰 심화될 뿐이다. 이러한 심화를 통해 직관은 지속의 강렬화를 따라가기 위해 필요했던 노력과 대칭적으로 지속의 점진적 이완을 추적하게 될 것이다.

(ii) 직관은 이렇게 실재의 원뿔 속의 한 평면에서 다른 평면으로 이행하는 것이므로 형이상학의 고전적 문제들에 단일한 해법을 제시하는 쉬운 길을 택할 수는 없다. 명석함은 선행하는 미지의 어둠에 대항한 싸움을 통해 획득되는 경우에만 명석한 것이기에 계속적인 어림잡음의 과정을 통해서만 획득될 수 있다. 《사유와 운동》의 서론에서 베르그손 자신의 방법을 설명하기 위해 선택된 것은 실체의 문제다. 실체가 지속의 짜임 속에서, 그리고 지속의 서로 다른 리듬들 간의 상호작용 속에서 드러나는 것이라 해도 '지속' 일반이란 존재하지 않고 지속은 단일한 실체도 아니다. 베르그손은 언제나 순수지속 속에서 더 멀리까지 나아간 뒤에야 지나쳤던 길로 되돌아와 자신이 말했던 내용들 속에서 해결책을 도출한다. "우리의 고유한 실체"를 조명했던 《시론》에 베르그손은 다음과 같은 질문을 덧붙인다. "사물들의 실체에 대해서는 어떻게 생각해야 할 것인가?"[269] 베르그손은 그의 "첫 저서에서 이에 대해 간략히만" 언급했고, "다음 저작에서는 더 커다란 근사치를" 추구했으며, "〈변화의 지각〉에 대한 두 강연에서는 한층 더 멀리까지"[270] 나아갔다.

다른 말로 표현해 보자. 사람들은 베르그손이 "**타성적**이고 수동적이며 언제나 자기동일적인 기체"를 포기하고 "변화를 진정한 실체"[271]로 파악하려 했다는 이유로, 그가 실체의 근본적 지위를 변화시키지 않고, 실체를 존재에서 생성 쪽으로 옮기는 데 그쳤다고 생각했다. 이 경우 지속

268 《창조적 진화》, 202-203쪽.
269 〈서론〉, II, 《사유와 운동》, 76(91)쪽.
270 같은 책, 77(92)쪽.
271 〈빌헬름 예루살렘에게 보내는 편지, 1913년 7월 9일〉, 《서간집》, 525쪽.

은 더는 고체가 아니라 액체적인 것이 되고, 그때까지 군림했던 양의 지배를 질로 전환하는 데 성공할 것이지만, 그럼에도 언제나 삼인칭의 관점에서 추상적으로 주어지는, 분화되지 않은 사물*res*이라는 데카르트적 모델로 사유될 것이다. 이러한 독해에 대항하여, 실체란 더 이상 술어들이 결부되는 주어나 질들의 공허한 담지체가 아니라고 말해야 할 것이다. 그러면 실체는 형용사화되어 변화가 지닌 속도의 차이를 수용하여 변화와 상호 교환 가능한 것이 된다. "실체는 운동이자 변화다." **그리고**, 완전히 상호적으로, "운동과 변화는 실체적이다".[272] "무수한 난점들로 인해 실체를 조금씩 후퇴시켜 결국 인식 불가능의 영역에"[273] 넘기지 않고, 실재를 다시 우리 경험에 접근 가능한 것으로 만들기 위해서는 실체를 일인칭으로, 즉 실체와 우리의 고유한 리듬을 떼어놓는 대비를 통해 포착해야 한다. 달리 말해, "변화의 **실체성**"[274]이란 것이 존재한다면, 실체의 관념은 통상적으로 일컬어지는 것보다 훨씬 더 복잡한 것이다. 운동이 어떤 사물의 운동이 아니라, 더 빠르거나 느린 다른 "운동들의 운동"[275]이므로 실체는 다양한 속도로 배분되어야 할 것이다. 따라서 실체는 더 이상 자신이 담지하는 바와 무관한 하나의 **사물**로서 정신이나 물질의 하부에 던져진 것이 아니라, 그 현상적 현현에 달라붙은 하나의 **행위***acte*로 주어져야 하며, 그것도 정신이냐 물질이냐에 따라 다른 정도로 주어져야 한다. 요컨대 실체는 그 본질을 알기 위해 어떤 속성(**사유하는** 사물res *cogitans* /**연장된** 사물res *extensa*)을 덧붙일 필요 없이, 그 자체로 분화되어 있는 것이다.

정신적 실체와 구분되는 물질적 실체가 분석 시에는 사라지는 비가시적 기체로 남는 것이 아니라면, 그것은 틀림없이 우리 감각의 질 자체에 포함되어 있을 것이다. 감각과 운동 간의 차이는 의식과 물체의 대립보다

272 〈변화의 지각〉, 《사유와 운동》, 174(200-201)쪽.
273 같은 책, 173(200)쪽.
274 같은 책, 165(191)쪽.
275 같은 책, 165(191)쪽.

는 "훨씬 덜 인위적"[276]인 것이다. 사실 움직이는 물체가 진정으로 존재하는 것은 아니다. 그렇지만 적어도 우리는 하나의 색깔 얼룩을 보고, 우리의 눈은 이 얼룩에 운동을 부착한다. 어찌하여 이러한 얼룩은 단지 우리 안에서 감각되는 데 그치지 않고 초월적인 것으로 지각되는 것인가? 실제로 내 의식 밖에 있는 하나의 중심이 그 얼룩을 지탱하는 것이 아닐까? 베르그손은 여기서 멘드비랑과 상반되는 입장을 취한다. 멘드비랑은 실체 관념의 기원을 "우리가 자신의 활동성에 대해 갖는 의식 속에" 두어, 우리가 이 의식을 "바깥 세계로" 투사하여 "질들이 응결되는 하나의 핵으로"[277] 만든다고 주장한다. 그러나 멘드비랑의 주장과는 달리, 우리의 감각이 이미 그것을 경험하는 자아의 내재성 속에서 실체를 갖는다면, 왜 새로운, 가설적인 주체의 주변에 감각을 외재화해야 하는가? 또한 연장에 참여하는 질들에(후각과 미각보다는 시각과 촉각에) 더 쉽게 실체를 부여하는 까닭은 무엇인가? 마지막으로 어떻게 물질적 실체가, 《시론》이 자아 속에서 발견했던 단순하고 비연장적인 실체와 동일시될 수 있는 것인가? 이 질문들에 다음과 같이 대답해야 할 것이다. 두 경우에, 즉 물질과 정신에 있어서 각기 실체는 동일하지 않다. 기실 질과 운동 사이에 개입하는 물체의 고체성을 제거하고 나서도, 질과 질에 대한 의식 사이에 여전히 존속하는 **간극**이 질의 객관성을 믿게끔 한다. "감각질들을 지탱하는 다소간 동질적인 기체에 대한 우리의 믿음이 근거 있는 것이라면, **그것은 오직 질 자체에서 우리 감각을 넘어서는 무언가를 포착하거나 간파하게끔 하는 행위를 통해서만 그렇게 될 수 있다.** 마치 우리의 감각이 짐작되면서도 지각되지 않는 세부 사항들로 가득 차 있기라도 한 듯 말이다. 따라서 (…) **질의 객관성, 즉 질이 가지고 있으나 주어지지 않는 초과분은** 바로 질이 자신의 고치 속에서 행사하고 있는 막대한 양의 운동들로 이루어질 것이다."[278] 베르그손은 이렇게

276 《물질과 기억》, 4장, 276쪽.
277 《심리학 강의》, 1898, 두세 재단, IX-BGN IV-1 (10), 〈실체의 관념〉, 36쪽.

지각에서 지각 행위 자체로 거슬러 올라간다. 지각 행위는 외견상 단순한 감각 속을 파고들어, 더 동질적인 다수의 운동이 그 안에서 진동하고 있음을 간파한다. 물질적 실체는 말하자면 지각된 질들에 달라붙은 것으로, 내재성 속의 초월성으로 드러난다. 물질이 자신의 리듬으로 맥동할 때 물질이 가지고 있는 것과 우리 의식에 주어져서 물질의 무수한 진동을 단일한 질로 전환할 수 있게 만드는 것 사이의 간극이 없다면, 우리에게 주어진 단일한 질은 나 말고 다른 어떤 사물의 질이 될 수 없을 것이다.

베르그손은 이렇게 변화의 실체성을 긍정하며, 적어도 두 유형의 실체 — 정신과 물질 — 를 구분할 수 있게 된다. 하지만 거기서 그치지 않고, 그는 이 두 실체가 어떻게 하나의 추상적 관념 — 인식 불가능한 담지체 — 속에 뒤섞이는지 보여줌으로써, 통상적으로 실체라 여겨지는 복합 관념을 재구성할 수 있게 된다. 인식 불가능한 담지체라는 추상적 관념은 사유와 연장 모두에 적용되기에, 결국 둘 모두에 부적합한 관념이다. 1898년에 이루어진 베르그손의 한 미간행 강의는 그가 첫 두 저작을 통해 실재의 서로 다른 층위에 위치했을 때 실체 관념에 대해 알게 되었던 내용을 한데 묶는다. 베르그손의 결론에 따르면, 실체의 관념은…

> (…) 이중의 기원을 가진 단순 관념이다. 그러나 이 관념이 지닌 두 형태에 들어맞는 대상들이 줄곧 함께 주어지기 때문에, 이 두 형태를 뒤섞는 것이, 즉 타협을 통해 하나의 관념을 창조하는 것이 유용할 것이다. 이 하나의 관념은 양자 모두에 참여하여, 감각적 속성들에 공통적인 연장적인 성격과 우리 내적 삶의 바탕인 의식적 지속의 연속적인 성격을 동시에 지닌다. 우리가 사용하는 실체의 관념은 이러한 형태를 지니고 있다. 그러나 실천적 삶에서 사변적인 [삶]으로 이행하는 경우에는 실체 관념의 이 복합적 형태를 제거해야 한

278 《물질과 기억》, 4장, 229쪽.

다. 사실상 그것은 내적경험의 소여들과 외적 [경험의 소여들] 모두에 대략 적용할 수 있어 어느 쪽에도 완벽히 들어맞지 않는다. 실체 관념을 자아에 적용하느냐, 아니면 외부 세계에 적용하느냐에 따라 대립된 두 방향으로 단순화해야 할 것이다.[279]

다음을 덧붙이도록 하자. 《창조적 진화》는 지속의 원뿔의 첨점을 향해 한층 더 죄어짐으로써 정신을 다시 심화시킬 것이고, 정신은 생의 약동을 통해 의지와 동일시되어 지속의 리듬을 강렬화하고, "가진 것보다 더 많은 것을 추출"[280]하는 일이, 즉 요컨대 창조가 가능해질 것이다. 베르그손의 논의를 다시 요약하자면, 실체의 관념은 앞서 획득된 결과를 전혀 취소하지 않으면서, 자아의 심화에 따라 순수지속의 다양한 리듬들로 분화된다. "실체가 주는 것에 매 순간 전적으로 매달려 있는"[281] 버클리의 관념과 실체가 가지고 있으나 주지 않는 것에 전적으로 매달려 있는 칸트의 물자체의 사이에서, 베르그손은 실체를 그 현상적 현현에 달라붙은 것으로 포착하여 실체를 사유하는 방법을 다시 제공한다.

—물질적 실체는 자신이 주는 것 이상을 가지고 있다. 그리고 물질적 실체가 물러나면서도 주어질 수 있는 이유는 존재*esse*를 지각됨*percipi*으로 공간적으로 대치(《물질과 기억》 1장)했기 때문이 아니라, 우리의 지각함*percipere*이 그것을 시간적으로 수축(《물질과 기억》 4장)했기 때문이다.

—반대로 정신적 실체는 "가진 것 이상을 줄"[282] 수 있다. 그리고 정신적 실체가 예측된 미래 속에 자신을 투사하는 약동을 타고 자신이 갖지 못한 것을 줄 수 있다면, 그 이유는—정신적 실체가 정신의 수준에 존속할 수 있도록

279 《심리학 강의》, 39-40쪽.
280 〈의식과 생〉, 1911년 판본, 《잡문집》, 937쪽.
281 〈철학적 직관〉, 《사유와 운동》, 127(149)쪽.
282 〈영혼과 신체〉, 《정신적 에너지》, 31(42)쪽.

끊임없이 실체에 무언가를 덧붙이는—우리 의지의 노력을 통해 자신이 갖지 못한 것을 창조하기 때문이다.

자아가 전체 속에 감겨 있으나 전체를 완전히 풀려난 총체성, 명시적이고 공간화된 총체성으로 붙잡을 수 없다는 말은 베르그손주의가 더 이상 "실체의 일원론이자 경향의 이원론으로"[283] 여겨질 수 없다는 의미다. 사실상 처음에는 단지 경험적으로 주어졌던 우리의 지속은 오직 그것을 횡단하는 리듬들의 다양한 유희를 통해서만, 지속의 흐름을 아래에서 지탱하는 기체 없이 그 자체로 연속적이고 불가분적인 것으로 유지되는 하나의 실체가 된다. 뒤를 바라보건(물질적 실체) 앞으로 나아가건(정신적 실체) 실체는 오직 서로 다른 층으로 우리를 에워싸는 순수지속의 내부에만 존재한다. 오히려 리듬의 공존을 통해 생길 수 있었던 긴장의 차이가 부재하는 꿈속에서는 순수지속이 희박해져 결국 사라지기에 이른다.

283 블라디미르 장켈레비치, 《앙리 베르그손》, 1959, PUF, Quadridge, 1989, 174쪽.

3장. 새로운 연합[1]: 과학들의 분산을 마주한 철학

"철학이란 모든 낯선 주제를 좋다 여기는 반성이다. 우리는 기꺼이 이렇게 말하려 한다. 철학에서 좋은 주제란 모두 낯선 것이어야 한다."_캉길렘[2]

"내 모든 연구의 목적은 과학과 형이상학을 서로 명확히 구분한 뒤에 이 둘을 서로 접근시키는 것, 그리고 둘 중 어느 쪽도 희생시키지 않고 서로를 보강하는 것이었습니다."_베르그손[3]

베르그손은 과학과 형이상학 사이의 오래된 연합을 끊어버리고, 정초의 소명을 포기한다. 그렇지만 그의 방법은 그 어느 때보다도 더 긴밀하고 견고한 새로운 연합을 맺을 수 있도록 해준다. 앙리 구이에의 말처럼 "플라톤이 체결하고 데카르트가 갱신한 수학과 형이상학 사이의 연합이 단

1 [역주] 주지하다시피, 《새로운 연합*La Nouvelle alliance*》은 노벨화학상 수상자인 일리야 프리고진Ilya Prigogine이 벨기에의 과학철학자 이자벨 스탕게르스Isabelle Stengers와 함께 저술한 책의 제목이기도 하다. 프리고진은 노벨상 수상 수락 연설에서 베르그손의 《창조적 진화》가 자신의 작업에 지대한 영향을 줬다고 고백한 바 있다. 국내에서 이 책은 《*Order from Chaos*》라는 영어판 제목을 따라 《혼돈으로부터의 질서》로 출간되었다.

2 조르주 캉길렘, 《정상과 병리》, 1966, PUF, 1996, 7쪽.

3 〈철학 교육에 대한 조사, 프랑스 철학회에서의 토론, 1907년 11월 28일〉, 《잡문집》, 747쪽.

절"[4]된다고 해서 신흥의 생명과학이 새로운 패러다임을 차지하는 것은 아니다. 베르그손이 기획하는 새로운 연합은 훨씬 더 근본적이다. 그것은 생명과학과 같은 특정한 과학에 관련된 것이 아니라 [철학과 과학의] 관계 자체에 대한 것으로, 형이상학을 과학들 사이에, 과학들과 "동일한 층위에"[5] 위치시켜 기존의 관계 양태들을 전복한다. 다른 사유들에 비해 베르그손의 사유를 철학사 속의 한정된 자리에 위치시키는 일이 과거에도 오늘날에도 여전히 어려운 일이라면, 그 이유는 그것이 대립을 통해 정립되지 않았기 때문이다. 베르그손의 사유는 하나의 형이상학이 다른 형이상학을 변증법적으로 도출하는 자기 목적적인 형이상학사 속에 쉬이 기입되지 않는다. 그것은 이미 학제화된(즉, 자체의 대상과 방법을 지니기에 자율적이고, 그리하여 말하자면 본디의 철학적 뿌리로부터 해방된) 실증과학과의 긴밀한 협업을 요하는 방법을 통해 [학문간의] 영역을 가로지를 때만 형이상학사에 도달한다.

베르그손은 "철학자들의 맞은편에"[6] 대립하여 서지 않는다. 베르그손은 과학자들의 맞은편에 선다. 베르그손의 저작에 달린 주석들을 살펴보기만 해도 이를 알아챌 수 있다. 몇몇 드문 예외를 제외하면, 베르그손의 주석이 참조하는 것은 대개 과학 저작이고, 철학자들을 인용할 때조차 그들을 과학자로 다룬다. 《시론》의 대상은 수학이고, 간접적으로는 측정의 이상을 따르던 정신물리학이 언급된다. 이 책의 본문에서 철학자들은 대부분 그저 암묵적으로만 언급될 뿐이다. 《물질과 기억》은 물리학과 정신생리학에 맞선다. 여기서 인용되는 수많은 인물을 다 열거할 수는 없을 것이다. 《창조적 진화》는 생물학과 생물학의 여러 분과(발생학 등)와 대립한다. 베르그손은 이미 독립적인 하나의 과학 분과를 마주한 철학자를

4 앙리 구이에, 《베르그손과 복음서의 그리스도*Bergson et le Christ des Évangiles*》, 34쪽.
5 〈서론〉, II, 《사유와 운동》, 44(56)쪽.
6 마르시알 게루, 〈철학자들의 맞은편에 선 베르그손Bergson en face des philosophes〉, 《베르그손 연구》, PUF, vol. V, 1960, 11-35쪽.

자임하기 위해 매번 하나의 학제화된 지식을 총체적으로 파악하려 했다. 베르그손이 어떤 이에게는 《두 원천》을 "철학책"[7]이라고 소개하면서도, 다른 이에게는 그 책을 "사회학 책으로"[8] 간주한다고 말했다는 사실은 사람들을 종종 놀라게 했다. 그러나 이러한 판단은 오직 외견상으로만 모순적이다. 그것은 속격이 지닌 이중적 의미를 활용한다. 즉, 《두 원천》은 사회학에 대한 철학책이다. 이때 대상이 되는 사회학은 **집합적으로**, 즉 "어떤 구체적인 학파가 아니라 학문 자체"로 다루어진다. 베르그손은 어느 학파도 편들지 않으려 했다. "이 책에는 다양한 학파들이 등장하고"[9] 실제로 서로 무관하거나 서로를 반박하는 여러 저자의 이름이 인용되어 있다. 뒤르켐Émile Durkheim, 레비브륄Lucien Lévy-Bruhl, 제임스, 웨스터마크Edward Westermarck, 반 제넵Arnold van Gennep 등. 베르그손은 [이들 중 누군가를 옹호하거나 비판하는 것이 아니라] 반대로 철학이 대상으로 삼는 다수의 과학과 철학 사이에 명확한 구분선을 수립하려 한다. 철학은 과학들과 명백히 구분되는 경우에만 각각의 과학에 결부될 수 있다. 그러니까 가브리엘 타르드Gabriel Tarde의 모방 법칙이 베르그손의 열망aspiration의 도덕에 영향을 준 것처럼 보여도 베르그손이 타르드를 인용하지 않는다는 사실,[10] 혹은 더 나아가 알프레드 에스피나Alfred Espinas도, 심지어 전통적으로 사회학의 아버지로 여겨지는 오귀스트 콩트Auguste Comte도 언급하지 않는다는 사실로 그를 비난할 수는 있어도, 거기에 놀라서는 안 될 것이다. 베

7 자크 슈발리에, 《베르그손과의 대담》, 152쪽.

8 〈폴 마송우르셀에게 보낸 편지, 1932년 11월 8일〉, 《서간집》, 1387쪽. cf. 브리지트 싯봉페이용Brigitte Sitbon-Peillon, 〈베르그손과 원시성: 형이상학과 사회학 사이에서 Bergson et le primitif: entre métaphysique et sociologie〉, 《베르그손 연보》, I, 174쪽.

9 같은 책.

10 게다가 베르그손은 〈가브리엘 타르드에 대한 논의〉에서 타르드의 모방 법칙이 "위대하고 중요한 관념"(《잡문집》, 800쪽)임을 인정하지 않는가? 그러나 여기서 이미 [타르드를 인용하지 않은] 이유가 명확해진다. 타르드는 이 법칙을 "우주의 본성에 대한 심오한 형이상학적 견해들"로부터 연역한다. 따라서 타르드의 모방 법칙은 철학적인 것이지 사회학을 위한 것이 아니다.

르그손은 "독자적으로 연구될" 수 있는, 실증적으로 학제화된 과학을 대면하려 했던 것이지 "다른 과학들, 예컨대 생물학(에스피나)이나 심리학(타르드)", 혹은 더 나아가 철학(콩트)의 "연장선상에서" 연구되는 과학에 관심을 가졌던 것이 아니기 때문이다. 이런 측면에서 "뒤르켐을" 사회학의 "진정한 주창자"[11]로 여겨야 할 것이다. 이처럼 과학들의 분산을 마주한 여느 철학자들이 과학을 통일시켰던 착근enracinement 원리가 상실되었다는 생각에 체념한 데 반해, 베르그손은 이러한 원리의 상실에 기뻐하면서 과학과 철학 사이의 새로운 연합을 사유하려 한다. 베르그손이 과학 간의 상호 갈등을 통해 과학을 재편하려 해도, 이는 과학과 논쟁을 벌이려는 것이 아니라 과학의 긴밀한 협조를 요청하려는 것이다.

베르그손이 형이상학과 실증과학에 서로 다른 방법과 대상을 할당할 때, 이는 양자를 분리하려는 것이 아니다. 두 학문은 이미 과도하게 분리되어 있다. 그렇기에 그것들은 오직 기만적인 방식으로만 서로의 논의에 침투하여 왜곡을 가하는 것이다. 이에 반해 베르그손은 형이상학과 과학을 구분하여 양자의 "상호적 노력"과 "상호 통제"[12]를 내포하는 하나의 보편적 학문으로 더 잘 통합하려 한다. 베르그손은 그리스철학과 거리를 두지만, 그럼에도 어떤 면에서는 그리스철학의 전통을 부활시킨다고 할 수 있다. 그리스철학의 토대가 "철저한 인식에 두 가지 서로 다른 능력이 존재하는 것이 아니며, 심화된 과학적 인식은 (…) 형이상학적 인식과 구분되지 않는다는 위대한 관념에" 있음을 강조한다면 말이다. "우리는 이 관념으로 되돌아가야 할" 것이다. "심화된 과학은 (…) 형이상학일 것이다. 마찬가지로 단순히 꿈에 그치지 않는 형이상학은 (…) 과학일 것이다. 이 두 형태의 인식 사이에는 근대철학이 벌려놓은 간극이, 심연이 놓일 수도 없고, 놓여서도 안 된다. (…) 우리는 가능한 한 이러한 이상 — 형이상

11 《프랑스 철학》, 《잡문집》, 1173쪽.
12 〈서론〉, II, 《사유와 운동》, 44(56)쪽.

학과 과학의 결합, 재통합—을 향해 나아가야 할 것이다."[13]

12. 과학적 방법으로서의 "마치comme si": 형이상학 없는 과학

"가장 탁월한 과학적 공식: 모든 일은 마치…"_페기[14]

그러나 과학과 형이상학을 재통합하기 위해서는 먼저 양자를 잘 구분해야 한다. 그러니까 과학과 형이상학이 이미 독립적이라는 환상을 통해 양자를 더 강력하게 억압하는 오래된 연합으로부터 양자를 해방시켜야 한다. 실제로 오래된 연합은 과학(제2철학)과 형이상학(제일철학) 사이의 "모든 갈등을 예방하기 위해",[15] 사실들은 과학의 것으로, 원리들은 형이상학의 것으로 할당하였다. 그것은 이 분업을 통해 과학과 형이상학을 분리하려 했으나, 실제로는 양자를 뒤섞어 서로의 영역을 침해하도록 만들었을 뿐이다. 베르그손이 제시하는 철학적 방법이 과학과 형이상학을 새로운 연합의 틀 속에서 **연결하기** 위해서는, 그와 동시에 과학과 형이상학의 발전을 저해하는 오래된 연합을 **해체해야**만 할 것이다. 일차적인 과업은 과학과 형이상학이 각기 상대방의 영역에서 자행하는 침해를 막는 것이다. 기실 사실들이 형이상학에 새로운 해석을 **암시할** 수 있으려면, 일단 과학이 낡은 형이상학의 부추김을 받아 부당하게 형이상학적 논의로 확장되기를 멈추고, 사실들이 제공하는 정확한 결과물에 제한되어야 할 것이다.

일정한 물질계 속에서 "모든 것이 주어져 있"고 완전히 계산 가능하

13 《시간의 관념: 1901-1902 콜레주 드 프랑스 강의》, 19강(1902년 5월 16일), 165-166쪽.

14 샤를 페기, 《브륀티에르*Brunetière*》, 1906, 《산문 전집》, La Pléiade, II권, 615쪽.

15 《창조적 진화》, 3장, 198쪽.

다고 전제하지 않는다면, 근대과학은 계산을 수행할 수 없다. 그렇다 해도 기계론적 **방법**과 그것을 연장한, 그리하여 그것과 잘못 혼동되곤 하는 형이상학적 **학설**은 엄밀하게 구분되어야 할 것이다.

> 한 체계가 원하는 조건을 만족시키는지 아닌지 여부를 선험적으로 말할 수 없었기 때문에, 언제나 도처에서 **마치** 그 조건이 실현되었다는 양 일을 진행하는 것이 유용했다. 이는 완벽하게 지시되고 너무나 명백해서 공식화할 필요도 없는 방법론적 규칙이었다. 사실상 단순한 양식에 따르면 우리가 탐구의 효과적인 도구를 소유하고, 그것의 적용 가능성 한계를 모를 때에는 마치 이러한 적용 가능성이 한도가 없는 것처럼 진행해야 한다. 적용의 한도를 낮추는 것은 언제라도 가능하기 때문이다. 그러나 철학자에게는 이러한 희망, 또는 차라리 이 새로운 과학의 약동을 실체화해서 방법의 일반 규칙을 사물의 근본 법칙으로 전환시키려는 유혹이 상당히 컸음이 틀림없다. 그때 사람들은 극한으로 나아갔다. 사람들은 완성된 물리학, 감각계 전체를 포괄하는 물리학을 가정했던 것이다.[16]

현상들 사이의 엄격한 결정론을 가정하는 것("모든 일은 마치comme si"는 이에 대한 과학적 공식이다)과 결정론을 상정한 뒤 보편적 기계론이라는 결론을 도출하는 것("모든 일은 이와 같이ainsi"는 이에 대한 형이상학적 공식이다)은 다른 일이다. 후자의 경우 실재 전체를 침해하는 감춰진 형이상학이 과학에 덧붙어, 과학의 고유한 확실성을 떠받치던 조건을 전복시킨다. 과학의 확실성은 오직 **마치**의 매개를 통해서만 달성될 수 있었던 것이기 때문이다.

따라서 새로운 연합은 과학의 전진을 막을 법한 어떤 권리상의 한계

16 《창조적 진화》, 4장, 348쪽.

도 부과하지 않는다. "과학적 탐구에 (…) 너무 빨리 한계를 할당해서는 안 된다." 게다가 과학적 앎에 한계를 부과하는 일은 형이상학에도 전혀 도움이 되지 않는다. 그 경우 형이상학은 단순한 믿음의 지위로 쫓겨나고 말 것이다. 그저 과학이 이 권리를 사실로 착각하여 방법을 실체화하지 못하도록 막아야 할 뿐이다. 예컨대 "**마치** 어느 날 생리학이 심리적 활동에 대한 총괄적인 생리학적 번역을 틀림없이 가져다줄 것인 양 처신하는 것이 (…) 생리학에 유리"하다 해도, 종종 생리학의 결론으로 여겨지고는 하는 정신-생리학적 평행론은 "전혀 별개의 문제이다. 그것은 더 이상 과학적 규칙이 아니라 형이상학적 가설이다".[17] 생리학과 평행론은 오직 논의의 양태를 통해서만 구분된다. 생리학은 "**마치** 사유가 뇌의 기능에 불과한 양" 처신한다. 그렇기에 생리학이 수행하는 과학적 분석의 확실성은 필연적으로 형이상학적 과업의 포기를 대가로 보장되는 것이다.

그러므로 새로운 연합의 수립을 위해, 베르그손은 과학이 부지불식간에 내포하던 형이상학을 과학으로부터 잘라내고, 과학을 사실상의 한계 너머에 적용하는 것을 금하는 정당한 진술을 과학의 담화 속에서 재수립하며, 과학이 지닌 과학적 성격을 확립할 수 있는 유일한 공식을 복원해야 했다. "모든 일은 마치 …인 양 일어난다." 물론 베르그손은 이 표현을 더 넓은 의미로 사용하며, 때로 이 표현은 베르그손 자신의 작업 가설을 대상으로 삼기도 한다. 그러나 대부분 이 표현이 가리키는 것은 과학적 담화 자체다. 《물질과 기억》에서 정신-생리학을 형이상학적으로 보강하는 부대 현상의 가설로부터 정신-생리학을 떼어내야 했을 때, 베르그손은 '**마치**'라는 표현으로 정신-생리학을 보호한다. "모든 일은 언제나 (…) **마치** 우리의 지각이 뇌의 상태로부터 나와서, 지각과는 완전히 다른 대상 쪽으로 투사된다는 양 일어날 것이다."[18] 《창조적 진화》에서 생리학의 설명들

17 〈뇌와 사유〉, 《정신적 에너지》, 192(213)쪽.
18 《물질과 기억》, 1장, 79쪽.

의 기초가 되는 연합론의 가설로부터 생리학을 분리할 때에도 마찬가지다. "사태는 **마치** 고등 유기체가 일을 상호 분담하는 세포들의 연합으로부터 탄생한다는 양 일어난다."[19] 베르그손의 방법은 사실을 민감하게 감지하기 위해, 우선 사실을 기저의 형이상학적 해석으로부터 떼어내는 일종의 판단중지*époché*를 수행하여 사실을 날것으로 **되돌린다**.

《물질과 기억》의 난해한 1장도 이러한 방향에서 이해되어야 한다. 베르그손은 존재와 나타남의 동일성을 주장하는 형이상학적 테제를 제시했던 것이 아니라, 물질이나 정신의 본성에 대해 아무런 속단을 하지 않은 채 이미지에 정확히 방법론적인 기능을 부여했던 것이다. 이는 과학적 담화에 포함되어 있던 암묵적인 만큼 위험한 형이상학을 중화하여, 사실들을 해방하고 직접적으로 암시되는 형이상학적 해석을 발견하려는 것이다. "외양들에 멈추어 보자."[20] 이러한 지시는 아직 붙잡아야 하는 존재에 대해 아무런 속단도 내리지 않는다. 이미지가 형이상학적 주장들을 유보한 결과라면 이미지 개념에 대한 형이상학적 해석은 베르그손의 논의 방향에 대한 곡해가 될 것이다. 이미지는 베르그손의 주장을 예고하는 것이 아니라, 모든 주장을 확실하게 유보시키고 과학을 그 자체로 되돌릴 수 있게 해주는 것이다. 이미지를 관념론이나 실재론의 측면으로 몰아가려는 것은 여전히 유보해야 할 형이상학적 도식들을 따라 사유하는 것이고, 그리하여 베르그손이 추출한 "모든 일은 마치"라는 엄밀하게 과학적인 공식으로의 회귀를 막는 것이다. '**마치**'의 조작적 성격을 보장하는 철학하는 자아의 보호 아래, 이미지는 그 어떤 관념론, 혹은 실재론도 조건 지어진 것으로부터 그 형이상학적 조건으로 하강하여 '**마치**'에서 벗어나려는 유혹에 속지 않도록 해준다.[21]

19 《창조적 진화》, 3장, 260쪽.

20 《물질과 기억》, 1장, 12쪽.

21 《물질과 기억》 1장에서 이미지의 지위에 대해서는 졸저 〈《물질과 기억》에 현상학적 환원이 존재하는가?Y a-t-il une réduction phénoménologique dans *Matière et mémoire*?〉,

이제 우리는 베르그손의 글에서 "…로 보인다", "사실상", "모든 일은 마치"와 같은 표현이 어떤 이점을 제공하는지 알 수 있다. 이 표현들은 언어에 결함이 있다고 간주하고 은유적인 근사치를 제시하는 것이 아니다. 그것들은 반대로 판단중지의 엄격한 유지를, 이미지의 평면이 한정하는 단일한 사실 영역에 머무를 것을 우회적으로 상기시킨다. 과학은 때로 자신의 방법에 '마치'가 도입되어 있었음을, 과학적 방법은 과학의 포착을 필연적으로 벗어나는 실재를, 혹은 적어도 실재의 절반을 포기하는 한에서만 구성될 수 있었음을 망각한다. 과학은 종종 부지불식간에 "모든 일은 마치"에서 "모든 일은 이와 같이"로 미끄러져 간다. 베르그손의 방법은, 후에 페기가 말할 것처럼 근대과학이라는 "기관에 '마치'의 책임과 기능을" 복원하는 일이다. "'마치'를 통해 과학적 확실성을 달성하고, 획득하고, 확립하고, 수립하고, 정초하기 위해서는 이러한 대가, 조건을 감수해야 한다. 즉 모든 확실성을, 그리고 심지어 그 기저에 있는 모든 형이상학적 관심사를 돌이킬 수 없는 방식으로, 영원히, 형이상학적으로 포기해야 한다."[22] 형이상학적 불확실성은 과학이 과학적 확실성을 획득하기 위해 지불해야 했던 대가다. 양자는 서로를 상쇄시킨다. 그렇기 때문에 베르그손이 원하는 새로운 연합은 근대과학과 함께 통과되었던 이 "해지 불가능한 계약", 근대과학이 형이상학에 종사하지 말라는 요구만을 유일한 내용으로 삼는 이 계약 위에서만 세워질 수 있는 것이다.

> 이 방법의 본질은 사실들에서 출발하여 모든 선입견적 관념을, 즉 이러저러한 주장, 학설 심지어는 경향에 대한 모든 선호를 백지로 돌리는 것입니다. 이 점을 명확히 해야 할 것 같습니다. 내가 형이상학에 무언가 새로운 기여를 했다면, 그 기여란 무엇보다도 이것이니까요.[23]

《베르그손 연보》, II권, 261-285쪽을 참조하라.

22 샤를 페기, 《브뤼티에르》, 1906, 《산문 전집》, La Pléiade, II권, 617, 616쪽.

베르그손은 수립된 경험의 장을 "모든 일은 마치"라는 기호 아래 놓는다. 이 기호는 과학의 고유한 공식으로 과학을 한계 지으면서도 과학이 지닌 어떤 능력도, 지식도 삭감하지 않는다.

그럼에도 《물질과 기억》과 《창조적 진화》 사이에서 베르그손은 과학과 형이상학의 업무를 분배하는 데 있어서 과학에 내재된 형이상학을 충분히 중화시킬 수 없다는 사실을 알아챈다. 근대과학에 앞서 그리스 형이상학이 존재하지 않았더라면, 1896년의 판단중지만으로도 충분히 형이상학적 유령처럼 과학 위를 떠돌고 있는 보편적 기계론을 해소할 수 있었을 것이다. 그렇지만 역사적으로 근대과학은 이미 형이상학이 확립된 이후에 등장했기 때문에, 자신의 자발적 형이상학에 **이미 하나의 몸체**를 부여하는 사유의 습관을 들였던 것이다. 이제 과학의 작업 속에서 종종 드러나는 잠재적 형이상학을 막는 일만으로는 충분치 않다. 이미 형이상학의 역사에 걸쳐 또렷한 몇몇 개념이 형이상학을 결정화하여 응고시켜 두었기 때문이다. 예컨대 《물질과 기억》 이후, 베르그손은 정신-생리학에 스며든 부대현상설이 역사적으로 특정한 시기에 생겨난 더 오래된 주장 — 평행론 — 의 화신에 불과하다는 사실을 알아챈다. 평행론이 부대현상설에 일관성을 부여하는 **사유의 습관**으로 계속해서 영향을 미쳤던 것이다. 1896년에 도출된 귀결들을 재론하는 강의, 에세이, 강연 들은 평행론이 낳은 습관을 더 잘 근절할 수 있도록 평행론을 식별하는 역할을 한다. 요컨대 근대과학이 이미 지성적 경향이나 사유의 습관이라는 형태로 존속하는 형이상학적 유산을 그 안에 담고 있다면, 형이상학의 유보로는 더 이상 충분치 않다. 적어도 베르그손은 이러한 방식으로 《물질과 기억》 출간 당시 생겨났던 오해를 설명하려 한다. "철학적 사변의 몇몇 습관을 지닌 사람들은 모두 **이 습관 자체로 인해**, 우리가 '이미지'에 대해 수행했던

23 자크 슈발리에, 《베르그손과의 대담》, 75쪽.

성찰의 귀결이 애매하다고 판단했다."[24] 베르그손의 철학적 방법은 여기서 정련된다. 이제부터 그것은 형이상학사를 포괄하여, 가장 현대적인 과학들이 여전히 매달려 있는 뿌리를 식별하고, 또 근절해야 할 것이다.

13. 형이상학사의 중심적 인물, 플로티노스

"모든 존재자는 일자에 의해 그 자신이 된다."_플로티노스[25]

그리스인들이 이미 우리 지성의 자연적 경향을 좇았다. 그렇기에 서양 사유는 그리스인들이 새겨 넣은 방향에 따라 여러 가지 사유의 습관을 들였다. 이 습관들은 근대과학에서도 존속하며, 근대과학에 적합한 형이상학의 채택을 막는다.

> 오늘날 격론을 일으키는 주된 이론적 난점들은 철학자들과 과학자들이 여전히 종종 부지불식간에 그리스인들의 관점으로 되돌아가는 데서 생겨난다. 그렇지만 우리 정신이 여전히 헬레니즘으로 물들어 있다는 바로 그 이유로 인해, 우리는 헬라스 철학을 연구하지 않을 수 없다. 이는 그리스적 철학함에 머무는 경우에도 필요한 일이다. 그렇지만 다른 방식의 철학함을 바란다면 한층 더 필요한 일이 된다. 사유는 철학적 성찰의 여명에서부터 점점 더 심화되어 철학사의 위대한 시기들에 상응하는 거대한 관념의 지층을 차례로 거쳤다. 우리는 이 궤도를 각기 다시 그릴 수 있다. 그렇지만 단계를 뛰어넘는 비약은 헛된 일이다. 유클리드기하학이나 다른 형태의 초등기하학을 연구해야만 데카르트의 해석기하학에 도달할 수 있듯이, 그리스철학을 경유해야만 그

24 〈서론〉, II, 《사유와 운동》, 83(99)쪽(필자의 강조).
25 플로티노스, 《엔네아데스》, VI, 9, 1장.

리스철학을 넘어설 수 있다.[26]

관건은 다른 방식의 철학함을 통해 지성의 자생적 경향에 접목된 습관들을 근절하는 일이다. 그렇기에 베르그손이 그리스인들에 관심을 갖는다면, 그 이유는 오직 그리스 형이상학이 "인간 지성의 자연적 형이상학 (…) 의 윤곽을 그리"[27]며, 이를 하나의 체계로 정교화하기 때문이다. "이 거대한 건축물을 세우는 데 쓰인 허약한 재료들을 추상"한 뒤에 남는 이 "견고한 뼈대", 우리는 앞선 장에서 이 뼈대가 형이상학의 존재-신-학적 구조를 폭로하고 있음을 보인 바 있다.

그러나 존재-신-학적 구조는 어떤 특권적인 저자를 통해 드러나는 것인가? 베르그손은 "그리스철학처럼 복잡하고 포괄적인 철학을 몇 장에 요약"할 수도 없었고, "그것을 선험적으로 재구성"[28]하기를 바랄 수도 없었다. 따라서 베르그손이 형이상학적 본질적 구조를 식별할 수 있으려면, 형이상학이 역사상의 어느 한순간에 한 사람의 인물 속에 완벽히 구현되었어야 했다. 달리 말하면, 형이상학 **자체**는 고유명을 가지고 있음이 틀림없다. 그 이름은 플로티노스다. 단정적인 표현에 놀랄 수도 있을 것이다. 플로티노스가 여기저기서 인용된다 해도, 플로티노스는 베르그손이 [《창조적 진화》 4장에서] 검토하는 위대한 인물들 — 플라톤, 아리스토텔레스, 데카르트, 스피노자, 라이프니츠, 칸트, 스펜서 — 의 목록에 들어 있지 않기 때문이다.[29] 그러나 베르그손이 이 인물들로부터 받아들인 내용을,

26 〈에밀 보렐의 논문, 〈기하학적 지성의 진화〉에 대한 답변〉, 1908년 1월, 《잡문집》, 753쪽. 또한 《창조적 진화》, 4장, 315쪽을 보라.

27 《창조적 진화》, 4장, 325쪽.

28 《창조적 진화》, 4장, 314, 325쪽.

29 실제로 플로티노스는 《창조적 진화》에서 가장 드물게 인용된 철학자다. 그는 총 11회 인용된다. 이에 반해 플라톤은 22회, 아리스토텔레스는 38회, 데카르트는 11회, 스피노자는 17회, 라이프니츠는 22회, 칸트는 41회, 스펜서는 18회 인용되고 있다.

더 나아가 고등사범학교나 콜레주 드 프랑스의 강의 중에 이들에 대해 말하는 내용을 따라간다면, 플로티노스가 전면에 드러나지 않는 이유는 베르그손이 플로티노스라는 프리즘을 통해 형이상학사 전체를 읽어내기 때문인 것처럼 보인다. 베르그손의 신플라톤주의적 독해는 아주 독창적인 철학사를 제시한다. 베르그손은 플로티노스 이전의 저자들뿐 아니라 그에 뒤따르는 저자들까지도, 플로티노스가 형이상학에 — 고대 형이상학은 물론 근대 형이상학에까지 — 단번에 전부 부여했던 체계적인 통일성으로 이끌어간다.

1900년 콜레주 드 프랑스의 그리스 라틴철학 교수직에 선출된 이후, 베르그손은 그리스인들에게, 더 구체적으로는 플로티노스에게 점점 더 주도적인 지위를 할당한다. 금요일 강의보다 인기가 덜 하기는 했지만, 토요일 강의에서 베르그손은 첫해에 아프로디시아스의 알렉산드로스(《운명에 대하여》)를, 두 번째 해에 플로티노스(《엔네아데스》, VI, 9)를, 마지막 두 해에는 아리스토텔레스(《자연학》 2권, 《형이상학》 Λ권)를 다루었다. 1904년 베르그손 자신의 요구에 따라 근대철학 교수직으로 옮긴 뒤에도, 그리스인들로부터 배운 교훈은 결정적으로 남아 그의 근대철학 독해에 영향을 미친다. 오직 하나의 형이상학만이 존재했다. 형이상학은 철두철미 그리스적이다. 《창조적 진화》의 마지막 장은 "체계들의 역사를 한눈에"[30] 빠르게 검토하며 이러한 결론을 개괄하기에 이른다.

고대인들: 플라톤과 아리스토텔레스

베르그손은 "플라톤에서 아리스토텔레스를 거쳐 플로티노스까지 전개되는"[31], 그리고 "플라톤에서 플로티노스로 나아갈수록 점점 더 그리스

30 《창조적 진화》, 4장, 272쪽, n. 1. "이 장에서 체계들의 역사, 특히 그리스철학의 역사를 다루는 부분은 우리가 콜레주 드 프랑스에서 1900년과 1904년 사이에, 특히 '시간 관념의 역사'에 대한 강의(1902-1903)에서 길게 전개한 바 있는 시각들을 아주 간략하게 요약한 것에 지나지 않는다."

철학자들의 추론 아래 드러나는"[32] 학설에 주의를 기울인다. 그리스철학이 플로티노스에서 정점을 이루었기 때문이다. 베르그손은 강의 중에 플로티노스를 "그리스철학 전체의 종합"으로, "고대 사유의 정수"[33]로 소개하고는 했다. 베르그손은 플라톤에게도, 아리스토텔레스에게도 체계가 없다는 사실을 의식하고 있었다. 그렇기에 플라톤과 아리스토텔레스의 체계화는 플로티노스가 제시했던 거대한 종합을 경유할 수밖에 없다. "플로티노스는 (…) 플라톤만큼이나 아리스토텔레스에게도 빚을 지고 있다. … 그는 자신이 그리스철학 전체를 응축하여 그것을 (…) 이방의 학설에 대립시킬 뿐이라 믿었다."[34]

형이상학에는 출생 일자가 있다. 형이상학은 "우리의 지성을 통해 표상된 운동과 변화에 내재하는 모순을 엘레아의 제논이 지적했던 날 시작되었다".[35] 그러나 베르그손이 보기에는 형이상학이 완전한 성숙에 이른 일자도 있다는 점을 강조해야 할 것이다. 기실 엘레아 학파에서 알렉산드리아 학파로 이행하려면, 생성에 대한 부정(제논은 이 주제에 머물러 있었다)은 존재에 대한 긍정으로 전환되어야 했다. 전자에서 후자로 나아가기 위해서는, 존재가 생성에 앞서고 생성을 발생시킬 수 있다는 점을 설명해

31 《창조적 진화》, 4장, 315쪽.

32 같은 책, 323쪽.

33 《자유 문제의 진화: 1904-1905 콜레주 드 프랑스 강의》, 11강(1905년 3월 3일), 178쪽, 13강(1905년 3월 17일), 210쪽.

34 《도덕과 종교의 두 원천》, 3장, 232(320)쪽. 《자유 문제의 진화: 1904-1905 콜레주 드 프랑스 강의》, 11강(1905년 3월 3일), 178쪽: "플로티노스는 그리스적이기를 바랐다. 플로티노스는 그리스 철학자들의 학설을 찬탈하려는 학설들이 야만적인 학설들이라 생각했고, 고대의 모든 철학자에게 일정 수의 관념들, 기지의 관념들을 찾아내어 그것들을 하나의 전체로 결집시켜야 한다고, 그래서 말하자면 솟아오르는 새로운 관념들의 물결에 맞설 둑을 건설해야 한다고 믿었다. 플로티노스는 통일성을 지닌 하나의 그리스철학이 존재한다는 생각에서 출발했다. 그는 내심 플라톤이 진리를 담고 있다고, 또 아리스토텔레스는 그저 플라톤을 변형시키며 반복했을 뿐이라고 생각했다."

35 〈서론〉, II, 《사유와 운동》, 8(17)쪽. 또한 〈변화의 지각〉, 《사유와 운동》, 156-161(181-186)쪽을 참조하라.

야 했다. 생성을 삼켜버린 무의 관념이 형이상학의 왕국 속에서 존재 관념에 선행하는 것이 되었기 때문에, 플라톤에서 플로티노스에 이르기까지 그리스철학은 온통 실재의 불분명한 모순을 해소하고 무의 세이렌들을 쫓아버릴 수 있는 논리적이고 불변적인 원리를 정립하는 데 노력을 기울였다. 사실상 플로티노스의 형이상학은 제논이 제기한 문제에 대한 체계화된 답변일 뿐이다. 그래서 베르그손은 플라톤과 아리스토텔레스를 회고적인 관점에서 신플라톤주의적으로 독해하며, 이들을 플로티노스로 나아가는 표지들로 놓는 것이다.[36]

플라톤과 아리스토텔레스가 맞닥뜨린 문제, 플로티노스의 일원론이 해결하려 했던 문제는 이원론의 문제, 즉 가지계에서 감성계로의 이행이라는 문제다. 이렇게 볼 때, 플로티노스의 '방사 원리'[37]는 그저 문제를 진술할 뿐이고, "다양한 사물들은 필연적으로 이데아로부터 나와야 하지만 이데아들이 이데아 자신들로부터 나와서는 안 된다"[38]는 사실을 확인하는 것에 불과하다.

플라톤은 이데아, 즉 형상들을 (생성의 연속성에 대한 복수의 시각들로 여기는 대신) 스스로 존재하는 것으로 간주함으로써 생성을 불가해한 것으로 만들었다. 베르그손은 플로티노스의 이중 운동, 즉 회귀(에피스트로페ἐπιστροφή)와 발현(프로호도스πρόοδος)에서 출발하여 플라톤의 대화편 속에서 두 가지 국면을 구분한다. 플라톤의 변증술은 감성계의 모순에

36 이 점에 대해서는, 실뱅 루Sylvain Roux, 〈신플라톤주의적 양가성: 베르그손과 《창조적 진화》의 그리스철학L'ambiguïté néoplatonicienne: Bergson et la philosophie grecque dans *L'Évolution créatrice*〉(Vrin, 2010)을 참조하라.

37 [역주] 광원을 놓았을 때 그로부터 흘러나오는 광선들을 놓지 않을 수 없다는 플로티노스의 논의를 지칭할 때, 베르그손은 '유출설' 대신 '방사 원리'라는 용어를 사용한다. 베르그손에게 방사 원리는 플로티노스 이전 그리스철학이 제기하는 문제에 대한 플로티노스적 해석을 드러낸다. cf. 《시간 관념의 역사: 1902-1903년 콜레주 드 프랑스 강의록》, PUF, 2016, 180쪽.

38 1898-1899년 고등사범학교에서의 〈플로티노스 강의〉, 《강의*Cours*》, IV권, PUF, 1998, 51쪽.

서 이데아 이론으로 향하는 상승의 운동이다. 그렇지만 선善에서 출발하여 이데아로, 그다음으로는 감성적 사물로 하강하는 역방향의 운동은 변증술의 용어로 설명될 수 없기에 신화를 통해서만 설명될 수 있다. 베르그손은 플라톤의 여러 신화를 하나의 공통 논점으로 묶으려 한다. 플라톤의 신화들은 "영혼의 생성을, 혹은 일반적으로는 영혼의 생성을 향해 나아가는 생성 일반"을 대상으로 한다. 그래서 그는 이렇게 말할 수 있었던 것이다. "프로호도스와 에피스트로페라는, 이미 알렉산드리아적인 이런 표현을 동원한다면, 플라톤 철학에서 모든 회귀는 변증술의 용어로 설명되고, 모든 발현은 신화적인 용어로 설명된다."[39]

아리스토텔레스도 동일한 지점에서 출발한다. 아리스토텔레스가 설명하려는 것은 생성 일반이다. 전통적인 해석과는 반대로, 베르그손은 아리스토텔레스가 플라톤 철학에서 이데아 이론이 아니라 신화적 차원을 거부한다고 주장한다. "기묘한 일은 아리스토텔레스가 플라톤의 이데아 이론만을 공격하고, 신화에 대해서는 거의 언급하지 않는다는 사실이다. 외견상 아리스토텔레스는 이데아 이론을 거부하는 것처럼 보인다. 그렇지만 사실 그는 이데아 이론을 받아들인다. 그가 거부하는 것은 신화들이다."[40] 아리스토텔레스에게 관건은 신화를 제거한 채로 플라톤주의를 재구축하는 것이다. "이런 이유로 그는 가지계에서 감성계로의 이행을 전혀 포착하지 않는다. 그래서 그는 이데아를 사물들 속으로 하강시켰던 것이다."[41] 질료는 이데아 내부에 순전히 부정적인 간극을 도입해, 이데아들을 사실상 존재하는 것이 아니라 권리상 존재하는 것으로 만들었다. 그래서 아리스토텔레스는 생성을 발생시키기 위해, 이데아들이 잠재태에서 현실태로 이행할 수 있게 만드는 제일원동자를 감성적 실재 너머에 놓아야 했

39 같은 책, 38쪽.
40 《시간 관념의 역사: 1902-1903 콜레주 드 프랑스 강의》, 7강(1903년 1월 23일), 127쪽.
41 《강의》, IV권, 38쪽.

다. 달리 말하면, 아리스토텔레스는 플라톤을 비판한다기보다는 플라톤을 계승한다. 그리고 베르그손은 두 철학자에게서 하나의 동일한 학설만을 발견한다. 그저 이성이 신화를 쫓아냄에 따라 이 하나의 학설이 진화하고 정확해지고 있을 뿐이다. "이 두 학설 사이에는 정확성의 차이가 (…) 있다. 한 학설은 이 논점에 대해 상대적으로 모호하고, 다른 학설은 아주 정확한 입장을 취한다. 그러나 이는 요컨대 그저 형태의 차이에 불과하다. 그것은 근본적 차이가 아니다."[42]

그러나 감성계와 가지계 사이의 단절은 여전히 남아 있어야 했다. 아리스토텔레스가 이데아들을 하나의 원리로 수축시키지 않았기 때문이다. 그는 이데아들이 하나의 원리로부터 이완을 통해 생겨나서 시공간 속으로 쏟아진다고 생각하지 않았다. 아리스토텔레스는 때로는 **인력***attraction*에 대해, "때로는 제일원동자가 세계 전체에 가하는 **추동력***impulsion*에 대해" 말하며 이중적인 지침을 남겨 두는 것으로 그쳤고, 후에 알렉산드리아 학파는 이 지침들을 받아들여 "발현과 회귀에 대해 말하게 된다. 모든 것은 제일원리에서 유래하고, 제일원리로 되돌아가기를 열망한다".[43] 아리스토텔레스는 플라톤주의 전체를 하나의 완전한 체계 속에서 다시 포착할 뻔했다. 그러나 이 체계가 발현의 운동을 해명하려면 아리스토텔레스가 버린 신화적 차원까지도 책임져야 했을 것이다.

플로티노스는 바로 이것들을 화해시키려 노력한다. 회귀뿐만 아니라 발현에 대해서도 사유해야 했기 때문에, 플로티노스는 "신화를 더 변증적으로 만들고 변증술을 더 신화적으로 만드는 타협"[44]을 감행한다. 그는 로고스λόγος와 뮈토스μύθος의 긴밀한 친족성을 지적함으로써 양자 사이의 구분을 완화시킨다. 로고스와 뮈토스는 모두 비시간성 속에 잇따름을 도

42 《시간 관념의 역사: 1902-1903 콜레주 드 프랑스 강의》, 122쪽.
43 《창조적 진화》, 4장, 322쪽.
44 〈플로티노스 강의〉, 39쪽.

입하고, 동시성 속에 분할을 도입하는 것이다. 이성을 통해 표현되건 신화를 통해 표현되건 시공간 속에 잠긴 영혼은 누스νοῦς 속에 집중되어 감겨 있던enroulé 것을 담화로 펼쳐야dérouler 한다. 누스는 다수의 가지적인 것을 자신 안에 압축하는 단일성이기 때문이다. 플로티노스는 올바르게 이해된 신화를 통해 발현을 이성적으로 해석하려 한다. 발현이란 비시간적이고 필연적인 과정을 시간 속에서 전개되는 역사로 포착하는 것이다. 바로 이러한 이유로 플로티노스는 로고스와 뮈토스가 이승으로 추락한 영혼에게나 적합한 사유의 열등한 형태라 생각했다. 영혼이 누스(이차적 원리) 속에서 다시 통합된 이데아를 관조할 수 있다면, 혹은 더 낫게는 일자(일차적 원리)와 통일될 수 있다면, 영혼은 그 즉시 이 열등한 사유 형태를 버릴 수 있을 것이다. 《창조적 진화》에서 베르그손은 알렉산드리아 학파의 이러한 초-담화적 직관(노에인νοεῖν)을 알렉산드리아 학파가 아리스토텔레스의 누스 포이에티코스νοῦς ποιητικός(《영혼론*De Anima*》, 430 a14)[45]에 대해 제시했던 해석에 결부시킨다. "누스 포이에티코스는 단번에 전제된 총괄적 학문이다. 의식적이고 논증적인 지성은 그것을 수고스럽게 하나하나 재구성해야 한다. 따라서 우리 안에, 또는 차라리 우리 뒤에는 신에 대한 가능적 상이 있는데, 그것은 알렉산드리아 학파가 말할 것처럼, 의식적 지성에 의해서는 결코 현실화되지 않는, 언제나 잠재적인 상이다."[46]

이처럼 베르그손은, 명시적으로 언급하지는 않지만, 누스, 혹은 플로티노스적인 일자의 다수적 단일성을 통해, 그리고 발현/회귀라는 도식을 통해 플라톤과 아리스토텔레스를 해석한다. 더 정확히 말하면, 그는 이것

45 [역주] 아리스토텔레스는 누스, 곧 지성이 누스 포이에티코스(능동 지성)와 누스 파테티코스(수동 지성)라는 두 부분으로 이루어져 있다고 말한다. 수동 지성이 질료와 마찬가지로 모든 가지적인 것으로 변모하는 산출된 지성을 뜻한다면, 능동 지성은 마치 빛이 형태를 볼 수 있게 만드는 것처럼, 그 스스로는 변하지 않은 채 불멸하고 영속하면서 가지적인 것들의 포착과 사유를 가능케 하는 영혼의 생산적 기능을 뜻한다.

46 《창조적 진화》, 4장, 321-322쪽.

들을 통해 플라톤의 이데아 이론과 아리스토텔레스의 제일원동자를 연결시킨다.

아리스토텔레스는 이데아들의 독립적 존재를 거부하는 것으로 출발했으나, 그럼에도 불구하고 그것들에서 존재를 박탈할 수는 없었다. 그렇기에 그는 그것들이 서로의 내부로 들어가게끔 압축시켜 둥글게 뭉쳐놓았다. 그러고는 물리적 세계 위에 형상들의 형상, 이데아들의 이데아, 또는 결국 그의 표현을 사용하면, 사유의 사유인 하나의 형상을 놓았다. 그러한 것이 아리스토텔레스의 신이다 — 그것은 모든 개념을 유일한 개념으로 종합한 것에 지나지 않기 때문에, 필연적으로 불변이고 세계 속에서 일어나는 일에 초연하다. 물론 다수의 개념 중 어느 것도 있는 그대로 신적인 단일성 속에서 따로 존재할 수 없다. 플라톤의 이데아들을 아리스토텔레스의 신 안에서 찾아보았자 헛된 일이다. 그러나 스스로 굴절하는, 또는 단지 세계를 향하는 아리스토텔레스의 신을 상상하기만 하면, 그러한 신의 본질의 단일성 속에 함축된 플라톤의 이데아들이 즉시 밖으로 흘러내리는 것처럼 보인다. 마치 태양에서 나오는 광선들이 태양 속에 결코 포함되어 있지 않았던 것과 같다. 아리스토텔레스의 철학에서 포이에티코스라고 불리는 누스, 즉 능동적 지성에 의해 — 즉 인간 지성 속에 있는 본질적이지만 무의식적인 특성에 의해 — 표현된 것이 아마도 플라톤의 이데아들이 아리스토텔레스의 신 밖으로 **흘러내릴 가능성**일 것이다.[47]

그리스 형이상학에 대한 이러한 설명은 베르그손에게 분명한 이점을 — 철학사가에게는 불편함을 — 가져다준다. 플로티노스의 두 제일원리[누스와 일자] 가운데 어느 하나를 선택해야 할 필요가 없어지기 때문이다. 모든 사태를 고려해 볼 때, 플로티노스는 이 두 원리 사이의 간극을

47 같은 책, 321쪽.

줄이려 애썼던 것으로 보인다. 베르그손이 보기에 정신, 즉 누스는 만물을 형상적으로 포함하고, 일자는 만물을 우월적으로 포함한다.[48] 따라서 체계의 논리적 골조에는 아무런 변화가 없고, 플로티노스가 여러 원리를 제시할 때 단 하나의 원리만 있어도 충분하다. 베르그손이 보기에 본질과 사유 너머에 놓인 제일원리로서의 일자는 그저 아리스토텔레스의 형상을 "격화"[49]한 것에 불과하다. 그래서 베르그손은 아리스토텔레스의 신을 태양에 비유하여 아리스토텔레스의 신과 플로티노스의 일자를 의도적으로 겹쳐놓는다. 플로티노스에게 태양의 이미지는 명백히 일자를 가리키는 것이었기 때문이다. 일자는 태양과 마찬가지로 완전성으로 흘러넘친다. 그리고 베르그손이 말하듯, "광선 없는 태양은 없다. 태양은 불가분적인 빛이고, 광선 없는 태양은 생각할 수 없다. 따라서 신이 주어진다면, 가지적인 것도 모두 주어진다".[50] 하지만 광선들이 곧 태양인 것은 아니다. 그와 마찬가지로 가지적인 것들의 총체, 즉 누스도 신 자체는 아니고, 신

48 베르그손은 일자의 초월성을 완벽하게 의식하였음에도 난점을 회피하고, 일자와 누스를 동일시하지 않으면서도 양자를 나누는 차이를 상당 부분 제거한다. 기실 베르그손은 "자신에게 없는 것을 주는" 선이라는 플로티노스적 관념이 "실제로 확보되었음"을 인정하기보다는(장루이 크레티앵, 〈선은 자신에게 없는 것을 준다〉, 《맨 목소리*La Voix nue*》, Éd. de Minuit, 1990, 261쪽), 아포리아를 마주하여 "어떻게 일자는 자신에게 없는 것을 줄 수 있었는지"를 납득하려 애쓴다. 이때 베르그손은 데카르트의 용어를 사용하여, 누스는 만물을 형상적으로 포함하는 반면 제일원리는 만물을 "형상적이 아니라 우월적으로" 포함해야 한다고 주장한다(〈그리스철학 강의〉, 《강의》, IV권, 140쪽).

[역주] 데카르트에 따르면, 형상적 포함이란 어떤 것이 우리가 인식하는 대로 포함되었음을 뜻하는 반면, 우월적 포함이란 우리가 인식하는 것의 부족함을 보충할 수 있을 정도로 크게 포함되어 있음을 뜻한다. 예컨대 '나'는 사유하는 실체인 한에서 연장적인 형태와 위치 및 운동을 형상적으로 포함하지는 않지만, 이것들은 모두 실체의 양태이므로 우월적으로는 내 안에 포함되어 있다.

49 〈플로티노스 강의〉, 33쪽. 우리는 여기서 베르그손이 플로티노스 철학이 그리스 외부로부터 받은 영향을 완전히 배제하려 한다는 점을 알아챌 수 있다. 더 이전에 이루어진 1893-1894년의 그리스철학 강의에서는 플로티노스 철학이 유대 신학과 기독교 신학에서도 영향을 받았다는 사실을 인정하고 있었다. "알렉산드리아 학파의 일자, 사유보다 우월한 일자는 유대 신학의 형언할 수 없는 신이다"(같은 책, 146쪽).

50 1911년 콜레주 드 프랑스에서의 베르그손 강의, 〈스피노자의 《지성교정론》〉, 2권의 학생 노트, 두세 재단, BGN 2998 (3) et (4), 1번 노트, 10쪽.

으로부터 유래한 것이다. 신은 절대적인 단순성과 단일성으로 인해 언제나 초과분excès의 자리에 놓인다. 이렇게 플로티노스가 수행한 그리스철학의 종합은, 하나의 원리 위에 정초되어 거기서부터 존재의 총체를 연역할 수 있다고 생각하는 모든 가능한 철학 체계의 설계도를 제공한다. 베르그손은 학생들에게 플로티노스의 철학을 가르치면서 "실재를 하나의 원뿔로" 표상하기를 즐겼다. 이때 "이데아들은 원뿔의 첨점에 더 가까운 단면이고, 형상들[예컨대 종자적 로고스들λόγοι ἐν σπέρματι]은 밑면에 더 가까운 단면이다".[51] 플로티노스는 "순전히 분석적인" 방식으로 가지계에서 감성계로의 이행을 설명할 수 있게 되었다. 그는 "감성계를 단순히 가지계의 약화로 환원시켰기"[52] 때문이다. 플로티노스에게 질료란 그저 사물을 원리에서 떼어내는 단계적인 간극에 불과했다. 그래서 베르그손은 플로티노스의 세 원리, 혹은 세 위격hypostases을 원뿔의 수직축 위에 분배할 수 있었다. 베르그손은 두 개의 단면으로 원뿔을 분할한다. 한쪽에는 가지계를 나타내는 단면 AB가 있고, 다른 한쪽에는 감성계를 나타내는 단면 CD가 있다. "정상에는 빛 이상의 것[일자]이 있다. 그 아래에는 광점, 그러니까 분기하는 모든 광선을 포괄하는 빛나는 점의 단일성[누스 혹은 정신]이 있다. 마지막으로, 이 모든 광선은 점점 더 분기하면서[세계의 영혼] 어둠 속으로 사라져 갈 것이다[질료]."[53]

베르그손은 형이상학의 체계를 플로티노스라는 인물의 주위에 결정화시킨 후에야, 자신의 형이상학이 완전히 전복시키려는 기존 형이상학의 근본적 전제들이 어디에 놓이는지 탐지하게 된다. 플로티노스에게 생성은 형상의 감소이고,[54] 시간은 "영원의 동적인 이미지"[55]이며, 행동은

51 같은 책, 31쪽.
52 같은 책, 34쪽.
53 같은 책, 32쪽.
54 〈형이상학 입문〉, 《사유와 운동》, 217(249)쪽.
55 플로티노스, 《엔네아데스》, III, 7. 베르그손은 이 주장을 여전히 플라톤의 것이라 생

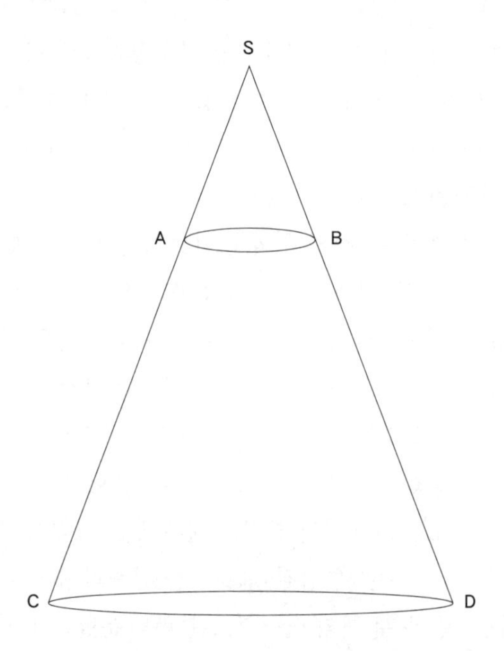

"관조의 약화"[56]다. 체계란 지성을 표현하는 것이고, 지성은 모든 항을 뒤집기 때문에, 베르그손은 오직 그 반대만이 참이라고 주장해야 했다. "운동에는 운동체에 할당된 잇따르는 위치들보다 더 많은 것이 있고, 생성에는 차례로 통과된 형태들보다 더 많은 것이 있으며, 형태의 진화에는 서로를 뒤따라 실현된 형태들보다 더 많은 것이 있다."[57] 결국 행동에는 관조보다 더 많은 것이 있다. 피에르 몽테벨로Pierre Montebello가 말하듯, "니체가 플라톤주의를 뒤집었던" 것처럼 "베르그손은 플로티노스주의를 뒤집는다".[58] 플로티노스의 체계에 여전히 내포될 수 있었던 직관적 면모가 제

각하지만(《창조적 진화》, 317쪽), 그 후 레미 브라그Rémi Brague는 이 주장이 사실 플로티노스 고유의 것임을 보여주었다(《플라톤과 아리스토텔레스에서 시간에 대하여*Du Temps chez Platon et Aristote*》, PUF, 1982, 1장).

56 《엔네아데스》, III, 8, 4. 〈변화의 지각〉, 《사유와 운동》, 153(178)쪽에서 재인용.

57 《창조적 진화》, 4장, 315쪽.

58 피에르 몽테벨로, 《또 다른 형이상학: 라베송 타르드, 니체, 베르그손에 관한 시론*L'Autre Métaphysique. Essai sur Ravaisson, Tarde, Nietzsche et Bergson*》, Desclée de Brouwer,

거되면, 베르그손은 순전히 지성주의적인 어떤 모형을 소유하게 된다. 형이상학의 잘못 제기된 문제들은 이 모형으로 귀착된다. 상이한 체계들의 외관을 벗겨내면, 그 아래에서는 플로티노스가 선택했던 항들이, 이 문제들을 단번에 전부une fois pour toutes, 모든 체계에 대해pour tous 공식화했던 항들이 재발견되기 때문이다.

근대인들: 스피노자와 라이프니츠

"'손에 펜을 들고서 그것을 분명하게 제시하실 수 있습니까? 이름 붙이고, 표현하고, 진술할 수 있나요?' (…) '난 이미 스무 권의 책을 쓰면서 그렇게 하지 않았던가? 난 내 식대로 그 일을 하고 있다네.' 그가 계속해서 말했다. '자네는 자네 방식대로 하든지 말든지 마음대로 하시게나'."_헨리 제임스[59]

근대 물리학이 개념을 법칙으로 대체했다면, 근대철학은 "고대과학에 대해 시도되었던 것을 새로운 과학에 대해 되풀이"하려 했다. 즉, 근대철학은 "고대 형이상학을 모델로 삼아" 데카르트 기계론을 체계화하려 노력했다. 그래서 "근대인들의 형이상학"은 "그리스 형이상학의 일반적 결론들로"[60] 귀착될 수 있다. 베르그손은 "플로티노스가 (…) 포착, 심화, 응고시켜야 했던 이 경탄할 만한, 그러나 쉬이 사라지는 직관들을 거의 도외시했던" 것과 마찬가지로, 스피노자와 라이프니츠의 체계들에서도 그 "뼈대ossature"[61]만을 남겨놓는다. 플로티노스는 그저 암시적으로만 언급된다. 그렇다 해도 스피노자와 라이프니츠를 통해 드러나는 것은 여전히

2003, 294쪽.

59 헨리 제임스Henry James, 《양탄자의 무늬》, 쥘리 월켄스타인Julie Wolkenstein 번역, Flammarion, 57쪽.

60 《창조적 진화》, 4장, 344, 347, 328쪽.

61 같은 책, 325쪽, n. 1, 346.

플로티노스가 육화하는 형이상학이다. 《창조적 진화》의 집필을 전후하여 이루어진 콜레주 드 프랑스에서의 강의들이 이 점을 상세히 확인시켜 준다.

1911년 《지성교정론》 강의와 1912년 《윤리학》 강의[62]에서 베르그손은 "스피노자의 학설을 간략히 개괄"하면서 강의를 시작하지만, 놀랍게도 매번 처음 몇 주를 플로티노스 철학에 할애한다. [플로티노스에서 스피노자 철학의] 원천을 찾으려는 것이 아니다. 게다가 베르그손이 스피노자가 스콜라 학파를 통해 아리스토텔레스 철학과 알렉산드리아 학파의 철학에 영향을 받았다는 사실을 강조하는 야코프 프로이덴탈Jacob Freudenthal의 저작(《스피노자와 스콜라주의*Spinoza und die Scholastik*》)을 인용한다 해도, 그는 "진정한 철학자란 자기 자신을 통해서만 설명된다"[63]고 재차 단언한다. 그럼에도 스피노자의 사유는 특히 크레스카스[64]를 매개로 이러한 지적 분위기 속에서 전개되었다. 이런 이유로 베르그손은 당대의 분위기 속에 자리 잡기를 제안하는 것이다. 우선은 당대의 분위기 속에 자리 잡고 나서, "그 후에는 그리스철학을 어떻게 전치시켜야 하는지 설명해야만, [마침내] 스피노자의 관점에 자리 잡을 것이다". 달리 말하면, "플로티노스 철학에 대한 간략한 설명은" 플로티노스와 스피노자 사이에 가로놓인 간극 속에서 스피노자의 '직관'을 짐작하게 하여 "스피노자의 고유한 관점을 향한 길을 열어줄 것이다".[65]

62 1912년 콜레주 드 프랑스에서의 베르그손 강의, 〈스피노자의 《윤리학》〉, 2권의 노트, 두세 재단, BGN 2998-7.

63 1911년 콜레주 드 프랑스에서의 베르그손 강의, 〈스피노자의 《지성교정론》〉, 두세 재단, 1번 노트, 5쪽. 베르그손은 그가 〈철학적 직관〉(cf. 《사유와 운동》, 125(146)쪽 이하)에서 제시했던 철학사 해석의 방법을 충실하게 따른다. "오늘날 사람들은 어떤 철학자의 원천을 찾아서 그 철학자의 어떤 부분이 선행자의 작업 속에서 발견되는지 보여주기를 즐긴다. 이런 작업은 분명 필요한 일이지만, 충분한 일은 아니다. 탁월한 철학은 이런 식으로 설명되지 않는다"(5쪽).

64 [역주] 하스다이 크레스카스Hasdai Crescas. 14세기 스페인 지역에서 활동하던 유대 철학자이다.

65 같은 책, 7쪽. 1902-1903년 강의에서 베르그손은 빅토르 브로샤르Victor Brochard를

우리는 이러한 작업을 통해 마르시알 게루가 《창조적 진화》 4장과 〈철학적 직관〉 사이에서 발견했던 모순을 해소하고자 한다. [게루의 지적에 따르면] 《창조적 진화》가 보여주는 것은 동일자의 역사다. 여기서 각각의 체계는 [단일한] 체계의 정신으로 환원된다. 반대로 〈철학적 직관〉은 각 체계를 낳은 특유한*sui generis* 직관을 찾으려 했다.[66] 그러나 실제로 두 개의 관점이 존재한다 해도 그것들은 서로 상보적일 수 있다. 체계의 정신이 개별 저자들을 생동케 하는 독특한 사유를 전혀 감소시키지 않고 오히려 드러나게 할 수도 있다. 스피노자의 환원 불가능성은 베르그손이 플로티노스의 학설을 고의적으로 환원시켜 얻은 지성주의적 체계를 스피노자가 굴절시키는 방식을 통해 평가될 것이다.

심지어 스피노자가 플로티노스를 읽은 적 없다고 가정하더라도, 스피노자는 플로티노스와 동일한 표현 방식을, 알렉산드리아 학파와 스콜라 학파로부터 계승받아 사용했다. 베르그손은 다시 한번 플로티노스의 철학을 그 밑면이 비-존재의 어둠 속에 잠긴 빛의 원뿔로 도식화하여 설명한 뒤에 스피노자 저작의 출발점에 놓는다. 그는 스피노자 저작의 메커니즘을 분석하여 그것을 플로티노스의 저작과 일대일로 관계 지으려 시도한다. 이때 그는 두 철학자가 속성과 양태의 관계를 유사하게 설명하고 있음을 발견한다. 아래에서 보았을 때, 연장의 양태들은 서로 잇따르는 것이다. 그 계열은 시간상으로 무한정하고, 그 수는 공간상으로 무한정하다. 그러나 위에서 보았을 때, 양태의 다수성은 스피노자가 그저 연장이라 부르는 것, 그러니까 연장 속성이라는 단순한 형태로 나타난다. 실제로 베르그손은 정확을 기해 이렇게 말한다. 연장의 양태는 연장의 부분이 아니다. 그러므로 속성과 양태의 관계는 단순하고 불가분적인 공식과 그 공식에

논거로 인용한다. 베르그손이 참조하는 저작은 아마도 〈스피노자 철학에서 영혼의 영원성〉일 것이다.

66 마르시알 게루, 〈철학자들의 맞은편에 선 베르그손〉.

서 도출될 수 있는 무한정한 전개 사이의 관계와 같다.

따라서 플로티노스와 스피노자의 차이는 다른 곳에 있다. 이 차이는 우선 근대인들이 사유(영혼)와 연장(신체)을 근본적으로 분리시켰다는 사실을 통해 설명된다. 실제로 "플로티노스와 스피노자 사이에는 갈릴레이가, 코페르니쿠스가, 그리고 무엇보다도 데카르트가"[67] 존재했다. 그리스인들이 보기에, 더 구체적으로 플로티노스가 보기에 물체는 이미 형상에 속하고 가지적인 것에서 유래하며, 그리하여 영혼의 이완이자 확장으로 영혼의 연장선상에 기입되어 있었다. 그러나 이제 물체는 영혼과 구분되기 때문에, "플로티노스의 시각을 수정하면서도 유출의 과정은 유지해야 했다". 베르그손은 처음의 도식을 복잡화하여, 위를 향하는 첫 번째 원뿔 위에 두 번째 원뿔을 겹쳐 놓는다.

첫 번째 원뿔과 마찬가지로 단면 A'B'는 영혼의 본질을 나타내고, 단면 C'D'는 시공간 속에 전개된 영혼의 실존을 나타낸다. 그런데 하나의 속성이 아니라 두 개의 속성을 상정하게 되었기 때문에, 스피노자는 속성이 무한하다고 주장함으로써 난점을 우회해야 했다. 스피노자는 발현 혹은 유출이라 말하는 대신, 속성과 속성의 양태들이 실체의 본질을 표현한다고 이야기할 것이다. "표현하기: 실체가 내포한 것 모두를 실체로부터 내보내는 와중에 사유 속성과 연장 속성을 눌러서 내보내기."[68] 플로티노스와 마찬가지로 신적 실체가 상정되고 나면(그리고 이 실체는 기하학적

67 〈스피노자의 《지성교정론》〉 강의, 21쪽. 또한 《창조적 진화》, 4장, 349쪽을 보라.

68 같은 책, 24쪽. 모세바스티드는 이사크 벤루비가 《앙리 베르그손에 대한 기억들》에서 제시한 플로티노스와 스피노자의 도식을 재수록한다. 그러나 당대에는 오늘날 두세 재단에서 열람할 수 있는 학생들의 수기 노트를 비롯하여 이 주제에 대한 주석들이 부족했기 때문에, 그녀는 플로티노스와 스피노자의 차이를 강조하는 반대의 해석을 제시한다. 그녀는 이사크 벤루비를 따라 베르그손이 스피노자의 도식을 선호한다고 결론짓는다(《베르그손과 플로티노스》, PUF, 1959, 107쪽). 그러나 이러한 선호의 흔적은 찾아볼 수 없다. 베르그손의 논의는 정반대로 플로티노스에서 출발하여 스피노자를 이해하려 한다. 그런 후에야 이들이 공유하는 공통 기반에서 양자의 간극을 발견할 수 있을 것이다.
[역주] '표현하기exprimer'는 어원적으로 눌러서 '내보내기*ex-primere*'를 뜻한다.

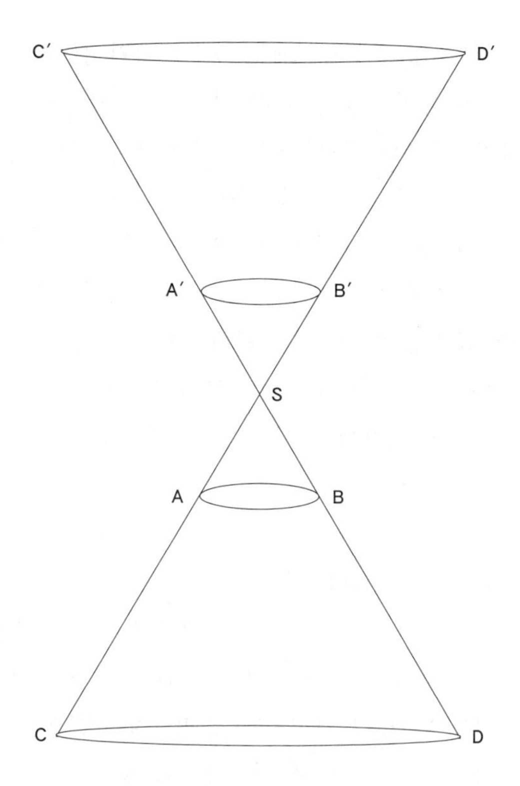

도형과 같은 필연성으로 스스로 상정된다) 신의 모든 가능한 표현들, 즉 신의 본질을 표현하는 무한한 속성이 상정된다.

그러나 이 또한 스피노자의 독특성이 아니다. 스피노자의 구조가 플로티노스적이라면, 구조를 덮고 있는 외관은 데카르트적이다. 스피노자의 평행론이 데카르트의 유산 속에 놓인다기보다는, 스피노자가 자신의 사유를 진술하기 위해 데카르트의 이미지를 차용해야 했던 것이다. 스피노자는 자신의 사유를 데카르트와 해석기하학의 가호 아래 놓는다. 이런 관점에서 '표현'이라는 용어는 새로운, 수학적인 의미로 이해되어야 한다. '표현하기=번역하기.' 데카르트의 해석기하학은 기하학적인 도형을 대수적인 용어로 표현하는 것이다. 예컨대 원의 관념은 상이한 두 방식으로 완벽히 표현된다. 그것은 기하학적 도형으로도, 대수방정식으로도 표현될 수 있다. 도형과 방정식 사이에는 아무런 유사성도 없다. 그럼에도 이 둘은 모두 정확히 동일한 것을 가리킨다. 마찬가지로 연장 속성과 사유 속성은 서로 닮지 않았지만, 함께 신적 실체의 본질을 표현한다. 그렇기 때문에 두 속성이 표현하는 두 양태 계열은 엄밀한 평행론 속에서 서로 일대일로 대응될 수 있을 것이다. 플로티노스에서 스피노자로 이행함에 따라 유출의 중심은 이제 광점이 아니라 오히려 수학적인 점이 된다. 그러나 "유출 관계는 원주의 정의와 이 정의에서 나오는 정리들이 맺는 관계와 여전히 동일하다".[69] 그러니까 이것은 본질적 측면이 아니고, 스피노자는 데카르트가 없었어도 동일하게 남아 있었을 것이다. "스피노자가 데카르트 이전 시기를 살았다면, 아마도 그는 그가 실제로 집필한 것과는 다른 책을 집필했을 것이다. 그러나 (…) 스피노자가 살아서 무언가를 집필했다면, 어쨌건 스피노자의 철학은 분명히 나타났을 것이다."[70] 데카르트가 없어도 스피노자 철학의 전체 구조는 동일했을 것이고, 그것은 플로티노스의 구조, 혹은 더 정확히 말하면 체계화된 아리스토텔레스의 구조에 가까웠을 것이다. 또한 데카르트가 없어도 스피노자의 직관은 동일했을 것이나, 스피노자의 철학은 기하학적 방식으로*more geometrico* 진술되지 않았을 것이다. 놀랍게도 베르그손은 《윤리학》의 첫 두 장이 스피노자 철학의 본질적 면모가 아니라고 말할 수 있게 된다. 기하학적 형식은 급류를 잡아두는 제방에 불과하다. 기하학만으로는 《윤리학》의 마지막 5장에서 주로 발견되는 이 신비적 직관의 급류에 도달할 수 없을 것이다.[71]

69 같은 책, 28쪽.

70 〈철학적 직관〉, 《사유와 운동》, 124(146)쪽.

71 [역주] 저자는 여기서 스피노자의 독특성을 표현의 관념에서 찾는 들뢰즈의 해석을 우회적으로 비판한다. 저자의 해석에 따르면, 스피노자가 제시하는 표현의 관념은 데카르트의 외관을 쓴 플로티노스의 유출 관계에 불과하다. 오히려 스피노자의 독특성은 속성과 양태의 관계가 아니라 《윤리학》의 막바지에 드러나는 신비적 직관에 있다. 들뢰즈가 강조하는 표현의 내재적 인과성이 스피노자 철학의 난점이 아니라 강점이 되려면 먼저 지복에 대한 직관이 회귀와 발현의 운동을 불가분한 하나의 운동으로 포착해야 할 것이기 때문이다.

그러나 그전에 먼저 스피노자가 어떤 난점들을 맞닥뜨릴 것인지 명시해야 할 것이다. 스피노자 또한 본질에서 실존으로의 이행을 설명해야 한다. 그리스인들은 이 설명을 위해 질료를 통해 결핍의 원리를 확보했다. 비-존재가 중심에서 나오는 빛에 어둠을 드리웠기 때문에, 광선들은 중심에서 멀어지는 만큼 어두워졌다. 요컨대 감성계는 가지계에서 유출되어 물질의 어둠 속으로 빠져들었다. 그런데 데카르트는 물질을 연장으로 환원하여 질료를 완전히 제거한다. "근대철학에서는 더 이상 비-존재의 원리가 발견되지 않는다. 그러나 스피노자에게는 비존재의 원리가 필요했다."[72] 유한 양태로의 이행을 설명해야 했기 때문이다. 영원성이 사물들 자체에 내재적이므로 사물들은 이제 초감성적 세계에 위치하지 않는다. 그래서 스피노자는 원뿔의 두 단면(AB와 CD 혹은 A'B'와 C'D')을 거의 닿을 정도로 접근시켜야 했다. 원인은 이제 내재적이고, 더는 유출적이지 않다. 원인은 모든 존재와 가까운 곳에 남아 있고, 모든 존재는 동등한 자격으로 원인에 참여한다. 따라서 진정한 문제는 다음과 같다. '어떻게 신과 함께 영원한 비시간적 본질로부터 유한한 존재가 유출될 수 있는가? 그리고 유한한 존재는 어떻게 비시간적 본질로 되돌아갈 수 있는가?' [플로티노스가 제기한] 이 문제는 데카르트 없이도 동일하게 남았을 것이다. 스피노자의 새로운 기여라 불릴 만한 것은 내재성의 관념을 통해 본질의 평면과 실존의 평면 사이에 새로운 관계를 수립했다는 데 있다.

그럼에도 난점은 남아 있다. 비-존재의 원리를 제거했다면 어떻게 신 밖에 무언가가 존재할 수 있는가? 스피노자가 영원에서 시간으로의 이행을 설명하려 한다면, 그리고 그 사이의 간극을 '적합'과 '비적합'이라는 개념을 통해 가늠하려 한다면, 스피노자는 언제나 플로티노스나 아리스토텔레스 같은 사람보다 덜 명료한 채로 남아 있을 것이다.[73] 스피노자에게는

72 〈스피노자의 《지성교정론》〉 강의, 30쪽. 또한 《창조적 진화》, 4장, 352-353쪽을 보라.

질료의 개념이 없기 때문이다. 달리 말하면, 베르그손이 보기에는 우리 영혼을 이루는 구체적인 양태들이 "어떤 의미에서는 신으로부터 떨어져 나왔으면서도 다른 의미에서는 신 안에서 보여진다는" 두 가지 존재 방식 사이에는 여전히 이원성이 남는다는 것이다. 그리고 이러한 이원성은 "스피노자에게 있어 커다란 난점이다. 스피노자가 이 난점을 완전히 극복하지 못했다는 사실에 놀라서는 안 될 것이다".[74] 이렇게 볼 때, 무의 관념은 제거되었다기보다는 은폐되었던 것이고, 그 후로도 계속해서 형이상학을 암묵적으로 떠받칠 것이다. 베르그손은 이렇게 신플라톤주의적인 해석의 격자를 통해 왜 근대인들이 명시적으로 무의 관념을 거부하는데도 근대인들의 형이상학 속에는 계속해서 무의 관념이 무의식적으로 남아 있는지 이해할 수 있게 된다. 스피노자가 이를 완벽히 예증하고 있다.

게다가 외견상 비판적인 이러한 독해에는 긍정적인 면모도 동반된다. 기실 베르그손은 이런 작업[75]을 수행한 뒤에야 스피노자 사유의 발생적 직관에 접근할 수 있었다. 본질적인 지점은 《윤리학》의 마지막 장에 있으며, 이것은 또 《지성교정론》의 초반부에 연결된다. 그것은 지복béatitude에 대한 추구다. 스피노자는 또다시 그리스인들과 가까운 입장에서 철학의 목적을 인간에게 구원의 수단을 제공하는 것으로 설정한다. 우리는 상이한 두 가지 방식으로 신 안에 있을 수 있다. 사유의 양태들은 신에 의해 사유된 한에서 존재한다. 그러나 사유의 양태들은 또한 인간의 영혼을 구성하기도 하므로, 양태들이 신에 의해 사유되는 것과는 다른 방식으로 사유되는 경우에는 오류와 예속이 생겨날 것이다. 따라서 스피노자의 기획은

73 《창조적 진화》, 4장, 353쪽.

74 《자유 문제의 진화: 1904-1905 콜레주 드 프랑스 강의》, 15강(1905년 3월 31일), 258쪽.

75 cf. 〈철학적 직관〉, 《사유와 운동》, 118-119(139-141)쪽. "우리가 처음에 몰두했던 비교 작업이 잃어버린 시간이었다는 말이 아니다. 이러한 노력이 선행되지 않았더라면 (…) 우리는 아마도 결코 어떤 철학의 진면목에 도달할 수 없었을 것이다."

지성을 바로잡아 우리가 신이 우리를 사유하듯 사유하는 것이다. 그때 우리는 오류에서 진리로, 예속에서 지복과 자유로 이행할 것이다. 자기 자신을 신에 의해 사유된 것처럼 사유하기. 이것이 바로 스피노자의 3종의 인식, 즉 직관적 인식이다. 베르그손은 스피노자에 대해 강의를 진행하던 그 해에 〈철학적 직관〉을 출간한다. 이 텍스트에서 베르그손은 스피노자의 단순한 직관을 다소 수수께끼처럼 진술한다. 그는 이러한 직관에 접근할 수 있는 방법을 명시하지 않는다. 그렇지만 우리는 베르그손의 스피노자 강의를 참조하여 그가 이 직관을 획득하기 위해 따랐던 경로를 재구성할 수 있을 것이다. "그것은 우리 정신이 진리를 완벽히 인식하는 행위와 신이 진리를 발생시키는 작용 사이의 합치의 감정이다. 이는 곧 알렉산드리아 학파의 '회귀'가 완전한 것이 된다면 '발현'과 하나를 이룬다는 생각, 신성에서 나온 인간이 신성으로 되돌아가기에 이른다면 처음에는 서로 상반되는 두 운동으로 보였던 오고 감의 운동이 하나의 단일한 운동이었음을 자각할 것이라는 생각이다."[76] 베르그손이 여기서 플로티노스의 용어를 사용한 데에는 두 가지 이유가 있다. 그는 스피노자가 데카르트를 넘어 그리스철학과 밀접한 관련을 맺고 있음을 상기시키는 동시에, 스피노자가 그리스철학에 도입한 간극이 스피노자의 사유를 규정하는 직관을, 혹은 적어도 이 직관에 가장 가까운 이미지를 떼어낼 수 있게 만든다는 점을 지적하는 것이다. 한편으로 자유란 신으로 되돌아가 신의 영원성에 참여하는 것이다. 이 점에서 스피노자는 고대인들과 유사한 해법을 제시하고 있다. 그러나 다른 한편으로 스피노자의 차이를 만들어내는 특이점을 가장 잘 드러내기 위해서는 스피노자 철학을 그것과 가장 가까운 철학, 그러니까 플로티노스나 체계화된 아리스토텔레스의 철학과 겹쳐 보는 대조의 과정이 필요하다. 하나의 동일한 원인에서 나온 사물들이 그 원인에

76 〈철학적 직관〉, 《사유와 운동》, 124(146)쪽.

내재적인 것으로 남아 있기 때문에, 그리고 사물들이 유출 과정을 통해 원리로부터 멀어지지 않기 때문에, 회귀는 발현과 일체를 이루고 있음이 틀림없다. 이처럼 주석가는 철학자가 결코 성공적으로 말하지 못했던 단순한 직관을 한 문장으로 말할 수 있을 것이다. 어떤 의미에서는 한 철학자에 대한 주석가의 이해가 그 철학자의 자기 이해보다 더 나을 수도 있다. 이는 주석가의 오만함이 아니라, 오히려 주석가가 저자보다 직관에서 더 멀리 있기에 저자보다 더 거칠기 때문이고, 저자만큼의 조심성이 없기에 사물을 대략적으로 보고 말할 수 있기 때문이다.

따라서 관건은 스피노자를 플로티노스로 환원하는 일이 아니다. 베르그손이 제시하는 형이상학사가 외견상으로는 단순해 보일지 몰라도, 베르그손이 형이상학에 속하는 것과 그렇지 않은 것을 가르기 위해 사용하는 해석학은 후에 하이데거가 헤겔에서 뽑아내는 해석학만큼이나 강력하다. 해석의 도식은 더 복잡해지고 더 세분화되어 여러 저자에 적용될 수 있다. 그러면 이 도식은 풍부한 독해 원리를 통해 베르그손이 읽지 않았던 저자들도 읽을 수 있게 만들어준다. 예컨대, 여기서 스피노자는 플로티노스가 고착화했던 형이상학의 구조를 두 지점에서 변경시키고 있음이 틀림없다. 한편으로 스피노자는 신학적 토대(자기원인으로서의 신)를 남겨두면서 유출의 과정을 이중화한다. 유출의 과정은 상이한 두 존재의 계열(사유와 연장)로 변형되어야 했다. 다른 한편으로 그는 본질의 평면과 실존의 평면 사이의 관계 양태를 굴절시킨다(내재성).

플로티노스가 스피노자에게 어떤 영향을 끼쳤는지 평가하기 위해서는 추론이 필요했다. 반면 플로티노스가 라이프니츠에게 미친 영향은 더 분명해 보인다. 여기서도 베르그손은 신플라톤주의의 프리즘을 통해 라이프니츠의 사유를 설명한다. 우회적이기는 하지만, 《창조적 진화》는 이 점을 명백히 드러낸다. "라이프니츠의 모나드는 더 명석하게 그려질수록 플로티노스의 가지적인 것에 접근하는 경향이 있다."[77] 이 비교는 베르그손의 강의들에서 반복적으로 등장한다. 예컨대 1903년 5월 1일 콜레주 드 프랑스에서 이루어진 《시간 관념의 역사》 18강에서 베르그손은 다음과 같이 설명한다. 라이프니츠에게 모나드의 다수성이 단지 전체에 대한 시각의 다수성을 표현할 뿐인 것처럼, 플로티노스에게는 "일자, 즉 전혀 형용할 수 없는 순수한 단일성이 존재하고, 다음으로는 (…) 이 단일성에 대한 모든 가능한 관점이 존재한다. (…) 이 관점들을 플로티노스는 노에타, 즉 가지적인 것이라 불렀고, 플라톤은 이데아라 불렀다".[78] 일단 일자가 상정되면, 이 단일성에 대해 각각이 하나의 전체를 이루는 모든 가능한 시각이 상정되어야 할 것이다.

> 가지계에서 모든 존재는 투명하다. 만물 속에서 만물을 그 내부까지 볼 수 있다. 따라서 보편적 투명성이 존재한다. 만물이 만물 속에 있다. 각 존재가 그 안에 다른 모든 존재를 포함하기 때문이다. 따라서 전체는 어디에나 있고, 각 존재는 전체다.[79]

모나드는 우주를 자신의 관점에서 표상하는 거울이다. 이와 마찬가지로 "각각의 가지적인 것은 자신 안에 절대적으로 틀어박혀 있으나, 그럼에도 모든 일은 마치 그것이 다른 가지적인 것들과 소통하는 것처럼 일어난다. 하나의 가지적인 것은 다른 가지적인 것들을 표상하기 때문이다".[80] 플로티노스는 예정조화라는 표현을 사용하지 않는다. 그러나 그는 '우주

77 《창조적 진화》, 4장, 353쪽. 베르그손은 1897-1898년 콜레주 드 프랑스에서의 플로티노스 강의를 언급한다. 당시에 베르그손은 교수 대행으로 강의를 진행하고 있었다. "우리는 이러한 유사성들을 도출하려 했다. 양자 간에는 닮은 점이 아주 많고 인상적이다. 심지어 양자가 동원하는 공식들조차 유사하다." 아쉽게도 이 강의에 대해서는 어떤 실제의 자료도 남아 있지 않다. 그렇지만 베르그손은 이 내용을 반복하여 언급했기 때문에 남아 있는 다른 강의들에서도 플로티노스와 라이프니츠의 비교를 찾아볼 수 있다.

78 《시간 관념의 역사: 1902-1903 콜레주 드 프랑스 강의》, 18강(1903년 5월 1일), 309쪽.

79 플로티노스, 《엔네아데스》, V, 8, § 4(베르그손의 번역, 11쪽).

80 《시간 관념의 역사: 1902-1903 콜레주 드 프랑스 강의》, 310쪽.

적 공조'에 대해 이야기한다.

하지만 근본적인 차이가 남아 있다. 플로티노스의 신은 "실제로 사물들을 낳는다". 신은 존재 이상의 것, 광선들이 의존하는 빛의 중심이다. 그리고 베르그손이 지적하듯, 라이프니츠가 때때로 신이 섬광을 통해 모나드들을 만들어낸다고 말한다 해도 이 섬광이 지닌 본성은 전혀 설명되지 않는다. 더 정확히 말하면, 모나드가 오직 하나밖에 없다고 가정할 경우 라이프니츠의 신은 아무런 역할을 하지 않을 것이다. 라이프니츠의 신은 사실상 오직 모나드들 간의 상응을 설명하는 데에만 쓰이기 때문이다. 엄밀히 말해, 라이프니츠의 신은 '예정조화'일 뿐이다.

그래서 우리는 스피노자가 만났던 것과 동일한 난점을 다시 발견한다. "원리는 (…) 더 이상 감성계에 초월적인 것일 수 (…) 없기"[81] 때문이다. 기실 가지계에서 시공간 속에 연장된 감성계로 어떻게 이행하는지를 다시 설명해야 한다. 라이프니츠에게는 질료가 없고, 무가 없고, 요컨대 플로티노스 철학에서 감소를 설명하던 부정의 원리가 없기 때문이다. 라이프니츠는 감성계가 가지계에 내재한다고 생각했기에, 고대인들의 이원성을 존재의 평면에서 인식의 평면으로 옮겨놓아야 했다. 놀랍게도 베르그손은 《창조적 진화》에서 라이프니츠적 시공간을 각기 공존의 질서와 계기의 질서로 정의하지 않고, 혼잡한 지각으로 정의한다. 이에 대한 이유는 그의 강의 중에 설명된다. 베르그손은 "시공간 이론이라는 주제에 대해 사람들이 일반적으로 인용하는" 라이프니츠와 클라크 간의 서신 대신, 《형이상학 논고》의 13절을 인용하는 것을 선호한다. 이 서신들에서 라이프니츠의 설명은 "순전히 논쟁을 위한 것이고, (…) 상대방의 관점에 서서 상대방이 생각하는 시간을 고찰하기" 때문이다. 이 서신에서 라이프니츠의 주장은 상대방이 말하는 시간이 순전히 상대적이며 계기의 질서에

81 《창조적 진화》, 4장, 352쪽.

불과하고, 상대방이 말하는 공간은 공존의 질서에 불과하다는 것이다. 이 점에서 베르그손은 라이프니츠의 입장에 동의하기까지 한다. 베르그손의 언어로 옮겨보자면, "라이프니츠는" 상대적인 것에 불과한 "동질적 시간을" 절대적 "실재인 것처럼 말하는 사람들에게 말하고 있기"[82] 때문이다. 이에 반해 [《형이상학 논고》에서] "각 개인의 개체 개념은 앞으로 그에게 일어날 일을 한번에 전부 담고"[83] 있기 때문에, 이제는 동질적 시간이 아니라 지속이 실재적이지 않은 것이 된다. 지속은 모나드가 자기 자신에 대해 갖는 혼잡한 지각으로, 인식이 명석판명해짐에 따라 사라질 것이다. 여기서 라이프니츠는 고대인들의 주제로 되돌아온다. 가지계에서 감성계로의 이행이 더 이상 존재의 관점이 아니라 인식의 관점에서 수립된다는 점을 제외한다면 말이다. 앞서의 언명을 이렇게 역전시킬 수 있을 것이다. 플로티노스의 가지적인 것은 혼잡할수록 라이프니츠의 모나드에 접근하는 경향이 있다.

스피노자와 라이프니츠 이후에도 이러한 독해의 사례들을 찾아볼 수 있을 것이다. 우리는 베르그손이 제시하는 모형이 형이상학사에 대한 환원주의적 접근이 아니라 텍스트를 독해하는 풍부한 해석학으로 보일 수 있도록 이러한 독해의 사례를 충분히 재구성하려 했다. 말브랑슈에게는 직관에 할당된 자리가 존재하지만, 말브랑슈 "또한 데카르트주의를 그리스 형이상학과 (더 구체적으로는 가톨릭 신부들의 플라톤주의와) 결합시켰다".[84] 또한 1908-1909년에 버클리의 《시리스》를 주제로 했던 베르그손의 강의는 "《시리스》에서 설명된 신플라톤주의적 관념론이 어떻게 버

82 《시간 관념의 역사: 1902-1903 콜레주 드 프랑스 강의》, 18강(1903년 5월 1일), 310쪽, "이러한 정의가 등장하는 모든 텍스트에서 '불과한'이라는 말의 사용에 주목하자. 공간은 공존의 질서에 불과하다…. 시간은 계기의 질서에 불과하다…. 이는 이러한 정의가 순전히 논쟁적인 것임을 뜻한다."

83 고트프리트 빌헬름 라이프니츠, 《형이상학 논고》, art.13.

84 〈프랑스 철학〉, 《잡문집》, 1161쪽.

클리의 초기 관념론을 필연적이진 않다 해도 자연적으로 연장하는지"[85] 보여주었다. 장크리스토프 고다르Jean-Christophe Goddard는 1898년에 피히테를 주제로 수행된 베르그손의 교수자격시험 강의를 참조하여, 어떻게 베르그손의 신플라톤주의적 독해가 "피히테에 대한 비난에서까지도" 헤겔이 남겨둔 이미지보다 "더 복잡하고 어떤 의미에서는 더 정당한 피히테 철학의 이미지를 전달하는지"[86] 보여주었다. 《아리스토텔레스의 《형이상학》에 대한 시론》에서 라베송도 "때때로 아리스토텔레스 철학의 색채를 강하게 띤 알렉산드리아 학파를 통해 아리스토텔레스를" 바라보면서 "통합, 재조직된 아리스토텔레스의 학설"[87]을 제시하지 않았던가? 베르그손은 라베송Félix Ravaisson의 《습관에 대하여》에서 셸링의 영향력을 절하하고 플로티노스주의로의, 혹은 체계화된 아리스토텔레스주의로의 회귀를 읽어낼 수도 있지 않았을까? "습관의 역사가 자유에서 자연으로의 회귀를 나타낸다"[88]면, 여기서는 순수 능동성을 꼭짓점으로 삼고(사유와 존재의 동일성) 순수 수동성을 밑면으로 삼는(존재와 사유의 불완전한 동일성) 형이상학의 원뿔이 재발견되지 않는가? 이때 이 두 극단 사이에 놓인 중간항으로서 의식이 솟아날 여지를 제공하는 습관은 무수한 변이와 극한으로의 이행을 통해 자연의 어두운 깊이에까지 빛을 퍼뜨리는 신의 사행蛇行과 낮아짐condescendance을 추적하게 해줄 것이다. 형이상학사에 대한 이러한 신플라톤주의적 해석이 아무리 결정적인 것처럼 보인다 해도, 이 해석이 담고 있는 새로운 독해의 풍부한 가능성을 예감하기 위해서는 먼저 베르그손의 연구실에 침입하여 그의 비밀스러운 제조법을 넘겨

85 《잡문집》, 782쪽.

86 장크리스토프 고다르, 〈베르그손: 신플라톤주의적 피히테 독해Bergson: une lecture néo-platonicienne de Fichte〉, 《철학 연구*Les Études philosophiques*》, "베르그손과 독일 관념론", PUF, oct-déc. 2001, 465쪽.

87 〈라베송의 생애와 저작〉, 《사유와 운동》, 256, 258(288, 290)쪽. cf. 펠릭스 라베송, 《아리스토텔레스의 《형이상학》에 대한 시론》, 1837, 1845, Cerf, 2007.

88 펠릭스 라베송, 《습관에 대하여》, 1838, PUF, 1999, 158쪽.

받아야 한다. 우리가 베르그손에게 질 가장 큰 빚은 아직 도래하지 않았는지도 모른다.

결국 관건은 베르그손과 플로티노스가 보여주는 실제적인 친연성을 확인하는 일이 아니다. 모세바스티드Rose-Marie Mossé-Bastide처럼 베르그손과 플로티노스의 유사성과 차이를 지적하면서 전자가 후자의 철학에서 어떤 영향을 받았는지 명시하기[89]에 앞서, 이 친연성은 오직 플로티노스주의와의 근본적 대립을 통해서만 이해될 수 있다. 베르그손의 형이상학은 플로티노스주의를 완전히 전복하려 한다. 이런 관점에서 베르그손은 명시적으로 플로티노스의 철학을 차용하지만, 베르그손이 무엇을 차용했는지는 다소 불분명하게 남아 있다. 《창조적 진화》 3장에서 베르그손은 종자적 로고스를 통해 공간성의 발생을 사유하고, 순수지속의 '팽창'을 통해, 즉 흩어지며 뻗어가는 노력의 이완을 통해 '연장'을 설명한다. 베르그손에게 공간은 분명 "근원적 존재의 역전"을 통해 생겨난 것이지, "존재의 본질을 약화시키는 발현의 마지막 단계"[90]로 생겨난 것이 아니다. 그렇다면 베르그손은 어떻게 (오직 이 문제에 대한 것만이라 해도) 발현의 관념을 필요로 하지 않고, 더 나아가 그것을 거부하기까지 하는 것인가? 이 문제가 베르그손주의의 내적인 난점으로 남아 있다.

베르그손이 체계의 골조를 기각한 뒤에 특권화하는 것은 플로티노스 철학에서 이미 우리의 현대성에 근접해 있는 지점이다. 그것은 플로티노스의 영혼 이론, 더 구체적으로는 그의 의식 이론이다.[91] 플로티노스가 사용하는 용어는 아직 고정되지 않았고, 쉰아이스테시스συναίσθησις(총괄적 감각), 파라콜루테시스παρακολούθησις(수반), 안틸렙시스αντίληψις[92](지

89 로즈마리 모세바스티드, 《베르그손과 플로티노스》, PUF, 1959.

90 《창조적 진화》, 3장, 211쪽, n. 1.

91 〈플로티노스 강의〉, 《강의》, IV권, 71쪽 이하. cf. 로즈마리 모세바스티드, 《베르그손과 플로티노스》, 2장, "의식", 39쪽 이하.

각)와 같은 다양한 용어가 의식을 나타내기 위해 사용된다. 다시 한번 플로티노스의 의식 관념은 베르그손의 정반대에 놓인다. 플로티노스에게 의식은 결핍을, 즉 하강하는 이데아에 동반되는 영혼의 추락을 표현하는 것이기 때문이다. 의식은 주체와 대상 사이에 도입된 간극으로 인한 사유(누스)의 감소이다. 의식은 가지계(의식 너머)와 감성계(의식 안쪽) 사이의 매개항으로, 한편으로는 감각들을 통합하여 상승시키는 동시에 다른 한편으로는 이데아를 분할하여 하강시키는 이중의 기능을 수행한다. 의식은 이데아와 감각을 접근시켜, 이데아에 자신의 시선으로 볼 수 있는 이미지를 덧붙여 이데아를 **지각한다**. 이때 의식은 변화이자 일시적인 불안정성으로서, 영혼이 자신의 내부로 돌아가 누스 속으로 통합되는 경우 사라질 것이다.

그런데 위에 언급한 세 용어 가운데, 플로티노스가 의식의 본질적 특성으로 삼는 것은 파라콜루테시스와 안틸렙시스뿐이다. 쉰아이스테시스는 우발적으로만, 그러니까 "통합된 요소들이 의식의 요소인 경우"[93], 즉 감각(아이스테시스)인 경우에만 의식의 특성이 된다. 베르그손은 쉰아이스테시스를 '내부의 종합적 통일', '합치', 혹은 '상호적 일치'로 번역한다. 쉰아이스테시스는 다수성을 모아들여 내적으로 통일하고 내재적으로 종합하기 때문이다. 실재의 원뿔 속에서 쉰아이스테시스는 일자를 제외하고는 원뿔의 모든 층위에 존재한다. 그것은 의식 안쪽은 물론 의식 너머에서도 더 혹은 덜 활발하게 다수성을 모아들여 통일한다. 기실 플로티노스에게 쉰아이스테시스는 "사유의 본질적 형상", 즉 노에인의 본질적 형상이다. "사유는 다수의 요소가 통일되고 요소들의 총체에 대한 공통 감각이 존재할 때 일어난다."[94] 그러나 쉰아이스테시스는 자연 속에도 있다.

92 [역주] 원문에는 'αντίλψις'로 표기되었으나 오기로 보인다.
93 같은 책, 57쪽.
94 플로티노스, 《엔네아데스》, V, 3, § 13, 에밀 브레이에 번역, Paris, Les Belles Lettres, 1991, 67쪽.

자연 속에서 지배적인 총괄적 감각은 비교적 미약하기 때문에, 플로티노스는 자연 속에 있는 쉰아이스테시스에 "고요하고 조금은 모호한 관조"[95]를 할당할 수 있었다. 플로티노스는 이를 잠든 의식에 비유한다.

따라서 베르그손이 플로티노스에서 차용한 것은 아주 분명하다. 베르그손은 쉰아이스테시스의 개념을 빌려온다. 그러나 플로티노스에게는 쉰아이스테시스가 의식의 우발적 의미였다면, 베르그손이 보기에 쉰아이스테시스는 의식의 근본적 의미를 가리킨다. 그것은 자생적인, 그러니까 직접적인 의식이다. "우리는 이미 특정한 의식 관념을 알아챌 수 있다. 플로티노스는 대번에 아주 현대적인 의식 관념에 도달했다. 의식은 무엇보다도 종합이고, 동화이며, 영혼의 모든 부분들 간에 이루어지는 공감적 소통일 것이다."[96] 베르그손이 의식 내부에 상호침투하는 다수의 계기를 한데 모아들인다는 사실에서 의식의 내적 의미를 찾을 때 쉰아이스테시스 개념에서 영감을 받았다고 말할 근거는 없다. 하지만 베르그손은 쉰아이스테시스 개념 덕분에 의식을 의식보다 상위에, 혹은 하위에 있는 여러 실재에까지 확장하게 된다. 가변적인 리듬과 강도의 단계에 따라 배열된 이 실재들은 상위에 놓일수록 더 긴장되고 통일된 의식이 되고, 하위에 놓일수록 더 이완되고 분산된 의식이 된다. 우리 의식의 하위에 놓인 물질은 "모든 것이 평형을 이루고 상쇄되어 중화되는 의식처럼"[97] 존재한다. 의식의 상위, 생의 기원에는 하나의 "초의식"[98]이 존재한다. 의식은 순수지속 속의 모든 가능한 긴장의 단계에 따라 배열된다. 의식의 계기들은 원뿔의 꼭짓점에 가까워질수록 하나의 단일성 속으로 수축되고, 원뿔의 밑면에 접근할수록 점점 더 흩어진 다수성으로 이완된다. 의식은 "생과 동외

95 플로티노스, 《엔네아데스》, III, 8, § 4, 에밀 브레이에 번역, Paris, Les Belles Lettre, 1995, 158쪽.
96 〈플로티노스 강의〉, 《강의》, t. IV, 72쪽.
97 《물질과 기억》, 4장, 247쪽.
98 《창조적 진화》, 3장, 261쪽.

연적"[99]이다. 그리고 플로티노스에게 생의 다양한 층위가 존재하듯, 베르그손에게는 생과 의식의 다양한 층위가 존재한다. 그렇기 때문에 베르그손은 직관을 통해 지속의 서로 다른 층위에 도달하기 전에도 이 층위들을 하나의 원뿔 위에 도식적으로 분배함으로써 도래할 형이상학의 기획을 그릴 수 있었을지도 모른다. 그런데 이 원뿔은 낡은 형이상학을 나타내기 위해 사용된 원뿔과 아주 유사하여 양자를 혼동할 위험이 있다.

우리가 보기에 베르그손은 플로티노스에게서 위와 같은 도식을 받아들인 것처럼 보인다. 베르그손은 플로티노스의 원뿔을 지배했던 지성주의를 제거한 뒤에 이 실재의 원뿔을 재활용하기에 이르렀다. 그러나 여기서 베르그손이 전복하려 했던 형이상학으로 그가 되돌아갔다고 생각해서는 안 된다. 오히려 이 원뿔은 모든 형이상학의 공통 바탕으로, 체계로 전개되기 이전의 형이상학도 이 바탕 속에 머물고 있다고 이해해야 한다. 그렇다면 고대인들의 형이상학과 베르그손이 제시하는 형이상학 사이에서 가장 환원 불가능한 차이점은 어떤 것인가? 먼저 베르그손의 형이상학은 형이상학을 정초했던 그리스적인 전제들을 모두 역전시켰다고 말할 수 있을 것이다. 이 사태는 베르그손 원뿔의 꼭짓점이 밑바닥으로 거꾸로 뒤집혔다는 점을 통해 드러난다. 그러나 이 차이가 전부는 아니다. 무엇보다도 베르그손은 원뿔의 중간 지점을 통해, 영혼과 인격, 자아를 통해 형이상학에 진입한다. 베르그손의 형이상학은 자기 자신의 더 완전한 심화를 통해 점진적으로 전체에 합류하려 한다. 기실 과거의 형이상학이 인내심 있게 체계들을 구성했다는 사실은, 형이상학이 인내심 없이 단번에 원리로 나아가려 했다는 더 주목할 만한 사실을 은폐하고는 했다. 형이상학은 하나의 원리 속에 실재 전체를 가두고 그로부터 실재를 연역하려 했다. 이런 의미에서 베르그손이 형이상학에 기여한 바는 미미하면서도, 또한 상

99 같은 책, 서문, p. viii.

당한 것이다. 베르그손은 형이상학에 인내하는 법을 가르쳐 주었다. 그는 형이상학이 시간을, 방법의 시간을 들이기를 요구했고, 과학과 보조를 맞추어 과학과 함께 진리 속에서 성장하기를 요구하였다. 요컨대 그는 원리에서 시작하지도, 원리를 가정하지도 않고, 다만 저작들을 따라 원리를 향해 나아가기를 요구하였다.

14. 철학에서 정확성과 그 용도의 발명

> "철학에서 가장 결여되어 왔던 것은 정확성이다."_베르그손[100]

> "그러나 성찰의 빈곤함은 어떤 풍부함의 조짐이다. 전혀 계산할 수 없는 이러한 무용성이 그 귀중함을 드러내는 것이다."_하이데거[101]

유럽의 모든 학문은 그리스에서 개시되었을 때 운명적으로 새겨졌던 방향으로 나아갔다. 유럽의 학문은 수학에서 출발하여 자연적으로, 역사적으로 천문학, 물리학, 화학, 생물학으로 복잡해졌고, "최근에 생겨난" 심리학에서 그 종점에 다다랐다. 심리학은 아직 초보 단계의 과학이다. "이러한 지연을 아쉬워하고"[102] 실재의 이 불모지가 자아와 함께 아직 어둠 속에 잠겨 있다는 사실을 슬퍼해야 할까? 〈생령〉에서 베르그손은 뒤집힌 과학사를 꿈꾸어 보려 한다. 과학이 "다른 쪽 끝점에서" 시작되었다면 어땠을까? 과학은 점차 타성적 물질에 도달했을 것이고, 이때 "과학은 깜짝 놀라고 곤혹스러워하며 갑작스레 멈춰 섰을 것이다." 그래서 "정신이 아

100 〈서론〉, I, 《사유와 운동》, 1(9)쪽.
101 마르틴 하이데거, 〈학문과 숙고〉, 《시론과 강연들》, Gallimard, 앙드레 프레오André Préau 번역, 78쪽.
102 〈생령〉, 《정신적 에너지》, 93쪽.

니라 물질이 신비의 영역으로 남아 있었을지도 모른다".[103] 연안에서 몇몇 어부가 미지의 나라에서 온 증기선을 목격했을 때, 이러한 과학은 어부들의 증언을 불신할지도 모른다. 마치 우리가 오늘날 갈릴리 호수의 어부들이 증언하는 내용을 불신할 수 있는 것처럼 말이다.

그렇지만 여느 철학자들이 "보편수학의 꿈"을 "하나의 실재처럼"[104] 여기는 것과 달리, 베르그손은 자신의 꿈이 불가능하다는 것을 안다. 그래서 그는 능숙한 완곡어법을 통해 '정신연구학회'에 다음과 같이 경고한다. 이 꿈이 실현되리라는 비밀스러운 욕망을 품어서는 안 된다. '정신연구학회'가 본질적으로 뒤늦게 생겨날 수밖에 없었다는 사실을 잊어서는 안 된다. 실제로 과학사가 역으로 전개되었더라면, 심리학은 그리스에서 개시된 과학사에 속하지 않았을 것이고, 엄밀학이 될 기회를 놓쳤을 것이다. 근대철학이 여전히 가장 결여하고 있는 것을, 심리학도 결여하였을 것이다. 근대철학은 그리스적인 것을 전적으로 보존하면서도 그리스인들의 가장 귀중한 발명은 배제하였다. 근대철학에는 정확성이 결여되었기 때문이다.

> 아니다! 인간 정신이 이와 같은 과정을 따르는 것은 가능하지도 않았고, 바람직하지도 않았다. 먼저 그것은 불가능했다. 근대의 여명기에 이미 수학적 과학이 존재했기에, 우선 필연적으로 이 수학적 과학으로부터 우리가 살아가는 세계의 인식을 위해 얻을 수 있는 모든 것을 끌어내야 했기 때문이다. 그림자에 불과할지도 모르는 것을 좇느라 먹이를 놓을 수는 없다. 그러나 이러한 일이 가능했다고 가정하더라도, 인간 정신이 심리과학에 먼저 열중하는 것은 심리과학 자체에 바람직하지 않다. 실제로 물질과학에 바쳐졌던 모든 작업, 재능, 천재성의 총합이 이쪽으로 사용되었다면, 정신에 대한 인식은 더 멀리

103 같은 책, 81쪽.

104 〈형이상학 입문〉, 《사유와 운동》, 222(254)쪽.

나아갈 수 있었을지도 모른다. 그러나 거기에는 언제나 무언가가 결핍되어 있을 것이다. 그것은 평가할 수 없을 정도로 값진 것이고, 그것이 없다면 나머지 것들은 그 가치를 상당히 상실할 것이다. 그것은 정확성, 엄밀함, 증명에 대한 관심, 단순히 가능하거나 개연적인 것과 확실한 것을 구분하는 습관이다. 이것이 지성의 자연적인 특성이라고 생각하지는 말자. 인류는 아주 오랫동안 이것들 없이도 잘 지내왔다. 오래전 그리스 한 지방에서 **어림잡음**에 만족하지 않았던 소수의 사람이 정확성을 발명하지 않았더라면, 아마 이것들은 결코 세상에 나타나지 않았을 것이다.[105]

학문이 나아간 방향은 올바른 것이었다. "수학적 사유의 특징인 정확성과 엄밀성에 대한 요구"가 확산되어 습관화될 수 있었기 때문이다. 이러한 습관이 없었다면 심리학은 정신의 자기 직관이 최초에 그러하듯 "모호하고 불확실하게" 남아 있었을 것이다.

그럼에도 사람들은 베르그손에게서 정확성에 대해 언급하지 않았다. 얼마나 큰 오류인가! 베르그손이 직관을 철학의 종별적 도구로 삼았기 때문에, 사람들은 이를 통해 직관에 결여되었던 정확성이 부여되었기를 바랐다. 이는 직관이 부정확성 자체라는 사실을 망각하는 일이었다. 벤토 프라도만이 이 모순을 발견했던 것처럼 보인다. 그러나 그는 이로부터 서로 대립되는 두 부류의 정확성이 있다는 결론을 이끌어낸다. 벤토 프라도에 따르면, 첫 번째 정확성은 철학적인 것으로 직관적 포착을 통한 "대상과의 일치를 의미"하고(본래적 의미의 정확성précision), 두 번째 정확성은 과학적인 것으로 "경험적 소여들을 엄밀하게 **조작하는 것**"을 의미한다(정밀성exactitude).[106] 그러나 벤토 프라도의 말이 맞다면, 과학과 철학은 서로를

105 〈생령〉, 《정신적 에너지》, 82-83(96)쪽.

106 벤토 프라도, 《현전과 초월론적 장: 베르그손 철학에서 의식과 부정성》, 145쪽 그리고 5쪽.

보완하는 것이 아니라 동일한 대상에 대해 언쟁하며 계속해서 서로 배제하고 말 것이다. 사람들은 "외견상 단순한 방법을 극도로 복잡화하는 과정"[107]을 단순화하였고, 그렇게 하여 베르그손 철학의 한편에는 형언할 수 없을 정도로 정확한 직관을, 다른 한편에는 과학의 영역에서 과학적 대상들의 진위를 놓고 논쟁을 벌이려 하는 과학주의를 병치시키려 했다. 그러나 그들은 베르그손 철학의 이 두 계기가 어떻게 서로 연결될 수 있는지 설명하지 않았다.

이 입장 중 어떤 것도 적절해 보이지는 않는다. 이러한 입장들은 "과학과 형이상학 간의 반목"[108]을 받아들일 수밖에 없다. 과학과 형이상학의 반목은 오늘날 실증과학들의 분산 속에서 특히 두드러진다. 그렇지만 칸트에서 하이데거까지[109] 계속되는 이러한 반목은 "우리의 철학을 괴롭히는 커다란 해악"이다. 베르그손은 이들과 달리 "끊어진 (…) 가교를 재건하려"[110] 한다. 이를 위해 베르그손은 새로운 연합에서 출발함으로써 오래된 연합과 오래된 연합이 만든 위계로부터 벗어나야 했다. 더 이상 제일철학도, 제이철학도 없다. 이제 형이상학은 과학과 "동일한 층위에"[111] 놓여야 하고, 과학들 사이에서 유통되어 과학과 보조를 맞추어야 한다.

철학이 의존했던 일상 언어의 "기성 개념"이 그저 어림잡음, 즉 "기성복"에 불과해서 충분히 정확하지 않은 것이라면, 즉 기성의 개념들이 단

107 〈서론〉, I, 《사유와 운동》, 22(33-34)쪽.

108 〈정신-물리 평행론과 실증적 형이상학〉, 《잡문집》, 494쪽.

109 하이데거, 《사유란 무엇인가》, 제라르 그라넬Gérard Granel 번역, PUF, 26쪽. "가교란 없다. 도약이 있을 뿐이다. 그렇기 때문에 오늘날 사유와 과학 사이의 손쉬운 교류를 허용하는 가교, 나귀의 다리는 모두 전적으로 해로운 것이다."
[역주] '나귀의 다리*pons asinorum*'는 나귀 같은 바보가 아니라면 모두 통과할 수 있는 다리를 이르는 말로 누구나 풀 수 있는 외견상의 장애물을 뜻한다. 이등변삼각형의 두 밑각이 서로 같다는 유클리드의 제5명제를 증명하는 과정에서 그려지는 보조선이 다리의 모양을 하고 있기에, 종종 이 증명을 가리키는 데 쓰이곤 했다.

110 〈정신-물리 평행론과 실증적 형이상학〉, 《잡문집》, 494쪽. "가교pont" 대신 "점point"이라 쓰인 것은 오기로 보인다.

111 〈서론〉, II, 《사유와 운동》, 43-44(56)쪽.

하나의 대상을 포착하기에는 "너무 크고" 대상 전체를 포착하기에는 "너무 협소한"[112] 것이라면, 철학적 방법이 시도해야 하는 일은 "대상에 맞춰 그 대상에만 적합한 개념을"[113] 재단하는 것이다. 그러나 사람들은 베르그손이 개념들을 "치수에 맞춰" 재단하고 "맞춤으로" "대상을 정확히 측정하여"[114] 작업하는 일에 직관을 불러낸다는 사실에 놀라움을 표했어야 하리라. 직관이 고유한 영역으로 삼는 것은 "측정되지 않는 것"이기 때문이다. "과학의 영역은 측정의 영역이다. (…) 철학의 대상은 측정되지 않는 것이다."[115] 달리 말하면, 철학이 정확해야 한다는 말은 곧 철학이 과학과 협업해야 한다는 말과 완전히 동일하다.

철학과 과학 간에 그 어느 때보다도 긴밀한 협업이 이루어지기 위해서는 철학에서 정확성의 개념이 올바른 용도로 사용되어야 한다. 정확성은 방법의 사무이고, [주어지는 것이 아니라] 획득해야 할 대상이다. 지성이 자연적으로 정확하지는 않다. 직관은 더더욱 그러하다. 지성은 정확성 없이도 살아갈 수 있고, 실천적 사태에 대해서도, 이론적 사태에 대해서도, 언어 속에 축적된 기성 개념들의 근사치에 머무를 수 있다. 그리스인들의 천재성이 없었다면 지성은 결코 정확해질 수 없었을지도 모른다.

정확성을 자연적 특질이나 자연적으로 획득된 특질로 여기는 것은 커다란

112 《창조적 진화》, 48쪽; 《사유와 운동》, 1(9)쪽; 《창조적 진화》, 서문, p. vii.
113 〈형이상학 입문〉, 《사유와 운동》, 197(226)쪽.
114 《사유와 운동》, 197(226)쪽; 《창조적 진화》, 48쪽; 《사유와 운동》, 23(34)쪽(필자의 강조).
[역주] 여기서 '치수', '맞춤', '측정' 등으로 다양하게 번역된 것은 모두 'mesure'이다.
115 〈과학이 닿을 수 없는 실재들, 오귀스트 올라르의 강연에 대한 기조 발언, 1911년 5월 14일〉, 《잡문집》, 886-887쪽.
[역주] 《잡문집》은 이 텍스트를 "올라르 목사의 강연에 대한 기조 발언"으로 보고하지만, 최근 엘리 뒤링이 《철학적 저술들》, 570쪽, n. 157에서 지적한 바에 따르면 강연자는 목사 로제 올라르가 아니라 물리화학자 오귀스트 올라르였던 것으로 보인다.

오류다. 정확성은 인간 지성이 단순히 본성의 지시를 따라 어떻게든 도달할 수 있는 특정 정도의 완전성이 아니다. 지성의 능력을 주의 깊게 분석해 보자. 그러면 그것이 무엇보다도 삶의 일상적인 업무를 위해 만들어졌음을 알 수 있다. 그런데 이런 일들을 위해서는 어림잡음만 있어도 충분하다. 정확성은 하나의 발명이었다. 모든 발명이 그러하듯 정확성은 특정 날짜에 특정 지역에서 생겨났다. 그것은 생겨나지 않았을 수도 있었다. 그리스인들이 존재하지 않았다면 정확성은 영원히 세상에 나타나지 않았을지도 모른다.[116]

따라서 과학과 형이상학에서 이러한 "**정확성의 정신**"을 통해 무엇이 가능해졌는지 이해하려면, 그리스에서 이루어졌던 정확성의 발명에까지 거슬러 올라가야 할 것이다. 〈생령〉에서 베르그손은 1902-1903년 콜레주 드 프랑스에서 이루어진 "시간 관념의 역사" 강의를 언급한다. 실제로 1903년 1월 9일에 이루어졌던 다섯 번째 강의는 정확성의 발견을 주제로 삼는다. 이 강의의 이점은 베르그손이 동전의 양면을, 즉 정확성이 갖는 장점과 단점을 함께 제시한다는 점에 있다. 이 양면을 함께 고려하지 않는다면, 철학에서 정확성의 진짜 용도를 이해하기란 어려울 것이다.

그리스인들의 발명

그것은 시공간상의 한 지점에서 일어난 "역사적 우연"이었다. "몇몇 사람이 정확성에 커다란 중요성을 부과했다. 그들은 내용과 형식을 완벽하게 일치시키고, 관념을 형상 속에 기입하여 형상과 관념 사이에 아무런 놀이도, 격차도, 간극도 없게 만들려 했다."[117] 어림잡음에 대한 반감, 정확

116 〈그리스-라틴 연구와 중등교육 개혁〉, 《잡문집》, 1369쪽.

117 《시간 관념의 역사: 1902-1903 콜레주 드 프랑스 강의》, 5강(1903년 1월 9일), 88쪽. 베르그손은 이 강의에서 1902년 루이 리아르가 제시한 당시의 중등교육 개혁안을 언급하지 않는다. 루이 리아르의 개혁안은 프랑스에서 고대문화의 패권을 종식시킬 것이라 여겨지곤 했다. 베르그손은 이 개혁안에 대한 그의 적대감을 공적

성의 요구는 정신이 적용되는 모든 사태에서 그 사태에 적절한 표현을 찾기 위해 들인 습관이다. 그리스 시대의 작품들에는 정확성을 추구하는 이러한 경향의 흔적이 뚜렷하게 남아 있다. 후에 고전주의의 모델이 되는 그리스의 정확성은 라틴 문화로 전파되었으나, 라틴 문화는 정확성을 발명한 것이 아니라 그저 받아들이고 모방했기에 "그것을 훨씬 더 적은 수의 관념에 (…) 한정해 두어야"[118] 했다. 그리스의 예술과 문학, 그리스의 수학은 정확성을 추구하는 경향의 완벽한 사례들이다. 그리스에서 이루어진 모음의 발명도 덧붙일 수 있을 것이다. 그리스인들은 모음을 나타내는 말을 고정시켜 음절문자의 어림잡음에서 벗어날 수 있었다.[119] 그 밖에도 많은 사례가 있다. 그리스인들 없이도 "어쨌든 수학은 존재했을 것이다". 인간 지성에 자연적인 기하학이 있기 때문이다. 그러나 수학이 그토록 정확하지는 않았을 것이다. "사실 이집트인들은 분명 기하학의 몇몇 명제를

으로 드러내지 않는다. 그는 엄밀하게 철학적인 관점에서만 그리스-라틴 문화의 중요성을 강조한다. 그렇지만 이 강의가 행해졌던 당시의 정치적 맥락에 비추어 본다면, 이 강의는 진행 중인 개혁에 대한 반대 입장으로 여겨질 수밖에 없다. 이 당시와 달리 베르그손은 1909년부터 이 개혁의 결과로 두드러진 '프랑스어의 위기'에 대해서는 공적인 입장을 취하여, 베라르 총리와의 토론을 통해 1923년 개혁안에 영향력을 행사했다. 그러한 행보의 일환으로 베르그손은 1922년 11월 4일 윤리정치학회에서 연설하는 한편, 1923년 5월에는 《파리 평론》에 〈그리스-라틴 연구와 중등교육 개혁〉(《잡문집》, 1366-1379쪽)을 기고하였다. 후자의 글은 '정확성의 발명'을 강조하는 1902-1903년 강의의 정신을 이어가고 있다.

118 같은 책, 89쪽.

119 앙리장 마르탱Henri-Jean Martin, 《문자언어의 역사와 영향력*Histoire et pouvoirs de l'écrit*》, 1988, Albin Michel, Bibliothèque de 'L'évolution de l'humanité', 1996, 48쪽 이하. 아마 베르그손은 이 사례를 받아들였을 것이다. 베르그손이 보기에 언어는 단번에 분절된 것이 아니기 때문이다. 주세페 프레촐리니Giuseppe Prezzolini가 한 서신에서 "언어가 처음에는 연속적이었고 분절은 나중에야 과학이나 논리와 함께 생겨난 것"이라고 말했을 때, 베르그손은 "이 의견에 완전히 동의한다". 베르그손은 이렇게 말한다. "처음에는 하나의 말이 하나의 복잡한 전체를 가리켰을 것이다. 하지만 사실상 말이 이 전체에 대해 표현하는 바는 거의 아무것도 아니었을 것이다. 말은 사유에 신호를 보내는 데 그쳤을 것이고, 사유는 홀로 작업해야 했다. 언어가 대상을 실제로 표현할수록 언어는 점점 더 분절된다. 그러면 사유는 자기 자신에 고착되는 것이 아니라 언어에 고착된다. 하지만 나는 이것이 진보라는 점을 인정한다"(〈주세페 프레촐리니에게 보낸 편지, 1909년 7월 12일〉, 《서간집》, 271쪽).

알고 있었다." 그러나 이집트인들은 이 명제들을 "경험적인 방식으로", "경험의 일반화"를 통해 획득했고, 이를 증명하려 하지 않았다. "증명은 그리스의 발명품이다. 명제들을 서로의 내부로, 그리고 최초에 내려진 정의 속으로 완벽하고 엄밀하게 끼워 넣어, 연역 과정의 어디에도 간극, 격차, 놀이가 없도록 만드는 것이다. 그것은 엄밀함이고, 형식에 있어서의 절대성이다."[120] 증명이 없어도 "수학은 존재했을 것이나, 현재의 모습과는 달랐을 것이다. 그것은 오늘날 그러하듯 (…) 엄밀함과 정확성의 유형 자체로 여겨지지는 않았을 것이다".[121] 그래서 인간 지성은 자연적으로는 물질적 사물들에 내속된 공간성을 따른다 해도, 역사적으로는 "오래전에 그리스 사유가 전개되었던 방향을 따라"[122] 전개된 것이다. 그러므로 그리스적인 역사성을 우리 지성의 고유한 메커니즘이 지닌 자연성으로 환원해서는 안 된다. 아마 그리스인들도 지성의 자연적 경향을 따라갔을 것이다. 그렇지만 그들은 이 자연적 경향을 필요한 것보다 더 멀리까지 밀고 나갔다.

그러나 "동전에는 뒷면이 있다". 장점에는 이면이 있다. "무엇보다도 정확성에 애착을 갖는다면, 완벽히 정확하게 표현될 수 없는 것은 필연적으로 존재하지 않는다고 여겨진다. **전혀 표현할 수 없는 것은 말할 것도 없다.** 따라서 이런 조건에서 보자면, 그리스 정신이 과정적인 것, 생성하는 것, 발생과 진화를 함축하는 모든 것을 거의 완전히 놓치는 것은 당연한 일이다."[123] 다시 한번 그리스 문학과 과학을 사례로 제시할 수 있다. 그리스

120 《시간 관념의 역사: 1902-1903 콜레주 드 프랑스 강의》, 90쪽.

121 같은 책, 90쪽.

122 〈그리스-라틴 연구와 중등교육 개혁〉, 《잡문집》, 1369쪽.

123 《시간 관념의 역사: 1902-1903 콜레주 드 프랑스 강의》, 91쪽(필자의 강조). 앙리 장 마르탱은 이와 유사한 맥락에서 현대 서양 알파벳의 기원인 그리스 알파벳에 대해 다음과 같이 덧붙인다. "그러나 모든 체계에는 부정적 측면이 있다. 소리와 글자를 최대한 밀접하게 연관시켰기 때문에(초기 그리스어에서는 하나의 말이 소리와 글자 모두를 가리켰다), 그리스어는 말뜻signifié에 비해 말소리entendu를 특권화한다. (…) 음성 발화의 흐름을 나타내는 쪽으로 기울어 있는 알파벳 문자 체계écriture

의 문학과 과학에서는 심층적인 정신 상태가 전혀 주제화되지 않는다. 그러나 또한 베르그손이 로고스라는 용어의 변천을 그 본래적 의미에 결부시키는 방식을 염두에 두어야 할 것이다. 엘레아 철학(파르메니데스, 제논)이 로고스의 본래적 의미를 단번에 전부 제시했으며, 베르그손은 이들이 형이상학을 낳았다고 말한다. 베르그손은 파르메니데스의 철학 시 단편 4절을 인용하여, "사유하다와 말하다"라는 두 동사의 유착을 강조한다. 사유될 수도 없고 표현될 수도 없는 것은 존재하지도 않는다. "완벽히 표현될 수 있는 것만이 실재성을 갖는다." 이런 관점에서 파르메니데스는 로고스를 "실재와 환상을 식별하는 기준으로 여겼다".[124] 그 후로 로고스의 의미는 점차 확장되어 차례로 말, 증명, 추론, 이성, 정의, 개념, 이데아(플라톤, 아리스토텔레스)로 번역되었으나, 그럼에도 "본래적 의미에 아주 가까이 남아 있었다". 로고스의 의미는 스토아학파에 의해 종자적 이성(로고스 엔 스페르마티)으로, 그러니까 생명적 유기조직화의 원리로 이해되었을 때 최대로 확장되고, 플로티노스는 "주의를 기울여 어떻게 이 유기조직화라는 의미가 로고스의 본래 의미에 결부되어 있는지 암시적으로 보이려 했다".[125] 플로티노스는 로고스를 "형상을 부과하는 발생적 역량, 즉 프쉬케의 한 국면 혹은 파편으로" 여기는 동시에, "때로는 그것을 하나의 **담화**로"[126]여기기 때문이다. 이렇게 하여 형상과 생성의 접합부에 놓여 있는 종자적 로고스는 배우가 읊조리는 배역이라는 의미를 갖는다. 생명체의 생은 영원 속에 감겨 있던 무언가를 시공간 속에 펼친다. 베르그손은 로고스를 플로티노스를 이해하기 위해 채택해야 하는 다소 비가시

는 (…) 언어 이외의 것을 결코 나타내지 못할 것이다. 그래서 알파벳 문자는 언어의 틀을 넘어서야 할 때마다 다소간 부적합한 면모를 드러낸다. 이런 경향은 우리가 살고 있는 시대에 특히 더 두드러지게 나타난다"(《문자언어의 역사와 영향력》, 50쪽).

124 같은 책, 94쪽.

125 같은 책, 93쪽.

126 《창조적 진화》, 3장, 211쪽.

적인 출발점으로 삼고, 로고스는 이렇게 사유와 생을, "즉 요컨대 실재의 두 국면을" 하나의 항으로 재통합한다. "이 말은 곧, 그리스인들에게는 담화, 표현, 표현 가능성이 사유의 전부였고, 표현될 수 없거나 완벽히 표현될 수 없는 것은 사유의 고려 대상이 아니었다는 말이다."[127]

그리스적인 정확성은 위와 같은 양면성을 지니고 있다. 여기서 생겨난 과학과 형이상학이 표현 불가능을 사유 불가능으로, 그리고 사유 불가능을 불가능으로 여겼다는 사실은 쉽게 알아챌 수 있다. 그리스 형이상학은 시공간 속에서 주어진 존재의 실재성으로부터 **존재**를 사유한다. 존재에 미리 **무**의 인장을 찍어두었기 때문이다.

> 엘레아 학파는 거침없이 이런 일을 수행했다. 생성은 사유의 습관들에 충격을 주고 언어의 틀에 잘 맞지 않기 때문에 그들은 생성을 비실재적인 것이라고 선언했다. 공간 운동 속에서, 그리고 변화 일반 속에서 그들은 순수한 환상만을 보았다. 사람들은 전제를 바꾸지 않고서도 이러한 결론을 약화시켜 다음과 같이 말할 수 있었다. 실재는 변화한다. 그러나 [본디] 그것은 변화해서는 **안 될 것이다**. 경험은 우리를 생성 앞에 대면하게 한다. 이것이 감각적 실재다. 그러나 그들은 가지적 실재, 즉 있어야만 하는 것은 훨씬 더 실재적이고 변화하지 않는다고 말할 것이다. (…) 고전 고대를 통해 전개된 철학의 원리는 그러한 것이다. 그것은 형상의 철학, 혹은 그리스인들에게 더욱 가까운 용어를 사용하자면 이데아의 철학이다.[128]

근대과학의 전환점

그리스인들이 표현 불가능한 것을, 즉 정확한 형태로 고정될 수 없는 실재적 생성을 무가치한 것으로 여겼을 때, 이들이 새겨 넣은 최초의 추동

127 《시간 관념의 역사: 1902-1903 콜레주 드 프랑스 강의》, 93쪽.
128 《창조적 진화》, 4장, 313-314쪽.

력은 지성을 이미 자연적으로 향하던 경사로로 밀어 넣었다. 이런 관점에서 서양 역사의 진정한 출발점은 그리스에 있는 것이다. 서양의 역사는 점점 더 높은 정확성을 향해 나아가면서, 실재를 언제나 더 명석판명한 표상 속에 고정시키려 한다. 그럼에도 그것은 여전히 큰 틀에서는 그리스인들이 확정적으로 결정한 형이상학에 매여 있다. 이런 의미에서 베르그손이 《창조적 진화》 4장에서 서술하는 것은 하나의 **동일한** 역사, 형이상학을 개시하였으며 지금도 계속되는 **동일한** 몸짓의 역사다. 그것은 생성 중의 존재가 어둠 속으로 쫓겨나는 역사다. 형이상학은 먼저 그것을 "의식적으로" 환상으로 치부하고(고대인들), 결국에는 무로 환원하여 "무의식적으로"[129] 모든 형이상학적 작업의 바탕에 놓는다(근대인들). 이런 관점에서 베르그손은 고대인들과 근대인들 사이에는 단절이 없고, 고대과학과 근대과학을 가른다고 여겨졌던 모든 차이는 본성상의 차이가 아니라 정도상의 차이에 불과하다는 점을 보이려 한다.

(i) 아리스토텔레스 자연학이 "높음과 낮음, 자발적 이동과 강요된 이동, 고유한 자리와 무관한 자리라는 개념으로"[130] 운동의 본성을 정의하면서 운동의 직접적 관찰과 수학화를 막았다고 할 것인가? 물론 "언어 속에 축적된 개념들로 실재를 재구성하려는 바람은 실증과학으로의 길을 가로막고 있었다".[131] 그러나 그리스철학이 플라톤이나 아리스토텔레스와 함께 정확성의 정신을 기성 언어에 적용하는 것으로 만족하고, 변증술을 통해 "처음에는 단지 신호에 불과했던 말들을 기예의 도구로" 전환했다면, 그 이유는 그리스철학에 "다른 것이 없었기"[132] 때문이다. 그리고 근대과학이 "**언젠가** 말을 따르는 이러한 관념 체계를 **더 정확한 기호**로 표현

129 같은 책, 298쪽.
130 같은 책, 330쪽.
131 〈서론〉, II, 《사유와 운동》, 45(57)쪽.
132 같은 책, 87(103)쪽.

된 정밀한 인식"[133]으로 대체할 수 있었던 것은 그리스인들에게 물려받은 정확성의 정신 덕이었다. 그들은 그리스인들이 제시한 방향으로 그리스인들을 넘어섰던 것이다. 인간의 활동이 "기계론적 기술의 전조가" 되듯, "언어는 (…) 과학을 예고한다".[134] 그렇기 때문에 과학의 기호들은 "분명 더 정확하고 효율적이라는 점에서 언어적 기호들과 차이를 보인다 해도, 여전히 기호의 일반적 조건에 종속되어 있다. 기호란 실재의 한 측면을 고정시켜 정지된 형태로 표기하는 것이다".[135] 고대인들에서 근대인들로 이행함에 따라 정확성이 증가되고 점점 더 많은 실재를 고정시킬 때, 이는 실재로부터 분명한 핵들을 더 많이 추출하기 위한 것이고, 본질적으로는 "사물들에 대한 우리의 영향력을 증가시키기"[136] 위한 것이다. 아리스토텔레스가 변화의 불완전성을 고정시키기 위해 변화의 최종 종착점(텔로스)이나 그 정점(아크메)을 변화의 본질적 **순간**이자 그에 대한 특권적 **시각**(에이도스)으로 정립해야 했다면, 갈릴레이와 근대과학은 더 정확한 표기 체계 덕에 변화를 텔로스가 아니라 "임의의 한순간에" 고정시킬 수 있었다. 달리 말하면, 갈릴레이는 단지 **더 많은** 실재를 고정시켜 정확하게 표현했을 뿐이다. 물론 "이 차이는 심층적인 것이고, 어떤 면에서는 근본적이기까지 하다. 그러나 우리가 고찰하는 관점에서 보자면, **그것은 본성의 차이가 아니라 정도의 차이다.** 인간 정신은 점진적인 완성을 통해, 그러니까 단순히 **더 높은 정확성을 추구함으로써** 첫 번째 부류의 인식에서 두 번째 인식으로 이행한 것이다. 이 두 과학 간의 관계는 운동의 단계들을 눈으로 주목하는 것과 스냅사진으로 훨씬 더 완전히 기록하는 것 사이의 관계와 동일하다".[137] 스피노자와는 달리, 두 부류의 인식이 존재하는 것은 아니

133 같은 책, 88(104)쪽(필자의 강조).
134 같은 책, 84(100)쪽.
135 《창조적 진화》, 4장, 328쪽.
136 같은 책, 329쪽.
137 같은 책, 331쪽(필자의 강조).

다. 이렇게 증가한 정확성은 그저 질에서 양으로의, 질에서 측정으로의 이행을 설명할 뿐이다.

(ii) 다음으로, 근대과학이 그리스인들은 알지 못했던 실험적 방법론을 창조했다고 말할 것인가? 물론 그렇다. 그러나 여기에서도, 그리스인들도 근대인들 못지않게 실험을 했다. 이들의 실험은 측정을 목적으로 이루어지기도 했지만(아르키메데스의 부력 원리), 대부분 우연히, 사방으로 행해졌다. 이들은 생성을 부정확한 것으로 이미 배제한 뒤에, 실험을 통해 도래할 과학이 탐험할 수 있는 경험의 장을 미리 한정하였다. 다른 말로 하면, [그리스인들의] 실험과 [근대인들의] 실험적 방법론 사이에 있는 것도 본성의 차이가 아니라 정도의 차이일 뿐이다. 근대의 실험적 방법론은 정확성의 증가를 목적으로 삼는다. 그래서 "근대과학은 그 이전에 연구가 이루어졌던" 경험의 장을 확장시킨 것이 아니라 "여러 지점에서 수축시켰다". 더 정확히 말하면, 근대과학은 "이미 수행되고 있었던 관찰과 실험 과정들을" 이어받아 "**측정**이라는 하나의 지점에 수렴시키는 것이었다. 사람들은 특정한 가변적 크기를 측정하여 그것이 마찬가지로 측정 가능한 다른 특정한 크기들의 함수일 것이라고 짐작하였다".[138] 따라서 개념에서 법칙으로의 이행을 설명하는 것은 다시 한번, 유일하게 절대적인 정확성을 지닌 수학을 이상으로 삼아 나아가는 그리스적인 정확성의 요구였다. 그리하여 근대과학은 측정에 도달하지 못했을 때도 언젠가 측정 가능해질 측면에 주목하여 사실들을 분석하고 수집한다(18세기의 백과전서적인 축적은 이러한 맥락에서 수행되었다).

베르그손이 제시한 형이상학사와 하이데거의 형이상학사는 용어상의 차이와 미묘한 논점들로 인해 구분된다. 하이데거에게 형이상학사는 존재의 역사, 그리고 존재 망각의 역사를 가리키는 반면, 베르그손의 형이

138 〈생령〉, 《정신적 에너지》, 70(84)쪽. 또한 《창조적 진화》, 4장, 332쪽을 보라.

상학사는 존재자와 존재자의 점증적인 탈은폐에 주목한다. 그러나 두 사람의 형이상학사는 많은 지점에서 서로 교차한다. 그러므로 이 두 형이상학사가 **무엇에 대해** 이야기하는지 더 잘 이해하기 위해서는 양자의 불일치에도 불구하고[139] 비교 연구를 통해 그것들을 밀접하게 접근시켜 보아야 할 것이다. 사실 이 두 철학자를 그들의 공통적인 형이상학사를 통해 조응시키지 않는다면, 결과적으로 양자의 가장 심층적인 차이를 놓칠 것이다. 왜 한 사람은 소크라테스 이전으로 거슬러 올라갈 수 없으니 형이상학 밖으로 후퇴해야 한다고 주장하는 반면, 다른 한 사람은 극도로 현대적인 입장을 취하며, 앞서 형이상학사 속에서 이따금 터져 나왔던 직관들을 가지고, 우리가 아직 사유해 본 적이 없는 유동성을 사유하는 **또 다른** 형이상학이 여전히 가능하다고 주장하는 것인가? 왜 한 사람은 늘 근대과학과 논의하기를 거부하고 과학을 형이상학 내부에서 이루어지는 형이상학의 본질적 전개로 환원하는 반면, 다른 한 사람은 오래된 연합을 해체하려 하면서도 근대과학과 새로운 연합을 체결하는 것인가?

그 이유는 베르그손이 이 **동일한** 역사 속에서 혁명은 아니지만 한 번의 개혁을 발견했기 때문이다. "자연과학을, 더 나아가 자연과학에 도구를 제공했던 수학을 쇄신하고"[140] 그것들에 근대성을 개방한 개혁이 있었

139 베르그손의 접근 방식을 하이데거의 것과 화해할 수 없게 만드는 차이는, 베르그손이 시각보다는 촉각에 우위를 둘 뿐 아니라, 인간으로부터 역사를 박탈하지 않으려는 더 의지주의적인 입장을 취한다는 데 있다. 존재가 파르메니데스 이래 점진적으로 추방되어, 결국 몰아세움 속에서 존재자에 대한 전적인 지배로 이어질 때까지 다양한 방식의 드러남과 형이상학사의 상이한 시기를 결정짓는 것이 아니다. 인간의 역사가 자연이 이미 지시한 경사로 위를 미끄러지는 것이라 해도, 인간이 정확성의 발명이라는 역사적 사건을 통해 점진적으로 이러한 운명에서 멀어지는 것이다. 베르그손에게 호의적인 입장을 취한다면, 우리는 이렇게 물을 수 있다. 인간이 오직 존재가 인간에게 마련해 둔 운명에 반응할 뿐이라면, 왜 존재의 역사는 오직 "**서양에서의** 존재 역사"(〈몰아-세움〉, 《브레멘과 프라이부르크 강의》, GA 79, 39쪽(필자의 강조))인 것인가? 반대로 하이데거에 호의적인 입장을 취한다면, 베르그손은 존재를 존재가 보호받고 있는 마지막 귀퉁이(정신적인 것)에서도 끌어내서 탈은폐화하려는 의지로 인해 존재 망각의 역사의 마지막 단계에 위치할 것이다.

140 《창조적 진화》, 4장, 334쪽.

다. 따라서 고대인들과 근대인들 사이의 진정한 차이는 사람들이 생각했던 것(자연의 수학화, 실험적 방법론)과는 "다른 곳에서 찾아야 한다". 근대과학을 낳은 그리스 형이상학에서 근대과학을, 단지 한 측면뿐이라 해도, 실질적으로 떼어내고 거기서 "본질적이고 본원적인 차이"[141]를 간파하는 또 다른 관점이 가능하다. 이를 통해 베르그손은 우리가 속한 절대가 우리의 직접적 접근을 막는 엑스 자 울타리 뒤의 존재*Seyn*처럼 닿을 수 없는 것이 아니라 지속으로서 포착될 수 있음을, 절대의 (첫 번째) 이름이 지속임을 설명할 수 있을 것이다. 형이상학은 과학과 생성 사이를 갈라놓았으나, 근대과학은 이렇게 형이상학에서 떨어져 나와 생성 속으로 잠기게 된다. 근대과학을 형이상학에서 떼어내는 것은 "**시간을 독립변수로 삼으려는 열망**"[142]이다. 반복하건대, 근대과학을 특징짓는 것은 크기들 간의 일관된 관계, 즉 법칙에 대한 탐구가 아니다. 아르키메데스의 부력 원리는 이미 "진정한 실험적 법칙"이었다. 그것은 "물체의 부피, 물체가 잠긴 액체의 밀도, 물체를 위로 떠오르게 만드는 부력이라는 세 가지 변량을 고려에 넣기"[143] 때문이다. 근대과학의 혁신은 천문학에서 케플러Johannes Kepler가, 물리학에서 갈릴레이가, 기하학에서 데카르트가("물론 모호한 형태로"), 수학에서 뉴턴Isaac Newton이[144] **시간**을 변량으로 취급하여 다른 모든 크기를 시간에 결부시켜야 한다고 — 이 작업이 언제나 가능한 것은 아니다 — 생각했을 때 일어났다. 이들은 이를 통해 고대인들의 정적인 과학을 동적인 과학으로 전환시켰다. 시간이라는 요소가 방정식 속에 들어갔기

141 같은 책, 333쪽.
142 같은 책, 335쪽.
143 같은 책, 333쪽.
144 실제로 〈형이상학 입문〉에서 베르그손은 이와 동일한 이유에서 "미적분학"의 발명을 직관과 "사유 작업의 일상적인 방향의 역전"이 낳은 공적으로 여긴다. 미분법이 정확성의 방향으로 전환되었을 때, 그것은 "인간 정신이 사용하는 가장 강력한 탐구 방법"(《사유와 운동》, 214(245)쪽)이 되었다. 베르그손이 라이프니츠의 미분법보다 뉴턴의 유율법flexions을 선호했던 이유에 대해서는 장 밀레Jean Milet, 《베르그손과 미적분학》, PUF, 1974, 66쪽 이하를 참조하라.

때문에 방정식은 시간의 어떤 순간에도 적용 가능한 것이 되었다.

근대과학은 정확성에 대한 그리스적인 요구를 계속해서 따르고 있다. 그렇지만 근대과학에는 새로운 **방법**이 덧붙는 심층적인 개혁이 이루어졌다. 이 개혁의 유일한 과오는 철학이 이 방법을 형이상학적 **학설**로 실체화했다는 것이었다. 근대과학은 **기계론**이 되어버렸다. 기계론은 "우주 속에서 질점들의 체계를 고립시켜, 주어진 한순간에 이 질점들 각각의 위치가 알려질 경우 임의의 순간에 대해서도 그 위치를 계산할 수 있다고 여긴다".[145] [그렇지만] 근대과학은 새로운 방법을 통해 "갈릴레이의 사면을 타고 하늘에서 땅으로 내려와" 흐르는 실재를 대상으로 삼는다. "변화는 더 이상 본질의 감소가 아니고, 지속도 영원성의 용해délayage가 아니다."[146]

그러나 기계론적 과학이 실제로 체험된 지속을 공간화된 시간으로 대체하고, 구체적 연장을 기하학적 공간으로 대체하였기 때문에, 사람들은 종종 베르그손이 기계론적 과학을 일방적으로 거부했다고 말하고는 했다. [이러한 입장의] 오류는 기계론적 과학과 직관적 형이상학을 두 개의 **학설**로서 대립시킬 수 있다고 믿었던 것이었다. 이들은 베르그손이 이 둘을 엄밀하게 보완적인 두 가지 **방법**으로 화해시키려 했다는 점을 알아채지 못했다. 베르그손에게 기계론적 방법은 이해관계에 따른 협력 대상이었다. 기계론적 방법이 없었다면, 베르그손 자신의 형이상학은 완전히 불가능했을 것이다. 실제로 물리학적인 시간은 순수지각을 **정밀하게** 놓치기 때문에, 순수지속 속에 직관적으로 자리 잡은 사람에게 물리학적 시간은 순수지속이 어디서 **발견될** 것인지에 대해 완벽하게 조절된 **정확한** 틀을 제공하였다. "**바로 이런 이유로**, 과학적 인식은 그것을 보완하는 다른 종류의 인식을 틀림없이 불러낼 것이다." "따라서 이러한 물리학에 나란히 두 번째 유형의 인식이 구성되어야 했던 것으로 보인다. 두 번째 인식은 물리

145 《창조적 진화》, 4장, 347쪽.
146 같은 책, 335, 343쪽.

학이 놓친 것을 붙잡을 것이다."[147] 스피노자의 경우와는 달리, 2종의 인식은 기하학적 방법*more geometrico*이 아니다. 기하학적 방법은 1종의 인식을 정확하게 만들 뿐이다. 베르그손에게 2종의 인식은 1종의 인식에서 빠져나오는 직관이다.

철학에서 정확성의 용도

분명 형이상학사는 **망각**의 역사다. 그러나 그것은 또한 **거부**의 역사이기도 하다. 기실 형이상학에는 이중으로 지속이 결여되었다. 형이상학은 자연적으로 지속을 사유할 수 없었던 데다가, 역사적으로는 "단번에 영원으로 나아가기 위해"[148] 지속을 거부했기 때문이다. 근대과학의 이점은 지속이 한 번만 결여되었다는 데 있다. 적어도 근대과학은 지속을 포괄하는 앎을 추구했기 때문이다. 지속에 대한 근대과학의 부인은 언제나 지속을 시간으로 상정하는 몸짓과 병행하여 이루어진다. 시간temps이 템τέμ, 즉 '자르다', '분리하다', '나누다'(템네인τέμνειν)라는 그리스 어근에 결부되어 있다 해도, 수학적 시간의 간격 속에는 지속이 도사리고 있다.

베르그손에게 형이상학을 낳은 이가 엘레아의 제논이고, 제논의 스승이었던 파르메니데스가 아니라면, 그 이유는 형이상학의 탄생이 하나의 이의 제기를 요구했기 때문이다. 고대 형이상학은 지성이 보기에 운동이 움직이지 않는다는 역설과 함께 태어났다. 반대로 새로운 형이상학이 태어나기 위해서는 직관이 보기에 시간이 지속하지 않는다는 역설이 필요했다. 고대 형이상학은 부정확에 대한 거부에서 태어났다. 로고스, 즉 과학 속에서 정확해진 지성은 고대 형이상학과 함께 태어났다. 반대로 새로운 형이상학이 태어나기 위해서는 모든 로고스의 초과분에 자리 잡기 위한, 처음에는 모호하고 부정확한 거부가 필요하다. 새로운 형이상학은 직

147 같은 책, 341, 343쪽(필자의 강조).
148 〈서문〉, II, 《사유와 운동》, 26(36)쪽.

관이 과학을 통해 정확해진 뒤에야, 그리고 직관이 과학의 보완물로 환영받을 때에야 긍정적인 방식으로 복원될 수 있을 것이다.

> 이에 대해 더 반성할수록, 근대과학이 이러한 형이상학 관념을 암시한다는 사실을 알게 될 것이다.[149]

새로운 연합은 이 구절에서 공표된다. 이것이 바로 철학에서 정확성의 올바른 용도다. 기실 형이상학사에 언제나 정확성이 결여되었다면, 이는 형이상학에 직관이 부재했기 때문이 아니라(형이상학사에는 이따금 직관이 드러나고는 했다) 형이상학이 근대과학을 따라 실재의 깊이들로 인내심 있게 나아가기를 거부했기 때문이다. 근대과학이 실재의 깊이들을 완전히 **표현**할 수는 없었다. 그러나 그것은 형이상학에 이 깊이들을 **암시**해 주었다.

사람들은 이렇게 물을지도 모른다. 과학은 어떻게 형이상학이 그 고유한 목적에 반해 나아가도록 만들 수 있었던 것인가? 우리는 이미 개념적 언어와 이미지화된 언어를 구분하면서 이 논점을 다룬 바 있다. '표현'과 '암시' 사이의 대립이 베르그손의 작품을 가로지르면서 일정하고 규칙적인 방식으로 활용되고 있다.

> **표현**과 **암시**는 전혀 동일한 것이 아닙니다. 표현은 말을 그것이 만들어진 목적에 따라 사용하는 것입니다(말은 사유에 편리한 대용물을 제공하기 위해, 말에 주의를 집중했을 때에도 사유에 아무런 실천적 불편함도 없도록 만들어지는 것입니다). 반대로 암시란 말을 그것이 만들어진 목적에 '반하여' 뒤집어 놓는 것입니다. 그것은 말, 즉 상징을 사용하여, 정신이 상징 없이 무한정하게

149 《창조적 진화》, 4장, 371쪽. [역주] 원문에는 인용 표기가 누락되어 있다.

사유할 수 있도록 만드는 것입니다. 이를 위해서 필요한 것은 하나의 기예입니다. 이 기예가 철학의 일부를 이루고 있습니다.[150]

직관은 찾고 있던 정확성을 가져다주는 것이기는커녕, 반대로 말로 흩어지지 않고서는, 그러니까 직관의 본원적 단순성에서 멀어지지 않고서는 표현될 수 없다. 그러나 이는 직관이 표현되는 것이 아니라 암시되는 것이기 때문이다. 그리고 "다시 한번 말하건대, 언어는 이러한 **암시**를 제시하기에 부적절한 것이 아닙니다".[151] 앞서 언급한 강의에서 베르그손은 문학이 언제나 "정확성에 대한 고려를 지침으로 삼았던" 것이 아님을 상기시킨다. 영국 문학이나 독일 문학이 고전주의의 영향을 받았다 해도, 헬라스 문화를 직접적으로 계승한 것은 아니다. "이는 이런 문학들이 오직 표현만을 겨냥하는 것이 아니기 때문이다. 이 문학들은 암시도 추구한다. 즉, 이 문학의 형식이 언제나 관념의 윤곽을 밀접하게 포착하는 것은 아니다. 대개의 경우 형식에는 분명하게 지시된 내용이 없다. 작가는 독자들이 자신이 제시하는 (…) 형식을 (…) 사전에 완전히 결정되지 않은 내용으로 채우기를 촉구한다. 이러한 문학은 관념을 표현하면서 또한 그것을 암시하는 것이다."[152] 암시는 시선의 방향을 역전시키는 것이다. 경우에 따라 그것은 말을 말에 반하여 사용함으로써 거기에 표지indice의 역할을 부여한다. 이때 암시는 언어의 불충분성을 가지고 장난치는 것이 아니라 언어의 고유한 가능성을 활용하는 것이고, 더 나아가 언어의 원초적인 기능을 되찾는 것이다. 언어의 원초적 기능은 태도를 암시하는 것이다. 철학은

150 〈주세페 프레촐리니에게 보낸 편지, 1909년 7월 12일〉, 《서간집》, 273쪽.

151 같은 책. 베르그손은 이 편지에서 그의 철학 속 언어에 부여된 '세 가지 역할'을 환기한다. "1) 개념의, 그러니까 언어의 남용에서 기인하는 오류를 제거하기(언어를 이용하여 언어의 오류를 지적해야 한다). 2) 진정한 해결책을 암시하기. 3) 탐구의 과학적 측면 전체를, 그러니까 직관을 준비하는 것 전체를 표현하기."

152 《시간 관념의 역사: 1902-1903 콜레주 드 프랑스 강의》, 5강(1903년 1월 9일), 89쪽.

언어의 기능을 표현으로 한정하여 이 기능을 늘상 배제했다.[153]

그러나 베르그손이 제시하는 철학적 방법은 표현과 암시를 분리하지 않고, 그것들을 한데 연결하기를, 그리고 양자를 함께, 서로에 대해 작동시키기를 추구할 것이다. 수학적 확실성의 이상을 따르는 과학은 그 목표에 도달하는 경우 실재에 대해 완벽히 정확한 표현을 전해줄 것이다. 이때 관념은 이 표현의 형식 속에 정확히 들어맞고 그 형식 속에서 펼쳐지기 때문에, 어떤 놀이도, 간극도 존재하지 않을 것이다. 이 경우 암시란 불가능할 것이다. 그러나 보편수학*Mathesis Universalis*이라는 꿈을 현실로 여기지 않는다면, 그래서 간극이 권리상 해소될 수 있는 것이라는 선험적 가정을 받아들이지 않는다면, 이 경우에도 물론 간극은 과학의 진전에 따라 조금씩 해소될 것이지만(그렇지 않으면 철학은 정확성을 획득할 수 없다) 직관이 배어들 수 있는 곳, 암시가 이루어져야 하는 곳에는 언제나 약간의 간극이 남아 있을 것이다. 베르그손이 사실들을 정밀하게 본뜨기 위해 과학

153 이런 관점에서 보자면, 후설의 《논리 연구》 1권을 여는 '본질적 구분들' 중 첫 번째 구분이 '기호'라는 용어의 이중적 의미, 즉 표지*Anzeichen*와 표현*Ausdruck*이라는 두 의미를 나눈다는 사실은 주목할 만한 일이다. 후설의 이 구분은 암묵적인 검열을 통해 의미작용을 지닌 기호만을 인정하기 위한 것이다(cf. 자크 데리다, 《목소리와 현상》, 1967, PUF, 1983). 베르그손적인 관점에서 보자면, 그리스적인 정확성의 요구를 이렇게 높이까지 밀고 나간 철학자는 없을 것이다. 언어가 부정확한 것이라면, 그리고 표현에는 대개의 경우, 심지어 구조적으로 겨냥된 대상의 직관적 현전이 결여되었다면, "오로지 말일 뿐인"(장뤽 마리옹, 〈돌파와 확장La percée et l'élargissement〉, 《환원과 소여*Réduction et donation*》, PUF, 1989, 15쪽) 사태 자체로 향하는 후설의 회귀는 실로 엄밀학에 대한 추구였고, 이때 표현은 직관적 내용으로 충전적으로 채워져 완벽한 것이 되어야 했다. "진정한 인식이라는 목표는 단순한 직관이 아니라 범주적 형식을 갖추어 사유에 완벽히 적용된 충전적 직관이다. 혹은 반대로, 직관에서 명증성을 길어오는 사유다"(에드문트 후설, 《논리 연구》, II, § 25, t. 2, 168쪽). 그러나 이를 통해 후설은 여전히 언어에, 언어의 자연적 재단에 의존한 채 남게 되었고, 직관을 명증적으로 소여된 것의 한계 속에 집어넣어야 했다. 그래서 그는 충족되어야 할 의미작용의 매개 없이 **직접적으로 소여된** — '맹목적인', 그러니까 표면적으로는 아무것도 **소여하지** 않는 — 직관을 부정확한 것으로 거부해야 했다. 말하자면 후설은 베르그손이 '섬세한 정신'을 규정하는 데 사용했던 "지성에 비친 직관의 반사광"밖에 보지 못했던 것이다. 그는 여전히 지성의 틀에 갇혀서 그저 "직관의 빛이 새어 나오는" 것만을 바라보고 있다(《사유와 운동》, 87(103)쪽).

의 정확한 언어를 선택한다면, 그 이유는 과학이 제시하는 사실들의 접합 속에 남아 있는 이 잔여적 헐거움으로부터 이 사실들에 결여된 생생하고 구체적인 관계를 불어넣는 본성상의 차이가 틀림없이 솟아날 것이기 때문이다. 관건은 사실들 속에 남아 있는 어림잡음을 지적할 수 있도록 사실들에 정확한 주의를 기울이는 일(대립된 두 방향으로 향하는 주의의 겹쳐봄)이다. 즉, 사실들을 통해 실제로 암시되지만 표현되지 않는 것에 주의를 기울여야 한다. 예컨대 베르그손은 《물질과 기억》을 상기하며 "정신생리학적 간극"에 대해 이야기한다. 말에 대한 기억을 통해 "나는 소리의 진동이 뇌의 어떤 현상으로 이어지는지에 거의 접근했습니다. 그러나 그곳에는 [여전히] 어떤 간극이 존재했죠".[154] 간극이란 정확성에 내포된 부정확한 면모이기 때문에, 부정확함에도 불구하고 정확해질 수 있다. 이 간극을 통해 개방되는 과학적 담화의 틈새에서 직관은 그 적용 지점을 발견하고, 철학은 그것에 결여되었던 정확성을 발견할 것이다.

따라서 근대과학의 전문화는 이성의 위기이자 "보편철학에 대한 믿음의 와해"[155]가 아니다. 이러한 오해는 보편철학을 여전히 제일철학이라는 고대의 관념에 결부시켜 여러 과학을 "하나의 과학, 대문자 과학"의 내부에, "과학의 모든 발견에 선행하는 미지의 존재"[156] 속에 모아 넣기를 열망하는 한에서만 가능한 것이다. 그러나 베르그손은 이렇게 말한다. "엄밀히 말해 하나의 과학은 존재하지 않는다. 존재하는 것은 복수의 과학이다. 모든 것이 결부된 하나의 보편 과학을 말하는 것은 진정 사유의 기원, 사유의 유아기로 되돌아가는 것이다. 과학의 진전은 이와 반대로 각기 고유한 방법, 대상, 전제를 지닌, 서로 구분되는 전문적 과학의 필요성

154 〈정신-물리 평행론과 실증적 형이상학〉, 《잡문집》, 478쪽.

155 에드문트 후설, 《유럽 학문의 위기와 초월론적 현상학》, 1954, Gallimard, 제라르 그라넬 번역, 18쪽.

156 《시간의 관념: 1901-1902 콜레주 드 프랑스 강의》, 19강(1902년 5월 16일), 166쪽.

을 점점 더 잘 수립하는 방식으로 이루어진다."[157]

"일반성을 버립시다. **하나의** 과학이 아니라 **복수의** 과학**들**이라고 말합시다."[158] 실제로 다수의 앎과 방법을 폭발적으로 분산시키는 근대의 과학들은 대문자 과학에서 벗어난다. 이러한 과학들은 모든 것을 포괄하는 대문자 과학의 통일성을 배제하기에 대문자 과학의 구획 중 어느 하나로 분류될 수 없다. 복수의 과학은 깊이의 수직축 위에 재배치되고, 형이상학은 이 수직축 위에서 과학에 연결되어 그것을 진정으로 통일된 하나의 보편과학으로 완성할 것이다.

> 과학이 생명의 심층으로 침투할수록 그것이 제공하는 인식은 더욱 상징적인 것, 행동의 우연성에 상대적인 것이 된다. 이 새로운 영역에서 철학은 과학을 따라가면서 과학적 진리 위에 형이상학적이라 부를 수 있는 아주 새로운 종류의 인식을 겹쳐놓아야 할 것이다. 그러면 과학적이든 형이상학적이든 간에 우리의 모든 인식이 되살아난다. 우리는 절대적인 것 속에 위치하고 순환하며 살아간다. 우리가 그에 대해 갖는 인식은 아마 불완전할 것이다. 그러나 그것은 외적이거나 상대적인 것은 아니다. **과학과 철학을 결합하여 점진적으로 발달시킴으로써, 우리는 존재 자체의 깊이들에 도달한다.** 이처럼 오성이 밖으로부터 자연에 부과하는 인위적인 통일성을 거부함으로써 우리는 아마도 진정한 통일성, 즉 살아 있는 내적 통일성을 발견할 것이다.[159]

모든 현상을 "하나의 동일한 평면 위에" 나열하여 "단일하고 연속적이며 전적으로 표면적인 경험을 제시하는" 칸트적인 "**하나의** 자연과학"[160] 관념과는 반대로, 복수의 과학은 하늘에서 땅으로, 천문학에서 사

157 1892-1893년 앙리 4세 고등학교에서의 심리학 강의, 9강, 247쪽.
158 〈철학 교육에 대한 탐구〉, 1907년 11월 28일, 《잡문집》, 747쪽.
159 《창조적 진화》, 3장, 200쪽(필자의 강조).
160 〈정신-물리 평행론과 실증적 형이상학〉, 《잡문집》, 493-494쪽. 또한 《창조적 진

회학으로 하강함에 따라 점점 덜 객관적이고 더 상징적인 것이 된다고 생각해야 한다. 이 과학들은 점차 수학적 정밀성에서 멀어지고, 이 점증하는 간극은 사실을 해석할 때 직관에 점점 더 큰 자리를 할당해야 한다는 점을 암시한다. 직관은 각각의 과학이 제시하는 사실들로 정확해질 것이고, 이 과학들과 함께 지속의 깊이들 속으로 하강할수록 강렬해질 것이다. 각각의 과학은 사유가 머물러야 하는 지속의 층을 가리키는 것이다. 실제로 우리는 베르그손의 라이트모티프를 재발견한다. 순수지속의 원뿔, 그리고 원뿔의 다양한 리듬은 직관이 과학들을 통해 스스로를 심화시킬수록 수축된다. 이와 동시에, 베르그손의 작품이 그리는 운동 또한 재발견된다. 원뿔의 밑면에 놓인 수학은 순전히 과학적인 한계점을, 꼭짓점에 놓인 신비는 순전히 직관적인 한계점을 나타낸다. 두 개의 순수한 한계점 사이에서 양자의 다양한 배합에 따라 과학과 형이상학의 상호적 완성이 요청된다. "지속의 변화들에 대해 점점 더 심층적인 직관의 계열을 포착함으로써 (…) 복수의 과학을 구성할 수 있으리라. 아마도 아주 다양하고, 어쩌면 환원 불가능하며, 어쨌든 서로 매우 상이한 이 복수의 과학들이 서로 동시적으로, 평행하게 발달할 것이다."[161]

수직축 위에 놓인 과학들은 다른 과학으로 환원될 수 없다. 그렇지만 콩트처럼 이 과학들을 경직적으로 분류할 수도 없다. 앞서 언급되지 않은, 혹은 미래에 생길 다른 많은 과학이 여전히 끼어들 수 있다. "오귀스트 콩트는 그의 유명한 과학 분류법 속에 당대에 알려진 과학들뿐 아니라 미래

화》, 358쪽을 참조하라. "그[칸트]는 《순수이성비판》에서 과학이 물리적인 것에서 생명적인 것으로, 생명적인 것에서 심리적인 것으로 나아갈수록 점점 덜 객관적이고 점점 더 상징적인 것이 된다고 판단하지 않았다." 《창조적 진화》 이전의 베르그손은 사물들의 공간성을 인정하지 않았기 때문에 이와 반대로 생각했다는 점을 덧붙이도록 하자. 이 시기에 그는 과학이 수학에서 사회학으로 이행함에 따라 덜 상징적이고 더 객관적인 것이 된다고 생각했다. 방향은 뒤집혔으나 과학들의 분산이 확인된다는 점에는 변함이 없다.

161 《시간의 관념: 1901-1902 콜레주 드 프랑스 강의》, 19강(1903년 5월 8일), 325쪽.

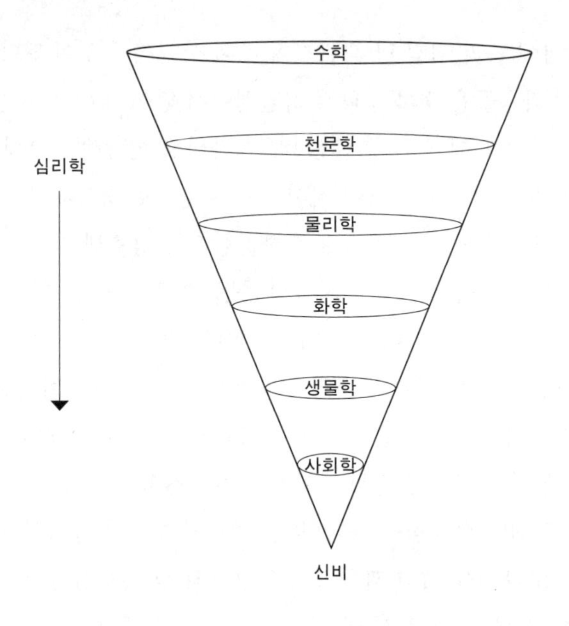

의 과학들까지도 집어넣으려 했다. 반대로 베르그손은 과학이 모든 분류를 벗어난다고 생각한다. 콩트는 화학과 생물학 사이에 빈자리가 전혀 없다고 생각했다. 그러나 파스퇴르는 바로 그 사이에서 그의 작업을 수행했다. 그 이후에도 과학의 이 부정확한 경계들 사이에서 얼마나 많은 발견이 이루어졌던가!"[162] 때때로 과학의 교차점에서 발견이 이루어지면, 대개는 오래된 두 과학 사이에서 새로운 과학들이 나타난다. 게다가 콩트의 과학 분류법은 내감을 통해 접근할 수 있는 모든 형태의 내적 실재를 실격시킬 때에만 가능한 것이었다. 콩트는 실증주의의 이름으로 심리학을 거부했고, 심리학이 그저 형이상학을 영속화하려는 협잡일 뿐이라고 선언했다. 베르그손은 심리학을 재도입한다. 그러나 과학들 속에서 심리학에 정확한 자리를 할당하지는 않는다. 오히려 심리학은 모든 경직적인 분류법을

162 〈"베르그손 자택에서의 한 시간", 자크 모를랑의 인터뷰, 1911년 8월 19일〉, 《잡문집》, 941쪽.

재차 전복하고, 각각의 과학에 덧붙이는 심리학의 몫을 통해 과학들을 깊이의 방향으로 절합하는 것이다. 이 과정에서 심리학은 강도적 변이와 극한으로의 이행을 통해 순수지속의 형이상학으로 연장되어 간다.

따라서 정확성은 오직 하나의 의미만을 갖는다. 정확성이란 표현에서의 적합성, 증명에의 관심, 증거에 대한 요구다. 이것들이 없다면 "단순히 설득력 있는 것과 확정적으로 받아들여져야 하는 것을"[163] 구분할 수 없을 것이다. 직관은 정확성의 도구가 아니다. 반대로 철학적 방법이 직관을 정확하게 만들기를 자임해야 한다. 형이상학의 위대한 문제들 기저에서 드러나는, 정신이 자신에 대해 갖는 혼잡한 직관은 오히려 실재 속에서 직관의 적용 지점이 마련되는 것을 필요로 한다. 직관은 이 적용 지점에서 사실들에 맞춰 조정되어 더 명백해질 것이다. 그리고 이때에도 여전히 직관은 오직 "불완전하고 잠정적인 결론"만을 제시하면서, 다른 사실의 선들이 교차되어 "더 높은 정확성"[164]에 이르기를 기다릴 뿐이다. 사실 "우리가 여기서 완전한 정확성에 도달할 수 있다면, 철학은 완성될 것이고 우리는 더 이상 무엇도 배울 필요가 없을 것"[165]이다. 그래서 직관은 측정 가능한 실재에 적용되어야만, 그러니까 이 측정 가능한 실재에 맞춰 직관을 측정mesurer하고 증거와 증명을 통해 직관의 개연성을 측정할 때에만 진리치를 획득할 수 있는 것이다. "철학에서 **예**와 **아니오**는 불모의 대답이다. 흥미로운 것, 교훈을 주는 것, 풍부한 것은 **어느 정도로***dans quelle mesure?*라는 물음이다."[166] 직관은 어느 정도로 참인가? 어느 정도로 정확히 사실에 붙들려 있는가? "더 이상 **만약**이란 없을 것이다. 우리는 우리의 주장을 (그것을 단지 개연적 주장으로 제시하더라도) 정언적으로, 즉 형이

163 〈생령〉, 《정신적 에너지》, 83(97)쪽

164 〈서론〉, II, 《사유와 운동》, 46(58)쪽.

165 〈주세페 프레졸리니에게 보낸 편지, 1909년 7월 12일〉, 《서간집》, 274쪽.

166 〈정신-물리 평행론과 실증적 형이상학〉, 《잡문집》, 477쪽.

상학적 가설에 종속되지 않고서 주장할 것이다."[167] 《물질과 기억》이 이를 완벽히 예증한다. 심신 결합이라는 일반적인 문제는 너무 넓은 개념들로 이해되었기에, 지성은 자기모순에 빠질 수밖에 없고 심신 결합에 대한 우리의 느낌을 환영적인 것으로 폐기될 수밖에 없다. 그러지 않으려면 심신 결합의 문제는 실증적인 사실들의 영역에서 더 정확한 용어로 제기되어야 한다. 오직 여기에서만 문제의 불명확함을 "밝힐 수 있는 빛이 생겨날 수 있을 것이다". 베르그손은 "사실들에 **정확한** 표지를" 요구하고, 사실들의 관계를 하나의 "**정확한** 사례"에 비추어 규정하려 한다. 그리고 사실들의 교차점은 기억을 통해서만 "**정확하게** 표상될" 수 있기 때문에, 이 문제는 "기억의 문제, **더 특별하게는** 말의 기억이라는 문제 주위로",[168] "**한층 더 특별하게는** 이 구체적인 기억에 대한 질병의 문제, 즉 실어증 주위로"[169] 수축되어야 한다. 직관이 실재가 연구된 뒤에야 정확해지는 것이라면, 오직 분석만이 직관을 분할하고 "그 분할들을 세부 분할하여"[170] 실재 속에 집어넣을 수 있다면, 어떻게 직관이 분화의 역량일 수 있겠는가? 직관의 방법이 "말을 더 적합한 기호들로 대체하는" 과학의 더 **정확한** 언어에 의존하는 한에서만, 말을 어림잡는 것으로 비판하고 "말로부터의 해방"[171]을 추구할 수 있다. 그렇지 않으면 일상 언어에 포함된 것보다도 더 가설적이고 모호한 인식에 빠지고 말 것이기 때문이다. 새로운 연합은 이러한 방식으로 형이상학을 성장시킨다. 그것은 형이상학이 더 과학적인 것이 되도록 요구한다. "과학은 형이상학에 정확성의 습관들을 전달할 것이다. 형이상학에서 이 습관들은 주변에서 중심으로 전달될 것이다."[172]

167 〈서론〉, II, 《사유와 운동》, 46(58-59)쪽.
168 《물질과 기억》, 7판 서론, 5, 1, 5, 6쪽(필자의 강조).
169 〈서론〉, II, 《사유와 운동》, 79(94)쪽(필자의 강조).
170 〈철학적 직관〉, 《사유와 운동》, 138(161-162)쪽.
171 〈서론〉, II, 《사유와 운동》, 88(104)쪽.
172 같은 책, 44(56)쪽.

역으로, 형이상학이 과학과의 접촉 지점에서 "그것들의 공통 표면을 따라" 검증되어야 한다 해도, 베르그손은 과학자가 아니라 오직 철학자의 자격으로만 과학의 영역에 접근할 수 있다. 그 이유가 오직 "순수철학의 문제"[173]를 과학 속으로 옮겨 놓기 때문일 뿐이라도 말이다. 차후에 베르그손이 과학이 낳은 특정한 결과에 대해 논쟁하고 과학의 몇몇 기법을 혁신할 수 있었다 해도, 베르그손의 첫 번째 책무는 "**과학이 과학적으로 남아 있기를**, 무의식적인 형이상학으로 이중화되지 않기를"[174] 요구하는 일이었다. 이러한 일을 모순 없이 행할 수 있는 것은 철학밖에 없기 때문이다. 몇몇 사람이 베르그손을 '과학주의'로 비판했던 것과 달리, 베르그손의 철학은 과학에 대한 숭배로부터 과학을 떼어내고, 과학의 영역을 과학의 준거가 되는 정확성에 한정하려는 것이다. 과학이 이 영역을 벗어나 무의식적 형이상학이 사실들에 대한 과잉 해석을 통해 과학적 설명의 공백을 선험적으로 채우려 할 때는, 부정확성을 죄목으로 삼아 이러한 형이상학을 **현행범으로** 붙잡아야 할 것이다. 이것이 바로 앞선 두 장이 드러내려 했던 것이다. 그것들은 각기 어떻게 베르그손의 방법이 한편으로는 "사실들을 순수한 상태로 도출하려는 데에만 관심을 두고"[175] 과학에 잠재된 형이상학을 중화하는 데 사용되면서도(12장), 또한 다른 한편으로는 역사적으로 구성된 전적으로 그리스적인 형이상학으로 거슬러 올라가 과학이 부지불식간에 전파하는 낡은 형이상학을 근절하는 데 사용되었는지(13장) 보여주려 했다.

어쨌든 정확성이 전부는 아니다. 과학들에 가능한 한 정밀해지기를 요구하더라도, 그것들은 언제나 자신들이 자임하는 것보다는 덜 정밀할 것이고, 언제나 일부의 초과분을, 아무리 미소하더라도 하나의 간극을 놓

173 같은 책, 70쪽.
174 같은 책, 71쪽(필자의 강조).
175 같은 책, 79쪽.

칠 것이다. 이 간극은 과학의 계산을 통해 해소될 수 없기 때문에, 형이상학은 과학이 제시하는 사실들을 다르게 해석함으로써 이를 직관적으로 다룰 권한을 가질 것이다. 그러나 그렇다고 해서 과학이 줄 수 없는 정확성을 형이상학에 요구해서는 안 된다. 형이상학이 계속해서 과학과 동일한 방향으로 향할 것이라 기대해서는 안 된다. 다시 말하면, 철학은 정확성을 이용하고, 직관은 이 정확성으로 인해 무용하고 불확실한 것으로 남지 않으나, 직관의 고유한 대상은 결코 정확성의 표적이 되지 않는다. 직관의 대상은 정의상 정확하지 않은 것이기에, 만에 하나라도 과학이 실재를 완전히 수학화하는 경우에는 사라져 버릴 것이다. 철학이 직관을 단번에 참된 것으로 여기지 않고 점진적으로 참된 것으로 만들어야 한다면, 그 이유는 직관이 "어떤 응용도 겨냥하지 않기에 과학의 정확성에 얽매이지 않기"[176] 때문이다. 따라서 직관이 정확하면서도 동시에 부정확하다고 말하는 데에는 아무런 모순이 없다. 예컨대 생의 약동이라는 개념은 한편으로 "진화 과정에 대한 더 포괄적인, 그렇지만 바로 그 때문에 더 모호한 관념"[177]이다. 그러나 다른 한편으로는 당대에 존재하던 다양한 형태의 진화론이 생의 약동이라는 지점에서 수렴하였기 때문에, 생의 약동은 "전혀 가설적이지 않은"[178] 것이다. 증거를 통해 이 관념을 반박할 수 있다는 사실이 그것을 최소한 개연적인 것으로 만든다. 달리 말하면, 생의 약동은 베르그손이 그 시점에서 과학과 경험의 결합을 통해 도달할 수 있었던 정확성의 지점("생명 과정에 대해 우리가 아는 것과 (…) 모르는 것"[179])을 가리킨다. "이를 제 것으로 삼을 때 과학은 자신의 재산을 되찾은 것에 불과하다."[180]

176 《창조적 진화》, 1장, 85쪽.
177 《창조적 진화》, 1장, 86쪽.
178 《도덕과 종교의 두 원천》, 2장, 115(161)쪽.
179 《도덕과 종교의 두 원천》, 2장, 120(167)쪽.
180 같은 책.

이 환상적인 협업의 장래성은 오늘날에도 완전히 짐작할 수 없다. 과학이 측정이라는 수학적 이상의 인도를 따라 그 고유한 목적을 향해 전진하며 언젠가 측정할 수 있으리라는 기대로 사실들을 수집했을 때, '측정되지 않는 것'은 필연적으로 무지의 안식처에 불과했다. 직관적인 내부성은 미숙한 과학으로 무시되어야 했고, 더 나아가 존재하지 않는 것으로 여겨져야 했다. 직관에 호소하여, 혹은 적어도 직관을 용인하여 철학의 대상이 그 자체로 앎의 대상이 될 수 있으려면, 먼저 과학의 대상이 충분히 좁혀져야 했다. 과학이 직관에 더 합당한 자리를 부여할수록, 직관은 그 자리에 더 정확하게 적용될 것이다. 새로운 연합은 이러한 방식으로 과학을 성장시킨다. 그것은 과학이 더 철학적인 것이 되도록 요구한다. "이처럼 형이상학은 그 주변부를 통해 과학에 유익한 영향을 행사할 것이다."[181]

과학과 형이상학은 이렇게 "경험 속에서" 소통하기 때문에, 양자가 서로에게 가져다주는 "쌍방의 공조와 상호적 조정"은 임의로 선택 가능한 사항이 아니다. 과학과 형이상학이 각기 독립적으로 각자의 대상인 물질과 정신을 탐구하고 난 뒤에 공통 표면에서 서로를 검증할 수 있는 것이 아니다. 과학이 없다면 형이상학은 "불모의 것"[182]이다. 그리고 반대 발이 되어 걸음의 균형을 제공하는 형이상학이 없다면, 과학에는 과학의 걸음을 방해하고 그 설명을 왜곡시키는 형이상학이 덧붙고 만다. 베르그손은 철두철미하게 과학과 형이상학의 긴밀한 접근을 겨냥하고, 양자가 언젠가 통일되어 하나의 동일한 보편학을 이룰 수 있으리라는 전망을 간직한다. 그것은 형이상학적 과학, 혹은 과학적 형이상학이다.

181 〈서론〉, II, 《사유와 운동》, 44(56)쪽.
182 《도덕과 종교의 두 원천》, 2장, 120(167)쪽.

2부

형이상학의 시간: 시간과 인격

서문
베르그손의 데카르트주의

"데카르트가 좋은 데카르트주의자였던 것보다 베르그손이 무한히 더 좋은 베르그손주의자다."_페기[1]

"우리는 데카르트주의자들의 작업을 계승하려 합니다. 그러나 동시에 오늘날의 과학이 지닌 극도의 복잡성을 고려해야 합니다."_베르그손[2]

해결 불가능하다고 여겨지는 문제들과 철학적 체계들이 유발하는 반목들을 보여주는 것이 형이상학사의 유일한 쓸모는 아니다. 형이상학사의 일차적 이점은 위대한 사상가들에게서 작동하는 직관을 드러내고, 이를 통해 "우리가 힘닿는 대로 따라야 할 모델들"[3]을 제공하는 데 있다. 베르그손이 형이상학에서 일으킨 개혁을, 무매개적 감정에 대한 호소를 특징으로 삼는 특정 사조에 결부시킬 수 있을 것이다. "17세기에는 파스칼이, 18세기에는 루소Jean-Jacques Rousseau가, 그리고 19세기에는 외국에서 잘 알

1 샤를 페기, 《베르그손과 베르그손 철학에 대한 주석*Note sur M. Bergson et la philosophie bergsonienne*》, 1914, 《산문 전집》, La Pléiade, III권, 1992, 1257쪽.
2 〈정신-물리 평행론과 실증적 형이상학〉, 《잡문집》, 493쪽.
3 《기억 이론들의 역사: 1903-1904 콜레주 드 프랑스 강의》, 1903년 12월 11일 강의, 26쪽.

려지지 않은 심오한 사상가인 멘드비랑이"[4] 이 사조를 대표한다. 그렇지만 이 사조를 가능케 했던 이는 데카르트다. 데카르트는 근대의 모든 사유가 직간접적으로 결부된 인물이다. 그렇기 때문에 베르그손은 데카르트에게 그의 철학에서 특별한 지위, 중심적인 자리를 부여한다. 데카르트는 동시에 다수의 길을 개척했던, 근대성의 교차로였다. 그렇지만 데카르트주의자들은 이 다수의 길 중 하나만 빌려와 데카르트를 협소하게 만들었다. 그들이 따랐던 것은 그리스 형이상학을 근대과학의 기계론과 양립 가능하게 만들어 복원하는 길이었다. 베르그손은 데카르트를 언급할 때 종종 암묵적으로 이런 생각을 내비친다. 데카르트는 (좋은) 데카르트주의자가 아니었으며, 그 속에는 다수의 데카르트주의가, 동시에 따를 수 없었던 다수의 방향이 존재했다. 데카르트의 계승자들은 그를 단일한 체계 속에 포함시키기 위해 이 다수의 방향 중에서 선택을 내려야 했다.[5]

18세기 유물론자들의 협소한 데카르트주의를 제외한다면, 데카르트주의는 무엇보다도 "두 길 사이에서" 진동하였다. 데카르트는 "두 길에 차례로 접어들었지만, 어느 쪽으로도 끝까지 나아가지 않기를 결단한다".

> 한편에서 데카르트는 보편적 기계론을 주장한다. 이런 관점에서 보면 운동은 상대적일 것이고, 시간은 운동과 꼭 같은 정도의 실재성을 갖기에 과거, 현재,

4 〈비탈리스 노스트룀에게 보낸 편지, 1910년 4월 12일〉, 《서간집》, 349쪽.

5 베르그손은 이런 생각의 초안을 이미 1884-1885년 클레르몽페랑에서 이루어진 "철학과 철학사 강의"에서 제시했다(《강의》, PUF, III권, 85쪽): "모든 천재적인 작품이 그러하듯, 우리는 이 철학 속에서도 그에 뒤따라 나올 모든 철학적 학설이 이미 그려져 있고, 이미 준비되어 있음을 발견한다. 데카르트의 철학에서는 버클리와 흄을 거쳐 칸트의 비판철학에까지 이르는 인식에 대한 비판이 발견된다. 18세기와 19세기 유물론자들이 포착했던 우주에 대한 기계론적 설명도 있다. 그렇지만 무엇보다도 여기서는 하나의 경향이 발견된다. 데카르트는 이에 대해 충분히 의식하지 못했지만, 이 경향은 실존과 본질을 동일시하려는 경향(신 존재 증명), 즉 존재를 관념과 동일시하려는 경향이다. 그렇기 때문에 데카르트의 계승자 가운데 학설의 정신에 가장 충실했던 이들은 관념론과 범신론이라는 귀결에 도달했던 이들이었다. 이들은 말브랑슈와 스피노자다."

미래는 영원으로부터 주어져야 할 것이다. 그러나 다른 한편 (그리고 바로 이 때문에 그는 이런 극단적인 귀결로까지 나아가지 않았는데) 데카르트는 인간의 자유의지를 믿는다. 그는 물리적 현상들의 결정론에 인간적 행동의 비결정론을 중첩시키고, 따라서 길이로서의 시간에 발명, 창조, 진정한 잇따름이 존재하는 **지속**을 겹쳐 놓는다. 그는 창조적 행위를 끊임없이 갱신하는 신에게 이 지속을 의탁한다. 신은 시간과 생성에 접하여 그것들을 지탱하고, 그것들에 필연적으로 자신의 절대적 실재성을 전달한다. 이 두 번째 관점에 위치할 때, 데카르트는 운동을, 공간적인 운동조차, 하나의 절대로 여긴다.[6]

이 문단은 간략하지만, [《창조적 진화》] 4장 전체가 그러하듯 베르그손은 [1902-1903년의] 비교적 긴 강의를 아주 간명한 문장으로 요약한다. 이 강의에서는 데카르트의 발자취에 가담하고자 하는 베르그손의 야심이 분명하게 드러난다. 데카르트의 철학은 두 경향의 계속되는 갈등을 보여준다. 한편에는 "직관, 심지어는 지속의 직관이라고 부를 수도 있을 법한 것"이 있고, 다른 편에는 "체계의 정신"이 있다.[7] 전자의 경향은 "(…) 자아, (…) 인격 (…), 물질 (…), 외부 세계 일반 (…), 의식과 자연의 통일, 양자의 관계, 양자의 상호 영향, 예컨대 물리적인 것에 대한 정신적인 것의 작용, 요컨대 결국 자유"와 관련이 있다. 반면 후자의 경향은 "지속에서 발견된 것을 추출하여 영원까지 상승시키고, 그것을 순수 개념으로, 무한정한 수의 사물들을… 포괄할 수 있는 개념으로 만들기 위한"[8] 노력을 가리킨다.

신 안에 직접적으로 자리 잡으려던 데카르트주의자들은 이러한 두 극단 사이의 진동을 "체계의 약점"으로 간주하였고, 직관의 몫을 삭제하

6 《창조적 진화》, 4장, 345쪽(필자의 강조).
7 《시간 관념의 역사: 1902-1903 콜레주 드 프랑스 강의》, 17강(1903년 4월 24일), 285-286쪽.
8 같은 책.

였다. 그들이 보기에 직관은 존재의 중심이 아니었고, 사유의 중심을 이루기에도 "너무 허약한 무언가를 제시하는"[9] 것이었다. 그렇기에 "데카르트주의를 완벽히 정합적으로 만들고자 하는 시도만으로도, 그것은 신플라톤주의, 플로티노스의 학설과 같은 철학의 방향으로 밀려갈 수 있다".[10] 근대철학은 주로 이러한 방향으로 나아갔다는 점에서 고대철학의 영향하에 있었고, "일단 그리스 철학자들의 인력권 속에 진입한 뒤에는 (…) 그 궤도 안으로 이끌려 갔다".[11]

그러나 베르그손은 몇몇이 간헐적으로 계승했던 다른 길로 과감하게 진입한다. 페기처럼 "데카르트가 좋은 데카르트주의자였던 것보다 베르그손이 무한히 더 좋은 베르그손주의자"[12]라고 말할 수 있다면, 이는 우선 베르그손이 데카르트 자신보다 더 데카르트주의자였기 때문이다. 그는 데카르트가 가능케 했던 수많은 방향 중 하나의 방향을 탐구하면서 모든 귀결을 받아들일 채비가 되어 있었다. 베르그손이 거리를 두는 체계적인 데카르트의 곁에는 또 다른 데카르트가 존재한다. 베르그손이 보기에 데카르트의 철학은 체계로 돌아서기에 앞서, **코기토***Cogito*의 **행위***acte*를 통해 진정한 지속 철학의 출발점을 제공함으로써 고대철학과의 근본적인 단절을 꾀할 수 있었다.[13] 데카르트는 최초로 시공간 속에 잠겨 있는 **자아***ego*에서 출발했다. 그는 우리를 지속의 직관으로 진입시켰던 최초의 인물이었다. 이 점에서 베르그손은 데카르트의 계승자로 남으려 한다.

사실 잠정적 회의doute provisoire는 스콜라적 입장을 거부함으로써 "소

9 《시간 관념의 역사: 1902-1903 콜레주 드 프랑스 강의》, 18강(1903년 5월 1일), 304쪽.

10 《자유 문제의 진화: 1904-1905 콜레주 드 프랑스 강의》, 15강(1905년 3월 31일), 244쪽.

11 《창조적 진화》, 4장, 346쪽.

12 샤를 페기, 《베르그손과 베르그손 철학에 대한 주석》, 1257쪽.

13 데카르트는 파스칼과 함께 "근대적 정신"을 대표한다. "두 철학자는 모두 그리스인들의 형이상학과 단절하였다"(《프랑스 철학》, 《잡문집》, 1160쪽).

위 권위에 기댄 방법méthode d'autorité"을 비판하기보다는, 이를 통해 더 심층적으로 진리가 언어 속에 배치되어 있다는 고대인들의 믿음을, 따라서 "기성 관념들의 응용을 통해 나아가는 방법"[14]을 비판하는 것이었다. 데카르트는 기성의 관념을 제거하고 그것을 "이루어지고 있는 것"으로 대체할 수 있었다. 이때 하나의 **행위**가 양자를 매개한다. "나는 생각한다. 고로 존재한다." 그리고 "나는 시간 속 (…) 지속 속에서, 나의 사유를 의식하는 동시에 내 사유와 일치하는 한에서의 존재를 의식하게 된다".[15] 플로티노스에게 자기인식이란 시간 밖으로 나가 가지적可知的인 것으로 거슬러 오르는 것이었다. 이에 반해 "철학의 출발점을, 존재의 뿌리를 행위 속에서 찾으려는 생각, 다른 의미로는 지속 속에서 찾으려는 생각은 본질적으로 데카르트적이다. 그것은 고대철학이 사유에 대해 행했던 그 모든 언명과 단절한다".[16]

이러한 단언은 놀라운 것이다. 데카르트에서 일반적으로 강조되는 불연속적 시간 관념과는 반대로 나아가기 때문이다. 장마리 베이사드Jean-Marie Beyssade가 말하듯, 불연속적인 시간 관념만을 받아들였던 주석가들은 직관의 행위를 "의심 불가능한 순간"[17]에 놓을 수밖에 없었다. 사실 베르그손 역시도, 데카르트가 시간에 부여하는 본성은 시간 관념이 신의 연속창조라는 관념과 함께 사용된다는 점에서 잘 드러난다고 생각한다. 이에 비하면, 명시적이기는 하지만 언제나 지나가면서, "다른 주제와 관련하여", "시간 자체를 탐구하려는"[18] 생각 없이 시간에 대해 언급된 내용

14 《시간 관념의 역사: 1902-1903 콜레주 드 프랑스 강의》, 17강(1903년 4월 24일), 288쪽. 또한 〈데카르트 학회〉, 《잡문집》, 1578쪽을 보라. 데카르트는 "사물들에 대해 일컬어지던 것들을 제거하고, 사물 자체만을 다루려 했다".

15 같은 책, 289쪽.

16 같은 책, 291쪽.

17 장마리 베이사드, 《데카르트의 제일철학》, Flammarion, 1979, 18쪽.

18 베르그손, 《시간 관념의 역사: 1902-1903 콜레주 드 프랑스 강의》, 17강(1903년 4월 24일), 292쪽; cf. 데카르트, 《철학의 원리》, 1부, art. 55, AT, IX권, 49쪽: 지속은 수와 연장에 접합되어, "계속해서 존재하는 한에서의 사물을 고찰하는 하나의 양

들은 부차적인 지위만 갖는다. 물질의 외적 지속이건 의식의 내적 지속이건 간에, 신이 매 순간 창조의 행위를 재개하는 것을 필요로 한다. 그렇기에 신이 없는 경우, 시간의 순간들은 서로 분리되어 독립적인 것이 될 것이다.

그러나 베르그손이 보기에 이는 데카르트가 시간의 관념을 끝까지 분석하지 않고, 이 논점과 관련하여 고대철학자들이 벼린 입장, 즉 기성의 관념을 믿을 만한 것으로 받아들였기 때문이다. 시간의 관념은 잠정적 회의의 감시를 피했고, 데카르트는 이를 그대로 승인했다. 데카르트에게 시간은 불연속적으로 분할된 순간들이었기에, 자기 자신과 세계가 보존되기 위해서는 신의 협력이 필요했다.[19] 따라서 데카르트의 출발점이었던 지속하는 행위로서의 자아에 대한 직관은 불충분한 것일 수밖에 없었다.

> 아! 지속이 견고한 것이었다면, 지속에 연속성이 존재했다면, 지속이 자기 충족적인 실재였다면, "나는 생각한다. 고로 존재한다"로 충분했을 것이다. 그러나 데카르트는 이 직관을 검토할 필요를, 요컨대 지속 속에서 진리와 확실성의 뿌리를 찾아야 할 필요를 느꼈기에, 곧장 시간의 불연속성에 두려움을 느꼈다.[20]

태 혹은 방식"을 이룬다; 〈엘리자베스 왕녀에게 보내는 데카르트의 편지〉, 1643년 5월 21일, AT, III권, 665쪽: 지속은 존재, 수 등과 함께 가장 일반적인 "기본 관념들 notions primitives" 가운데 하나이다; 〈아르노에게 보내는 데카르트의 편지〉, 1648년 6월 4일, AT, V권, 193쪽: "인간 정신의 지속"은 "사유 속에서의 잇따름*successio in cogitationibus nostris*"을 나타낸다.

19 우리는 베르그손의 해석을 재구성하고 있다. 하지만 데카르트 기계론이 실체적 형상들을 제거하고 나면, 시간의 불연속적 특성이 더는 동일한 본성을 갖지 않을 수도 있다. cf. 에티엔느 질송Étienne Gilson, 《방법서설》 주석, 1925, Vrin, 6판, 1987, 341쪽: "데카르트의 신이 보존하는 사물들의 존재는 아퀴나스의 신이 보존하는 존재와 아주 다르다. 이 두 연속창조 개념 사이에는 심층적 차이가 개입한다."

20 베르그손, 《시간 관념의 역사: 1903-1904 콜레주 드 프랑스 강의》, 17강(1903년 4월 24일), 294쪽.

그러니까 데카르트는 이 행위를 하나의 실체에 의탁하여, 그 영속성을 보증해야 했다. 자신이 사유하고 존재함을 알아차리는 순간, 그는 무한하고 영원한 존재의 관념을 발견한다. 이것이 바로 데카르트 순환논증이라고 일컬어졌던 것이자, 데카르트 저작의 체계적인 부분으로 나아가는 방향 전환이다. 이는 지속의 고유한 실체성을 확립하기 위해 "지속 속에 남아 있으면서도 이 지속을 영원성에 기대어 두는"[21] 일이다. 그때야 "나는 내 자아의, 인격의 실존을 단지 순간 속에서만 아니라, 시간 속에서, 그리고 심지어는 진정한 실체로서 단언할 수 있다".[22] 베르그손은 1905년 '자유' 강의에서 데카르트 자신이 말한 것보다 더 멀리까지 나아가, 자아*ego*가 자신 안에서 발견하는 무한의 관념을 우리의 사유 행위들*cogitationes* 각각을 지탱하는 무한한 의지와 동일시함으로써 사유의 기체*subtratum*로 이끌어간다. 이 무한한 의지가 우리를 신과 닮은 것으로 만들고, 말하자면 신과 접촉케 하는 것이다. 베르그손은 문면상의 텍스트를 넘어 데카르트의 순환논증을 재구성하려 한다. 베르그손의 재구성은 섬세함이 덜하긴 하지만, 동시에 덜 인위적이기도 하다. "나는 생각한다. 따라서 나는 순간적인 사유 행위 속에서 나의 실존을 붙잡는다. 그렇지만 그것은 말하자면 사유의 박동일 뿐이다. 나는 이 현상의 원천에 있는 생명성의 원리까지 하강한다. 그러면 나는 사유 행위 속에서 붙잡는 이 순간적인 실존을 영원한 무언가, 즉 내 실존의 기체가 되는 하나의 영원성에 의탁하게 된다. 이 영원성이 자아와 신이 접촉하는 지점이다. 이 접촉점이 의지, 의지함이다. 그런데 의지함이란 신의 의지함이 연장된 것과 같다."[23]

21 같은 책, 295쪽.

22 《자유 문제의 진화: 1904-1905 콜레주 드 프랑스 강의》, 13강(1905년 3월 17일), 222쪽.

23 같은 책, 222-223쪽; 게다가 이 강의의 주요한 논점 가운데 하나는 의지의 우위가 그리스철학을 전복시키는 근대철학의 특징적 관념이라는 주장이었다. 근대인에게 의지는 오성보다 우위에 있고, 행동은 사변보다 우위에 있다. 베르그손은 의지 관념이 데카르트에게서 정교화되기 이전에, 스코투스에서 이러한 전복의 기원을 발견한

장 발이 데카르트 저작의 한복판에 순간의 관념을 놓는 데 반해,[24] 베르그손의 작업은 반대로 데카르트가 순수지속의 한복판으로 나아가는 것을 막고 있던 낡아빠진 빗장을 부숴버림으로써, 데카르트가 순수지속을 두려워하지도, 그것을 곧장 하나의 원리에 의탁하여 실체의 영원성을 부여하지도 않게 만드는 것처럼 보인다. 데카르트처럼 중간을 통해, 즉 의식을 통해 전체 — 실재의 원뿔 — 에 진입해야 한다. 기실 데카르트는 "상상할 수 있는 가장 완전한 원리들을 지닌" 기계론을 수립하였으나, 이 기계론은 "의식이 우리의 자유로운 활동을 보여주는 곳"에서 멈춘다. 베르그손은 주로 엘리자베스 왕녀와의 서신을 인용한다. 이 서신에서는 체계의

다. 쇼펜하우어는 이러한 경향의 대표자들 가운데 하나에 불과하다: "19세기 '의지주의' 철학자들은 데카르트에 결부되어 있다"(《프랑스 철학》, 《잡문집》, 1159쪽).

24 장 발, 《데카르트 철학에서 순간 관념의 역할에 대하여》, Descartes & Cie, 1920, 프레데릭 보름스의 서문, 1994: 데카르트 철학은 "시간이 적극적 작용을 하지 않는" 사유다. 그것은 심지어 "순간 속에서 사물들을 보기" 위한 "노력"이기까지 하다(78쪽). 이 저작은 앙리 베르그손에게 헌정된 것이다. 그렇지만 베르그손은 데카르트에게서 불연속적 시간(발)이나 연속적 시간(베이사드, 그리말디)을 딱 잘라 옹호할 수 없도록 만든다. 베르그손은 데카르트의 자연학과 형이상학이 포함하고 있는 직관들을 또한 전개하고자 한다. 바로 이러한 직관들이 데카르트주의가 하나의 체계로 닫히지 못하도록 막는 것이다. 따라서 그는 이렇게 말한다. 데카르트 자연학이 갈릴레이의 것보다 열등하다고 여겨졌다 해도, 데카르트 자연학의 주된 관념은 운동을 통한 물질의 구성이다. 데카르트는 다른 방식의 표현을 사용하여 운동 중인 연장에 대해 말하긴 한다. 그렇지만 연장 속에서 운동 중인 입자들이 어떤 질에 의해서도 규정되지 않는다면, 그것들은 대체 무엇일 수 있을까? 그 입자들이 적어도 규정을 위한 형식은 가지고 있다고 말해야 할까? 그렇지만 공허가 존재하지 않는다면, 입자들은 오직 관념적으로만 연장 속에서 잘려 나올 수 있다. 그것들은 주변과 전혀 차이가 없기 때문이다. 따라서 운동을 통해서가 아니라면, 한 우주의 상태를 다른 우주의 상태와 구분하는 것은 아무것도 없다. 운동만이 실재적이다. "아! 운동은 하나의 실재다. 그리고 데카르트는 언제나 운동을 하나의 실재로 말하고, 다루었으며, 그의 설명은 물질보다는 운동에 더 많은 관심을 두고 있다. 사물들을 이렇게 고찰할 때만, 운동을 물질의 기체로 삼을 때만, 물질을 운동성으로 귀착시킬 때만, 이 관념을 끝까지 밀고 나갈 때만, 더 정확히 말하면 운동 속에, 운동성 속에, 우리가 지속이라고 부르는 것 속에 머물러 있을 때만, 운동은 필연적으로 심리적인 무언가가 될 것이고, 내부를 가질 것이다. 그렇지 않으면 운동은 아무것도 아닐 것이기 때문이다"(《시간 관념의 역사》, 17강, 297-298쪽). 그러나 데카르트는 두 경향 사이에서 진동하며, 그의 관념을 끝까지 밀고 나갈 수 없었다. 그는 체계의 정신으로 되돌아옴으로써 세계의 단일한 체계 속에 자리 잡은 순전히 공간적인 운동을 옹호했다.

길이 단절되어 직관의 길에 자리를 내준다. 체계의 길은 "의식이 개입하는 바로 그 순간 멈춘다. 그리고 그[데카르트]는 우리가 자신의 자유를, 혹은 그의 표현을 따르자면 정신이 신체에 가하는 작용을 직접적으로 의식한다는 사실로부터 이러한 작용이 실재적이고 유효하다는 결론을 도출한다. 자유는 자연적 필연성의 그물을 통과하고, 기계론은 가능한 한 개선되어야 하지만, 그럼에도 내적 감정이 옳은 것이라는 결론 말이다".[25] 우리는 베르그손 저작들의 기획이 이 직접적인 감정 속에 혼란스럽게 포함되어 있음을 발견한다. 베르그손의 저작들은 각기 순수지속이 심화되는 과정의 한 단계를 나타낸다. 자유의 문제(《의식의 직접소여에 관한 시론》), 심신 결합의 문제(《물질과 기억》), 유효한 작용이라는 의미로 이해된 인과의 문제(《창조적 진화》), 그리고 마지막으로 데카르트가 신적 의지에 의탁시키는 인간적 의지를 범례로 삼아 제시되는 의지의 문제(《도덕과 종교의 두 원천》). 베르그손은 데카르트가 개방한 길들 가운데 하나의 길에 접어들어, 스피노자가 또 다른 길에 대해 수행했던 것만큼이나 일관적으로 그 길을 밀고 나간다. 베르그손이 따르는 길은 [신에서 자아로 나아가는 길이 아니라] 자아에서 신으로 나아가는 길이다. 즉, 자아는 아직 신위에 정초될 수도 없고, 그 반동으로 철학의 제일원리로 승격될 수도 없다. 그렇기 때문에 계속해서 직관의 길에 머무르면서도 그것을 심화시킨다면, 창조는 [연속창조론에서 그러하듯] "더 이상 단순히 **연속된***continuée* 것이 아니라, **연속적인***continue* 것으로"[26] 나타날 것이다. 더욱이 베르그손은 종종 자신이 그저 한 사람의 일관된 데카르트주의자에 불과한 것처럼 말하곤 한다. 그저 데카르트주의에 당대 과학이 지닌 극도의 복잡성을 덧붙여야 했을 뿐이라고 말이다. "데카르트를 면밀히 읽지 않았던 사람들은

25 베르그손, 《자유 문제의 진화: 1904-1905 콜레주 드 프랑스 강의》, 14강(1905년 3월 24일), 228-229쪽.

26 《창조적 진화》, 4장, 345쪽.

이 순수한 정신(가상디Pierre Gassendi가 반어적으로 데카르트를 지칭했듯)이 예컨대 우리가 제시하는 것과 같은 설명에 거의 관심을 갖지 않았으리라고 생각할지도 모른다."[27]

방법의 시간이 지나고, 우리는 형이상학의 시간으로 진입한다. "우리가 순수지속을 다시 붙잡기 위해 위치했던 중심으로부터 우리 앞에, 우리 주위에 다른 많은 [방향들이] 열려 있었다"[28] 해도, 베르그손은 "자유의 문제"를 선택함으로써 데카르트가 남겨놓은 실마리를 이어받았다. 그리고 베르그손이 저작들 속에서 제기했던 문제들이 어떤 모호한 감정(데카르트로 하여금 우리가 신체에 결합되어 실제로 신체에 작용을 가함으로써 자유를 느낀다고 말하게 만들었던 감정)을 통해 암시될 정도로 서로 밀접한 것이라면, 그 이유는 이 문제들이 서로를 함축하고 있어서 하나의 문제를 해결하려면 곧장 다른 문제가 생겨나기 때문이다. 베르그손은 새로운 방법으로 무장하고 더 진전된 과학의 도움을 받아, 이제 데카르트가 직접적인 감정 속에 막연히 파묻힌 것으로 혼잡하게 남겨둔 지점을 심화시킬 수 있었다.[29] 베르그손이 동원하는 방법을 통해 작품œuvre의 통일성이 확인되었다면, 방법의 적용, 엄밀히 말하자면 방법의 작동mise en *œuvre*은 순수지속의 내부에서 베르그손이 선택한 방향을 따라 이 통일성을 틀림없이 재발견할 것이다. 다른 방향일 수도 있었다. 그러나 일단 자유라는 문제가 선택되고 난 뒤에는, 이 문제가 이후의 다른 문제들을 이끌었음에 틀림없다. 다른 문제들은 더 이상 베르그손이 자유롭게 선택한 것들이 아니

27 〈데카르트 학회〉, 《잡문집》, 1577쪽.

28 〈서론〉, 《사유와 운동》, 20(30)쪽.

29 이미 1894년에 베르그손은 다음과 같이 쓴다. "달리 말하면, 신체에 대한 영혼의 작용을 설명할 수 없는 이유가 그러한 작용이 오늘날 그 유에 있어서 유일한 사실이기 때문임을 데카르트는 통찰력 있게 보여주었다. 경험과 추론의 결합을 통해 자연의 힘이라는 말의 의미를 더 잘 심화한다면, [그때부터] 심신의 결합은 더 이상 설명할 수 없는 것이 아닐지도 모른다"(《강의》, vol. III, 250쪽).

다. 이 문제들이 그의 "앞을 막아섰다".[30] 요컨대 베르그손이 선택한 방향은 경험 속에서 따라야 할 실마리를 만들었고, 이와 동일한 이유에서 베르그손이 점진적으로 마주치는 문제들도 단지 하나의 동일한 문제에 속하여, 이 문제의 한 계기를 나타내고 하나의 표지를 구성할 뿐이다. 그것은 바로 인격personnalité의 문제다. 이제 관건은 이 다수의 문제를 통일하고 각 저작을 다른 저작으로 연결하여 더 큰 틀 속으로 통합되고 맞물리도록 하는 실마리에 주의를 기울임으로써, "미래성의 방향 자체로"[31] 작품의 운동을 따라가는 것이다. 이는 각각의 저작을 독해하고, 또 사람들이 행간을 읽는 법을 배우듯 저작 사이를 읽어냄으로써, 저작들 사이에 놓여 있는 이행들, 때로는 너무 길어서 이행이라는 사실조차 잊히고는 했던 이행들을 재구성하는 일이다.

30 〈서론〉, II, 《사유와 운동》, 72(86)쪽.
31 블라디미르 장켈레비치, 《앙리 베르그손》, 3쪽.

4장. 《의식의 직접소여에 관한 시론》과 현재의 우위

15. '스펜서주의자' 베르그손과 《시론》의 출발점: 수학에서 심리학으로

이 최초의 저작이 학위논문으로 쓰였다는 사실은 장章들을 다른 순서로 독해하도록 추동한다. 그만큼 최초의 착상에 외적인 제약들이 개입되었기 때문이다. 사실상 저작의 초반부에 드러나는 심리학에 대한 관심을 베르그손 철학의 출발점으로 삼을 경우, 이 관심은 설명 불가능한 것으로 남을 것이다. 우리는 철학자로 태어나지 않는다. 그러므로 우리가 철학자가 된다면, 더 나아가 어떤 신흥 학문을 시의적절한 활동 영역으로 선택한다면, 이에 대한 설명이 필요할 것이다. 베르그손의 고등사범학교 준비반 교수였던 데보브Adolphe Desboves는 베르그손이 인문학과 철학을 전공으로 선택했음을 알고 이런 농담을 던진다. "베르그손 씨, 당신은 위대한 수학자가 될 수도 있었을 텐데, 이제는 한낱 철학자밖에 되지 못하겠군요." 이 농담은 베르그손이 타고난 수학자의 취향과 소질을 가지고 있었음을 알려준다. 베르그손은 알고트 루헤Algot Ruhe에게 이렇게 쓴다. "이전에 저는 철학과 수학 사이에서 주저했습니다. 거의 수학을 진로로 삼을 뻔했지요."[1] 그렇기에 베르그손이 일단 철학을 선택하고 난 뒤에도, 왜 수학의 관점과 정면으로 대립하는 심리학의 관점을 채택했는지는 수수께끼로 남아 있다.

1877년, 베르그손은 학업 과정 초기에 '세 개의 원'이라고 일컬어지는 기하학 문제[2]를 풀어낸다. 이는 파스칼이 페르마Pierre de Fermat에게 보낸 편지(1654년 7월 29일)에서 언급했던 문제로, 당시 30세였던 파스칼은 이 문제를 해결하지 못했다. 데보브는 베르그손의 풀이를 자신의 저작, 《파스칼과 현대 기하학자들에 관한 연구》(1878)에 그대로 수록한다. 베르그손은 같은 해 또 다른 난제[3]를 풀어 학력경시대회에서 수학 일등상을 수상한다. 데보브는 다시 한번 이 문제에 대한 베르그손의 풀이가 이듬해의 《수학 신 연보*Les nouvelles annales de mathématiques*》(1878)에 충분히 실릴 만하다고 여겼다.[4] 이렇게나 이른 성과들이 있었기에, 그의 스승이 느낀 당혹감을 더 잘 이해할 수 있다. 그리고 철학 쪽으로의 급격하고 근본적인 방향 전환은 훨씬 더 이해하기 어려워진다. 이 방향 전환은 베르그손 철학에 내적인 수수께끼가 되어, 사람들이 언제나 처음에는 자기 자신에 반하여 철학한다는 사실을 알려준다. 다음의 사실을 덧붙이도록 하자. 베르그손은 철학 강의를 들을 때에도 사실상 오직 수학에만 관심을 가졌고, 계속해서 수학을 집중적으로 연구했다. 콩도르세 고등학교에서 뱅자맹 오베Benjamin Aubé가 가르쳤던 철학은 그에게 단지 "견고함 없는 말놀이verbalisme"[5]에 불과한 것처럼 보였다. 후일 그가 뱅자맹 오베에게 인정했던 유일한 덕목은 그저 오베의 절충주의 덕에 자신이 모든 체계 관념으로부터 결정적으로 벗어났으며, "지배적이었던 독일의 영향력"[6]에서 빠져

1 〈알고트 루헤에게 보내는 편지, 1922년 11월 27일〉, 《서간집》, 993-994쪽.
2 [역주] 세 개의 원, 세 개의 점, 세 개의 직선이 임의로 주어졌을 때, 세 원 모두에 접하고, 세 점 모두를 지나면서, 직선과 교차하여 특정한 원주각을 지닌 원호를 남기는 원을 구하라.
3 [역주] 교차하는 평면 P와 P', 그리고 이 두 평면 밖에 있는 점 A가 주어졌을 때, 점 A를 지나고, 두 평면에 접하는 모든 구에 대하여, 1) 점 A에서 가변적인 구의 중심까지 그린 직선의 궤적을 구하라. 2) 이 구가 두 평면 중 어느 하나에 접하는 점의 궤적을 구하라.
4 이 두 풀이는 《잡문집》, 254-255쪽과 247-254쪽에 수록되어 있다.
5 로즈마리 모세바스티드, 《교육자 베르그손*Bergson éducateur*》, PUF, 1955, 20쪽.
6 자크 슈발리에, 《베르그손과의 대담》, 38쪽.

나와 사적 독서를 영감의 원천으로 삼을 수 있었다는 점이었다. 그래서 베르그손이 1878년 11월 고등사범학교 인문학부에 입학했을 때에도, 고등사범학교에는 올레라프륀느Léon Ollé-Laprune나 부트루Émile Boutroux와 같은 거장들이 있었지만, 베르그손은 여전히 학교에서 가르치는 철학에 그다지 큰 영향을 받지 않았다.

베르그손이 계속해서 접했던 과학에 비하면 철학에는 정확성이 결여된 것처럼 보였다. 유일하게 그의 마음에 들었던 철학은 스펜서의 철학이었다. 베르그손은《사유와 운동》의 초장에서부터 이 사실을 주의 깊게 상기시킴으로써, 자신의 지적 진전에 단순히 개인적 도정의 우연성으로 치부될 수 없는 철학적 의미를 부여한다.[7] 그의 학위논문의 최초 기획은 스펜서의 철학을 공고히 하는 것이었다. 그 시절 철학자의 이면에는 아직 수학자가 남아 있었을 것이다. 그리고 그가 강의를 위해 앙제로, 클레르몽페랑으로 떠났을 때도, 그는 아직 시간을 의식의 직접소여로 삼아 시간의 관념을 심리학적인 무언가로 **용해시키겠다는***fondre* 생각을 갖고 있지 않았다. 오히려 그는 스펜서 철학에서 비결정적으로 남아 있었던 다른 과학적인 관념들과 함께 시간의 관념을 규명함으로써 기계론적 과학을 **정초하려***fonder* 했다. 여느 독해들과 달리, 베르그손적인 성찰의 기원은 사람들이 종종 주장하듯 심리학적이지도("그때까지는 우리가 무관심했던" 심리학) 않고, 앙리 구이에의 주장처럼 우주론적이지도 않은 것처럼 보인다.[8] 베르그손은 수학자였다가 갑자기 철학자가 된 것이 아니다. 그의 초창기 성찰들은 순전히 수학적인 기원을 갖는다. 베르그손은 그의 제자였던 질베르

7 〈서론〉,《사유와 운동》, 2(10)쪽.

8 《베르그손과 복음서의 그리스도》, 1962, Vrin, 1999. 실로 구이에의 주장에 반하여, 베르그손이 샤를 뒤 보스에게 털어놓은 다음과 같은 진술(《전집》, 1541쪽)을 제시해야 할 것이다. "저는 스펜서의 모든 견해를 조금씩, 하나하나 버리게 되었습니다. 스펜서의 진화론이 지닌 허구적인 측면을 완전히 의식하게 된 것은 훨씬 뒤인,《창조적 진화》에 이르러서였습니다."

메르Gilbert Maire에게 이렇게 말한다. "순수지속에 대한 고찰은 수학적 연구들을 통해 야기되었던 것입니다."[9]

그러니까 《시론》에는 이중의 방향 전환이 내포되어 있다. 전환은 매번 더 급진적이고 갑작스럽게 이루어진다. 먼저 수학에서 철학으로의 선회의 지점이, 다음으로는 철학적 기획 내부의 수학적 관점에서 심리학적 관점으로의 갑작스러운 우회의 지점이 존재한다. 후설 또한 첫 번째 방향 전환을 수행했으며, 이 전환은 철학사에서 다소 흔한 일이다. 그러나 두 번째 전환은 더 드문 것으로, 베르그손은 이 전환으로 인해 그의 최초 기획과 대립하고, 그 자신의 《산술의 철학》[10]이라 불릴 수도 있었던 저작을 쓰기도 전에 포기한다. 실제로 베르그손은 기계론적 과학의 최종 관념들 주위로 [주제를] 좁혀 나가는 와중에 수학에 저항하는 무언가에 도달했다. 그는 자신이 이 무언가의 관념을 규명할 수 없음에, 합리적 개념들을 통해 그 토대를 보장할 수 없음에 놀랐다. 지금껏 운동 중인 과정으로 이해된 시간 관념의 한복판에 지속이 자리 잡고 있었던 것이다.

> 그때 나는 수학주의와 기계론에 물들어 있었습니다. 내 정신에 주요한 영향을 끼쳤던 것은 스펜서였죠. 나는 기계론적인 설명을 그저 정교화하고 더 가까이에서 포착하여 그것을 우주 전체로 확장하기를 꿈꿨습니다. 이를 위해 과학의 부단한 실천들이 나에게 부여해 줄 자원들을 동원할 수도 있었죠. 무엇보다도 나는 모든 사태 속에서 참된 것을 존중하였고, 나 자신이 오직 정확성과 엄밀성에 대한 사랑으로 기계론자가 되었기 때문에, 내 이론과 방법

9 장 기통, 《베르그손의 소명*La Vocation de Bergson*》, Gallimard, 1960, 104쪽. 이론의 여지없이, 장 밀레(《베르그손과 미적분학》, PUF, 1974)의 출발점은 여기에 있다. 그렇지만 그의 주장은 베르그손 철학을 낳은 두 번째 방향 전환에 주의를 기울이지 않고 첫 번째 방향 전환 쪽으로 너무 멀리 나아가, 미적분학에서 직접적으로 영감을 얻은 베르그손의 철학적 방법이 수학적인 성격을 지닌다는 결론에 도달한다. [밀레의 입장에 따르면] 심리학은 하나의 "가면"에 불과했던 것이다.

10 [역주] 후설의 《산술의 철학*Philosophie der Arithmetik*》(1891)을 염두에 둔 표현이다.

을 사실들의 요구에, 한마디로 실재에 엄격하게 종속시키고 순응시킬 각오가 되어 있었습니다. 그런데 내가 수학자로서, 기계론자로서(유물론자라고는 할 수 없겠네요. 유물론은 형이상학이고, 나는 어떤 형이상학도 원치 않았기 때문입니다) 세계에 덤벼들었을 때, 실재가 나에게 저항했습니다. 나는 실재la réalité를, 혹은 더 정확히 말하면 하나의 실재une réalité를, 즉 시간, 진정한 지속을 환원하지 못했습니다. [처음에] 나는 스펜서의 《제일원리》를 기초로 두고, 스펜서가 충분한 전문성 없이 사용하는 역학의 몇몇 관념에 정확성을 부여하고 심화시키려 했습니다. 그러나 시간의 관념에 도달했을 때, 나는 스펜서 철학의 불충분성에 대한 아주 명확한 감정을 느끼게 되었습니다. 거기서 그 체계의 약점이 드러났습니다. (…) 시간이 나를 멈춰 세웠습니다. 시간이 나에게 모습을 드러냈습니다. 그러자 내가 그때까지는 부차적이라고 등한시했던 모든 것이 본질적인 것이 되었습니다.[11]

이 놀라운 대담은 반-형이상학자였던 청년 베르그손의 모습을, 후에 클레르몽페랑 시기 동안 결정적으로 변해가는 그의 모습과 대비하여 보여준다. 연구 초기에 베르그손은 스펜서가 과학의 제일원리들이 불가해한 성격을 지닌다는 결론에 도달했던 이유가 그의 과학적 소양 부족에 있다고 확신하여, 스펜서의 기계론적 학설에서 불충분해 보이는 지점을 보수하는 일에 전념했다.[12] 스펜서의 철학은 다른 질서의 실재를 예감케 하기는커녕 여전히 "충분히 확고하게 기계론적이지 않은 것"[13]처럼 보였고, 오직 그 제일원리들의 규명을 통한 급진화만이 스펜서 철학을 완성할 수 있을 것이라 여겨졌다.

그렇기 때문에 기계론적 과학을 정초하는 작업이 실패했을 때, 급진

11 자크 슈발리에, 《베르그손과의 대담》, 1922년 2월 7일, 38-39쪽.
12 또한 다음을 보라. 샤를 뒤 보스, 《일기》(1921-1923), Île Saint Louis, Buchet Chastel, 2003, 1922년 2월 22일 수요일, 63, 131-132쪽.
13 〈하랄트 회프딩에게 보내는 편지, 1906년 1월 9일〉, 《서간집》, 145쪽.

적으로 반대되는 관점의 채택이 요구되었을 것이다. 이제는 모든 합리적인 고찰에 여분의 것으로 여겨졌던 실재를 고찰해야만 한다. 심리학적인 본성을 가진 이 실재는 마치 안개처럼 분석의 눈을 피해 사라짐으로써 그에게 "저항했다". 그는 이 실재에 걸려 넘어졌고, 최초의 계획에서 오직 정확성에 대한 애착만을 남겨둔다. 이 정확성에 대한 애착이 지속의 근본적 부정확성에도 불구하고 진정한 지속을 파악할 수 있게 하였던 것이다. 지속이라는 실재는 찾으려 했던 것이 아니라 발견된 것이다. 이 예기치 못한 발견이 그에게 "놀라움"을, "커다란 경이"[14]를 안겨주었기 때문이다.

1888년 실제로 제출된 《의식의 직접소여에 관한 시론》은 처음 기획한 논문과는 정반대의 결론을 맺고 있다. 따라서 이 저작 속에는 틀림없이 방향 전환의 흔적이 남아 있을 것이다. 베르그손은 하나의 관점에서 다른 관점으로 이행하면서, 후에 자신의 방법으로 삼게 될 방법을 만난다. 그것은 시간의 실재성이 시간의 개념화에 대해 내세우는 저항을 통해 시간의 실재성을 드러내는 방법이다.

> 사실 나의 관심을 끌었던 것은 형이상학도, 심리학도 아닌, 과학 이론에 대한 연구, 무엇보다도 수학 이론에 관련된 연구였습니다. 박사논문에서 나는 역학의 근본 개념들을 연구하려 했지요. (…) 이렇게 나는 점진적으로 내가 처음에 위치했던 수학적이고 기계론적인 관점에서 심리학적인 관점으로 이끌려 갔습니다. 《의식의 직접소여에 관한 시론》은 이러한 성찰들로부터 나온 것입니다.[15]

14 〈윌리엄 제임스에게 보내는 편지, 1908년 5월 9일〉, 《잡문집》, 766쪽. 〈서론〉, 《사유와 운동》, 2(10)쪽.

15 〈지오반니 파피니에게 보내는 편지, 1903년 10월 4일〉, 《서간집》, 91쪽. 또한 자크 슈발리에, 《베르그손과의 대담》, 19-20쪽을 보라. 베르그손은 이렇게 도처에서, 어떤 상황에서든, 어떤 상대방과 이야기를 하든, 그의 초기 연구들에서 무엇을 포착해야 하는지를 끊임없이 반복한다. 베르그손의 예전 제자들의 증언을 따라 그가 클레르몽에서 제논의 역설을 강의하던 도중 얻게 된 "지적인 계시"(조제프 드세마르,

베르그손의 진정한 출발점을 존중하려면 《시론》을 어떻게 읽어야 할까? 정신물리학에 대한 비판(1장)과 칸트에 대한 비판(결론)은 심사위원들을 만족시키고 지속에 대한 고찰로 더 잘 이끌기 위해 나중에 논문에 추가된 부분이다. 이렇게 수정된 《시론》은 때로 발견의 질서에 따른 저작의 기원을 은폐하고 만다. 그러나 베르그손은 두 통의 편지에서 자신의 최초 기획과 그 실패의 흔적이 어떤 구절에 남아 있는지를 명시한다.

> 요컨대 《의식의 직접소여에 관한 시론》의 출발점은 동질적 시간과 관련된 88-91쪽과 147-149쪽에 있습니다. 시간에 대한 고찰이 나를 기계론적 철학에서 떼어내, 심리주의 쪽으로 이끌었다고 말할 수도 있겠지요. 나는 우선은 《직접소여》에서, 그 후에는 《물질과 기억》에서 이 주제에 점점 더 열중하게 되었습니다.[16]

우리는 앙드레 로비네를 따라[17] 이러한 지침들에 기댈 때에만, 베르그손이 지속의 돌출을 목격했던 스펜서 체계의 빈틈에서 지속의 관념을 발견할 수 있다. 이 빈틈은 수학적 시간이다. 그제야 우리는 베르그손이 어떤 식으로 과감하게 심리학적 관점을 채택해야 했는지에 주의를 기울이면서, 관념들이 설명되는 순서를 넘어 관념들의 진정한 발생을 되찾을 수 있을 것이다.

《클레르몽페랑에서의 베르그손》, Bellet, 1910, 15쪽)는 차후에만, 부차적으로만 이해될 수 있다.

16 〈하랄트 회프딩에게 보내는 편지, 1906년 1월 9일〉, 《서간집》, 145-146쪽. 또한 〈윌리엄 제임스에게 보내는 편지, 1908년 5월 9일〉, 《잡문집》, 765-766쪽을 보라. 새로운 PUF 판에서 역학의 시간만을 다루는 구절은 86-90쪽과 144-148쪽이다.

17 앙드레 로비네, 《베르그손과 지속의 변신들*Bergson et les métamorphoses de la durée*》, Seghers, 1965, 15쪽.

16. 세 가지 시간의 발견: 공간, 시간, 지속

순수공간으로서의 수학적 시간

사실상 시간은 역학의 개론서에서만 다루어지기 때문에, 먼저 그것을 검토하여 시간이 어떻게 정의되는지 살펴보아야 한다. 스펜서가 시간의 최종 관념을 인식 불가능한 것으로 선언할 수 있었던 이유는, 시간의 본성이 시간의 유일한 용도에서 그 의미를 끌어냈기 때문이다. 즉, 시간은 시간 계산에 도입될 수 있는 단순 인수 *t*가 된다. 시간은 자체적으로 그 자신을 통해 이해되지 않고 동일성의 범주에 포섭되어, 동시적이라 여겨지는 두 공간 간격의 같음으로 정의된다. 그렇기에 운동체의 속도를 계산하려면 시간의 단위 *t*를 제공하는 기준 운동("예컨대 언제나 동일한 높이에서 동일한 장소로 떨어지는 돌의 낙하운동"[18])을 선택한 뒤, 그것을 운동체[의 운동]와 비교하여 이 운동체가 특정 공간을 주파하는 데 드는 시간을 측정하기만 하면 될 것이다. 측정된 시간은 운동체의 경로 동안 셀 수 있는 *t*의 수와 동일할 것이다. 등속운동이라면, 운동체의 속도는 d/t일 것이다. 변속운동이라면 더 복잡한 조작이 필요하지만, 이는 단지 미분을 도입하여 속도의 증감에 맞는 더 정확한 척도를 얻기 위한 것일 뿐이다. 베르그손이 후일 미분 기법에 보낼 예찬은 잘 알려져 있다. [그러나] 베르그손이 아무리 미분을 "인간 정신이 사용한 가장 강력한 탐구 방식"[19]으로 높이 평가한다 해도, 근대 수학(산술적이지 않은 형태의 계산)이 시간의 **본성**, 즉 운동의 **운동성**을 붙잡으려 하는 것은 헛된 일이다. 수학이 고찰하는 것은 언제나 잠재적 정지점들, 부동성들이다. 그렇기 때문에 아무리 작은

18 《시론》, 2장, 87(151)쪽.

19 〈형이상학 입문〉, 《사유와 운동》, 214(245)쪽. cf. 장 밀레, 《베르그손과 미적분학》, 61-64쪽. 밀레는 인용된 여러 참고문헌 가운데, 《시론》을 누락하고 있다. 《시론》은 다른 저작들보다 앞서, 예찬을 넘어 순수지속을 붙잡을 수 없는 수학의 타고난 불충분성을 지적한다.

간격을 상상하더라도 이 정지점들을 나누는 간격은 수학에 의해 다루어지지 않는다.

> 아무리 작은 간격을 생각하더라도 수학은 언제나 그 간격의 끝점에 위치한다. 간격 자체, 한마디로 지속과 운동에 대해 말하자면, 이것들은 필연적으로 방정식 바깥에 남아 있다.[20]

간격은 언제나 환원 불가능하다. 시간 측정에 사용되는 공간은 **상호 외재적인 부분들로 이루어져** 있기에, 시간을 무수한 순간들로 산산조각 낸다. 순간을 상징하는 점들이 인접하지 않는 것만큼이나, 순간들도 서로 직접적으로 잇따를 수 없다. [점에] 공간적인 **인접성**이 존재하지 않는 것처럼, [순간에도] 시간적 **연속성**이 존재하지 않는다. 현재적 순간은 오직 사건의 도중에서만*in medias res*, 즉 *dt*라는 간격을 가로지를 때만 "**직접적으로 선행하는**"[21] 순간에 연결될 수 있다. 물리학자는 이 간격의 지속을 등한시하고, 더 나아가 간격의 구체적 본성을 무시한다. 그는 동시성들을 세는 데 만족하고, 동시성들을 가로지르는 흐름에는 관심을 두지 않는다. 요컨대, 시간을 잰다는 것은 잠정적으로 고정된 지속의 **단위들** 자체에는 신경을 쓰지 않고 이 단위들의 **수**에 주목하는 일이다.

수에 대한 분석을 통해 2장을 시작할 때, 베르그손은 이 책의 출발점이 결국에는 다른 곳에 놓여 있음을 간접적으로 승인한다. 기계론적 과학이 시간을 언제나 이미 하나의 수, 즉 $t+n$으로 만들어 지속을 회피한다는 사실이 이미 가정되었기 때문이다. 그런 뒤에 수를 이미지화하기를, 혹은 심지어 사유하기를 멈추고 단순히 계산에 충분한 기호, 즉 추상적 숫자만을 남겨 놓는 즉시, 우리는 수의 관념이 분석적으로 공간의 관념을 포함하

20 《시론》, 2장, 89(153)쪽.
21 《창조적 진화》, 1장, 21쪽(필자의 강조).

고 있다는 사실을 놓치게 된다. 그렇기 때문에 베르그손은 단위들을 셈하기 위해서는 필연적으로 그것들이 질적으로 동일하고 수적으로 구분되어야 한다는 점을, 즉 동질적인 동시에 불연속적이어야 한다는 점을 상기시키는 것이다. 따라서 단위들은 "이념적 공간"[22]을 전제한다. 유지된 단위들은 이념적 공간 위에서 병렬되어 서로 더해짐으로써 수를 구성할 수 있게 된다. 수는 그것이 공간 속에서 점유하는 자리를 통해서만 다른 수와 구분되고, 수의 적용 조건으로서 요구되는 동질성과 불연속성은 공간을 정의하는 데 사용되는 것이다. "여기서 환상을 일으키는 것은, 우리가 공간 속에서라기보다는 시간 속에서 셈하는 습관을 들였다는 사실이다."[23] 잇따라 셈할 때, 우리는 분명 지속의 순간들을 셈할 것이다. 그렇지만 언제나, "원치 않는다"[24] 해도, 여기에는 공간의 점들이 동반되어 셈을 위해 필요했던 시간을 차례로 삭제한다. 이것이 바로 칸트의 오류다. 그는 종합을 공간이 아니라 시간에 정초하며, 종합을 수행하기 위한 행위 자체가 그 수행을 위한 시간을 전혀 함축하지 않는다는 사실에 주목하지 않았다. 계산을 빨리하는 일은 결과를 전혀 바꾸지 않는다.

더 일반적으로 말하면, 사유의 능력을 조건 짓는 것은 시간이 아니라 공간이다. 과학 수행의 조건은 공간에 있다. 과학science이 미래 사건들을 예측할 수 있게 하는 예지豫知prescience는 시간을 표상 공간으로 전환할 때에만 가능해진다. 미래로 나아가는 것, 심지어는 과거로 돌아가는 것조차 이미 내 의식의 현재 속에 필연적으로 기입되어 있는 체험된 시간 밖으로 나가는 것이다. 이는 우리를 과거와 미래로부터 분리시키는 간격 속에서 일어나는 사태를 의도적으로 무시하는 일이다. 간격을 뛰어넘기 위해서는 그것이 뒤이은 사건 속에서 아무런 역할도 하지 않는다고 가정해야 하

22 《시론》, 2장, 57(99)쪽.
23 같은 책, 58(101)쪽.
24 같은 책, 59(102)쪽.

기 때문이다. 기실 과학도, 의식도, 공간 속에서 눈앞에 펼쳐져 **볼***voir* 수 있는 것만을 시간 속에서 **예견할***prévoir* 수 있다.

베르그손은 우주의 흐름을 가속할 수 있는 악령을 만들어 데카르트의 뒤를 따르면서도 한 걸음 더 나아간다.

> 잠시 동안 데카르트의 악령보다 훨씬 더 강력한 악령이 우주의 모든 운동을 두 배 빠르게 이루어지도록 명령했다고 가정해 보자. 그래도 천문학적 현상, 혹은 적어도 그 현상을 예견하도록 해주는 방정식에는 아무런 변화가 없을 것이다. 이 방정식에서 *t*라는 기호는 지속을 가리키는 것이 아니라, 두 지속 사이의 관계, 특정한 수의 시간 단위들, 혹은 결국 특정한 수의 동시성들을 가리키는 것이기 때문이다. 오직 이것들을 나누는 간격들만이 감소될 것이다. 그렇지만 이 간격들은 전혀 계산에 들어가지 않는다.[25]

베르그손은 데카르트에게서 표현만 빌려오는 것이 아니다.[26] 악령의 가설이 겨냥하는 [세부적인] 목표but는 다르지만, 방법론적으로 동일한 목적fin을 추구하기 때문이다. 악령의 가설은 어떤 의식도 인정하지 않을 수 없는 실재를 토해내도록 하기 위해 도입된다. 베르그손에게 이 실재는 과학이 예견하려는 사건들의 일부로 총괄적으로 개입하는 지속이다. 데카르트의 악령이 자아를 기만할 수는 있어도 그 존재를 막을 수 없었던 것과 마찬가지로, 베르그손의 악령은 지속 없이는 자아가 잠겨 있는 시간 속에서 자아의 존재를 방해할 수 없을 것이다. 그러나 **나의 지속**을 손상시키지 못하는 악령의 무능력은, 악령이 "**나를** 기만하는 데 전력을"[27] 기울

25 같은 책, 3장, 145(242)쪽. 늘 데카르트의 악령 가설을 언급하지는 않지만, 베르그손은 이 논변을 여러 곳에서 사용한다(《시론》, 각 87(105), 145쪽, 《창조적 진화》, 각 8, 337쪽, 《사유와 운동》, 3-4(10-12)쪽).

26 cf. 앙드레 로비네, 《베르그손과 지속의 변신들》, 17쪽.

27 르네 데카르트, 《성찰》, AT, IX권, 17(필자의 강조).

였을 때보다 더 강력하다고 가정될 때에만 드러난다. 기실 데카르트의 악령은 자아를 속이면서도 우주 자체에는 영향을 미치지 않는 반면, 베르그손이 상상하는 악령은 내가 세계에 대해 갖는 관념, 즉 내가 마음대로 환상으로 여길 수 있는 관념에 머물지 않고 진정으로 세계 자체를 변화시킨다. 베르그손의 악령은 더 강력하지만, 그럼에도 여전히 나에게서 지속함의 의식을 앗아갈 수 없다. 그렇지만 적어도 자기 자신보다 자신의 계산을 믿는 과학자는 악령의 허구 속으로 끌려 들어간다. 사실상 우주가 두 배 빨리 움직인다 해도, 과학자의 공식, 방정식, 그리고 거기 나타나는 수에는 아무런 변화가 없다. 수학적인 과학은 [여전히] 모든 대상의 상태와 시간을 측정하기 위해 선택된 운동 사이에서 동일한 수의 상응점들을 셀 수 있을 것이다. 반면 의식을 하나의 부대현상, 즉 물질적 운동에 중첩되는 단순한 인광이라고 가정하지 않는다면, 의식은 우주의 가속에 혼란스러울 것이다. 그것은 간극을 살아가며, 측정의 단위에 구체적인 규정을 부여하기 때문이다. 물론 의식은 발생한 변화를 측정할 수 없을 것이다. 그럼에도 그것은 "존재의 통상적인 불어남에서 어떤 감소를, 일출과 일몰 사이에 익숙하게 이루어지던 진행에서 어떤 변이"[28]를 확인할 것이다. 의식만이 "이에 대해 완전히 질적인 **감정**의 변화를 알아차릴 것이다".[29] 따라서 수학은 베르그손에게 암시적으로 심리학의 필요성을 드러낸다. 심리학은 수학에 대립하는 것이 아니라, 그것을 보완하는 것이다.

심리학은 더 이상 간격의 끝점이 아니라 간격 자체를 대상으로 한다.[30]

우리가 셈하는 것은 간격의 끝점들이다. 그러나 우리가 느끼고 살아

28 《시론》, 145-146(242-243)쪽.
29 《창조적 진화》, 4장, 337쪽.
30 《시론》, 3장, 147(245)쪽.

가는 것은 간격 자체다. 내 의식에게 이 간격은 절대적으로 결정되어 압축 불가능한 것이다. 의식과 시간은 분리 불가능하게 결합된 것으로 나타난다. 의식은 지속 속에 존재하며, 이 지속을 해체할 수도 처분할 수도 없기에 자신이 그것을 만들어내지 않았음을 안다. 심리학이 대상으로 삼아야 하는 것은 이 지속이다. 의식은 간격을 채우면서 그 간격의 본성을 직접적으로 포착하기 때문이다. 그것은 "마음대로 늘일 수도 줄일 수도 없는 내 지속의 몫"이다.[31]

월식처럼 시간이 전혀, 혹은 거의 침투하지 않는 물리적 현상들에 대해 참인 것이 감동, 심층적 감정, 심리 현상 일반에 대해서는 더 이상 참일 수 없다. 두 배 빨리 지속하는 감동은 더 이상 질적으로 동일한 감동이 아니다. 의식의 내적 삶은 시간을 들여 시간 속에서 연속적으로 변화한다. 예컨대, 연민pitié의 본질은 한눈에 포착되는 비시간적 형상εἶδος이 아니다. 그것은 연민을 느끼게 하는 동정심의 강도적 진전과 불가분한 것으로, 이 진전을 분석하면 시간에 따라 서로 뒤섞이는 다수의 요소를 발견할 수 있다. 연민은 **먼저** 타자의 고통을 피하게 만드는 공포와 반감 속에서 발견되어, 그것들이 우리의 고통을 예고하는 것일지도 모른다는 두려움을 통해 계속되고, **다음으로는** "마치 자연이 커다란 부정의를 범했기에, 그래서 자연과의 공범 혐의를 모두 벗어야 할 것만 같은" 욕망과 공감으로 이어진다. **마지막으로**, 이 감정이 시간을 들여 피어날 수 있도록 그 자유로운 흐름에 내맡겨 두기만 하면, 연민은 감각적 재화들로부터 초연하여 낮아지려는 열망을 갖도록 하는 겸허함으로 완성된다. 실개천이 급류를 예고할 수 없는 것처럼, 어떤 계기도 이전 계기로부터 연역될 수 없다. 그러나 이 운동을 따를 줄 아는 사람이라면 누구나 그 정지점들을 드러내 볼 수 있다. 이 운동의 도중에, 철학사가 제시했던 연민의 여러 정의, 라 로슈

31 《창조적 진화》, 10쪽.

푸코François de La Rochefoucauld의 정의나 쇼펜하우어의 정의가 발견될 것이다. 감정의 경향과 진전을 무시하고 그 정지점들 가운데 하나를 특권화하여 그 의미=방향sens을 구현하는 지속으로부터 떼어내는 추상만이 이 정의들을 거짓 정의로 만들어버린다. 감정의, 감동의, 심지어 관념의 본질에는 의미signification뿐만 아니라 어떤 방향direction도 내포되어 있다. 그렇기 때문에 의식의 실재적 지속을 "채우고 있는 사실들의 본성을 변화시키지 않고서는" 그것을 "한순간도 줄일" 수 없는 것이다.[32]

《창조적 진화》에서 베르그손은 악령의 가설을 확장시킨다. 그의 상상 속에서 시간은 두세 배 빨라지는 대신 무한한 속도로 흘러가고, 우주의 과거, 현재, 미래 전체는 "단번에 공간 속에"[33] 펼쳐진다. 시간을 완전히 그려진 직선으로 대체하는 일반적인 변형 작업은 사실상 시간의 흐름을 무한히 가속한 결과에 불과했음이 밝혀진다. 과학적 법칙을 적용하는 과학자는 실제로 간격을 제거하고, 시간을 무한히 가속시키며, 실재적 지속을 부인함으로써, 그 사이를 건너뛰는 것처럼 작업한다. 달리 말하면 베르그손이 허구적으로 악령에 부여했던 전능함을, 과학자는 실제로 자기 자신에게 부여한다. 악령에게 속았다고 여겨졌던 과학자가 악령의 선동자이자 대리인이었던 것이다. 기만당한 이가 기만자였음이 드러나고, 방법론적 허구는 과학의 실재성 자체에 결부된다.

> 그런데 천문학자가 가령 월식을 예언할 때에는 우리가 악령에게 부여했던 능력을 자기 나름의 방식대로 사용하기만 하면 된다. 그는 시간이 열 배, 백 배, 천 배 더 빨리 가라고 명령한다. 그에게는 그럴 권리가 있다. 그는 그렇게 함으로써 오직 의식적 간격의 본성을 변화시킬 뿐이고, 이 간격들은 가정상 계산에 들어가지 않기 때문이다. 그렇기 때문에 그는 몇 초의 심리적 지속 안

32 《시론》, 3장, 148(247)쪽.

33 《창조적 진화》, 1장, 9쪽, 4장, 337쪽.

에 천문학적 시간의 여러 해, 심지어는 여러 세기가 담기게 할 수 있을 것이다. 이것이 바로 천문학자가 천체의 궤도를 미리 그리거나 그 궤도를 방정식으로 표현할 때 행하는 조작이다.[34]

엄밀히 말해, 시간 속에서 **예견**prévoir한다는 것은 이미 공간 속에서 **보는***voir* 일이다. "사실상 모든 예견은 봄이다."[35] 항성의 회합이 일어날 것이라 말할 수 있는 이유는, 그 회합을 간략한 형태로 일으켜 보았기 때문이다. 우리는 도래할 사건과 우리 사이에 놓인 간격을 단축시켜 즉시 그 사건에 도달한다. 과학자는 이렇게 별이 따르게 될 궤도trajectoire를 [이미 주파된] 궤적trajet으로 대체하고, 운동하는 점을 다 그려진 직선으로 변환시킨다. 《지속과 동시성》이 민코프스키Hermann Minkowski의 '시-공간' 도식에 부여하는 의미는 이런 관점에서 이해되어야 한다. 베르그손은 시간을 "네 번째 차원"[36]이라고 부르면서 과학이 기대고 있는 대치의 조작을 명시적으로 폭로한다. 출발점에 몇 차원이 할당되건 간에, 현재를 과거로 전환하는 일(같은 이유로, 예측된 미래는 이미 지나간 것이다), 풀려남을 풀려난 것으로, 이루어지고 있는 것을 이미 이루어진 것으로, 요컨대 시간을 공간으로 전환하는 일은 결국 보충적인 차원을 첨가하는 일이다.[37] 어떤 차원도 갖지 않는, 하나의 점으로 환원된 세계를 상상해 보자. 이 세계의 질적 변화 전체가 동시적으로 주어지려면, 그 변화를 잇따르는 점들이 병치된 직선 위에 펼쳐 놓아야 할 것이다. [차원의 추가는] 이런 식으로 계속된다. '시-공간'이라는 말은, 우주가 보존되고 표상될 수 있는 보충적인 공간을 첨가함으로써 현재 지속하는 우주를 종착점의 예측을 통해 과거로 옮겨진 우주로 대체하는 작업을 의미할 뿐이다.

34 《시론》, 3장, 146(243)쪽. 또한 cf. 2장, 87쪽.
35 같은 책, 148(246)쪽.
36 《시론》, 2장, 81(142)쪽.
37 《지속과 동시성》, 59쪽.

게다가 이런 조작은 정당한 것이고, 과학적인 예견은 유효한 것이다. 이 조작은 사건들 사이의 관계를 고찰하고, 사건들 사이에는 어떤 간격이 있건 간에 동일한 연관이 존속할 것이기 때문이다. 베르그손은 결코 과학적인 예견을 비난하려 하지 않았다. 이 점에 대해서는 어떤 비판도 제시되지 않았다. 오히려 이러한 가속은 수학적 시간과 심리학적 지속 사이에 명백하지는 않아도 긴밀한 연대가 존재함을 보여줄 수 있음에 틀림없다. 수학과 심리학이라는 두 분과는 각기 다른 분과에 결여된 것을 가져다준다. 이는 수학적 시간을 가속할 가능성이 심리학적 지속을 변조할 수 없다는 역방향의 불가능성에 기대고 있기 때문이 아니겠는가? 과학자는 이렇게 변화시킬 수 없는 기초 위에서만 "천문학적인 기간을 (…) 자의적으로 변화시킬 수 있을 것이다".[38] 과학자 자신도 이러한 가속에 휩쓸렸다면, 어떻게 시간을 가속할 수 있었겠는가? 올바로 이해될 경우, 기계론적 과학은 자신의 권리를 제한하여 천문학적 시간에 대한 조작을 실재적 지속에 대해 행하기를 거부해야 할 것이다.

따라서 우리가 공간과 지속을 통해 만나게 되는 것은 [우선] 두 유형의 다수성이지만, 또한 수학과 심리학이라는 서로 상보적인 두 학문이기도 하다. 이 두 학문은 서로 완전히 대립적이기에, 하나가 다른 하나를 요청하고 상반되는 다른 하나로 나아가야 한다. 그래서 베르그손은 수학에서 출발한 뒤에, 본질적으로 수학을 벗어나는 심리학에 관심을 갖는 것이다. 또 그렇기에 베르그손은 1장에서 당대의 심리학을, 그리고 심리학의 결과물을 방정식에 넣으려는 시도를 비난할 수 있는 것이다. 심리학이 수학 외부의 것이고 역으로 수학은 심리학 외부의 것이라면, 수학에 의존하여 심리학을 학문으로 수립하려는 시도는 심리학의 종별적 대상인 의식의 직접소여를 왜곡시키고 말 것이다. 그렇지만 심리학은 바로 이 오류

38 《시론》, 3장, 148(247)쪽.

를 범했고, 페히너Gustav Fechner의 정신물리학이 그 범례가 된다. 페히너는 감각을 유발하는 외부 자극의 원천이 지니는 연장을 측정함으로써 감각의 강도를 양화하고, 각각의 감각을 다른 감각과 구분하는 **최소의** 차이를 가산될 수 있는 산술적 차이로 이해한다. "페히너의 오류는 (…) 잇따르는 두 감각 S와 S' 사이에 간격이 있다고 믿었던 것이었다. 하지만 둘 사이에 존재하는 것은 하나에서 다른 하나로의 이행일 뿐이지 산술적인 의미에서의 차이가 아니다".[39] 공간적 연장을 갖지 않는 정신 현상에는 수학이 적용될 수 없었기 때문에, 칸트는 심리학이 엄밀한 의미에서의 학문으로 승격될 수 없다고 선언할 수 있었다.[40] 그러나 칸트가 했던 것처럼 정신 현상에 강도적 크기를 부여하는 일은 이미 미래의 심리학자들에게 "정신적 삶을 수학적인 형태로 표상할 가능성"[41]을 제공하였다. 본격적인 측정을 시도했던 페히너의 공적은 강도적 크기라는 칸트적인 공준이 기대고 있는 결함을 폭로하는 데 있었다. 그것은 이미 원인과 결과를, 양과 질을, 공간과 지속을 혼동하는 일이었다.

공간과 지속의 혼합물로서의 동질적 시간

상식이 알고 있는 유일한 시간이 수학적 시간이었다면, 시간 속을 살아가면서도 아직 지속의 두께 속에서 자신을 다시 붙잡지 못한 사람에게는 자연스레 다음과 같은 반론이 떠오를 것이다. 시간이 공간으로 환원된다면, 우리가 셈하는 시간은 어떻게 여전히 시간으로 셈해질 수 있는 것인가? 동시성은 어떤 점에서 직선 위의 점과 같은 단순한 공간이 아닌가? 요컨대 공간화로부터 야기된 동질적 시간은 어떻게 시간적 성질의 흔적을 보존하는가?

39 《시론》, 1장, 50(89)쪽.
40 이마누엘 칸트, 《자연과학의 형이상학적 기초》, 서문을 보라.
41 프란츠 브렌타노Franz Brentano, 《경험적 관점에서 본 심리학》, PUF, 모리스 드 강디약Maurice de Gandillac 번역, 1권, 4장, 82쪽.

이것은 하이데거가 《존재와 시간》에서 제기할 반론이다.[42] 그러나 이 반론은 베르그손이 오직 **수학적** 시간만을 공간과 동일시한다는 점을 고려하지 않았다. 오직 수학적 시간만이 과학자의 눈앞에 단번에 펼쳐져 도래할 현상들을 (미리) 보게 할 수 있다. 그렇다 해도 여전히 왜 공간화된 시간이 상식의 관점에서 시간으로 남아 있는지를 설명해야 할 것이다. 그러니까 공간을 시간 속에 넣은 후에는, "시간을 공간 속에 넣어야"[43] 한다. 그래서 베르그손은 동질적 시간을 지속과 공간의 **혼합물**로 개념화한다. 동질적 시간은 이를 통해 명백히 시간적 성격을 보존하게 된다. "진정한 삼투현상을 통해 측정 가능한 시간이라는 혼합된 관념이 형성된다. 그것은 동질성인 한에서는 공간이고, 잇따름 한에서는 지속이다."[44] 따라서 시간은 더 이상 공간에 속하지 않는다. 그것은 불순한 지속에 속하며, 공간과 지속을 양극단으로 삼아 둘 모두로부터 거리를 둔다. 베르그손은 의식 상태들에 병치를, 외적 사물들에 잇따름을 도입하는 이 혼합물을 지시하기 위해 "삼투현상"이나 "일종의 교환"[45]이라는 표현을 사용한다. "연속적 풀려남이 없다면, 공간밖에 존재하지 않았을 것이다. 더 이상 지속을 지탱하지 않는 이 공간은 시간을 표상하지도 않을 것이다."[46]

《지속과 동시성》에서 베르그손은 왜 측정 가능한 시간이 시간적 차원을 보존하는지 설명하기 위해 동시성 개념을 재검토한다. 과학은 어떤 동시성을 이야기하는가? 베르그손이 역학의 개론서에서 빌려온 [동시성의] 정의는 두 운동체로부터 얻어낸 두 순간에 관한 것이었다. 그때 베르그손은 대체로 상응이라는 표현을 사용했다. 이는 오직 공간에 관련된 문

42 카미유 리키에, 〈베르그손의 독자 하이데거Heidegger, lecteur de Bergson〉, 《대화 중의 하이데거 (1912-1903)*Heidegger en dialogue (1912-1930)*》, Vrin, 2009, 주로 37-47쪽을 보라.

43 《시론》, 결론, 171(278)쪽. cf. 《지속과 동시성》, 3장, 60쪽 이하.

44 같은 책, 172(279)쪽.

45 같은 책, 2장, 81(141)쪽.

46 《지속과 동시성》, 3장, 65쪽.

제였기 때문이다. [그러나] 동시성은 오히려 "공간과 지속이라는 이 두 항 사이의 연결부호"로, "시간과 공간의 교차점"[47]으로 정의되어야 한다. 베르그손은 이렇게 또 다른 정의를 제시한다. 이 정의는 앞선 정의와 모순적인 것이 아니라, 그 정의에 선행하며 그 토대로 기능하는 것이다. 두 운동체 사이의 동시성에 앞서, 이 두 운동체와 내 의식 사이의 동시성이 존재한다. 달리 말하면, 사물들은 내 의식의 흐름과 동시적인 한에서만 서로 동시적인 것이 된다. 내 의식의 흐름이 없다면, 측정되는 간격은 시간의 간격이 아닐지도 모른다. 순간 속의 물리적 동시성은 흐름들의 정신적 동시성을 가정한다. 측정된 값을 시간의 측정값으로 여길 수 있게 해주는 것이 바로 이 정신적 동시성이다. 연속적 지속에는 순간이 없다 해도, 점으로 이루어진 공간화된 시간이 지속 위를 물수제비로 날아 순간들을 발생시켜야 한다. 그렇지 않으면 점은 순간이 되지 못하고 점으로 남을 것이다.

> 1) 시간의 간극을 측정할 수 있도록 해주는 것은 외적인 두 운동의 두 순간 사이의 동시성이다. 2) 이러한 측정을 시간에 대한 측정으로 만들어주는 것은 이 순간들과, 이 순간들이 우리의 내적 지속을 따라 점 찍는 순간들 사이의 동시성이다.[48]

달리 말하면, 《시론》에서 둘이 아니라 세 개의 시간을 구분해야 한다. 단지 공간일 뿐인 수학적 시간(베르그손은 이 시간을 동일성에 결부시킨다), 동질적이고, 사회적이고, 인간적인 시간(베르그손은 대체로 유비에 대해 이야기한다[49]), 그리고 마지막으로 이 두 시간이 비롯된 순수지속.

47 《시론》, 2장, 82(143)쪽.
48 《지속과 동시성》, 3장, 75쪽.
49 예컨대, 《시론》, 78, 68(135-136, 119-120)쪽.

더 정확히 표현해 보자. 수학적 시간과 상식의 시간을 뒤섞어서는 안 된다. 수학적 시간이 없었다면 베르그손은 결코 실재적 지속을 순수한 상태로 도출할 수 없었을 것이며, 이 과정이 베르그손의 방법을 이루기 때문이다. 우리는 언제나 이미 하나의 혼합물 속에서 살아가며, 과학은 차후에 도래해 이 혼합 과정에 섞여든다. 그래서 "우리가 지속을 그 본원적 순수성에 따라 표상하는 데서 믿을 수 없는 어려움을 느낀다"면, "**이 어려움은 아마도 우리만이 지속하지 않는다는 데서**", "외부 사물도 우리처럼 지속하는 것으로 **보인다는**" 데서 "**기인할 것이다**".[50] 통상적인 이해와는 반대로, 지속이 우리에게 접근 불가능하게 남아 있는 이유는 과학이 지속에 부당하게 공간을 개입시키기 때문이 아니다. 그것은 우리 자신이 자발적으로 우리의 지속을 공간 속에 투사하여, 사물들이 우리의 방식대로 변화해 가는 모습을 보려 하기 때문이다. 수학적인 과학은 바로 이 지점에서 그러한 고찰을 거부할 것이다. "과학의 주된 목표는 예견과 측정이다. 그런데 물리적 현상들은 **우리처럼 지속하지 않는다고 가정할 때에**만 예견할 수 있고, 측정은 공간에 대해서만 이루어진다."[51] 물리적 외부성에 투사된 지속(이로 인해 우리는 물질적 사물들이 "우리처럼 지속한다"라고 잘못, 그러나 보이는 대로 말하게 된다)의 배제를 통한 물리적 외부성의 정화를 기계론적 과학의 공덕으로 여겨야 한다. 기실 이러한 과학은 [역으로] 심리학이 측정을 위해 도입한 공간으로부터 심리적 내부성을 정화하는 것을 그 필연적인 귀결로 갖고 있음에 틀림없다. 베르그손은 공간에 대항하여 지속을 획득하지 않는다. 그는 공간과 결탁하여 지속을 획득한다.

들뢰즈는 베르그손적 방법에 따라 혼합물의 분할을 수행하였다. 경험은 혼합물밖에 전해주지 않는다. 따라서 혼합물의 근거를 재발견하고, 경험의 혼합을 그 순수 요소들에 따라 분리해야 한다. 한편에는 지속이, 다

50 《시론》, 2장, 79(138)쪽(필자의 강조).
51 같은 책, 결론, 173(281)쪽(필자의 강조).

른 편에는 공간이 있다.[52] 그렇다고 해보자. 그러나 즉시 다음을 덧붙여야 한다. 과학이 자신의 편에서 수행해 놓은 인위적 탈구에 의존하지 않는다면, 철학자가 실재의 자연적 분절을 따르기 위한 어떤 가능한 방법도 존재하지 않을 것이다. 들뢰즈는 직관과 방법을 동일시하고자 했기에, 혼합물을 분명하게 잘라내는 능력, 이렇게 나뉜 두 반쪽 가운데 더 좋은 것을 선택하는 능력을 너무 빨리 직관에 부여하였다. 이에 반해 베르그손에게 이분법적 조작에 필요한 수단들을 제공하는 것은 과학과의 지속적인 논의다. 과학은 시간과 공간을 급진적으로 동일시함으로써, 끊임없이 거기에 섞여드는 다른 요소를 극한으로의 이행을 통해 순수한 상태로 추출할 수 있게 해준다. 과학이 없었다면 직관(《시론》에서는 아직 부재하는 개념)은 이 다른 요소를 보지 못했을 것이다. 혼합물의 분할은 우선적으로 어떤 과학이 논의에 개입하느냐에 달려 있다. 도달된 지속의 깊이는 철학자가 선택한 과학, 철학자가 마주한 과학의 높이에 비례한다. 여기서 베르그손이 선택한 과학은 수학이다. 수학적 시간은 오직 공간일 뿐이기에 혼합물의 분리를 가능케 했고, 순수지속에 더해 이 혼합물을 보완하여 실재를 구성할 순수한 요소[연장]를 불러낼 빈칸을 남겨둘 수 있었다.

> 과학이 외부 사물들에 대한 심층적 연구를 진행할 때, 과학은 이 두 요소, 연장과 지속을 분리시킨다. (…) 여기서 분리는 매우 명료하게, 그리고 공간에 유리한 쪽으로 수행된다. 따라서 내적인 현상들을 연구할 때에는 여전히 그런 분리를 행하면서 이번에는 지속 쪽에 유리하게 해야 할 것이다.[53]

과학적인 공준들이 강화될수록, 극한으로의 이행을 통해 혼합물 속에서 순수 요소들을 분리시킬 수 있도록 하는 차이가 더 강조된다. 수학은

52 cf. 질 들뢰즈, 《베르그손주의》, 17-18쪽.

53 《시론》, 결론, 172(279-280)쪽.

심리학의 필요 불가결한 보완물로, 경험 속에서 진정한 자연적 분절들을 되찾게 해준다. 직관이 혼자만의 힘으로 혼합물을 분리시킬 수 있었다면, 그것은 혼합물을 공간이 아니라 지속에 유리하게 분해했을 것이다. 그렇게 할 수 없었기 때문에 직관은 과학이 획득한 결과에 기대어 분리를 행하고, 차후에 과학의 사유 방향을 역전시키려 시도한다. 과학이 실제로 이러한 분리를 "외부 세계에서 너무나도 자연스럽게", "어떠한 거리낌도 없이"[54] 수행하기 때문이다. 반대로 "내적 상태들이 문제시될 경우" 분리는 "노력을 요하고 (…) 반감을 일으킨다".[55] 한편으로, 외적 세계에서 공간의 비시간화는 수월하다. 사물들의 도래를 예견하려면 권리상 그 지속을 부인할 필요가 있기 때문이다. 다른 한편으로, 의식의 사태들에서 시간의 비공간화는 반감을 일으킨다. 공간만이 의식의 사태들을 "객관화하여" 완성된 상태로 고찰할 수 있게 해주고, 이 사실들은 공간이 허용하는 구분과 고체화를 통해 우리의 처분 아래 놓이기 때문이다. 상징적 사유와 언어가 수행하는 작업 전체는 바로 의식의 내적 상태들을 공간적으로 번역하는 일이다. 그렇기에 이 작업 속에서 망실되는 것(흘러가는 운동성으로 이해된 지속)은 또한 동시에 하나의 얻음, 더 나아가 하나의 사회적 요구(시간에 대한 우리의 영향력이자 시간 계산을 통해 시간을 고려에 넣는 힘)이기도 하다.

따라서 수학이 획정한 간격들을 채워줄 심리학적 보완물은 이미 수립된 심리 과학의 소관이 아니라 그 이상이다. 그에 대한 파악이 인간적 조건을 무너뜨리기 때문이다. "간격 속에서 일어나는 사태를 포착하는 일은 인간 이상의 것이다."[56] 순수지속의 경험은 매개적으로 무매개적인 경험일 수밖에 없다. 의식 소여들의 직접성을 경험하는 일은 우회로를 요구

54 같은 책, 173, 169(281, 276)쪽.

55 같은 책, 173쪽.

56 〈형이상학 입문〉, 1903년 《형이상학과 도덕 평론》에 실린 초판, 《전집》, PUF, 100주년 기념판, 1538쪽.

한다. 이 우회로는 단순히, 혹은 본질적으로 비판의 길이 아니라, 사실은 분석의 길이다.

> 내가 《시론》에서 제시한 심층 자아와 표면 자아 사이의 구분이 /…/ 대부분 변증법적 고찰에, 즉 요컨대 추론에 기대고 있다는 당신의 말은 옳습니다. 그렇지만 /…/ 이로부터 그것이 직관의 소여가 아니라는 결론이 따라 나오는 것은 아닙니다. 직관만이 심층 자아를 포착하게 할 것입니다. 그것은 주관적인 봄입니다. 그렇지만 직관은 언제나 환상으로 간주될 수 있습니다. 그렇기에 언제나 분석이 직관을 ~~예비해야~~ 합니다.[57]

순수지속으로서의 실재적 시간

지속은 의식과 거리를 두기에 더 잘 보이는 의식에 주어진 것donnée *à* la conscience이 아니다. 지속은 마치 의식을 이루는 세포조직처럼 가장 가까이 있는 의식의 소여donnée *de* la conscience다.[58] 사실 의식은 세계에 맞게 준비해 둔 형식들로 인해 자기 자신에게 감춰져 있다. 근대과학 이전의 고대철학이 우리의 내적 지속을 프리즘 삼아 외부 세계를 이해했던 것처럼, 의식은 공간 속의 굴절을 통해 자기 자신을 이해한다. 이런 이유로 의식은 최종 분석에서만 자기 자신에 도달한다. 그래서 일단 과학이 공간에 유리한 분리를 행하고 나면, "내적 현상들을 연구할 때 다시 한번 이러한 분리

57 〈아돌포 레비Adolfo Levi에게 보내는 편지, 날짜 미상[1905년 1월 말?]〉, 《서한집》, 114쪽.
[역주] /…/은 원문에서 불분명한 단어나 구절을 의미한다. 취소선은 원문에서 지워진 단어를 가리킨다.

58 [역주] 베르그손의 첫 번째 저작 《의식의 직접소여에 관한 시론*Essai sur les données de la conscience*》는 종종 의식"에" 직접 주어진 일차적 명증성에 대한 강조로 잘못 이해되고는 한다. 이러한 오해는 한국어 번역(《의식에 직접 주어진 것들에 관한 시론》)에서도 동일하게 발생한다.

를, 이번에는 지속에 유리하게 행해야 할 것이다".[59] 내적 현상들을 공간에서 빌려온 속성들에 따라 해석하기를 거부한다면, 의식과 세계의 구분을 엄밀하게 사유해야 한다. 한마디로, 역학이 그 나름의 방향으로 멀리까지 밀고 나갔던 데카르트적인 [이원론의] 제스처를 급진화해야 한다.

> 따라서 우리는 의식에게 외부 세계로부터 고립되기를, 그리고 격렬한 추상의 노력을 통해 다시 자기 자신이 되기를 요구할 것이다.[60]

의식이 스스로를 직접적으로 붙잡을 수 있도록 만들기 위해, 베르그손은 물러남을 요구한다. '반성적 의식' 이하에서 '자생적 의식'을 되찾을 것이 우리에게 요구되고, 후에 직관이라 명명될 기능은 여기서 이 자생적 의식을 통해 첫 번째 적용 지점을 발견한다. 그것은 병치되지 않고 융합된, 즉 상호침투적인 다수성이다. 그러나 이러한 요구를 통해 베르그손이 지금까지 그저 암시하기만 했던 바를 직접적으로 얻게 될 것이라 해야 할까? 이 작업이 일인칭으로 기술될 수 있는 것이라 해서 우리가 미완성의 현상학적 환원을 목격하고 있다고, 그리고 이 작업의 유일한 난점은 거기까지 도달하기 위한 노력이라고 해야 할까? 이러한 작업이 가능한 것인가? 혹은 그저 바람직한 것인가? 사실상 이 작업이 증명되었다 가정하더라도, 이 증명의 권위를 논증 속에 새겨넣는 것만으로 충분한 확신을 가질 수 있을까? 반대로 주목할 만한 것은, 이러한 요구가 수와 공간에 대한 두 분석 사이에 둘러싸였으면서도, 논증 조직 속에 아무런 맥락도 만들어내지 않고 고립된 채로 남아 있다는 사실이다. 기실 베르그손이 이 자생적 의식에 핵심적인 질문들을 제기한다 해도, 의식은 그에게 답을 주지 않는다. 혹은 적어도, 베르그손은 그 응답을 기술하지 않는다. 마치 이 질문

59 《시론》, 결론, 172(279-280)쪽.
60 같은 책, 2장, 67(117)쪽.

에 답하는 것이 독자만의 역할인 양, 이 응답이 작가에게 득이 되는 형태로 드러날 수 없다는 듯 말이다.[61] 이는 의식이 가져다주는 증언이 기껏해야 그 자체로는 아무런 증명의 힘도 없고 "언제나 환상으로 간주될 수 있는" 것이기 때문이다. 오직 **분석**만이 정말로 의식이 그런 것인지를 "의심케" 하여, 의식에 결여된 보증을 점진적으로 부여할 수 있다. 따라서 직관은 여기서 인식을 가능케 하는 권리상의 원천일 수 없다. 그렇다면 아직은 **이념적으로** 설정된 목표에 불과한 이러한 고립에 어떻게 도달할 것인가? 실제로 베르그손은 이러한 작업이 **실재적으로** 가능해지기 위해 필요한 조건들을 끊임없이 검토한다.

> 전적으로 순수한 지속은 자아를 그저 살아가도록 내버려두었을 때, 현재 상태와 이전 상태의 분리를 삼갈 때, 의식 상태들의 잇따름이 취하는 형식이다.[62]

직접적이고 자생적인 의식 속에서 전적으로 순수한 지속이 드러나기 위해서는, 스스로를 살아가도록 내버려두어야 한다. 그렇지만 이는 역설적으로 "격렬한 분석"과 "반성"의 노력을 요구한다.[63] 우리는 스스로를 세계 속에 투사하여 "본능적으로 우리의 인상을 고체화하는"[64] 경향이 있기 때문이다. 일차적으로, 그리고 대부분의 경우, 자아는 표면적이다. 표면적이라는 말은 경멸의 의미를 갖는 것이 아니라, 자아가 외부 세계와의 연결을 통해 스스로의 표면에서 살아가고 있음을 의미한다. 그렇기 때문

61 실제로 뒤이은 구절을 인용해 보자. "그때 우리는 의식에 다음과 같은 질문을 할 것이다. 의식 상태들의 다수성은 수의 단위들의 다수성과 조금이라도 유사성을 지니고 있는가? 진정한 지속은 공간과 조금이라도 관계를 맺고 있는가?" 그리고 베르그손은 여기에 답하지 않고, 곧장 앞서 남겨두었던 분석으로 되돌아간다. "분명 수 관념에 대한 우리의 분석은 그 이상은 아니라 해도, 이러한 유사성을 의심케 했을 것이다"(67-68(117-118)쪽).

62 《시론》, 2장, 74-75(130)쪽.

63 같은 책, 96, 175(165, 284)쪽.

64 같은 책, 97(167)쪽.

에 오히려 물러남과 분리가 어려운 일인 것이다. 그리고 비반성적인 것에 대한 반성이 아무리 어려운 일이라 해도, 이것만으로는 아직 충분치 않다. 이러한 행위는 언제나 그 행위를 낳은 자아로의 회귀를 통해 소여의 직접성을 날조한다는 혐의를 받기 때문이다.

꿈의 사례는 의식이 지속함에 대해 갖는 여전히 모호한 인상을 보강하는 데 도움될 것이다. **살아가도록 내버려두는 것**의 조건들, 즉 "우리가 꿈의 상태에서 처하는"[65] 조건들을 깨어 있는 상태에서 재발견해야 한다. 확실히 졸음은 유기적 기능들의 작용을 지연시키고, 우리와 세계의 접촉을 변질시킨다. 우리는 졸음을 통해 "심층적 삶의 연속적인 웅웅거림과 끝없는 윙윙거림"[66]을 만나는 것인가? 이는 지속의 감정이 "의식의 어두운 깊이로부터"[67] 나오는 것이고, 그 소여의 명증성을 완전히 포기해야 한다는 말과 같다. 사실 꿈이 도입하는 조건들로도 충분치 않다. 그렇기 때문에 베르그손이 말하듯, 두 사람이 한 사람으로 뒤섞이는 가장 이상한 꿈들조차 깨어 있는 상태의 지속이 내포하는 질적 다수성에 대해서는 흐릿한 관념밖에 제공하지 못하는 것이다. "외부 세계로부터 고립된 꿈꾸는 자의 상상력은, 지성적 삶의 가장 깊은 영역에서 관념들에 대해 끊임없이 이루어지는 작업을 단순한 이미지들에 대해 재생산하고, 나름의 방식으로 패러디한다."[68] 심층적 자아의 지속은 꿈속에서는 빈곤하지만 쉽고, 깨어나서는 풍부하지만 난해하다. 이 지속이 제시하는 접근 조건들만으로는, 추상과 주의의 노력을 기울인 뒤에도 그저 그에 대한 예감 이상을 갖기 어렵다. 그렇지만 가장 심층적인 자아의 어둠 속에 파묻힌 이 불가분적 연속성의 바탕 위에서, 자아는 역설적으로 자신의 "실체"[69]를, 자신의 항구성

65 같은 책, 94(162)쪽.
66 〈변화의 지각〉, 1911년 5월 26-27일에 이루어진 본래 강연, 《잡문집》, 907쪽.
67 《시론》, 결론, 178쪽, n. 1(289쪽 각주 21).
68 같은 책, 3장, 102(173)쪽.
69 같은 책, 101(172)쪽.

과 동일성을 발견한다.

결국 직관은 결코 개념이 지닌 설득력을 갖지 못할 것이기 때문에, 순수지속은 다음과 같은 방식의, 대부분의 경우에는 조건법으로 기술되는 정의를 갖게 될 것이다.

> 순수지속은 명확한 윤곽도, 서로 외재화하려는 어떤 경향도, 수와 아무런 친연성도 없이, 서로 용해되고 침투하는 질적 변화의 잇따름에 불과한 것일 수 있다.[70]

그리고 베르그손이 심층적 자아의 실재적 지속을 멜로디에 비유한다 해도, 여기서도 여전히 멜로디의 음들이 우리를 "잠재워*bercer*"[71] 그 윤곽선을 따라 멜로디를 재구성하는 능동적인 듣기를 하지 않게 만든다는 조건이 전제되어 있다. 음악적 사례에서도 여전히 관건은 꿈을 깨우는 일이다. 그러나 이번에는 멜로디가 너무 풍부하고, "너무 많은 질, 너무 많은 규정을 가지고 있다. 그렇기 때문에 먼저 음들 사이의 차이를 삭제하고, 다음으로는 음 자체의 판명한 성격들을 제거해야만, 결국 근본적인 시간을 되찾을 수 있을 것이다".[72] 지속은 멜로디만큼이나 잘 짜여 구조화되어 있다. 지속이 하나의 멜로디처럼 들릴 수 있으려면, 먼저 각각의 음이 앞선 음에 연이어 지각되고, 또 다른 모든 음과 연속적으로, 유기적으로 일체를 이루어야만 한다. 순수지속은 대상을 만들어내는 일一과 다多의 외적인 종합일 수 없기에 완전히 새로운 "유형"의 "종합"[73]임에 틀림없다. 이 "정신

70 같은 책, 2장, 77(135)쪽.

71 [역주] 잠재우기bercer가 베르그손 철학에서 맡고 있는 역할에 대해서는, 이 책의 2부 7장에서 드러나는 자장가berceuse이자 요람berceau으로서의 종교에 대한 분석을 참조하라.

72 《지속과 동시성》, 3장, 55쪽.

73 《시론》, 2장, 83(144)쪽.

적 종합"[74]은 세 가지 측면에서 전통적인 의미의 종합 행위와 구분된다.

(i) 지속은 **내재적 종합**이다. 시간적 연속성은 주어지는 것이지, 구성해야 할 것이 아니기 때문이다. 지속은 부분들로 이루어져 있지 않다. 그렇기 때문에 주체가 차후에 이 부분들을 서로 연결할 필요도 없다. 의식은 외적인 종합 행위를 거치지 않고서도 현재 속으로 과거의 이어짐을 보장한다. "그것은 변화 자체에 내적인 기억이다."[75] 과거는 현재 속으로 연장되고, 현재 속에 존속하면서, 현재에 과거의 두께와 점도consistance를 전해준다. 그렇기 때문에 현재의 경험은 결코 점적인 현재에 대한 경험이 아니라 확장된 현재, 현재를 부풀리는 과거를 품고 있는 현재에 대한 경험이다. 판명한 지각들을 통해 실현되지 않는 한, 이 혼잡한 다수성을 이루는 부분들은 잠재적인 상태로 남아 있다.

(ii) 후설이 후에 사용할 모순적인 표현을 동원하자면, 지속은 **수동적 종합**이다. 분명 흘러간 과거를 "종합하는" 것은 "의식"이다. 종합은 실제로 "의식에 의해 수행"[76]되지만, 그때 의식의 활동성은 수동성과 동일하다. 의식은 종합을 겪음으로써, 의지적 개입 없이 형성되기 때문이다. 지속은 의식이 겪는 것인 동시에 의식에 의해 전개되는 것이기에, 의식과 지속 가운데 어떤 것이 다른 것을 유효하게 만드는 것인지 말할 수 없다. 지속은 의식 속에서, 의식에 의해 흘러가며, 우리에게 "하나의 사실un fait"[77]인 동시에 '이루어지는 과정se faisant'으로 드러난다. 잇따름의 사실은 이루어지고 있는 행위이기도 한 것이다.

(iii) 마지막으로 지속은 그 연속성 자체를 통해 부분들을 재조직화함

74 같은 책, 각 82, 89(143, 153)쪽.

75 《지속과 동시성》, 3장, 55쪽.

76 《시론》, 2장, 각 83, 92(144, 160)쪽.

77 같은 책, 3장, 129(217)쪽. 이 점에 대해서는 프레데릭 보름스, 〈시간 관념에 대한 베르그손적 설명La conception bergsonienne de l'idée de temps〉, 《철학》, nº 54, Éd. de Minuit를 참조하라.

으로써 부분들보다 우월한 총체를 형성하는 "질적인 (…) 종합"[78]이다. "끊임없이 형성 중에 있는" 지속은 부분들의 합이 아니다. 각각의 부분들 속에도 지속은 온전히 존재하기 때문이다. 현재는 과거에 쌓이는 것이 아니라 과거와 함께 조직되는 것이고, 과거에 녹아듦으로써 전체를 변양시키는 것이다. 요컨대 지속은 "각각이 전체를 대표하는 요소들의 내밀한 조직화"[79]다.

이 새로운 유형의 종합, 혹은 새로운 형태의 다수성은 상식이 양립 불가능하다고 믿었던 두 항, 연속성과 이질성을 연결한다. 기실 상식은 우선 주변 사물들을 이질적이고 불연속적인 방식으로, 즉 공간 속에서 분리된 질의 지대들처럼 포착하지 않는가? 그리고 동질성이란 우선 동일한 색으로 채워질 안정된 표면을 표본으로 삼아, 연속성의 바탕 위에서 제시되는 것이 아닌가? [상식이 이렇게 생각하는] 이유는, 경험이란 두 유형의 다수성이 지닌 여러 특질이 서로 뒤섞이는 혼합물이기 때문이다. 한편에서는 이질적인 것과 불연속적인 것이 뒤섞이고, 다른 한편에서는 동질적인 것과 연속적인 것이 뒤섞인다. 그렇기 때문에 실재적인 연속성의 한가운데에서 거기에 놓아야 한다고 생각지도 못했던 이질성을 발견하도록 촉구하려면, 우선 수적인 단위들로부터 질을 벗겨낸 뒤에 이 단위들의 동질성이 논리적으로 내포하는 불연속성을 드러내야 했던 것이다.

들뢰즈는 지속을 일차적으로 이질성을 통해 특징지음으로써 이 말에 기이한 울림을 부여했다. 게다가 시간 속에서 그 형식을 잃지 않는 내용이라는 이 말의 일상적인 정의를 고려한다면, 이는 부적합한 것이기도 하다. 무엇보다도 그는 지속과 연속성의 관계를 불가해한 것으로 만들어버리고 말았다.[80] 실제로 근본적인 이질성은 연속성과 이어지기보다는 연속성을 배제하는 것처럼 보인다.[81] 모든 점을 고려할 때, 베르그손은 시간에서

78 같은 책, 2장, 83(144)쪽.
79 같은 책, 2장, 75(131)쪽.

흐름의 지속을 특권화함으로써 연속성에 우선권을 부여하는 것처럼 보인다. "우리에게 시간이 **일차적으로** 내적 삶의 연속성과 뒤섞인다는 것은 확실하다."[82] 연속성의 관념은 **실재적인** 것으로 사유되는 즉시, 우리를 이질성의 관념으로 이끌어갈 것이다. 어떤 현상이 시간 속에서 실제로 계속되어야 한다면, 그것은 동일하게 반복될 수 없다. 어떤 현상이 그 내용을 연속적으로 변화시킨다면, 이는 이 현상이 지속한다는 말에 반하는 것이 아니라 정확히 그 지속을 근거로 삼는 것이다. 그러므로 베르그손의 지속을 원리로 승격시키는 대문자를 없애는 편이 바람직할 것이다. 이 대문자는 사실상 올바르게 이해된 공통의 지속 관념 이상이 아니기 때문이다. 연속성이 이질성을 발생시킨다면, 양은 더 이상 질의 최종 종착점으로, 대문자 차이의 마지막 단계로 이해되어서는 안 된다. 그것은 질의 개시로, 즉 질이 계속되어 도중에 변질되기 이전의 것으로 여겨져야 한다. "양은 언제나 시동적인 상태의 질에 속한다."[83] 〈형이상학 입문〉은 이렇게 미분을 복권시켜 수학적 연속성을 심리학적 연속성의 한계 사례로 규정할 것이다. 이러한 연결이 《시론》의 성과를 부인하는 것은 아니다.

결론을 내리도록 하자. 모든 현상은 우리에게 서로 다른 두 측면으로, 지속 혹은 공간에 따라 제시된다. 한편으로 그것은 공간 속에 전개되어, 이러한 거리 두기를 통해 의식에 주어질 수 있게 된다(명석판명한 관념).

80 질 들뢰즈, 〈베르그손에서 차이의 관념〉, 《베르그손 연구*Les Études bergsoniennes*》, 1956, IV권, 88쪽. 혹은, 알랭 드 라트르, 《베르그손, 당혹감의 존재론》, PUF, 1990, 33쪽. 양자 모두 이질성에 우선권을 부여함으로써 지속을 차이화의 원리로 정의한다. 그러나 이들은 어떻게 여기서 연속성이 나올 수 있는지를 충분히 설명하지 못한다.

81 "실제로 동질적인 덩어리 속에서 시간의 관념을 낳을 수 있는 것은 아무것도 없다. 지속은 결과의 특정한 다양성이 있는 경우에만 시작된다. 그러나 다른 한편으로 절대적 이질성은, 이러한 것이 가능하다면, 그 또한 시간을 배제할 것이다. 시간의 주요한 성격은 연속성이기 때문이다"〈베르그손, 장마리 귀요의 《시간 관념의 발생》에 대한 서평, 1891년 1월〉, 《잡문집》, 349쪽).

82 《지속과 동시성》, 3장, 54쪽(필자의 강조).

83 〈형이상학 입문〉, 《사유와 운동》, 216(246)쪽.

다른 한편으로 그것은 의식의 소여로서 직접적으로 포착된다(혼잡한, 때로는 모호한 관념). 사실상 자아의 표면을 떠다니는 명석판명한 관념들 가운데, 의식의 심층에 잠긴 검은 원을 두르지 않은 것은 없다. 수 자체도 이러한 이중적 측면으로 제시되고, 셈하기의 조작은 셈을 위해 만들어진 단위들에 대한 전반적인 질적 평가를 전제한다. 이러한 평가 없이는 "어떤 덧셈도 불가능할 것이다".[84] 나 자신은 시계가 치는 종소리의 합을 먼저 셈하지 않고, 단지 종소리가 내 의식에 가하는 독특한 인상만으로 알아챈다. 감각된 수는 셈이 맞았는지 평가하기 위한 규제적인 역할을 수행한다. 따라서 우리가 "질 없는 양"을 형성하는 데 동원하는 "양의 질"[85]이 존재하는 것이다. 궁극적으로 공간은 지속을 전제한다. 지속이 없으면 공간은 부분들을 병치시키기에 앞서 그것들을 보존할 수도 없었을 것이다.

17. 자유의 시간과 현재의 우위

첫 번째 놀라움은 수학의 분석을 우회로로 삼아 지속의 발견이라는 결과로 이어졌다. 그렇지만 지속을 명시적으로 주제화한다고 해서 이 발견이 더 심화될 수 있는 것은 아니다. 명확하게 지정될 수 있는 **대상**이 없기 때문이다. 《시론》에서부터, 그리고 이후 저작들에서는 한층 더, 지속은 사유의 대상이 아니다. 그것은 사유가 발견적heuristique이고, 문제해결적résolutoire인 역량을 행사하기 위해 자리 잡아야 하는 환경이다. 그래서 베르그손은 자유의 문제를 선택한다. 이는 "**먼저** [그의] 방법을 시험하기

84 《시론》, 2장, 92(158)쪽. 또한 다음을 보라. 알랭 드 라트르, 〈베르그손에서 인식의 규제적 원리로서의 직관에 대한 고찰Remarques sur l'intuition comme principe régulateur de la connaissance chez Bergson〉, 《베르그손 연구》, VII, PUF, 195-215쪽.

85 같은 책.

위해서"[86]이고, 다음으로는 철학적 "문제들 가운데"[87] 지속이 공간과 혼동되었을 때 지속에 가해지는 "주요한 왜곡"[88]을 우리의 근대성이 특권화하는 지점에서 예증하기 위한 것이다. 분명 《시론》은 바로 이 지점에 주의를 기울여 당대 심리학의 수학화와 경합함으로써 지속을 절대적으로 붙잡지만, 완전히 붙잡지는 못하고 여전히 얕은 층위에 머물러 있다. 이 얕은 층위에서는 현재의 차원이 돌출되어 다른 두 차원, 즉 과거와 미래보다 우위를 갖는다. 그래도 지속은 자유로운 인격이 능동적으로 되찾을 수 있는 흐름이기에 인격 속에서, 인격을 시간적으로 규정하는 구조로서 절합되어 있는 게 틀림없다. 자유의 문제는 지속을 시험하는 것이기에 초점은 계속해서 시간에 대한 우리의 직관적 이해에 놓인다.

후에 베르그손은 자유의 문제를 그리스 형이상학에까지 결부시키려 할 것이다. 그렇지만 《시론》에서 자유의 문제는 아직 근대의 문제로만 생각되었고, 사실이나 법칙과 같은 용어들에 관련된 것으로 이해되었다. 이 문제는 이러한 용어들로부터 선험적으로 제기되었고, 법칙이 사실을 구성하는 쪽을 선택하느냐 아니면 법칙이 사실을 상징적으로 표현하는 쪽을 선택하느냐에 따라 기계론과 역동론이라는 동등하게 상상 가능한 두 입장으로 나누어짐으로써, 형이상학이 양자의 관계를 사전에 규정하도록 만들었다. 그러나 자유의 사실에 반하여 결정론을 옹호하는 수많은 사실이, 저마다 물리적 결정론이나 심리적 결정론의 형태로 원용된다. 이성의 눈에는 두 입장이 동일한 힘으로 균형을 이루지 않는다. 결정론 옹호자들의 편이 우세함을 갖는다. 자유의 사실은 하나의 난점으로 고립되어 우리를 어떤 감정의 모호함에 가둔다. 감정 외의 다른 방식으로 자유를 옹호하는 것은 더 어려운 일이 된다. 그러나 자유의 환영적 성격이 사실들을 통

86 〈서론〉, 《사유와 운동》, 20(30)쪽.
87 《시론》, 서문, p. viii(16)(필자의 강조).
88 《사유와 운동》, 20(31)쪽. 또한, 《시론》 180쪽을 참조하라. "근대인들이 (…) 자유의 문제와 맺는 관계는 고대인들이 엘레아 학파의 궤변과 맺었던 관계와 같다."

해 확증되기 이전에도 이미 선험적으로 자유를 부인할 수 있었다면, 이는 결정론이 사실들에 의존하지 않았기 때문이다. 엄밀히 말하면, 오늘날에도 결정론은 계속해서 어떤 감춰진 형이상학의 산물이다. 베르그손은 이를 과학의 탓으로 돌리지 않는다. 과학이 제시하는 사실들은 통상적인 것과는 완전히 다른 의미로 해석될 수 있을 것이다.

후에 자신의 방법론을 완전히 소유한 뒤에, 즉 《창조적 진화》에서부터 베르그손은 과학의 이면에 숨어 있는 형이상학이 형이상학에 높은 정확성을 부여한 그리스 형이상학의 전철을 밟고 있음을 알아챌 것이다. 이를 통해 베르그손은 자유의 문제를 플로티노스가 처음으로, 단번에 전부 (잘못) 제기했던 용어들에 따라 재구성할 수 있게 된다. '자유'를 주제로 한 베르그손의 1905년 3월 3일 콜레주 드 프랑스 강의는 플로티노스가 어떻게 이 문제를 가장 정확한 방식으로 제기했는지 보여준다. 플로티노스는 스토아학파의 숙명론과 논쟁을 벌였지만, 그로부터 영향을 받아 "스토아학파처럼 자연의 흐름에 완벽한 규칙성이 있다고 믿는다".[121] 즉, 그는 자연의 통일성과 자연의 모든 부분 사이의 완벽한 연대를 믿는다. 그렇기 때문에 그는 인간의 자유가 어떻게 자연과 양립 가능한 것인지 물음을 던진다.

> 다음과 같은 해결책을 찾는 것으로 충분하다. 즉 한편으로는 인과의 원리를 보존하고(직역하자면, 사태의 연속과 순서를 보존하는 원인이 없는 것은 아무것도 남겨두지 않고), 다른 한편으로는 우리가 우리 자신에게 무언가가 될 수 있도록 해주는 그러한 해결책.[90]

89 《자유 문제의 진화: 1904-1905 콜레주 드 프랑스 강의》, 11강(1905년 3월 3일), 180쪽. 베르그손은 《엔네아데스》, IV, 4, § 32를 인용한다.

90 플로티노스, 《엔네아데스》, III, 1, § 8 (베르그손의 번역).

달리 말하면, 어떻게 어떤 인물로 남아 있으면서도, 자연의 통일성과 완벽한 정합성을 보존할 수 있을 것인가? "자유의 문제는 이렇게 정확하게 제기된 적이 없었다. 오늘날에도 이 문제는 다른 용어로 제시될 수도, 더 정확하게 공식화될 수도 없으리라고 말할 수 있다. (…) 플로티노스가 이 문제를 제기했다. 그가 이 문제를 해결했다는 말은 아니다."[91] 플로티노스가 제기했던 것과 같은 자유의 문제에 응답할 때, 결정론은 그저 두 개의 항 중 하나를 희생시킨다. 인간의 자유는 자연의 통일성을 위해 제거된다.

그러나 우리가 앞서 말했듯, 감춰져 있던 형이상학이 일단 중화되고 나면, 베르그손은 심리학과 수학이 엄밀하게 상보적인 것이라고, 혹은 적어도 상보적인 것이 되어야 한다고 주장할 수 있게 된다. 이와 상관적으로, 외부 세계의 공간화를 강조하는 일이 대조를 통해 의식의 순수지속을 도출하는 데 기여한다면, 우리는 이를 통해 인간적 자유의 관념으로 틀림없이 나아갈 수 있다.

> 이로부터 결국, 아무리 역설적인 입장처럼 보일지라도, 다음과 같은 결론이 나온다. 외적 현상들 사이에 수학적 내속 관계를 상정하는 일은 인간의 자유에 대한 믿음을 자연적인, 또는 적어도 가능한 결과로서 이끌어낼 것이다.[92]

의식을 세계와 명확히 구분하여 순수하게 포착할 수 있는 가장 좋은 방법은 세계를 순수하고 차가운 기계론으로 환원하는 것이었다. 그러고 나면 의식은 이제 기계론을 거울삼아 자신을 바라볼 수 없게 된다. 수리-물리학은 이러한 환원을 행하고, 베르그손은 자신의 자유 관념을 수리-

91 《자유 문제의 진화: 1904-1905 콜레주 드 프랑스 강의》, 11강(1905년 3월 3일), 182-183쪽.
92 《시론》, 3장, 158(260-261)쪽.

물리학의 성과들에 기대어 놓는다. 역으로 지속을 우리 의식의 주관적 형식으로 삼는 일은 객관적 현상들의 필연적 규정에 대한 우리의 믿음을 공고히 하는 데 기여한다.

달리 말하면, 결정론의 이름으로 자유를 부인하는 것은 과학의 이름으로 자유를 부인하는 것이 아니다. 그러한 부인은 과학을 연장하여 더 이상 과학이 아니게 된 형이상학을 통해서만 가능하다. 결정론을 내적 현상들로 확장하는 일은 "형이상학적 선입견의 영향을 받아" 이루어진다. "따라서 엄밀한 의미에서의 과학은 여기서 아무런 관련이 없다."[93] 결정론은 인간의 자유에 반하는 어떤 결정적인 사실도 없이 과학적 방법의 단순한 규칙을 형이상학적 주장으로 변형시킴으로써, 모든 것이 주어져 있다고 가정한다. "모든 것이 주어져 있다." 이러한 방법론적 공준은 시간의 효력을 단번에 부인할 때에만 적용될 수 있다. 현재 속에서 이미 만들어진 것이 아니면 아무것도 미래에 덧붙여질 수 없다고 가정하기 때문이다. [이 경우,] 현재는 특정한 형식에 따라 미래를 포함하고, 이 형식이 미래를 예측 가능한 것으로 만든다. 예측이 불가능하다면, 그것은 단지 우리 지성의 불충분성 때문일 것이다. 요컨대, 수학과 심리학 사이의 분할선이 양자의 분할과 동시에 양자의 긴밀한 연대를 보여주었던 것과 달리, 양자를 떠받치는 형이상학, 양자 모두가 여전히 내포하는 형이상학은 두 학문이 각기 상대방의 영역을 침범하게 할 것이다.

물리적 결정론

물리적 결정론을 전제한다면, 수학은 심리학의 영역을 침범하여 인간의 행위에 대한 설명에서 심리학을 완전히 대체하려 할 것이다. 에너지보존법칙을 원리적으로 모든 현상에 적용할 때, 모든 것은 일식을 계산하듯

93 같은 책, 3장, 117(198)쪽.

계산될 것이다. 베르그손은 물리학자(형이상학자) 라플라스가 처음으로 공식화했던 가설을 언급한다.

> 주어진 한순간에 인간 유기체의 원자, 혹은 분자의 위치를, 그리고 또한 여기에 영향을 미칠 수 있는 우주의 모든 원자의 위치와 운동을 아는 수학자는, 천문학적 현상을 예견하듯 빈틈없는 정확성으로 이 유기체에 결부된 인격의 과거, 현재, 미래의 행동을 계산할지도 모른다.[94]

인간 행동에 대한 설명에 의식을 개입시키지 않을 때, 사람들은 뇌피질 속 각 원자의 위치, 방향, 속도만으로도 충분히 인간의 행동을 결정할 수 있으리라 가정한다. 그러나 이는 의식이 어떤 방식으로 분자운동들의 작용에 의해 필연적으로 결정되는지에 대한 증명을 포기하는 일이다. 그것은 의식적 사실들의 심리적 계열을 무력한 것으로 간주함으로써 생리학적 계열을 자율적으로 만드는 것이다. 베르그손의 증명 전체는 이러한 가설이 어떤 경험을 통해서도 뒷받침되지 않음을, 그렇기 때문에 이 가설은 형이상학의 산물임을 밝히고자 한다. 실제로 자유는 물질의 근본적 속성들과 모순될 수 없다. 이 속성들은 사실상 물질에 자유를 적용하는 지성에, 혹은 더 정확히 말하면 지성이 외부 세계를 환원하는 데 사용하는 공간에 속하는 것이기 때문이다. 왜 자유의 사실이 물리적 원리에 복종해야 한단 말인가? 이 원리들 자체는 우리의 논리가 동원하는 원리들로 환원되는데 말이다. 베르그손은 물리적인 것이 논리적인 것으로 이렇게 환원되는 세 가지 사례를 《시론》 곳곳에 산재해 두었다.

(i) 물질이 지닌 불가침투성의 원리, 즉 불가입성antitypie[95]은 논리적

94 《시론》, 3장, 108(184)쪽. cf. 피에르시몽 드 라플라스Pierre-Simon de Laplace, 《확률에 대한 철학적 시론*Essai philosophique sur les probabilités*》, 1814, 《전집》, VII, p. vi.

95 "두 물체가 동시에 같은 장소를 점유할 수 없다"(66(115)쪽)는 원리. 65-67(112-117)쪽에서 분석된다.

비모순율에 복종하고, 비모순율은 동일률에 내포되어 있다. 두 물체가 상호 침투할 수 없는 이유는 그것들이 물체이기 때문이 아니라 **둘**이기 때문이다. “그것은 물리적인 필연성이 아니라 논리적인 필연성이다.”[96] 만일 우리의 논리가 우리 감관이 직접적으로 전달하는 내용과 정반대로 나아가지 않았더라면, 혼합에 대한 몇몇 경험이 이미 불가침투성을 반박했을지도 모른다. 실제로 우리는 고체를 더 잘 개념화하기에 그저 선험적으로 액체나 기체보다 고체에 우위를 부여한다. 의식의 상태들은 이러한 우위에 한층 더 반하는 것이다. 그것들은 동질적인 영역에 병치시키지 않을 경우 서로 분리된 판명한 요소들로 구분될 수 없기 때문이다.

(ii) 에너지보존원리, 즉 타성의 원리[97]는 비모순율, 그러니까 또다시 동일률이라는 논리적 원리에 복종한다.[98] 우주 속에서 에너지의 양이 동일하게 남아 있는 이유는 그것이 에너지라서가 아니라 **양**이기 때문이다. 실제로 우주 속에 동일한 양의 에너지가 존재한다는 말은 양의 관념 자체가 함축하는 영속성에 대한 진술이지, 이 에너지가 지니는 본성과는 아무런 상관이 없다. 경험은 이 에너지를 운동에너지로 규정하기도 했고, 그 이후에는 퍼텐셜 에너지로 규정할 수도 있었다. 이 에너지를 측정에 적합하지 않은 정신적 에너지로 개념화하지 못할 이유도 없을 것이다(《시론》은 이러한 《정신적 에너지》의 가능성을 환기하지만, 아직 그 존재를 단언할 수는 없다).

(iii) 마지막으로, 그리고 무엇보다도, 인과 원리[99] 또한 동일률에 복종

96 《시론》, 2장, 65-66(114-115)쪽.

97 “다른 힘이 개입하지 않는 한 모든 물체는 정지나 운동 상태를 유지한다”(106(181)쪽)는 원리. 이에 대한 분석은 107-190(182-186)쪽, 113-117(191-200)쪽에서 이루어진다. 또한 《창조적 진화》, 3장, 243쪽 이하를 보라. 《시론》 전체에서 이 질문이 지니는 중요성에 대해서는, 로랑 페디Laurent Fedi의 철저한 논문 〈심리학에서 물리주의 모델과 에너지 보존 법칙에 대한 비판La critique du modèle physicaliste et des lois de conservation en psychologie〉, 《형이상학과 도덕학 논평》, 2001, n° 3, PUF, 97쪽 이하를 참조하였다.

98 《시론》, 3장, 113(192)쪽.

한다. 혹은 적어도 동일률을 향해 나아간다. 인과 원리는 시간을 공간 속에 펼쳐 놓는 것이므로 원인과 결과 사이의 잇따름은 내속 관계로 변형되는 경향이 있다. 마치 수학적인 귀결이 그 원리 속에 포함되듯, 미래가 현재 속에 포함되듯, 결과는 원인 속에 포함된다. 인과관계는 법칙의 지위를 획득하자마자 동일률에 종속되어 이러한 논리적 함축에 저항하는 사실들을 무시한다. 그런데 동일한 원인이 되풀이된다고 가정하더라도 의식 속에서는 동일한 결과들이 다시 발생할 수 없다. 의식은 그 시간 동안, 이 원인들이 의식에 처음 나타났을 때 겪은 경험을 통해서라도 조금은 변화했을 것이기 때문이다. 실제로 우리는 유사한 상황에 동일한 방식으로 반응할 수 없다. 그 이유는 단순하다. 이 상황들에 뒤이어 나타나는 결과들을 알게 되었기 때문이다. 요컨대 자유의 영역에서 우리는 언제나 한 번 행동하고, 어떤 행동도 동일한 원인의 결과로 동일하게 되돌아오지 않는다.

다른 말로 하면, 물리적 결정론은 자유의 문제를 선험적으로 종결지어 암묵적으로 논리적 동일률에만 복종함으로써 자유를 거부한다. 동일률은 "우리 의식의 절대적 법칙"[100]이다. 이에 반해 동일률을 있는 그대로 식별한다면 우리는 정신 현상들이 동일률에 순응하지 않음을 알아챌 것이고, 일단 인간의 자유가 동일률에서 떨어져 나오면 인간의 자유에 대한 우리의 믿음을 공고히 할 것이다. "여기서 동일한 것은 동일하게 남아 있지 않고, 과거 전체로 보강되고 살찌워진다."[101]

게다가 물리적 결정론의 가설은 심리적 결정론에 부수적인 역할밖에 수행하지 못한다. 물리적 결정론은 심리적 결정론의 그늘 아래 머물며, 심지어 그리로 환원되기도 한다.[102] 사실상 심리적 결정론이 물리적 결정론

99 "동일한 원인이 동일한 결과를 낳는다"(151(251)쪽)는 원리. 149-166(247-272)쪽에서 분석된다.

100 《시론》, 3장, 156(257)쪽.

101 같은 책, 115-116(196)쪽.

102 같은 책, 117(198)쪽을 보라. "요컨대, 물리적 결정론이라 불리는 것은 사실상 심리

을 통해 "자연과학에 호소함으로써 스스로를 입증하고 그 윤곽을 고정시키려"[103] 할 뿐이다. 물리적 결정론은 심리학에 결여된 권위를 제공하는 역할만을 수행하는 데 그치고, 이러한 권위는 아무런 논증 없이 받아들여지고 만다. 결정론은 물리학에서 획득된 결과들에 의존하여, 공간 속에 연장된 대상들 사이에서 관찰되는 기계론을 부당하게 의식 상태들에까지 적용한다. 요컨대, 논박해야 하는 유일한 대상은 심리적 결정론이다. 이면에서 주도권을 지니는 것은 오직 심리적 결정론이기 때문이다.

심리적 결정론

심리적 결정론을 전제하는 경우, 심리학이 수학을 침범하여 수학이 제공한 이상l'idéal의 자격을 얻으려 한다. 베르그손은 바로 이러한 심리학에 내포된 암묵적 형이상학을 비판하려 한다. 이를 위해 그는 "가장 정확한 최신 형태"[104]의 심리학을 선택한다. 그것은 스튜어트 밀John Stuart Mill이나 베인Alexander Bain, 혹은 해밀턴이 주장하는 연합주의 심리학이다. 연합주의 심리학은 수학의 방법을 빌려 수학의 영역을 침범하고, "말하자면 대략적인 (…) 질의 결정론"을 제안한다. 이 결정론은 "아직 과학적 엄밀성을 주장할 수는 없"으나 자연 속에서 확인된 기계론을 의식의 상태들에 적용함으로써, 이를 통해 "더 엄밀한"[105] 과학의 지위를 얻으려 한다. 심리학은 기계론의 전치를 통해 인과를 작용인만으로 축소시키고, **마치 원인처럼** 동기를 부여하는 이유들을 강조한다. 원인이 결과를 함축하듯, 동기가 행동을 설명해야 할 것이다. 그렇기 때문에 심리학은 숙고에 영향을 미치는 동기와 동인을 마치 저울추처럼 이야기할 것이고, 각각의 동기에서 확인되는 강도에 비례하는 힘을 부여할 것이다. 그러고 나면 가장 강

적 결정론으로 환원된다."

103 같은 책, 112(191)쪽.
104 같은 책, 117(199)쪽.
105 같은 책, 112(190)쪽.

한 동기가 결단을 이끌어낼 것이다. 이렇게 하여 심리학은 아킬레우스가 헥토르를 살해한 **이유**를 아킬레우스의 분노가 다른 모든 감정을 압도했기 **때문**이라고 말할 수 있을지도 모른다.

연합주의적인 관점은 일차적으로 언어에 속고 있다. 언어는 단어의 추상을 통한 것일지라도 자신이 가리키는 실재에 독자적이고 비인격적인 실존을 부여한다. 그것은 자아를 극장으로 삼아 "동기들의 갈등"[106]이 추상적으로 상영되는 공간을 함축한다. 하지만 주체와 질을 분리하여 주체를 질들의 공허한 지지대로 삼는 이러한 관점은 질들의 공간적인 병치와 더불어, 무엇보다도 자아가 실제로 행동하기 위한 조건들의 시간적 변양을 전제한다. 《시론》 3장의 주요한 기여는 바로 여기에 있다. 기실 의식 상태들과 동일하지 **않은** 공허한 주체란, **이제는** 그 상태들을 살지 **않는** 자아, 자신의 과거를 실재적 현전에서 떼어내 거리를 두고 표상하는 자아를 통해서만 사유될 수 있다. 지속을 공간으로 대체하는 일은 이루어지는 사실을 이루어진 사실로 대체하는 일이며, 궁극적으로는 현재의 전진을 타성적 과거로 대체하는 일이다. 달리 말하면, 베르그손은 질과 양, 지속과 공간의 구분을 재검토하여 현재와 과거 **사이의** 구분이라는 시간적 방식으로 해석함으로써, 자유의 문제를 완전히 새롭게, 공간이 아니라 시간의 함수로 다시 제기한다. 자유의 문제가 잘못 제기되었던 이유는 과거시제의 동사 변화만 가능했기 때문이다. 그래서 이 문제는 자유로운 행위 속에서 현재에 부여될 우위를 되돌려주는 즉시 해소될 것이다.

현재의 우위

지속은 우선 현재에서 체험된다. 마찬가지로 자유는 현재에서만, 행위가 이루어지는 순간에만 경험될 수 있다. 행위는 그 본성을 변화시키지

106 알렉산더 베인, 《감정과 의지*The Emotions and the Will*》, 4장, 베르그손; 《시론》, 3장, 120(203)쪽에서 재인용.

않는 한 예측될 수 없을 것이다. "심층적인 심리적 사실들의 영역에서, 예견하는 것과 보는 것, 행동하는 것 사이에", 즉 미래와 과거, 현재 사이에 "절대적인 차이는 없다".[107] 미래가 점진적으로 조성되는 현재로부터 미래를 떼어낼 수 없는 것처럼, 과거가 계속해서 체험되는 현재로부터 과거를 분리할 수도 없다. 더 정확히 말하면, 과거가 현재 속에 존속하기에 미래가 예측 불가능해지는 것이다. 요컨대, 지속하는 현재 말고 다른 현재에서 출발해서는, 즉 현재가 향하는 미래나, 현재가 계속되는 과거에서 출발하는 경우에는 체험된 지속을 고찰할 수 없다.

그렇지만 "결정론은 (…) 과거나 미래로 피신한다".[108] 결정론은 배우[행위자]가 아닌 관객으로 장면을 목격하기에, 더는 존재하지 않거나 아직 존재하지 않는 시간에서 출발해서 이를 설명해야만 한다. 결정론은 결코 지속 속에 자리 잡지 않고, 언제나 지속보다 더 늦거나 앞서 있다. 사실 그것은 언제나 오직 과거로만 피신한다. 결정론이 예측하는 미래는 오직 현재 쪽으로 몸을 돌려 그것을 과거처럼 보는 데에만 쓰이기 때문이다. 최종 행위를 암묵적으로 가정할 때, 이것은 예견의 대상이긴 해도 이미 완수되어 과거시제로 변형된 사실처럼 표상된다. 의식 속에서는 행위의 성숙 과정이 행위에 선행하는 것이지만, 이미 완수된 행위는 이 성숙 과정 전체를 공간 속에 펼쳐놓는다. 이때는 오직 과거만이 존재한다. 과거의 상기想起가 공간 속에 펼쳐지고, 우리가 선택한 간격에 따라 과거의 순간들이 축약되는 것이다. 현재적인 진행은 그저 요약된 과거의 사물이 되고, 이 사물의 두드러진 특징만이 보존된다. 권태의 시간이 체험될 당시에는 그렇게나 길고, 상기할 때에는 그렇게나 짧게 나타나는 것처럼, 단번에 환기된 과거는 종착점에 이르는 과정을 삭제한다. 과거와 현재의 관계는 주름진 아코디언과 펼쳐진 아코디언의 관계와 같을 것이다. 나란한 주름들은

107 《시론》, 3장, 149(248)쪽.
108 같은 책, 130(218)쪽.

우리의 존재와 행동 방식을 좌우하는 특징적인 사건들을 군데군데 나타낼 것이다. 그러면 간격을 채우고 있던 진행의 질적 강도는 제거된다기보다는 끝점들로 옮겨 가 강도적 크기의 형태로 재구성될 것이다. 그러나 우리를 행위로 이끌었던 일련의 사실들로 되돌아가 그것들 중 더 큰 계수가 부여되는 몇몇 사실을 특권화할 수 있는 이유는 행위가 이미 수행되었기 때문이다. "상태들을 표시하는 한편, 그 상태들의 중요성에 대한 양적 평가를 제시한다는 사실만으로도 최종 행위를 전제하게 된다."[109] 우리는 설명해야 할 현재 상태를 이미 알고 있기에, 통과해야 했던 모든 순간을 절삭하여 구체적 지속을 제거한다. 요컨대, 우리는 현재 상태를 설명해 주는 의식 상태들에 더 큰 강도를 부여함으로써 자신의 과거를 요약한다. 말하자면 우리는 현재 순간을 예고하는 결정적 순간들을 구체적 지속에서 채취하여, 사전에 무용한 것으로 여겨진 다른 순간들의 힘과 강도를 그 위에 옮겨 놓는다. 이렇게 하여 몇몇 상태가 다른 상태들 전체로부터 상실된 질적 강도를 강도적 양의 형태로 전유할 것이다. 이런 방식으로 우리는 아킬레우스가 헥토르를 살해한 이유를 그의 분노가 너무 컸기 때문이라고, 나머지 감정이 모두 분노의 그늘 아래 놓였기 때문이라고 말하게 된다. 그렇지만 우리가 이렇게 말할 수 있는 이유는 단지 그 불행한 결과를 이미 알고 있기 때문이다. 따라서 오류는 과거에서 미래를 연역할 수 있다고 믿는 데 있다. 실제로는 이미 알려진 미래를 통해서 과거를 해석할 수 있을 뿐이다. 헥토르와의 전투를 통해 아킬레우스의 분노를 해석할 수 있을 뿐이지, 그 역이 아니다. 우리는 최종 행위를 알고 있기 때문에, 회고적 환영을 통해 지나간 역사를 공간적으로 재편하고 미래가 결정적 순간들로 간주하는 것들을 떼어낸다. 프로이트는 무의식적인 정신 상태에 특정한 에너지량을 부여했기에, 그 역시 기계론적 모델을 완전히 버리지 못한다.[110] 치

109 같은 책, 142(236)쪽.
110 폴 리쾨르, 《해석에 대하여》(Le Seuil, 1965)를 보라.

료사는 신경증의 전개를 이미 알고 있기에, 어떤 사람이 어린 시절에 체험했던 이러저러한 사건들에 회고적인 중요성을 부여하여 트라우마가 있다고 말할 것이다. 요컨대, 결정론은 권리상 미래에 대한 예측이 가능하다고 주장하지만, 사실상 사유 가능한 일은 오직 예측된 미래에서 과거를 돌아보는 일뿐이다.

베르그손은 이러한 회고적인 자기 이해가 지닌 정당성을 전혀 부인하지 않는다. 《물질과 기억》은 기억 능력mémoire이 기억들souvenirs이 의존하는 몇몇 지배적인 이미지의 함수로 구조화된다는 점을 보여줄 것이다. "언제나 지배적인 기억들이 존재한다. 이 빛나는 지점들 주위에 다른 기억들이 모호한 성운을 형성한다."[111] 어떤 순간들은 중요하고, 다른 순간들은 덜 중요하기에, 베르그손은 수축과 확장이라는 용어를 통해 우리의 과거를 표상 공간 속에서 더 혹은 덜 요약할 가능성을 연구할 수 있게 된다. 《시론》은 [《물질과 기억》에서] 등장할 의식의 평면들에 대한 이론을 간접적으로 요청한다. 다른 말로 하면, 베르그손이 비이성주의irrationalisme를 옹호한다는 주장과는 달리, 베르그손은 **근거***raisons*를 통한 이해에 반대하지 않는다. 그저 이 이해가 **원인***causes*을 통한 설명과 동일시될 수 있다는 데 반대할 뿐이다. 후자만이 자유의 관념을 제거한다.[112] 베르그손은 오직 과거, 현재, 미래의 시간적인 혼동으로부터 기인한 원인과 근거의 부당한 동일시에만 반대 입장을 표한다. 회고적 분석은 전망의 관점에서는 아무런 가치가 없다. 그리고 설명이 이루어지는 보이는 시간이 행동이 이루어지는 체험된 시간과 동일하지 않다면, 더 이상 사실에 대한 기계론적 설명으로 사실 자체를 대체할 수 없다. 달리 말하면, 결정론의 옹호자들과 자

111 《물질과 기억》, 3장, 191쪽.

112 〈"알베르 아데스Albert Adès의 책에 대한 베르그손의 주석", 1918년 3월 10일〉, 《잡문집》, 1303쪽. 원인과 근거를 함께 기각하면, "자유 행위가 부조리하고 비이성적인 행위라고 생각하게 된다. 그렇지만 자유 행위는 상징적으로 원하는 만큼의 추론들로 분해될 수 있다. 중대하고 결정적인 행위들만을 고찰해야 한다".

유의 옹호자들이 서로 제기했던 해결 불가능한 질문들을 올바른 시제로 표현한다면, 자유의 문제는 즉시 해소될 것이다. 이 질문들은 이미 은밀하게 올바른 시제로 진술되고 있다. "선행조건들이 완전히 주어진다면, 행위는 예측될 수 **있었을까**? 아니면 그럴 수 **없었을까**?"[113] 이 질문들은 이미 수행된 행위만을 문제 삼는다. 수행되고 있는 행위로서의 자유는 이 질문들과 무관하게 남아 있다.

이처럼 자생적 의식이 현재시제로 살아갈 때, 자기 자신을 뒤따르는 반성적 의식은 과거시제로 본다. 이때 반성적 의식은 순수지속을 공간으로 대체하는 두 가지 근본적 환상의 제물이 된다.

(i) "첫 번째 환상은 강도에서 심리 상태들의 수학적 속성을 보려는 것이다."[114] 원인의 양과 결과의 질을 분리하는 《시론》의 1장은 이 환상을 주제로 삼는다. 의식 상태의 지속을 무시하는 가장 좋은 방법은 그 상태를 전개하는 서로 다른 순간들을 하나의 순간에 수축하는 것이다. 이 순간의 강도를 측정할 때, 우리는 이 순간의 중요성을 암시하는 압축된 공간을 통해 전개에 필요한 시간 전체를 대체한다. 따라서 우리는 결정적인 동기로 기능하는 감각과 감정, 심지어 관념까지도 양화量化시켜 특정한 계수를 부여함으로써, 이 계수를 통해 여러 동기를 저울질하고 숙고의 과정 중에 무게 추처럼 달아볼 수 있게 된다. 예컨대 특정한 사건이 다른 사건보다 최종 결정에 더 중요했다는 말은 이전이나 이후의 순간들에서 추출한 특정한 강도를 이 사건에 할당하는 것이다. 그 사건을 살아가는 와중에는 이러한 할당이 불가능했을 것이다.

(ii) "두 번째 환상은 구체적 실재, 즉 의식이 지각하는 역동적 진행을, 이 진행이 종착점에 도달했을 때의, 즉 선행조건들의 종합이 덧붙여져 완수된 사실의 물적 상징으로 대체하는 것이다."[115] 이는 현재를 과거로,

113 《시론》, 3장, 142(236)쪽(필자의 강조).
114 같은 책.

동적인 것을 정적인 것으로, 행해지는 것을 이미 행해진 것으로 대체하는 일이다. 이는 또한 시간을 아코디언처럼 늘리거나 줄이는 일을 허용하여, 행위에 관해 주목할 만한 지점들만 남길 수 있도록 하는 일이기도 하다. 그렇지만 행위는 예견되지 않고 설명할 수 있을 뿐이다. 이러한 작업은 사후적으로만, 일단 행위가 이루어진 뒤에만, 일단 과거가 공간 속에 펼쳐진 뒤에만 가능하기 때문이다. 최종 행위로부터 회고적인 관점을 통해서만, 행위의 귀결을 알 때에만, 과거에 새로운 의미를 부여하여 숙고 과정에 영향을 준 중대한 순간들을 추출할 수 있다. 그러나 과거가 더 잘 알려질 경우 미래를 알 수 있었는지 묻는다면 "악순환을 범하게 된다. 그것은 예견해야 할 최종 행위가 이미 선행조건으로 주어져 있음을 망각하는 일이다".[116]

배우[행위자]가 행동보다는 행동의 관찰에 전념하여 스스로의 관객이 되려 할 때, 그는 스스로 이 환상들의 제물이 된다. 거짓 숙고가 이루어지는 경우에도 마찬가지다. 자아는 진정으로 주저하는 대신, 그러니까 자신이 떠올리는 여러 동기에 따라 스스로를 변화시키는 대신, 이미 "작용이 끝났고", "해법이 선택되었음"[117]을 모른 채로 여러 동기를 차례로 가늠한다. 자아는 자신이 저울질하는 동기들에 중량을 부여하는 것이 이 해법 자체임을 알지 못한다. 베르그손은 이러한 거짓 숙고를 최면 상태에서 주어진 암시와 비교한다. 최면에서 깨어난 후 사람들은 이 암시를 따르는 자신을 스스로 정당화한다.

《의식의 직접소여에 관한 시론》은 현재에 관한 시론, 우리에게 직접

115 같은 책, 143(237)쪽.

116 같은 책.

117 사르트르, 《존재와 무》, Gallimard, 527쪽. 《시론》, 3장, 119(201)쪽. 사르트르의 자유 개념이 《시론》의 3장에 기원을 두고 있음을 알아차리기는 어렵지 않다. 사르트르는 《시론》을 급진화한 판본을 제시하여, 지속을 부인하고 그 모든 속성을 순간에 부여한다. 과거는 더 이상 체험된 현재를 살찌우지 않고, 더 이상 내 존재가 아닌 것에 불과하게 된다. 그것은 자아와 거리를 두고 공간 속에 펼쳐진 과거다.

적으로 현시되는 한에서의 지속에 대한 시론이다. "자기 자신의 직접적인 확인에 있어 오류 불가능한 자아는 스스로의 자유를 느끼고 선언한다."[118] 자아는 현재의 직접성을 떠나 이미 수행된 행위(과거)나 예측된 행위(미래)로 옮겨질 때만 자신의 자유를 의심한다. 과거가 현재에 계속 침투하여 자아의 실체를 구성하지 않는다는 말은 아니다. 그렇지만 과거는 체험된 현재 속에서 능동적으로 계승되지 않는 한, 우리의 표상 속에 굴절되어 우리에게 외적인 것으로 남을 것이다. 자유로운 행위란 자아가 현재 속에서 과거를 다시 붙잡아 그 속에서 자신을 충만히 재인하기 위한 능동적인 자기 계승이다. "우연적 상황이 일으킨 격렬한 분노"[119]가 드러내는 숙명적인 성격은 아킬레우스의 분노나 알세스트의 분개에서는 나타나지 않는다. 이들은 모두 자신의 몸과 영혼을 정념에 바쳤기 때문이다. 이 분노와 분개는 자유로운 정념들passions libres[120]이다. 아킬레우스는 그의 분노**이다**. 알세스트는 그의 분개**이다**. 따라서 자유로운 행위는 현행적 현재가 "판단"과 "설득"[121]을 통해 침투해 들어갈 수 있는 과거에 비례한다. 그것은 자아 전체가 자기 자신에 현시되는 경우에만 진정한 자유가 될 것이다. 따라서 자아는 단번에 **하나의** 인격이 되지 않는다. 과거의 총체 속에 녹여낼 수 없는 독자적인 역동적 계열들에 상응하여 **다수의** 기생적 자아가 자아 속에 머물기 때문이다. 따라서 우리의 모든 행위가 인격 전체에서 나오는 것은 아니다. 대부분의 경우 우리는 현재적 시간을 붙잡지 못하고, "우리의 것이 아닌 시간들 속을"[122] 방황한다. "많은 사람이 이렇게 살고, 진정한 자유를 알지도 못하고 죽는다."[123]

118 《시론》, 3장, 137(229)쪽.
119 같은 책, 125(210)쪽.
120 [역주] 정념passion이 영혼의 수동성passivité과 연결되어 있음을 염두에 둘 때, "자유로운 정념들"이라는 표현은 수동적 자유의 관념을 암시한다.
121 같은 책.
122 블레즈 파스칼, 《팡세》, Br. 127/La. 47.
123 《시론》, 3장, 125쪽.

현재를 떠나 미래나 과거를 포착하려 하는 즉시 공간이 우리를 덮쳐오기에, 베르그손은 먼저 현재가 갖는 지속의 두께를 복원시키고, 그런 뒤에 현재 속에서 다시금 과거와 미래를 재발견하여 이 세 개의 시간을 하나의 시간적 구조 속에서 연결하려 한다. 베르그손이 우리의 몇몇 심층적 감정을 기술하면서 희망, 기쁨, 슬픔, 우아함에 대한 '현상학적인' 기술을 제시할 때, 이들은 여타의 것들과 마찬가지로 하나의 의식 내용으로 제시되지 않는다. 이것들은 우리의 모든 상태가 배어드는 시간적 형식이다. 희망의 경우는 어떠한가? 희망은 미래를 현재 속에서 분석적으로 이해하기보다는, 미래가 가져다줄 수 있는 쾌감을 여러 가능적 형태로 강화하는 비결정적인 순수 지평을 제시한다. "따라서 무한한 가능성으로 가득 찬 미래의 관념은 미래 자체보다 더 풍부한 것이다. 이런 이유로 우리는 소유보다는 희망에서, 현실보다는 꿈에서 더 많은 매력을 발견한다."[124] 심원한 기쁨의 경우는 어떠한가? 그것은 "의식 상태를 미래의 방향으로"[125] 돌려서 마치 기쁨이 그것들을 이끌 듯 그 발걸음을 가속하고 생성을 재촉하는 것이다. 반대로 슬픔은 그것들을 과거의 방향으로 돌려서 "마치 미래가 닫혀 있는 것처럼"[126] 그것들을 억류하고 감속시킨다. 우아함의 본질 또한 구체적인 내용으로 이루어진 것이 아니라 현재적인 동작들 속에서 도래할 동작들이 짐작되는 특정한 여유로움의 지각 속에, 그리고 여기에 덧붙여질 수 있는 예견의 쾌감, "미래를 현재 속에서 붙잡아"[127] 시간을 지배한 것만 같은 쾌감 속에 존재하는 것이다. 요컨대 자아는 시간에 의해 주파되고, 자아의 깊이는 우리의 모든 의식 상태가 배어들어 그것들의 본질을 발견하는 형식으로 집약된다. 미래와 과거는 우리가 현재를 살아가는 완전히 질적인 방식을 통해서만 그려지고 또 이해된다. 결국 현재가 순수

124 같은 책, 1장, 7(28)쪽.
125 같은 책, 8(28)쪽.
126 같은 책.
127 같은 책, 9(30)쪽.

지속의 내부로 향하는 입구를 마련해 주는 것이다.

따라서 《시론》은 시간에 대한 최종적인 논의일 수 없다. 자유의 문제는 현재적 시간으로의 진입을 가능케 했을 뿐이다. 현재는 대자적으로는 처음이지만, 즉자적으로는 마지막이다. 현재는 시간의 가장 얕은 층위일 뿐이기에 현재를 살찌우는 과거도, 아직은 순전한 비결정성의 지평으로 제시되는 미래도 어둠 속에 남겨져 있다. 우리의 허약한 직관이 잠겨 있는 깊이는 전혀 지속에 들어맞지 않기에, 아직 직관은 지속으로부터 부분적인 진리밖에 받아들이지 못한다. 결정론에 저항하는 자유의 사실은 그 빛을 내적인 삶 위로 굴절시켜 우리의 직관을 통해 지속하는 현재와 같은 것을 볼 수 있게 해준다. 《물질과 기억》은 지속 속으로 더 깊은 탐사봉을 던져서, 아직은 모호한 이 과거에 도달하려 할 것이다. 과거는 "이 현재가 실재적 지속의 근본적 차원이 아니라, 반대로 가장 희미한 그물코로 이루어져 있음"을 드러낼 것이다. "현재는 지속의 짜임을 실재의 분출에 노출시키는 이러한 구멍 혹은 상처다."[128]

128 장프랑수아 마르케, 〈베르그손적 지속과 시간성Durée bergsonienne et temporalité〉, in 《베르그손, 지속과 자연*Bergson, la durée et la nature*》, 장루이 비에이야르바롱 엮음, 2002, PUF, 80쪽.

5장. 《물질과 기억》과 과거의 우위

18. 《물질과 기억》으로 가는 길: 심신 결합의 문제

베르그손은 《시론》에서 획득된 결과들에 의존하는 대신, 이 첫 번째 저작에서 다뤄지지 않았을 뿐 아니라 오히려 이 저작에 의해 야기된 난점들에만 주의를 기울인다. 지속은 베르그손 철학의 바탕에 놓여 있는 원리가 아니고, 각 저작들마다 지속의 귀결들을 추출하여 실재의 총체로 확장하기만 하면 되는 것도 아니다. 자유의 문제가 일으켰던 어둠을 해소하고 나면, 그로부터 획득한 빛이 또 다른 어둠을 야기한다. 마치 그림자를 쫓아내기 위해서는 그것을 다른 데로 옮겨놓을 수밖에 없는 것처럼 말이다. 한 책에서 다른 책으로 나아가면서, 우리를 베르그손 철학 속으로 더 깊숙이 진입하도록 만드는 이행의 지점은, 그가 보존하려는 귀중한 결과가 아니라 반대로 새로운 문제가 결집되는 모호한 지점이다. 베르그손은 문제를 새로운 용어로 다시 제기하기에 앞서, 이전 저작에 잠재되어 있던 문제를 전통적인 방식으로 계승한다. 그는 문제를 올바르게 제기하는 방식을 창조한 것이지, 문제 자체를 창조한 것은 아니다. 《시론》에서 《물질과 기억》으로의 이행 속에서, 지속(영혼)과 공간(신체) 사이의 이원론을 수립한 뒤에는, 이제 양자의 결합을 사유해야 한다.

정신과 신체의 상호적 작용의 문제를 제기했던 이유는 단지 '의식의 직접소여'에 관한 연구 속에서 그 문제를 맞닥뜨렸기 때문이었다. 그때 자유는 하나의 사실처럼 보였다. 하지만 다른 한편으로 철학자들은 일반적으로 과학자들이 방법상의 준칙으로 삼았던 보편적 결정론에 대한 긍정을 과학적인 교리로 수용하고 있었다. 인간의 자유는 자연의 결정론과 양립 가능할 것인가? 자유가 우리에게 의심 불가능한 사실이 되었기 때문에, 우리는 첫 번째 저작에서 거의 자유만을 고찰하였다. 결정론은 가능한 한 자유와 화해할 것이다. 결정론은 분명히 그렇게 될 것이다. 어떤 이론도 사실에 오랫동안 저항할 수는 없기 때문이다. 하지만 첫 저작에서는 배제하였던 문제가 이제 우리 앞에 불가피한 것으로 솟아났다.[1]

어떤 반박도, 귀스타브 블로와 뤼시앵 레비브륄의 신랄한 비판조차 [《시론》이] 포착한 자유를 뒤흔들지 못한다.[2] 그렇지만 자유의 사실이 정말로 "의심 불가능한" 것이 되었다 해도, 자유가 원리로 수립된 것은 아니다. 그것은 인식의 질서에서는 일차적이지만, 존재의 질서에서는 그렇지 않기 때문이다. 우리가 말했던 것처럼, 자유의 문제는 여러 다른 문제 "가운데" 베르그손이 선택한 문제다. 따라서 베르그손에게 자유란 하나의 발단이었으나 진정한 시작점은 아니었다. 그럼에도 이 발단은 그의 연구가 나아가야 할, 그리고 그와 함께 그의 작품이 나아가야 할 특정한 방법을 새겨 넣었을 것이다. 기실 자유는 아직 사유되지 않은 모호한 바탕

1 〈서론〉, II, 《사유와 운동》, 78(94)쪽.

2 귀스타브 블로, 〈새로운 자유 이론Une théorie nouvelle de la liberté〉, 《프랑스와 외국의 철학 평론》, 1890년 10월, XXX, 361-392쪽. 뤼시앵 레비브륄(같은 책, 1890년 5월, XXIX, 536-537쪽). 아르노 부아니슈가 편집한 《시론》(2007) 286-288쪽을 보라. 베르그손은 이들을 인용하지 않지만, 자신에게 가해진 비난에 대해 다음과 같이 응답한다. "따라서 자유는 결코 사람들이 말했던 것처럼 감성적 자생성으로 환원되지 않는다. 기껏해야 동물에게나 그럴 수 있을지도 모른다. 동물의 심리적 생은 무엇보다도 감응적인affective 것이기 때문이다. 그러나 인간, 사유하는 존재에게 자유로운 행동이란 감정과 관념의 종합이라 불릴 만하고, 인간에 이르는 진화는 합리적인 진화라 불릴 만하다."(《물질과 기억》, 4장, 207쪽).

을 이면에 남겨둔다. 여백에 남겨진 이 바탕이 새로운 성찰의 중심으로 변모할 것이다. 베르그손은 언제나 방법적으로, 그 누구도 제기하지 않았던 본격적인 공격을 자기 자신에게 제기하고, 그 공격에 과감하게 맞선다. 그는 이를 자신의 양분으로 삼는다.[3] 사실상 자유로운 행위가 인격 전체의 "외적 현시"라면, 자유 행위가 "잘 익은 과일"[4]처럼 인격에서 떨어져 나오는 것이라면, 자유 행위가 떨어진 세계의 엄밀한 기계론이 어떻게 그 낙하를 완전히 제거하지 않는지 설명이 필요하다. 자유의 효과가 세계 속에 기입되는 즉시 결정론이 그것을 제거한다면, 인간의 자유는 어떻게 자연적 결정론과 "화해할" 수 있을 것인가? 따라서 《물질과 기억》의 문턱에서는 물질과 정신 사이의 상호적 영향이라는 문제가 과잉 결정적으로 제기된다. 《시론》에서 이 문제는 양자 간의 근본적 대립(공간/지속, 양/질, 동질/이질 등)으로 인해 불가해한 것이었다. 베르그손은 아돌포 레비에게 이렇게 말한다. "이렇게 자아와 자유의 관념에 이르렀으나, 어떻게 /…/ 자유로운 인격이 ~~행동을 위해~~ 공간 속에 전개되기 위해 신체를 **이용할** 수 있는지의 문제에 대한 답은 여전히 찾지 못했었지요. 여기서 시작된 일련의 연구들이 《물질과 기억》으로 이어졌습니다."[5] 영혼이 세계 속에서 자유롭게 방향을 정하여, 예측되지 않은, 더 나아가 예측 불가능한 운동들을

3 심지어 이 난점들은 《시론》의 출간 이전에도 베르그손에게 나타났다. 이 난점들이 나타났기 때문에 《시론》을 출간했다고 할 수도 있다. 이는 이 난점들이 불충분성의 표지가 아니라, 베르그손 방법의 일부를 이루고 있다는 증거다. 난점들은 제일원리로 단번에 뛰어올라 거기에 정초되려는 사람의 관점에서 볼 때에나 어떤 불충분성의 표지가 된다. "《시론》의 출간 이전부터 《물질과 기억》에 착수했다고 말씀드렸지요. 사실 나는 내 책이 출간되기 이전에 그것을 한편에 치워두고, 어떤 질문이 제기되는지 살펴보았습니다. 그런데 《직접소여》의 결론들은 신체와 정신의 관계에 대한 특별한 연구를 요청한다는 사실을 확인했지요. 나는 자유라는 결론에 도달했는데, 자유라는 정신적 사실은 과학이 가르치는 것처럼 보이는 모든 내용에 반하는 일이니까요."(자크 슈발리에, 《베르그손과의 대담》, 278쪽).

4 《시론》, 124, 133쪽.

5 〈아돌포 레비에게 보내는 편지, 날짜 미상[1905년 1월 말?]〉, 《서간집》, 114쪽.
[역주] /…/은 원문에서 불분명한 단어나 구절을 의미한다. 취소선은 원문에서 지워진 단어를 가리킨다.

새겨 넣을 수 있으려면, 영혼에 결부된 신체가 영혼의 기계적 연장, 말하자면 영혼의 외적 위임자가 되어야 할 것이다.

달리 말하면, 《시론》은 데카르트의 유산을 받아들여, 데카르트적 이원론에 동조한다. 이 책에서 베르그손은 데카르트에게 아주 가까이 머물렀을 뿐 아니라, 그의 이원론을 극도로 엄밀하게 적용함으로써 데카르트보다 더 데카르트적이기를 바랐다. 실제로 데카르트가 사유실체에 속하는 모든 속성을 연장실체로부터 벗겨내, 연장과 형태, 운동만을 남기는 데 성공했다 해도, 여전히 사유실체*res cogitans*로부터 연장실체*res extensa*를 상기시켰던 모든 속성을, 실체*res*라는 용어까지도 씻어낼 필요가 있었다. 이것이 바로 베르그손이 의식을 의식의 활동, 즉 지속만을 가지고 특징지었을 때 시도했던 일이다. 귀스타브 블로가 강조했던 것처럼, 심지어 3장에 제시된 자유 관념까지도 원리상으로는 데카르트적인 것이었다. "베르그손은 이러한 자유를 증명하려 하지도, 규정하려 하지도 않는다. 그는 단지 우리가 그것을 느끼도록, 우리 존재의 바탕에서 그것을 확인하도록 할 뿐이다. 베르그손은 데카르트주의와 유심론의 오랜 증명을 이루었던 소박한 확인을 옹호하면서, 자유를 최종 귀결로 삼아 자아와 주관적 생의 본성을 연구하는 심층적 이론에 대한 관심을 덧붙인다."[6] 그러니까 《시론》은 데카르트적인 두 실체의 분할을 그 중추로 삼고 있다. 그렇기 때문에 베르그손 역시도 데카르트가 계승자들에게 남긴 난점, 두 실체 사이의 상호 영향에 관한 난점을 만나리라 확신했다.

1894년 앙리 4세 고등학교에서 이루어진, 영혼 이론들에 대한 베르그손의 강의는 이러한 방향 전환의 증거이다. 그는 이제 심신 결합의 문제, 상호 영향의 문제에 전념한다. 자유의 문제와 마찬가지로, 심신 결합의 문제는 근본적으로 근대적인 문제다. 심신 결합의 문제가 자유의 문제를 다

6 귀스타브 블로, 〈새로운 자유 이론〉, 329쪽.

른 형태로 연장한다고 할 수도 있다. 이 문제는 근대적이다. 적어도 베르그손은 이렇게 생각했다. 이러한 문제가 제기되려면 몇몇 조건이 필요했기 때문이다. 먼저 영혼이 그 자체로 개체적이어야 했고, 다음으로는 인과의 관념이 충분한 심화를 통해 작용인으로 환원되어, 이질적 본성을 지닌 항들에 적용되는 즉시 그 자체로 불가해한 것이 되어야 했다. 실제로 고대인들은 정신을 우주적인 영혼과 동일시했다. 그것은 "개체적 영혼들이 참여하여, 그 속에서 자신의 우월한 형상을 실현하는 비인격적 누스νοῦς"[7]였다. 그러나 근대인들은 데카르트와 함께 감각, 혹은 지각이라는 측면에서 정신에 접근했고, 이 감각, 혹은 지각은 지성에 침투하여 단번에 정신을 개체화했다. 정신은 의식의 내적 관점과 동일한 것이 되었다. 그렇기 때문에 고대인들에게 심신 결합은 문제가 아니었고, 잇따름이자 포함의 관계로 이해된 인과 관념을 더 심화시킬 필요도 없었다. 이에 반해, 인과를 통해 감각과 운동, 혹은 영혼과 신체처럼 "서로 다른 유에 속하는 항들을"[8] 연결해야 하는 경우, 인과 관념은 즉시 불가해한 것이 되고 만다. 데카르트에게는 "환원 불가능하고 설명 불가능한 사실"이었던 "이 관계는, 철학사 전반에 걸쳐 항시적인 문제였다 해도, 사실상 거의 연구되지 않았다".[9] 자신의 방법을 갖게 된 베르그손은 이 관계를 다시 작업대 위로 올려놓는다. 그는 그것을 경험의 영토로 이전시켜 정신생리학과 정신병리학 덕에 가능해진 정확성의 수준에서 검토하려 한다.

새로운 사실에 대한 연구가 없다면, 직관은 "직접적 의식"[10]을 능가할 수 없다. 그것은 지속 속에서 멜로디처럼 계속되는 현재와 일치한다. 물론 의식에는 계속해서 새로운 상태가 덧붙어, 의식이 상호침투적으로 내포하는 기억의 덩어리를 살찌운다. 그러나 기억이 얼마나 많이 쌓일 수 있는

7 《강의》, 3권, 3강, 216쪽.
8 같은 책, 218쪽.
9 《물질과 기억》 7판 서문, 4쪽.
10 〈서론〉, II, 27쪽.

가? 아마도 "의식이 처음 깨어났을 때부터 우리 삶 전체"의 기억들이 쌓였을 것이다. 그러나 후에 베르그손은 이렇게 말한다. "우리의 지성은 다른 이들의 지성과 다르지 않았기 때문에, 우리가 내적 생에 머물러 있었을 때 지속의 직관이 가져다주었던 확신의 힘은 그렇게 멀리까지 뻗어 나가지 않았다."[11] 따라서 《시론》은 이 문제를 전혀 다루지 않는다. 그러나 행위는 인격 전체를 표현할수록 점점 더 자유로운 것이 된다. 삶의 가장 중대한 순간들에 과거 전체를 동원할 수 있으려면, 우리 과거의 총체가 잠재적으로 존재해야만 할 것이다. 그렇기 때문에 《물질과 기억》은 "물러나면서도 저항하는 무의식의 경계를 밀어붙여"[12] 의식을 확장하고, 그렇게 과거가 무의식 속에 총괄적으로 존재하고 있음을 보여주어야 했다. 과거는 파괴될 수 없지만, 신체의 역할로 인해 무의식적인 것이 된다. 신체는 의식의 전망이 이루어지는 장 위로 정신의 생을 수축시키기 때문이다.

유심론과 유물론: 기억의 문제

기억은 특권적 사례가 된다. 《물질과 기억》 초판 서문이 말하는 것처럼, 베르그손은 "이 책의 3장에 있는" [기억에 대한 논의를] "출발점"으로 삼고 있다. "동일한 정신 현상이 다수의 상이한 **의식의 평면들**을 동시에 자극한다. 이 다수의 평면은 꿈과 행동 사이의 모든 매개적인 정도를 나타낸다." 신체는 "의식의 평면들 가운데 마지막 평면에, 오직 마지막 평면에만"[13] 개입할 뿐이다. 이원론이 제기되었고, 신체는 의식에 유용한 기억들만 의식 속에 들어갈 수 있도록 제한하는 정신의 도구로 기능한다.

베르그손은 정신생리학적 관계를 더 자세히 연구하기 위해 임상해부학적 사실들에 의존하려 했다. 그러나 이 사실들은 오히려 논적들의 편을

11 같은 책, 80쪽.
12 같은 책, 27쪽.
13 《물질과 기억》 초판 서문, 444쪽.

드는 것처럼 보인다. 1861년 폴 브로카Paul Broca가 언어기능에 관련된 결정적인 역할을 좌반구 제3전두회에 할당한 이래, 유물론자들이 이 영역에 주목해 오면서 뇌의 국재화를 나타내는 사실들 주위에 증명을 집중시켰다.

> 유물론자들은 무엇보다도 이러한 논증에 기대고 있었다. 그들은 이렇게 말했다. 신체와 구분되는 자족적인 비물질적 영혼이 존재한다면, 어떻게 이 영혼이 여러 부분으로 나누어져 뇌의 특정한 구획 속으로 들어갈 수 있겠는가?[14]

가장 확실한 사실을 제시해 보자. 실어증에 대한 연구는, 특히 1874년 감각성 실어증에 대한 베르니케Carl Wernicke의 발견들 이래로, 청각적 이미지들을 좌반구 제1측두회와 제2측두회에 정확히 정위할 수 있었다. 이 영역의 손상은 언어농言語聾을 야기한다. 이 경우 환자는 여전히 말을 들을 수는 있으나, 더 이상 그 말을 이해할 수 없다. 유물론적 가설이 자연스럽게 머리에 떠오르기에, 사람들은 그것이 사실 자체에 따라 승인된 가설이라 여길지도 모른다. 베르니케 영역에는 들었던 말을 재인하게 하는 청각 이미지들이 보존되어 있기 때문에 이 부분이 손상되면 그 이미지들도 파괴된다는 가설 말이다. 이 가설이 곧장 베르그손의 앞길을 가로막았다. 그래서 베르그손은 처음부터 그의 논적들처럼 사실의 영역에 밀착하여 이 가설에 맞서야 했다. 베르그손은 2장에서 이 문제를 다룬다. 이런 이유로 2장은 가장 먼저 집필되어 논문의 형태로 따로 출판되었다. 그는 사실들을 재검토하며, 뇌피질 속에 기억-이미지가 저장된다는 설명보다 이 사실들에 더 잘 들어맞는 설명은 없을지 자문한다.

다음의 사실을 덧붙이도록 하자. 베르그손이 《시론》에서 비판했던

14 〈〈형이상학 강의〉, 1887-1888, 클레르몽페랑 고등학교〉, 《강의》, 1권, PUF, 1990, 15강, 355쪽.

연합주의 심리학은 베르그손의 비판을 딛고 일어나 부대현상 가설이라는 사실상의 동맹을 통해 그 입장을 강화했다. 실제로 연합주의 심리학은 서로 외적이고 불가침투적인 물질적 원소들을 모델로 삼아 의식 상태들을 고립되고 병치된 원소들로 사유하기 때문에, 그 또한 기억들이 뇌피질 속에 보존된다는 유물론적인 주장을 채택해야만 했다. 연합주의 심리학도 동일한 설명을 제시했다. 다시 떠오르기 이전의 기억은 뇌 속의 어떤 지점에 기입되어 상기를 기다리고 있는 것이어야 했다.

국재화의 사실은 신체와 영혼 간의 연대성을 입증한다. 하지만 이것이 몇몇 사람의 믿음처럼 엄격한 평행론을 나타내는 것은 아니다. 베르그손이 비판하는 것은 과학이 아니라 과학의 기저에 놓인 형이상학이다. 그 증거로 정신생리학적 평행론이라는 가설은 심리학과 생리학이 생겨나기 훨씬 이전에, 심지어 해부학과 조직학이 생겨나기도 전에 데카르트와 함께 생겨난 학설이다. 이 가설을 통해 사실들을 설명할 수는 있어도, 사실들로부터 이 가설을 도출할 수는 없다. 그럼에도 당대의 유물론은 이 가설이 제공하는 확신이 새로운 사실들에 의거한 것이라 믿었다. [그러나] 이 가설은 "너무나도 낡은 물건"[15]이다. 이 가설은 스피노자와 라이프니츠를 통해 정합적인 형태를 갖추었으나 시간이 흘러 베르그손 당대에는 부대현상론이라는 형태로 빈약해졌다. 베르그손은 콜레주 드 프랑스 강의에서 "18세기 전체에 걸쳐 데카르트 형이상학의 이러한 점진적 단순화"[16]의 흔적을 추적하여 프랑스에서는 샤를 보네Charles Bonnet와 카바니스Pierre Jean Georges Cabanis, 영국에서는 하틀리David Hartley와 베인, 독일에서는 볼프를 통해, 태동하던 생리학에 데카르트 형이상학이 스며들었음을 발견한다. 이러한 스며듦이 한층 더 기만적인 이유는 이들 가운데 의사이자 철학자였던 몇몇이 이러한 철학적 학설을 자신의 과학에, 과학인 척 흘려보냈

15 〈영혼과 신체〉, 《정신적 에너지》, 41(52)쪽.
16 같은 책, 40(51)쪽.

기 때문이다. 그럼에도 불구하고 이 학설을 가장 엄밀하게 공식화했던 이는 스피노자다. 그는 《윤리학》 2권의 명제 17, 18, 19에서 평행론을 기억 이론에 적용한다. 그가 제공한 "틀은 그다지 변하지 않고, 이 학설에 대한 가장 추상적이고 일반적인 표현으로 남았다".[17] 라이프니츠의 예정조화설, 말브랑슈의 기회원인론, 하물며 그 이후의 주장들까지도, 자신들의 가설을 정합적인 것으로 만드려는 즉시 "거부할 수 없는 경사로가 있는 것처럼 스피노자를 향해"[18] 끌려간다.

게다가 베르그손은 동시에 "심신 관계라는 **고대의 문제**"[19]에 착수해야 한다고 말하지 않는가? 이는 평행론이라는 관념이 데카르트에서 출발해서만 공식화될 수 있다 해도 "정신적인 것과 물리적인 것 간의 상응이라는 관념은 실로 아주 먼 고대로 거슬러 올라가기"[20] 때문이다. 오직 하나의 형이상학이 존재한다면, 평행론의 가장 먼 기원은 분명 그리스 철학 자체에 뿌리를 내리고 있을 것이다. 이것이 바로 앞서 인용했던 《기억 이론들의 역사》 강의의 독창성이다. 이 강의는 그리스인들, 더 구체적으로 말하자면 아리스토텔레스와 플로티노스까지 거슬러 올라가서, 문제 자체의 발생은 아니라 해도, 적어도 문제를 가능케 했던 조건의 발생을 확인한다. 분명 "데카르트와 함께, 적어도 형식상으로는 완전히 새로운 관념이 존재하게 되었다. 이 관념이 근대의 모든 지각 이론과 기억 이론의 기원이 되었다". 그러나 "그 바탕에는 무엇보다도 (…) 아리스토텔레스적 관념의 전치가 놓여 있다".[21] 고대에도 심신 관계 자체가 물음이 대상이 되었다는 말이 아니다. 고대에는 심신이 명확히 분리되지 않고, 양자 모두 감성계

17 《기억 이론들의 역사: 1903-1904 콜레주 드 프랑스 강의》, 1904년 5월 6일 강의, 316쪽.
18 같은 책, 319쪽.
19 《물질과 기억》 7판 서문, 5쪽(필자의 강조).
20 《잡문집》, 498쪽.
21 《기억 이론들의 역사: 1903-1904 콜레주 드 프랑스 강의》, 1904년 4월 22일 강의, 285쪽.

속에 놓였기 때문에, 영혼과 신체는 어려움 없이 상호 영향을 미칠 수 있었다. 하지만 영혼과 분리된 진정한 신적 사유Pensée, 즉 노에세오스 노에시스νοήσεως νόησις[사유의 사유]는 이미 첫 번째 노에시스와, 끊임없는 원환*circulus* 속에서 자기 자신을 사유함으로써 첫 번째 노에시스를 사유하는 두 번째 노에시스 사이의 **등가성**이라는 추상적 관념을 내포하고 있다. 이처럼 아리스토텔레스를 필두로 고대인들은 "이런 부류의 등가성, 혹은 평행론에 대해 완전히 명확한 관념을" 지니고 있었다. "그러나 이 평행론은 (…) 감성적 영역이 아니라 가지적 영역에만"[22] 존재하는 것이었다. 따라서 "예컨대 알렉산드리아 학파가 지성과 가지적인 것 사이에 수립한 것과 같은 평행론"을 영혼과 신체 사이에서 제기하는 일은 "고대인들의 사유에 충실하게 남아 있는"[23] 것이었다. 달리 말하면, 노에타νοητά[가지적인 것들]가 사물로서의 성격을 상실함으로써 신체들 속으로 하강하고, 신체들을 직조하는 관계를 구성하여 고대인들이 가지적인 것에 부여했던 안정성, 영속성, 보편성을 드러낼 때, 누스νοῦς[정신]는 이와 대칭적으로 영혼 속으로 하강한다. 근대인들은 이렇게 등가성이라는 추상적 관념을 가지적 영역에서 감성적 영역으로 전치하여 감성적 영역에서 영혼과 신체의 결합을 사유하려 했다. 결국 베르그손은 라이프니츠와 플로티노스, 스피노자와 아리스토텔레스[24] 사이의 계보를 복원하여 정신물리적 평행론이 사실상 "근대화된 아리스토텔레스주의이고, (…) 그것을 변형시킨 것이지만 (…), 근본적인 수정은 없었다"고 결론 내릴 수 있었다. 적어도 "평행론의 기원은 거기에 있다".[25]

고대인들과 근대인들 사이에 다리가 놓이면, 베르그손은 이를 통해 사실들에서 출발하여 사실들을 소박하게 해석하는 일을 어떤 뿌리 깊은

22 같은 책, 1904년 5월 6일 강의, 311쪽.
23 같은 책, 313쪽.
24 같은 책, 313쪽. 또한 319쪽을 보라.
25 같은 책, 1904년 4월 15일 강의, 266-267쪽.

형이상학이 방해하는지 설명할 수 있게 된다. 베르그손은 형이상학사를 대략적으로만 요약한다. 그는 추상적인, 커다란 노선들이 드러날 수 있도록 충분한 거리를 둔다. 이 노선들은 우리에게까지 이어져 사유의 습관들로 뿌리를 내리고 있다. 새로운 방식으로 철학하려 한다면 먼저 이 사유의 습관들을 근절할 필요가 있다.

《물질과 기억》에서 평행론이라는 형이상학적 주장은 아직 정신생리학이 수집한 사실들을 잘못 해석하는 것으로 여겨지지 않았다. 이때까지 베르그손의 주의를 끌었던 것은 부대현상론이었다. 1896년과 1907년 사이에 이르러서야 베르그손은 형이상학이 당대의 과학에 미치던 영향을, 당대의 과학이 계속해서 형이상학의 틀과 원리를 받아들인다는 사실을 의식한다. 사실의 영역에서도 유심론과 유물론은 대등한 입장에서 싸울 수 없었다. 적의 영향력에서 벗어나려면 [먼저] 적의 정체를 잘 파악해야만 한다. [새로운] 형이상학이 태어나기 위해서는 이전의 형이상학을 쫓아내야 한다. 이런 이유로 베르그손은 자크 슈발리에에게 《물질과 기억》을 2장부터 읽기를, 그리고 "7판 서문과 〈영혼과 신체〉 (…) 강연을 개론으로 삼기를"[26] 조언한 것이다. 《물질과 기억》은 사실들의 기저에 놓인 형이상학을 중화시키는 데서 만족한다. 그러나 1896년의 작업들을 재론할 때, 베르그손은 바로 이 지점에서 형이상학의 효력 전체를 제거하려 한다. 이를 통해 그는 상반되는 두 주장, 유물론과 유심론이 대등한 입장에서 사실들을 마주하도록 만든다.

실재론과 관념론: 지각과 물질의 문제

이처럼 베르그손이 일소하려는 환상들은 심리학적인 기억 문제의 외부에 뿌리를 두고 있다. 그리고 베르그손은 이러한 환상들을 점진적으로

26 자크 슈발리에, 《베르그손과의 대담》, 1921년 5월 22일, 35쪽.

규명하던 와중에, 놀랍게도 물질 자체에 대한 더 포괄적인 고찰로 진입해야만 했다. "우리가 연구를 시작했을 때에는, 물질의 실재성과 본질에 관해 실재론자들과 관념론자들 사이에, 혹은 기계론자들과 역동론자들 사이에 논란이 되었던 문제들이 기억에 대한 분석과 어떤 연관이 있을 수도 있다는 생각을 하지 못했을지도 모른다."[27] 실제로 평행론, 혹은 부대현상론은 오래전에 내려진 형이상학적 결단을 제 것인 양 받아들였기에 그 결단의 결과들을 따를 수밖에 없었다. 따라서 [평행론과 부대현상론] 모두를 근절하기 위해서는 이러한 형이상학적 결단이 내려지는 지점까지 거슬러 올라갈 필요가 있다. 이 지점은 바로 정신과 물질을 구분하는 데카르트적 이원론이다. 데카르트는 정신이 처음으로 나타나는 지점을 감각 자체로까지 밀고 나가 물질 속에 있다고 여겨졌던 질qualités들을 물질로부터 박탈하였다. 그리하여 지각은 순수인식의 기반이 되었고, 지각과 기억은 오직 강도를 통해서만 구분할 수 있는 것들이 되었다. 기억이 더 약한 지각일 뿐이라면, 틀림없이 지각은 더 강한 기억일 것이다. 기억처럼 지각도 의식의 내부에 한자리를 차지할 것이고, 기억처럼 지각도 우리를 우리 밖으로 나가게 해주지는 못할 것이다. 따라서 베르그손은 데카르트가 심신 결합의 문제에 남겨 두었던 용어들, 심신 관계를 불가해한 것으로 만들었던 용어들을 수정하지 않고서는, 심신 결합의 문제를 이어받을 수 없었다. 물질을 감각이나 관념들의 총체와 동일시하건, 아니면 공간 속의 동질적 운동들로 환원하건, 관념론과 실재론은 모두 정신과 물질의 단절점을 데카르트가 양자를 나누었던 지점에 둔다는 점에서 의견이 일치한다. 이런 조건에서, 물질은 그저 감관이 접근할 수 없는 사물로 물러나거나 우리의 표상 속으로 와해될 수밖에 없다. 따라서 영혼과 신체가 결합되는 새로운 장소를 기억 속에서 찾으려 한다면, 심리학적인 기억 문제에 앞서 인식론

27 《물질과 기억》 7판 서문, 8쪽.

을 다루어야 할 것이다. 따라서 1장은 이원론이 지금까지 수행했던 단절의 지점을 이동시키는 작업을 수행한다. 이제 단절점은 더 이상 '물질과 지각' 사이에 놓이는 것이 아니라 '물질과 기억' 사이에 놓인다.

《물질과 기억》 1장은 물질의 문제를 해결 불가능한 것으로 만들었던 두 겹의 어휘, 즉 사물과 표상을 넘어서기 위해 이미지라는 용어를 사용한다. [사물과 표상은] 견고한 만큼이나 서로 상충되는, 세계에 대한 두 가지 관점을 제기한다. 반면 이미지는 "'사물'과 '표상'의 중간 길에 위치한 존재"[28]로 규정된다. 베르그손은 세계를 이미지들의 총체로 한정함으로써 형이상학적 언어의 효력을 정지시켜 세계의 나타남 너머에 세계를 상정하는 일을 금지하는 한편, 물질의 문제에 대해 관념론과 실재론이 의견 일치를 볼 수 있을 진술의 조건들을 제공한다. "이미지의 함수로, 오로지 이미지만의 함수로 **문제를 제기해야** 한다."[29]

뇌가 표상들을 만든다는 부대현상 가설은 이미지라는 용어로 재정식화되는 경우, 즉시 그것이 내포한 부조리를 드러낸다. 뇌를 하나의 이미지로 사유하게 하는 올바른 강제가 부과되었을 때, 뇌는 필연적으로 일군의 다른 이미지들로 둘러싸이고, 뇌에서 다른 이미지 모두가 나오는 일이 불가능하다는 점을 보여준다. "포함된 것으로부터 포함하는 것이 나오는 일은 부조리할 것이다."[30] 요컨대 뇌를 상정하면서 뇌에 연대적인 이미지들 전체를 상정하지 않을 수도 없고, 뇌가 이 이미지들을 포함할 수도 없다. 신체는 그것이 상정되었다는 사실만으로도 우주의 나머지 부분과의 연대성을 증언한다. 이를 통해 사실들은 다른 가설을 암시할 수 있게 된다. 뇌가 단순히 받아들인 운동을 전달하고 분할하는 기구라는 가설 말이다.

여기서 중요한 일은 관념론과 실재론을 거부하는 일이 아니다. 오히

28 같은 책, 1쪽.
29 같은 책, 1장, 21쪽(필자의 강조).
30 같은 책, 39쪽.

려 이미지라는 용어를 통해 두 입장을 각기 이해 가능한 방식으로 재정의해야 한다. 그리하여 1장은 두 개의 체계를 상정한다. 하나의 체계에서는 각각의 이미지가 그 자체로 변화하고, 다른 모든 이미지로부터 실재적인 작용을 겪는다(과학의 세계). 다른 체계에서는 모든 이미지가 단 하나의 이미지, 내 신체에 맞춰 조정되고, 내 신체의 극미한 변화를 따른다(지각의 세계). 관념론과 실재론의 차이는 어떤 체계를 출발점으로 삼느냐에 있다. 베르그손의 방법이 지닌 효율성이 이 책의 1장만큼 잘 드러나는 곳은 없다. 베르그손의 방법은 문제가 다른 방식으로 제기될 수 있도록 [새로운] 용어들을 창조하는 것이다. 과학이 기술하는 세계에 대해 말하면서도, 그 세계를 표상을 만드는 어떤 **물질**로 환원하지 않기. 또 지각된 세계에 대해 말하면서도, 그 세계를 어떤 지각하는 **정신**의 영역에 할당하지 않기. 이를 통해 베르그손은 실재론과 관념론 사이의 대립에 더 순수한 직관을 되돌려줄 수 있게 된다. 이들은 반대 입장을 환원하는 것이 아니라 각기 선택한 입장에서 반대 입장을 연역하는 것이다. 관념론과 실재론이 자신들의 가설을 확증하고자 한다면, 두 이미지 체계 가운데 하나를 다른 하나로부터 연역할 수 있어야 한다. 실재론은 과학의 중심 없는 세계로부터 어떻게 내 신체를 중심으로 돌아가는 지각의 세계가 솟아날 수 있는지 설명해야 한다. 관념론의 책무는 그 반대의 길을 따르는 것이다.

베르그손은 이 두 체계가 모두 반대의 체계를 연역할 수 없음을 보임으로써 직접적으로 싸우지 않고 양자의 공동 패배를 인정하게끔 만든다. 과학에서 출발하는 실재론은 지각을 신비로 여길 것이다. 지각에서 출발하는 관념론은 과학을 우연으로, 과학의 성공을 신비로 여길 것이다. 두 입장 모두가 실패에 봉착하기에, 그것들이 기대고 있는 공통 전제에 이의를 제기해야 한다. 그것은 "지각이 전적으로 사변적인 관심을 갖는다"[31]는 전제다. 이제 베르그손은 사실들에 더 충실한, 사실들이 암시하는 다른 가설들을 제안할 수 있게 된다. (i) 뇌는 표상의 도구가 아니라 행동의 도구다. 따라서 뇌는 표상들을 창조하지도, 준비하지도 않고, 단순히 운동을 전달하고 분할하는 기구다. 뇌와 척수 사이에는 정도상의 차이밖에 없다. 하지만 뇌의 복잡성을 통해 유기체는 환경의 작용에 대한 응답을 지연시켜 가장 적합한 운동을 선택할 수 있다. "따라서 우리가 보기에 뇌는 일종의 중앙전화국과 다른 것일 수 없다. 뇌의 역할은 '연락을 보내거나', **연락을 기다리게 하는** 것이다."[32] 생명체의 복잡화가 가능케 하는 것, 뇌가 상징하는 것은 바로 이러한 **기다림**의 능력이다. 뇌는 반사작용처럼 운동을 지연 없이, 받아들인 그대로 전달하는 대신, 운동을 자신 안에 붙들어 두고, 시동적인 운동들로 분할하여 그중에 가장 적합한 것을 선택한다. (ii) 순수지각은 우리 안이 아니라 사물들 안에서 이루어진다. 사물들이 우리 안으로 들어오는 것이 아니다. 순수지각을 통해 우리는 진정으로 사물들 속에 놓인다. **기다림**이라는 이 특별한 가능성, 즉 받아들인 운동을 곧바로 되돌려주지 않을 가능성이, 기다림이 이루어지는 이 사이-간격 속에서 지각의 출현을 **설명하는***explique* 것이다. 그렇다고 해서 지각이 특정한 방식으로 운동 속에 **함축된***impliquée* 것은 아니다.[33] 지각이란 행동의 비결정성을 상징하는 것으로, 공간 속에서 지각의 출현과 전개는 행동에 응답하기 위해 유기체에게 주어진 시간에 비례한다. 지각은 "우리의 운동적 활동성에 제기된 일종의 질문"[34]이다. 이렇게 순수지각이 신체가 환경에 대해, 환경이 신체에 대해 가할 **수 있는** 작용을 통해 제한된 것이다. 그런데 신체가 순수지각에 자신의 행위 역량을 반영하려면, 순수지각이 먼저 사물들 **속에** 존재해야 했다.

31 같은 책, 24쪽.

32 같은 책, 26쪽(필자의 강조).

33 따라서 엄밀히 말해 이 설명은 설명이 아니다. 《창조적 진화》는 《물질과 기억》 1장에서 이루어진 "지각에 대한 철학적 설명"을 언급한 뒤에, 다음과 같이 덧붙인다. "이를 설명이라 부를 수 있다고 가정한다면"(2장, 169쪽).

34 《물질과 기억》, 1장, 45쪽.

하지만 이 두 가설 또한, 그 자체로 진술된 뒤에는, 그것들의 철학적 정합성을 증명할 이 유일한 절차를 통과해야만 한다. 그러니까 이 가설들은 관념론과 실재론이 지금까지 실패했던 일, 즉 두 체계 가운데 하나에서 다른 하나를 연역하는 일을 성공해야만 한다. 달리 말하면, 베르그손이 관념론과 실재론 사이의 전통적 양자택일을 넘어선다면, 이는 사람들이 종종 말했듯 이미지라는 통합적인 용어를 선택했기 때문이 아니다. 베르그손이 하나의 체계로부터 다른 체계를 솟아나게 할 수 있는 가설들로부터 연역의 힘을 끌어냈기 때문이다. 벤토 프라도의 중대한 철학적 가치와 영향력에도 불구하고, 그는 비주체적asubjectif일 뿐 아니라 전대상적préobjectif인 내재성의 장을 상정한 뒤에 거기서부터 주체적인 것과 대상적인 것이 동시에 구성될 수 있으리라고 생각하는 오류를 범했다.[35] 그러나 이미지들의 평면은 중립적인neutre 것이다. 심지어 이미지들은 그 속에서 진술되는 다양한 관점이 서로 완벽히 가역적임을 보이기 위해 지워져야만 하는 것이다. 어떤 경우에도 이미지들이 즉자적으로 존재한다고 주장할 필요는 없다. 이미지들이 권리상 그런 것은 아니라 해도, 사실상으로는 주체와 대상에 선행한다고 생각할 필요도 없다. 기실 베르그손은 선행적이라고, 더 나아가 근본적이라고 가정된 하나의 내재성의 장에서 모든 이미지를 연역하는 것이 아니다. 그는 **하나의 이미지에서 다른 이미지를** 상호적으로 연역한다.

이 책의 1장과 마지막 장은 이렇게 상반된 두 연역의 길로 나아간다.

35 벤토 프라도, 《현전과 초월론적 장: 베르그손 철학에서 의식과 부정성》. 벤토 프라도는 이폴리트나 골드슈미트 같은 인물들의 관심사를 받아들여, 형이상학적인 정립과 대립이 전개되기 이전의 어떤 장을 찾으려 한다는 점에서 베르그손과 현상학의 접합점을 발견한다. "주체성(과 동시에 대상성)을 구성하는 데 있어서, '이미지들의 장'이 어떻게 초월론적인 바탕으로 기능할 수 있는지를 이해하기"(103쪽). 물론 벤토 프라도는 이런 평면이 지닌 방법론적 성격을 가장 전면에 내세웠던 인물들 중 하나였다. 하지만 그는 이러한 평면이 경험의 가능한 평면이지, 가능한 경험의 평면은 아니라는 사실을, 즉 그것은 주관적인 것과 대상적인 것의 구분에 선행하는 "초월론적 경험의 장"(114쪽)이 아니라는 사실을 받아들이지 못했다.

(i) 1장은 객관적 관점(과학의 세계)으로부터 주관적 관점(지각의 세계)을 연역할 것이다. "사람들이 물질적 세계라고 부르는 이 연대적인 체계를 놓고, 이 체계 속 여기저기에 생명 물질을 통해 표현되는 **실재적 행동의 중심들**을 상상해 보자. 나는 이 각각의 중심들 주위에, 그 위치에 종속되어 그와 함께 변화하는 이미지들이 배치**되어야 한다**고 말하겠다. 따라서 나는 의식적 지각이 생산**되어야 한다**고, 게다가 이 지각이 어떻게 출현하는지 이해할 수 있다고 말하겠다."[36] (ii) 이와 상보적으로 4장은 주관적 관점으로부터 객관적 관점을 연역할 것이다. "그러나 만일 우리의 가설이 정초된다면, 지각과 물질이 서로 어떻게 구분되고, 어떻게 일치하는지 쉽게 알 수 있을 것이다. 우주에 대한 우리의 잇따르는 지각들이 지니는 질적 이질성은, 이 지각들이 각기 일정한 두께의 지속 위에 펼쳐져 있다는 사실에, 그리고 순차적이지만 우리에게는 한 번에 나타나는 무수한 진동이 기억을 통해 응축된다는 사실에 기인하는 것이다. 나누어지지 않는 이 시간의 두께를 관념적으로 나누어, 원하는 만큼 다양한 순간들을 구분하기만 하면, 즉 한마디로 모든 기억을 제거하기만 하면, 지각에서 물질로, 주체에서 대상으로 이행할 수 있을지도 모른다. (…) 적어도 우리는 이러한 결론이 이 책의 마지막 부분에서 도출되기를 바란다."[37]

우리처럼 방법에 강조점을 두면, 해석상의 두 장애물을 피할 수 있다. 이미지는 문제를 해결하는 것이 아니라 문제를 정식화하는 것이기에 관건은 이미지로의 회귀가 아니다. 사실상 베르그손은 오직 설명의 필요를 위해서만 이미지를 '즉자적인' 것으로 **가정**했을 뿐, 거기에 결코 어떤 형

36 같은 책, 27-28쪽. 물론 엄밀히 말해 이는 연역도 아니고, 설명도 아니다. 베르그손은 다음과 같이 정확을 기한다. "의식을 연역한다는 것은 무척이나 대담한 기획일지도 모른다. 그러나 여기서 이런 기획이 필요한 것은 아니다. 물질 세계를 놓는 즉시 이미지들의 총체가 주어지기 때문이다. 게다가 다른 것이 주어질 수도 없다"(31-32쪽).

37 같은 책, 73-74쪽.

이상학적 지위를 부여하지 않았다. 메를로퐁티는 베르그손이 지각의 출현을 존재 속의 재단을 통해 설명함으로써 지각됨*percipi*을 존재*esse*의 단순한 감소로 치부했다는 비난을 가했다. 그러나 메를로퐁티는 이것이 오히려 존재를 통한 지각됨의 연역(1장)이라는 사실을, 그리고 지각함*percipere*을 통한 존재의 연역(4장)이 정확히 그 짝을 이룬다는 사실을 알아채지 못했다.

그럼에도 하나의 반론이 제기된다. 베르그손이 저작의 끝부분을 예고하며, 곧장 이렇게 말하기 때문이다. "순수지각은 물질의 본성에 대한 실마리를 제공하여 실재론과 관념론 사이에서 입장을 취할 수 있게 해줄 것임에 틀림없다."[38] 제시되었던 가설들을 통해 하나의 체계로부터 다른 체계를 무차별적으로 연역하는 일이 가능해졌다면, 그래서 처음에 어떤 관점을 선택하느냐에 따라 차례로 실재론자가 될 수도 있고, 관념론자가 될 수도 있다면, 어떻게 실재론과 관념론 사이에서 명확한 결론을 내릴 수 있을 것인가? 입장을 취한다는 것은 베르그손이 결국 양자 사이의 보류를 거두어들일 것을 상정한 말이다. 이 보류는 "잠시 동안"[39]만 유효했던 것이다. 따라서 베르그손이 외부 세계의 실재성을 옹호할 때, 이는 관념론과 실재론이 다시 전통적인 의미로 이해되는 것을 명시적인 조건으로 삼고 있다. 그가 "외부 세계의 실재성이나 관념성과 관련된 논의들에 대해" 아무것도 모르는 척했을 때, 이는 데카르트가 일차적인 확실성을 얻기 위해 의심을 가장했듯, 이 논의들에 답하기 위한 것이다. 달리 말하면, 사람들이 말하는 것과는 달리, 베르그손은 결코 관념론과 실재론의 양자택일을 넘어서기를 자처하지 않는다. 문제를 올바로 제기하는 것은 여전히 문제에 답하려는 것이다. 이미지가 《물질과 기억》의 알파이자 오메가일 수 없다고 결론지어야 할 것이다. 이미지를 넘어서고 나면, 물질이 순수 경험

38 같은 책.
39 같은 책, 11쪽.

의 대상이 될 것이다. 순수 경험이 보기에, 그때부터 이미지란 현실적 지각 속에서 현실적 지각 너머의 실재를 가리키는 단순한 **지표**에 불과할 것이다.

19. 이미지화될 수 없는 《물질과 기억》!

사르트르는 《상상력》에서 《물질과 기억》 1장이 이미지 개념에 전대미문의 의미를 부여했다고 꼬집었다. 그는 이미지 개념을 하나의 즉자로 정의한 뒤, 베르그손이 그것을 장마다 서로 모순된 용법으로 사용하고 있음을 차례로 드러냄으로써 이미지 개념이 지닌 의미론적 통일성의 파열을 목격한다. 사르트르가 보기에 물질 속에 삽입되었다가 기억 속에서는 그림처럼 떨어져 나오는 이미지란 "구성상의 필요에 따라, 때로는 노에시스적 의미를, 때로는 노에마적 의미를"[40] 지니는 혼합적인 실재였다. 기억-이미지는 물질 자체에서 추출한 것인데, 어떻게 기억 속에서 무게 추처럼 가라앉는 사물-이미지와 다른 것일 수 있을까? 사르트르는 이렇게 말한다. "베르그손은 순수지속의 내부에 이러한 타성적 이미지들을 존속케 했다. 그것들은 물의 밑바닥에 놓인 자갈과도 같다."[41] 사실 베르그손의 이미지는 언제나 심리학자들의 이미지, 더 구체적으로는 텐의 이미지였다. 사르트르는 정곡을 찔러 베르그손이 〈철학적 직관〉에서 말했던 직관에 가까운 매개적 이미지가 이러한 심리적 이미지들과 얼마나 다른지, 심지어 양립 불가능한지를 보여준다.[42] 개념의 분열을 마주한 사르트르는 이미지를 재검토하려는 이러한 시도가 실패했다고 결론짓는다.

40 장폴 사르트르, 《상상력》, 1936, PUF, 1994, 51쪽.
41 같은 책, 57쪽.
42 같은 책, 64쪽.

그러나 사르트르의 비판은 이미지에 즉자적 실재성을 부여하여 [《물질과 기억》] 1장이 그 의미를 확정적으로, 수수께끼 같은 방식으로 규정할 책임이 있다고 생각할 때에만 유효하다. 베르그손은 자신이 창조한 개념들을 이후 저작들에서도 늘 재사용했지만, 이 '즉자적 이미지들'이라는 개념은 주목할 만한 예외다. 그는 이 개념을 다시는 사용하지 않는다. 따라서 여기서 이미지들이 오직 형이상학적 주장들에 대한 중립화 기능만을 수행한다는 사실을 인정해야 할 것이다. 이러한 형이상학적 주장들을 제거하기만 하면, 당대 심리학이 이미지 개념에 부여했던 가장 분명한 의미를 복원할 수 있다. 이미지란 더 이상 우리의 안팎을 떠다니는 고립된 독립적 존재자가 아니라, 우리의 기억 능력이 개별적인 기억들을 구현하기matérialiser 위해 의존하는 표상이다. 그렇다면 모든 것이 역전될지도 모른다. 베르그손적인 물질과 정신의 이원론을 지각-이미지와 기억-이미지라는 두 유형의 이미지 사이의 대립으로 이해하는 대신(이 둘을 결합하여 이미지라는 동일한 지위를 부여하려는 작업은 너무나도 쉽게 좌초되고 만다), 양쪽 극단에서 이미지를 초과하는 경향을 지닌 이원론으로 이해해야 한다. 이러한 이원론은 "굴복하면서도 다시 엄습하는" 무의식을 "급속한 명암 전환을 통해"[43] 지시할 것이다. 어쩌면 이미지의 문제란 존재하지 않을지도 모른다. 심지어 이미지에 관한 베르그손의 주장 또한 없을지도 모른다. 아무리 놀라워 보인다 해도, 사르트르가 보기에는 상상할 수 없는inimaginable 것일지라도, 사실 《물질과 기억》의 기획 전체는 정신의 실재성과 물질의 실재성을 이미지 너머에서, 이미지화될 수 없는inimaginable 것으로(즉, 1896년에는 아직 그 의미가 완전히 확정되지 않은 용어를 사용하자면, 직관적으로) 포착하는 것이기 때문이다.

우리는 이미지를 베르그손이 대조의 지점으로 사용하는 중간항으로

43 〈서론〉, II, 《사유와 운동》, 27-28(38)쪽.

고찰할 것이다. 먼저 이미지와 기억 사이의 대조가, 다음으로는 이미지와 물질 사이의 대조가 이루어진다. 첫 번째 계기는 2장과 3장의 논의를 따라 어떻게 이미지 너머에서 **순수기억**으로서의 정신의 실재성에 도달할 수 있는지 보여줄 것이다. 두 번째 계기는 마지막 장의 논의에 기대어 어떻게 이미지 이하에서 **순수지각**으로서의 물질의 실재성에 도달할 수 있는지 보여줄 것이다. 마지막으로 이미지화될 수 없는 것에 도달을 가능케 하는 직관의 개념이 몇 년 뒤에야 그 자체로 주제화된다 해도, 이미지와 직관 사이의 간극은 1896년부터 확인되어, 이미지가 직관에 대해 수행하는 매개적인 기능에 대한 이후의 텍스트들을 준비하거나 적어도 예고할 수 있다. 우리는 사르트르가 통탄했던 의미론적 파열은커녕, 이미지라는 용어가 용법상의 일의성은 아니라 해도 적어도 의미상의 일의성을 지니고 있음을 발견할 것이라 생각할 수 있다.

이미지화될 수 없는 기억

2장을 잠시 살펴보기만 해도, 1장에서부터 암시되고 3장에서 검증될 순수기억, 즉 이미지화될 수 없는 정신의 가설이 명시적으로 배제되고 있음을 알아챌 수 있다. 2장의 문제는 오직 이미지, 즉 표상, 기억, 관념 자체라는 의미에서의 이미지일 뿐이다. 한층 더 기묘한 점은 [1장에서는] 순수지각을 설명하는 데 사용되었던 이미지가 이제는 순수지각에 대립하는 편으로 돌아서서, 독자적인 기억 능력이 자동적으로 축적하는 기억 내용과 동일시된다는 사실이다. 앞에서 이미지는 지각된 사물이었으나 이제는 기억이 "즉자적으로 고찰된 이미지 자체"[44]가 된다. 따라서 우리는 악순환에 처한다. 베르그손이 이미지에 가장 중요한 역할을 부여하는 것처럼 보이는 데다가, 이 역할이 사르트르의 손을 들어주는 것처럼 보이기 때

44 《물질과 기억》, 2장, 84쪽. 즉자적 이미지로서의 기억이라는 표현은 여기서 단 한 번 등장한다.

문이다. 사르트르의 반박들은 이 지점을 그 힘의 원천으로 삼고 있다. 3장에서는 상상과 기억이 대립하는 반면("**상상하는** 것은 **기억하는** 것이 아니다"[45]), 2장은 상상과 기억을 동일시하며, "이미지적 기억"[46]을 주제로 삼은 것처럼 보인다. 2장에서 분할선은 순수기억과 이미지 사이에 놓이지 않는다. 그것은 **이미지화**하는 진정한 기억과, 습관의 형태로 **반복되는** 외견상의 기억 사이에 그어진다.[47]

2장이 기억-이미지라는 용어의 반복적 출현을 통해 혼합물을 환기하려 한다고, 즉 이미지와 기억이 본성상 구분되고, 기억은 현실화의 순간에만 이미지와 관계한다는 사실을 보이려 했다고 말해야 할 것인가? 물론이다. 하지만 그 경우 베르그손은 기억을 '즉자적 이미지', 표상되지 않아도 존재할 수 있는 이미지로 여기지 말았어야 하는 것이 아닌가? 사실 이 뚜렷한 긴장은 2장의 집필이 점진적으로 이루어졌다는 사실을 짐작케 한다. 2장에서는 적어도 두 층위의 글쓰기가 드러난다. 실제로 《철학 평론》 1896년 3월 호와 4월 호에 실렸던 2장의 초판은 최종 출판본에서 상당 부분 수정되었다. 앙드레 로비네는 짧지만 아주 시사적인 한 논문에서 이 두 판본의 차이를 대조했다.[48] 이 논문에서는 아직 기억-이미지라는 용어가 등장하지 않고, 이미지는 표상과 기억뿐 아니라 관념에 이르기까지 균일한 방식으로 정신적 대상을 가리키는 데 사용되었다. 최종 출판본에서는 이미지라는 용어가 93회 삭제되어 기억(52회)이나 순수기억(1회)이라는 말로 대체되거나, 기억-이미지(12회)나 이미지-기억[(6회)]이라는 말로 수정된다. 따라서 '기억-이미지'라는 용어가 2장을 다른 장들과 동등한 지위에 올려놓고, 또 몇몇 거친 부분을 가다듬어 앞뒤 장들에 이어 삽입

45 같은 책, 3장, 150쪽.
46 같은 책, 2장, 118쪽.
47 같은 책, 87쪽.
48 앙드레 로비네, 〈베르그손에서 이미지의 지각과 기억에 대한 생물학적 설명으로의 이행〉, 《철학 연구》, PUF, 1966(《물질과 기억》, 2008, 476-490쪽에 재수록).

하기 위해 충분한, 혹은 거의 충분한 [수정 사항이었다는] 추측이 가능할 것이다. 하지만 초판에서 최종 출판본으로 이행한 뒤에도, 베르그손은 아직 기억을 기억의 이미지화로 환원할 수 없다는 점을 발견하지 못했다. 그리고 2장은 바로 이런 이유로 재집필되었음에도 여전히 한 걸음 물러나 있다.

이는 1896년의 논문이 아직 뇌의 국재화에 관한 주장을 타당한 것으로, 적어도 과학적으로 유효한 것으로 여기고 있었기 때문이다. 심리학 분야에서 베르그손의 스승인 리보가 옹호했던 이러한 주장에 따르면, 기억은 세포적이고 분자적인 배치의 형태로 보존된다. 1888년 클레르몽페랑 강의에서 베르그손은 이러한 주장이 "높은 확률로 참된 내용을"[49] 담고 있을 것이라 말하곤 했다. 1896년 논문에는 여전히 기억을 상실하는 두 가지 방식이 존재한다. 기억은 순전한 소멸을 통해 상실될 수도 있고, 지각과 지각에 동반되는 습관적 운동들 사이의 연결 단절이 기억의 상기를 불가능하게 하여 상실될 수도 있다. 베르그손이 이 후자의 가능성에만 관심을 보인다 해도, 그가 무시하는 기억 파괴의 가능성은 [여전히] 가능성의 지위를 유지한다.[50] 그 이유는 쉽게 이해할 수 있다. 기억들이 여전히 이미지라면, 기억들이 어디에 보존되는지에 관한 문제가 계속해서 제기되기 때문이다. 기억들이 뇌 속에 국재화된다는 주장이 부조리한 가설 혹은 잘못 제기된 문제가 되려면, 먼저 순수기억을 통해 과거와 현재 사이에 수립된 환원 불가능한 차이를 승인해야 한다. 이 논문을 작성할 당시 베르그손은 이러한 차이를 발견하지 못했다.

3장에 이르러서야 이미지들이 시간적인 것이 아니라 공간적인 기원을 지니고 있음이 드러난다. 이미지들은 늘 "공간 속에 펼쳐진" 것은 아

49 베르그손, 《강의》, 1권, 172쪽.

50 〈기억과 재인〉, 《프랑스와 외국의 철학 평론》, Alcan, 1896년 3월, 240쪽을 보라(《물질과 기억》, 104쪽의 이본異本).

니라 해도, 적어도 모두 "공간에서 끌어낸" 것들이다.[51] 그리고 과거의 기억은 이미지라는 현행적 형태로 현전하기 때문에 우리는 기억과 이미지를 동일시하고, 기억이 보존되는 **장소**의 문제를 잘못 제기한다. 2장에서는 무시되었지만 여전히 보존되는 이 가설이 3장에서는 무효화되고 해체된다. 메를로퐁티는 《지각의 현상학》에서 베르그손이 "과거의 생리적 보존을 거부하는 가장 좋은 이유"가 또한 "'심리적 보존'을 거부할 이유이기도" 하다는 사실을 알아채지 못했다고 비난한다.[52] 그러나 그는 이러한 비난을 위해 2장만을 외따로 인용하고, 3장을 무시해야 했다. 3장은 기억을 현실화시키는 이미지와 기억의 부당한 동일시를 규탄하여 모든 형태의 보존 관념을 거부한다.

> 우리는 기억이 **어디에** 보존되는지 묻지 않을 수 없을 정도로 공간에서 끌어낸 이미지들에 사로잡혀 있다. 우리는 물리화학적 현상들이 뇌 **속에서** 일어난다고, 뇌는 신체 **속에** 있다고, 신체는 그것을 둘러싼 공기 **속에** 있다고 생각한다. 그러나 완료된 과거는, 만일 그것이 보존된다면, 어디에 존재하는가? 기억을 분자적 변양의 상태로 뇌피질 속에 두는 일은 단순하고 명백한 것처럼 보인다. 그렇게 할 경우에는 현행적으로 주어진 저장고를 갖게 되고, 이 저장고를 열기만 하면 잠재적 이미지들이 의식 속으로 흘러들어 올 것 같기 때문이다. 그러나 뇌를 이러한 용도로 사용할 수 없다면, 축적된 이미지들은 어떤 창고 속에 저장될 것인가?[53]

베르그손은 2장 **이후**, 3장 **이전**에 1장을 집필했다. 그때 그가 발명했던 이미지들의 평면은 지각된 우주의 이미지를 그 또한 하나의 이미지인

51 《물질과 기억》, 3장, 165쪽.
52 모리스 메를로퐁티, 《지각의 현상학》, 1945, Gallimard, 472쪽.
53 《물질과 기억》, 3장, 165쪽.

뇌 속에 집어넣는 일의 부조리함과, 마찬가지로 축적된 과거의 이미지들을 뇌 속에 흔적의 형태로 집어넣는 일의 부조리함을 동시에 드러내주었다. 이미지들의 평면은 1장에서는 물질에 접해 있는 순수지각의 가설을, 3장에서는 과거에 접해 있는 순수기억의 가설을 암시한다. 기억의 보존이라는 문제는 이미지와 동일시된 기억들에 대해서만 제기되고, 또 동시에 취소된다. 경우에 따라서는, 뇌가 이미지들을 담고 있는 거대한 저장고라는 이미지로 환원되었을 때 어떻게 자신이 부착된 우주 전체와 함께 스스로를 보존하는지 물어야 할 것이기 때문이다. 요컨대, 순수기억이란 더 이상 어디에 보존되는지 물을 필요가 없는 정신이다. 베르그손적 무의식과 프로이트적 무의식의 차이는 바로 전자에 장소론topique이 없다는 데 있다. "나는 더 이상 물체에 대해 말하는 것이 아닐 때에도 여전히 '어디에'라는 질문이 의미를 가질 것인지 확신할 수 없다. 사진 필름은 통 속에 보존되고, 축음기 음반은 칸막이 선반 속에 보존된다. 그러나 기억은 볼 수 있고 만질 수 있는 사물이 아닌데, 왜 용기容器가 필요한 것인가? 기억이 어떻게 그런 용기를 가질 수 있을 것인가?"[54] 기억들이 보존되는 장소는 없다. 기억은 공간이 아니라 지속으로, 기억을 구현하는 이미지를 초과하기 때문이다. 2장의 재집필은 이런 방향으로 나아가 기억의 "소멸"을 "일식"이나 "외견상의 폐지"[55]에 불과한 것으로 완화한다. 그럼에도 임시변통*ad hoc*으로 보충적인 수정을 덧붙이는 일로 그친다면, 뒤이어 순수기억의 발견이 넓힌 간극을 해소할 수 없을 것이다. 베르그손은 당시의 주장을 완화하기 위해 그의 논문에 몇 줄의 서두를 추가할 수밖에 없었다. 이 서두는 2장을 둘러싼 다른 장들과의 접합점을 확보하는 동시에, "모든 일은 마치 …인 것처럼 일어난다"는 표현으로 2장을 시작한다. 사르트르는 이 표현에 속았던 것이다. "따라서 모든 일은 마치 어떤 독자적인 기억이 시간

54 〈영혼과 신체〉, 《정신적 에너지》, 55(66)쪽.
55 《물질과 기억》, 2장, 99, 104쪽.

을 따라 이미지들이 생겨남과 동시에 그것들을 모아들이는 **것처럼**, 우리 신체는 그것을 둘러싸고 있는 것과 더불어 이 이미지들 가운데 특정한 이미지에 불과한 **것처럼 일어남에 틀림없다.**"[56] 베르그손은 이렇게 '마치'를 통해 이미지에서 순수기억으로 향하는 진행 곡선의 고저차를 제거한다. 베르그손 철학에서 흔히 오해되듯, 분명 이 표현을 곧이곧대로 믿어서는 안 된다.

이미지를 기억-이미지나 순수기억이라는 표현으로 수정하면, 2장은 암묵적으로 두 개의 항이 아니라 세 개의 항을 동원할 수 있다. 순수기억, 이미지-기억, 지각이라는 세 개의 항이 존재한다. 이 여세를 몰아 3장은 이미지가 기억을 침범할 수 없다고 주장할 수 있다. 기억하는 일이 필연적으로 표상의 형태로 현실화되기에 [결국] 상상하는 일로 귀착된다 해도, 그 반대는 참이 아니다. "상상하는 것은 기억하는 것이 아니다."[57] 실제로 이미지 속에는 우리를 현재 밖으로 나오도록 할 수 있는 것이 전혀 없다. 고통에 대한 상상은 고통에 대한 경험의 시작이고, 이는 이미지가 지닌 환각적 특징에 기인하는 것이다.[58] 《사라진 알베르틴》에서 마르셀은 계속해서 알베르틴에게 질투를 느낀다. 알베르틴이 죽었는데도, 그는 더 이상 그녀를 사랑하지 않는데도 말이다. 상상에는 과거도 미래도 없다. 그것은 오직 현재에서만 작동한다. 따라서 기억은 이미지의 약화로 규정될 수 없다. 기억의 강도가 약하기 때문에 언제나 지각된 이미지의 생생함에 밀려 의식 내적으로 남아 있는 것이 아니다. 기억은 어떻게 과거의 계수를 획득할 것인가? 몇몇 술어를 추가하거나 시간적 변양을 덧붙인다고 해서 기억을 과거 속으로 밀어낼 수 있는 것은 아니다. 기억은 "지각을 통해 설명될 수" 없고, "이미지에 몇몇 작업을 수행하는 방식으로는" 획득할 수 없

56 같은 책, 81쪽.
57 《물질과 기억》, 3장, 150쪽.
58 같은 책, 151쪽(〈현재의 기억과 잘못된 재인〉, 《정신적 에너지》, 133(150)쪽에 재수록).

기 때문이다.[59] 기억은 "권리상 (…) 독립적인"[60] 것으로, 이미지와 본성상의 차이를 지닌다. 기억은 잠재적인 것과 현행적인 것 사이의 간극을 나타낸다. 사르트르는 바로 이 점을 고려하지 않았던 것이다. 이미지 자체가 과거로부터 나온 것이 아니라면, 내게 현시되는 이미지 가운데 어떤 이미지도 과거와 무관했을 것이다. "사실을 말하자면, 단번에 과거 속에 위치하지 않는 경우에는 결코 과거에 다다르지 못할 것이다." "순전한 이미지는 사실상 내가 그것을 찾기 위해 과거 속으로 나아가는 경우에만 나를 과거로 거슬러 올려보낼 것이다."[61] 요컨대 기억은 하나의 능력이라 부를 수도 없다. 정의상 능력은 간헐적으로 행사되기 때문이다. 기억은 우리를 "과거 일반" 속으로 도약하게 만드는 "특유한 행위",[62] 정신이 신체를 통해 못 박혀 있는 현재를 떠나지 않고도 실제로 과거 속으로 확장되어 뻗어가게끔 하는 행위다. 인격이 기억들souvenirs을 갖는 이유는, 인격 자체가 바로 기억mémoire이기 때문이다. 즉, 인격이 자신의 모든 과거가 유래하는 과거 자체의 총칭적générique 차원에 붙들려 있기 때문이다. 여기서 베르그손은 자신에게 가해졌던 모든 반론을 극복한다. 심지어 그는 후설의 파지把持를, 그리고 파지가 함축하는 과거인 한에서의 과거에 대한 지향성이라는 관념을 예고하기까지 한다. 실제로 어떤 이미지가 과거의 이미지가 되려면, "과거가 자신의 깊은 뿌리를 통해 (…) 달라붙어 있는"[63] 바탕으로부터 떨어져 나온 것이어야 한다. 상상을 통해 이러한 바탕을 되찾을 수는

59 〈현재의 기억과 잘못된 재인〉, 《정신적 에너지》, 134(151)쪽.

60 《물질과 기억》, 3장, 147쪽.

61 같은 책, 150쪽.

62 같은 책, 148쪽. 혹은 다시 한번 〈현재의 기억과 잘못된 재인〉. cf. 《베르그손주의》, 51-52쪽. 여기서 "존재론으로의 도약"을 이야기하는 들뢰즈의 주석은 주목할 만한 것이다. 그렇지만 그는 존재론적 기억과 심리학적 기억이라는 두 기억을 과장하여 구분한다. 베르그손에게 과거는 존재 자체라기보다는 정신 현상의 존재와 동일시된다. 이러한 정신 현상은 《물질과 기억》을 통해 의식 밖으로 확장된다. 이때 의식은 "**심리학적 무의식**(…)의 경계를 밀어붙이"기 때문이다(《사유와 운동》, 27-28(38)쪽, 필자의 강조).

63 같은 책.

없다. 이제 지각은 어떤 심리학적 **생존 투쟁**이라 부를 수 있는 "강자 독식의 법칙을 통해"[64] 기억에 대립하거나 기억을 압도하는 것이 아니다. 그것은 기억과 협력하는 것이 된다. 지각과 기억은 힘이나 생생함, 강도의 크고 작음을 통해 구분되는 것이 아니기 때문이다. 상상이 이 환원 불가능한 바탕과 뚜렷하게 구분되는 것처럼 현재는 과거와 명확히 구분된다. 이 바탕은 이미지가 아니기 때문에, 더 정확히 말하면 이미지였던 적이 없기 때문에 이미지의 보존이라는 문제 자체를 무효화한다.

순수기억이 의식의 빛나는 무대에 다시 나타날 수 있으려면 정신이 실제로 그것을 이미지화해야 하기 때문에, 분명 순수기억 자체는 이미지가 아니라 해도 여전히 이미지화될 수 있는 것이라고 반박할 것인가? 그러나 이는 기억이 다시 한번 이미지화될 경우 그것이 유래한 모호한 잠재적 바탕을 제거할 수 있을 것이라 믿는 일이다. 사람들은 종종 베르그손의 기억이 모호함 속에 여전히 현전한다고 믿었다. 단지 기억은 실천적 생의 요구들에 의해 억제되었기에, 방심을 통해 우리와 기억 사이를 가르는 베일을 치우기만 하면 기억을 처음 생겨났을 때처럼 생생하게 되찾을 수 있으리라고 말이다. 때로는 베르그손 자신이 이런 식으로 말하기도 한다.[65] 그러나 이런 말을 하기 위해서는, 먼저 순수기억이 정확히 그 자신이 아닌 바(즉자적 이미지, 우리의 의식이 단순히 고개를 돌렸을 뿐인, **잠재적으로 현전하는** 이미지)가 되어야 했을 것이다.

실제로 심리학은 기억과 지각 사이에 강도상의 차이밖에 존재하지 않는다는 형이상학적 전제에 기대고 있다. 기억이 처음 생겨났을 때와 정

64 같은 책, 152쪽.

65 〈영혼과 신체〉, 《정신적 에너지》, 57(68)쪽. "우리의 과거 전체가 거기에 있다. 과거 전체는 잠재의식적인 — 말하자면 우리의 의식이 그것을 밝혀내기 위해 자기 자신으로부터 떠날 필요도 없고, 외부로부터 무엇도 덧붙일 필요가 없는 그러한 방식으로 우리에게 현전하는 — 것이다. 의식이 자신이 지닌 모든 것, 혹은 더 정확히 말하면 자기 자신의 모습 전체를 판명하게 지각하려면, 의식은 단지 장애물로부터 멀어지고 베일을 벗기기만 하면 된다."

확히 같은 형태로(그러나 생생함은 덜한 채로) 다시 한번 나타날 수 있다는 소박한 믿음 또한 이러한 전제로부터 나온 것이다. 심리학이 기억을 과거의 약화된 이미지로 여기는 이유는 기억 속에서 과거가 "완화된 채로 반복되고 있다"[66]고 여기기 때문이다. 즉, 심리학은 계속해서 기억을 이전에 존재했던 현재의 희미한 복사본으로 여긴다. 하지만 기억들의 이미지에 높은 지위를 부여하는 것은, 있었던 그대로의 과거, 다시는 반복되지 않을 과거의 완전한 상실을 거부하는 이에게나 허용되는 씁쓸함일 뿐이다. 이에 반해 기억과 기억을 구현하는 이미지가 권리상 구분된다는 사실에 대한 인정은 영원히 이미지화될 수 없는 채로 남아 있을 한 부분을 기억의 몫으로 남겨두는 것이다. 과거가 총괄적으로 보존된다는 베르그손의 주장을 이유로, 하이데거를 필두로 많은 사람이 베르그손은 과거의 비가역적 성격을 고려하지 못했다는 비판을 가했다. 실제로 몇몇 텍스트는 [기억의] 총체적 재림이라는 관념을 연상시키는 듯 보이고, 베르그손은 이 가능성을 열린 채로 남겨둔다. 그러나 원뿔의 이미지는, 그리고 기억이 서로 다른 평면에서 반복된다는 사실은, 어떤 의미에서는 《물질과 기억》이 이 가능성을 부인함을 뜻한다. 생의 약동의 이미지 또한 마찬가지로 《창조적 진화》에서 기억이 완전하게 재생될 수 없음을 의미할 것이다. 과거가 이미 일어났던 그대로 다시 나타나 완벽하게 복원될 수 있다는 생각을 비판하는 데에는 적어도 두 가지 이유가 있다.

(i) 상상 속에서 사태를 두 번 **다시 살기**를 바라는 것은 의미 없는 일이다. 과거는 그것을 상기시키는 현행적 상황에 따라 변질될 때에만 다시 현재가 된다. 따라서 과거가 의식의 문턱을 뛰어넘어, 가장 유용한 측면을 현재화하기 위해서는, 과거의 순수성이 희생될 수밖에 없다. 더욱이 실재에 얼마나 강렬한 주의를 기울이는가에 따라 과거가 다양한 층위에서 무

66 〈현재의 기억과 잘못된 재인〉, 《정신적 에너지》, 135(152)쪽.

한정 반복될 수 있는 이유는 바로 그것이 즉자적으로 이미지화될 수 없기 때문이다. 기억은 그 자체로 이미지화되어 동일하게 반복될 수 없기 때문에 끊임없이 자기 자신과 달라지고 의식의 다양한 평면들에 따라 심층적으로 재분배된다. 과거의 불가능한 되풀이가 우리 안에 기억의 깊이를 형성한다. 그리고 이 기억은 우리의 관심에 따라 변화하는 가소성을 지닌다. 기억은 그것을 불러내는 현재를 그 안에 인수하지 않고서는 표상될 수 없다. 내 과거는 그것에 새로운 방향을 부과하는 생에 대한 주의를 끌어오는 경우에만, 다소간 임박한 미래로의 형태로 다시 나타날 수 있다. 하지만 꿈을 통해 풀려난 과거를, 현재로부터 해방된 과거를 사유할 수 있을까? 꿈속에서는 행동에서 멀어진 인격이 자기 자신에게 되돌아와 스스로를 본래적으로 인지한다고 할 수 있을까? 꿈을 통해 가능해지는 원뿔의 극단적 평면으로의 접근은 기억들이 충분히 확장되어 서로 병치, 구분되는 밑면을 제시하는 것이 아닐까? 이러한 접근이 우리의 과거를 완벽히 동일한 형태로 소생시키는 것은 아닐까? 그러나 이러한 접근은 더 이상 과거를 **사는** 것이 아니라 **꿈꾸는** 것일 뿐이다. 우리는 파편화된 기억들의 간격들 속에서 스스로를 상실할 것이다. 과거의 주마등은 죽어가는 자(자신이 생명을 상실하고 있음을 이미 아는 자)에게 자기의 분산된 총체성을 보여준다. 그의 지난 역사는 무수한 세부 사항으로 흩어지고, 총괄적 상기에 가까워짐에 따라 소멸된다. 그의 인격을 가로지르며 그 동일성을 형성하는 의미가 상실되었기 때문이다. 베르그손은 이렇게 말한다. “이 평면들은 심리학이 연구의 편의를 위해 차례로 위치해야 하는 두 극단적 한계들일 뿐이다. 사실상 이 한계들에는 결코 도달할 수 없다.”[67]

(ii) 게다가 상상 속에서 사태를 두 번 다시 살기를 **바라는** 것은 의미 없는 일이다. 우리의 의지는 어떤 약동 속에 붙잡혀 있고, 이 약동은 의지

67 《물질과 기억》, 3장, 187쪽.

에 추동력을 부여하는 동시에 그 방향을 새겨 넣는다. 의지는 미래로 향하면서 미래를 희망한다. 그렇기 때문에 생에 대한 주의는 자기에 대한, 그리고 과거의 두께에 대한 부주의를 함축한다. 뒤돌아서기만 하면 우리 자신을 포착할 수 있을까? 그러나 "우리는 뒤돌아설 수도 없고, 뒤돌아서서도 안 된다".[68] 우리 능력 밖의 일을 어떻게 바랄 수 있겠는가? 우리의 능력은 뇌의 메커니즘이 "전방을" 바라보도록 강제하면서도 슬며시 드러내는 과거의 요소들에 결부되어 있다. 시간의 비가역성은 과거가 오직 유령처럼, 즉 위장을 통해 되돌아오기를 강제한다. "우리는 역사의 동일한 순간을 두 번 살지 않으며, 시간이 그 흐름을 거슬러 올라가지 않는다는 것을 잘 알고 있다."[69] 베르그손이 비가역적인 것에 대한 노스탤지어에 사로잡히지 않는다면 그 이유는 과거가 결부되어 있는 전진운동이 과거를 갱신하여 언제나 달라진 것으로 시간의 흐름 속에 재기입하기 때문이다. 잃어버린 것을 되찾을 수는 없다. 그러나 기대하지도 않았던 것이 발견된다. 미증유의 것, 뜻밖의 것이 일으키는 기쁨을 통해, 우리는 달랠 수 없는 상실이 가져오는 가능한 좌절들을 계속해서 극복하여 여전히 희망할 수 있게 된다. 과거가 다시 돌아오기를 바라는 것은 형용모순에 기대고 있다. 우리가 바라는 것은 오직 미래ce qui sera뿐이기 때문이다. 엄격히 말해, 지나간 것에 대한 후회는 더 이상 바라지 않는 것과 같다. 《비가역적인 것과 노스탤지어》에서 이루어지는 장켈레비치의 성찰은 베르그손에 대한 부정이 아니다. 그는 단지 시간의 비가역성에 특정한 기질을 부여하는 감응적인 색조를 덧붙일 뿐이다.[70] 사실상 과거를 후회하건 후회하지 않건 간

68 〈생령과 정신 연구〉, 《정신적 에너지》, 76(90)쪽.

69 〈현재의 기억과 잘못된 재인〉, 《정신적 에너지》, 137(155)쪽.

70 블라디미르 장켈레비치, 《비가역적인 것과 노스탤지어*L'Irréversible et la nostalgie*》, Flammarion, "Nouvelle bibliothèque scientifique", 1974, 188-189쪽. "비가역적인 것이 필연적으로 후회와 연결되지는 않는다는 것, 그것은 연속적인 갱신의 기쁨을 불러일으킬 수도 있다는 것, 이것이 바로 베르그손주의가 증명하려는 것이다. 《의식의 직접소여에 관한 시론》에서 베르그손은 분명 어떤 사건도 반복되지 않는 비가역

에, 과거는 지나간(일어났던) 방식대로 다시 일어나지 않을 것이다. 과거는 미래의 지평 속에 기입됨으로써 상기되고, 이 지평은 나의 실존이 이전에 과거에 부여했던 것과 더 이상 동일하지 않다.

이미지화될 수 없는 물질

베르그손은 순수기억으로서의 정신이 지닌 실재성에 다다를 수 있었다. 이와 대칭적으로 물질의 실재성에 도달할 가능성을 생각해 볼 수 있을까? 물질은 더 이상 이미지 너머에 있는 것이 아니라 이미지 이하에 있는 것이다. 1장에서부터 물질적 우주가 이미지들의 평면 위에 실현되었다고 확신했던 사람은 이런 증명에 놀라워할 것이다. 그러나 앞선 경우("즉자적으로 고찰된 이미지 자체")와 마찬가지로 단 한 번의 출현이 우리의 증명에 설득력을 부여할 것이다. 실제로 "운동적 이미지들"[71]에 대한 논의가 수행되고 있다 해도, 이 표현이 유일하게 등장한 맥락 자체가 이 표현의 영향력을 감소시킨다. 이 맥락에서 강조되는 것은 반대로 상상을 통해 물질의 운동적 연속성이 한정되고 고정된다는 점이기 때문이다.

> 분할은 상상의 작품이다. 상상의 기능은 바로 한밤중의 폭풍우를 밝히는 순간적인 번개처럼, 일상적 경험의 운동적 이미지들을 고정시키는 것이다.[72]

상상이 기억 속에서 길어 올린 재료를 양분으로 삼아 그것을 이미지

적인 생성을 묘사하고 있으나, 일반적으로 어떤 찌르는 듯한 노스탤지어와도, 어떤 회고주의적 멜랑콜리와도 거리를 두고 있다. 《시론》이 세기말, 즉 특별히 노스탤지어적인 시기에 쓰여졌다 해도, 베르그손은 결코 '내가 말하는 순간은 이미 나에게서 멀리 떨어져 있다'고 말하지 않는다. '결코 두 번 볼 수 없을 것'을 다시 살 수 없다는 불가능성은 베르그손에게 어떤 절망도 불러일으키지 않는다. 《물질과 기억》은 과거와 현재, 기억과 지각을 구분짓는 질적인 분할을 계속해서 강조하지만, 그는 돌이킬 수 없는 것, 이제는 이미 아닌 것 위를 조용히 지나간다."

71 《물질과 기억》, 4장, 211쪽.

72 같은 책.

의 형태로 현실화하여 외부로 투사한다면, 지각 속에서 그것을 받아들일 수 있을 형식 또한 한정해 두어야 할 것이다. 상상이 그 빛나는 잉크로 틀을 그려놓으면, 나중에 기억이 와서 그 틀을 채우고 공고하게 만든다. [그러나] 상상이 틀을 고정하기 전에는 오직 "한밤"[의 어둠]밖에 존재하지 않는다. 상상은 지각과 기억을 각기 형식과 내용으로 변형시킨 뒤, 양자를 결합하는 종합의 역할을 수행한다. 그러나 사람들은 여전히 1장의 독해에 머무르며, 4장의 목적은 1장이 즉자적으로 제기했던 이미지들의 평면에 직관적으로 도달하려는 것이라고 확신했다. 두 가지 논변을 통해 이러한 입장을 반박할 수 있을 것이다.

(i) 앞서 언급되었던 2장과 마찬가지로 이 마지막 장의 중심 텍스트는 1896년 5월에 논문 형태로 따로 출간되었다. 따라서 2장과 마찬가지로 마지막 장도 1장 이전에 쓰인 것이기에 사실상 1장이 없어도 이해 가능한 것이어야 한다. 게다가 우리가 알고 있는 판본에서 베르그손은 텍스트를 거의 수정하지 않는다. 선입관 없이 바라본다면, 《물질과 기억》 4개의 장 가운데 이 마지막 장에서 단연코 이미지라는 용어가 가장 적게 나타나고 있음을 알아챌 수 있다. 더구나 여기서 이미지라는 말은 대부분의 경우 경멸적인 의미로 사용되거나 적어도 물질 자체를 형언하기에는 불충분한 것으로 여겨진다. 나날의 경험을 직조하는 데 쓰이는, "우리 필요에 완전히 상대적인 일상적 이미지들"의 경우는 어떠한가? "그러나 물질 이론은 **이러한 일상적 이미지들 아래서 실재를 재발견하려** 하는 것이기에 (…), **그것은 우선 이러한 이미지들로부터 벗어나야 한다.**"[73] 물리학자가 제시하는, 물질에 대한 더 정확한 이미지들의 경우는 어떠한가? 원자의 형태로 이해될 경우, 베르그손은 "**이런 유형의 이미지들은 사물의 바탕을 전혀 규명하지 않는다**"고 단언한다. 힘을 통해 더 섬세하게 이해되는 경우에도, 베르그손은

73 같은 책, 224쪽(필자의 강조).

여전히 그것이 "**거친 이미지**"[74]라고 말한다. 이렇게 첫 번째 의심이 제기된다. 상상(물리학자의 상상이건 우리가 일상적으로 사용하는 상상이건 둘 다 혐의가 있다)이 밖으로 투사하는 이미지들이 사물들의 바탕을 은폐함으로써 다른 이미지들, 이번에는 즉자적이라 가정되어야 할 법한 그런 이미지들을 감춰버린다고 한다면 기이한 일이 될 것이다.

(ii) '즉자적 이미지들'에 대한 논의가 진행되고 있음을 인정한다 해도, 이 이미지들은 1장에서 4장으로 나아가는 와중에 완전히 반대 방향으로 돌아서서, 그 표현 자체가 모순적인 것이 된 듯하다. 기실 베르그손이 처음에 제시한 이미지들의 평면과 마지막에 기술하는 물질적 연장 사이에는 아무런 공통점도 없다. 공간 속에 완전히 펼쳐진 이미지들의 평면은 지속 속에서 이루어진 순간적인 절단이기 때문에 원리상 지속은 이 평면 속에 기입될 수 없다. 그것은 급진적 기계론의 지배를 받는 이미지들의 닫힌 체계다. 그렇기 때문에 베르그손은 이 평면을 기술하는 데 있어서 포함되는 것과 포함하는 것이라는 공간적인 표현을 사용할 수밖에 없었다. 이미지들의 평면을 통해 나타나는 물질적 우주는 물리학과 상식의 우주이고, 이때 이미지는 그것이 공간적인 기원으로부터 추출되었음을 나타내는 흔적을 분명히 보존하고 있다. 4장에서 베르그손이 우주의 흐름을 가상적으로 정지(순간적 절단)시킨 뒤에는 우주가 그 운동을 복원하고, 우리는 독특한 지속의 깊이가 복원된 운동적 연속성을 직관적으로 포착해야 한다. 이미지의 평면성이 그것을 낳은 공간성을 드러내는 것이라면, 어떻게 이미지에 시간적 두께를 할당할 수 있겠는가?

적어도 이미지 속에서 세계의 존재가 드러난다는 점에는 의심이 싹텄을 것이다. 두 가지 사항을 새롭게 고찰하여 이 믿음을 완전히 떨칠 수 있을 것이다. 한편으로는 1장에서 4장의 내용을 예고하는 구절들을, 다른

74 같은 책(필자의 강조).

한편으로는 4장에서 베르그손이 상상에 부여하는 중대한 역할(이미지의 최종적 지위는 상상에 대한 검토를 통해 결정된다)을 고찰할 필요가 있다.

1장의 마지막 부분에서 베르그손은 이때까지 **즉자적***en soi*이라 가정되었던 이미지들이 오직 권리상으로만 그러한 것이고, 사실상으로는 **우리 안에***en nous* 머물러 있었음을 알려준다. 실제로 지각은 "지속의 다양한 순간을 단일한 직관 속에"[75] 수축시키고, 상식이 본능적으로 물자체라 여기는 것을 이미지의 형태로 내부화한다. 이는 곧 사물들이 베르그손이 처음에 제시했던 이미지, "내 감관을 열면"[76] 곧바로 지각되는 이미지들처럼 **즉자적으로** 그림 같지는 않다는 말이다. 논증의 이 지점에서 방법상의 기교가 드러난다. 출발점에 놓인 모든 것은, 이미지까지도, 가장된 것이었다. 이미지는 일시적으로, 형이상학이 보류되어 있는 "잠시 동안" **즉자적인** 것인 양 가장되어야만 했다. 순수지각이 사실상 **이미** 기억, 즉 순간성들의 수축이기 때문에, "잇따르는 지각들은 결코 **지금까지 가정되었던 것처럼** 사물들의 실재적 순간들이 아니라, 우리 의식의 순간들이다".[77] 달리 말하면, 이미지는 항상, 1장에서도 우리 안에 있었다. 그것은 단지 방법상의 필요를 위해 우리 밖에 있다고 가정되었던 것이다. 베르그손은 더 멀리까지 나아가, 사물들 그 자체를 인식할 가능성을 암시하기도 한다. "우리 의식을 특징짓는 이 특정한 지속의 리듬으로부터 물질이 지닌 감각적 성질들 자체를 분리시킬 수 있다면, 이 성질들은 더 이상 밖으로부터가 아니라 안으로부터, **즉자적으로** 인식될지도 모른다."[78] 물질적 즉자에 대한 접근, 정신적인 것의 존재에 대한 접근에 대해서는, 아직 아무것도 논의되지 않았다. 오직 앞에서 가정되었던 것과는 달리, 그것이 이미지가 아니라는 사실만 언급되었을 뿐이다. 따라서 4장이 1장과는 반대로 주체에서 출발하

75 《물질과 기억》, 1장, 76쪽.
76 같은 책, 11쪽.
77 같은 책, 72쪽(필자의 강조).
78 같은 책.

여 대상으로 나아가고자 한다면, 사물들을 내부화하고 지각되도록 만드는 시간적 두께를 관념적으로 분할해야 할 것이다. "지각에서 물질로, 주체에서 대상으로 이행하기 위해서는, 한마디로 모든 기억을 삭제"[79]해야 한다.

이렇게 이루어진 사실fait을 이루어짐의 접촉se faisant으로 되돌려 "진정한 경험", 즉 "정신과 대상의 직접적 접촉에서 태동하는 경험"[80]의 복권을 시도할 때, 형이상학은 그 특권을 회복한다. 이제 단일한 평면에 나열되어 외양만을 전달했던 평평한 현상에 그 시간적 깊이를 되돌려준다면, 이를 통해 지속 자체가 역동적으로 입증될 것이다. 우리는 존재 전체는 아니지만 존재 속에 위치하기에, 베르그손은 "실재적 곡선에서 포착되는 무한히 작은 요소를 가지고, 이 요소들 배후의 어둠 속에서 펼쳐지는 곡선 자체의 형태를 재구성"[81]할 것을 제안한다. 존재의 총체적 현전과 일치하거나 외양들로부터 떨어져 나와야 하는 것이 아니다. "행동의 편견들이라 불릴 수 있을 법한 것들로부터 점차 빠져나옴에 따라"[82] 지각의 틀을 내부적으로 극복하여, "무매개적 실재성과 대면하게"[83] 될 때까지 외양을 마주해야 한다. 직관은 초월의 운동을 통해 물질적 우주의 깊이를 탐사하고, "부분적인 일치"[84]를 통해 사물들의 리듬과 내 의식의 리듬 사이의 왕복운동(관계를 통해 통일되는 항들보다 관계 자체를 더 본질적인 것으로 여기는 강도적 차이) 속에 자리 잡는다. 직관은 지각을 [수평적으로] 확장하는 것이 아니다. 그것은 어떤 이미지를 통해서도 되찾을 수 없는 현재의 두께를 지각에 복원하여 지각을 심층적으로 팽창시킨다.

79 같은 책, 73쪽.
80 같은 책, 4장, 204쪽.
81 같은 책, 206쪽.
82 같은 책, 247쪽.
83 같은 책, 245쪽.
84 같은 책, 246쪽.

물질의 운동적 통일성을 우리 밖에서, 상상이 현시하는 것의 배후에서 감지해야 한다. 그렇기 때문에 베르그손은 《시론》의 결과를 연장하여, 의식의 직접소여를 "객관적인 직접소여"[85]를 통해 보완한다. 이 후자의 소여는 우리 의식의 제거를 관념적으로 가정한다. "당신의 의식을 제거해 보라." 그러면 "당신은 아마도 물질에 대해 **당신의 상상이 피로해할, 그러나 순수한 시각**을 얻게 될 것이다. 이러한 시각은 생의 요구들이 외적 지각에서 물질에 덧붙인 것들로부터 벗어날 것이다".[86] 상상은 객관적 소여까지 뚫고 들어가는 시각에 피로해한다. 아마 이러한 시각이 상상 활동의 강도를 높여 직접적 직관에 가까운 이미지를 획득하려 하기 때문일 것이다. 그러나 더 정확히 말하면, 그것이 상상에 반하여 수행되기 때문일 것이다. 즉, 이 시각은 그것을 드러내는 동시에 감추는 이미지를 제거하여 얻어낸 것이다. 여기서 관건은 이미지화할 수 없는 순수 물질을 포착하는 일, 물질이 이미지 **너머에서**, 그러나 또한 이미지에 **접하여** 구획 짓는 고유한 리듬을 직관을 통해 포착하는 일이다. 이미지는 물질이 우리의 눈에 맞춰 수축했을 때 나타나는 것이면서도, 또한 우리를 물질과 관계하게 해주는 것이다. 요컨대 즉자적 이미지는 존재하지 않지만, 직관은 이미지 속에서 즉자를 포착해야 한다. 즉자는 지각이 절삭하는 무수한 진동으로 인해 이미지를 초과한다. 이렇게 내재성 속에서 드러나는 초월성이 물질이 물질에 대한 표상에 외적이라는 사실을 보장하고, 또 이를 통해 외부 세계의 실재성에 합류할 것이다.

이처럼 이미지는 하나의 공통 영역을 제시하고, 시간적 두께를 되찾은 물질과 정신은 이 공통 영역 너머에서 통일의 수단을 찾아낸다. 직관은 이것들에 접근할 수 있다. 이것들은 더 혹은 덜 높은 지속의 층들에 기입되어 있으며, 따라서 그 리듬들 사이의 "긴장의 차이"가 "양자의 이원성

85 《잡문집》, 773쪽.
86 《물질과 기억》, 4장, 233-234쪽(필자의 강조).

과 공존을 설명해 준다".[87] 이미지는 정신생리학적 분석을 위해 의존해야 했던 출발점에 불과했다. 이러한 분석이 없었다면, 직관은 명석성을 획득하지 못했을 것이기 때문이다. 베르그손의 아름다운 표현에 따르면, 우리는 "기꺼이 심리학적 분석의, 따라서 상식의 포로가"[88] 되었다. 그런 뒤에는 포로 상태에서 벗어나 형이상학적 실재를 직관적으로 되찾을 수 있으리라 확신했기 때문이다. 이미 장켈레비치가 말했던 것처럼,

> 평범한, 즉 유용한 지각은 그것을 넘어서는 이 두 무한의 교차로에 놓여 있다. 따라서 이 공통 영역 너머에는 순수 정신의 직관과 순수 물질의 직관이 존재한다.[89]

20. 지각의 시간과 과거의 우위

《시론》은 의식이 결부되었던 세계로부터 의식을 관념적으로 분리하여 내적인 생의 흐름 속에서 순수지속을 드러내었다. 이런 관점에서 필요한 조건들을 제공했던 것은 꿈이다. "자연적이건 인위적이건 간에, 수면은 바로 이런 유형의 분리를 일으키기"[90] 때문이다. 의식은 "신경, 감각, 운동 요소 사이의 접촉 중단"을 통해 세계로부터 추상됨으로써, 자신의 내면에서 직접적으로 주어진 감각들을 복원했다. 이 감각들은 운동의 형태로 재구성되는 대신, 나누어지지 않은 지속의 연속적인 두께를 되찾았다. 그러나 베르그손은 자유로운 행동 역시 하나의 사실로 여겼기 때문에, 영혼이 어떻게 신체와 통일될 것인지, 또한 영혼이 외부에 기입되려 하는지의 문

87 〈서론〉, II, 《사유와 운동》, 61-62(75)쪽.
88 《물질과 기억》, 4장, 202쪽.
89 블라디미르 장켈레비치, 《앙리 베르그손》, 1959, PUF, 1989, 121-122쪽.
90 《물질과 기억》, 3장, 171쪽.

제가 제기되었다. 그리하여 《물질과 기억》은 물질의 실재성뿐만 아니라 《시론》이 지금까지 머물러 있던 것보다 더 그리고 덜 긴장된 리듬으로 운동하는 정신의 실재성 또한 주장하여 양자의 시간적 절합을 사유해야 했다. 《시론》에서 제시된 지속과 공간 사이의 구분 위에 《물질과 기억》이 정초되는 것이 아니라, 반대로 《물질과 기억》이 도달한 깊이의 층위를 통해 이전의 결과들을 더 광대하고 심층적인 직관적 실재성 속에 정초하게 되는 것이다. 초안만 남은 아돌포 레비에게 보내는 편지에서 베르그손은 이렇게 말한다.

> 당신이 언급한 《시론》과 《물질과 기억》 사이의 간극은 실제로 존재하는 것입니다. 그러나 이 간극은 이 두 저작에서 다루어지는 주제의 차이에 기인하는 것이지, 관점의 차이나 내 생각의 변화 때문이 아닙니다. (…) 《물질과 기억》에는 《시론》의 주장이 온전히 보존되어 있습니다(202쪽을 보십시오). 그러나 이 주장은 더 광대한 총체 속에 용해되어 있지요.[91]

여기서 베르그손은 값진 지적을 여럿 제시한다. 이 두 저작은 서로 간극을 보이지만, 그럼에도 서로 모순되는 것은 아니다. 《물질과 기억》이 《시론》에서 출발하지 않는 이유는 《시론》을 부인하기 위해서가 아니라, 마지막 4장에서 《시론》에 더 잘 결합되기 위해서이기 때문이다. 《시론》은 이를 통해 베르그손의 작품 속에서 한정된 자리를 할당받는다. 베르그손이 언급하는 페이지([현재의 편집으로는] 204쪽)는 실제로 "이전 작업"의 결과들을 상기시키며, 의식의 문제에 적용했던 방법을 물질의 문제에 적용하려 한다. 그런데 물질에 비분할된 연장을, 그리고 우리 지속보다 더 느슨한 리듬을 지닌 지속을 할당함에 따라 베르그손은 의식을 물질의

91 〈아돌포 레비에게 보내는 편지 초안, 날짜 미상[1905년 1월 말?]〉, 《서간집》, 114-115쪽.

외재성과 연결시킨다. 《시론》은 심리학 비판을 위해 주제를 심리학에 한정했기 때문에, 《시론》에서 물질의 외재성은 의식의 상태들로 해소되었다. [《물질과 기억》에서] 베르그손은 그 틀을 확장시키고, 의식의 직접소여에 멈췄던 《시론》에서와는 달리, 의식은 물질과의 접촉점에서 흐름에 반하는 흐름, 리듬에 반하는 리듬으로 정립되어 더 광대한 총체 속에 용해된다. "그러니까 이 외적인 이미지들 위에 (…) 말하자면 /…/ ~~내 리듬처럼~~ 더 긴장된 리듬을 지닌 ~~개별적인~~ 의식들이 놓입니다. (…) 이 이미지들의 특유한 존재는 직관 속에서 주어지고(상식은 이를 외부성에 대한 직관이라고 부릅니다), 이는 심화시켜 볼수록 서로 다른 두 지속의 리듬이 중첩된 것으로 나타나게 됩니다."[92] 《물질과 기억》은 이렇게 순수지속 속에서 더 큰 폭으로 움직여 각기 더 낮은 층위(더 분산된 지속으로서의 물질)와 더 높은 층위(더 집중된 지속으로서의 지각)에 자리 잡아 《시론》을 병합한다.

《시론》에서 의식은 순수지속의 연속된 흐름을 통해 그 고유한 의식상태들에 내재적인 것이 되었다. 이 상태들은 의식 속에서 상호침투하면서 의식의 형식을 결정했다. 베르그손은 이제 의식의 지위를 다시 조망할 수 있다. 《시론》은 전적으로 의식의 흐름 속에 잠겨 있었지만, 《물질과 기억》은 의식의 경계에서 의식을 초과하는 실재를 붙잡는다. 이러한 초과는 이중적이다. 순수지각에 의한 초과와 순수기억에 의한 초과. 실제로 한편으로는 물질이 의식을 넘어선다. 의식은 물질 중에서 신체를 둘러싸는 유용한 영역만을 지각하기 때문이다. 그러나 물질을 더 좁은 지속 속에 집중시킬 때, 지각하는 의식은 자신의 배후에 과거를 남겨둠으로써 고유한 내적 장champ을 그만큼 협소화하는 리듬을 향해 상승해야 한다. 그

92 같은 책, 115쪽.
[역주] /…/은 원문에서 불분명한 단어나 구절을 의미한다. 취소선은 원문에서 지워진 단어를 가리킨다.

래서 다른 한편으로는 심리적 무의식이 무의식적인 심리 상태들을 통해 의식을 넘어선다. 달리 말하면, 베르그손은 정신과 물질을 구분하여 형식이자 행위로서의 의식을 의식이 수축하고 의식 속에서 조직화되는 상태들로부터 떼어낸다. "의식은 **현재**, 즉 현행적으로 체험된 것, 다시 말해 결국 **행동함**의 특징적인 표지에 불과하다."[93] 의식은 "실재적인 행동과 효율성의"[94] 동의어가 되어 수행할 행동을 위해서만 조명된다. 이제 현재는 그 유효성을 통해 정의된다. 현재는 감각-운동적이다. 엄밀히 말해, "나의 현재는 내가 내 신체에 대해 갖는 의식으로 이루어진다". 베르그손은《시론》의 전부를 차지했던 논의를 더 넓은 틀 속에 위치시킬 뿐이다. "따라서 그것[나의 현재]은 내 생성의 현행적 상태를 표상한다. 그것은 내 지속 속에서 형성 중에 있는 것이다."[95] 실재적 영향력을 통해 규정된 현재란, 의식 상태들이 행동을 위해 유용하게 결합되고, 나머지 상태들을 어둠 속에 남겨두는 순간이다.

따라서《물질과 기억》은 처음에《시론》이 현재에 할당했던 우위를 박탈한다. 그리고 의식을 더 광대한 총체 속에 용해하여 의식 속에 조직화되어 있던 물질과 기억 쪽으로 시선을 돌린다. 베르그손은 자신이 앞서 제시했던 시간 관념을 부인하지 않고 보완하여, 말하자면 만화경을 돌리듯 시간 관념을 변양시킨다. 이제 우위는 과거에 놓인다. 의식 속에서 현실화되고 행동을 위해 **현재화**되는 것이 더 심층적으로는 과거에 속하기 때문이다. 한편으로 순수지각이 즉자적으로는 막대한 기간에 걸쳐 펼쳐질 사물들의 내적 역사를 의식의 현재 속에 수축한다면, "모든 지각은 이미 기억이다. **우리는 사실상 과거밖에 지각하지 않는다**".[96] 다른 한편으로 순수기억이 상실한 영향력을 다시 찾아 의식에 이미지로 현실화되기 위해서는,

93 《물질과 기억》, 3장, 156쪽.
94 같은 책.
95 같은 책, 153-154쪽.
96 같은 책, 167쪽.

자아가 현재를 떠나 기억이 잠재적으로 존재하는 곳으로, 즉 과거 속으로 기억을 찾으러 가야 한다. 우리가 앞서 보았던 것처럼 "하나의 특유한 행위"가 필요하다. 이 행위가 없다면 "과거는 **과거로** 포착될 수 없을 것이다".[97] 베르그손은 원뿔을 통해 현재 밖으로의 이러한 추출, 과거 속으로의 이러한 도약, 그리고 자아가 행동의 수행을 위해 필요로 하는 정확성에 따라 서로 다른 의식의 평면들 위로 움직일 가능성을 묘사한다. 자아는 행동 속에서는 집중되고, 꿈속에는 희미해지고 헝클어진다. 요컨대, 현재가 기억과 지각이 이미지라는 혼합된 형태로 의식에 현전하는 공터라면, 생명체는 과거 속에(정신의 과거뿐 아니라 물질의 과거에도) 실재적으로 자리잡는 경우에만 지각을 행하고 신체이자 영혼으로 세계 속에 기입될 수 있을 것이다.

지각의 시간은 그 차원들 가운데 아무것도 부인하지 않은 채로 과거로부터, 과거의 암묵적 우위로부터 분절된다. 기실 행동을 향해 돌아서 있는 생명체는 잠재적으로 과거 속에 있다. 그러나 생명체는 자신에게 현전하는 임박한 미래를 위해 과거를 망각한다. 이제 생명체의 시간적 구조를 굴절시킬 수 있다. 그것은 과거, 현재, 미래를 연속된 잇따름 속에서 뒤섞는 대신, 생명체 속에서 한꺼번에 매듭짓는다.

> 우리 앞에 공간을 무한정 열어놓도록 하는 그 동일한 본능이, 시간이 흘러감에 따라 우리 뒤에 시간을 닫아버리게 만든다.[98]

여기서 베르그손은 1장에서 진술된 법칙을 다시 언급하고 있다. 그것은 의식적 지각의 연장과 생명체가 처리하는 행동의 강도를 엄밀하게 연

97 같은 책, 각 148, 150쪽(필자의 강조). cf. 들뢰즈, 《베르그손주의》, 51-52쪽.
98 《물질과 기억》, 160-161쪽. 하이데거는 1919-1920년 강의에서 이 구절을 제사로 인용한다(GA 58, 《현상학의 근본 문제들》, 1쪽).

결하는 법칙이다. “지각은 행동이 시간을 처리하는 정확한 비율로 공간을 처리한다.”[99] 대상들이 지각되는 지평은 이처럼 우리가 대상들에 행동을 가하기 위해 사용하는 시간에 비례하는 폭을 갖고 우리 앞에 개방된다. 따라서 세계로의 개방은 우리 미래의 비결정성에 비례한다. 우리를 주변의 대상들로부터 분리하는 거리는, 대상들을 만나기 위해 필요한 시간을 측정하고, 이 시간에 긴밀하게 의존한다. 이 거리는 시각의 깊이를 해소하고 측정 가능한 넓이를 남겨둠으로써 대상들 옆에 위치하는 객관화된 공간이 전혀 아니다. 이 거리는 이미 하이데거적 의미에서의 거리-없앰 é-loignement / *Ent-fernung*이다. 달리 말하면, 생명체가 미래를 향해 돌아서 있지 않은 경우에는 어떤 연장도 펼쳐질 수 없고 어떤 세계도 개방될 수 없다. 공간은 단번에 시간적 성격을 지닌다. 그것은 우리의 미래를 “상징하고”, 말하자면 미래를 “한번에” 우리 앞에 전개하기 때문이다. 베르그손은 결국 공간을 “우리 근접 미래의 도식”[100]으로 규정한다. 그렇기 때문에 “우리가 현재적 실재로 삼는” 물질적 대상들은 미래에서 볼 때만 현재에 속하는 것이다. 여기서 베르그손이 말하는 공간은 더 이상 《시론》에 등장했던 개념화된 동질적 공간이 아니라 지각된 연장이다. 나는 행동을 위해 이 지각된 연장을 시선으로 주파함으로써 그에 대한 영향력을 갖게 된다. 《물질과 기억》은 이렇게 《시론》에서는 극도로 엄밀하게 유지되었던 사유실체와 연장실체 사이의 데카르트적 구분점을 이동시킨다. 의식은 더 이상 비공간적인 것으로만 규정되지 않는다. 의식은 지각하는 한에서 사물들 자체까지 뻗어가기s'étend 때문이다. “우리는 우리 지각이 **뻗어가는** 각 지점에 실재적으로 존재한다.” “우리는 지각 능력, 더 구체적으로는 시각을 통해 신체 너머로 뻗어간다. 우리는 별까지 나아간다.”[101] 지각을 다

99 같은 책, 1장, 29쪽.

100 같은 책, 3장, 160쪽.

101 〈조르주 르샬라Georges Lechalas에게 보내는 편지〉, 《잡문집》, 411쪽(필자의 강조), 〈영혼과 신체〉, 《정신적 에너지》, 30(40)쪽.

시 물자체 속에 위치시키고 나면, 연장과 비연장 사이의 구분은 완화되고, 정신은 우리의 신체를 넘어섬으로써 축자적 의미에서 공간을 점유한다.

시간의 세 차원을 하나의 분절 구조 속에 통일시킬 때, 이미 생명체의 시간을 시간화하는 것이 문제시되고 있다. 그것은 "동일한 본능"이다. 하나의 단일한 운동이 미래를 향해 나아감으로써 공간을 개방하는 동시에, 과거를 망각함으로써 시간을 닫아버린다. 《물질과 기억》에서는 아직 생이 주제화되지 않기에 막연하게 규정되는 이 본능은, 하이데거가 염려에 부과하는 중요성과는 거리가 멀지만 그럼에도 곁에-있음*Sein-bei*을 가리킨다는 공통점을 지닌다. "우리가 과거의 총괄적 존속을 인정하는 데서 느끼는 혐오는 (…) 우리의 심리적 삶의 정향 자체에 기인한다. 우리의 심리적 삶의 상태들은 진정한 전개로, 우리는 거기서 완전히 펼쳐진 것이 아니라 펼쳐지고 있는 것을 바라보는 데 관심을 갖는다."[102] 베르그손의 실천적 의식에 결부된 시간화의 양태를 "망각하면서 현전화하는 예기"[103]라는 비본래적 시간화와 동일시할 수도 있을 것이다. 직접적인 필요에 사로잡힌 현존재의 자기 이해는 "자신이 몰두해 있는 현전화에서 출발하여" 비본래적인 방식으로 이루어진다. 그럼에도 베르그손은 이러한 시간화의 양태를 지칭할 때 "언제나"[104]라는 표현을 사용하는 반면, 하이데거는 "우선적으로, 그리고 대부분의 경우"라는 표현을 사용함으로써 다른 양태의 시간성, 본래적이고 자기에 고유한 시간성의 가능성을 마련한다.

(i) [예기:] 우리 앞에 지각의 공간, 즉 근접 미래의 도식이 개방되는 이유는, 사물들이 우리 신체에 가하는 작용이 사물들에 대한 우리 신체의 반작용으로 직접적으로 연장되지 않기 때문이고, 우리가 주저하며 행동의 순간을 미루고 **기다리기** 때문이다. 내 주위에서 지각된 대상들은 우리

102 《물질과 기억》, 3장, 167쪽.

103 마르틴 하이데거, 《존재와 시간》, 에마뉘엘 마르티노Emmanuel Martineau 번역, Authentica, § 68, 337쪽.

104 《물질과 기억》, 3장, 165쪽.

의 행동-가능을 상징하고, 이 대상들이 "더 혹은 덜 멀리 떨어져 있다는 사실"은 이 행동-가능의 만기를 표시한다. 순간 속에서 단호하게 상황이 개방되는 것이 아니다. 우리의 주저를 통해 공간이 개방되고, 지연된 행동이 이 공간 속에서 가능적 행동들로 분산되는 것이다. 나는 나를 죽음 속으로 내던지는 가장 본래적인 가능성을 예측하고 그 가능성을 향해 단호하게 나를 앞지르는(선구하는*vorlaufen*) 것이 아니라, 대상들, 즉 전망이나 위협에서 출발할 때에만 나의 행동-가능에 주의를 기울인다. 내 기대, 혹은 주저는 이러한 대상들을 어느 정도의 만기를 지닌 행동의 가능성들로 내 앞에 나타나게 한다. 그리고 베르그손이 우리의 미래를 비결정적으로 규정하고, 지각된 지평을 그것을 끝없이 초과하는 지평 속에 기입하는 것은, 생에 대한 주의가 우리에게 엄습하는 죽음을 본질적으로 삶에서 떼어내기 때문이다. "이 미래는 무한정 흐르고 있어야 하기 때문에, 미래를 상징하는 공간은 부동적인 채로 무한정 열려 있는 속성을 지니게 된다."[105]

(ii) [현전화:] 미래가 행동할 공간을 개방해 주는 한, 지각된 대상들은 그 자체로 현재적인présents 것이 아니라, 나에게 현시된présentés 것이다. 즉, 이 대상들은 아직 실재적 행동의 대상이 아니다. 그것들은 나의 가능한 행동을 스케치한다. 실제로 "내 현재가 나의 신체에 대한 의식으로 이루어진다"[106]면, 미래가 개방하는 공간은 그저 공간 속에서 솟아나는 대상들을 현재적으로 **만들어** 행동에 제공되는 가능성들로 제한할 뿐이다. 달리 말하면, 지각된 대상에 몰두할 때, 우리는 "이렇게 **우리가 현재적 실재로 세워둔** 물질적 대상들에 매달려 있음을 느낀다".[107] 현재적 실재로 세워두기. 하이데거라면 이를 현전화*Gegenwärtigen*(présentifier)라고 말할 것이다. 결단하고 결단을 유지하는 것이 스스로에게만 달려 있는 순간 속에서 행동

105 같은 책, 160쪽.
106 같은 책, 153쪽.
107 같은 책, 160쪽(필자의 강조).

하는 대신, 순간을 현전화한다면 현재는 사물들 속에 놓인다. 사물들은 필연적으로 내가 주저하면서 거리를 두는 한에서만 현전한다. 사물들은 내가 기울이는 주의를 통해서만 나에게 현전한다.

(iii) [망각:] 마지막으로 "미래로 기울어져", "비결정적인 미래를 (…) 결정하는 일에만 몰두하는"[108] 의식은 지각이 현전화하는 대상에 주의를 빼앗겨 자신의 과거를 망각한다. 관심에 사로잡혀 현재 상황에 전적으로 몰두하는 경우, 과거는 "실천적으로 폐지되기" 때문이다. "우리의 기억들은, 지나가 버린 한에서, 우리가 끌고 다니면서도 치워버렸으면 하는 그런 불필요한 짐들이다."[109] 따라서 기억은 자동적으로 어둠 속에 보존되고, 이러한 원초적인 망각으로부터 실천적인 관점에 따라 상기될 것이다. 기억들은 상황적 유용성에 따라 과거 속에서 불려 나오거나 과거 속으로 밀려나고, "이렇게 비결정적인 미래를 결정하는 일에만 몰두하는"[110] 현재적 지각과 함께 조직된다. 그리고 이러한 작업 속에서 망각 자체가 망각되기 때문에, 기억들은 왜 다시 출현하는지 설명할 수 없는 유령과도 같은 인상을 주는 것이다. 베르그손은 과거를 하나의 존재 양태(과거-존재être-passé)로 이해하지 않았기에 과거가 어떻게 보존되는지, 보존되기는 하는지의 물음에서 벗어나지 못했다고 할 것인가? 그러나 베르그손은 기억의 국재화에 관한 물음을 기각했던 최초의 인물이었기에 기억을 때때로 고찰되는 현상의 기저에서 기술하면서 하나의 존재 양태, 즉 잠재성과 동일시하는 것이 그에게는 이미 당연한 일이었다고 할 수 있다.

베르그손은 이러한 방식으로 시간의 세 차원을 절합한다. 이 세 차원은 "행동의 법칙이라는 근본 법칙에 따라"[111] 연결된다. 물론 이를 위해 베르그손은 아직 막연한 어떤 '본능'의 통일성에 의존하지만 말이다. 베

108 같은 책, 167쪽.
109 같은 책, 160쪽.
110 같은 책, 167쪽.
111 같은 책.

르그손이 설명하는 지각의 시간은 실천적 생과의 관계를 통해 이해될 때에만 적합한 것이다. 그러나 베르그손은 또한 지각의 시간에 대한 정신생리학적 기술과 반대 방향으로도 나아가야 했다. 지각의 시간이 유래하지만 이미지의 현전을 통해 은폐되는 과거의 직관적 차원을 형이상학적 관점에서 드러내고자 했기 때문이다. 사실상 비본래적 현존재의 현상학적 시간을 예고하는 이러한 시간적 구조를 온전히 이해하기 위해서는 형이상학적인 보충이 필요하다. 정신은 기억이다. 지각은 이미 기억이다. 기실 우리의 근접 미래는 행동하기 전에 기다릴 때만, 물질의 유동적 평면에서 빠져나와 과거의 깊이 속으로 물러나는 한에서만, 우리 눈앞에 명확히 드러난다. "우리가 미래에 대한 영향력을 갖기 위해서는, 그에 동등하게 상응하는 과거에 대한 관점이 필요하다."[112] 기억은 우리가 소유한 능력이 아니라 우리 자신과도 같은 요소, 우리의 인격을 이루는 요소다. 지각은 과거 속에 놓일 때에만 시간적으로 분절되고, 우리 앞에 공간적으로 펼쳐진 미래는 우리가 어떤 깊이의 과거 속에 자리 잡느냐에 따라 비례하여 풍부해진다. 우리는 더 깊은 과거로 물러날수록, 더 멀리까지, 더 잘 지각할 수 있다. 기억의 원뿔과 원뿔의 첨점에서 밑면까지 배열된 상이한 의식의 평면들은 이렇게 순수 물질적인 현재 밖으로 얼마나 멀리 떨어져 나왔는가를 상징한다.

과거는 부인할 수 없는 우위를 지니고 있다. 순수지각이 실제로 사물들이 있는 곳, "끊임없이 다시 시작하는 현재" 속에서 즉각적으로 이루어진다 해도, 우리의 몸과 마음을 온통 사로잡는 것은 오직 우리를 사물로부터 떼어내는 경우에만 펼쳐지는 구체적 지각이다. 이러한 떼어냄은 이중적으로 이루어진다. 먼저 물질의 분산된 지속을 의식의 고유한 지속 속에 응축시켜 물질의 리듬보다 더 높이 위치한 "우리의 현재", 즉 "우리 실

112 같은 책, 1장, 67쪽.

존의 물질성 자체"[113]를 구성해야 한다. 그렇기 때문에 우리 지각은 이미 기억이고, 지각은 순수한 현재에 직접적인 기억들을 뒤섞을 때만 가능한 것이다. 다음으로 과거가 이미지로 정확해져 우리의 미래를 결정하기 위해서는, 현재의 물질성을 초월하여 먼 과거가 존재하는 곳까지 나아가야 한다. 정신은 기억이다. 그것은 미래를 고찰하기 위해, 그리고 우리의 선택을 정향 짓기 위해, 과거를 향해 더 혹은 덜 멀리까지 자신을 기투한다. [심신] 결합은 영혼과 신체를 구체적 지각 속에서 시간적으로 절합하고, 아직은 미래가 아니라 과거로부터 구조화된 시간을 전개한다.

사실상 《물질과 기억》에서 미래는 어떤 의미를 지니는가? 베르그손은 《시론》에서처럼 미래를 순전히 비결정적인 것으로 남겨두지 않고 지각의 지평으로 사유한다. 한편으로 그것은 우리의 신체가 그 사이에서 주저하는 행동의 가능성들을 한계 짓고, 다른 한편으로는 행동에 투사되는 유용한 기억을 "최종 행동을 위해 현재 상황을 보완하고 조명해 줄 기억"[114]으로 제한한다. 그러나 이 한계와 제한은 미래를 개방하는 것이기도 하다. 미래는 그것에 정확성을 부과하기 위해 호출된 기억들의 깊이에 따라 확장되기 때문이다. 이 깊이는 "물질적 필요에 사로잡힌 (…) 동물들"[115]에서는 얕고, 자유로 인해 행동 이전에 기다릴[예기할] 수 있는 인간에게는 더 깊다. 달리 말하면 [《물질과 기억》에서] 미래는 그 자체로 사유되지도 않고, 원초적으로 사유되지도 않는다. 그것은 다른 시간적 차원들, 현재와 과거에 대한 의존을 통해서만 규정되기 때문이다. 따라서 시간의 본원적 요소로서의 미래에는 아직 도달하지 못했다. 게다가 여기서 시간의 세 차원 간의 절합적 통일을 모호하게 명명하는 '본능'은 우리의 근접 미래 너머에 어떤 죽음도 방해할 수 없는 것처럼 보이는 순전히 비결

113 같은 책, 3장, 154쪽.
114 같은 책, 199쪽.
115 같은 책, 4장, 200쪽.

정적인 미래를 펼쳐지게 한다. 우리 앞에 무한정 열려 있다고 가정되는 공간은 이러한 비결정적 미래를 상징하는 것이다.

《물질과 기억》은 엄밀한 의미에서의 행동 안에 놓여 있다. 여기서 생명체는 기다림의 태도를 취하고 미래는 전혀 예측되지 않는다. 지각은 신체가 외부의 자극에 반응하지 않고 기다리는 경우에만 생겨날 수 있고, 그뿐 아니라 기억에도 특정한 기다림이 할당되어 어떤 사건을 기다리는지에 따라 특정한 긴장을 보존한다. 베르그손은 '퇴행적 기억 상실' 현상으로 기억의 정상적 작동을 설명하려 한다. 갑작스러운 충격이 망각된 기억을 다시 불러낼 수 있다면,[116] 이는 "이러한 기억들이 말하자면 자신들이 기댈 수 있는 지배적인 이미지를 기다렸기" 때문이다. [또한] 우리가 기억하는 사건이 특정한 시간을 차지했다면, 지각이 과거로 종결되어 불가분적인 기억으로 떨어져 나오기 위해서는 미래를 기다려야만 한다. "만일 사람들이 최근의 기억들에, 그리고 상대적으로 멀리 떨어진 기억들에까지, 이런 종류의 어떤 기다림을 부여하기를 거부한다면, 기억의 정상적 작동은 불가해하게 될 것이다."[117]

따라서 《물질과 기억》은 시간에 대한 최종적 언명일 수 없다. 심신결합의 문제는 지속을 더 명료하게 조명함으로써 시간의 문제를 심화시켜 심리학적 무의식을 드러내고 시간을 과거의 차원에서 고찰할 수 있게 만들었다. 의식의 현재는 더 넓은 틀 속에 포함되어 물질적 우주와의 연대성을 되찾았고, 이를 통해 어떻게 정신이 지각을 통해 신체와 결합되는지 설명할 수 있었다. 그러나 직관은 이러한 문제 해결을 통해 오직 특정한 지점까지밖에 나아갈 수 없었다. 《창조적 진화》가 더 이상 현재나 과거의 차원을 통해 미래를 사유하지 않고 미래 자체를 사유하고자 한다면, 순

116 [역주] 원문에는 "기억의 망각을 야기할 수 있다면"으로 되어 있으나 문맥상 반대의 뜻으로 새겨야 할 것이다. 베르그손은 퇴행적 기억상실의 사례로 갑작스러운 충격으로 기억이 되돌아오는 상황을 서술한다.

117 같은 책, 3장, 191쪽.

수지속 속으로 탐사봉을 더 깊이 던져야 할 것이다. 그러나 이를 위해서는 새로운 문제의 추동력이 필요하다.

6장. 《창조적 진화》와 미래의 우위

21. 《창조적 진화》로 가는 길: 인과의 문제

베르그손의 저작들은 각기 하나의 운석처럼 보였다. 《물질과 기억》과 《창조적 진화》 사이에는 11년의 세월이 가로놓여 있었고, 이 두 저작의 연관은 상당히 느슨해 보였기에 사람들은 이 둘을 따로 떼어 고찰할 수 있다고 믿었다. 두 저작은 각기 상이한 문제를 다루고, 상이한 지식장에 접근하기 때문이다. 하지만 베르그손은 자신이 각 저작마다 이전 저작들이 남겨둔 문제를 다루고 있다고 단언한다. 여기에는 이중의 요구가 존재한다. [한편으로] 각 저작을 움직이게 만들고, 그 저작의 여러 장을 통합하는 하나의 주요한 문제가 존재해야 한다. 그리고 [다른 한편으로] 이 문제는 동일한 용어로 제기되지는 않는다 해도, [이전 저작에서] 이어받은 문제와 동일한 것이어야 한다. 처음 두 권의 저작에 대해서는 베르그손이 자신을 사로잡았던 문제를 명료히 표현했기에 작업이 상당히 용이했다. 난점은 세 번째 저작과 함께 이중적인 방식으로 솟아난다. 한편으로는 문제가 명시적으로 드러나지 않기 때문이고 — 혹은 같은 말이 되겠지만 문제가 다양화되기 때문이고 —, 다른 한편으로는 《물질과 기억》과의 연관이 전혀 명백하게 드러나지 않기 때문이다. 그래서 많은 주석가는 장켈레비치처럼 "물질과 기억을 건너뛰고",[278] 《의식의 직접소여에 관한 시론》을 《창조적 진화》의 출발점으로 선정한다. 또한 그들은 하나같이 생을 새로이 제기된 문제로 여긴다. [이 관점에 따르면] 베르그손은 이미 심리적 지속이 밑바닥에서 드러냈던 속성들을 생물학적 생에 부여하여 유비의 길을 따라 심리학에서 우주론으로 미끄러져 가는 것이다.

하지만 이 설명들 가운데 어떤 것도 만족스러워 보이지는 않는다. 왜 《물질과 기억》을 무시하는가? 베르그손이 《창조적 진화》의 초반부에 "이전 작업의 결론들"[2]을 언급했다는 논변이 제시된다. 그리고 이는 《시론》의 결론들이라 가정된다. 그러나 그는 그의 작업 전체를 요약하며, 그가 인용하는 첫 번째 저작은 《물질과 기억》이다.[3] 게다가 베르그손이 한 편지에서 실제로 "생의 (…) 문제"[4]를 언급하여 다소간의 지름길을 허용했다 해도, 생은 문제, 혹은 심지어 질문이라기보다는, 새로운 탐구의 장으로 보인다. 베르그손은 이 새로운 장 속으로 하나의 중대한 형이상학적 문제를 이동시켜 오히려 이 문제의 해결책을 찾으려 하는 것이다. "심신 관계라는 오랜 문제"[5]가 점진적으로 해결될 수 있었던 탐구의 영역이 정신생리학을 통해 마련되었던 것과 마찬가지로, 생물학과 생물학의 다양한 분과들은 또 다른 고전적인 형이상학의 문제가 해결될 수 있는 새로운 탐구 영역을 제공할 것이 틀림없다. 들뢰즈는 거짓 문제들에 명료한 입장을 취하지만, 참된 문제들에 접근할 때에는 모호한 입장으로 남아 있다. "거짓 문제들의 비판과 참된 문제들의 발명."[6] 들뢰즈는 베르그손의 방법에 대해 이렇게 쓰면서, 자신의 독특한 흔적을 남겨둔다. 실제로 철학에 부여되는 책무는 무엇인가? 새로운 문제들을 창조하는 것? 아니면 이와 달리, 문제를 올바로 제기하지 못했던 전통으로부터 적절하지 않은 방식

1 블라디미르 장켈레비치, 《앙리 베르그손》, 132쪽.
2 《창조적 진화》, 1장, 1쪽.
3 같은 책, 4쪽.
4 〈[에드가 포르티?]에게 보내는 편지, 날짜 미상[1922년 11월?]〉, 《서간집》, 992쪽.
5 《물질과 기억》, 7판, 서문, 5쪽.
6 질 들뢰즈, 《베르그손주의》, 28쪽. 또한, 3쪽을 참조하라.

으로 이어받은 오래된 문제들을 [새로이] 제기하는 방식을 창조하는 것? [이 두 책무 사이의] 간극은 막대하다. 그리고 이에 비추어 볼 때 철학이 신, 영혼, 세계라는 끝없는 질문들 주위에 편성되어 있다는 사실을 베르그손과 들뢰즈 모두가 개탄했을지는 의심스럽다. 이 양가성은 들뢰즈에게만 이득이 된다. 베르그손은 언제나 형이상학사의 가장 고전적인 문제들을 다시 취하고, 그가 발명하는 용어들은 오직 이 문제들을 제기하는 데, 그리고 결국에는 해결하는 데 쓰이는 것뿐이기 때문이다.

인과의 문제를 《창조적 진화》의 지배적 문제로 제시함으로써, 우리는 다양한 이점을 얻을 수 있다. 첫 번째 이점은 이 책의 기원을 다시 그릴 수 있다는 점이다. 11년의 간격은 《물질과 기억》이 심어둔 문제의 완만한 성숙을 역설적으로 은폐해 왔다. 《창조적 진화》를 베르그손 작품의 진전 속에 다시 위치시키고 나면, 해석자는 작품의 심층적 통일성을 다시 붙잡으려 할 때 가장 적합한 출입구로 진입할 수 있을 것이다. 첫 번째 단계는 《물질과 기억》으로 되돌아가 심신 문제가 해결됨에 따라 그것을 인과의 문제로 변모시킨 최초의 추동력을 재구성하는 것이다. 두 번째 단계는 두 저작 사이에서 [인과의] 문제가 어떤 탐구의 운동을 통해 연장되었는지 추적한다. 실제로 베르그손은 강의, 연설, 논문, 강연 등을 통해 여러 작업대를 만들고, 이는 문제를 작동시키는 동시에 그 폭을 한정한다. 점진적으로 변형되는 이 문제가 처음 놓이는 곳은 심리학의 영역이다. 그것은 의지적 주의, 혹은 〈지성적 노력〉(이 노정의 한복판인 1902년에 쓰인 논문)이라는 문제의 형태를 띤다. 역동적 도식의 관념은 최초의 해결책을 스케치하고, 이 최초의 해결책은 곧이어 생물학의 평면으로 전치되어 수정된다. 마지막 단계는 인과의 문제를 생명과학의 영역에서 연구할 필요성을 제시함으로써 《창조적 진화》를 예고할 것이다. 생리학과 심리학의 공조가 배양하지는 못해도, 적어도 빈터로 예비해 둔 문제를, 오직 생명과학만이 심화할 수 있었다.

《물질과 기억》으로부터 이어받은 문제

《물질과 기억》에서 심신 결합을 설명했던 것은, 과거와 동일시된 정신이 현재적인 것이 되기 위해 신체를 필요로 하는 방식이다. 주의적 재인 현상에 의거하여 고찰할 경우, 인격, 즉 심신은 미래를 목적으로 하는 과거와 현재의 종합으로 시간적으로 절합된다. 이렇게 미래 쪽으로 향해 있는 과거의 결과물이 내 의식이 조명하는 빛나는 틈으로 나의 지각 범위 속에 현전하는 것이다.

다른 말로 하면, 기억의 바탕으로 물러날수록, 내 앞의 미래는 한층 더 개방되고, 나는 순수 현재의 물질성에, 그리고 현재를 지배하는 법칙들의 결정론에 덜 사로잡힌다. 내 기억의 깊이가 없다면, 나는 다른 물체들과 동일한 자연법칙에 종속된, 그것들과 다를 바 없는 하나의 물체에 불과할 것이다. 원뿔 ABS로 표현된 기억의 이미지는 동적 평면 P가 나타내는 물질세계 밖으로의 분리를 상징한다. 나는 순간의 필요들로부터 벗어나지만, 이는 여전히 이 필요들과 접촉하는 첨점 S를 통해 이 필요들에 더 잘 응답하기 위한 것이다.

그러나 물질로부터 떨어져 나올 수 없기에 "전적으로 순수한 현재 속을 사는" 것이 하등동물의 고유성이라 해도, 베르그손은 이에 대한 사례를 찾기 위해 동물성까지 내려갈 필요가 없었다. 주위 환경의 자극에 기계적으로 반응하는 충동인이 이미 이와 유사하게 행동하기 때문이다. 엄밀히 말해 충동적인 행동이란 더 이상 행동하지 않는 것, 원인이 결과를 기계적으로 결정하는 자연법칙들의 결정론에 스스로를 종속시키는 것이다. 충동적인 사람은 어떤 자극에 대해, 그 자극을 연장하는 직접적 반작용으로 — 이른바 '척하면 척'이라는 식으로 — 응답한다. 자극에 의해 야기된 운동들이 자극에 대한 지각을 자동적으로 뒤따르기 때문에 충동인은 거의 지각할 필요도 없다. 그는 충동적implusif이기 때문에 그저 하나의 추동력implusion을 필요로 할 뿐이다. 그러면 그가 받아들인 자극은 이미 그 안에 수립된 운동 메커니즘(본능 혹은 습관)을 작동시키고, 이 운동 메커니즘이 그를 대신해 응답할 것이다. 다행스럽게도, 충동인은 극단적 사례에 불과하다. 그것은 몽상가와 마찬가지로 실재에 대한 부적응의 한 형태를 나타낸다. 기실 예측되지 않은 상황이 일상의 연속성을 단절시키기 전에도, 신경계의 복잡화는 이미 받아들인 자극이 하나의 정지를 나타내도록, 따라서 적절한 반응의 형태로 곧바로 반환되지 않도록 해주기 때문이다. 우리가 이 반응을 개시하지 않는다면, 우리는 자기 자신의 주도권을 박탈당할지도 모른다. 인간에서는, 고등동물에서도 이미, 원인과 결과, 즉 환경의 작용과 유기체의 반작용 사이에 간극이 벌어져 있다. 이렇게 유지된 간극 속에서 의식이 솟아오르고, 지각장이 조명되어, 대상들을 잘라낸다. 대상이란 자아가 대상에 가하는, 그리고 대상이 자아에 가하는 그만큼의 가능적 작용들이다. 생명체가 주저하면서 행동을 자제하는 이 기다림의 시간 동안, 《창조적 진화》가 '기계적 인과'라 부를 것의 내부에 하나의 틈이 열려, 예측 불가능한 운동들이 권리상 세계 속으로 쏟아져 들어올 수 있게 된다.

이것이 《물질과 기억》의 입장이다. 신경계의 복잡화로 인해 생명체가 반응하기 전에 더 많이 **기다릴** 수 있게 될수록, 이 생명체는 반응하기보다는 행동한다. 다른 말로 하면, 생명체의 지각이 풍부하고, 구체적이며, 더 많은 기억을 통해 자신의 선택을 조명할수록, 이 생명체는 기계적 인과로부터 더 많이 벗어난다. 베르그손은 이러한 기다림attente을 **주의***attention* 라 부르기를 선호한다. 그는 테오뒬 리보가 《주의의 심리학》에서 제안했던 주의에 대한 정의를 계승하여 복잡화한다. (i) 주의는 먼저 억제, 혹은 정지의 운동을 동반한다. 감각 자극의 형태로 받아들인 운동은 작용/반작용 유형의 다른 운동(기계적 인과)을 직접적인 결과로 낳는 것이 아니라, 신체에 의해 억제되어 (자극에 대한 응답 속에 특정한 비결정성을 도입하기 위해) 시동적인 운동들로 분할된다. 달리 말하면, 주의를 기울인다는 것은 운동을 받아들이고 곧장 되돌려주지 않는 일을 전제한다. 생전 처음 보는 상황을 마주한 생명체는 **주저한다**. 그리고 받아들인 운동은 반사작용의 형태로 반환되는 대신, 우리의 신체 속에 수립된 운동 메커니즘들 가운데 받아들인 운동에 응답할 수 있는 것들을 전부 작동시킨다. (ii) 다음으로, 주의는 자아를 과거의 바탕으로 물러나게 하여 역으로 기억이 현재 상황 쪽으로 솟아오르게 만드는 효과를 갖는다. 이것이 바로 베르그손이 덧붙인 내용이다. 정신의 이러한 물러남을 통해 인격은 신체와 영혼 모두를, 즉 현재와 과거 모두를 투입하여 근접 미래를 조명한다. 베르그손은 주의를 프리즘 삼아 기억을 연구하기 때문에, 베르그손이 관심을 갖는 것은 약한 강도로 인해 부유하는 상태로 남겨진 정신적 이미지로서의 기억이라기보다는, 지각된 대상을 정확히 만들기 위해 현실화되어, 대상에 완전히 섞여 지각하는 사람에 따라 다르게 지각되게끔 하는 기억이다. 베르그손에게 기억이란 이폴리트 텐이 생각했던 지각, 즉 사실 같은 환영hallucination véridique이다. 기억과 지각은 유착을 통해 서로를 보완한다. 따라서 하나의 풍경이 상이한 두 인물에게 서로 다른 관념을 불러일으킨다고 하면 안 된다. 그들이 그것을 다르게 본다고 말해야 한다. "농부와 화가는 동일한 풍경 속에서 동일한 사물들을 보지 않는다. 그들의 주의는 다르게 정향된다. 그들은 자신이 본 것에 상이한 질서의 기억들을 결부시키기 때문이다. 혹은 더 정확히 말하면, 상이한 기억들이 여러 가능적 지각들 가운데서 선택을 수행하기 때문이다."[7]

요컨대, 한 개인이 지각을 행할 때, 사실 그의 신체는 지각을 자연적으로 연장하는 반작용 운동들을 억제하여 그것들을 더 섬세한 시동적 운동들로 분할한다. 그의 기억들은 이 시동적 운동들 위에 놓이고, 이 운동들을 액자 삼아 그 속에 환영적인 방식으로 투사된다. 그러면 그의 운동적 활동성은 지각을 연장하는 대신, 길을 역행하여 기억들이 엉겨 붙을 대상들을 잠재적으로 잘라낸다. 이것이 바로 주의가 일으키는 기적이다. 주의

7 《심리학 강의》, 1898, 〈주의〉 장, 두세 재단, IX-BGN IV-1 (10), 58쪽.

란 하나의 대상에 시선을 고정함으로써 그 속에서 처음에는 포함되지 않았던 새로운 사물들을 점차 포착하는 이중화된 의식이다. 그렇기 때문에 주의는 우리가 사로잡혔던 현재로부터 물러나 과거의 바탕에서 현재를 관찰하기를 요구하는 것이다.

이것이 바로 감각-운동적인 현재에 유폐되어 감각을 운동에 결합하기를 거부하고, 기억(과거)을 운동(현재)에 시간적으로 결합하는 즉시, 심신 결합의 문제에 제기된 해결책이다. 영혼과 신체의 이원성은 더 이상 심신 결합에 장애물이 되지 않는다. 실체의 이원성이 아니라 기능의 이원성이기 때문이다. 대상들의 윤곽을 그리고 덧그리는 나의 신체가 없다면, 정신은 정신의 구현을 가능케 하는 운동 도식들을 갖지 못했을지도 모른다.

그러나 기대했던 수준의 결과가 획득되었던 것일까? 그래서 베르그손은 이 결과에 충분히 만족하여 아무런 관련이 없다고 여겨져야 할 다른 연구들로 접어들었다고 생각해야 할까? 아니면 정신이 신체를 초과한다는 사실과 신체가 정신의 삶에 대해 갖는 중요성을 동시에 긍정할 때, 베르그손은 이미 다음 저작의 방향으로 던져진 것이 아닐까? 세 가지 논변을 통해 베르그손이 다른 저서들처럼 여기에서도 그저 도중에 있을 뿐임을 보일 수 있다.

(i) [심신 결합의] 문제가 완전히 해결되었을 뿐인가? 이 문제가 더 광대한 다른 문제로 이어지기도 하는 것은 아닐까? 실제로 심신 결합의 문제는 암묵적으로 이중화된다. 그것은 신체가 정신에 미치는 영향을 고찰하는 동시에, 정신이 신체에 미치는 영향 또한 고찰한다. 따라서 베르그손은 정신의 생 속에서 신체가 수행하는 역할, 즉 생리학적인 생이 정신에 대해 수행하는 기능을 고찰하며 절반의 물음에 대해서만 응답했던 것이다. 우리는 신체가 어떻게 영혼에 영향을 미치고, 정신을 제한하는지 알게 되었다. 오직 현재적 상황을 유용하게 조명할 수 있는 기억들만 현실화되기 때문이다. 반면에 우리는 정신이 어떻게 신체에 영향을 미칠 수 있는

지, 어떻게 신체가 세계 속에 예측 불가능한 운동들을 새겨 넣는 일을 가능케 하는지 알지 못한다. 살아 있는 신체의 복잡화가 받아들인 운동과 제시된 운동 사이의 지연을 가능케 하고 세계 속에 하나의 균열을 개방할 때, 이는 우리의 자유가 쏟아져 나올 수 있음을 설명하기 위한 것이지 실제로 쏟아져 나오고 있음을 설명하지는 않는다. 《물질과 기억》의 부제는 이 점을 명확하게 증언한다. 이 책은 그 연구가 지닌 일방향적 성격을 예고하면서, 《신체가 정신과 맺는 관계에 대한 시론*Essai sur la relation du corps à l'esprit*》으로 제시되었다. 정신이 신체와 맺는 반대 방향의 관계에 대한 연구는 누락되었다.

(ii) 정신이 신체를 무한히 초과한다 해도, 정신은 신체를 날카로운 첨점으로 삼아 그 위에 머문다. 상이한 수축 정도를 지닌 우리 기억의 총체를 표상하는 원뿔의 이미지는 거꾸로 뒤집어져 원뿔의 첨점을 세계의 동적 평면 위에 기입할 때만 의미를 갖는다. 달리 말하면, 밑면이 꼭대기보다 더 협소해져 마치 "꼭지점으로 서 있는 피라미드처럼"[8] 윗부분을 지탱한다. 이렇게 가장 거대한 부분이 가장 협소한 부분에 의존하고, 정신 전체가 물질을 향해 굴절되어, 물질을 통해 자신의 잃어버린 영향력을 되찾는다. 이는 곧 《물질과 기억》에서 정신은 유령, 혹은 환영이 지니는 모든 특징을 소유한다는 말이다. "기억은 공기처럼 가볍고 생명이 없다."[9] 정신을 과거에만 동일시했기 때문에 정신은 그 자체로 무력한 것이 되었고, "실재적인 효력"[10]을 얻으려면 신체가 매개하는 생적 긴장을 부여받아야 했다. 비록 이후의 저작들로 인해 그 의미가 감추어져 주목되지 않고 지나쳐 버리게 되지만, 베르그손의 글은 이 점에 대해 조금의 모호함도 남겨두지 않는다. "이 기억은 잠재적인 것이기에, 그것을 끌어당기는 지각

8 《물질과 기억》, 3장, 198쪽.
9 〈꿈〉(1901), 《잡문집》, 453쪽.
10 《물질과 기억》, 3장, 199쪽.

을 통해서만 현행적인 것이 될 수 있다. 기억은 무력한 것이기에, 기억이 구현되는 현재적 감각에서 **그 생과 힘을 빌려온다.**"[11] 신체의 역할은 "최종 행동을 위해 현재 상황을 보충하고 조명할 유용한 기억에 **실재적인 효력을 부여함으로써** 그것을 판명한 의식으로"[12] 끌어오는 것이다. 뇌, 즉 생에 대한 주의의 기관을 통해 닫힌 채로 유지되는 포착된 대상과 뇌 사이의 "회로"는 말하자면 정신에 현실화의 수단을 부여하는 "전기적인"[13] 긴장과 같은 것을 생산한다. 달리 말하면, 기억들이 지각을 조명하기 위해 원심적 운동을 따라 지각 앞으로 투사되어 스스로 **현실화**된다 해도, 기억들의 **스스로** 현실화되는 **경향**은 오직 구심적 운동을 따라 지각이 기억에 보낸 요청을 통해서만 얻을 수 있는 것이다. 이것이 바로 주의의 회로이자 신체와 영혼의 상호적 지지다. 또한 우리가 보기에는 이것이 바로 《물질과 기억》을 둘러싸는 비극적인 차원이다. 정신이 신체에 매여 있기 때문이다. 정신은 신체로부터 "실체성"을 부여받고, "외재화를 위한 충분한 힘과 생을 제공"[14]받으며, 신체로부터 "생을 부여하는 온기를 빌려"[15]오고, 결국에는 감각-운동적인 요소들 덕에 "자신의 잃어버린 영향력을 되찾을"[16] 수단을 획득한다. 3장의 막바지에서 병리학에 대한 베르그손의 언급은 이런 방향으로 읽을 때 풍부해진다. 신체는 정신을 **노출시켜** 취약하게 만든다. 신체가 특정한 방식으로 손상되는 경우, 우리의 인격 전체가 영향받는다. 기억의 질병은 뇌의 단순한 상해들을 통해 설명된다. 이 상해들은 순수기억 자체에는 영향을 미치지 않지만 순수기억의 상기를 막는다. 광기를 정신에 내속하는 가능성으로 제시하는 추후의 설명과는 달리, 여기서 광기

11 같은 책, 요약과 결론, 272쪽(필자의 강조).
12 같은 책, 4장, 199쪽(필자의 강조).
13 같은 책, 2장, 114쪽.
14 같은 책.
15 같은 책, 3장, 170쪽.
16 같은 책, 2장, 146쪽.

자체는 아직 "뇌의 피로"나 "감염성 질병"에서 기인하는 것으로 남아 있다. 게다가 베르그손은 "독극물을 가지고 광기의 모든 현상을 실험적으로 재현"[17]할 수 있다고 덧붙인다.

(iii) 영혼이 어떤 방식으로 신체에 작용을 가하고, 신체에 인과적 능력을 행사하여, 신체를 통해 자신의 자유를 구현하는지 연구할 때, 《물질과 기억》은 이 주제에 대해 아무런 언급도 하지 않을 뿐만 아니라 할 수도 없다. '정신의 생'은 신체가 마련한 온기를 통해서만 존재한다. 생에는 아직 하나의 의미밖에 없다. 그것은 생리학적인 생, 혹은 유기적인 생이다. 베르그손은 조금 더 뒤에야 여기에 두 번째 의미를 덧붙일 필요성을 느낀다.[18] 신체에 의존하는 정신의 무력함에 비추어 본다면, 정신이 어떻게 신체에 작용하여 자신의 의지를 새길 수 있는지는 아직 이해할 수 없다. 정신의 고유한 의지까지도 그 생적 에너지를 신체로부터, 그리고 신체의 감각-운동적 평형으로부터 끌어오기 때문이다.[19]

요컨대 《물질과 기억》은 고유한 의미에서의 인과적 활동성 문제를 보충할 것을 요청하면서도, 이 문제를 방치한다. 이 문제는 《창조적 진

17 같은 책, 3장, 195쪽.

18 〈정신-물리 평행론과 실증적 형이상학, 프랑스 철학회에서의 토론, 1901〉, 《잡문집》. 우리는 여기서 처음으로 생의 두 번째 의미, 즉 정신적 생이 도입되었음을 분명하게 관찰할 수 있다. 이 두 번째 의미는 베르그손이 그때까지 유일하게 고려했던 첫 번째 의미, 즉 순전히 생리학적인 생에 덧붙는다. "사실 내가 이 토론 내내 '생'이라는 말을 어떤 의미로 사용하는지 더 명백하게 정의해야 했을지도 모르겠군요. 그건 생리학적 생입니다. 나는 조금 전에 어떻게 사유가 생을 통해 행동으로 외재화되는지 설명했지요. 또한 사유가 어떻게 스스로를 제한하여, 대개의 경우 무의식에 빠져버리는지도 이야기했습니다. 따라서 이 생은 더 광대하고 더 고양된 생을 제한한 것일 뿐입니다. 사유의 생 말이죠. 내가 형이상학과 인식론을 위해 제안하는 방법은 전적으로 유기적 생이 정신적 생을 제한한다는 이러한 확인 위에 정초되어 있습니다. 신체의 생이 정신의 생에 어떤 특수한 유형의 제한을 가하는지를 경험적으로 연구한다면, 우리는 우리 자신을 다시 붙잡기 위해 어떤 정확한 방향의 노력을 수행해야 하는지 규정할 수 있을 겁니다. 이런 의미에서, 형이상학적 진리는 말하자면 유기적 생에 초월적이고, 정신적 생에 내재적이지요. 그러나 우리는 이 두 생 중 하나에서 다른 하나로 미끄러지듯이 이행할 수 있습니다"(493쪽).

19 《물질과 기억》, 2장, 146쪽.

화》에 접근함에 따라 점점 더 예리한 문제가 되어, 《창조적 진화》에서 정교하게 정식화되는 동시에 정확하게 해결될 것이다. 이런 측면에서 《정신적 에너지》에 실린 모든 논문이 《물질과 기억》 이후에 출간된 것임에 주목해야 할 것이다. 아주 좋은 제목이 아닐까? 사실 이 단계의 연구에서는 아직 결여되었으나 영혼이 신체에 미치는 실재적인 영향을 설명할 수 있었던 것은 바로 '정신적 에너지'였다. 정신적 에너지란 신체에 영향을 줄 정도로 충분히 신체를 초월하는, 고유하게 정신적인 인과적 효력이다.

〈지성적 노력〉과 의지적 주의의 문제: 미래의 우위

이처럼 《물질과 기억》은 더 멀리 나아갈 운동을 내포하고 있었다. 베르그손은 《물질과 기억》과 《창조적 진화》 사이에서 인과 관념 주위를 선회하는 여러 길을 개방한다. 이 길들은 인과 관념으로 환원되는 것도 아니고, 외견상으로는 멀리 떨어진 주제에 대한 것임에도, 사실상 언제나 인과의 문제로 이어진다.[20] 따라서 우리의 독해 원칙은 다음과 같다. 이 논문, 강의, 강연들은 1896년의 저작이 스케치한 몇몇 귀결을 끝까지 끌어내는 데 그치는 부록들이 아니라, 1907년의 저작이 제기하고 또 해결할 새로운 문제가 조성되는 실험실로 이해되어야 한다. 여기서 여러 단계를 구분할 수도 있으리라. [그러나] 우리는 단지 몇몇 단계만 검토할 것이고, 하나의 단계에 집중할 것이다. 〈지성적 노력〉은 인과 문제의 발생에서 전환점을 이루는 단계로, 여기서 인과의 문제는 일단 심리학적인 용어들로 제시되어 의지적 주의라는 형태를 지니게 된다.

20 일부만 인용하자면, 〈인과법칙에 대한 우리 믿음의 심리학적 기원에 대한 주석〉(1900) (《잡문집》, 419-428쪽)과 이 발표에 이은 국제 철학회에서의 토론(428-435쪽). 〈인과의 관념〉에 대한 콜레주 드 프랑스 강의(1900-1901) (《잡문집》, 439-441쪽). 〈지성적 노력〉(1902) (《잡문집》, 553-560쪽). 〈자유 문제의 진화〉에 대한 콜레주 드 프랑스 강의(190[4]-190[5], 두세 재단), 〈의지의 이론들〉에 대한 콜레주 드 프랑스 강의(1906-1907) (《잡문집》, 685-722쪽).

우리가 살펴본 것처럼, 생명체에서 받은 자극과 제시된 응답 사이에 간극을 벌리는 것은 바로 주의attention다. 자극과 응답을 분리하는 사이-간격에서 운동이 운동 도식의 형태로 뇌 속에 머무를 때, 정신은 신체 속에 삽입되어 세계로 도래한다. 이에 대립되는 부주의한 사람은 충동적인impulsif 사람이었다. [그러나] 《웃음》에서는 논의가 심화되어 부주의한 사람이 산만한distrait 사람이 된다. 우물 속에 빠져 하인의 비웃음을 사는 탈레스처럼, 산만한 사람은 정신을 딴 곳에 팔고 신체만 뒤따른다. 산만함이란, 원인에 기계적으로 결과가 뒤따르듯 지각된 대상이 즉각적으로 그에 수반되는 반응을 야기하는 상태다. 산만한 사람이 웃음을 일으키는 이유가 여기에 있다. 베르그손이 웃음에 부여하는 정의에 따르면, 산만한 사람은 생명성에 덧붙는 기계성이 된다. 따라서 우리의 습관은 오직 산만한 자가 너무 빨리 반응하도록 만드는 한에서만 "우스꽝스럽게 들인 버릇"[21]으로 비판받는다. 산만한 자는 자동적으로 반응하고, 이 반응들은 결코 현재 상황에 적합할 수 없다. 현재 상황은 그에게 끊임없이 갱신되는 주의의 노력을 요구하기 때문이다. 베르그손은 다음과 같은 일반 법칙을 제시할 수 있었다. "특정한 원인이 특정한 희극적 효과를 만들어낼 때, 이 효과는 원인이 더 자연스럽다고 여겨질수록 더 희극적으로 보인다."[22] 달리 말하면, 우리의 거동이 원인이 결과를 내포하는 자동성(심리적이건 물리적이건)에 더 복종할수록, 사회적 영역에서 이 산만함에 의해 야기된 이 자동적 결과는 추가적으로 희극적인 효과를 갖는다. 역으로 웃음의 사회적 기능은 바로 산만한 자에게 더 많은 주의를 요구하는 것이다. 이렇게 해서 웃음은 자유에 대해 제시되었던 모든 직접적 증거를 압도하며 자유를 역방향에서, 반대로 증명하게 된다. 웃음이란 오직 우리가 자유를 상실할 때에만, 산만함으로 인해 자연법칙의 결정론에 속수무책으로 따를 때에만

21 《웃음》, 1장, 22(36)쪽.
22 같은 책, 9(21)쪽.

터져 나오는 것이기 때문이다. 이런 의미에서 베르그손에게 보편적 기계론은 불가능하다. 그 경우 우리는 말 그대로 웃겨 죽을 것이기 때문이다. 또한 우리가 전혀 웃지 않을 것이라고도 할 수 있다. 웃음이 상기시키고 또 요구하는 생명적 이상을 통해 각자를 판단할 수 없기 때문이다.

하지만 여기서 제기되는 문제는 다음과 같다. 사회가 우리에게 요구하는 이러한 주의의 증대를 어떻게 얻을 수 있는가? 여기서 논의되는 것은 뇌를 기관으로 삼는 생에 대한 종種적 주의가 아니다. 종적인 주의의 부족으로 야기되는 것은 산만함 이상, 즉 질병이나 광기 같은 것이다.[23] 따라서 여기서 문제시되는 것은 개체적 주의뿐이다. 종적인 주의에 덧붙는 개체적 주의는, 엄밀히 말해 주의의 배가를 강제하는 의지적인 노력을 요청한다. 정신이 사물들과 합치할 수 있도록, 정신에 고유한 역량이 존재해야 한다. 《웃음》에서는 아직 모호한 형태로 "생동적 에너지"라거나 신체에 "생기를 불어넣는 (…) 원리"[24]가 언급된다. 그러나 이 작업에 개입되는 생의 의미는 아직 미결로 남아 있다. 〈지성에 대하여〉(1902)라는 강연은 더 정확하게, "특정한 내적 긴장"으로 인해 정신이 대상을 받아들여 철저히 연구할 수 있게 된다고 말한다. 이러한 "의지의 압력poussée"이 "내적 에너지"[25]를 변조시키기에 정신이 밖으로부터 온 인상들에 대해 산만해지지 않을 수 있다는 것이다. 이는 인간의 고유성으로 여겨지기까지 한다.

> 인간과 동물을 구분하는 것은 (…) 집중력이다. 동물은 본성상 아주 산만하기에, 언제나 밖으로부터 온 인상들에 좌우되고, 언제나 스스로의 밖에 있다. 반면 인간은 자신을 모아들여 한 곳에 집중한다.[26]

23 같은 책, 14(27)쪽.
24 같은 책, 38(56)쪽.
25 〈지성에 대하여〉(1902년 7월 31일), 《잡문집》, 557, 559쪽.
26 같은 책, 559쪽.

동물은 충동적이다. 동물이 외부 자극에 자동적으로 응답하는 이유는, 주의의 고정을 가능케 하는 의지의 결여로 인해, 눈앞에 돌발하는 당장의 효과에 정신을 팔기 때문이다. 인간을 특징짓는 것은 지성이 아니라 —《창조적 진화》 2장에서는 동물 또한 지성을 지니고 있음이 드러난다 — 의지다. 정신(여기서 베르그손은 아직 지성과 정신을 동일시한다. 그러나 곧 정신은 직관에 결부될 것이다)은 정신 깊은 곳에서 특별한 에너지를 길어온다. 정신은 이 에너지를 통해 세계로부터 물러나 세계의 한 지점을 응시할 수 있게 되고, 이 응시의 지점으로부터 지성이 피어나는 것이다. "지성적 에너지까지도 포함하여, 모든 에너지의 심층적 원천은 의지다."[27] 베르그손은 정신을 심화하여 의지를 발견한다. 의지란 더 많은 노력을 기울일수록 그에 비례하여 해방적으로 행사되는 인과력이다.

추후에 〈지성적 노력〉에서 리보의 주장을 명시적으로 검토하기에 앞서, 베르그손은 《물질과 기억》의 출간을 전후하여, 〈주의〉 강의에서 한층 더 리보와 거리를 둔다. 리보의 《주의의 심리학》은 자생적spontanée 주의와 의지적 주의라는 두 형태의 주의를 구분했다. 자생적 주의는 외부 원인의 작용에 사로잡혀 있다. 개는 멈춰 서서 주의를 사로잡는 소음에 귀를 기울인다. 반대로 "의지적 주의는 오직 의지로부터 기원하는 것처럼 보인다. 주체는 자신의 선택을 통해 어느 한 지점으로 주의를 돌린다".[28] 주의가 자생적이냐 의지적이냐 하는 것은 대상이 우리의 관심을 끄는지, 아니면 우리가 대상에 관심을 갖는지 묻는 일과 같다. 기실 자생적으로 대상에 사로잡힌 주의는 여러 지점에서 부주의 자체와 혼동되는 것으로 우리가 대상에 기울이는 주의와는 다른 것이기 때문이다. 1898년의 미간행 강의에서 베르그손은 우리가 그때 동원하는 에너지가 어디서 오는지 묻는

27 같은 책, 560쪽.

28 〈1892-1893년 앙리 4세 고등학교에서의 심리학 강의〉, 17강, 《강의》, II권, PUF, 1992, 375쪽, Archè Milan, 2008, 252쪽.

다.[29] 《물질과 기억》은 이미 이러한 구분을 리보와는 다른 방향에서 제시했지만, 이 논의는 간략히 다뤄졌을 뿐이다. 의지적 주의의 지위는 여전히 논의되지 않았다.[30] 여기서 자생적 주의는 종적인 주의에 상응하고, 의지적 주의는 개체적 주의에 상응하는 것이었다. 그리고 "정신이 기울이는 주의력"에 따라 정신에 "가치"[31]를 부여하고, 정신이 다른 대상들을 방황하지 않고 의지적으로 자신의 대상에 도달하도록 만들 수 있는 것은 오직 의지적 주의뿐이다. "사실 자생적 주의는 종에 속하는 것인 반면, 의지적 주의는 개체의 특징이다. 이는 더 이상 보존의 도구가 아니라 진보의 도구다. 의지적 주의는 개인에 따라 다양하게 변화한다. 개인들은 발명을 행하기 때문이다. 그것은 개체의 특수성에, 그리고 개체의 정신이 특정 유형의 탐구에 대해 갖는 자질에 기원을 두고 있음에 틀림없다."[32]

이는 곧 대상에 대한 주의의 분극화, 주의의 성향을 또한 설명해야 한다는 말이다. 이러한 성향이 주의를 기울일 대상을 선택하고, 그 대상이 야기하는 부수적 반작용에는 즉각적으로 반응하지 않음으로써 주의가 산만해지지 않도록 방지한다. 종적인 주의가 각자의 개인적 역사 전체를 동원하지 않는다는 말은 아니다. 농부와 화가는 이러한 역사 전체로 인해 동일한 풍경 속에서 동일한 것들을 보지 않는다. 실제로 이들은 자신이 본 것을 부분적으로 재구성할 때, 동일한 기억에 호소하지 않는다. 그러나 리보가 제시한 정의를 이어받아 복잡화하는 것으로는 더 이상 충분치 않다. 그런 연후에 특정한 정신 상태가 특정한 신체 상태에 삽입된 이유를 설명하는 것으로는 불충분하다. 사실상 각자를 상이한 방향으로 정향 짓는 특수한 긴장은 주의의 물리적 기초를 통해 설명되지 않는다. 베르그손은 지금껏 종적인 주의에 할당되었던 특권을 의지적 주의로 옮겨놓는다. 이제

29 《심리학 강의》, 1898, 〈주의〉, 두세 재단, IX-BGN IV-1 (10), 57쪽.
30 《물질과 기억》, 2장, 각 110, 118, 128쪽을 보라.
31 《심리학 강의》, 1898, 60쪽.
32 같은 책, 61쪽.

종적인 주의는 "지성적으로 불모인"[33] 주의가 되어 우리의 운동이 받아들인 감각에 더 잘 적용되도록 대상에 대상의 이미지를 중첩시키는 일만 수행한다. 기억과는 다른, 기억 이상의 무언가가 존재해야만 한다. 이제 정신은 더 이상 기억들로 환원될 수 없기 때문이다. 이 기억 이상의 무언가가 기억들에 충분한 강도를 부여하기 때문에 생동하는, 빛나는 기억들이 세계 속에 도입될 수 있는 것이다. 그것은 특정한 개체가 특정한 유형의 탐구에 관심을 갖도록 추동하는 하나의 경향, 혹은 자연적 공감이다. 실제로 우리는 때때로 어떤 미지의 대상에 끌리곤 하지 않는가? 화가가 자연의 정경에 집중하는 반면, 농부는 이 광경이 유발하는 반응들로 곧장 산만해져, 한 대상에서 다른 대상으로 건너뛰면서 자신의 작업으로 분주해진다는 점 또한 이렇게 설명될 것이다.

테오뒬 리보는 의지적 주의를 자생적 주의의 연장선상에 놓음으로써 두 주의를 단지 정도에 따라서만 구분했다. 주의가 동원하는 의지는 지향된 대상으로부터 주의를 위한 에너지를 얻지 못할 경우, 감정이나 욕망의 자생성에서 간접적으로 에너지를 빌려온다고 여겨졌다. 예컨대 유아는 책의 매력 때문에 읽기를 배우는 것이 아니라 엄마에게 잘 보이기 위해서, 혹은 글자들 옆에 놓인 그림을 이해하기 위해 읽기를 배운다는 것이다. 리보는 이렇게 말한다. "의지적 주의, 즉 매력적이지 않은 대상들에 정신을 잡아둘 가능성은 교육의 영향을 통해 강제로 생겨날 수밖에 없다. 이 교육이 사람들로부터의 교육이건, 사물들로부터의 교육이건 간에 말이다."[34] 의지적 주의는 이렇게 차용된 매력을 획득하여, 지성적이지 않은, 감응적인 요소에 접목되었다. 그것은 특정한 자연적 동기들을 직접적인 목적에서 우회시켜 사회적으로 더 고상한 다른 목적에 봉사하도록 만드는 인위적인 주의였다.

33 같은 책.
34 테오뒬 리보, 《주의의 심리학》(1888), Alcan, 1938, 2장, 〈의지적 주의〉, 51쪽.

이제 주의가 자생적인 것에서 의지적인 것이 되어감에 따라, 주의가 노력을 필요로 함에 따라, 왜 베르그손이 점차 리보의 입장에서 멀어졌는지 이해할 수 있다. 두 주의 사이에 본성상의 차이를 도입해야 했기 때문이다.

> 의지적이라 불리는 주의 속에는 의지에 선행하는 무언가가 존재한다. 그것은 특정한 유형의 탐구에 대한 지성의 자연적 공감, 특정한 유형의 이미지들에 대한 지성의 자연적 공감이다. 이러한 공감은 습관을 통해 계발될 수 있다 해도, [일단은] 타고나는 것이다. 우리는 실재의 특정한 측면에 관심을 갖는 경향을 지닌 채 태어난다. 그렇지 않으면 어떻게 기억들의 자연적 정향을 설명할 수 있을 것인가? 다양한 재능들도 동일한 방식으로 설명된다. 그것은 주의와 기억의 성향이다. 조금 전에 말한 것과 같이, 풍부한 주의의 노력을 오랫동안 강렬하게 기울이기 위해서는 천재성이, 즉 특정 유형의 탐구에 대한 어떤 선천적인 공감이 필요하다. 그 자체로 풍부한 이 공감이 기억과 이미지를 특정 지점으로 분출시킴으로써, 오랫동안 연속적인 주의의 노력을 유발하는 것이다.[35]

리보는 두 가지 형태의 주의를 서로 접목하여 의식을 사로잡는 대상 쪽으로 "의식을 끌어당기는 앞으로부터의 힘*vis a fronte*"[36]으로 남겨둔다. 의식을 운동시키는 요소는 어디까지나 의식에 **현재적인** 감응 속에서 발견된다. [이에 반해] 베르그손은 두 번째 주의에 새로운 원천을 할당함으로써 의지의 배후에서 의지에 방향을 새겨 넣는 배후로부터의 힘*vis a tergo*을 간파하고, 의지를 생리학적인 생보다 더 고양된 생의 연장선상에 기입한

35 《심리학 강의》, 1898, 60쪽.
36 같은 책, 90쪽. 리보는 여기서 헨리 모즐리Henry Maudsley, 《정신의 생리학》, 알렉상드르 헤르젠Alexandre Herzen 번역, 302-306쪽을 인용한다.

다. 이제 현재(《의식의 직접소여에 관한 시론》)나 과거(《물질과 기억》)는 의지의 시간적 차원일 수 없다. 당분간 의지는 의식이 자극의 결과가 아니라, 원인이 될 수 있도록 하는 '무언가'를 가리키게 된다.

그러나 생을 별도로 떼어 하나의 약동으로 고찰하기에 앞서, 베르그손은 먼저 주의의 문제를 제기하는 방식에서 심리학과의, 더 구체적으로는 리보의 심리학과의 거리를 인정해야 했다. 리보의 심리학은 종종 주의에 동반되어, 주의의 운동에 새겨지는 노력감의 기원을 정신의 영역 밖에서, 생리학적 평면에서 찾아야 한다고 믿었다. 따라서 의지적 주의가 자생적 주의의 우회와는 다른 것이라면, 의지가 지니는 **표지**, 즉 의지적 주의를 지배하는 노력이 이제 신체가 아니라 정신에서 기원한다는 점을 보장하는 고유하게 지성적인 요소가 적어도 하나 존재해야 할 것이다. "지성적 노력이 갖는 지성적인 특성은 어떤 것인가?"[37] 이렇게 〈지성적 노력〉이라는 논문은 의식이 어떤 행위를 착수하면서 노력을 기울일 때 수행하는 특유한*sui generis* 운동을 정확히 기술하려 한다. 대상이 의식의 관심을 끄는 것이 아니라 의식이 **스스로** 대상에 관심을 기울일 때, 그리하여 말하자면 의식이 대상 앞으로 나아갈 때, 의식이 스스로 지니는 환원 불가능한 특성은 어떤 것인가?

베르그손은 한편에 놓인 감응들과 다른 한편에 놓인 "유령-기억들"[38]로 가득 찬 기억 작용 사이에서 아직 의식의 어두운 깊이 속에 묻혀 있는 새로운 요소를 정확히 드러내기 위해, 의지된 노력 속으로 잠겨 들어야 했다. 이 새로운 요소는 과거로도 현재로도 환원되지 않는다. 과거와 현재가 이 요소를 통해 나의 기투 속에서 절합되기 때문이다. 일종의 증류 작업을 통해, 휘발성 기억들에 생을 불어넣은, 혹은 적어도 이 기억들이 다시 생을 열망하도록 만들었던 순수한 경향을 분리해야 한다. 노력은 신

37 〈지성적 노력〉, 《정신적 에너지》, 154(172)쪽.
38 〈꿈〉, 《정신적 에너지》, 96(111)쪽.

체와 주변적 감각들에 붙들려 있는 것도 아니고, 노력 없이는 "보이지 않는 유령 상태로"[39] 남았을 기억들로부터만 유래하는 것도 아니다. 노력은 지성적인 한에서, 감각과 기억을 통합하는 동시에 초과해야 한다. 이는 곧 신체와 영혼이 노력을 통해 시간적으로 펼쳐질 것이라는, 또 그러한 한에서 지금껏 제시되었던 노력 관념을 복잡화해야 한다는 말이다.

1906-1907년 〈의지의 이론들〉에 대한 콜레주 드 프랑스 강의에서 베르그손은 긴 논의를 통해 원심적 노력과 구심적 노력이라는 두 노력 관념을 특별히 대립시킨다. 한편에서는 멘드비랑을 위시한 사람들이 노력 속에서 신경 임펄스에 대한 지각이 아니라, 신체를 넘어서는 '초유기적인 힘'에 맞선 신체의 저항에 대한 지각을 발견한다. 그러나 이러한 설명과는 반대로, 우리의 인과력을 생생하게 붙잡아 그 원천에 도달하려는 즉시, 대립되는 감각-운동적 설명이 분석을 통해 원심적 설명의 모든 요소를 반박하지 않기란 어렵다. 다른 한편에서는 테오될 리보를 위시한 사람들이 구심적인 노력 관념을 발전시킨다. 구심적 노력 관념은 체험된 노력감을 에너지의 소비라는 모호한 형태로 나타나는 주변적인 감각(근육의 긴장, 마찰력 등)의 총체로 해소한다. 이 주변적인 감각의 총체가 정신적 힘이 퍼져나가는 착각을 일으킨다는 것이다. 그러나 이번에는 이러한 설명과는 반대로 우리가 기울인 노력이 신체에서, 혹은 신체에서만 오는 것이 아니라 정신에 원천을 두고 있다는 점을 간접적으로 입증하는 지성적인 요소가 우리 표상들의 작용 자체에 내포되어 있어야 한다. 베르그손은 이 두 관념 가운데 어느 한쪽에 우위를 두지 않고, 심지어 이전 저작들에서는 후자의 [구심적] 노력 관념에 더 가까운 입장을 취했다. 그러나 그 뒤로 베르그손은 점차 전자의 [원심적] 노력 관념에 접근한다.[40]

물론 실험 대상을 마비시키는 즉시, 주변부로부터 오는 감각의 상실

39 같은 책, 95쪽.
40 〈지성적 노력〉, 《정신적 에너지》, 173(192-193)쪽.

은 노력감을 심층적으로 변질시킬 것이다. 베르그손은 노력감에서 신체가 차지하는 몫을 부인하는 것이 아니다. 그는 단지 노력감이 신체의 몫으로 환원되는 데 반대할 뿐이다. 노력은 하나의 관계다. 그리고 "a/b의 비율에서 b를 제거하면 비율 자체가 사라지지만, 그렇다고 해서 b가 홀로 비율 자체였다는 결론이 나오는 것은 아니다."[41] "감각들은 그저 하나의 항에 불과하다. 감각들은 현재적이다. 반면 노력감은 현재 외에도 **미래에 대한 예측**이라 불릴 만한 것을 추가로 가진 의식일 것이다."[42] 간극인 동시에 대립을 뜻하는 이 관계의 다른 쪽 항만이 유일하게 과거의 짐을 받아들여 그것을 앞쪽으로 내던질 수 있다. 이 항은 **현재적**이 아니고 **미래적**인 것이라 생리학적인 생에 포괄될 수 없다. 베르그손은 어떤 곳에서는 이를 '역동적 도식'이라 부르면서, 역동적 도식이 미래로 기투 되어 도식을 채우러 오는 이미지들을 예상한다고 말하고, 또 다른 곳에서는 '미래를 향한 약동'이라 부른다. 지각은 축적된 과거의 압력에 의해 밀려나는 것이 아니라 미래에서 출발하여 자기 자신에게로 되돌아오는 것이기에, '선지각' 없는 지각은 이루어질 수 없다. 더 나아가 수행해야 할 행위에 대한 추상적 표상이라는 모호한 형태로나마 행동의 결과를 예측하지 않는다면, 행동 또한 이루어질 수 없다. 예컨대 춤추려는 의지는 우리가 이미 춤출 줄 안다는 듯 행동하는 것이다. 우리는 현재를 성큼 넘어서 의지가 데려가는 곳까지 나아간다. 그럼에도 우리는 전적으로 미래에 있을 수 없다. 적어도 우리의 신체가 현재에 고정되어 있기 때문이다. 따라서 춤을 배운다는 것, 즉 춤을 추려 노력한다는 것은 도달하고자 하는 지점(정신)과 현재 지점(신체) 사이의 간극을 가늠하는 일이다. 우리는 의지의 뒤틀림을 통해 현재로 되돌아와, 의지가 도입하는 과거의 총체를 통해 현재가 미래를 따라

41 〈〈의지의 이론들〉에 대한 콜레주 드 프랑스 강의〉, 1906-1907, 《잡문집》, 692쪽.
42 같은 책, 693쪽. 〈지성적 노력〉(1902년 판): "단순히 과거에 기대고 있을 뿐 아니라, 미래를 향해 기울어진 지성"(《잡문집》, 548쪽).

잡도록 만들어야 한다.

그러므로 노력에 의한, 노력의 시간화가 존재한다. 노력은 미래로부터 와서 지속 속에 행동을 기입한다. 나는 의지가 나를 데려가는 곳에 전적으로 존재할 수 없기 때문이다. 나는 계속적으로 나 자신을 미래의 방향으로 내던지고, 과거를 분석하고 수축시켜, 나의 현재와 일치하도록 만든다. 따라서 지속은 오직 이 세 가지 시간들의 부분적 일치를 확보하기 위해 (스스로) 형성되는 동시에 나로부터 벗어나는 것이고, 우리는 수행해야 할 행위와 그 행위를 조합할 수 있는 운동들에 주의를 집중시키게 된다. 걸음의 습관(현재)은 내가 소지한 춤의 추상적 도식에 따라 춤추려는 시도(미래)를 방해한다. 그럼에도 걸음과 다른 몇몇 기초적 운동의 '운동감각적kinesthésiques 이미지'(과거)는 분해와 다른 방식의 재조합을 거쳐 왈츠의 습관을 들이는 데 도움이 될 수 있다. 달리 말하면 현재의 창조는, 이미 잠재적으로 미래에 도달해 있는 의지의 성급한 출발을 지연시키는 한에서, 그리하여 예측된 도식이 과거로 되돌아가 다양한 이미지로 전개됨과 동시에, 우리 의식이 미래와 과거의 간극 속에서 이 이미지들을 재조직화하여 간극을 메우는 한에서 이루어진다. 더 정확히 말하면, 정신의 왕복운동을 통해 그 진폭을 점진적으로 감소시켜 결국 현재의 좁은 통로 속에서 서로 합쳐지는 미래와 과거의 상호적 적응 과정이 존재하는 것이다. 따라서 신체가 새로운 습관을 들일 수 있다면, 즉 신체가 야기하는 지연을 통해 개방되는 미결정적 미래를 향해 전진할 수 있다면, 그 이유는 정신의 운동이 [신체의 운동과] 반대 방향으로 수행되기 때문이다. 이미 미래에 도달해 있는 정신은 미래에서부터 과거를 받아들여 현재 속에 밀어 넣음으로써 현재를 변형시킨다.

심리적 인과는 기계적 인과와는 달리 서로 상반되는 이중적 운동에 따라 수행된다. 이 이중적 운동은 상호 대립적이기에 시간이 드는 것이고, 심리적 인과가 점유하는 지속을 유효한 실재로 만드는 것이다. 한편으로 주의는 수행할 행위 쪽으로 이끌려 가고, 이 행위의 도식적 단순성에는 행위의 실현을 위해 불러내야 할 이미지-기억들의 다수성이 역동적으로 내포되어 있다. "지성작용의 노력감은 도식에서 이미지로 향하는 경로 위에서 발생한다."[43] 즉 그것은 추상에서 구체로, 미래에서 과거로, 목적에서 수단으로, 결국 결과에서 결과의 가정된 원인으로 향하는 길 위에서 생겨난다. 다른 한편으로 도식 속에 쏟아져 들어오는 이미지들은 필연적으로 일종의 반발 작용을 통해 도식을 수정한다. 도식을 실현시키는 것은 과거에서 미래로 나아가는 반대 방향의 경로이기 때문이다. 기울인 노력이 창조의 변별적 표지라면, 소여에 덧붙여지는 창조는 어째서 눈에 띄지 않는 것인가? 왜 저작은 작가의 예상을 벗어나고, 왜 획득된 결과는 최초에 고안되었던 도식에 비해 놀라운 것인가? 저술할 책의 모호한 관념에 집중하여 그로부터 저작을 채울 사건과 인물을 내려오게 할 때, 작가는 도식이 구체화됨에 따라 때로는 마지못해, 때로는 부지불식간에 시험과 모색을 거쳐 전반적인 도식을 변양시키기 때문이다. "예견되지 않은 것imprévu의 몫은 바로 여기에 있다. 말하자면 그것은 이미지가 도식을 향해 되돌아서서 도식을 수정하거나 사라지게 하는 운동 속에 있다."[44] 따라서 노력은 창조를 촉진하지만, 그럼에도 창조를 보지 못한다. 노력의 특유한 운동은 [창조의 운동과는] 반대로 과거의 방향으로 나아가, 과거를 현재 속으로 끌어오는 것이기 때문이다. 가장 단순한 형태의 주의부터 예술적 창조에 이르기까지, 즉 재생산(《물질과 기억》)에서 생산(《창조적 진화》)에 이르기까지, 언제나 새로움은 정신이 주파한 길과는 반대 방향에서, 부지불식간에, 잉여적으로, 예측 불가능하게 솟아오르는 것처럼 보인다. 요컨대, 창조의 몫은 의지 속에 존재하는 비의지적인 측면이다.

43 〈지성적 노력〉, 《정신적 에너지》, 174(193)쪽.
44 같은 책, 176(195-196)쪽.

인과 문제의 관측 영역으로서의 생물학

처음에 베르그손은 신체, 그리고 신체가 전개하는 에너지가 정신으로부터 빼앗을 수 없는 그러한 노력의 특성을 표상들의 작용 자체에서 찾아내려 했다. 그렇기에 도식이 지니는 역동적 성격은 아직 부정확한 상태로 남아 있었다. 그러나 근육 노력인지 지적 노력인지와 무관하게 노력이 유사한 형태의 예측 운동을 따라 일어나는 것이라면, 그 이유는 노력이 감응(현재)으로도, 기억(과거)으로도 환원 불가능한 새로운 요소를 수반하기 때문이다. 1906년 강의에서 베르그손은 그때까지 의식 속에 파묻혀 주목받지 않고 맹점으로 남아 있었던 이 요소를 명명할 수 있게 된다. 그것은 "특수한, 특유한 힘"[45]으로서의 의지다. 이러한 의지의 힘은 마음대로 사용하거나 사용하지 않을 수 있는 일정량의 저장된 에너지가 아니라 미래를 향한 약동이다. 의지의 강도는 어떤 방향을 선택하느냐에만 달려 있다. 그것은 먼저 우리를 미래 일반으로 접어들게 만들고, 그 뒤에 개별 목표를 지향하도록 한다. "주목할 만한 점은 이러한 의지의 역량이 무엇보다도 의지의 방향에 기인한다는 사실이다. 자연의 힘들이 지닌 강도는 그 힘들의 방향에 따라 결정되지 않고, 주어진 방향에 의존하지도 않는다. 그러나 의지의 힘은 의지의 방향에 기인한다. 물리적 힘과 구분되는 한에서의 정신적 힘을 이렇게 정의할 수도 있을 것이다. 그것은 강도가 방향으로부터 오는 힘이다."[46] 이러한 약동이 바로 기억들을 추동하고, 앞쪽으로 투사하며, 기억들에 하나의 의식 평면에서 다른 평면으로 하강할 수 있는 '역량'을 부여하고, 결국에는 하나의 도식의 단일성 속에 압축시킴으로써 갱신시켜 현재 속에 도입하는 것이다.

그런데 심리학적 분석은 의지가 지성에 행사하는 효과를 통해 이러

45 〈의지의 이론들〉, 《잡문집》, 704쪽.

46 《자유 문제의 진화: 1904-1905 콜레주 드 프랑스 강의》, 12강(1905년 3월 10일), 206쪽.

한 특유한 활동성을 그저 간접적으로 지적할 뿐, 의지의 "원천 자체"[47]까지 다다르지는 못한다. 일군의 기억들로 전개되는 이러한 예측된 단일성 [이라는 관념]은 여전히 그것이 드러내는 실재적 효력을 모호한 상태로 남겨둔다. "도식이 이미지들에 가하는 작용의 양태"는 어떤 것인가? 베르그손은 이 질문에 대한 대답을 미루어두고, 연합론자들에게 되묻는다. 연합론자들은 이미지들 간의 작용을 기계론적 모델을 통해 사유한다. [그러나] 기계론적 인과도 마찬가지로 개념화하기 어렵지 않은가? 서로 충돌하는 두 물체, 혹은 서로 끌어당기거나 밀어내는 두 이미지를 동원하는 기계적 인과 또한 전달되는 추동력의 환원 불가능한 효력을 표상의 영역 속에 집어넣는 데 실패한다. 따라서 더 상위의 인과, 즉 "도식이 이미지들에 행사하는 인력 혹은 추동력"[48]이, 더 나아가 이 양자택일을 넘어서는 작용 양태가 존재해야 한다. 베르그손은 우리 표상들의 작용 자체에 내재된 진정한 인과의 운동을 그려냈다. 이 인과의 효력은 개념화될 수 없지만, 그럼에도 실재적이다. [하지만] 심리학이 이 이상을 말할 수 있었을까? 심리학은 단지 이러한 인과가 가소성과 역동성을 지닌다는 점에서 이미지와 구분된다는 식으로, 그것을 이미지에 "상대적으로 정의할 수밖에" 없지 않은가? 베르그손은 당대의 심리학이 이 인과에 대한 규명을 중단하는 지점에서 멈춰 선다. 그때 그에게 남은 일은 오직 이 문제가 지닌 형이상학적 중요성을 결론으로 끌어내는 것이었다. 이는 준비 중에 있던 저작에 대한 꽤 분명한 예고다. 이 글이 《창조적 진화》의 성과들로부터 영향을 받아 수정되기 이전의 1902년 판본을 인용해야 할 것이다. 1902년 판

47 〈의지의 이론들〉, 《잡문집》, 698쪽. "물론 지성과 분석을 통해 의지의 토대에 놓인 추동력 자체에 도달하기란 불가능할 것이다. 그렇지만 주의에 동반되는 지성적인 현상들이 가진 특별한 성격을 규정하고, 그것들을 다른 지성적인 사실들과 구분하는 일은 어느 정도 가능할 것이다. 이런 방식으로 우리는 의지를 그 원천 자체에서 포착하지는 않을 것이나, 원천 가까이에서 포착할 수는 있을 것이다."

48 〈지성적 노력〉(1902년 판), 《잡문집》, 549쪽(《정신적 에너지》, 189(209)쪽).

본은 《창조적 진화》로 향하는 길을 예비함으로써 이 저작을 명확히 하는 데 기여한다.

> 연합의 기작 옆에는 정신적 노력의 **기작이** 있다. 이 두 경우에 각기 작동하는 힘은 단순히 강도에서 차이 나는 것이 아니다. 그것들은 방향에서 차이가 난다. 그것들이 어떻게 작동하는지의 문제에 관해서라면, **심리학에만** 관련된 문제가 아니다. 그것은 인과라는 일반적이고 형이상학적인 문제에 결부되어 있다. **이렇게 거대한 문제를 몇 마디 말로 해결할 수는 없다. 그저 이렇게 말하는 것으로 충분할 것이다.** 우리가 보기에, 추동력과 인력 사이, 즉 '작용인'과 '목적인' 사이에는 매개적인 어떤 것, 특정한 형태의 활동성이 존재한다. 철학자들은 (…) 분리를 통해 서로 대립되는 극단적인 두 한계 지점으로 이행하여 이 활동성으로부터 한편으로는 작용인의 관념을, 다른 한편으로는 목적인의 관념을 도출한 것이다. 이러한 **활동성**은 **실재적 인과 자체**로서, 덜 실현된 것에서 더 실현된 것으로, 강도적인 것에서 연장적인 것으로, 부분들의 상호적 함축 **상태**에서 **이 부분들의 상호** 병치의 **상태**로, **결국 도식에서 이미지로** 나아가는 점진적인 이행으로 이루어진다. 그런데 **우리가 규정하는 의미에서의** 지성적 노력은 **이와 다른 것이 아니다. 이런 의미에서, 그것은 순수한 상태의 인과관계를 제시해 줄 것이다.**[49]

굵은 글씨는 베르그손이 나중에 수정한 표현들이다. 실제로 문제를 제시하는 방식에 따라, 문제를 구성하는 용어들 또한 변화한다. '실재적 인과'라는 용어는 '생' — 생리학적이지 않은 생이라는 새로운 의미에서 — 이라는 용어로 교체된다. 도식의 역동적 단일성이라는 관념이 잠재성들의 전개를 심리학적인 용어로 기술한다면, 생의 약동의 관념은 잠재

49 같은 책, 549-550쪽(《정신적 에너지》, 189-190(209-210)쪽).

성들을 내포하는 동시에 그것들을 발산하는 선들로 현실화함으로써 기계론의 추동력과 목적론의 인력을 파생시키는 더 심원한 원인을 암시한다. 지성적 노력은 "생의 활동성의 특징"이라 할 만한, 비물질적인 것의 점증적인 물질화의 "가장 단순한" 사례를 제시한다. [그러나] 그것은 또한 이 활동성의 "가장 추상적인"[50] 사례인 인과의 문제를 생물학의 영역으로 옮겨놓기를 요청하는 것이기도 하다. 인과의 문제는 당대의 심리학이 가져다주지 못했던 정확성을 생물학적 영역에서 획득할 수 있을 것이다. 요컨대 베르그손은 이전 저작들의 성과를 통해 내적인 생을 심화하여 우리의 고유한 인과적 활동성을 더 잘 이해하려면 생을 검토해야 한다는 사실을 알아차린다. "생 자체를 심화하여 인간 활동성의 일상적인 작동을 더 잘 규정할 수 있을 겁니다."[51] 지금까지 의식의 노력에 대한 기술은 "지성 밖으로 나오지 않은 채로",[52] "의지의 기저에서" 의지에 효력을 제공하는 "추동력 자체"[53]까지 거슬러 올라가지 않은 채로 이루어졌다. 지성이 의식의 노력을 원천으로 전개된다 해도, 의식의 노력은 지성이 그리로 되돌아가려는 즉시 지성의 분석적 시선 아래 흩어져 버리는 맹점이었다. [그러나] 저작들이 진행됨에 따라 지성은 더 이상 정신 전체와 동일시되지 않는다. 모호한 형태의 직관을 내포하는 의지가 정신의 일부를 차지하고 지성과 겨룬다. 이제 물어야 할 질문은 다음과 같다. 의지 자체는 어디에서 오는가? 의지는 그 약동을 어디에서 획득하기에, 기억들에 의지의 방향을 새겨 넣고, 기억들에 덧붙여짐으로써 그것들을 우리 자신의 기투 주변으로 모아들일 수 있는 것인가?

우리는 《창조적 진화》로 향하는 여정을 다시 그려내 《물질과 기억》에서부터 베르그손을 막아섰던 문제의 발달이 어떻게 생물학적 고찰들로

50 같은 책, 《정신적 에너지》, 190(210)쪽.
51 〈정신-물리 평행론과 실증적 형이상학, 1901년 5월 2일〉, 《잡문집》, 487쪽.
52 〈지성적 노력〉, 《정신적 에너지》, 186(206)쪽.
53 〈의지의 이론들〉, 《잡문집》, 698쪽.

의 이행을 요구했는지 보이고자 했다. 영혼과 신체가 접촉하는 지점에 생이 놓여 있기에 유효한 인과의 관념을 정교화하기 위해서는 이제 생의 방향으로 나아가야 한다. 결국 우리는 이 두 저작 사이에 가로놓인 이 완만한 진전을 통해 다음과 같은 세 가지 결론적 고찰에 도달한다.

(i) 영혼이 **어떻게** 물질에 작용하는지, 자유가 **어떻게** 필연성을 다듬어 필연성의 그물을 통과하는지 설명하기 위해 우리의 의지를 내세우는 것으로는 충분치 않다. 의지는 수행해야 할 행위 속에서 자기 자신을 앞질러 나아가는 것이지만, 의지를 가로지르는 약동에서 기원하는 것이기도 하다. 의지는 그저 이 약동의 추동력 위에서, 그 추동력을 증대할 추가적인 힘을 요청할 뿐이다. 의지의 원천에는 의지가 의지할 수 있도록 만드는 최소의 긴장이 존재한다. 의지는 이 최소의 긴장을 토대로 하여 "의지하기를 의지할"[54] 수 있고, 자신이 내포하지 않은 힘을 덧붙임으로써 증대될 수 있다. 이런 측면에서 중요한 것은 〈꿈〉에 대한 강연이다. 이 강연에서는 깨어 있음을 의지와 동일시하고, 꿈을 의지의 부재와 동일시하기 때문이다. 베르그손은 여기서 '유령-기억들'에는 생기가 없다는 사실을 인정하기 때문에 실제로 다음과 같은 질문을 던질 수 있다. 그렇다면 꿈속에서 기억과 감각이 "서로를 끌어당기는"[55] 데, 어떻게 기억과 감각만으로 충분하겠는가? 나의 기투가 기억과 감각에 미래의 지평을 부착시켜야 하지 않는가? 내 주의가 다시금 그것들을 생으로 불러내야 하지 않는가? 기억들에 고유한 의지를 할당하는 이 질료에 대한 갈망이 현상학적으로 적합한가를 묻는 장루이 크레티앵의 의문[56]은 정당한 것이었다. 기실 여기서

54 《자유 문제의 진화: 1904-1905 콜레주 드 프랑스 강의》, 12강(1905년 3월 10일), 206쪽.

55 〈꿈〉 (1901년 판), 《잡문집》, 453쪽(《정신적 에너지》, 97(113)쪽).

56 장루이 크레티앵, 《잊을 수 없는 것과 바라지 않는 것*L'Inoubliable et l'inespéré*》, Desclée de Brouwer, 1991, 2장, 69쪽. "기억들을 욕망과 의지를 갖춘 자율적 실체들로 변모시키는 일은 현상학적 토대를 결여한 구성물이다."

꿈은 누군가가 꾸는 꿈이 아니라, 감각의 살을 통해 기억들에 부여된 "고유한 생"[57]이었기 때문이다. 그러나 그렇다면, 우리의 의지를 부표로 삼는 것이 아니라면, 기억들은 어떻게 "빛을 (…) 열망하고", 심지어는 "기다리며", "거의 주의를 기울이고"[58] 있는 것인가? 의식은 노력의 중단을 통해 기억들로 분산된다. 그렇다면 이 기억들이 "바깥으로 솟아날"[59] 수 있게 만드는, 아직은 수수께끼 같은 이 잔여 역량은 무엇인지 물을 수 있을 것이다. 기실 정신적 생이 없다면, 즉 노력을 통해 강화될 뿐인 약동이 없다면, 기억들이 이완된 의지의 멍에로부터 해방된 뒤에도 계속해서 "다소간 긴장되어 있다"[60]는 사실은 불가해한 채로 남았을 것이다.

(ii) 따라서 《창조적 진화》의 초반부는 《시론》의 성과들에만 기대고 있는 것이 아니라, 도중에 획득된 다양한 결과들을 내포함으로써 이제는 미래에 우위를 할당한다. 베르그손은 뜻하지 않게 이를 가장 의식하였다. 그는 장 드 라 아르프Jean de La Harpe에게 이렇게 고백한다. "《창조적 진화》의 '시간'은 《직접소여》의 시간에 잘 '달라붙지' 않습니다."[61] 하지만 생의 진화를 내적 지속과 흡사한 것으로 여겨야 하는 것은 아니다. 사실은 그 반대이다. 앞서 말한 것처럼 심리학은 〈지성적 노력〉에서 한계 지점에 도달했다. 인과라는 일반적 문제를 제기하고 해결하는 일은 더 이상 '심리학만의' 사무가 아니라 그에 협력하는 생물학의 사무이기도 하다. 심리학만으로는 창조적 활동성 자체의 분출 지점, 즉 생까지 나아갈 수 없다. 심리학의 도움이 있다 해도 내적 성찰을 통해서는 우리의 가장 깊숙한 곳에 존재하는 인과적 효력을 직접적으로 붙잡을 수 없다. 생물학이라는 우

57 〈꿈〉, 《잡문집》, 453쪽(《정신적 에너지》, 97(113)쪽).
58 같은 책, 《정신적 에너지》, 95, 99(110, 115)쪽.
59 《정신적 에너지》, 99(115)쪽.
60 같은 책. (1901년 판), 《잡문집》, 455쪽(《정신적 에너지》, 99(115)쪽).
61 〈베르그손과의 대담에 대한 개인적 기억들〉, 《앙리 베르그손: 시론과 증언들》, recueillis par A. Béguin et P. Thévenaz, Neuchâtel, 1951, 358쪽.

회로가 필요하다. 그러면 이러한 인과적 효력은 사실들이 되돌려 보내는 빛을 이용하여 [드러날 수 있을 것이다]. 게다가 《시론》에서 이미 인과율이 연구되었다 해도, 그것은 아직 '심리적 인과'와 대립할 정도로 분명하게 구분되지 않았다. [심리적 인과라는] 말 자체가 아직 등장하지도 않았다. 《시론》에서 베르그손은 이렇게 말한다. 자유가 "구체적인 자아와 자아가 수행하는 행위 사이의 관계"라면, "이 관계는 정의 불가능한 것이다".[62] 생명과학의 출현과 함께, 비로소 자유는 심리적 질서의 인과라는 형태로 암시된다. 심리적 인과는 칸트와 함께 유일한 인과라 믿어진 기계적 인과와 구분되는 것이다.

> 자유가 단지 헛된 말에 불과한 것이 아니라면, 그것은 심리적 인과 자체일 것입니다. 하지만 이 심리적 인과가 행위와 행위의 다양한 선행조건들 사이의 **등가성**이라는 의미로 이해되어야 할까요? 이렇게 말한다면, 물리적 인과를 모델 삼아 심리적 인과를, 그리고 모든 인과 일반을 표상하고, 우회로를 따라 우리가 조금 전에 거부했던 보편수학의 결정론으로 되돌아갈 것입니다. 즉 요컨대, 우리는 고유한 의미에서 심리적인 인과의 존재를 부인할 것입니다. 실재적인 심리적 인과가 존재한다면, 그것은 물리적 인과와 구분되어야 합니다. 그리고 물리적 인과는 한 순간에서 다음 순간으로 이행할 때 **아무것도 창조되지 않음**을 함축하기 때문에, 심리적 인과는 반대로 선행조건 속에는 존재하지 않았던 무언가가 행위 자체에 의해 **창조됨**을 함축합니다.[63]

생적인 것은 심리적인 것에 비추어 이해된다. 그러나 심리적인 것은 생물학적인 것을 통해 심화, 규명된다. 생물학은 우리 안에서 창조적 약동, 즉 날것의 효력을 통해 구성되는 인과의 순수 요소를, 기계론적 지성

62 《시론》, 3장, 165쪽.
63 〈레옹 브룅슈빅에게 보내는 편지, 1903년 2월 26일〉, 《잡문집》, 586쪽.

이 이해할 수 있는 것들로부터 떼어내 고립시킬 수 있기 때문이다.[64]

(iii) 생물학을 향한 이 완만한 전진은 앙리 구이에의 강의와 저작에서 주장된 한 가설을 재론하게끔 한다. 구이에에 따르면, 스펜서의 《제일원리》와 논쟁하던 《시론》에서부터 베르그손에게는 자연철학이 정신철학을 앞서서, 말하자면 은밀히 지배하고 있었다.[65] 따라서 베르그손은 처음부터 스펜서의 진화론을 거부했다는 것이다. [그러나] 《창조적 진화》에 도달하기 위해 세워야 했던 수많은 이정표에서 드러나는 암중모색의 과정은, 이러한 가설이 무용하지 않아도, 옹호하기 어렵게 만든다. 베르그손은 저작들보다 빨리 사유하지 않았다. 그는 정신철학의 실마리를 좇았기에 정신철학의 기원을 묻는 과정에서 그 주위를 에워싸 완성하는 자연철학을 발견할 수밖에 없었던 것이다. 게다가 그는 자신이 1896년에는 정반대로 진화에 반하는 결론을 내린 적도 있다는 사실을 언급하기도 한다.[66] 실제로 《물질과 기억》의 마지막 부분에서 베르그손은 스펜서를 전

64 《기억 이론들의 역사: 1903-1904 콜레주 드 프랑스 강의》, 1904년 1월 22일 강의, 96쪽. "실재적 요소를 붙잡으려면, 무엇보다도 강렬한 내적 관찰의 노력이 필요합니다. 그리고 여러분, 이 노력이 언제나 충분하지는 않습니다. 하나의 심리학적 상태를 이루는 조직 속에 개입하는 요소들이 언제나 가시적이지 않기 때문이죠. 이 요소들이 전적으로 무의식적인 경우에는, 관찰을 통해 이 요소들에 도달하는 일은 단념해야 할 겁니다. 그렇지만 이런 경우는 흔치 않죠. 일반적으로 이 요소는 다소 사라져가는 도중에 있습니다. 의식이 우리에게 주는 것은 결과들, 유용한 결과들이죠. 우리는 과정의 최종 국면을, 작업의 최종 국면을 지각합니다. 알아보아야 하는 것만을 지각하죠. 그 나머지, 그러니까 사태를 이론적으로 설명하는 데에는 살펴보아야 하지만, 실천에는 필요 없는 부분은 어둠 속에 남겨집니다. 혹은 이 부분이 나타나는 경우, 그것은 너무나도 빨리 지나가 이 사라져 가는 요소를 붙잡으려면 정상적 의식보다 더 능숙한 의식이 필요할 겁니다. 하지만 미리 기별을 받는다면, 그것을 포착하는 데 이를 수 있습니다. 그리고 미리 기별을 줄 수 있는 것이라고는 의식의 비정상 상태들 자체, 병리적 사실들 말고는 거의 없습니다." 실제로 직관이 순수지속 속으로 더 깊이 탐사봉을 던질수록, 직관은 무의식 속으로 더 많이 빠져들고, 더 흐릿해지며, 더 나아가 애매모호해지기 때문에, 규명을 위한 분석이 덧붙여져야 한다는 점을 상기하도록 하자. 그렇기에 《두 원천》에서 베르그손은 직관을 붙잡지 못하고, 직관은 오직 신비가들만이 접근 가능한 것이 된다.

65 앙리 구이에, 《베르그손과 복음서의 그리스도》, 1962, Vrin, 1999, 1장, 17쪽.

66 자크 슈발리에, 《베르그손과의 대담》, 1924년 3월 26일 화요일, 56쪽.

혀 인용하지 않으나, 여전히 스펜서의 진화론에 동조하는 것처럼 보인다. "**생명 물질**의 진보는 처음에는 형태화로 이어지는 기능의 분화로 이루어지고, 그다음에는 자극의 물길을 내고 행동을 조직할 수 있는 신경계의 점진적 복잡화로 이루어진다."[67] 아직 정신적 에너지라는 관념이 존재하지 않기 때문에, 생명체의 형성은 더 자동적인 것에서 더 의지적인 것으로 나아가는 스펜서적 법칙에 따라 이루어지는 물질의 복잡화를 통해서만 가능한 것으로 여겨진다. 이러한 관점에 따르면, 의식은 신경계가 복잡화된 덕에 그에 상응하여 긴장되고 강화될 수 있는 것이다.

1903년 1월 3일 제임스에게 보내는 편지에서 베르그손은 이렇게 하나의 저작에서 다른 저작으로 나아가는 와중에 발견한 사실을 언급한다. "이 문제에 대해 성찰할수록, 나는 생이 전적으로 주의의 현상임을 확신하게 됩니다."[68] 자아를 심화함에 따라 베르그손은 뇌가 (생리학적) 생에 대한 주의의 기관이 되려면 먼저 (정신적) 생이 이미 그 자체로 주의의 현상이었어야 한다는 점을 확신한다. 이렇게 하여 그는 그때까지는 포착하지 못했던 더 심층적인 생, 즉 정신의 생을 통해 신체의 생을 연장하게 된다. 다른 말로 하면, 신체가 생에 주의를 기울이기 위해서는 생이 신체로 하여금 주의를 기울일 수 있도록 만들어야 한다. 주의가 신체를 정지시키는 이유는 그저 그것이 일차적으로는 정신의 약동이기 때문이다. 《물질과 기억》에서 주의는 **기다림***attente*으로서 내 눈앞에 나의 행동을 위한 지각적이고 전망적인 지평을 개방하는 것이었다. 하지만 "정신에 있어 산다는 것은 본질적으로 수행해야 할 행위에 집중하는 것"[69]이기에, 이제 주의는 **예측***anticipation*으로서 지각적 지평 자체를 넘어서거나, 혹은 적어도 지평을 확장시키기 위한, 그리고 기투된 미래로부터 나에게 되돌아오기 위

67 〈요약과 결론〉, 《물질과 기억》, 280쪽(필자의 강조).
68 〈윌리엄 제임스에게 보내는 편지, 1903년 1월 6일〉, 《잡문집》, 581쪽.
69 〈영혼과 신체〉, 《정신적 에너지》, 57(68)쪽.

한 약동을 부여한다. 《물질과 기억》에서는 의식이 물질의 효과, 즉 표면적 부대현상이라는 주장을 반박해야 했다. 《창조적 진화》에서는 의식이 [물질의] "효과이기는커녕" "원인"[70]임을 보여줄 것이다. 베르그손은 입장을 급진화하고, 때로는 《물질과 기억》에 비해 어떤 지점에서 전복이 수행되는지 드러내기도 한다. 이러한 전복은 《물질과 기억》의 결과들을 취소하지 않으면서도, 베르그손 형이상학의 더 높은 층위에서 그것들을 포괄한다. "의식은 실로 행동의 도구일 것이다[이것이 《물질과 기억》의 입장이었다]. 그러나 행동이 의식의 도구라고 말하는 편이 더 참될 것이다[이것이 《창조적 진화》의 입장이다]." [《물질과 기억》에서] 의식은 "주저"였다. 이제 의식은 "주저 혹은 선택"[71]을, 더 나아가 "선택, 혹은 원한다면 (…) 창조"[72]를 의미한다. "의식은 선택의 동의어다." 심지어 이제 의식은 신체를 통해 행동의 폭으로 제공된 상이한 가능성들 사이에서 주저하지도 않는다. 이제 의식은 기투의 형태로 세계 속에 도입되어 핵심적인 단절을 꾀한다. 의식은 원인, "자유로운 원인"[73]이다.

22. 인과와 창조: 생의 약동

베르그손이 '창조'라는 말에 부여했던 독특한 의미는 철학 속에 도입되었을 때, '인과'라는 형이상학적 개념을 대체하기에 충분한 의미를 갖는다. 앙리 구이에가 이미 인과라는 용어가 창조로 바뀌어가는 완만한 이행 과정을 주목한 바 있다. 베르그손은 먼저 기계론적 인과에도, 목적론적 인과에도 상응하지 않는 행위를 지시하기 위해 '심리적 인과'라는 말을 동원

70 《창조적 진화》, 2장, 180쪽.
71 같은 책, 145쪽.
72 〈의식과 생〉, 《정신적 에너지》, 11(21)쪽.
73 같은 책, 14쪽.

한다.[74] 실제로 사람들은 결과가 원인에 의해 설명되는 동시에 생산된다고 여기기 때문에, 인과의 개념은 상반되는 두 의미로 갈라지는 모호성을 내포한, 다루기 어려운 개념이 된다. 인과는 법칙인 동시에 힘이고, 가지성인 동시에 생산이며, 효율efficience인 동시에 효력efficace이다. 철학사 속에서 인과 개념은 언제나 이 두 극 사이에서 잠정적인 균형점을 찾았다. 기실 그것은 더 합리적인 측면(그래서 데카르트는 인과를 이유raison(근거로서의 원인*causa sive ratio*)와 동일시할 수 있었다) — 가지성을 제공하는 법칙 — 과 덜 합리적인 측면 — 생산하는 힘 — 을 동시에 포함한다. 요컨대 어떤 현상에 대한 합리적인 설명은 그 원인들을 제시하는 것과 동일하지만, 인과 자체가 인과의 합리성과 동일한 것은 아니다. 원인 관념의 한복판에 지성을 벗어나는 에너지적인 차원이 도입되기 때문이다. 옳건 그르건 간에, 사람들은 우리의 의지를 이 에너지적 차원의 모델로 삼는다.

이처럼 원인의 관념은 서로 대립하는 두 유형의 인과(의지와 기계론)를 뒤섞는 혼잡한 관념이다. 그래서 베르그손은 그럼에도 이 두 인과를 하나의 단일한 개념 속에 성공적으로 용해하는 독특한 경험을 찾으려 했다. 그는 생명체가 환경과 맺는 감각-운동적 관계 속에서 이 혼합물을 발견한다. 실제로 우리가 원인과 결과 사이에 의지를 개입시켜 "우리의 노력에 속하는 무언가를 원인에"[75] 부여할 수 있으려면, 이 감각-운동적 관계가 외적인 관찰로부터 인과 연쇄의 규칙성을, 그리고 내적인 경험으로부터는 그 역동적 효력을 빌려야 했다. 이것이 바로 1900년의 〈인과법칙에 대한 우리 믿음의 심리학적 기원들에 대하여〉의 결론이다. "우리가 인과법칙에 대한 믿음을 획득하는 과정은 시각 인상들의 점진적인 공조 과정과 일체를 이룬다."[76] 인과법칙에 대한 믿음은 감관들이 교육됨과 동시에,

74 앙리 구이에, 《서양 사유의 역사 속의 베르그손*Bergson dans l'histoire de la pensée occidentale*》, 4장, 〈인과와 창조〉, Vrin, 1989, 41쪽 이하.
75 〈인과법칙에 대한 우리 믿음의 심리학적 기원들에 대하여〉, 1900, 《잡문집》, 423쪽.
76 같은 책, 424쪽.

그리고 이 감관들이 서로 공조해 감에 따라 만들어진 것이다. 역동적인 동시에 필연적인 관계라는 복합 관념을 암시하는 것은 기껏해야 시각 인상이 항상적으로 촉각 인상으로 연장된다는 사실뿐이다. 나는 대상을 보고, 이 대상은 나에게 촉각의 능력(운동 습관)을 환기시킨다. 시각 인상(원인)과 촉각 인상(결과) 사이의 관계는, 흄의 생각처럼 두 현상 간의 단순한 규칙적 연결이 아니라, 의지가 자신이 수행하는 운동들과 맺고 있는 관계를 통해 공고해진다. 그런 뒤에 이 안정적인 관계를 모든 사물로 일반화하기만 하면, 그 사물들 모두가 원인이 된다. 즉 그것들은 특정한 접촉, 저항, 추동력으로 이어질 수 있는 시각적 형상들이 된다. 베르그손의 관점에서, 원인의 관념이 그 안에 서로 양립 불가능해 보일 정도로 상반된 두 유형의 인과성을 용해시킬 수 있었던 이유는 이렇게 설명된다.

그럼에도 불구하고, 인과에 대한 이러한 믿음은 사유되었다기보다는 체험된 믿음이다. 우리 믿음이 인과에 섞어둔 역동적 성격을 조금씩 제거하여 인과를 법칙의 형태로 사유하는 것은 지성의 몫이다(동일한 **원인**에 동일한 **결과**). 남은 부분, 그러니까 순전히 가지적인 부분은 점점 더 수학적인 항들로 번역될 것이고, 인과는 점점 더 동일률에 접근하여, 결국 법칙은 인과성과 동일성을 등가적으로 만든다(**동일한** 원인에 **동일한** 결과). 흄이 출발점으로 삼았던 무사심한 경험은 이러한 최종적인 추상으로 나아가는 도중에 발견되는 것이다. 이 경험은 학문이 이미 구성되고 있는 길을 벗어나기에는 과하게 정교한 것이지만, 인과가 동일률을 이상으로 삼는다는 사실을 포착하기에는 또 충분히 반성되지 않은 것이다. 기실 우리의 의지적 활동성이 인과에 덧붙인 부분을 배제하면, 기계론적 과학은 인과를 단순한 분석적 관계와 동일시하는 경향이 있다. 마치 삼각형의 두 변이 주어졌을 때 세 번째 변이 따라 나오듯, 원인이 주어지면 결과가 따라 나온다는 것이다. "우리의 정신 속에서 작용인의 관념이 더 잘 그려질수록, 작용인은 기계적 인과의 형태를 취한다. 기계적 인과성의 경우, 그것은 더욱 엄밀한 필연성을 표현할수록 그만큼 더 수학적인 것이 된다. 이런 이유로, 수학자가 되기 위해서는 우리 정신의 성향을 그대로 따르기만 하면 된다."[77] 자연의 수학화란 실재를 양화하고, 물리학의 기저에 기하학을 삽입하며, 인과성과 동일성을 뒤섞어, 잇따름의 관계를 내속 관계로 대체하는 일이다. 그러면 작용인은 기계적 인과로 정교화될 것이 틀림없다. "동일한 대량의 원인이 언제나 동일한 집단적 결과를 산출할 뿐만 아니라", 그것들이 함축하는 실재 또한 서로 병치시킬 수 있는 부분들로, 즉 "서로 점점 더 정밀하게 맞아떨어지는 무한소적인 변화들"[78]로 분해될 수 있다.

그러므로 우리는 천성적으로 기하학자들이다. 우리는 물질에서 유사성들을 추출하고, 물질에 작용을 가하기 위한 기계론을 구성한다. 하지만 우리는 요소들을 가지고 제작을 행하기에 "우리가 기하학자인 이유는 오직 우리가 장인이기 때문이다".[79] 그리하여 수단이 그 수단을 이용하는 목적에 결부되듯, 기계론적 원인이 목적론적 원인에 결부된다. 이런 의미에서 목적론은 뒤집힌 기계론에 불과하다. 양자는 모두 (수단으로 상정된) 동일한 원인들에서 출발하여 (목적으로 가정된) 동일한 결과들을 획득하려 한다. 과학으로 정확해진 지성의 작업은 이미 알고 있는 요소들을 새롭게 배치함으로써 이루어지기에 물질이 지닌 고유하게 인과적인 측면을 와해시키고, 물질을 구성하는 요소들의 동일성에만 관심을 갖는다. 이런 식으로 지성은 인과율을 적용할 때, 본능적으로 '원인'이나 '결과'보다는 '동일한'에 방점을 두어 원인과 결과를 말소시킨다. "그 원리는 다음과 같다. '**동일한 것**을 얻기 위해서는 **동일한 것**이 필요하다.'" "지성은 반복되는 것에 집중하고, **동일한 것을 동일한 것**에 접합시키는 일에만 몰두하여 시간의 시야에 등을 돌린다."[80]

77 《창조적 진화》, 1장, 45쪽.
78 같은 책, 3장, 218쪽.
79 같은 책, 1장, 45쪽.
80 같은 책, 46쪽(필자의 강조).

베르그손은 다시 한번 과학을 통해 경험의 혼합물을 분리할 수 있게 된다. 과학은 인과 속에서 지성이 합리적으로 이해할 수 없는 것, 즉 베르그손이 1906년에 "창조의 요소"[81]라고 불렀던 순수한 분출, 날것의 효력을 축출하여 인과의 복합 관념을 둘로 나눈다. 하지만 [나눈 두 인과 중 한 쪽만 남기는 것이 아니라,] 사슬의 양쪽 끝을 붙잡아야 했다. 현상들의 질서 속에서 결정론의 그물을 가능한 한 촘촘하게 유지했을 때, 형이상학사는 자유를 통한 인과를 부정하거나 그렇지 않다면 세계 밖으로, 물자체 속으로(칸트, 쇼펜하우어) 추방해야 했다. 마치 그리스인들이 인과를 가지적인 것 속에 집중시켰던 것처럼 말이다. 인과의 문제를 (잘못) 제기했던 용어들은 한 번 더, 그리고 한 번에 전부, 플로티노스에게서 발견되었던 것들이다. "다른 곳에서처럼 여기서도 칸트의 관념들을 단순화했던" 쇼펜하우어의 이론이 존재하기 전에도, "그의 이론[플로티노스의 이론]과 《순수이성비판》에 제시된 이론 사이의 차이가 어디에 있는지 말하기는"[82] 이미 어려운 일이었기 때문이다.

이전 저작들에서 자유와 심신 결합이 그러했듯, 《창조적 진화》 이전에 베르그손은 인과의 문제를 오로지 근대적인 문제로만 여겼다. 영혼과 신체의 상호 영향이라는 수수께끼가 제기되려면, [먼저] 영혼과 신체가 명백히 구분되어야 했기 때문이다.[83] 그러나 실로 **하나의** 형이상학만이 존재한다면, 형이상학을 최초로 하나의 체계로 규합했던 플로티노스까지 거슬러 올라갈 수 있어야 하리라. 기실 감성적 사물들이 이데아로부

81 〈의지의 이론들에 대한 콜레주 드 프랑스 강의〉, 《잡문집》, 716쪽.

82 같은 책, 716-717쪽. 베르그손은 그가 소지한 《엔네아데스》(두세 재단(BGN-II-25 1/2), 리카르두스 폴크만Ricardus Volkmann 편집)의 여백에 이 지점을 상술하였다(《엔네아데스》, IV, 4, 39장, 160쪽). "칸트에게서 정합적인 구분. 물론 물자체는 노에톤[가지적인 것]이 아니다. 정반대이다. 그러나 감성과 오성 사이의 관계는 동일하다. 근대철학(라이프니츠와 스피노자), 칸트에서조차. 《순수이성비판》에서 [칸트는] 고대 형이상학의 본질들로부터 그다지 멀리 있지 않다."

83 예컨대, 〈영혼 이론에 대한 강의, 앙리 4세 고등학교〉, 1894, 《강의》, 3권, 218쪽.

터 생겨나도록 만드는 발원dérivation 원리에 대한 질문을 던질 때, 이미 "일종의 인과성이 문제시"[84]된다. 마찬가지로, 플로티노스는 영혼의 추락이라는 플라톤의 신화를 형이상학적으로 해석하여 "영혼의 인과를 특유한 것으로 제시한다". "영혼은 (…) 비시간적인 본질로부터 발원한다. 이 모든 본질은 단번에 전부 영원 속에 상정된다. 이것들은 태양 광선이 태양으로부터 흘러나오듯 **일자**로부터 유출되고, 스피노자의 말처럼 일자와 공영원coéternelles하다. 라이프니츠의 모나드가 그러하듯, 이것들은 신에 대한 모든 가능한 시각이다."[85] 이렇게 이해할 경우 인과란 비시간적인 것도 아니고, 시간적인 것도 아니다. 그것은 정점에 이른 영혼이 누스(정신)와 일치하는 영원성에서 출발하여 시공간 속으로 전개되는 과정이다. 더 일반적으로 말하면, 인과는 서로 다른 원리들(일자, 정신, 영혼) 간의 이행으로 규정된다. 이 원리들은 실재를 펼쳐내 최종적으로는 무의 기슭으로 사라지도록 만든다. 이처럼 원인은 시간 밖에서, 결과와는 무관하게, 가지적인 것 안에 존재한다. 반면 결과는 시간 속에 존재하면서, 그 자체로서 자신의 원인과 관계한다. 물론 제일원리, 즉 일자는 즉자적 원인이 아니다. 그것은 자신 안에 머물러 있기 때문이다. 그럼에도 그것은 거기서 발원한 모든 사물의 원인이고, 이 사물들은 자기 자신이 되기 위해 일자에 의존한다.

따라서 잘못 생각해서는 안 된다. 베르그손의 생의 약동 개념이 일차적으로 대립하는 것은 기계론이 아니고, 목적론은 더더욱 아니다. 그것은 플로티노스의 철학에서 결정화되어 형이상학 전체에 배어든 "특유한 인

84 〈플로티노스 강의, 파리고등사범, 1898-1899〉, 《강의》, IV, 50쪽. 베르그손은 플로티노스를 프리즘 삼아 아리스토텔레스를 독해함으로써 가지적인 것으로부터 감성적인 것의 발원을 설명하는 이러한 인과 이론의 기원을 아리스토텔레스에게 둘 수 있게 될 것이다(cf. 《시간 관념의 역사》 강의, 두세 재단, 6강과 7강, 1903년 1월 16일, 23일, 6번 노트, 23쪽, 7번 노트, 17쪽).

85 〈의지의 이론들〉, 《잡문집》, 717쪽.

과 개념"[86]에 대립한다. 작용인과 목적인은 이 인과 개념에 대한 다양한 관점에 불과하다.

> 이러한 두 가지 신적 인과성 관념을 동일시하기 위해서는 두 관념 모두를 제3의 관념으로 환원해야 한다. 이 세 번째 관념이야말로 근본적인 것으로, 이것만이 사물들이 어떤 이유로, 어떤 의미에서 시공간 속을 움직이는지 이해하게 해줄 뿐만 아니라, 왜 시공간이 있고, 왜 운동과 사물이 있는지도 이해하게 해줄 것이다.[87]

《창조적 진화》의 4장은 없어도 무방한 부록이 아니다. 그것은 특별히 이러한 인과 관념을 식별하여 전복시키는 과업을 맡는다. "고대철학자들이 이 점을 명확히 공식화한 적은 없다" 해도, 이 인과 관념은 플로티노스, 혹은 체계화된 아리스토텔레스에 가장 가깝다. 이 관념 속에는 발현procession과 회귀conversion, 즉 추동력impulsion과 인력attraction이 인과에 대

86 《창조적 진화》, 4장, 322쪽. 베르그손은 여기서 문제되는 것이 아주 구체적인 일방향적 인과성이라는 점을 확실하게 의식한다. 이 인과성을 그 자체로 취해진 원인에 적용하는 일은 부적절할 수밖에 없다. 원인은 그로부터 발원한 결과를 위해서만 인과성을 갖기 때문이다. 플로티노스에 대한 강의에서 베르그손은 《엔네아데스》, VI, 8, 8장과 VI, 9, 3장, 그리고 VI, 8, 18장을 인용한다(《강의》, 4권, 51쪽). 두세 재단에서 열람할 수 있는 베르그손 소유의 《엔네아데스》(BGN-II-25 1/2, 리카르두스 폴크만 편집) 2권 여백(《엔네아데스》, IV, 4, 39장, 158쪽)에는 플로티노스가 일자에 비유하는 태양의 이미지에 대한 베르그손의 메모가 적혀 있다. "이로부터 따라나오는 결론은, 소크라테스의 관념을 만들어내는 인과성이 특유한 것이며, 어떤 개념에도 들어가지 않는다는 사실이다. 첼러는 플로티노스가 오직 이미지들만 사용한다고 비판한다. 그러나 이것이 본질 자체다(개념=말라붙은, 죽은 이미지). 그러니까 이미지들이다. (…) 그럼에도 그는 개념으로 번역하기 위한 노력을 기울였다(그래야 한다). 자연스레 모순에 가까워진다. (…) 인과는 원인의 편이 아니라 결과의 편에 존재하게 된다. 일반적으로는 양방향적 관계…. 그러나 방사를 통한 인과에서는 결과가 원인을 통해 생겨난다. 인과는 일방향적이다. 심신이 이데아에 의존하고, 이데아는 일자에 의존하여, 이데아가 영혼을 위해 존재하게 되고, 신이 이데아를 위해 존재하게 된다. 그러나 신을 위해서는 이데아가 없어도 되고, 이데아를 위해서는 영혼이 없어도 된다."

87 같은 책, 322-323쪽.

한 두 관점으로 내포되어 있기 때문이다. 그것은 무를 상정하고, 거의 가정까지 한 뒤에, 무를 제일원리의 기저에 교묘히 밀어 넣어 제일원리가 우월적으로 포함했던 모든 것을 밖으로 흘려보낼 수 있도록 만든다. 태양과도 같은 플로티노스의 일자를 상정해 보자. 그로부터 다수의 광선이 나올 수 있도록, 모든 것이 원천에서 멀어짐에 따라 느슨해지고, 확산되고, 불명료해지도록 해보자. "아리스토텔레스의 신, 사유의 사유를 (…) 상정해 보자. (…) 신을 상정하는 즉시, 신적 완전성에서부터 '절대 무'에 이르기까지 존재의 모든 하강 단계가 말하자면 자동으로 실현될 것이다."[88] 논리적 원리에 전능한 신이라는 화려한 장식을 부여했기 때문에, 형이상학은 질료를 통해 부정성의 원리를 덧붙이는 방식으로만 원리를 원인으로 만들 수 있었다. 질료는 원리의 힘을 약화시켜 원리가 담고 있는 실재 전체를 원리 밖으로 흘려보내는 것이다. 결과는 원인 속에 함축되어 있던 것으로, 말하자면 감소된 원인이다. 그것은 원인에 원인의 부정을 더한 것이고, 이 부정이 감산을 통해 원인이 시공간 속에 전개되도록 만드는 것이다. 여기서 인과는 작용하는efficiente 것이라기보다는 결핍된déficiente 것으로 사유된다. 인과 원리는 동일률에 의식적이거나 무의식적인 무의 관념을 더한 것으로 집약되고, 이는 동일률의 감소만을 통해 생성의 창발을 설명하기 위한 것이다. 베르그손은 그가 스피노자 강의에서 '잔돈의 원리'라고 불렀던 바를 따라, 이를 다음과 같이 정식화한다. "어떤 실재의 상정은 그와 동시적으로 그 실재와 순수 무 사이의 모든 매개적 실재성의 정도들의 상정을 함축한다."[89] 달리 말하면 "금화를 가지고 있다면, 잔돈으로 된 등가물이 존재해야만 한다".[90] 제일원리의 기저에 놓여 있는 무가 제일원리 안

88 같은 책, 323쪽.
89 같은 책.
90 〈1911년 스피노자의 《지성교정론》에 대한 콜레주 드 프랑스 강의〉, 두세 재단, BGN-2998 (3) et (4), 1번 노트, 12쪽. "금화를 가지고 있다면, 잔돈으로 된 등가물이 존재해야만 한다. 신을 상정하면서 다수의 가지적인 것을 상정하지 않을 수는 없

에 농축된 것을 팽창시키면, 제일원리와 무 사이의 간격은 비존재 쪽으로 추락함에 따라 존재 정도가 약화되는 실재로 채워진다. 그것은 영원 속에서 빛나던 것을 시공간 속의 잔돈으로 거슬러 준다. 이런 측면에서 베르그손은 아리스토텔레스에게 신(제일원동자)의 존재증명을 정초하는 것이 사물들의 운동에 시작이 있어야 한다는 필연성이 아니라, "반대로 이 운동이 시작될 수도 없었고, 결코 끝나서도 안 된다는 사실의 상정"임을 상기시킨다. "잔돈이 헤아려지는 것은 어딘가에 금화가 있기 때문이다."[91]

이러한 하강적 인과 관념은 제일원리가 제 안에 우월적으로 포함했던 단일성을 점증하는 다양성으로 거슬러 주는 방식으로 자신의 가지성에 복종하지 않았던 창조의 요소 — 순수한 인과적 능력 — 를 성공적으로 제거한다. 무 관념에 대한 비판이 형이상학 일반에 대한 비판이라 해도, 그것이 이 책의 일반 경제 속에서 수행하는 더 정확한 기능은 형이상학의 기저에 남아 있던 고대적 인과성을 전복시키는 데 있음을 알 수 있다. 고대적 인과성이 존재 속에 도입하는 결핍을 통해 감성적 세계, 변화, 시간과 공간을 충분히 설명할 수 있다면, "자유로운 선택이라는 의미로 이해된 **유효한** 인과성의 자리는 사물 속에도, 사물들의 원리 속에도 존재하지 않을 것"[92]이기 때문이다. 그렇기 때문에 이러한 인과성에, 즉 작용인과 목적인보다 더 시원적인 세 번째 종류의 인과성에 이의를 제기해야 한다. 작용인과 목적인은 "신과 세계 간의 인과적 관계"에 대한 시각들에 불과하다. 그것은 "아래서 보면" "인력"[목적인]이 되고, "위에서 보면" 추동력[작용인]이 된다. 그러나 베르그손이 강조하는 바에 따르면, "**이 두 관계**

다. 가지적인 것들을 상정하면서, 가능한 다수성을 상정하지 않을 수는 없다. 다수성이 가능하다면, 다수성은 존재해야만 한다. 따라서 신이, 본질들이, 그리고 사물들이 존재한다. 그리고 모든 단일성은 그에 등가적인 다수성을 함축한다는 원리 또한 존재한다."

91 《창조적 진화》, 4장, 324쪽.

92 같은 책, 277쪽(필자의 강조).

중 무엇도 결정적인 인과관계가 아니다. 진정한 [인과]관계는 단일한 항을 좌변으로 가지고, 무한정한 항들의 합계를 우변으로 갖는 방정식의 두 변 사이의 관계다. 그것은 말하자면 금화와 잔돈의 관계다. 단, 여기서는 금화를 제시하는 즉시 자동적으로 잔돈이 따라나온다고 가정된다".[93]

물리적 질서와 생적 질서를 동시에 포괄하여 두 질서 모두를 하강적 인과성에 따라 사유하는 이러한 도식과는 [달리], 형태변이설transformisme은 고생물학, 발생학, 비교해부학에 근거하여 종의 진화를 통해 정신이 자연 속으로 추락한다기보다는 자연 속에서 정신이 창발함을 베르그손에게 암시해 준다. "아주 뚜렷한 흐름이 탄생하였"[94]고, 이 흐름의 유기적 진화는 가장 초보적인 생명 형태로부터 "가장 고차적인 생명 형태"[95]를 발생시켰다. 이처럼 《창조적 진화》의 처음 세 장은 고대의 인과 관념을 대체할 새로운 인과 관념, 즉 상승적 인과성의 관념을 둘러싸고 있다. 상승적 인과성은 생의 약동인 한에서, 고대의 인과성이 그저 따라 내려오기만 했던 흐름을 거슬러 오르기 때문이다. 그렇기 때문에 이러한 인과성은 더 고유한 의미에서 창조라 명명될 수 있을 것이다. 결과는 싹이 트듯 전개되는 것이 아니라, 원인을 넘어서고 원인 속에 존재하는 것보다 더 많은 것을 끌어내기 때문이다. 그리스적 개념들이 성서의 창조를 인과의 용어로 합리적으로 번역함으로써 신을 제일원인으로 만드는 데 사용된 반면, 경험이 암시하는 창조는 더 이상 무로부터의 창조일 수 없다. 창조는 더 이상 **무**에서 **전체**를 나오게 하는 것이 아니다(이러한 도출은 제일원리를 상정하는 즉시 '잔돈의 원리'로 설명된다). 창조란 어쩌면 더 놀랍게도, **적은** 것에서 **많은** 것을 나오게 만드는 것이다.

그럼에도 고대 그리스의 인과 관념은 여전히 어떤 진리를 간직한다.

93 같은 책, 324쪽(필자의 강조).
94 《창조적 진화》, 1장, 26쪽.
95 같은 책, 24쪽.

베르그손은 3장에 등장하는 물질과 지성의 이념적 발생을 다루는 와중에 이를 발견한다. 그는 에너지보존법칙에 뒤이은 [열역학] 제2법칙인 엔트로피 법칙을 통해 물질이 하강적 방향으로 운동하고 있음을 뒷받침한다. "모든 물리적 변화는 열로 분산되는 경향이 있다." 따라서 카르노의 법칙은 형이상학적으로 해석할 경우, "낙하하는 추"처럼 물질적 우주가 나아가는 방향을 지시하는 것이다. 우주는 "유기체들이 나타내는 순간적인 저항에도 불구하고 죽음을 향해 나아가는"[96] 것처럼 보인다. 베르그손은 명시적으로 플로티노스와 발현의 관념을 언급한다.[97] 우리가 의지를 극도로 긴장시켜 되돌아갈 수 있는 생의 "다수적 단일성"[98]은 실제로 누스의 다수적 단일성에 가까운 것이다. 물론 세계의 **확장***extension*이 [더는] 유출적인 인과를 통해 생겨나는 것이 아니라, 세계의 고유한 **긴장***tension*이 중단됨으로써 생겨난다는 차이가 있지만 말이다.[99] 이처럼 물질적 세계가 심리적 질서에 속하는 생으로부터 방사해 나갈 때, 생은 그 자체로 남아 있지 않는다. 생은 필연적으로 약화되어 물질성을 창조하고, 생 속에서 상호침투하던 다수의 항을 외재화한다. 생의 중단은 그 자체로 하나의 역전이다. 생이 극한으로 이완되는 경우, 이 모든 항은 기하학적 순수공간 속에 펼쳐질 것이다. 순수공간 속에서는 결과가 원인에 정확히 비례하기에, 경험 속에서 인과율과 단순한 동일률을 구분했던 본래의 효력이 사라질 것이다. 그렇기에 물질을 낳은 에너지의 기원은 공간에 외적일 수밖에 없고, 생적 질서는 물리적 질서의 소진 경향을 정지시킴으로써, 혹은 적어도 지연시킴으로써 그 반대 방향으로 나아가는 것일 수밖에 없다. "에너지가 카르

96 같은 책, 3장, 240, 247쪽, n. I. 베르그손은 여기서 앙드레 라랑드André Lalande의 《진화에 대립하는 해체》를 인용한다.

97 같은 책, 211쪽, n. I.

98 같은 책, 259쪽.

99 [역주] 베르그손은 《물질과 기억》 4장에서부터 물질의 확장extension과 정신의 긴장tension을 대비시킨다. 이때 확장extension은 데카르트적 물질의 연장étendue과 달리, 펼쳐져 있는 상태가 아니라 펼쳐지고 있는 운동을 가리킨다.

노의 법칙에 의해 지시된 사면을 내려오고 있는 곳, 그리고 그 반대 방향에서 어떤 원인이 그 하강을 늦출 수 있는 곳에서는 어디서나 생명이 가능하다."[100]

의지가 연장하는 생의 약동은 생의 단일성을 최대한 내부로 집중시키는 더 고차원적인 생을 요구의 축으로 삼고 있다. 약동은 "부단한 생"을 향해 있다. 그 원리는 "초의식"과 "순수한 창조적 활동성"이다.[101] 생의 약동은 물질의 저항과 다투고 있기에 유한하다. 그래서 그것은 진화를 통해서만, 즉 생의 고유한 결과들을 타고 나아갈 때에만 원리에 도달하거나 적어도 그 원리의 노선을 따라 유효성을 획득할 수 있을 것이다. 의지가 생의 더 내적인 측면에 도달한 뒤에는 의지의 이완을 극한까지 밀어붙여 우리가 이미 꿈을 통해 빠져드는 하강운동을 더 멀리까지 밀고 나가는 방식으로, 원리에 접근하지 않아도 물질과 지성의 이념적 발생을 시도할 수 있다. 《창조적 진화》에서 직관은 의지가 다시 생의 약동 속으로 접어들 때 도달하는 집중의 지점과, 의지의 이완이 도달할 곳으로 그 구도schéma를 예측할 수 있는 공간성 사이에서, 《물질과 기억》이 도달한 층위보다 더 높고 낮은 순수지속의 두 층 사이를 순환하면서, 《물질과 기억》의 결과물을 기입해 넣을 더 넓은 틀을 제시한다. 이제 우리는 [《창조적 진화》의] 처음 두 장을 따라, 생의 약동이 제시하는 새로운 인과 관념을 파악할 수 있다.

의식과 생: 어떤 유비인가?

베르그손은 《창조적 진화》의 초반부에서 자신을 이 책의 문턱으로 이끌어온 성과들을 요약하고, 우리의 실존에 정확히 어떤 의미를 부여해야 하는지 재론한다. 우리는 의식인 한에서 자신에 대해 현재적이고, 기억

100 같은 책, 257쪽.
101 같은 책, 3장, 246쪽.

인 한에서 과거적이며, 의지인 한에서 미래적이다. 요컨대 우리는 지속한다. 그리고 다양한 리듬으로 된 지속들의 매듭 속에 뒤얽혀 있다. 이 매듭이 지속들의 시간적 탈자태를 발생시킨다. 그리고 우리는 실제로 과거와 미래로 뻗어가기 때문에, 기억과 의지가 그 깊이를 지탱하는 의식은 물질적 메커니즘의 무력한 효과(부대현상설)일 수 없다. 의식은 스스로의 지속을 품고 세계 속에 예측 불가능한 운동들을 쏟아내는, 자유롭게 행동하는 "원인"[102]이다.

우리가 자신의 인과적 능력(창조적 노력)을 붙잡을 수 없는 이유는, 우리가 세계 속에서 행동하고 세계에 영향을 주려 하기에 물질적 인과 쪽으로 돌아서서 물질적 인과에만 관심을 갖기 때문이다. 따라서 과학(작용인)이나 기술(목적인)은 우리 안에서 작동하는 실재적 인과를 보여줄 수 없다. 그것들이 이미 실재적 인과의 결과들이기 때문이다. 베르그손은 《창조적 진화》의 도입부에서 아리스토텔레스가 테크네τέχνη에 부여했던 특권을 박탈한다. 아리스토텔레스는 테크네를 생적 인과(퓌시스φύσις)를 이해하기 위한 패러다임으로 여겼다. [그러나] 근대적 의미에서의 예술art만이, 즉 장인artisan의 기예art(제작)가 아니라 예술가의 예술(창조)만이 우리를 생적 인과로 데려갈 수 있다. 예술은 우리의 모든 활동 중에서 가장 무사심한 것이기 때문이다.

실제로 우리가 지적했던 것처럼 인과 관념의 내부에 존속하는 가지성과 생산이라는 두 요소 간의 대립은 여기서 가장 첨예하게 드러난다. 기실 예술적 창조에서도 관건은 맹목적인 생산적 원인을 위해 결과들의 근거를 희생시키는 것이 전혀 아니다. 베르그손은 어떤 결과에서 그 결과의 설명적 원인들("모델의 생김새"(형상), "팔레트 위에 풀어놓은 물감들"(질료), "예술가의 본성"[103](운동인))로 거슬러 올라갈 수 있음을 부

102 같은 책, 2장, 180쪽.
103 같은 책, 1장, 6쪽.

인하지 않는다. 그는 [단지] 이 근거들이 생산적 원인일 수 있다는 점에 반대할 뿐이다. 기실 초상화는 일단 완성된 뒤에야, 결과가 생산된 뒤에야, 원인들을 통해 설명될 수 있다. 생산은 작품이 아직 오지 않았을 때 존재하는 것이고, 설명은 작품이 지나간 것일 때, 이미 생산된 것일 때 존재하는 것이다. 그리고 현상이 복잡할수록 현상에 대한 설명은 생산 뒤에 나타나야 한다. 그러나 더 본질적으로 말하면, "그것을 설명해 주는 재료들을 안다 해도, 심지어 화가조차 그 초상화가 어떤 것이 될지 정확하게 예측할 수 없었을 것이다". 사실상 작용인은 결과를 설명하는 것이기에, 결과를 설명하는 일이 결과를 창조하는 일이라는 양, "결과를 예측하는 일이 결과가 생산되기 전에 결과를 생산하는 일이라는 자기파괴적인 부조리한 가설을 전제하는 양"[104] 스스로 효력을 지니기에는 불충분하다. 따라서 아리스토텔레스의 원인들에 덧붙여져야 하는 것은 분명 설명적 관점 같은 것이 아니다. 덧붙여야 하는 것은 반대로 "예술 작품의 전부라고 할 수 있는 이 예측 불가능한 무rien이다. 바로 이러한 무가 시간을 들이는 것이다. 질료의 무는 스스로를 형상으로 창조한다".[105]

베르그손은 창조가, 그리고 작품의 예측 불가능한 성격이 가장 뚜렷하게 드러나는 이러한 모델에 힘입어, 이 모델을 우리의 고유한 실존과 비교한다. 우리의 고유한 실존은 우리 자신이 예술가인 동시에 작품인 진정한 "자기에 의한 자기의 창조"다. 이미 예술가가 작품을 완성하려면, 그 작품을 창조하는 시간 자체 속에서 자기 자신을 창조해야만 한다. 원인들이 작품의 창조를 예측하기에는 충분치 않고 그 창조를 회고적으로 설명한다면, 그것은 결과가 정교화되고 실현됨에 따라 원인들 자체가 변양되기 때문이다. 예술가는 작품을 생산한다. 그러나 그렇게 하기 위해서는 먼저 자기 자신을 변형시킬 의지적 노력을 통해 작품의 높이로 고양되어야

104 같은 책.
105 같은 책, 4장, 340쪽.

한다. 모든 창조는 암묵적으로 자기에 의한 자기의 창조를, 즉 자신이 **향하는** 자기를 통한 현재 자기의 창조를 가정한다. 우리의 요구들이 고양될수록, 우리는 자신을 더 높이 고양시켜야 하고, 이는 더 많은 의지의 노력을 요구할 것이다. 우리가 장인이건, 예술가건, 무엇을 하건, 우리는 재생산에 그친다고 생각했던 곳에서 생산하고 있으며, 제작할 뿐이라고 여겼던 순간에 우리 자신을 창조하고 있다.

이처럼 우리의 자아는 창조적 능력을 지니고 있다. 그것이 "우리의 의식이 '실존하다'라는 단어에 부여하는" 정확한 의미다. "의식적 존재자에게 있어 실존한다는 것은 변화한다는 것이고[그의 현재는 반복되지 않는다], 변화한다는 것은 성숙한다는 것이며[그의 과거는 축적된다], 성숙한다는 것은 자신을 무한히 창조하는 것으로[그의 미래는 그를 변형시킨다] 이루어진다. 실존 일반에 대해서도 마찬가지로 말할 수 있을까?"[106] 베르그손은 날카로운 시선으로 주저 세 권의 성과들을 주파한다. 《물질과 기억》은 자아가 그의 신체를 매개물 삼아 우주 전체와 연대적으로 남아 있음을 보였음에도, 여전히 자연적 결정론과 명확히 구분되는 내적 자유를 상정했다. 자아 안에는 의지에 의한 인과가, 자아 밖에는 기계적 인과가 존재한다. 실존 일반에 대해, 우주 자체에 대해서는 사정이 어떠했을 것인가?

내 안에서 드러나고, 나를 나 자신의 창조자로 만드는 의지의 노력과 같이 유효해 보이는 무언가가 우주 속에도 존재하는가? 그러나 외부 세계는 반복적으로 인과법칙에 종속된 것으로 드러난다. 물질적 대상은 부분들의 집합체에 불과하고, 이 부분들은 변화하지 않지만 외적 원인들의 영향으로 기계적으로 움직이면서 "우리가 조금 전에 나열한 것과는 반대되는 특성들을 보여준다". 베르그손이 우리에게 단언하는, 게다가 사물들

106 같은 책, 1장, 7쪽.

속에 정초된 결정론의 베일을 어떻게 찢을 것인가? 그리고 우리 안에서 내적으로 계속되는 것처럼, 우주 속에서도 계속되는 것처럼 보이는 "예측 불가능한 새로움의 연속적 창조"를 어떻게 탐지할 것인가?

변화하고, 성숙하고, 스스로를 창조하는 행위를 심층적으로 확인하기 위해서는 지속한다고 일컬어질 수 있는 외부 현상을 관찰하기만 하면 된다. 지속이 우리에게 독자적인 것으로 남지 않고, 우리가 우리 안에서 발견했던 인과적 효력을 밖에서도 다시 찾기 위해서는, 그저 물질적 세계 속에도 잇따름이 존재함을 보이기만 하면 된다. 앞서 언급한 바 있는 설탕물의 사례는 이러한 논증 구조에 개입한다. 이 사례가 베르그손 철학에서 수행하는 역할은 데카르트 철학에서 무한의 관념이 수행했던 것보다 작지도 크지도 않고 정확히 동일한 역할이다(그렇다고 해서 양자가 동일한 지위를, 더 나아가 동일한 중요성을 지니는 것은 아니다). 그 역할이란 자기의 밖으로 나갈 수 있게 해주는 행위를 자기의 내부에서 발견하는 일이다. 베르그손은 자아가 원인이 될 수 없는 결과를 경험했음이 틀림없다. 자아가 설탕이 녹는 광경을 보고 조급해할 때, 자아는 자신의 지속이 아닌 지속을 채택하고, 자신의 지속을 우주의 지속에 끼워 맞출 수밖에 없다. 전체인 한에서의 우주가 지속한다고 결론지어야 한다. 자아는 지속하고, 성숙하고, 스스로를 창조한다. 그리고 우주도 지속한다. 그러니 아마 우주 역시 성숙할 것이고, 아마도 스스로를 창조할 것이다. "우주는 지속한다. 우리가 시간의 본성을 심화시켜 감에 따라, 우리는 지속이 발명과 형태들의 창조, 절대적으로 새로운 것의 연속적 생산을 의미한다는 사실을 이해하게 될 것이다."[107]

이처럼 베르그손에게 유비가 존재한다 해도, 이 유비는 몇몇 사람의 생각처럼, 우리 자신으로부터 존재하는 것으로의 이행, 즉 의식에서 생 일

107 같은 책, 17쪽.

반으로의 이행 속에 있는 것이 아니다. 우리 의식의 속성들을 생 자체로 직접적으로 전달할 수 있었다고 한다면, 왜 베르그손이 어떤 닮은 점도 찾을 수 없는 물질적 대상을 거쳐갈 필요를 느꼈겠는가? 내부와 외부 사이에는 원리상 어떤 닮은 점도 없다. 두 사람 사이에 "외적인 닮음"이 있어야, 그로부터 "여러분은 유비에 의해 내적 유사성을 결론으로 이끌어낼 것이다".[108] 마찬가지로, 베르그손은 자아에서 우주 전체로, 그리고 이 전체에서 "자연 자체에 의해 고립되고 닫힌" 상대적 전체인 생명체로 이행함으로만 의식과 생 사이의 내적 유사성을 결론으로 이끌어낼 수 있다. 하지만 생명체와 우주 자체를 비교하기 위해서는 이미 자기의 밖으로 나올 수 있어야 했다. 잇따름이라는 단순한 사실로부터 우주와 내 의식을 비교할 수 있어야 했다. 의식과 생 사이의 유비는 이 "교훈으로 가득 찬 (…) 작은 사실"을 매개로 해서만 정당성을 갖는다. "전체로서의 우주, 그리고 개별적으로 취해진 각각의 의식적 존재자와 마찬가지로, 살아 있는 유기체는 지속하는 것이다."[109]

생명체는 지속한다. 그것은 변화하고, 성숙하고, 스스로를 창조한다.[110] 따라서 생명체는 진화하며, "의식의 속성들을" 공유한다. 형태변이설은 우리가 한 걸음 더 나아가 생이 진화 자체임을 단언하도록 이끈다. 그것은 마치 앞으로 나아감에 따라 분할되는 포탄과도 같이, 여러 종을 가로질러 내달리는 단일한 생의 약동이라는 이미지를 암시한다. 생의 약동은 의식의 바탕 속에 혼잡하게 뒤섞인 경향들을 명시적으로 드러낸다. 그러나 오해하지 말자! 이 유비는 생에만 득이 되는 것이 아니고, 베르그손은 의식의 속성들을 생에 적용하는 식으로 생을 탐구하는 것이 아니다. 이 유비는 무엇보다도 의식에 득이 되는 것이고, 생에 대한 연구는 의식을 규

108 〈의식과 생〉, 《정신적 에너지》, 6(16)쪽.
109 《창조적 진화》, 1장, 15쪽.
110 같은 책, 12-15, 15-19, 19-23쪽.

명하는 데 기여한다. 실제로 관건은 심리학적 분석을 통해 우리 안에서 발견되었으나, 아직은 추상적으로 남아 있는 "자기에 의한 자기의 창조" 운동을 정확하게 만드는 일이다. 기실 직관만으로는 "유기화의 심층적 원인"[111]에 도달하기에 충분치 않다. 직관이 순수지속 속으로 더 깊이 탐사봉을 던질수록, 내관introspection만으로 지속에 접근할 수 없는 직관의 무력함이 더 명백해진다. 게다가 생의 약동은 《물질과 기억》이 의식의 경계를 밀어붙여 발견했던 심리학적 무의식보다 훨씬 더 깊은 영역에 불명료하게 묻혀 있다. 직관은 외부에서 생의 진화에 대한 연구를 통해서만 "생에 동외연적인 의식"을 붙잡을 수 있기에, 분석을 통해서만, 그리고 분석을 사실에 적용하는 작업을 통해서만 직관에 원하는 만큼의 명석판명함을 부여할 수 있다. "우리가 자신 속에 틀어박혀 있을 때는 그 힘들에 대해 혼란스러운 느낌밖에 가질 수 없지만, (…) 그것들이 스스로 자연의 진화 속에서 활동하는 것으로 나타난다면, 그것들은 명석판명해질 것이다."[112] 달리 말하면, 실제로 분할된 진화 운동에 대한 연구를 통해, 우리는 우리 안에 얽혀 있는 생의 경향들을, 본원적 단일성으로는 아니라 해도, 적어도 의식의 여백 속에 침전된 혼잡한 다수성으로 다시 붙잡을 수 있다. 우리는 이 경향들이 자연 속에 흩어져 있는 것을 볼 필요가 있다. 자연 속에서 이 경향들은 분석되고, 전개되어, 구분되며, 서로 멀어짐으로써, 그것들이 실현되는 공간 속에 분산된다. 베르그손은 자연 속에서 작동하는 '생의 약동'을 발견한 뒤에야, 그 연구 덕에 비로소 우리 안에서 생의 약동을 연장하는 "의식의 약동"[113]을 되찾을 수 있게 되는 것이다. [사람들의] 오류는 이 점을 반대 방향으로 이해하는 것이었다.

"우리가 보기에 **인식론**과 **생 이론**은 상호 불가분적인 것처럼 보인

111 〈서론〉, II, 《사유와 운동》, 28(38)쪽.
112 〈서론〉, 《창조적 진화》, p. IX.
113 〈현재의 기억과 잘못된 재인〉, 1908, 《정신적 에너지》, 149-151(167-169)쪽.

다." 그것들은 "재결합하여, 순환적 과정을 통해 서로를 무한히 진전시킨다".[114] 이처럼 1장은 인식비판을 수행하여 생의 약동의 이미지에 다다른다. 2장은 논의를 뒤집어 "지성을 생의 일반적 진화 속에" 다시 위치시켜 1장이 출발했던 인식비판을 반대 방향에서 규명하는 생의 형이상학을 제시한다. 처음의 두 장은 서로를 교차 확증하여 "진화에 대한 경험적 연구만을 중심에 둘 수 있는 하나의 순환"[115] — "소여의 순환"[116] — 에 접어든다. 직관 속으로 "도약하려는"[117] 결단을 통해 이 순환을 깨뜨리는 것은 3장의 일이다. 1장은 생을 이해하기 위해, 지성이 무기물질에 작용하던 물리과학의 시대에 머물러 있는 경직적인 인과 개념(기계론/목적론)의 불충분성을 지적하고, 이 개념들을 넘어서고자 한다. 2장은 1장이 열어놓은 틈새로 진입하여 생의 현상을 긴밀히 포착하는 새로운 인과 관념을 제안한다. 베르그손은 생의 약동을 통해 새로운 인과 관념을 암시한다. 그는 이 인과성이 일방향적인 것이 아니라 순환적인 성격을 지니고 있음을 분명히 한다.

생의 약동

이처럼 1장은 동일한 것을 동일한 것에 결부시키는 우리 지성의 메커니즘이 새로운 생명 형태들의 출현을 설명하기에 불충분하다는 점을 보여준다. 그래서 베르그손은 인과 원리("동일한 원인에 동일한 결과")에 명시적으로 반대되는 현상, 즉 생명체가 서로 다른 원인으로부터 동일한 결과를 생산할 가능성을 준거로 삼아, 신다윈주의자들과 신라마르크주의자들이 각기 제시한 분석들을 재검토한다. 이 현상은 눈의 창조다. 실제로 베르그손은 이질배종hétéroblastie[118] 현상들을 언급한 뒤에 인간의 눈과 가

114 〈서론〉, 《창조적 진화》, p. IX.
115 같은 책, 2장, 180쪽.
116 같은 책.
117 같은 책, 3장, 193-194쪽.

리비의 눈에서 관찰되는 구조적 유사성이라는 사례를 통해 그들의 이론을 시험한다. 결과가 동일하다 해도, 이 결과는 상이한 원인을 통해서만 획득될 수 있었다. 인간은 척추동물의 계열에, 가리비는 연체동물의 계열에 놓이기 때문이다. 작용인과 목적인 개념의 그리스적 기원으로 거슬러 올라가기에 앞서, 베르그손은 이미 그들의 과학적 논변이 '원인'이라는 용어를 사용하지 않을 수 없음을 보인다. 베르그손은 그들이 [과학이 아니라] 철학을 하고 있음을 현장에서 적발하려 한다. 그들은 '원인'이라는 말을 모호하게 사용하여 자기모순에 처한다.

추동력을 통한 원인이든 인력을 통한 원인이든 이 두 원리는 서로를 요청하고 또 배제하면서 '적응'이라는 말을 헐렁하게 만든다. 과학자들의 설명에서 중심에 놓인 이 용어는 과학자들이 주장하는 그런 엄밀한 의미를 지니지 않는다.

베르그손이 보기에, 다윈은 비록 그 자신의 암묵적 형이상학을 통해서이긴 하지만, "그리스 철학자들의 몇몇 이론"에 연관되어 있다. "철학적 관점에서, 이 학설에서는 기계론적 방향이 발견된다." 따라서 "다윈의 위대한 공헌은 다른 데 있다. 그것은 그가 축적했던 막대한 수의 사실과 관찰들이다."[119] 기계론('동일한 원인에 동일한 결과')의 옹호자였던 다윈은 시각을 설명하기 위해 미소한 물리화학적 원인의 축적을 동원한다. 이 미소한 원인이 우연히 유착되어 눈이라는 기관을 형성했던 것이다. 그러나 베르그손은 다음과 같이 반박한다. 다수의 "무한소적 원인"의 우발적 협력이 필요했다면, "하나같이 우연적인 이 원인들은 어떻게 시공간상의

118 [역주] 《창조적 진화》, 76쪽에서 베르그손은 러시아 동물학자 살렌스키의 저작 《이질배종》을 인용한다. "살렌스키는 서로 친연적인 동물들에게서 동일한 지점에 등가적인 기관들이 형성되면서도 그 배아적 기원은 상이한 경우를 지칭하기 위해 이 용어를 만들었다."

119 《시간 관념의 역사: 1902-1903 콜레주 드 프랑스 강의》, 4강(1902년 12월 26일), 85쪽.

서로 다른 지점에서 동일한 형태로, 동일한 순서로 다시 나타날 수 있을 것인가?"[120] 돌연변이에 대한 신다윈주의의 주장(베이트슨William Bateson, 드 브리스Hugo de Vries)도 유사한 비판의 대상이 된다. 물론 이때 비판은 변이들의 수보다는 각각의 변이가 점점 더 많은 항 간의 연대성을 조응시켜야 한다는 점을 대상으로 하지만 말이다.[121] 좋든 싫든 이들은 모두 어떤 "선한 영bon génié"[122]에 호소할 때에만 결과들을 수렴시켜 자신들의 기계론적 설명을 완성할 수 있을 것이다.

정향진화 가설(아이머Theodor Eimer)의 경우는 어떠한가? 정향진화설은 외적 조건들에 직접적 영향력을 부여한다. 이 사례에서는 빛이 눈에 직접적 영향을 끼친다. 하등 유기체의 색소 얼룩에서 척추동물의 눈으로 나아가면서 기관이 복잡해짐에 따라, 기계론은 점점 더 '적응'이라는 용어를 새로운 의미로 사용해야만 한다. 이제는 적응이라는 말을 통해 원인에 소극적인 의미(빛이 생명체에 남긴 흔적empreinte)가 부여되는 것이 아니라, 유기체가 적합한 형태의 창조를 통해 주어진 외적 조건에 응답하여 스스로 그 환경에 적응한다는 적극적인 의미가 부여된다. 운동기구에 결부된 척추동물의 눈은 유익한 대상들을 보고 적절히 반응하기 위해 빛을 "이용한다".[123] 빛이 눈을 야기했다거나 온도가 번데기에 작용하여 이전에는 번데기와 다른 종으로 여겨졌던 나비가 생겨났다고 말할 때는 원인이 그로부터 나올 결과를 포함한다고 말할 수 없다. 베르그손은 여기서 원인의 세 가지 의미를 구분한다. 이 의미들은 각기 결과가 얼마나 원인과 연대적인 것으로 주어지느냐에 따라 구분된다. 추동력impulsion에 의한 원인, 촉발déclenchement에 의한 원인, 전개déroulement에 의한 원인. 첫 번째 원인만이 결과를 전적으로 설명한다. 다른 두 원인에는 동일한 것에서 동일한

120 《창조적 진화》, 56쪽.
121 같은 책, 66-67쪽.
122 같은 책, 69쪽.
123 같은 책, 72쪽.

것으로의 이행이 존재하지 않고, 제시된 선행조건은 거기서 나오는 결과보다 덜한 것이다. 그렇기 때문에 눈의 형성에 지속적인 영향력을 행사했던 빛은 촉발로서의 원인인 동시에 전개로서의 원인이다. 결과는 원인을 질적으로 넘어서기에 원인에 비례하지 않는 것이 된다. 그리하여 이 결과는 원인의 틀을 깨뜨림으로써 하나의 틈을 개방한다. 우리는 틀림없이 이 틈을 통해 다른 인과성 쪽으로, 유기적 형태들의 창조를 결부시켜야 하는 **유효한** 인과성 쪽으로 진입할 수 있을 것이다.

요컨대 기계론은 적응을 소극적인 의미(자연선택이나 흔적)로 받아들이기 때문에 언제나 요구되는 설명 수준에 못 미치는 것으로 남아 있다. 그렇기 때문에 사실들을 다룰 때 기계론은 적응을 적극적인 의미로, 요구되는 설명 수준 이상으로 이해할 수밖에 없고, 문제를 해결하는 능력을 지닌 지성적 활동성과 "같은 방식으로 행동하는 원인"[124]을 개입시킨다. (신)다윈주의는 언제나 자신도 모르게 라마르크주의에 빠지고, 기계론을 통해서 너무 적은 것이 주어졌기 때문에, 결국 의인주의적 요소들로 가득 찬 내적 목적성을 은밀히 받아들임으로써 너무 많은 것이 주어지도록 만든다. 과학자는 궁지를 벗어나기 위해 "과학에서 철학으로",[125] 즉 사실들에 대한 관찰observation로부터 권리적으로는 사실들을 지배하는(그러나 사실적으로는 결코 그렇지 않은) 기계론적 원리의 준수observance로 나아간다.[126] 그는 목적론의 현행범으로 붙잡히는 즉시 기계론적 원인으로 되돌아오면서, 원인이라는 말이 지닌 여러 의미 사이를 도약하는 경우에만 자신의 불안정한 균형점을 찾는다.

하지만 베르그손이 신라마르크주의(코프Edward Cope[127])에 접근한다 해도, 이는 오직 신라마르크주의가 제시한 설명 속에 내포된 "지성적 목

124 같은 책, 59쪽.
125 같은 책, 69쪽.
126 《창조적 진화》, 1장, 59쪽을 보라.
127 [역주] 에드워드 코프, 19세기 말 미국의 신라마르크주의를 대표하는 고생물학자.

적성"[128]을 거부한다는 조건에서일 뿐이다. 이론의 여지없이 베르그손은 특정한 목적론을 인정한다.[129] 신라마르크주의가 그러했듯이 베르그손도 척추동물이나 가리비의 눈에 이르는 것만큼이나 경이로운 "결과들의 수렴"을 가능케 하는 심적 질서의 "내적인 방향성 원리"[130]를 받아들인다. 그러나 신라마르크주의의 입장과는 달리 결과가 의식적으로 표상되어야 하는 것도 아니고, 원인이 의지적일 필요도 없다. 개체적인 노력의 기저를 파고 들어가, 생명의 통일성이, 이 사례에서는 시각을 향한 진전이 발원하는 "더 심층적인 원인을",[131] "배후로부터 오는 힘*vis a tergo*"[132]을 찾아야 한다. 이 통일성은 "인력으로서 종착점에 놓이는 것"이 아니라 "추동력으로서 출발점에서 주어지는" 것이다. 결국 신라마르크주의적 목적성이 버려져야 하는 이유는 진정한 목적성이 아니기 때문이다. 그것은 그저 기계론의 파생적 양태, "뒤집힌 기계론"일 뿐이다. 기실 진정한 목적성이란 오직 외적 목적성, 즉 "생 전체를 단번에 불가분적으로 포괄"[133]하면서 생이 가로지르는 생명체들의 짧은 숨결을 넘어서는 목적성일 뿐이다.

기계론적 인과성과 지성적 목적성 사이를 진동하는 적응이라는 말의 양가성 자체로 인해, 베르그손은 생의 약동이라는 이미지 속에서, 기계론보다는 더하고 목적론보다는 덜한 특유한 인과성을 지시하기에 이른다. 이 원인은 자신이 가진 것보다 더 많은 것을 끌어낼 수 있음을 본질로 삼아야 한다. 이 원인이 우리의 의지가 개입된 생에 방향을 새겨 넣고, 우리의 의지는 이 생을 연장하는 것이다. 약동의 이미지는 이러한 원인을 암시한다. 물론 지성의 관점에서 이 원인은 여전히 "붙잡을 수 없는 것"이고,

128 같은 책, 서문, p. vi.
129 같은 책, 1장, 40쪽.
130 같은 책, 77쪽.
131 같은 책, 79쪽.
132 같은 책, 2장, 104쪽.
133 같은 책, 40-41, 43쪽.

"심층적인 원인으로부터 병렬된 결과들로의 확산밖에"[134] 포착할 수 없지만 말이다. 그런데 "이 결과들은 원인 안에 미리 주어져 있지 않았기" 때문에, 이 원인은 인과율에 반하는 원인, "창조적인 원인, 즉 자신이 만들어낸 결과들 속에서 스스로를 확장하고 스스로를 넘어서는 원인"[135]이다. 결과 속에는 원인 속보다 더 많은 것이 있다. 원인은 결과를 포함하기는커녕, 결과를 통해 증대된다. 그리고 생이 뛰어드는 미래가 어떤 목적의 형태로 현재 속에 포함될 수 없기 때문에 "미래는 현재를 확장하는 것으로 나타난다".[136] 미래는 과거를 자신의 약동으로 이끌어 과거 속에 새롭고 예측 불가능한 결과들을 도입한다. 생은 앞으로 도약하여 미래에 무게를 부여한다. 이제 미래는 과거나 현재의 결과가 아니라, 과거나 현재에 영향을 미쳐 양자를 서로 결합하는 것이 된다.

그렇기 때문에 인력과 추동력을 베르그손이 선택할 수 없었던 두 가능성인 양 대립시켜야 할 것 같지는 않다. 이 두 관념은 논리적으로 모순된 것이지만, 하나의 이미지 속에서, 정확히 말하면 약동의 이미지 속에서 용해되어 서로 합쳐진다. 생의 약동은 인력의 방향을 갖는 추동력이고, 추동력의 힘을 지닌 인력이다. 엄밀히 말하면, 약동은 추동력도 인력도 아니다. 그것은 어떤 활기allant이고, 종착점보다 여정 자체에 관심을 두는 순수한 운동이다. 이 운동의 목적은 끊임없이 예측되면서도 끊임없이 갱신된다. "중요한 것은 이곳이나 저곳으로 가는 것이 아니다. 지상의 어떤 지점으로 나아가고 어떤 지점에 도착하는 것이 아니다. 그것은 가는 것, 언제나 가는 것, 그리고 (반대로) 도착하지 않는 것이다."[137] 고대 형이상학의 하강적 인과성을 역전시키는 이 상승적 인과성은 더 정확히 창조라고 불

134 같은 책, 2장, 176쪽.
135 같은 책, 1장, 52-53쪽.
136 같은 책, 53쪽.
137 샤를 페기, 《제2의 덕이 지닌 신비로 향하는 입구*Le Porche du mystère de la deuxième vertu*》, 《산문 전집》, 1911, La Pléiade, 649쪽.

린다. 역으로 기계적 인과성(작용인, 목적인)이 설명해야 할 생물학적 사실들의 무게에 의해 무너질 때, 그 부정확성 자체를 통해 한정되는 정확한 틀 속에 창조를 기입함으로써 창조가 지녔던 신비로운 성격은 사라진다.

생의 순환적 인과성

물질적 우주의 추락을 지연시키고, 물질적 우주가 단번에 펼쳐지는 것을 막는 이 유한한 생의 약동은 유기적 진화의 "심층적 원인"이다. 하지만 2장은 기계적 인과와 의지적 인과라는 두 유형의 인과성을 현상과 물자체처럼 분리된 채로 추상적으로 대립시키는 대신, 생이 어떤 방식으로 물질에 구체적으로 작용하는지, 자유가 어떻게 필연성을 다듬어 결국 필연성의 그물을 빠져나오는지 기술하는 데 전념한다. "생은 바로 필연성 속에 기입되어 필연을 자신에게 유리하게 전환하는 자유다."[138] 미래로 약동하는 생은 항상적으로 자기 자신보다 지연된 결과들을 낳는 원인이다. 그것은 미래에 현재를 덧붙이는 동시에 과거를 보존하도록 강제한다. 그리고 생은 그 안에 포함되었던 경향들을 분할하는 방식으로만 이러한 일을 수행할 수 있다. 기실 처음에는 생이 일정한 양의 잠재적 에너지를 축적하는 일과 이 에너지를 운동으로 전환하는 일을 동시에 수행할 수 있었다 해도, 나중에는 식물계와 동물계로 나누어져야만 했다. 식물계는 엽록소의 기능을 통해 폭발물을 제작하는 역할을 맡았고, 동물계는 이렇게 저장된 힘들을 신경계를 통해 갑작스럽게 소비함으로써 점점 더 자유로운 행동을 수행하려 했다. 동물적 생 또한 더 큰 운동성과 강도를 획득하기 위해 물질에 대한 상이한 두 작용 방식(본능과 지성)으로 분리되었다. 따라서 정신적 에너지란 물리적 에너지가 아니다. 그것은 물리적 에너지를 잠재적 에너지로 전환할 가능성, 그리고 이렇게 전환한 에너지를 의지된

138 〈의식과 생〉, 《정신적 에너지》, 13(23)쪽.

방향으로 사용할 가능성이다. 생은 인간적 지성을 통해 결정적으로 해방되었다. 인간적 지성은 물질적 환경에 적응하고, 물질에 작용하기 위한 도구들을 마련하며, 자동성을 억누를 수 있는 습관들을 창조하는 외재화된 의식이다. 그리고 지성의 유일한 목표는 스스로 강렬해짐으로써 물질이 내려온 사면을 거슬러 오르는 의식을 용인하는 데 있었다.

2장에서 베르그손은 자연 속에서 작동하는 생적 인과성을 관찰한다. 그는 이러한 인과성을 이중적으로 비가시적인 바탕[작용인과 목적인] 속에 감춰두지 않는다. "여기서 원인들은 그 유에 있어 유일한 것이어서, 그 결과와 일체를 이루고 결과와 동시에 실현되어, 결과를 규정하는 만큼이나 결과에 의해 규정된다."[139] 유기적 인과성은 기계론적이지도 않고 목적론적이지도 않다. 말하자면 그것은 직선적인 과정이 아니라 순환적인 과정이다.[140] 그것은 그 결과들과 동시에, 결과들을 통해 전개된다. 그렇기 때문에 결과들이 생겨나기 전에 결과를 예측할 수 없는 것이다. 원인이란 하나의 **경향**이기 때문에 원인에는 결과가 가능의 형태로 포함되지 않는다. 원인은 결과를 형성하는 동시에 형성된다. 아마 원인에는 정확한 목표는 없어도 이미 하나의 방향이 있을 것이다. 그러나 원인은 지속 속에서 실현되고, 그 결과들에 연대적으로 진화한다. 그것은 분기를 통해, 즉 자신이 함축하던 상이한 경향들을 분리하여 새로운 방향들을 채택하기에 이른다. 요컨대, 진화가 창조적인 것이라면 이는 엄밀히 말해 창조 자체가 진화적인 방식으로만 사유 가능하기 때문이다. 원인은 무대 뒤쪽의 초월적인 배후 세계에서부터 자신이 우월적으로 포함하고 있었던 결과들을 세계라는 무대 위에 쏟아내는 것이 아니다. 원인은 실제로 [결과와] 동

139 《창조적 진화》, 2장, 165쪽. 생의 약동의 내재성에 대해서는 또한 폴앙투안 미켈 Paul-Antoine Miquel, 《형이상학적 상상*L'Imagination métaphysique*》, Kimé, 2007, 85쪽 이하를 보라.

140 〈의지의 이론들〉, 《잡문집》, 693쪽. "물리적 세계에서는 인과성이 말하자면 직선적인 반면, 심적 인과성은 순환적일 수 있다."

일한 세계에 속하는 원인이고, 자신이 생산한 결과들에 반작용하며, 스스로 창조됨으로써만 창조를 행할 수 있다.

따라서 물질의 중량에 짓눌린 생은 힘이라기보다는 속임수ruse이고, 생의 역할은 그저 물질적 힘들의 놀이 속에 특정한 **경제***économie*를 도입하는 것에 불과하다. 물질적 힘들을 굴절시키기 위해 그 속에 침투하는 생의 시작부터 유효한 행동을 위해 물질적 힘들이 힘들 자신에 반하도록 되돌리는 지성에 이르기까지, 관건은 언제나 상대방[물질]의 힘을 사용하고 잘 사용하는 데 있다. 따라서 생의 약동이 지닌 유한성은 그 힘들의 소진exténuation에 있는 것이 아니다. 유한성은 양적인 것이 아니라 질적인 것으로, 그 운동의 제한limitation으로 이해되어야 한다. "생의 힘이 동시에 여러 방향으로 멀리 나아가기는 힘들다."[141] 약동은 더 성장하기 위해 분리되어야 했고, 여러 방향 중에서 선택을 내려야 했다. 지각한다는 것은 주저하는 것이다. 산다는 것은 선택하는 것이다. 물질은 현재의 급박함이고, 생이 어떤 방식이든 미결정 상태에서 떠나기를 요구한다. 요컨대, 물질은 생에 선택을 강제한다. 따라서 들뢰즈처럼[142] 생을 긍정적인 분화와 현실화의 운동에 연동하는 일은 오류일 것이다. 생을 분기하는 계열들로 분화시켜 그 계열들을 따라 상이한 종들이 창조되도록 이끄는 것은 생의 역량이 아니라 무력함의 결과다. 분리의 운동이 존재하는 것이 아니라 운동의 분리가 존재하는 것이다. 그리고 이 분리는 부정이 아니지만, 긍정도 아니다. 생의 차이는 **제한**이다. 베르그손은 생적 인과성이 어떤 선택(양분 섭취, 운동성, 의식)을 마주할 때마다 이루어졌던 본질적인 경향들의 분기를 추적하여 생적 인과성을 순환적 형태로 정확히 표현할 수 있게 될 것이다. 요컨대 베르그손은 자연철학을 정신철학에 종속시키고, 역으로 정신철학은 자연철학을 그 틀로 삼고 있기 때문에, "더 특별하게" 그의 관심을

141 《창조적 진화》, 2장, 42쪽.
142 질 들뢰즈, 《베르그손주의》, 5장, 105쪽.

끄는 것은 "인간에 이르는 길이다".[143] 우리는 여기서 이 길만을 다루려 한다.

식물계와 동물계는 공통의 근원에서 분화하여 반대 방향으로 나아가는 경향들을 나타낸다. 선택할 필요가 존재했다는 사실은 이 방향들을 통해 드러난다. 양분을 유기물에서 얻을 것이냐 **아니면** 광물에서 얻을 것이냐, 움직일 것이냐 **아니면** 고정될 것이냐, 자극받을 것이냐 **아니면** 잠들 것이냐. 이 장에서 베르그손은 심화의 운동을 따라 표면적인 경향들을 더 심층적인 경향들에 종속시킨다. 그러나 이 심층적 경향들은 표면적인 경향들이 나타난 이후에야 그 결과 아래에서만 드러난다. 어떤 의미에서 보면, 동물은 먹이를 찾아야 하니 움직이는 것이고, 움직여야 하니 주변 세계를 감각하는 것이다. 실제로 진화를 적응으로 이해하는 사람의 관점에서 모든 의식은 운동성을 동반하고, 모든 운동성은 특정한 양분 섭취 방식을 동반한다. 그러나 생의 순환적 과정은 다윈주의와 라마르크주의가 공유하는 이러한 설명 방향을 역전한다. 그것은 더 심층적인 의미에서 보면 의식이 운동을 이끌고 있음을, 의식이 운동을 필요로부터 해방하여 점점 더 자유로운 행위를 가능케 하는 것임을 보여줄 것이다. 의식은 진화의 최종 결과이지만, 동시에 가장 심층적인 원인이기도 하다. 베르그손은 여기서 이 심층적인 원인의 여정을 추적한다. 그것은 해방과 자기회귀의 운동으로, 이것이 생의 일반적 방향을 나타내는 것이다.

식물의 엽록소 기능 덕에, 우리 행성에서 생은 에너지를 저장함으로써, 에너지의 소비를 지연시켜 효과적이고 불연속적으로 소비할 방도를 찾아냈다. 탄산[가스]에서 탄소를 고정시켜 에너지를 저장하는 이 "제자리 축적 체계"[144]가 바로 식물계의 일반적 방향이다. 식물이 소비할 것보다 더 많은 에너지를 축적하여 부동적이고 무감각적인 마비 상태에 빠져

143 《창조적 진화》, 2장, 106쪽.
144 같은 책, 118쪽.

들었다 해도, 시원적 추동력의 주된 흐름, 즉 의식과 운동이 식물계 속으로 전파되었다. 식물적 생은 필요한 것보다 더 많은 양분을 생산하여 이 잉여분으로 동물적 생을 부양할 것이고, 동물적 생은 이렇게 축적된 에너지를 소비할 방도를 찾을 것이다.

스스로 탄소와 질소를 고정시킬 수 없는 동물은 식물의 도움을 받는다. 동물의 생은 식물에 의존한다. 그렇기 때문에 동물은 양분 섭취를 위해 움직일 수밖에 없다. 동물은 정의상 동적이고,[145] 동물의 관심사는 점점 더 동적으로 되어가는 데 있다. 하지만 이제 동물의 양분 섭취 방식과 운동성 사이에 어떤 관계를 수립해야 하는지 정확히 해야 할 것이다. 어떤 것이 원인이고, 어떤 것이 결과인가? 라마르크주의적 관점(목적론)을 채택하건, 다윈주의적 관점(기계론)을 채택하건, 더 큰 유연함과 민첩함을 향한 동물 종의 변형은 먹이를 찾으러 갈 필요성으로 설명될 것이다. "이런 식으로 사람들은 변이의 직접적 원인을 제시할 것이다. 그러나 이런 방식으로는 대개 아주 피상적인 원인밖에 제시하지 못할 것이다. 심층적인 원인은 생을 세계 속으로 던진 추동력이다."[146] 이 장 전체에 걸쳐 베르그손이 제시하는 설명은 이러한 전복의 행위로 특징지어진다. 결과로 보이는 것이 더 심층적인 관점에서는 원인의 원인이다. 생은 순환적 과정 속에 기입된다. 식물이 동물에게 제시했던 최소 생존 조건을 통해 동물을 설명하는 대신, 동물의 존재 이유를 제시해야 한다. "공간 속의 운동성"은 "동물적 생의 … 일반적인 방향을" 규정할 뿐 아니라 "생의 근본적 방향"을 지시하는 것이 틀림없다. "폭발물 제작의 목적은 폭발"이기 때문이다.[147] 식물이 폭발물 제작의 역할을 맡았다면, 동물은 폭발물을 작동시키는 불연속적인 행동들로 그것을 폭발시킨다. "결국 이것이 영양분의 본질적이

145 같은 책, 2장, 132쪽. "… 동물적인, 즉 동적인".
146 같은 책, 133쪽.
147 같은 책, 117쪽.

고 궁극적인 목적이다."[148] 그래서 동물이 필요에 몰두하여 자신의 고유한 방향을 외면하고, 살기 위해 먹는 대신 먹기 위해 살아간다 해도, 동물을 가로지르는 경향은 신경계를 창조하고 복잡화하는 방향으로 올바르게 진화한다. 관건은 점점 더 자유롭고 강력한 운동들을 획득하는 것이다.

[따라서] 신경계는 엽록소 기능과 연대적이다. 그런데 신경계가 발전함에 따라, 이번에는 신경계와 의식이 연대적인 것이 된다. 신경계는 의식을 동반하고, 의식은 선택이 이루어지고 운동이 행사될 영역에 불을 밝힌다. 베르그손은 한층 더 심층적인 경향을 향해 하강한다. 《물질과 기억》은 이미 뇌의 상태와 심리 상태 사이의 비동등성과 함께 양자 간의 긴밀한 상응을 증명했다. 베르그손은 여기서 그 결과들을 상기시킨다.[149] 하지만 운동성과 의식 사이에 존재하는 "명백한 관계"[150]를 확인하는 일로는 더 이상 충분치 않다. 게다가 가브리엘 마디니에Gabriel Madinier[151]에 따르면, 운동성이 의식 행위에서 수행하는 역할을 언제나 문제 삼는 것은 프랑스 철학의 종별성이 아니던가? 따라서 베르그손은 이 물음에 우리가 앞서 언급한 새로운 외관을 부여한다. 어떤 것이 원인이고, 어떤 것이 결과인가? "여기서 의식은 운동의 원인인가, 결과인가?"[152] 다시 한번, 목적론의 관점을 채택하건 기계론의 관점을 채택하건, 사람들은 의식을 해방하기 위해 전진하는 생적 경향을 부인하고, 의식의 출현을 적응을 통해 설명하여 의식을 신경계에 의존적인 것으로 만들 것이다. 이렇게 운동이 의식의 원인이라 일컬어질 것이다. 그러나 관점을 뒤집어야 한다. 창발하는 의

148 같은 책, 122쪽.
149 같은 책, 각 169, 182쪽을 보라.
150 같은 책, 111쪽.
151 가브리엘 마디니에, 《의식과 운동: 콩디약에서 베르그손까지 프랑스 철학 연구 *Conscience et mouvement. Étude sur la philosophie française de Condillac à Bergson*》, 1967, Louvain, Éd. Nauwelaerts, 12장, 〈베르그손 철학에서 생에 대한 주의와 운동적 활동성〉, 367-404쪽.
152 《창조적 진화》, 2장, 112쪽.

식을 원인의 원인으로 삼아야 한다. 신경계에는 의식을 창조하는 역할이 아니라 의식의 기능을 정교화하는 역할을 할당해야 한다. "의식이 결과가 아니라 원인이라 해도 사태는 정확히 동일하게 일어나리라는 점에 주목해야 한다." "이러한 두 번째 가설에서도, 첫 번째 가설과 마찬가지로, 의식은 행동의 도구일 것이다. 그러나 차라리 행동이 의식의 도구라고 말하는 것이 좀 더 진실에 가까울지도 모른다. 감금된 의식이 해방되기 위해 가능한 유일한 수단은 행동을 행동으로 복잡화하고 행동을 행동과 대결시키는 것이기 때문이다."[153]

동물이 지각을 연장하는 지성을 향해 나아가는 경향이 있다 하더라도 인간만이 지성의 본질적 기능을 수행한다. 그것은 "비유기적인 도구를 제작하고 사용하는" 것이다. 베르그손은 언제나처럼 여기에서도 플로티노스의 전제 중 하나를 전복시킨다. 행동은 관조의 약화가 아니다. 오히려 그 반대가 참이다. "가장 미미한 형태의 지성조차 (…) 이미 물질이 물질에 작용하도록 만들기를 열망한다."[154] 그래서 지성이 인식으로 명료화된다 해도, 이는 단번에 인식에 도달하지 못하고, 지성이 마주하는 물질적 환경의 장애들을 본질적으로 겪는 무력함을 경유한다. "지성의 정상 상태는 결핍이다."[155] 이로부터 생기는 거리를 통해 지성은 자신의 본질로부터 분리되어 세계 속에서 행동하고 세계에 의해 관통되는 대신 세계와 의식적으로 관계할 수 있게 된다. 그런데 지성이 생명체가 진화하고 행동하도록 강제되는 상황을 그 최초의 미광으로 조명하는 즉시, 거기서 발견되는 인과, 내속, 동일성의 관계들은 이미 지성이 수행할 수 있는 행동을 묘사하고 있다. 이 관계들은 지성이 물질적 힘을 물질적 힘에 반하여 되돌림으로써 자연의 메커니즘을 지성 자신의 목적을 위해 사용하기를 추동한다.

153 같은 책, 180-181쪽.
154 같은 책, 190쪽.
155 같은 책, 146쪽.

지성의 시각은 지성이 물질에 행사하려는 지배력을 이미 예고한다. 베르그손은 이렇게 지성을 생의 진화 속에 다시 위치시킨다. 그리고 그는 "세계 속에서 지성의 출현"[156]을 설명하면서, 지성이 물질을 사유하고 물질에 작용하기 위해 벼린 틀들을 보존하면서도(1장은 이에 대한 비판에서 그쳤다) 차후에 힘의 잉여분을 이용해 "아무 소용 없는" 사물들을 인식하고 심지어 생의 방향으로 돌아설 수 있음 또한 해명한다.

의식은 이렇게 "지성의 측면에서, 동물에서 인간으로의 갑작스러운 도약을 통해서만"[157] 해방될 수 있었다. 인간은 자신의 자유로운 활동성이 전개될 무한정한 장을 자신 앞에 개방한다. 실제로 지성은 생이 우리를 이끌어가는 최종 단계가 아니다. 지성으로 한정된 의식은 도구를 제작하고 또 도구의 도구를 제작하는 일로 환원되지 않는다. 지성은 '제작을 위해' 제작하지 않는다. 기실 지성이 이용하는 지배maîtrise의 "주요한 목적은 물질이 멈춰 세우는 **무언가를 통과시키는 것**"[158]이다. 지성 자신도 생의 순환적 인과성 속에 기입되어 이를 연장하고 있다. 지성의 결과들은 지성을 촉발한 원인을 초과하여 결국 원인의 원인으로, 더 나아가 가장 심층적인 원인으로 드러난다. 그것은 지성이 깨우는 의식, 그리고 직관의 잠재성들이다. 발명가가 발명의 직접적 이익만을 추구한다 해도, 그 손에서 제작된 대상은 "그 발명이 모든 측면에서 야기할 수 있는 새로운 관념들이나 감정들에 비하면 아무것도 아니다".[159] 결과[효과]가 '본질적인' 것이다. 결과는 원인 속에 포함되어 있지 않았고, 원인은 거의 이 결과를 촉발하기 위한 기회에 불과했다. 마찬가지로 지성은 자신이 도구로 전환시키는 물질만을 사유하지만, 지성 자체는 강렬화를 통해 결국 물질이 내려온 사면을 거슬러 올라가는 의식을 통과시키기 위한 수단에 불과하다. 뒤

156 같은 책, 152쪽.
157 같은 책, 186쪽.
158 같은 책, 184쪽.
159 같은 책.

늦게 도래한 최종 결과인 "의식이 진화의 운동 원리로 드러난다".[160] 지성은 이를 위한 마지막 중계지점, 말하자면 마지막 도구를 이루는 것이었다. 이 마지막 도구를 통해 의식은 스스로를 되찾고 인간을 열린 종으로 만들 수 있었다. 먼저 "언어가 의식을 해방시키는 데 상당한 기여를 했다". 지성적 기호들의 유동성은 의식이 점진적으로 지각된 사물들에서 그 관념으로 이행하도록, 그래서 외부에 사로잡힌 매혹 상태에서 빠져나올 수 있도록 만들었다. 그것은 "내적 세계 전체, 즉 의식 작업들의 광경"[161]을 개방했다. 다음으로 "지성적 존재는 자기 자신을 넘어서기 위한 방도를 지니고 있다".[162] 생의 창조적 작업을 계속하는 지성적 존재는 자신이 생산한 결과들 자체를 통해 불어나는 원인이다. 도구가 "그것을 제작한 존재의 본성에 반작용"[163]하기 때문에 그의 모든 산업은 그에게 영향을 미쳐서 그를 변형시키고 점점 더 자유롭게 만든다. 베르그손은 루소의 개선가능성perfectibilité을 계승한다. 인간은 창조를 행함과 동시에 **자기 자신을** 창조하며, 창조를 행할 때마다 자신을 넘어 고양될 기회를 얻는다. 이러한 산업이 인류 전체에 결합되는 경우, 그것은 어느 때보다도 더 생의 순환적 인과성을 따르며, 인류가 끊임없이 스스로를 넘어설 수 있게 만든다. 기계론적 모델로 생을 이해해서는 안 된다. 기계 자체가 생적인 것의 연장에 지나지 않는 것으로서 창조의 요구를 따르는 부단한 운동 속에서 의식을 실어간다.

160 같은 책, 183쪽.
161 같은 책, 160쪽.
162 같은 책, 152쪽.
163 같은 책, 142쪽.

7장. 《도덕과 종교의 두 원천》과 영원의 우위

23. 《두 원천》으로 가는 길: 의지의 문제

《창조적 진화》는 베르그손의 이력에서 정점을 차지하기 때문에, 또한 그의 저작의 정점에서 작품 전체를 포괄하는 확정적인 틀을 제시하는 것처럼 보였다. 25년 뒤, 아무도 기다리지 않았던 한 권의 저작은 그저 세부적 내용을 복잡화하는 데서 그치는 것처럼 보였다. 그래서 사람들은 이렇게 말한다. 《두 원천》은 "《창조적 진화》로부터 사람들이 이끌어낸 교훈들에 유보 없이 찬동하고"[1] 이 책의 "최종 결론들로"[2] 나아간다고. 《두 원천》은 《창조적 진화》의 연속이자 단순한 "보완"[3]이라고. 이러한 입장은 거의 합의에 이르렀다. 그럼에도 이 책이 의존하고 있는 신비 경험이 "생의 약동의 학설에 이르렀던 (…) 경험을 연장한다"[4]는 말을 어느 정도로 받아들여야 하는지의 질문이 제기된다. 베르그손은 신비 경험이 생의 약동에 대한 경험을 넘어선다고 말하기도 했으니 말이다. "이렇게 해서 우

1 알랭 드 라트르, 《베르그손, 당혹감의 존재론》, 296쪽.
2 벤토 프라도, 《현전과 초월론적 장: 베르그손 철학에서 의식과 부정성》, 172쪽.
3 알프레드 루아지Alfred Loisy, 《종교와 도덕의 두 원천이 존재하는가?*Y a-t-il deux sources de la religion et de la morale?*》, Émile Nourry, 1934, 서문, p. iv.
4 《도덕과 종교의 두 원천》, 3장, 266(367)쪽.

리는 아마도 《창조적 진화》의 결론들을 넘어설 것이다."[5] 《두 원천》이 생의 약동에서 출발하는 것이 아니라 그저 도달할 뿐이고, 생물학적인 사실의 선과 교차하여 도중에 그것을 확증하면서도 곧장 이 선을 넘어 "생의 원리 자체에" 도달하는 "더 포괄적인 의미의" 생물학을 향해 나아가는데[6] 어떻게 《창조적 진화》가 "토대와 건축 구조"[7]를 드러낼 수 있었겠는가?

달리 말하면, 여기서 단일한 골조를 따라 거기에 도덕과 종교를 부수적으로 덧붙임으로써 인간 역사의 세부 사항을 완성시킬 수 없다면, 그 이유는 순수지속 속으로 더 깊은 탐사봉을 던져서 그 리듬을 극도로 수축시키고 원리적 통일성에 집중시켜야 했기 때문이다. 적어도 사유가 그러한 방향을 향하도록 만들고, 사유를 더 높은 평면에 놓아야 했다. 이 새로운 관점이 앞서 달성된 결과들을 독특하게 갱신했음이 틀림없다.

> 나에게 도덕적 질서란 전적으로, 그리고 절대적으로 새로운 질서입니다. 그것은 단순히 진화의 운동을 연장한 것이 전혀 아닙니다. 그렇지 않았다면 내가 20년간 도덕을 연구하는 것은 무용한 일이었겠지요. 도덕은 《창조적 진화》에 포함되었을 겁니다.
> 사실 신에 대한 이후의 발견이 이전의 발견들을 폐지하는 것은 아닙니다. 전자의 발견은 후자의 발견들을 **더 높은 평면으로 전이시킴으로써** 보완해 줍니다. 내 사유는 이런 방식으로 진전했습니다. 그리고 내가 보기엔 모든 사유는 이

5 같은 책, 272쪽.

6 앙리 구이에, 〈멘드비랑과 베르그손〉, 《베르그손 연구》, 1948, I권, Albin Michel, 1장, 103쪽. cf. 알프레드 루아지, 《종교와 도덕의 두 원천이 존재하는가?》, p. vii의 여백에 달린 베르그손의 메모, 두세 재단(BGN 1071), 브리짓 싯봉페이용, 《베르그손 연보》, I, 202쪽, n. 1에서 재인용. "《두 원천》에서 나는 《창조적 진화》의 약동에 도달했지만, 거기서 출발했던 것은 아니다. [거기서 출발했다면] 몇 달 만에 (사람들이 나에게 요구했던) 도덕을 만들어낼 수 있었을 것이다. 하지만 이 일에는 25년이 걸렸다."

7 같은 책, 165쪽.

런 방식으로 진전합니다. 이전에 달성된 소여들을 더 높은 평면이나 층위로 이전시키는 방식으로요. 내가 이전에 했던 설명들을 저버렸다고 비난하는 것은, 마치 멘드비랑이 정신적 생을 발견한 뒤에도 감성적 생을 남겨두었다고 비난하는 것과 같습니다.[8]

베르그손주의로부터 수많은 도덕이 연역될 수 있었다. 이것이 바로 자크 슈발리에와 알베르 티보데가 시도했던 일이다. 그들은 오랜 기다림에 응하여, 스승의 이론을 미답의 지점으로 확장시켰다. 그렇지만 베르그손은 넌지시 그들의 결론이 오직 그들의 것임을 알려주었다.[9] 도래할 도덕과의 간극, 그리고 모든 논리적 예측에 대한 이러한 반대는 '상식'으로 되돌아오려는 주장의 독창성을 나타내는 것이 아니라 심화와 교차라는 방법의 독창성을 나타내는 것이다. 기실 귀결conséquence이란 원리로부터 도출된 것이기 때문에 원리를 확증할 수 없다. 그저 원리가 전개되는 과정의 내적 정합성을 검증할 수 있을 뿐이다. 오직 더 포괄적인 깊이의 층위에 놓인 결론conclusion만이 덜 고양된 층위에서 만들어진 다른 결론들을 강화할 수 있다. 그렇기 때문에 도덕적이고 종교적인 경험은 생의 약동이 미리 고정한 틀 속에 기입될 수 없다. 이 경험들로부터의 반작용을 통해 생의 약동 자체가 그 확실성을 증대시킬 수 있어야 하기 때문이다.

게다가 《창조적 진화》가 도달했던 결과들은 아무런 후속 작업을 요구하지도 않았다. 그 이유는 단순하다. 이미 암묵적으로 포함된 도덕의 실

8 자크 슈발리에, 《베르그손과의 대담》, Plon, 1959, 1926년 12월 30일, 79쪽, 1932년 12월 7일, 176쪽.

9 〈티보데에게 보내는 편지, 1923년 9월 12일〉, 《서간집》, 1060쪽. "당신이 설명한 것은 당신의 고유한 생각들입니다. 그것들을 내 생각의 연장선상에 놓기는 했지만요." 〈슈발리에에게 보내는 편지, 1926년 3월 2일〉, 《서간집》, 1182쪽. "여기서 이 점을 강조하는 것이 필요해 보입니다. 말하고 있는 사람은 슈발리에지, 내가 아니라는 점을요." 1187쪽. "다시 한번 말하건대, 이 모든 교훈은 … 내 다양한 작업들 속에서 길어낸 주제들에 대한 슈발리에의 개인적인 성찰로 주어져야 할 것입니다. 그러니까 내 사유의 가능한 연장으로 말이죠."

마리가 도래할 문제를 무마했기 때문이다. 문제란 글쓰기의 유일한 동인이고, 문제 없이는 누구도 "책 쓰기를 강요받지"[10] 않는다. 실로 [《창조적 진화》에서] 생은 파괴를 향해 나아가는 물질적 우주의 불가피한 진행을 새로운 종의 창조로 간신히 지연시켰던 반면, 인간은 물질적 우주의 흐름을 끊어냈다. 인간은 자신 안의 창조적 생을 부활시키고 인간에게 내재된 의식을 강렬화하여, 물질적 우주의 진행에서 해방되고 그 진행을 거슬러 올라갔다. 생의 작업은 인류의 작업에 연결되었고, 인류가 지성을 통해 물질을 조명하기에, 생은 물질의 그물을 은밀히 통과하여 그 상승을 이어나갈 수 있었다. 직관은 이 운동을 포착할 수 있었다. "결국 인간은 우리 행성 위에서 생의 유기조직 전체의 존재 이유일지도 모른다."[11] 물론 생은 창조이기 때문에, 인간종도 "진화 운동 속에 미리 형성되어"[12] 있던 것은 아니다. 그럼에도 인간은 자신을 짓누르던 물질의 짐을 덜어낼 수 있었기에, 사후적으로, 목적성을 투사하지 않고서도, "진화의 '종점'이자 '목표'"[13]로 간주될 수 있었던 것이다.

> 모든 사태가 진행되는 양상은, 원하는 대로 **인간**이라고도, **초인**이라고도 부를 수 있을 법한 미확정적인 모호한 존재가 실현되려 했고, 단지 자신의 일부를 도중에 버림으로써만 거기에 도달했던 것 같다.[14]

진화는 생이 품고 있던 경향들을 진화가 이루어지는 구체적 조건들 속에서 분할해야 했고, 지성을 위해 직관을 희생해야 했기에, 베르그손은 지성과 직관을 화해시킬 수 있었을지도 모르는 "완전하고 완성된 인류"

10 〈서론〉, II, 《사유와 운동》, 98(116)쪽.
11 《창조적 진화》, 186쪽.
12 같은 책, 3장, 266쪽.
13 같은 책, 265쪽.
14 같은 책, 267쪽.

를 상상한다. 이로부터 독자들은 전진의 운동이 끝나지 않았다고 생각할 수 있었다. 진화가 인류의 내부에서 계속되고 있다고, 그렇기에 초인류를 향한 그러한 넘어섬의 양상들을 정확히 드러내기 위해 《두 원천》이 요청된다고 말이다.

그러나 《창조적 진화》에서 언급되는 완전한 인류는 오직 조건법 과거로만 이해된다. "인류는 … 할 수 있었을지도 모르고, 해야 했을지도 모른다."[15] 미래에서 인류를 부르는 것은 아무것도 없다. 기실 인류가 초인류로 대체되기를 요구받는 것이 아니다. 반대로 잠재적으로 완벽한 인류가 실현될 수 없었기에 현행 인류가 진화의 정점으로서 완벽한 인류를 대체했던 것이다. 따라서 철학은 다른 인류를 상상할 필요가 없다. 그저 여전히 남아서 지성을 둘러싸는 직관의 이 어두운 그림자를 확고하게 만들어 지성을 "재흡수"하여 생의 방향으로 재위치시키며, 어쩌면 이를 통해 우리에게 결여된 이 완전함에 점근적으로 접근해야 할 뿐이다. [《창조적 진화》에서] 우리를 그리로 이끌어갈 책무는 철학이 홀로 짊어지고 있다. "그러한 학설이 사색에만 도움이 되는 것은 아니다. 그것은 또한 행동하고 살아가는 데 더 많은 힘을 준다."[16] 달리 말하면, 인류가 도덕적 영역에서 그 원천으로 되돌아가고, 스스로 확고해지는 일은 철학에, 오직 철학에만 달린 일이었다. 이 저작에서 인류가 지닌 삶의 의지는 아직 아무런 문제가 되지 않았다.

《두 원천》에서 제기된 문제가 분명히 드러나지 않는다면, 인류가 "신적인 것의 방향"[17]으로 스스로를 넘어서야 한다는 점을 이해할 수 없을 것이다. 인류와 다른 종들은 이미 "열린 것과 닫힌 것"[18]처럼 구분되며, 인류가 지닌 행동의 자유는 그 열림을 통해 인류에 의해 형성된 사회 너

15 같은 책.
16 같은 책, 271쪽.
17 〈서론〉, II, 《사유와 운동》, 64(78)쪽.
18 《창조적 진화》, 3장, 264쪽.

머로까지 고양되기 때문이다. 이때 사회란 인류의 "내적 우월성"[19]을 번역하는 것에 불과하다. 인류가 "우리 각자의 옆에서 질주하는 거대한 군대"처럼 "모든 저항을 무너뜨릴"[20] 것이라는 희망을 지니고 있다면, 어떤 가설적인 초인류를 통해 내적으로나마 인류를 넘어설 필요는 전혀 없을 것이다. 인류가 인류 자신의 넘어섬일 것이기 때문이다. 이 과업에 대한 베르그손의 관심들을 정향 지어 하나의 문제를 분명하게 제기하기 위해서는 25년의 시간이 필요했다. 그런 후에야 《두 원천》은 이 문제의 해결책을 제시하고 베르그손을 그의 형이상학의 더 높은 층위라 불러야 할 지점에 도달하도록 강제했다.

사실상 하나의 저작에서 다른 저작으로 이행함에 따라 의지의 내부에 어떤 거리가 생겨난다. 베르그손은 의지가 우리를 원천으로 되돌려보낼 것이라는 데 더 이상 동일한 신뢰를 내보이지 않는다. 1911년까지 베르그손은 의지를 예찬한다. 그는 노력을 가장 "값지고, 그것이 도달한 결과물보다도 훨씬 값진"[21] 선善으로 여긴다. 인간의 의지는 가진 것보다 더 많은 것을 뽑아내 생의 약동을 그 약동이 지시하는 방향으로 재개하고, 또 의지의 노력이 강화됨에 따라 그 지속의 리듬을 수축시킬 수 있기 때문이다. 달리 말하면, 생의 약동이 그 운동을 더 멀리까지 밀고 나가는 데 무력하기에 자신이 만들어낸 종들의 원환 속에서 반복된다 해도, 인간은 그 약동을 "무한정 계속하고",[22] 별다른 요청 없이도 스스로 자신을 초월한다. "위대한 선인들grands hommes de bien"이 이미 언급되었다 해도, 그들은 우리의 일원일 뿐이다. 우리 "군대"의 최선봉에 있기는 하지만 말이다. 그들을 좇아 그들과 공감함으로써 "생의 원리 자체까지도"[23] 직관적으로 통

19 같은 책, 265쪽.
20 같은 책, 271쪽.
21 〈의식과 생〉, 1911, 《정신적 에너지》, 22(33)쪽.
22 《창조적 진화》, 3장, 266쪽.
23 〈의식과 생〉, 《정신적 에너지》, 25(36)쪽.

찰하는 것은 우리에게 달린 일이다. 의지는 우리를 우리 너머로 고양시켜 지속의 리듬들이 이루는 강도적 단계를 기어오르도록 할 수 있다. 의지는 "이러한 기적을 행할 수 있다. 의지가 그 일을 완수하기를 요구하라".[24] 1902년 베르그손은 이렇게 말했다. 그러나 1911년 이후 우리의 능력들이 걸려 있는 이 기적은 하나의 신비가 되고, 곧이어 하나의 문제가 된다. 이를 통해 의지의 원천에서 발견되었던 추동력을 더 깊이 탐구하는 작업이 강제된다.

따라서 베르그손이 곧이어 마주할 문제, 《두 원천》의 통일성이 축으로 삼을 문제란 의지의 문제로 보인다. 실상 《두 원천》을 이전의 저작들과 분리하는 간극 전체는 이 문제에 집중되어 있다. 더 이상 의지만으로는 지성을 직접적으로 풍부하게 만들 수 없다. 이제 의지는 스스로 의지할 힘이 없기 때문이다. 지성은 심원한 감동émotion으로 풍부해지고, 지성과 의지는 모두 이 감동에 의존한다. 지성과 의지 이전에, "의지의 측면에서 약동으로 연장되고 지성 속에서 설명적 표상으로 연장되는"[25] 감동이 존재한다. 이제 베르그손은 의지를 동요시키고 미래로 내던지는 동시에 지성에 활기를 불어넣는 "추진적 역량"을 이 감동에 부여한다. 그렇다면 왜 우리는 더 이상 의지할 **수 없는가**? 우리의 의지는 어떠한 결함을 지녔기에, 베르그손은 의지력의 한복판에서 의지가 의지하기를 의지할 수 없도록 만드는 더 비밀스러운 결점을 포착했던 것인가?

의지의 결핍: 생에 대한 주의의 이완으로서의 광기

베르그손의 입장에서는 《창조적 진화》에 함축된 문제를 발전시키는 것보다 《창조적 진화》가 완수한 지점을 연장하는 물음을 제기하는 편이 더 간단한 일이었다. 〈의식과 생〉에서 그는 물질과의 투쟁에서 승리한

24 〈지성에 대하여〉, 1902, 《잡문집》, 560쪽.
25 《도덕과 종교의 두 원천》, 1장, 46(68)쪽.

진화의 유일한 노선이 인간이었음을 상기한 뒤, 다음과 같은 물음을 제기한다. "그런데 정신은 왜 이러한 작업 속에 뛰어들었는가? 지하로를 뚫는 것이 정신에 어떤 이득이 되었는가?" 다른 말로 하자면, 만일 인간이 생의 종착점이라 한다면, 이제 인간의 고유한 숙명은 무엇인가? "우리는 어디로 가는가?"라는 물음이 던져지는 것이다. 그러나 이 물음이 생적 질서에 속하기는 해도, 아직은 필연적이지 않다. 또한 이 물음을 위해 "여러 사실의 선들을 따르를" 수 있었고, 실제로 1911년 이후 베르그손은 강의와 에세이, 강연 등을 통해, 더 정확하게는 《두 원천》에서도 여전히 이 사실의 선들을 따랐다 해도, 여기서는 베르그손에게 추동력을 제공할 문제가 존재하지 않았기 때문에, 베르그손은 그 자료들을 방치하고 "결론으로 곧장 나아가기를"[26] 선호한다.

여기서 베르그손은 아직 책 쓰기를 강요받지 않았다. 그에게 인류가 어떤 방향을 취해야 하는지 알려주었던 "밖으로부터 온 고지avertissement가 없었더라면",[27] 혹은 인류가 어쩌면 심연을 향해 똑바로 질주하고 있음을 알아채지 못했더라면, 그는 인류가 끝점에 도달했다고 믿을 수밖에 없었을 것이기 때문이다. 1911년에 그는 여전히 이렇게 말하고 있었다. "우리의 목적이 달성되었다."[28] 《창조적 진화》의 위풍당당한 어조는 여기서도 계속된다. 베르그손은 인류가 무한정한 자기 창조에서 느낄 기쁨을 앞서 음미하고 있다. "어머니", "상인", "공장주", "예술가", "학자", 무엇보다도 "도덕가".[29] 이들 모두 자신의 층위에서 하나의 일반적이고 연속적인 환희*Allegria*에 참여한다. 그리고 기쁨과 운동성이 맺는 관계는 행복이 부동성과 맺었던 관계와 같다. 그것은 "신적인 기쁨"[30]이다. 기쁨은 우리

26 〈의식과 생〉, 《정신적 에너지》, 21-22(31-32)쪽.
27 〈서론〉, II, 《사유와 운동》, 67(81)쪽.
28 〈의식과 생〉, 《정신적 에너지》, 23(33)쪽.
29 같은 책, 23-25(33-35)쪽.
30 같은 책, 24(34)쪽.

가 끝점에 도달했음을, 각자 자유롭게*ad libitum* 뒤따르는 끊임없는 운동이 우리의 종착점임을 알려주는 표지다. 이때 인간 사회는 곧바로 열린 것으로 제시된다. 사회는 그 속에서 질서와 진보를 양립시키고 개별적 에너지들을 결집하여 각자가 "만인의 노력으로부터 이득을 얻고, 만인의 노력을 더 용이하게 만든다".[31] 심지어 한 사회가 다른 사회에 선포하는 전쟁조차 맹렬한 충격을 통해 사회를 더 잘 유연화하는 데 기여함으로써 이 사회들이 "더 넓은 하나의 사회 속에"[32] 통합되도록 만든다. 궁극적으로 이 하나의 사회는 인류 전체를 향해 개방된 것으로 묘사된다. 이 구절에서 베르그손의 낙관론은 정점에 이르러 《두 원천》을 예비하던 비극적인 광경을 은폐할 수 있었다.

"미래를 힘차게 밀어내는"[33] 인간이 생의 위대한 성공이라면, 그 이유는 인간의 의지가 의지를 추동하는 약동을 강렬화하여 예측된 미래로부터 일군의 기억들을 끌어당기고 이 기억들을 한 점에 수축시켜 현재 속에 삽입할 것이기 때문이다. "미래가 거기에 존재하며 우리를 부른다. 더 정확히 말하면 미래는 우리를 자신에게로 끌어당긴다. 우리가 시간의 길 위를 전진하게 만드는 이 부단한 끌어당김은 또한 우리가 계속적으로 행동하는 원인이기도 하다."[34] 《시론》이 우리 지속의 연속성을 주어진 것으로 여겼던 데 반해, 마침내 베르그손은 생의 약동에서 출발함으로써 미래에 우위를 부여하고, 이를 통해 지속의 잇따름을 설명한다. 미래는 그 운동을 통해 과거를 실어 가는 동시에, 자신의 배후에 남긴 자취를 통해 현재 속에 개입할 수 있게 된다. "의식에 활기를 불어넣는 약동으로 인해, 의식은 현재에 있다기보다는 미래에 있다."[35] 요컨대 인류에게 미래가 주어지는

31 같은 책, 26(36)쪽.
32 같은 책, 27(37)쪽.
33 같은 책, 25(35)쪽.
34 같은 책, 5(15)쪽.
35 〈현재의 기억과 잘못된 재인〉, 1908, 《정신적 에너지》, 151(169)쪽.

한, 즉 인류의 의지가 인류를 미래로 내던지는 생을 강화하는 한, 인류는 더 멀리 나아가기 위한 운동성을 보존하는 것이다. 정신은 이런 식으로 지속의 리듬을 수축시켜 의지 속에서 자기 자신을 앞지르는 한편, 동일한 운동을 통해 정신의 발걸음을 늦추는 물질(정신은 자신을 짓누르는 과거를 떠맡음으로써 이 물질을 가로지른다)을 전유한다.

그러나 이와 동시에, 베르그손은 《물질과 기억》에서 이미 스케치된 바 있는 심리학적인 사실의 선을 따랐다. 그리고 이 사실의 선은 베르그손이 정신병리학에 대한 더 세부적인 연구를 통해 조금씩 우리 의지의 확고함을 문제 삼고, 의지의 이완과 관련된 반대의 가설을 고찰하도록 이끌었다.

> 의식은 행동을 향해 긴장될수록 잘 균형 잡히고, 일종의 꿈속에서 이완될수록 비틀댄다. 이 두 극단의 평면들, 행동의 평면과 꿈의 평면 사이에 '생에 대한 주의'와 실재에의 적응이 감소해 가는 정도들에 상응하는 모든 매개적 평면이 존재한다.[36]

의식의 운동이 그 실체적 성격을 유지하기 위해서는 약동에 내적인 긴장에서 균형의 지점을 발견해야 한다. 약동이 우리의 의지를 지탱하고 우리를 실재에 매어두는 것이다. 여기서 베르그손은 '데자뷔'의 감정, 즉 잘못된 재인을 연구한다. 이미 체험했다는 감정을 가지고 새로운 장면을 목격하는 일은 정상적이고 일시적이며 가벼운 현상이다. 그러나 그것이 드러내는 증상은 피에르 자네Pierre Janet가 정신쇠약이라는 이름으로 기술했고, 후에 오이겐 블로일러Eugen Bleuler와 외젠 민코프스키Eugène Minkowski가 분열증이라 불렀던 것들과 유사하다. 현재는 잠시 행동에서 떨어져 나

36 같은 책, 121(138)쪽.

와 미래를 향해 기울어지기를 그치고, 지나가는 순간에 이미 지나간 것처럼 체험된다. 이를 체험하는 사람은 "현실이 곧 하나의 꿈이라는 일종의 분석 불가능한 감정"[37]을 경험한다. 그는 현실이 "입체감과 견고함을" 상실하고, "자기 자신에게 스스로를 내보이는 광경"[38]이 되는 것을 경험한다. 의식의 약동이 약화되었기 때문에, 의식은 의식을 지각의 앞쪽으로 나아가게 만들었던 속도를 감속시켜 "닫힌 (…) 미래"를 맞닥뜨린다. 이렇게 해서 의식은 미래에 존재할 것을 위해 현재를 건너뛰는 대신 현재에 붙들려서, 현재 자체의 기억이 잠시 현재에 머물러 있도록 내버려둔다. 데자뷔란 '현재의 기억'이다. 우리는 충분한 의지의 결여로 인해 생으로부터 떨어져 나와 생에 대한 어떤 무관심을 경험하기에 이른다.

베르그손은 이 기묘한 현상을 두 단계로 나누어 설명한다. 한편으로 이 현상의 "가까운 원인"은 현재와 과거가 서로에 맞추어 구부러질 때, 지각과 기억이 [상호 조절되지 않고] 그대로 남겨지는 경우 야기되는 지각과 기억의 탈구désarticulé 작용에 있다. 그러나 다른 한편으로, 보다 심층적인 "일차적 원인"은 "의지의 동요"[39]이다. 지각과 기억의 절합articulation은 오직 미래로 약동하는 의지를 통해서만 가능했기 때문이다. 그것이 "가장 해롭지 않은 형태의 생에 대한 부주의"[40]를 가리킨다 해도, 그것은 《물질과 기억》에서는 다루어지지 않았던 정신적 균형의 본질을 결핍을 통해 드러낸다. 여기서 주제화되는 주의는 종espèce에 고유한 주의로, 이는 개체적인 주의와는, 그리고 개체적 주의가 겪는 산만함과는 상이한 것이다. 1896년의 논의와는 달리, 더 이상 뇌, 즉 생에 대한 주의의 기관만으로는 종의 균형을 충분히 보장할 수 없다. 뇌는 의식의 약동이 우리를 더 심층적으로 실재에 밀착시키는 한에서만 우리를 실재 속에 잡아둔다. "개인

37 같은 책, 149(167)쪽. 베르그손은 폴 부르제를 인용하고 있다.
38 《물질과 기억》, 3장, 195쪽; 《정신적 에너지》, 150(168)쪽.
39 〈잘못된 재인〉, 《정신적 에너지》, 152(170)쪽.
40 같은 책, 151(169)쪽.

적 주의의 가벼운 약화는 단지 정상적인 산만함에 불과한 반면, 모든 종적인 주의의 쇠퇴는 병리적이거나 비정상적인 사태들로 나타난다."[41] 실제로 잘못된 재인에서 나타나는 증상들을 강조한다면, 우리의 생에 대한 주의는 한층 더 침해되어 자기 자신에 유폐된 정신병자가 되고 말 것이다.

이러한 두 형태의 생에 대한 부주의, 즉 산만함과 정신이상이 상이한 방식으로 사회에 대한 개체의 부적응을 증언한다면, 베르그손은 다른 곳에서 했던 것처럼 여기에서도 어떤 유형의 주의가 주제화되느냐에 따라 그에 비례적으로 응답하는 해결책을 제시할 것이다. 한편에는 웃음이, 다른 편에는 도덕과 종교가 있다. (i) 개체적 주의의 반대가 산만함과 꿈이라면, 그에 적합한 사회적 응답은 웃음이다. 웃음은 사회적 비난의 한 형태로, 그 용도는 산만한 이가 더 많은 주의를 기울여 환경에 더 유연하게 적응하도록 만드는 것이다. "웃음은 그의 산만함을 교정하고, 그를 꿈에서 끌어내기 위해 존재한다."[42] 웃음의 사회적 기능이 야기하는 효과란 희극성 일반을, 구체적으로 말하자면 웃는 이를 은밀히 규범에 순응하도록 만드는 데 있다. 이것들은 집단의 응집을 간접적으로 보장하기 때문이다. 그러나 이 순응적 태도는 유연하기 때문에, 그리고 각자가 엄격한 규율을 따르는 것이 아니라 실재의 굴곡을 따르게 하기 때문에, 그만큼 더 구속력 있는 것이다. 샤를 페기는 여기서 어떤 명령도 확정하지 않기에 그만큼 더 준엄한 도덕에 대한 묘사를 발견했다. "**경직적인 도덕은 유연한 도덕보다 무한히 덜 준엄하다**. 무한히 덜 밀착해 있기 때문이다."[43] [웃음은] 자연에 의해, "혹은 거의 같은 말이 되겠지만 아주 오랜 사회적 습관에 의해"[44] 수립된 메커니즘이기 때문에, 그러한 도덕이 오직 "의무 전체의" 도덕 위에서

41 같은 책, 146쪽.
42 《웃음》, 3장, 103(164)쪽.
43 샤를 페기, 《베르그손과 베르그손 철학에 대한 주석》, 《산문 전집》, Gallimard, La Pléiade, III권, 1276쪽.
44 《웃음》, 3장, 151(199)쪽.

그 부속물 중 하나로만 싹틀 수 있으리라는 점은 명백하다. (ii) 종적인 주의의 반대가 정신이상이라면, 그에 대한 사회적 응답은 도덕과 종교다. 우리는 이 점을 보게 될 것이다. 어떤 고정관념에 의해 경직되어 산만한 이와 실재에 적응할 수 없는 광인의 차이가 두드러짐에 따라, 이제 경고보다는 치료가 필요해진다. 자연이 사전에 우리를 심리적 생의 특정 영역에서 멀어지도록 했기 때문이다. 《창조적 진화》는 이 점을 깊이 파고들지 않는다. 그렇지만 미래를 향해 도약하면서 미래를 비결정적인 것으로 표상하는 즉시, 지성은 의지를 이러한 장애에 노출시킨다. 생에 대한 종적인 주의는 이러한 비결정성으로 인해 더 이상 미래로 향하지 않고, 현재를 미래의 방향에서 떼어냄으로써 "**거기 있다는 사실에 대한 놀라움**"[45]으로 귀착될 위험에 처한다. 질병은 의식상태들의 수를 감소시키지는 않으나 의식상태 전체를 고려할 경우 질병은 "그 상태들의 견고함이나 **중량**"을, 즉 "실재 속에 삽입되고 침투하는 역량"[46]을 감소시킨다. 실재는 이제 환자가 참여하지 않는 하나의 광경처럼 환자 앞에 펼쳐진다.

약동의 지연은 이렇게 의지의 힘을 감소시킨다. 그 힘의 강도는 의지가 채택하는 방향에 따라 달라지기 때문이다. 하지만 1908년에 베르그손은 아직 이러한 지연이 인류의 전진운동을 위협한다고 생각하지 않았던 것 같다. 잘못된 재인은 장애를 드러내지만, 그와 동시에 장애에 대한 치료법을 제시한다. 잘못된 재인은 생에 대한 주의의 이완이 심각하지 않은 형태로 드러나는 것으로, 장애를 하나의 정확한 지점에 국지화하여 더 심각한 형태의 이완들로부터 우리를 보호한다. 그렇기 때문에 인류를 도덕과 종교의 방향으로 향하게 하는 일은 아직 필요해 보이지 않았다. 그러나 우리 의지의 내부에서 어떤 거리가 생겨나 이전에는 가까워 보였던 생의 원리와 인간을 떼어놓는다. 인간은 불안정한 균형이기에, 실재에 잇자국

45 〈잘못된 재인〉, 《정신적 에너지》, 150(168)쪽.
46 같은 책, 126(142)쪽.

을 새기려 애쓰는 인간의 약동이 불충분하기에, 광기는 인간종의 구성적 가능성이 된다. 광기란 무엇보다도 **의지의 질병**이며, 일종의 비결단, "행동 불능, 혹은 행동혐오"[47]로 나타난다. 베르그손은 인격을 주제로 한 강연들에서 정신병리학적인 사실의 선을 심화할 것이다. 이제 그는 잘못된 재인을, 우리의 행동 의지의 복원, 혹은 적어도 그 유지를 목적으로 삼는 다양한 "억제" 메커니즘 가운데 하나로 삼아야 할 것이다. [하지만] 여기서도 여전히 도덕과 종교는 언급되지 않는다.[48]

무의 관념에 대한 두 비판: 깊이의 변화

《창조적 진화》는 "우리가 존재하고 움직이고 살아가는"[49] 절대에 대한 결정적인 관점을 제공했다. 그러나 이 사실은 무의 관념에 대한 비판을 통해 은폐되었다. 사람들은 절대가 무의 개입 없이 이해되어야 한다는 베르그손의 주장을 근거로 삼아, 베르그손이 무를 능가할 수 있도록 논리적으로 규정된 필연적이고 무시간적인 존재를, 더 이상 그 너머로 나아갈 수 없는 우발적이고 시간적인 생성으로 대체했다고 믿었다. 어떤 이들은 베르그손이 세계의 수습 불가능한 우발성 속에 신을 흡수시켰다고 비난했다.[50] 그런가 하면 다른 이들은 그가 존재 속에 어떤 부정성을 복귀시키지 않았기에, 우리가 세계 속에 뿌리내리고 있다는 사태로부터 세계의 진정한 존재 의미를 해방시키지 못했다고 비판했다.[51] 그러나 이를 상찬하건 개탄하건 그것은 모두 베르그손의 우주론에 베르그손이 거부했던 범신론적 의미를 부여하는 일이었다. 기실 관건은 경험의 본원적 토양을 드러

47 〈인격의 문제〉, 1914, 앙드레 로비네 번역, 9번째 강의, 《잡문집》, 1083쪽.
48 〈뮈라 백작부인에게 보내는 편지, 1914년 5월 12일〉, 《서간집》, 579쪽.
49 《창조적 진화》, 3장, 200쪽.
50 자크 마리탱, 《베르그손 철학》(1914), 《전집》, Éd. Universitaires, Suisse, vol. I, 9장: 〈신〉, 293쪽 이하를 보라.
51 모리스 메를로퐁티, 《자연》, Le Seuil, 1995, 97쪽 이하를 보라. 또한 르노 바르바라스, 〈경험의 전환점〉, 《경험의 전환점》, 1998, Vrin, 50쪽 이하를 보라.

내는 것이 아니라, 본원적인 것을 향한 상승 일체를 막아내는 것이다. 형이상학은 아직 어디까지 나아갈 수 있는지 논의되지 않은 "경험의 실마리"[52]를 끈기 있게 따라가는 대신, 무의 현기증에서 벗어나기 위해 개념에서 개념으로 나아가 원리의 통일성으로 뛰어오르는 편을 선호했기 때문이다. 요컨대 세계는 세계 밖의 원인을 가져서도 **안 되고**, 원인 없이 언제나 이미 그곳에 존재하는 것이어서도 **안 된다**. 그저 존재란 행위인 한에서, 그리고 지속하는 한에서 충족이유율에 종속될 수 없고 원인에 대한 질문에 응답하지 않는다고 말해질 뿐이다. 베르그손은 그를 일원론자로 해석하려는 경향에 맞서 조제프 드 통케덱Joseph de Tonquédec 신부에게 다음과 같이 설명한다.

> 내가 무의 불가능성을 주장하기 위해 사용했던 논변은 세계의 초월적 원인의 존재에 반하는 것이 전혀 아닙니다. 오히려 나는 그 논변이 스피노자적인 존재 관념을 겨냥한다고 설명한 바 있습니다(299-301쪽, 323쪽). 논변은 그저 **무언가**가 언제나 존재했다는 사실을 보였을 뿐입니다. 물론 이 '무언가'의 본성에 대해서는 어떤 적극적인 결론도 제시되지 않았죠. 하지만 그렇다고 해서 언제나 존재했던 그것이 바로 세계 자체라고 말하고 있는 것이 전혀 아닙니다. 저작의 나머지 부분은 정확히 반대의 내용을 말하고 있습니다.[53]

경험 속에서 **주어진***donnée* 실재성은 선행하는 무에 대항하는 것으로 **상정될***posée* 필요가 없다. 사유나 상상을 통해 존재의 총체를 제거할 때마다 항상 **그것이 무엇이건** 어떤 잔여적 존재자로 되돌아온다면, 그 이유는 비결정적으로 남아 있던 존재의 내용을 정확히 하지 않아도 "**무언가**가 언제나 존재했기" 때문이다. 오해를 피하기 위해 베르그손은 라이프니츠의 질

52 《창조적 진화》, 4장, 293쪽.
53 〈조제프 드 통케덱에게 보내는 편지, 1908년 5월 12일〉, 《잡문집》, 766-767쪽.

문이 지닌 사유되지 않은 전제로 되돌아올 때마다 그 질문을 다른 방식으로 재정식화한다. 그리고 그때 그는 물어지는 존재의 비정확성을 강조한다. "이전에 우리는 형이상학의 일부분이 의식적이건 아니건 간에 왜 무언가가 존재하는가라는 물음 주위를 선회하고 있음을 보인 바 있다. 왜 무가 아니라 **물질**이, 혹은 왜 **정신들**이, 혹은 왜 **신**이 존재하는가?"[54] 분명 무의 관념에 대한 비판은 지속의 바탕 자체에서 우회 없이 존재에 직접적으로 접근하는 일을 가능케 한다. 그러나 존재의 윤곽을 정확하게 한정할 적극적인 존재 규정을 직관을 통해 제시하는 데까지 나아가는 것은 아니다. 거기까지 나아가는 일은 어떤 본원적인 것을 드러내는 일일 테고, 더 나아가 무에 대한 비판이 제거하고자 했던 원초적 토양을 [여전히] 추구하면서 질문을 던지는 사유를 비밀스럽게 만족시키는 일일 것이다.

하지만 베르그손이 방법에 대한 고찰을 정식화했을 때 그때까지 경험을 따라 도달한 결과물과 고찰 자체를 뒤섞는 오류는 자연스러운 것이었다. 이때에는 직관적 경험이 생의 흐름에 머물러 있었기 때문에, 방법에 대한 고찰 또한 이 지점에 머물러, 소여donnée를 어떤 존재론적 원리 속에 포함시켜야 했다. 사람들은 이 원리가 동시에 증여donation의 원천이기도 하다고 주장했다. 게다가 베르그손 철학은 순수지속의 심화로 형성되었기 때문에, 진전의 단계마다 이러한 혼동이 생겨날 수 있었다. 《시론》에서 베르그손은 먼저 자신 안에서 내적 지속이 직접적으로 주어짐을 발견하고, 이 내적 지속에 대한 설명 이상으로 나아가지 않았다("왜 내가 존재하는가?"[55]). 그러나 내적 지속을 심층적 자아의 바탕에 하나의 원리로 두고 절대적 관념론이라는 결론을 도출하려는 유혹은 상당한 것이었다.[56]

54 《도덕과 종교의 두 원천》, 3장, 266(367-368)쪽(필자의 강조). 혹은 〈서론〉, II, 《사유와 운동》, 65(78)쪽(필자의 강조).

55 《창조적 진화》, 4장, 275쪽.

56 도미니크 파로디, 〈지속과 물질〉, 《형이상학과 도덕학 논평》, 1952, 260쪽. 《시론》에 관해 말하자면, "이제 사물들의 존재는 정신의 존재에 매달려야 하는 것처럼 보

또한 《물질과 기억》이 물질을 물질의 직접소여 속에서 해명하기에 앞서 이미지들의 평면을 통해 물질을 제시했을 때, 베르그손은 물질의 존재에 대한 설명 이상으로 나아가지 않았다("왜 우주가 존재하는가?"[57]). [그러나] 어떤 사람들은 여기서 이미지들의 평면을 "초월론적인 장"[58]으로 전환하려 했다. 이에 반해 각 저작이 직관의 소여들을 심화함으로써 앞선 저작을 설명하는 것이라면, 경험이 그 소여들을 어떤 한계 내에서 받아들여야 하는지를 동시에 제시할 수는 없을 것이다. 베르그손은 《창조적 진화》에 관하여 이 점을 다음과 같이 설명한다.

> 우리는 물질을 가로지르는 생의 흐름, 아마도 물질의 존재 이유일 생의 흐름을 단순히 주어진 것으로 여겼다. 우리는 [생의 흐름이 나아가는] 주된 방향의 끝에 놓인 인류가 그 자신 말고 다른 이유를 갖고 있는지 묻지 않았다.[59]

1907년, 베르그손은 생의 약동이 그 자체로 충분한지, 아니면 어떤 우월한 원리로부터 나온 것인지를 결정할 수 없었다. 사실상 그때까지 그는 지속의 가능한 리듬들의 폭을 펼쳐내면서 오직 방법론적인 관점에서만 신의 존재에 접근하였기에 어떤 실증적인 검증을 통해서도 신에게 설명의 역할을 부여할 수 없었다. 신은 가설적이고 모호한 지위로서, "우리 의식보다 더 긴장된 의식"[60]이라는 한계 사례로서, "생의 영원성"[61]과 동일시될 정도로 최대한 수축되고 강렬해진 지속의 "극한"으로서 개입되었

인다. 우리는 여기서 순수 관념론의 관점에 아주 가까이 위치한다". 그런 연후에 파로디는 베르그손주의를 관념론과 실재론이라는 가능한 두 해석 사이에서 진동하도록 만든다.

57 《창조적 진화》, 4장, 275쪽.

58 벤토 프라도, 《현전과 초월론적 장: 베르그손 철학에서 의식과 부정성》, 114쪽.

59 《도덕과 종교의 두 원천》, 3장, 273(377)쪽.

60 《물질과 기억》, 4장, 233쪽.

61 〈형이상학 입문〉, 《사유와 운동》, 210(242)쪽.

다. 베르그손은 《창조적 진화》에서 처음으로 신이라는 이름을 사용하여 베일을 벗겼으나 가설적 지위를 제거하지는 않았다. 기실 "세계들이 솟아나는 하나의 중심"으로 "정의된 신"[62]은 제한된 용법으로 단 한 번 등장했고, 생물학적 사태들의 질서를 신의 영역까지 고양시킬 수 없었기에 생의 약동이 꼭 신까지 거슬러 올라가지 않아도 무관했다.[63] 여기저기에 쓰인 몇몇 구절은 "그저 포석으로"[64] 놓였을 뿐이다. 실제로 점점 더 좁혀진 지속의 층들을 끈기 있게 가로지르는 경험의 실마리는 아직 그 첨점에 다다를 수 없었다. 이 첨점에서 지속은 결국 신으로 압축되기에 이른다.

그에게는 아직 문제가 결여되어 있었다. 문제야말로 사유에 필요한 추동력을 제공하고, 어떤 방법을 따라야 하는지, 어떤 사실들의 질서에 자리 잡아야 하는지 지시해 주는 것이다. 생이 가장 강렬화되는 지점, 즉 인간의 의지에서도 생이 그 약동을 지탱할 수 없다는 사실을 발견하지 못했을 때는 생의 흐름이 그 자체로 충분한 것일 수 있었다. 베르그손은 1922년에 이르러서야 의지가 제시하는 난점들을 가늠하고, 이를 통해 그의 작품이 지닌 도덕적이고 종교적인 영감들을 발견하는 것처럼 보인다. "《두 원천》과 《사유와 운동》의 서론introduction(1부와 2부)을 작성할 때, 비로소 나는 이 작업을 의식적으로 수행했습니다."[65] 방법으로의 이러한 입문introduction은 "방법이 연구에 새겨 넣은 방향"[66]을 규정하여 이제 베르그손이 의지의 문제를 통해 도달할 더 깊은 층위를 지시할 수 있을 것이다.

62 《창조적 진화》, 3장, 249쪽. cf. 이 점에 대해서는, 앙리 구이에, 《베르그손과 복음서의 그리스도》, 1962, Vrin, 1999, 89쪽 이하.

63 《도덕과 종교의 두 원천》, 3장, 264(365)쪽. "그런데 약동은 어디서 왔는가? 그리고 그 원리는 무엇이었는가? 약동이 그 자체로 충분한 것이었는가? 그리고 그 현현들의 총체에 어떤 의미를 부여해야 했는가? 고찰된 사실들은 이 물음들에 아무런 답변도 가져다주지 않았다."

64 〈하랄트 회프딩에게 보내는 편지, 1915년 3월 15일〉, 《잡문집》, 1147쪽.

65 이사크 벤루비, 〈베르그손과의 대담〉, 1934년 12월 19일, 《시론과 증언들》, 368쪽.

66 《사유와 운동》, 서문.

베르그손이 무의 관념을 비판했던 텍스트들을 검토할 때 사람들은 보통 네 지점을 언급한다. 이 네 지점은 제시된 비판의 형태에 따라 다시 두 쌍으로 나뉜다. 첫 번째 비판은 《창조적 진화》 4장에서 처음 제시되어 1920년 〈가능과 실재〉에서 더 멀리까지 나아가는 것이고, 두 번째 비판은 1922년 《사유와 운동》 서론에서 표명되어 《두 원천》 3장에서 갱신되는 것이다.[67] 이 두 비판 사이의 간극은 명백하다. 따라서 두 비판이 서로 모순되는 것은 아니라 해도, 이 비판들을 상이한 깊이의 층위에 위계적으로 배치함으로써 무의 관념에 이중적인 기원을 부여해야 한다. 이 두 기원은 서로가 서로를 견고하게 만들 것이다. (i) 1907년, 베르그손은 무의 환영을 가까운 원인을 통해 설명한다. 그것은 우리 능력들의 작용jeu 자체에 기인하는 것이다. 지성은 기억을 통해 더 이상 있지 않은 것 쪽으로 붙들리거나, 생의 약동을 통해 아직 있지 않은 것 쪽으로 투사된다. 이때 지성은 실재의 흐름에 뒤처지거나 실재의 흐름을 앞질러 기억과 약동의 영향을 후회나 욕망의 형태로 경험한다. 여기서 무의 관념은 오직 "교육적이고 사회적인"[68] 목적에서만 고유하게 개입하는 것으로, 현실과의 대조를 일반화하여 부정의 형태로 표현한다. 따라서 무의 구조 자체에는 그 실천적 역할이 새겨져 있다. 그러나 지성은 사변을 통해 무의 자연적 작동이 낳는 힘에만 몰두하고, 환영적인 절대적 자유에 사로잡혀 부정에 동기 없는 내속적 능력을 부여한다. 이를 통해 지성은 부정의 능력을 모든 사태에 함부로 확대 적용하게 된다. 절대적 무라는 허위 관념은 이렇게 "우리 오성의 근본적 환영"[69]이 된다. 그것은 오성이 행동을 위해 만들어진 범주를

67 《창조적 진화》, 4장, 273-298쪽, 《사유와 운동》, 65-68(77-82), 105-109(123-129)쪽, 《도덕과 종교의 두 원천》, 3장, 264-267(365-369)쪽.

68 《창조적 진화》, 4장, 295쪽.

69 같은 책, 275쪽. 이런 측면에서 사르트르는 오직 부정을 동기지울 수 없는, 따라서 무에 비해 부차적인 것으로 여기는 한에서만 긍정과 부정에 동등한 비중을 할당한다. 자유 또한 동기지울 수 없는 것으로 세계를 부정하는 순수한 능력을 통해 이 무를 발산한다.

'아무것도 아닌rien' 이유로 스스로 전유할 때, 오성의 메커니즘 자체에서 생기는 환영이기 때문이다. 이렇게 무를 존재로 나아가게 만들 때, 형이상학의 거짓 문제들이 발생한다. "왜 무가 아니라 무언가가 존재하는가?" (ii) 그러나 1907년 "[베르그손이] 보기에 실재에서 **구체적 지속**을 제거하는 경향의 진정한 원인"이 "우리 지성의 내속적 메커니즘"[70]에 있었다면, 1922년부터 이러한 관점은 "사유를 통해 (…) 발생시키려"는 데까지 나아가지 않고 "단지 이해에만 머물 때 처하게 되는 관점"이 된다.[71] 베르그손은 무의 환영, 혹은 무질서의 환영에 그 발생을 사유하기 위한 일차적 원인을 부여하고, 이렇게 "오성의 깊이를"[72] 거슬러 올라 의지 속에서 환영의 원천을 발견한다.

> 의지를 팽창시키고, 의지 속에 사유를 재병합하기를 시도하며, 사물들을 발생시키는 노력과 한층 더 공감함에 따라, 이 무시무시한 문제들은 후퇴하고 완화되어 사라져 버린다. 사실 우리는 신적으로 창조적인 의지 혹은 사유가 그 광대한 실재성 속에서 너무나도 자기 자신으로 충만해 있기에 질서의 결여나 존재의 결여와 같은 관념은 그것에 흠집도 낼 수 없음을 느끼고 있다. 이러한 의지에 있어 절대적 무질서, 더 나아가 무의 가능성을 표상하는 일은 의지가 전혀 존재하지 않을 수도 있었으리라고 말하는 일이며, 이는 의지의 본성, 즉 힘 자체와 양립 불가능한 허약함일 것이다.[73]

설명은 층위를 달리하고, 표지들을 역전시킨다. 무의 환영은 더 이상 논리의 과잉이 빚어낸 산물이 아니다. 혹은 더 정확히 말하면, 그것은 의지의 결여를 드러내는 한에서만 논리의 과잉이 낳은 산물이 된다. 지성의

70 〈에밀 보렐에게 보내는 편지, 1907년 8월 20일〉, 《잡문집》, 734쪽.
71 〈서론〉, II, 《사유와 운동》, 66(79)쪽.
72 《도덕과 종교의 두 원천》, 3장, 264(369)쪽.
73 〈서론〉, II, 《사유와 운동》, 66(79)쪽.

층위에서는 존재의 관념보다 무의 관념에 **더 많은** 것이 있다. 의지의 층위에서는 무의 문제를 제기하지 않는다는 사실보다 무의 문제를 제기한다는 사실에 **더 적은** 것이 있다. "그것은 의지의 결핍이다."[74] 《창조적 진화》에서 무의 관념이 낳은 부조리를 드러냈던 비판적 분석은 "지성주의적 환영의 지성적 반대급부"[75]일 뿐이었다. 그것은 무의 환영을 환영으로 포착하기 위해 그 자체로 과도하게 충만한 의지를 함축했기에 존재나 질서의 문제를 제기할 수 없었다. 더 이상 '무'는 일차적으로 반성을 잠식함으로써 진정한 사변을 방해하는 실천적 범주가 아니다. 그것은 실천적 생의 허약함이 이론적 평면에 드리우는 반영물이다. 그것은 "우리의 노력이나 주의를 낙담시키는" 실재를 직면한 "우리의 실망"[76]에 대한 표현으로서, 미래를 향한 우리의 약동에 제동을 거는 동시에 우리의 행동 능력을 침해한다. 무사심한 반성에 동원된 생의 과잉은 반대쪽으로 고개를 돌려, 이미 손상된 인간의 의지를 [한층 더] 약화시킨다.

베르그손은 〈인격〉을 주제로 한 1910-1911년 콜레주 드 프랑스 강의에서 검토된 정신병리학의 성과들을 통해 다시금 정신쇠약의 가능 증상 중 하나를 거론한다. 창문을 잘 닫았는지 끊임없이 의문을 던지는 사람은 의심의 질병에 시달리는 것이다. 만일 그가 철학을 한다면, 그는 모든 확실성의 불가능성에 대한 성찰을 진행할 것이다. 여기서 베르그손은 단지 진리가 "위대한 신비가들"의 형이상학적 경험 속에서 발견된다고 서둘러 말하는 것으로 그친다. 하지만 적어도 "신적인 것의 방향"이 주어졌다. 그것은 본성적 환영에 속고 있는 [인간]종의 "밖으로부터 온 고지"[77]다. 정상인과 신비가가 맺을 관계는 정신쇠약자와 정상인이 맺었던 관계와 같다. "우리가 그것을 향해 갈수록, 정상적이고 건강한 인간을 괴롭히

74 같은 책, 67(80)쪽.
75 같은 책, 68쪽, n. 1(83, 각주4).
76 같은 책, 68(81)쪽.
77 같은 책, 51, 64, 67(63, 78, 81)쪽.

는 의심들은 점점 더 비정상적이고 병적인 것으로 보인다."[78] 철학하는 병자와 병적인 철학자 사이에는 오직 한 걸음이 존재했을 뿐이다. 베르그손은 이 한 걸음을 내딛는다. 신비적 건강이라는 우월한 관점에서 보면, 인간종의 정상성은 이제 종의 병리적 성격을 나타내는 것이다. 광기는 개체가 인간성에서 벗어나도록 만드는 것이 아니다. 광기는 인간성의 구성적 가능성에 속한다.

인간 의지의 본성적 결핍으로 인한 정신적 균형의 상실은 우선 정신병리학을 통해 발견되고, 다음으로는 신비가에 대한 연구를 통해 확증된다. 이렇게 그것은 우리 종이 초래한 위험이 된다. 관건은 인간종을 병리적인 것으로 고찰하는 데 있는 것이 아니다. 어떤 병리적이지 않은 "나약함infirmité"[79]에서 출발하여 인간종을 고찰해야 한다. 이 나약함은 어떤 이에게는 병리적인 것이 될 수도 있고, 특히 만일 자연이 이를 치료하기 위한 특별한 방책을 동원하여 우리의 의지를 미래를 향한 약동 속에 지탱해 두지 않았더라면 모든 이에게 병리적인 것이었을지도 모른다. 《두 원천》은 이러한 문제를 둘러싸고 있다. 인간의 의지는 생이 강렬해질 수 있는 장소이지만, 그와 동시에 인간의 의지가 지닌 약동의 불충분성은 생을 지성에 취약한 것으로 남겨둠으로써 생이 쇠퇴하는 계기가 될 수도 있다. 지성은 미래를 조명하며 때때로 생을 낙담시키고, 종종 생을 억압하며, 언제나 생을 기만하기 때문이다.

다음 저작을 향한 도약이 이루어졌고, 이제 베르그손은 책 쓰기를 강요받게 되었다. 1911년 베르그손은 〈의식과 생〉의 영어판에서 올리버 로지Oliver Lodge 경을 인용하며, "《생과 물질》이라는 그의 경의로운 저작에 완전한 동의"[80]를 표했다. 철학과 실증과학의 결합은 아직 인류의 도덕적

78 같은 책, 66(79)쪽.
79 같은 책, 68쪽, n. 1(83, 각주4).
80 〈의식과 생〉, 앙드레 로비네 번역, 《잡문집》, 938쪽.

열망을 온전히 지탱할 수 없었다. 1912년 베르그손은 루돌프 오이켄Rudolf Eucken의 저작 《의미와 생의 가치》의 프랑스어판 서문을 쓰고, 여기서도 그의 예찬에는 아무런 유보가 없다. 그가 이 책에서 "자연 속에 삽입된 정신이 (…) 증대된 정신성을 향해 (…) 자신을 고양시킬 (…) 힘을 자신 안에서 길어낸다"[81]는 생각에 특히 주목했다 해도, 오이켄의 저작은 당대의 정신적 위기에 대한 확인에서 출발했기에, 베르그손에게 《창조적 진화》의 낙관주의적 결말을 재평가할 기회를 이미 제공해 주었다. 생을 대상으로 하는 실증과학의 성장과 함께 세계는 점점 더 생에 낯선 것이 되어가고, 이러한 세계를 마주하여 소진된 생은 의미 없는 내부성으로 도망치고 있다. 루돌프 오이켄은 "생 전체의 고양"을 통한 재생의 필요성을 이미 단언하고 있었다. 그리고 이러한 작업은 도덕과 종교의 의미를 심화하는 과정을 거쳐야 했다.[82] 현대를 신음케 하는 위기는 이성의 위기라기보다 의지의 위기다. 의지의 결여는 이성을 약동으로부터 절단하여 이성을 착란déraison과 동일시하기에 이른다.

의지의 문제에 대한 관찰 영역으로서의 사회학과 신비: 영원의 우위

따라서 한 저작에서 다른 저작으로의 이행에 따라 찬성에서 반대로의 전환이 이루어진다. 운동이자 열린 종이었던 것이 이제는 정지이자 닫힌 종에 불과한 것이 된다. "하나의 종을 구성하는 모든 행위처럼 인간종을 구성하는 행위도 역시 하나의 정지였다."[83] 앞서는 생의 약동의 목적이 인간종의 목적과 동일시되었던 반면, 이제는 인간종이 생이 거쳐가는 한 단계에 불과한 것이 된다. 인간 역시 자신을 도중에 멈춰 세우는 물질의 중량을 느꼈기 때문이다. "인간종은 생명 진화의 특정 단계를 나타낸

81 루돌프 오이켄의 《의미와 생의 가치》 서문, 《잡문집》, 973쪽.

82 cf. 쥘리앙 파르주Julien Farges, 〈생활 세계와 생철학: 오이켄과 딜타이 사이의 후설〉, 《게르만 연구》, 61 (2006), Didier édition, 199-200쪽.

83 《도덕과 종교의 두 원천》, 1장, 50(73)쪽.

다. 앞으로 나아가는 운동은 어떤 특정한 순간에 거기에서 멈춰 섰던 것이다."[84] 《창조적 진화》가 주어진 것으로 여겼던 바를 이제는 달성해야 한다. 인간은 "나중에야" 동적 종교에 힘입어 진화의 흐름 속으로 다시 삽입된다. 이때 신비가는 직관의 시선이 가닿을 수 있는 층위를 고양시켜 궁극적인 강렬화를 통해 영원에 우위를 부여한다. 신비가가 "사실상 인간 이상"[85]이라면, 장크리스토프 고다르의 말처럼 "신비가가 종적인 인류에 고유한 존재 양식을 넘어서는 힘은 더 이상 종의 내부로부터" 오지 않는다. "그는 **우유적으로** 예외적인 것이 아니라 **본질적으로** 예외적이다. 신비가는 **다른 인류***autre anthropos*를 규정한다."[86] "분명 공통의 의지를 통해 작동하는 (…) 신비적 사회가 (…) 미래에 (…) 실현되지는 않을 것이다."[87] 그러한 사회는 형용모순을 담고 있다. 하지만 인류에서 떨어져 나온 신비가의 의지는 신적인 의지와 합일되어 생의 영원성 속에 수축됨으로써 인류가 지닌 의지의 나약함을 자각하도록 만들고, 신비가가 유발하는 감동은 인류가 그를 따라잡기에 충분한 의지를 불러일으킬 수 있다.

그럼에도 의지의 문제가 관찰의 영역으로 옮겨지려면, 이 문제에 응답하기 위해 호출한 학문들에 대한 개선의 과정을 거쳐야 한다. 인간의 두 본질적 특성이 "지성과 사회성"[88]이라면, 심리학과 사회학의 오류는 각각의 특성을 다른 특성과 무관하게 다루었다는 데 있다. 베르그손은 이 두 학문을 생물학이라는 공통 뿌리에 결부시켜 서로 접촉시키고 그것들이 제시하는 사실들을 정렬하며 그것들에 동일한 중량을 부여하여 그것들이

84 같은 책, 2장, 196쪽.

85 같은 책, 3장, 226쪽.

86 장크리스토프 고다르, 《신비주의와 광기*Mysticisme et folie*》, Desclée de Brouwer, 2002, 61쪽.

87 《도덕과 종교의 두 원천》, 1장, 85(121)쪽.

88 《도덕과 종교의 두 원천》, 2장, 121(168)쪽. 여기서 베르그손은 아리스토텔레스가 인간에게 부여한, 적어도 라틴어로 된 두 정의(이성적 동물과 사회적 동물)를 계승하고 있다.

담고 있던 소박한 형이상학을 중화한다. 사회학, 무엇보다도 뒤르켐의 사회학은 개인을 무시했고, "사회체에 유일한 실재성을" 집중시켰다. 반대로 심리학은 개인의 "사회적 목적"[89]을 무시했고, 개인에만 주의를 기울였다. 베르그손은 지성을 사회적 환경 속에 빠뜨려 심리학과 사회학의 대상을 다른 방식으로 재단하고 정신병리를 사회심리적인 방식으로 재해석한다.

심리학적 긴장과 생에 대한 주의에 관한 고찰들은 베르그손주의자였던 정신의학자 외젠 민코프스키를 통해 정신병리학 분야에서도 이미 나타난 바 있다. 그래서 베르그손은 '분열증'에 대한 민코프스키의 저작들과 그의 "실재와의 생적 접촉의 상실이라는 개념"[90]에 관심을 드러냈다. 무관심, 욕망과 의욕의 결핍, 감응적 접촉의 부재, 자폐 등은 분열증자가 "미래를 향한 탐색의 부재와 생의 약동의 결여"로 인해 자신 앞의 "공허"를 마주하였음을 드러낸다.[91] 감정에 동요를 일으키는émotif 요소가 결여된 것이다. 환자는 실재와 실재의 '분위기'에 대한 조응을 가능케 했던 생의 역동성을 상실했기에 인상적인 경험들을 되풀이하여 세계와의 접촉을 회복시키려 하거나, 점점 의미를 상실해 가는 실재에 매달리기 위해 의문적인 태도를 취한다.

이러한 병적인 합리성의 관념은 새로운 광기 개념으로 이어진다. 이제 광기는 정신착란démence(데-멘스*de-mens*, 즉 정신의 결여)이 아니다. 광기란 이성 자체가 주변 세계와의 모든 접촉을 잃어버린 것이다. "한 광인이 횡설수설할 때, 그의 추론은 가장 엄밀한 논리에 맞게 질서정연할 수도 있다. (…) 그의 잘못은 그른 추론을 하는 것이 아니라, 실재성에서 벗

89 같은 책, 108(152)쪽.

90 〈외젠 민코프스키에게 보내는 편지, 1926년 7월 말〉, 《서간집》, 1208쪽. 또한 《사유와 운동》, 81(96-97)쪽을 보라.

91 외젠 민코프스키, 《분열증》, 1927, Payot, 2002, 234쪽.

어나, 실재성 밖에서, 꿈꾸는 사람처럼 추론하는 것이다."[92] 《두 원천》은 탐구의 대상을 다시 재단함으로써 정신병리학적인 설명을 연장하여 사회적 틀 속으로 통합한다. 광인이 잃어버린 것은 이성이 아니라 '양식' 혹은 '사회적 감각'으로, 이제는 물질적 사물들에 대한 조응뿐 아니라 사람들과의 조응까지도 양식의 기능이 된다.

> 심오한 수학자, 현명한 물리학자, 스스로를 분석하는 섬세한 심리학자이면서도, 타인의 행위를 비뚤게 이해하고 자신의 행위를 잘못 계산하며 결코 환경에 적응하지 못하고 결국은 양식을 결여할 수도 있다는 사실을 어떻게 주목하지 않을 수 있겠는가? 피해망상, 더 정확히 말해 망상적 해석의 존재는 추론의 기능이 온전하게 남아 있는 경우에도 양식이 손상될 수 있음을 보여준다. 이러한 질환이 심각해지는 과정, 모든 치료에 대한 환자의 완강한 저항, 질병의 전조는 일반적으로 환자의 오랜 과거 속에서 발견된다는 사실, 이것들은 모두 분명하게 한정된 심층적이고 선천적인 심적 불충분성을 문제시해야 한다는 사실을 나타내는 것처럼 보인다.[93]

"그곳에 영혼이 있습니다. 하지만 영혼은 더 이상 실재에 정확히 삽입되지 않습니다. 영혼은 어긋나게 존재합니다."[94] 게다가 물질 영역에서 편안함을 느끼는 지성은 사회적 영역 속으로 들어가면서, 사회 구성원들을 사회에 연결시켜 거기서 의지의 힘을 길어내도록 만드는 "보이지 않는 문합anastomose"[95]을 교란시킨다. 따라서 《두 원천》의 문제의식은 인간

92 〈영혼과 신체〉, 《정신적 에너지》, 48(58)쪽.
93 《도덕과 종교의 두 원천》, 2장, 109-110(153-154)쪽.
94 자크 슈발리에, 《베르그손과의 대담》, 144쪽.
95 [역주] 혈관이나 신경, 혹은 장기가 서로 연결된 상태. 고등동물의 혈관계는 특정 혈관을 사용할 수 없게 되는 경우 그 혈관에 결부된 세포들이 사멸하지 않도록 우회로 역할을 할 수 있는 다수의 혈관으로 문합되어 있다.

을 괴롭히는 구성적 나약함에서 그 통일성을 찾는다. 인간은 의지의 결핍으로 인해 "교란적"이라고 일컬어지는 지성이 초래하는 효과들에 노출된다. [일상적으로는 잘 드러나지 않는] 이 효과들은 "정신적 동요" 및 "비정상적이거나 병적인 사태"로 심화되는 경우에만 측정 가능한 것이 된다.[96]

그렇기 때문에 장크리스토프 고다르는 지성이 "이기주의를 권장한다"는 베르그손의 말을 "더 급진적인 분리"로, 심지어 "개인주의의 심화"를 낳는 분리에 반하는 분리로 이해해야 한다는 점을 정당하게 지적한다.[97] 병리적인 외로움esseulement은 완전히 다른 사태다. 그렇기에 파스칼적인 "권태ennui"[98]도 개인이 사회와의 모든 감응적 연결고리를 상실하는 더 심층적인 고립의 전조에 불과하다. 자신의 섬에 있는 로빈슨 크루소는 군중 속의 라스콜니코프보다 덜 고독하다고 느낀다. 사회로부터 격리된 범죄자가 "한 가닥의 실"일지라도 사회에 다시 연결되기 위해 자백을 강요받는 경우에도, 그의 의지를 지탱하는 것은 여전히 사회다.[99] 결국 지성의 가장자리에 놓인 이 잠재적 본능이 존재하지 않았더라면, 사회가 와해되는 것과 동시에 개인도 붕괴하고 말 것이다. 그래서 베르그손은 먼저 사회적인 틀을 제시해야 했고, 그런 뒤에야 그가 생에 대한 주의에 관하여 행했던 고찰을 그 틀 속에 다시 통합할 수 있었다. 기실 지성이 생의 약동을 통해 미래로 나아가면서 미래를 조명할 때, 미래를 예측할 수 없는 지성의 무능력은 생의 운동을 가로막는다. 미래는 예측할 수 없기에 불안한 것, 죽음이 떠돌고 있는 것이다. 지성은 미래를 성찰할수록 죽음이 불가피

96 《도덕과 종교의 두 원천》, 2장, 108-109(152)쪽.
97 장크리스토프 고다르, 《신비주의와 광기》, 76쪽.
98 《도덕과 종교의 두 원천》, 2장, 109(152)쪽.
99 같은 책, 1장, 11쪽. 범죄자의 사례는 분명 도스토옙스키의 《죄와 벌》에서 가져온 비유다. 베르그손은 이미 1887-1889년 클레르몽페랑에서의 강의 중에 이 비유를 사용한 바 있다(《강의》, II, 53쪽).

한 것이라 생각하게 된다. 인간이 처음 던져졌던 불확실성 속에서, 죽음은 인간이 찾은 첫 번째 확실성이다. 죽을 날을 모른다고 해서 확실성이 덜해지는 것은 아니다. 이 "좌절스러운" 생각은 "생의 운동을 늦출 것이 틀림없다".[100] 그것은 생에 대한 우리의 애착을 완화시켜, 결국 생의 의지를 위태롭게 만든다.

이렇게 해서 베르그손은 만물의 영속적 운동성에 대한 자신의 긍정이 이따금 너무 멀리까지 나아갔음을 깨달았다. 그러나 그는 도처에서 운동성을 발견하기 때문에, 또한 "운동성을 권장할 수 없는 유일한 사람"이기도 하다. "그는 운동성을 불가피한 것으로 여기기 때문이다."[101] 이제 문제는 자신의 실존(기체*hupokeiménon*도 실체*subjectum*도 아닌)만으로는 자기 자신을 지탱할 수 없는 인간이 어떤 견고함 혹은 안정성에 기대어 스스로를 지켜낼 수 있는지 탐구하는 일이다. 자연적 의무obligation는 "그 이름이 잘 보여주듯" '연결lien'이라는 어원적 의미를 계승하여 "견고한 연결을 통해 우리를 삶에 결부시킨다".[102] 게다가 종교가 역사적으로 도덕과 구분된다 해도, 종교에 대해서도 마찬가지로 말할 수 있을 것이다. 종교religion란 렐리가레*religare*, 즉 '다시 연결하다'에서 온 말이다. "우리가 자연적인 것으로 여겼던 종교는 이론의 여지없이 이러한 연결의 보존과 강화를 목표로 삼고 있다."[103] 더 일반적으로 말하면, 도덕적이고 종교적인 형태로 드러나는 생은 우리를 연결시키고, 생에 결부시키는 것, 즉 우리를 "약화

100 《도덕과 종교의 두 원천》, 2장, 136(188)쪽.

101 《사유와 운동》, 96(113)쪽. 또한 자크 슈발리에, 《베르그손과의 대담》, 1930년 12월 29일, 135쪽을 보라. "〈형이상학 입문〉에서, 그리고 또한 〈변화의 지각〉에 대한 강연에서 몇몇 내용을 수정해야 할지도 모르겠습니다. 이것들은 내가 오직 흐름만을 인정하고 안정적인 것은 전혀 받아들이지 않는다는 잘못된 믿음을 만들어내기 때문이죠."

102 《도덕과 종교의 두 원천》, 1장, 50, 84(73, 119)쪽. cf. 8(17)쪽: "우리는 의무가 사람들 사이를 연결한다고 생각한다. 하지만 그것은 먼저 우리를 자기 자신과 연결시킨다."

103 같은 책, 2장, 218(300)쪽.

시키고 좌절시키는" 지성의 "힘에 대항하여" 우리의 쇠약한 의지를 지탱하는 것이다.[104] 《두 원천》은 생의 작업이 다양한 수단을 통해 이루어진다는 점을 보여준다. 때로 그것은 인간종과 함께 멈춰 선 일시적인 균형을 안정화하고(닫힘, 정적인 것), 혹은 인간을 다시금 생의 운동으로 이끌어간다(열림, 동적인 것). 실제로 생의 작용은 본능이나 습관, 혹은 감성을 대상으로 이루어질 수 있고, 이것들은 모두 압력이나 열망을 통해 "의지에 직접적인 작용"을 가한다.[105] 분명히 의지는 감동이 아니다. 습관은 더더욱 아니다. 능동성이 수동성과 구분되듯, 의지는 이것들과 구분된다. 하지만 우리의 의지에는 의지하기 위한 힘이 결여되었기 때문에, 의지의 결핍을 보완하고 의지를 추동하여émouvant 움직이는mouvant 감동émotion이 필요한 것이다. 게다가 생이 우화작용을 통해 과도하게 유물론적인 세계관을 다시 매혹시켜 지성의 좌절스러운 힘을 간접적으로 중화시킬 때에도, 그 또한 의지를 생에 매어두기 위한 것이다. 생이 의지를 본능에 기대 세우건, 아니면 인간종에 균형을 부여하는 미래를 향한 약동을 재개하여 생 자체가 "추진의 원리"[106]가 되건, 어느 경우건 생의 수단은 "의지를 지탱하기 위해 만들어진"[107] 것이다.

24. 신비를 전파하기 위해 어떤 매개체를 선택할 것인가?: 하나의 혼합물에서 다른 혼합물로

이 저작이 상이한 두 원천으로부터 영감을 길어올 때, 그 의도는 ― 사람들이 종종 말했던 것처럼 ― 두 도덕 혹은 두 종교를 대립시키는 데 있는

104 같은 책, 217(299)쪽.
105 같은 책, 1장, 35(54)쪽.
106 같은 책, 1장, 53(78)쪽.
107 같은 책, 2장, 187(259)쪽.

것이 아니다. 이 저작은 도덕과 종교의 복판에서 작용하는 힘들을 재조합하려 한다. 저작의 제목은 이 점을 잘 드러낸다. 관건은 [두 도덕과 두 종교가 아니라] 도덕 **일반**과 종교 **일반**이 지닌, 서로 뒤섞여 있는 두 원천이다. 도덕과 종교는 힘들의 혼합물이다. 이런 측면에서 볼 때, 도덕을 다루는 1장은 종교를 다루는 2장만큼 결정적인 중요성을 갖지는 않는다. 이 저작은 2장에서 진정으로 시작된다.[108] 도덕 이론들의 지성주의를 비판하는 1장은 무엇보다도 사전적인 비판의 역할을 수행하며, 이를 통해 종교에 대한 분석과 그 분석을 뒷받침하는 쟁점, 즉 의지의 문제가 다루어질 수 있는 터를 마련하는 것이 틀림없다.

사실상 철학은 이성에 의지를 종용할 능력을 부여했기 때문에, 이성 바깥의 것으로 간주된 종교를 언제나 철학의 관할 영역에서 배제하고 그 대신 순전히 이성적인 원리들에 정초된 도덕을 제시하려 했다. 따라서 철학에서 의지는 결코 문제가 될 수 없었다. 순전히 이론적인 이성은 의지에 아무런 작용을 가할 수 없기에 행동에 영향을 미칠 수 없었고, 이성이 그 자체로 실천적이라 하면 이번에는 의지가 수행할 역할이 없어졌다. 칸트는 존경이라는 순전히 이성적인 감동émotion을 인위적으로 도입하여 이 두 입장의 대립을 넘어서려 했으나, 이는 헛된 일이었다. 베르그손은 이 점에서 파스칼과 유사한 입장을 취한다. 그는 이성이 의지를 이끌 수 없다고 주장해야 했다. "지성의 찬동adhésion과 의지의 전환conversion은 거리가 멀다."[109] 이성적 원리는 형식적 원리건[110] 실질적 원리건[111] 오성을 제약할 뿐 의지를 설득할 수는 없다. 이성적 원리 역시 하나의 힘이라 해도, 사회 속에서 작동하는 생적인 힘들에 직면한다면 아무런 무게 없는 단순한

108 "이 두 번째 장이 아주 중요합니다." 베르그손은 자크 슈발리에에게 털어놓은 바 있다(《베르그손과의 대담》, 167쪽).

109 《도덕과 종교의 두 원천》, 1장, 46(68)쪽.

110 같은 책, 86-90쪽.

111 같은 책, 90-93쪽.

"의향velléité"[112]에 불과하다. 이 생적인 힘들이 언제나 이미 의지를 특정한 방향으로 기울이고 있기 때문이다. "확신은 강제된다. 확신에는 철학적 면모가 전혀 없고, 생의 질서에 속하는 것이기 때문이다."[113]

따라서 베르그손이 1장에서 도덕 속에 절합된 두 이질적 힘을 분석하는 데 전념하는 이유는, 도덕이 언제나 이성적인 것으로 제시되었고, 그렇기에 종교라는 이성 바깥에 놓인 거추장스러운 분신으로부터 벗어나기를 요구했기 때문이다. 사실상 닫힌 도덕이나 열린 도덕은 결코 순수한 상태로 존재하지 않았다. 한편으로 벌거벗은 의무는 닫힌 사회, 즉 적에 맞선 훈육과 전쟁의 준비라는 자연적 목적을 드러낼 것이다. 여기서 질서는 아직 도덕적이지 않다. 다른 한편으로 사회를 거치지 않는 영웅의 호소는 인류를 자연이 의도한 경계 너머로 개방하는 신비적인 내용을 드러낼 것이다. 여기서 호소는 이미 더 이상 도덕적이지 않다. 인간이 (습관을 통해) 자연의 희미한 목소리에 복종하거나 (감동에 충격을 받아) 신비가의 말 없는 호소에 응답한다 해도, 그리고 이 목소리와 호소는 아무 말도 하지 않는 만큼 더 강력한 명령이라 해도, 거기에 준거한 행동의 근거들이 언제나 주어져야 한다. "완전한 도덕"[114]은 압력과 열망이라는 힘들의 혼합물이다. 이성은 이 힘들을 하나의 "공통 형식" 속에 용해하여 화해시키고, 더 나아가 자신에게 유리한 방식으로 와해시킨다. 이론적인 관점에서는 둘인 것이, 실천적인 관점에서는 하나에 불과하다.[115] 따라서 베르그손 자신이 다소 안이한 표현을 사용하고 있다 해도, 그는 첫 번째 시론에서부터 줄곧 수행되었던 것과 유사한 혼합물의 분석을 수행하는 것이다. "따라서 나의 '두 도덕'이란 극단적인 두 한계일 뿐이다. 원시사회들과 위대한 성인들은 실천 속에서 이 한계들 각각에 따로 도달했으나 일상적으로 이것

112 같은 책, 6(15)쪽.
113 같은 책, 2장, 186(258)쪽.
114 같은 책, 1장, 29(45)쪽.
115 같은 책, 81쪽.

들은 서로 뒤섞여 있다."[116]

더 정확히 말하면, 도덕에서 엄밀한 의미의 도덕적 측면은 이성으로부터 오는 것이다. 이성이 없다면 두 힘은 서로 병치되어, 상호 결합하기보다는 상호적 모순을 나타낼 것이다. "논의는 지성의 평면에서, 오직 지성의 평면에서만 가능하다. 타인과의, 그리고 자기 자신과의 논의, 분석, 반성이 결여된 완전한 도덕성은 존재하지 않는다."[117] 이런 의미에서 이성적 평면 위에 세워진 도덕이란 베르그손의 관점에서 무용하고 불확실한 것이라기보다는 비효율적이고 중복적인 것이다. 이성적 도덕 자체는 의지를 특정한 방향으로 이끌 수 있는 아무런 힘도 갖지 않은 채로, 이미 거기에서 실제로 작동하는 힘들을 중복시킨다. 이렇게 지성주의를 비판함으로써 베르그손 이전에는 오직 도덕의 사무였던 의지의 문제를 종교의 영역으로 옮겨놓는 일이 정당화되는 것이다. 종교의 영역에는 도덕이 덧붙인 합리적 외관이 존재하지 않기 때문에 [실제로 작동하는] 힘들을 더 쉽게 분별할 수 있다. 본능과 사랑은 두 영역 모두에서 우리 행동을 추동하는 두 가지 동인으로 남아 있다. 단순한 이성의 한계 내에 포함된 종교, 즉 열광*Schwärmerei*이 배제된 종교가 칸트의 관점에서는 도덕이라는 더 협소한 영역과 동일시되었다면, 베르그손은 이성 이하, 혹은 이성 너머에서 의지를 동요시키고 행동하도록 이끄는 진정한 힘들의 대립을 재발견하여 칸트 도덕이 지닌 의무적인, 더 나아가 매력적인attrayant 성격이 이성으로부터 온 것이 아니라, 오히려 복음 자체에 대한 칸트의 준거로부터 기인한다는 점을 확신한다. 순수 도덕과는 이질적인, 그러나 실제로 운동하는(감동시키는)(é)mouvante[118] 힘이 복음을 통해 은밀하게 재도입되는 것이다.

116 〈《두 원천》에 대한 베르그손의 요점 정리〉, 《베르그손 연보》, I, 134쪽.
117 《도덕과 종교의 두 원천》, 1장, 99(140)쪽.
118 같은 책, 4장, 300쪽.

두 원천 가운데 하나인 신비가 이미 도덕의 하부를 관통하고 있다. 그렇기에 동일한 이유에서 종교 **일반**에 대한 분석이 도덕 **일반**에 대한 분석보다 우위에 서야 할 것이다. 인류의 역사는 도덕보다 종교를 통해 설명된다. 도덕은 규제적이지만 결정적이지는 않은 것으로, 오직 사후적으로만 도래하여 언제나 이미 우리에게 의무를 부과하거나 우리에게 호소하고 있는 것들에 근거를 부여한다. 그러나 종교가 역사 속에서 인류를 이끈다면, 앞서와 마찬가지로 종교라는 혼합물을 분해하여 그 정적 차원과 동적 차원이 여기저기서 작동하고 있음을 재발견하는 일로는 충분치 않다. 정적 종교를 동적 종교에(어쨌든 이 두 종교는 순수한 상태로 존재하지 않는다) 대립시키는 일보다 훨씬 더 중요한 것은, 뒤이은 세 장에서 다양한 배합들에서 두 종교 각각이 차지하는 몫을 고찰하는 일이다. 이 두 종교의 배합은 혼합물을 구성함으로써 종교 전체를, 처음에는 아무리 비이성적인 것이었다 해도, 진보의 방향으로 이끌어간다. 종교의 원천이 역사 밖에서, 인간의 본성으로부터 오는 것이라 해도, 종교는 신비를 받아들이고 밖으로 확산시켜 "인류의 영혼"[119] 속에 흘려 넣는 전파의 매개체로 기능하면서 역사 속에 진입한다.

종교는 처음에는 완전히 정적인 것이었으나 역사 속에서 진전한다. 베르그손은 오늘날의 전쟁이 일으키는 섬멸전을 마주하여 종교에 본질적인, 그러나 양가적인, 역할을 부여하기에 이른다. 종교 **일반**은 하나의 혼합물이다. 그렇기 때문에 도래할 세계대전에 직면하여, 종교는 위기인 동시에 구원의 도구이기도 하다. 정적 종교에는 정치의 자연적 기반, 즉 극도의 사나움을 야기하는 전쟁 본능이 존속한다. 동적 종교는 생의 약동을 이어받아, 사회들을 서로 조화시키려는 희망을 통해 서로에 대해 개방하려 한다. 종교의 나쁜 측면을 배제하고 좋은 측면만 남길 수 있을까? 그리

119 같은 책, 3장, 252(348)쪽.

하여 신비가의 복음을 전달하기 위한 다른 전파의 매개체를 선택할 수 있을까? 베르그손은 종교를 두 자연적 원천으로 환원하는 데서 그치지 않는다. 그는 이 원천들을 통해 우리를 역사의 운행 속으로 이끌고, 각 장의 논의를 통해 어떻게 오늘날 인류가 인류의 가능적 섬멸에 직면하여 새로운 혼합물의 구성을 요구받는지 설명한다. 베르그손은 아직 이 새로운 혼합물에 아무런 이름도 부여하지 않는다. 그는 그저 2장과 3장에서 분석된 첫 번째 혼합물(정적/동적)로부터 마지막 장에 등장하는 두 번째[새로운] 혼합물(기계/신비)로 이행할 뿐이다.

논의의 연속성을 복원하고 나면, 이 저작은 사실상 하나에 지나지 않는 두 종교, 정적 종교와 동적 종교를 대립시키는 것이 아니라 두 혼합물의 대립을 가능케 한다. 베르그손이 첫 번째 혼합물을 종교라고 부르지 않았더라면, 우리는 이 두 혼합물을 두 종류의 종교라고 말했을지도 모른다. 어떻게 우리는 하나의 혼합물에서 다른 혼합물로 이행할 수 있는가? 전자의 혼합물에서는 종교가 지배적이기에, 신비가 종교를 임시적 거처로 삼는다. 반면 후자의 혼합물에서는 신비가 기계를 병합하고, 기계는 신비를 전파하기에 더 적합한 매개물이 된다. 어떻게 인간은 지성이 처음에는 필요로 했던 이 본능의 가장자리를 해소하고, 지성이 제기한 문제들에 대한 해결책을 기술 속에서 발견할 수 있는가?

이를 위해 2장은 인류의 시초로, 합리성이 아직 우리의 우주를 인간적 우주로 전환하지 않았을 때로 거슬러 올라간다. 종교는 자연의 손에서 나와 사회 전체로 펼쳐져 있었다. 그리고 인간은 이성이 후에 스스로 부과할 그 모든 도덕성의 외양에 따라 행동하는 대신, 명백히 이성과 충돌하는 집단적 표상들에 따라 행동하고 있었다. 1장에서는 이성의 목소리로 뒤덮여 있던 자연의 힘들이 여기서는 원시사회들에서 전면으로 터져 나온다. 원시사회에서 이 힘들은 인간을 이성에 반하여 행동하도록 이끌었기 때문이다. 그렇지만 근대인의 합리성과는 다른 합리성, 즉 소위 "원시적 정신성"이라는 것을 가정하지 않은 채로 "어떻게 불합리한 미신들이 이성적인 존재들의 삶을 지배할 수 있었고, 여전히 지배할 수 있는지"[120] 설명해야 할 것이다. 베르그손은 이렇게 멀리까지 거슬러 올라가 혼합물을 분리하고, 한계로의 이행을 통해 종교를 그 순수한 상태로, 즉 자연적이고 정적인 종교의 원천 쪽으로 이끌고자 한다.

"지성의 미래"가 "과학의 충분한 개화에"[121] 있다고 해도, 인류의 과거가 우선 보여주는 것은 해결할 수 있는 것보다 더 많은 문제를 발생시키는 지성의 나약함이다. [과학이 충분히 개화될 때까지의] 이러한 기다림 속에서, 자연은 미성숙한 지성의 형식과 질료 사이에 생기는 괴리에 대처해야 했다. 그렇기 때문에 어떤 잠재적 본능이 계속해서 지성을 둘러싸고 지성의 내부에 우화의 능력을 만들었던 것이다. 우화 능력이 지닌 환영적인 힘은 인간이 불안을 느끼면서도 계속해서 생에 밀착할 수 있도록 만들어준다. 아는 것과 할 수 있는 것 사이에서 어찌할 바를 모르는 지성은 행동을 억제하고, 실재에 작용하는 모든 역량을 빼앗아 우리와 실재 사이의 거리를 벌려놓는다. 베르그손이 보기에 신화와 의례가 사실상 우화 작품이라 해도, 그것들의 기능은 "실재에 등을 돌리는"[122] 데 있는 것이 아니라, 반대로 의지가 계속해서 미래를 믿고 앞으로 나아가게 하여 우리를 다시 실재로 데려가는 데 있다. 이처럼 정적 종교는 생의 현현으로서 지성이 인간의 생 자체에 유발하는 불길한 효과들, 즉 의지의 결핍을 벌충하는 치료의 기능을 지닌다. 지성이 낳은 불안이 지성의 허구를 통해 상쇄되는 것이다.

> 정적 종교는 마치 아이들을 재우기 위한 자장가와도 같은 이야기를 들려줌으로써 인간을 생에, 결과적으로 개인을 사회에 밀착시킨다.[123]

120 같은 책, 2장, 110쪽.
121 같은 책, 112쪽.
122 클로드 레비스트로스Claude Lévi-Strauss, 《야생의 사고》, 1962, Plon, 2000, 29쪽.
123 《도덕과 종교의 두 원천》, 3장, 225(307)쪽.

그렇다면 정적 종교란 "인민의 아편"[124]일까? 베르그손의 공식은 마르크스의 공식과 가깝고도 극도로 먼 것이다. 자장가는 아편과 마찬가지로 잠들게 하는 것이다. "나는 종종 신앙이 위안을 주는 것이라 말하곤 했습니다."[125] 그러나 아편은 해로운 것이다. 우리를 잠재우는 아편의 환상은 우리의 비참한 현실을 감추는 동시에 드러낸다. 이 환상들은 우리 생의 물적 조건들을 상상적 베일로 덮어 그 조건들에 대한 실제적인 행동을 불가능하게 만든다. 이에 반해 자장가는 아이를 돌보는 어른이 들려주는 것이다. 의례와 신화는 자장가와 마찬가지로 인간이 본성적으로 가지고 있는 생에 대한 맹목적 신뢰를 나타낸다. 무엇보다도 신화-종교적 표상들은 우리를 체념으로 이끄는 것이 아니라 관념-운동적idéo-moteur인 것이다.

그런가 하면, 이 공식은 하이데거와 그의 피투성*Geworfenheit*(던져져 있음) 개념에 멀고도 극도로 가까운 것이다. "대지로 던져진 인간의 불안"[126]이 지성과 함께 시작되지만, 그럼에도 인간은 실존하는 데 그치는 것이 아니라, 또한 살아간다. 그렇기 때문에 우리가 실존 속에 던져져 자신을 배려할 책임을 지는 것이 아니라, 생이 어떤 혈연filiation을 도입함으로써 우리의 의사와는 별개로 우리를 배려하는 것이다. 방기déréliction[피투성]는 없다. 배려는 우리 자신으로부터 우리 안의 생으로 이전되고, 이 생이 우리를 마치 아이처럼 지키고 보호한다. '돌봄'과 '배려'라는 용어가 반복적으로 출현한다. "자연은 사회를 걱정한다",[127] "자연이 우리를 돌보았다"[128] 등등. 이처럼 세네카와 마찬가지로,[129] 자연은 우리를 무관심한

124 카를 마르크스, 《헤겔 법철학 비판을 위하여》, 《전집》, 3권, 철학, Gallimard, La Pléiade, 1982, 383쪽.
125 〈슈발리에에게 보내는 편지, 1926년 3월 2일〉, 《서간집》, 1187쪽.
126 《도덕과 종교의 두 원천》, 2장, 219(302-303)쪽.
127 같은 책, 2장, 123(172)쪽.
128 같은 책, 3장, 291(403)쪽.
129 레미 브라그, 《아리스토텔레스와 세계 물음》, PUF, 1988, 150쪽에서 재인용.

새끼들로 낳는 것이 아니라 사랑스러운 아이들로 세계에 놓는다. 그럼에도 베르그손은 왜 여전히 하이데거와 가까운 것인가? 자연은 우리가 아이로 남아 있는 한에서만 우리를 배려했다. 기술과 기계론적 자연관은 지성이 초창기의 미성숙 상태를 벗어났음을 뜻한다. 베르그손은 진보 일반을 비판하지 않는다. 대부분의 경우 진보는 표면적인 것, 표면의 확산에 불과하고, 현재의 인간은 사실상 원시적 인간과 동일하게 남아 있다. 이에 반해 기술을 동반함으로써 진보는 심층적으로 작동하고, 인간 실존의 물적 조건을 변양시키는 동시에 인간을 변양시킨다. 인류가 일단 어른이 되고 지성이 성숙해지면, 우리를 배려하는 책임이 이제 우리의 고유한 책임으로 되돌아온다. 마지막 장은 자연이 우리에게 행했던 돌봄을 인간 스스로에게 이전시킨다. 이제 인간은 자신의 미래를 책임져야 한다. 우리가 계속해서 살기를 원하는지, 아니면 죽기를 원하는지의 물음이 던져졌기 때문에, 이 저작의 마지막 부분에서 자기 배려는 하나의 과업인 동시에 긴급한 요구가 된다.

따라서 베르그손이 2장에서 정적 종교를 규정하고, 정적 종교가 사회를 공고히 하는 한편, 행동으로 인해 야기되는 위험에도 불구하고 개체가 행동을 수행하도록 지탱하는 것임을 보이는 데 전념한다 해도, 더 심층적으로 그는 정적 종교의 완만한 변이 과정을 관찰하면서, 정적 종교가 그 자체로 순수한 상태로 고찰될 경우에는 결국 사라질 것이라 확신한다.

> 우리는 과거에, 심지어 오늘날에도, 과학도, 예술도, 철학도 없는 인간 사회를 발견한다. 그러나 종교 없는 사회는 결코 존재한 적이 없다. (…) 종교는 차후에 과학, 예술, 철학과 나누어 가질 것을 홀로 요구하고 또 이룬다.[130]

130 《도덕과 종교의 두 원천》, 2장, 106(147)쪽.

종교, 과학, 예술, 철학은 서로 다른 자리를 차지하는, 혹은 서로 다른 몫을 나눠 갖는 관계를 맺고 있다. 처음에 종교는 우리 종의 구조에 속하는 것으로서 "우리 종과 동외연적"[131]일 뿐 아니라, 우리 사회 전체와도 동외연적인 것이었다. 자연은 대략적으로 작용하고, 여전히 정확성을 결여하고 있다. 그래서 처음에는 종의 존속을 보장하기 위해 종교가 모든 몫을 차지했다. 종교가 홀로 이룬 것들은 차츰 과학과 예술, 철학 분야로 나누어질 것이다. "과잉을 제거"하고, 다른 분과에 자리를 넘기는 일은 "더 진전된 인류 속에서" 가능해진다.[132] 베르그손은 이 모든 분과를 한데 묶는 긴밀한 연결고리를 보여준다. [이 분과들은] 그저 단 하나의 공간을 서로 나눠 갖는 것일 뿐이다. 실제로 자연의 손에서 나왔다고 가정된 닫힌 사회에서 모든 것은 상호 압축되어 있다. 여기서는 절대적인 긍정도, 절대적인 부정도 존재하지 않고, 부정은 단지 긍정의 이면에 불과하다. 베르그손이 보기에, 원시사회를 사방에 빈칸이 뚫린 사회처럼 상상하고 인간의 진보가 시간에 따라 이 빈칸을 채운다고 생각하는 것은 오류일 것이다. 마치 과학과 예술, 철학이 이 빈틈을 채우는 것인 양 생각해서는 안 된다. 한편에 놓인 종교와 다른 편에 놓인 예술, 철학, 과학 사이에는 페기가 다른 맥락에서 이야기했던 다음과 같은 땅따먹기 게임이 이루어지고 있다. "어느 하나가 무언가를 상실하면, 곧장 다른 하나가 자동적으로 그것을 획득한다."[133] 과학과 예술, 철학이 무언가를 획득하면, 자동적으로 (순전히 정적인) 종교가 그것을 상실한다. 그리고 베르그손이 정적 종교라는 말로 의미하는 바는 바로 (언제나 혼합된) 종교가 도달할 수 없는 한계일 뿐이다. 그 한계란 종교와 주술이 공유하는 공통의 기원이다. 베르그손에게는 부정이 없다. 모든 중단은 역전이다. 긍정에 반하여 작동하는 부정은 모두

131 같은 책, 185(256)쪽.
132 같은 책, 127(176)쪽.
133 샤를 페기, 《데카르트와 데카르트 철학에 대한 주석》, 1914, 《산문 전집》, III, Gallimard, La Pléiade, 1992, 1452쪽.

자동적으로 반대 방향의 긍정으로 작동한다. 분과들 간의 분배는 각 분과의 위치에 따라 상이한 방식으로 재분배된다. 이 점에 있어 시몽동은 베르그손과 아주 유사한 관점을 취한다. 그는 원시적인 주술적 통일성의 상전이déphasage를 통해 기술과 (엄밀한 의미에서의) 종교, 예술, 과학, 그리고 철학의 출현을 설명한다. 이 주술적 통일성이야말로 처음에는 "세계 내 존재의 유일하고, 중심적이며, 본원적인 양태"[134]였던 것이다.

먼저 베르그손은 예술과 과학으로 상전이되기 이전의 주술적 원천으로 되돌아가 자연 종교의 본원적 기능을 연구할 것을 제안한다. 자연종교의 본원적 기능이란, 잠재적으로는 기술자이지만 현실적으로는 아직 그렇지 않은 미성숙한 지성이 낳는 위험들에 대비하는 것이다. 인간은 무력하다고 해서 체념하지 않는다. 처음에 그는 의지할 수 없는 바를 욕망하기 시작한다. 인간의 지배를 받지 않는 적대적인 자연 속에서 인간이 갖는 경험은 미약하고 도구도 지식도 부족하지만, 인간의 우화 능력은 인간의 행동을 돕고 인간의 욕망에 응답하는 힘들, 즉 정령들을 세계 속에 채워 넣는다. 자연은 이런 식으로 "우리가 기계적으로 행동하는 영역"[135]이 우주 전체로 확장될 때까지 지성의 형식과 질료 사이에 놓여 있는 공백을 처리한다.

다음으로 베르그손은 주술과 과학을 구분하고, 어떻게 지성이 조금씩 비상함으로써 그 미성숙함이 야기했던 위험들을 제거할 수 있을지, 그리고 이를 통해 어떻게 그 위험을 막아주던 정적 종교나 주술을 해체할 수 있을지 보여준다. 기계론적 과학이 진보하여 물질에 대한 실제적인 지배를 가능케 함에 따라 상상 속에서 물질을 지배했던 주술은 설 자리를 잃는다. 과학이 주술을 대체하는 이유는 양자가 동일한 필요를 충족시키기

134 질베르 시몽동Gilbert Simondon, 《기술적 대상들의 존재 양식에 대하여》, 1958, Aubier, 160쪽.
135 《도덕과 종교의 두 원천》, 2장, 171(236)쪽.

때문이다. 과학이 주술에 대항해 싸우는 이유는 양자가 "동일한 정신적 효과"를 낳기 때문이다. "문명인이란 일상적 행동 속에 함축된 시동적 과학이 끊임없이 긴장된 의지를 통해, 나머지 영역을 점유하던 주술을 잠식할 수 있었던 이를 말한다."[136] 반대로 우리의 의지가 이완되어 기계론적 과학이 부여한 힘에 의존하기를 멈춘다면 욕망이 되살아날 것이고, 우리는 다시 이전처럼 주술사가 될 것이다.

마지막으로 베르그손은 종교와 예술을 구분한다. 기실 일단 과학이 자신의 몫을 취하여 주술이 차지했던 영토를 점차 갉아먹고 나면, 종교가 낳은 우화 능력은 그 본원적인 기능을 상실하고 만다. 이제 우화 능력은 아무런 쓸모를 갖지 않는다. [하지만] 점차적으로 예술은 이렇게 본래 영토를 상실한 우화 능력을 재사용하여, 거기에 두 번째 용도를 부여한다.[137] 이런 관점에서 베르그손은 우리가 잘 알고 있는 것, 즉 허구적 인물들에 대한 믿음(예술)을 통해 정령(주술)이나 신에 대한 믿음(종교)이 어떤 것이었을지 상상해 보려 한다. 실제로 독자들도 독서 중에 이야기 속 인물들에 대한 환영을 갖는다. 우화 능력은 본래 의도되었던 곳에서 전치되어 온전한 효력을 되찾는다.

이렇게 문명화가 진행됨에 따라 사회와 동외연적이었던 종교는 나귀 가죽처럼 줄어들었다.[138] 몫의 재분배가 일어났다. 처음에는 종교밖에 없었지만, 오늘날에는 예술, 과학, 철학만이 존재한다. 더 정확히 말하면, 예술, 과학, 철학만 존재해야 했을지도 모른다. 주술에 맞서 싸우는 기계론적 과학은 결국 주술의 자리를 빼앗았다. 과학은 자생적인 주술사였던 원시인이 줄곧 노출되었던 위험들에 응답할 수 있는, 인간의 물리적 신체보다 더 강력한 거대한 기계적 신체를 인간에 접목한다. 다음으로 예술이 태

136 같은 책, 181(250)쪽.

137 같은 책, 206-207(283-285)쪽.

138 [역주] 발자크의 소설 《나귀 가죽》에 등장하는 마법의 나귀 가죽. 주인공 라파엘의 소원을 들어주는 대신, 그때마다 라파엘의 생명과 함께 줄어든다.

어나, 영토를 잃은 이 우화 능력을 인수했다. 베르그손에게 예술과 문학이란 종교가 존재 이유를 상실하고 난 뒤에 우화 작용이 낳은 새로운 산물이다. 그런 뒤에는 예술, 과학과 함께 철학이 태어났다. 상상과 지성을 동시에 사용하는 철학은 몇몇 측면에서 이 둘과 유사성을 갖기 때문이다.

이제 우리는 2장에서 베르그손이 우화 능력에 제기했던 두 물음("우화 능력은 어떤 쓸모가 있는가?"와 "이러한 경향은 어디서 오는가?")이 왜 다음과 같이 더 본질적인 세 번째 물음에 종속되어야 하는지 이해할 수 있다. 이 세 번째 물음이 베르그손을 이후의 장들로 나아가게 한다. "어떻게 종교는 그것을 낳은 위험이 사라진 뒤에도 살아남았는가? 어떻게 종교는 사라지지 않고 그저 변형되었는가? 지성의 형식과 질료 사이에 놓인 위험한 공백은 과학의 도래를 통해 메워졌는데도, 왜 종교는 여전히 존속하는 것인가?"[139] 실제로 지성의 가장자리에 놓인 잠재적 본능은 위안을 주는 허구들을 만들어, 의지가 그 고유한 역량의 높이에 도달할 때까지 의지에 결여되었던 신뢰를 부여하는 것이었다. "지성적이라 불릴 수 있을 법한 본능들은 지성이 지닌 과도한 지성성, 그리고 무엇보다도 **조숙한** 지성성에 대항하는 방어반응이다."[140] 따라서 공백이 채워지고 과학이 기술적인 것이 되어 "산을 옮기기 위한 신앙"[141]을 대체할수록, 왜 종교가 여전히 남아 있느냐 하는 물음이 되돌아온다. 중대한 물음이다. 산업사회에서 종교의 존속은 설명 불가능한 비논리aberration이기는커녕, 인류학이 모든 것을 전부 자연적인 현상, 즉 "정적 종교, 혹은 자연적 종교"[142]로 해소할 수 있다고 믿었던 곳에서 [이에 반하여] 종교의 역사 속에 존재하는 어떤 혼합물의 현전을 드러낼 수 있게 해주는 것이기 때문이다. 안정성에 대

139 《도덕과 종교의 두 원천》, 2장, 115(160)쪽.

140 같은 책, 2장, 168(233)쪽(필자의 강조).

141 디디에 프랑크Didier Franck, 《니체와 신의 그림자*Nietzsche et l'ombre de Dieu*》, PUF, 1998, 13쪽.

142 《도덕과 종교의 두 원천》, 3장, 252(348)쪽.

한 필요의 기저에서 생의 약동이 재개되기만을 기다리는 생의 추동력으로 인해 정적 종교로 환원되지 않는, 정적 종교를 초과하는 한 부분이 존재한다. 바로 신비다. 베르그손은 3장에서 이 주제를 다룬다. 그리고 기계론적 과학과 정적 종교가 동일한 필요에 응답하기 때문에, 이 물음 자체는 정적 종교가 기계론적 과학으로 완전히 대체된다면 종교는 점점 더 신비적인, 말하자면 본래적인 상태로 변화할 것임을 암시한다. 이것이 바로 마지막 장에서 연구될 사태다. 일단 지성이 비상하면, 그리하여 지성이 인간을 위해 구상한 기계주의 사회가 지성을 촉진한다면, 지금껏 불안에 빠져 있던 우리의 의지는 의지를 지탱하고 미래로 정향시키기 위해 자연이 마련한 잠정적인 버팀목으로부터 해방될 수 있다. 기계론적 과학은 언젠가 틀림없이 정적 종교를, 즉 혼합물을 이루는 두 요소 가운데 하나를 대체할 것이다.

달리 말하면, "어떻게, 그리고 왜 종교는 그것을 낳은 위험이 사라진 뒤에도 (…) 살아남았는가"라는 물음은 신비가의 열정을 통해 안으로부터 종교를 개혁하는 첫 번째 혼합물(정적/동적)을 통해 설명된다. [하지만] 동시에 이 물음은 두 번째 혼합물을 요청함으로써, 신비가 처음에 신비를 맞이하였으나 이제는 그 존재 이유를 상실한 자연적 요람berceau을 떠나 기계론적 과학이 제시하는, 신비의 보편적 전언에 더 적합한 새로운 전파의 매개체에 결부되기를 추동한다. 두 부류의 혼합물이 가능하다면, 실제로 어떤 혼합물이 더 나은 것인지의 물음이 제기된다.

3장은 창조적 약동의 방향 속에 다시 자리 잡는 몇몇 개인의 특권에 결부된 순수한 상태의 신비주의를 추출하여 종교 **일반**의 내부에 본성상의 차이를 도입한다. 심지어 베르그손은 이들을 여전히 종교라는 동일한 말로 지칭해야 하는지 자문하기에 이른다.[143] 기실 기술이 (정적) 종교를

143 같은 책, 3장, 223-229(305-316)쪽.

대체함에 따라 하나의 혼합물이 다른 혼합물을 대체해야 한다면, 베르그손은 첫 번째 혼합물이 부적합한 것이었음을, 혹은 적어도 잠정적인 것으로 머물러야 했음을 암시하는 것이다. 베르그손은 여기에 두 가지 근거를 제시한다.

(i) 여기서 신비는 순수한 상태로 농축된 반면, 종교에서는 사실상 희석된 상태로 발견된다. 동적 종교는 언제나 정적 종교와 뒤섞인 혼합물 속에서 고찰된다. 실제로 존재하는 것은 두 종교가 아니라, 종교의 두 원천이 서로 뒤섞여 단일한 혼합물을 이루는 하나의 종교다. 정적 종교를 따로 고찰하는 경우, 그것은 주술과 원시종교가 공유하는 하나의 공통 기원과 동일시된다. 말하자면 정적 종교는 종교 이하에 존재한다. 순수하게 동적인 종교는 신학적 외관을 벗어던진 신비주의와 동일시된다. 말하자면 동적 종교는 종교 너머에 존재한다. "이렇게 **혼합된 종교**가 형성될 것이다. 혼합된 종교는 옛 종교의 새로운 정향을, 그러니까 우화 기능에서 나온 고대의 신이 실제로 현현하는 신으로, 즉 현전함으로써 특권적 영혼들에 빛과 열기를 부여하는 신으로 변화하려는 다소간 뚜렷한 열망을 내포할 것이다."[144]

종교의 진화를 점진적인 완성을 따라 하나의 차원에서 다른 차원으로 이행하는 단순한 정도상의 차이로 여기지 않아야 한다면, 혼합물을 분리해야 할 것이다. 사실 이 원천들은 각기 대립된 방향으로 나아가면서도, 현존하는 종교 속에서 내밀하게 혼합되어 각기 종교에 어떤 몫을 덧붙이느냐에 따라 다양한 형태로 변이한다. 종교사가는 각각의 종교들 속에서 발견되는 신화적 요소와 신비적 요소 중 어느 쪽도 무시하지 않고, 각 요소가 차지하는 몫을 드러내야 할 것이다.

이는 신비주의가 인간들에게 전달되어 인간들을 안쪽에서 변형시키

144 같은 책, 227(313-314)쪽(필자의 강조).

려면 어떤 보조약이 필요했기 때문이다. 정적 종교는 신비주의에 의해 완전히 대체되기 전까지 신비주의가 사람들의 믿음 속에 정착할 수 있게 해주었다. 침투를 통해 물질에 파고드는 생의 약동의 술책과 유사하게, 사방으로의 확산을 본질로 삼는 신비주의의 술책이 존재한다.[145] 정적/동적의 쌍에 그에 등가적인 다른 두 쌍이 중첩된다. 내부/외부[146]의 쌍과 안/밖[147]의 쌍은 두 종교가 연합해야 할 필요성을 더 잘 보여준다. 동적인 것이 표현되고 전파되려면 정적인 것이 필요하다. 내적인 것이 만인의 마음을 건드리기 위해서는 외재화되어야 한다.

하지만 정적 종교가 신비를 전파하는 최선의 매개체였다는 말은 아니다. 정적 종교는 결핍으로 인한 매개체였다. 신비적 사랑은 "신의 도움을 받아 인간종의 창조를 완수하고, 인류가 인간 자신의 도움 없이 결정적으로 형성될 수 있었다면 즉시 가졌을지도 모르는 모습을 인류에 부여하려 한다."[148] 신비가 인류에게 전달되는 것을 막았던 가장 큰 장애물은 "이마의 땀으로 빵을 얻어야 한다"는 의무였다. 베르그손은 이 신의 징벌을 "생명체가 생명체를 먹어야 한다"는 필연성으로 해석한다. "이런 조건에서 인류는 어떻게 본질적으로 대지에 고정된 주의를 하늘로 돌릴 수 있을 것인가?"[149]

하지만 3장부터 베르그손은 신비의 전파를 위해 가능한 두 수단이, "아주 상이한 두 방법의 동시적이거나 연속적인 사용"이 존재했다는 점을 지적한다. 1/ 신비를 배반할 수도 있는, 더 나아가 신비를 배반해야만 전개되는 완만하고 위험한 방법. 이는 "지성적 작업을 강렬화하고 지성을 자연이 마련한 한계 너머까지 끌어감으로써 단순한 도구가 인간 활동성

145 같은 책, 1장, 79쪽.
146 같은 책, 2장, 196쪽.
147 같은 책, 188쪽.
148 같은 책, 3장, 248(343)쪽.
149 같은 책, 249(344)쪽.

을 해방시킬 수 있는 거대한 기계 체계로 대체되도록 만드는"[150] 기계적인 방법을 가리킨다. 2/ 다른 방법이 사용될 수 있을 때까지 피난처를 마련하는 직접적인 방법. 이는 "자연이 인류에 부과한 물적 조건들이 심층적인 변화를 맞아 정신적 측면에서 근본적인 변형이 가능해질 때까지 약동을 이어나가는" 작은 정신적 사회들을 창조하는 방법이다. "이것이 바로 위대한 신비가들이 따랐던 방법이다."[151] 위대한 신비가들은 더 나은 날들을 기다리며 그들의 전언을 보존하기 위해, 자신들의 진정한 소명을 미루고 "수도원이나 수도회를 세우는" 데 에너지를 쏟았다. 베르그손은 오늘날 신비가 더 이상 정적 종교가 아니라 우리의 산업사회에서 정적 종교를 대체하는 기계주의를 통해 전파될 수 있으리라는 점을 이미 암시하는 것이 아닌가?

(ii) 그러나 한 혼합물에서 다른 혼합물로의 이행을 정당화하는 두 번째 이유가 있다. 정적 종교와 동적 종교는 상이한 것이지만, 그래도 서로 통합될 수 있다. 그것들은 의지를 지탱하여 행동에서의 안정과 평형을 가져다주는 동일한 기능을 수행하기 때문이다. 물론 동적 종교는 완전히 다른 부류의 생에 대한 애착을 가져다준다. "정적 종교가 인간에게 가져다주었던 신뢰는 동적 종교로 인해 변모될 것이다."[152] 동적 종교는 개인을 구체적인 각 사물에 밀착시키는 대신, 개인을 세계의 총체로부터 떼어내 생의 약동 자체에만 밀착시키기 때문이다. 기독교 신비주의는 영혼이 그 자체로 신적인 것이 될수록, 그리고 "의지"를 통해 총체적으로, 결정적으로 신과 합일할수록 더 완전한 것이다.[153] 신의 의지와 일치하는 의지를 지닌 신비가의 호소를 감지한 인간은 분명 이 합일의 외부에 남아 있으나, 그는 신에 의해 직접적으로 움직여지는mû 것은 아니라 해도 신에게서 감

150 같은 책, 250(344)쪽.
151 같은 책.
152 같은 책, 225(310)쪽.
153 같은 책, 244-245(336-339)쪽.

동반을émû 수 있고, 그의 의지는 이를 통해 운동을 시작할 수 있다. 그러나 하나의 '종교'에서 다른 '종교'로 이행한다 해도, 문제는 언제나 생의 의지를 지탱하는 것이다. 단지 이편에서는 정적으로 본능에 머물면서 그렇게 하고, 저편에서는 동적으로 생의 약동의 운동을 재개함으로써 그렇게 할 뿐이다. 양상은 완전히 바뀌지만, 결과는 동일하게 남아 있다. 우리 의지의 나약함에 대처하기, 생에 대한 인간의 신뢰를 보장하기.

하지만 두 원천이 종교 **일반** 속에서 서로 뒤섞임으로써 하나의 동일한 기능을 할당받는다면, 그리고 두 원천 중 하나의 원천만이 이 기능을 충족시킬 수 있었다면, 왜 '두 원천'이 요구되는 것인가? 그러나 오직 하나의 원천만이 "자연의 계획에"[154] 들어 있었고, 대다수의 사람과 관계 있는 것이었다. 이는 자연이 "무언가를 고유하게 의지했거나 예견했다"[155]는 말이 아니라, 자연이 하나의 불가분적 행위를 통해 질병과 그 치료제를 동시에 창조함으로써 언제나 이미 존재하는 도덕과 종교를 눈에 띄지 않도록, 더 나아가 감각 불가능하게 만들었다는 뜻이다. 자연은 의지를 지탱하고 인간종을 생존 가능하게 만들기 위해 수립된 메커니즘의 총체를 통해 아직은 무력한impuissante 역량puissance인 지성을 보완했다. "지성적 활동의 기저에는 (…) 자연이 원초적으로 수립한 본능적 활동의 **기체**가 존재한다."[156]

그렇다면 더더욱 이렇게 물어야 할 것이다. 인간이 의지의 결핍을 메우는 하위 심급들을 통해 의지를 뒷받침하는 데에는 자신의 태생적 "게

154 같은 책, 54(79)쪽.

155 같은 책, 베르그손은 의지라는 말을 언제나 인간에게, 그리고 생의 약동에 동반되는 생적 추동력에 한정해 사용한다. 베르그손이 자연의 의지나 "자연의 계획"(54, 289쪽), "자연의 의도"(114, 218쪽) 같은 말을 사용한다 해도, 그것은 설명의 편의를 위한 "은유"(114(159)쪽)일 뿐이다. 《창조적 진화》를 통해 이미 자연에 적합하지 않은 것으로 부인되었던 목적론을 여기에 투사해서는 안 될 것이다.

156 같은 책, 33(51)쪽(필자의 강조).

으름"[157]에 몸을 맡기고 습관적 의무들에 복종하거나 신화들을 꾸며내기만 하면 됐다면, 왜 인간에게는 단 하나의 원천만으로 충분치 않았는가? '두 원천' 가운데 아무런 노력도 요구하지 않는 것은 지성 이하의 첫 번째 원천뿐이다. 지성 이상의 두 번째 원천은 "소산적 자연"의 정적 평면을 떠나 "능산적 자연"[158]에 도달해야 하기 때문에 신비가들이 던진 호소에 응답하는 의지의 강렬화를 요구한다. 신비가들의 호소가 우리 안에서 불러일으키는 감동은 의지를 뒤흔들고 자극하기는 하지만, 전진운동이 함축하는 인내의 노력을 면제해 주지는 않는다. 이제 떠밀리는 것이 아니라 이끌리는 것이고, 노력을 기울여야 한다는 사실이 바로 동적인 것과 정적인 것의 본성상 차이를 나타내는 부인할 수 없는 증거다. 이 노력은 의지가 자연의 계획에서 벗어난다는 사실을, 심지어 종에 처음 주어졌던 균형에 반하여 나아간다는 사실을 증언한다.

설사 우리의 나태한 본성으로부터 더 값싼 균형을 얻을 수 있더라도 고통스러운 노력을 기울이는 일이 필요하다면, 그 이유는 사회가 개방되어 역사 속에 기입될수록, 사회에 일차적인 지지대를 부여했던 자연이 은혜를 베풀기를 그치고 점점 더 위협적으로 변모하여 이제는 인간종을 파멸로 이끌 수 있는 것이 되었기 때문이다. 베르그손은 사회들의 경로를 이따금 강제하여 어떤 통일적인 **텔로스**에 도달할 수 있다는 낙관주의를 포기했다.[159] 15세기부터 인류는 중세에 고행적 이상을 추구했던 것과 동일한 열광으로 산업적 노력 속으로 던져졌다. 기계와 신비는 서로 어긋나는 방식으로 전개되었다. 그러나 자연이 우리 안에 존속한다. 덜 진전된 사회들은 이 본능적 **기체**에 기대어 그 존속을 보장받았지만, 우리의 산업사회에서는 "본능에 일임하여" 우리 의지가 저항 없는 경사로를 따라 내려

157 같은 책, 2장, 180(249)쪽.
158 같은 책, 1장, 56(81)쪽.
159 필립 술레즈Philippe Soulez, 《정치적 베르그손*Bergson politique*》, PUF, 1989, 284쪽을 보라.

가도록 내버려두는 것이 "위험한" 일이 되었다.[160] 닫힘과 정적인 것은 더 이상 적합한 해결책이 아니다. 닫힌 사회들의 사회적 결집을 보장했던 전쟁 본능이 자연이 예측하지 못한 파괴력을 지니는 현대사회에서도 동일하게 유지되는 경우, 그것은 사회를 섬멸하는 데까지 이를 수 있다.

달리 말하면, 베르그손에게 좋은 혼합물은 기계와 신비의 연합을 필요로 한다. 20세기의 전쟁들이 품은 섬멸의 위협은 본질적으로 하나의 혼합물에서 다른 혼합물로의 이행이 보장되지 않아 기계와 신비의 만남이 이루어지지 않았다는 사실로부터 기인한다. "신적 활동성과 일치하는 자유를 지닌"[161] 신비적 영혼은 기계를 호출하지만, 더 직접적인 방법[정신적 공동체의 창조]을 선택했기 때문에 이제껏 기계로부터 빗겨나 여전히 계속해서 잠정적으로 이전의 혼합물 속에 머물고 있다. 그렇기 때문에 종교가 그 존재 이유를 넘어 존속하는 것이다. 반대로 기계는 신비를 호출하지만, 기계의 진정한 목적을 잊도록 만들었던 최음적인 문명으로 인해 지금껏 신비로부터 빗겨났던 것이다. 기계의 일차적인 사명은 하늘을 향해 시선을 돌릴 수 있도록 만드는 일이었다. [하지만] 이제 그것은 오직 무절제한 쾌락의 추구만을 목표로 한다. 과학, 예술, 철학이 우리 사회 속에서 각자의 몫을 차지하였으나, 자연적 인간과 그 안에 존속하는 전쟁 본능을 중화하기에는 충분치 않았다. 본능은 인간종에 이득이 되고 인간종을 발생시켰지만, 지성이 성숙하고 나면 위험한 것이 된다. 본능은 인류에 접목된 비유기적인 "거대한 신체"를 통제할 수 없기 때문에, 더 강력한 힘으로 무장한 인류를 파멸로 이끈다. 기계에는 신비가 결여되었기 때문에 인류의 새로운 신체가 요구하는 "보충적 영혼"을 기다린다. 기계에는 신비가 결여되었고, 그 역도 마찬가지다. 오직 기계와 신비가 혼합물 속에서 만날 때에만 예고되었던 전쟁을 회피할 수 있었을 것이다. 그리고 생의 약

160 《도덕과 종교의 두 원천》, 4장, 309(427)쪽.

161 같은 책, 3장, 246(340)쪽.

동이 우리 행성에서 "우주, 즉 신들을 만드는 기계의 본질적 기능"에 덜 "반항적인" 물질과 마주쳤더라면[162] 기계와 신비의 혼합물을 단번에 창조할 수 있었을지도 모른다.

《두 원천》이라는 저작의 부조화는 단지 외양에 불과하다. 장별로 주석을 달고 각 장의 결과물을 서로 독립적으로 조사하는 경우에는 "모든 것을 결부시켜야 하는 원근법의 중심"[163]을 잃어버리고 말 것이다. 베르그손은 저작의 통일성에 충분한 관심을 기울였기 때문에, 이 저작을 "부분별로 차례로 (…) 출판하기"를, 더 나아가 "저작의 한 구절을 떼어내기"[164]를 거부하였다. 4장은 불필요한 추가분이 아니라 다른 장들이 수렴하는 지점이다. 4장에 이르러서야 최음적이고 터무니없이 거대한 산업 사회에서 인간종의 존속 문제가 제기되기 때문이다. 인류는 자연이 불길하고 불확실한 미래를 예고하며 인류를 위해 마련해 둔 계획에서 벗어났다. 우리가 지금까지 신뢰할 수 있었던 본능을 불신하게 되면, 의지도 더 이상 습관에 자신을 내맡기고 자연이 의지를 대신하도록 나태한 태도를 취할 수 없다. "비너스를 내버려두어라. 그녀는 당신을 마르스에게 데려갈 것이다."[165] [인간종의 본능에 내포된] "본질적 전쟁"[166]은 과학과 기술의 공통 발전이 제공하는 수단들에 결부됨으로써 섬멸전으로 변모했다.

우리를 자연적으로 지탱하던 것은 우리 자신이 아니다. 그리고 이 지지물은 이제 우리 발아래로 무너져 내리고 있다. 우리가 지성적으로 미성숙한 동안 자연이 마련한 일시적인 발판은 오늘날 붕괴되고 있기 때문에,

162 같은 책, 338(468)쪽.

163 자크 슈발리에, 《베르그손과의 대담》, 1930년 4월 25일, 120쪽.

164 〈장 폴랑에게 보내는 편지, 1932년 1월 21일〉, 《서간집》, 1361쪽. "저작이 갖는 유일한 이점은, 만일 이점이란 게 있어야 한다면, 특정한 사실들을 서로에 대해 해명함으로써 그 사실들의 의미를 끌어내는 데 있을 것입니다. 한 부분에 대한 독해가 곧장 나머지 부분에 대한 독해로 이어질 수 없다면 중대한 오해들을 낳을 것입니다. 나중에 이 오해들을 해소하는 것은 아주 어려운 일이 되겠지요."

165 《도덕과 종교의 두 원천》, 4장, 309(427)쪽.

166 같은 책, 305(421)쪽.

그와 함께 침몰하기를 원치 않는다면 이제는 오직 우리 자신에게 달려 있는 노력이 필요하다. 또 다른 원천, 신적인 원천의 필요성은 여기서 유래하는 것이다. 우리는 추락하지 않기 위해 이 원천을 향해 고양되어야 하고, 신비적 사랑은 이 원천을 통해 우리를 부르며 길을 개방한다. 후에 베르그손은 슈발리에에게 다음과 같이 토로한다. 이러한 원천을 상실하고, 단호하게 이교로 회귀함으로써 기독교가 이룩한 진보를 부인하며, 거대해진 유기적 사회를 부조리해진(ab*surdus*: 귀먹은) 기술적 합리성으로 다시금 둘러쌌을 때, "히틀러는 《두 원천》의 진리를 증명했습니다. 그것은 이교로의 회귀가 언제나 증오에 대한 호소를 동반한다는 점이지요".[167] "기초적 인간"의 의지가 결핍되었다는 사실은 이제 인간을 하나의 도덕적 물음에 직면케 한다. 이 물음은 사는 것에 대한(홉스), 혹은 잘 사는 것에 대한(아리스토텔레스) 그 모든 정치적이거나 경제적인 물음보다도 더 심층적인 것이다. 우리는 죽는 것보다 사는 것을 선호하는가. 이 물음은 더 이상 자명하지 않다.

> 그러나 위대한 수단을 선택하건 소박한 수단을 선택하건 결단이 필요하다. 인류는 자신이 이룩한 진보의 무게에 반쯤 짓눌려 신음하고 있다. 인류는 자신의 미래가 자신에게 달려 있음을 충분히 알지 못한다. 먼저 인류는 자신이 계속해서 살기를 원하는지 알아야 한다. 그런 뒤에는 인류가 단지 살기만을 원하는지, 아니면 그 밖에도 신들을 만드는 기계인 우주의 본질적 기능이 우리의 반항적 행성에서도 수행될 수 있도록 필요한 노력을 기울이기를 원하는지 물어야 한다.[168]

167 자크 슈발리에, 《베르그손과의 대담》, 1934년 10월 30일, 215쪽.
[역주] "아마 예수 이전에도 다른 사람들이 이렇게 말했을 겁니다. 네 이웃을 사랑하라. 하지만 언제나, 이스라엘에서조차, 이웃이란 같은 민족 사람들이었죠. 기독교만이 만인을 자신의 이웃으로 여기고, 만인을 사랑하라라고 가르쳤습니다"(같은 책).
168 《도덕과 종교의 두 원천》, 4장, 338(467-468)쪽. 의지의 문제는 여기서 가장 첨예

베르그손이 마지막 장에서 제시하는, 우리의 원시적 본성의 요구들을 우회시키고, 더 나아가 중화시키기 위한 상이한 수단들은, 위대한 수단이건 소박한 수단이건 결국 채택해야 하는 것들이 아니다. 베르그손은 앞서 인용된 루아지의 비판적 저작에 대한 자신의 입장을 피력하면서 이렇게 말한다. "내 생각에 본질적인 개혁의 수단은 그가 생각하듯 '정신과학'도 아니고, 심지어는 '영웅에 대한 기다림'도 아니라 닫힌 것의 특정한 열림, 근본적 인간을 중화하기 위해 의지에 새겨진 특정한 방향이다." 그는 책의 여백에 이렇게 덧붙였다. "**의지**는 모든 것을 할 수 있다."[169] 달리 말하면, 수단들은 여전히 발명되어야 한다. 그리고 베르그손이 영웅에 대한 호소, '정신과학', 더 나은 정치적 법규 등 여러 가능한 해결책을 스케치한다 해도, "이는 단지 [그에게] 이 문제가 해결 불가능한 것처럼 보이지 않는다는 사실을 강조하기 위한 것일 뿐이다".[170] 중요한 건 습관의 경사로를 거슬러 오르는 의지가 기독교 신비가들의 호소, 그리고 그들의 충만한 의지가 육화하는 복음적인 전언의 호소에 응답함으로써 계속되고 또 강렬해진다는 사실이다. 중요한 건 의지가 혼자가 아니라는 사실, 의지가 신적인 것의 방향으로 되돌아감으로써 의지할 것을, 그리고 무엇보다도 사랑할 이를 얻을 수 있다는 사실이다. 베르그손이 생각하지 않았던 다른 해결책들은 그런 연후에 도래할 수 있을 것이다. *Ama, et fac quod vis.*[171]

다른 말로 하면, 오늘날 인류는 도중에 걸려 있고, 인류의 균형이 다시금 위협받고 있다. 자연에 의해 인도되기에는 너무 높고, 신들의 삶을 살

하게 표현됨으로써, 저작 전체의 무게중심을 4장으로 이동시킨다. 게다가 베르그손은 슈발리에에게 "끝에서 시작하는 생각이 진정으로 기발한 것이었다"고 털어놓은 바 있다(자크 슈발리에, 《베르그손과의 대담》, 167쪽).

169 〈《두 원천》에 대한 베르그손의 요점 정리〉, 베르그손의 미간행 원고, 카미유 드 벨루아의 소개와 주석, 《베르그손 연보》, I, 134쪽, n. 3.

170 《도덕과 종교의 두 원천》, 4장, 309(427)쪽.

171 "사랑하라, 그리고 의지하는 바를 행하라"(성 아우구스티누스, 《요한 서간 강해》, 7권 8절, Le Clef, 1961, 329쪽), 《도덕과 종교의 두 원천》, 3장, 301(415)쪽에서 재인용.

기에는 충분히 높지 않다. 인류는 나는 법을 알지도 못하면서 둥지를 떠나 비상해야 하는 새와도 같다. 실재의 원뿔을 형성하는 다양한 지속의 리듬들 가운데, 우리는 마침내 두 극단의 리듬에 도달하였다. 우리는 한편으로 신이 지속을 영원한 생으로 모아들이는 꼭짓점 쪽으로 긴장되어 있고, 다른 한편으로는 분산된 지속이 소진되어 무의 가장자리로 사라져가는 밑면을 향해 이완될 수 있다. 따라서 "저 위에서 나를 부르는 이 승리를 향해",[172] 생의 영원성을 향해 나아갈 것인지, 아니면 현시대의 허무주의에 굴복하여 자기 극복을 위해 필요한 노력을 하며 살아가기를 **원하지***vouloir* 않아서 죽음에 자신을 내맡길 것인지는 인류에게, 오직 인류에게만 달린 문제다.

172 성 아우구스티누스, 《고백록》, 파트리스 카르본Patrice Carbonne 번역, La Pléiade, XI권, XXIX, 39, 1055쪽(사도 바울, 《필립비서》, 2, 12-14를 인용).

결론

인격의 모든 상태

"자신의 고유한 한계를 확정하여 '저기까지 나'라고 말할 수 있는 지점은 존재하지 않는다."_플로티노스[1]

"우리는 어디서 왔는가? 우리는 무엇인가? 우리는 어디로 가는가? 이것은 생의 물음들이며, 우리가 체계를 거치지 않고 철학했다면 즉각 이 물음들을 마주했을 것이다."[2] 인간은 그저 인간적인 방식으로 방향 잡기 위해서라도 이 물음들에 대한 답을 긴급하게 구해야 하기에 자연스레 철학으로 이끌렸을지도 모른다. 철학이 거대한 체계 수립을 위한 끈기를 주된 덕목으로 삼지만 않았더라면 말이다. 인간은 전체 속에 놓인 자신의 인격에 관심을 갖지만, 체계는 직접적으로 전체에 대해 묻는다. 그런 연후에 어떻게 인격이 전체 속에 완전히 흡수되지 않고 자신의 자리를 찾을 수 있을 것인가? 전체를 조망하는 원리까지 상승하기를 바라는 철학은 생의 필연성이 모든 인간에게 제기하도록 강제하는 물음들 사이에 더 일반적이고 추상적인 물음들을 개입시킨다. 이 후자의 물음들은 생의 물음들을 예비하는 기나긴 머리말이지만, 서로를 밀어내 결국 체계 밖에서 중요성을 갖는 [생의] 물음들만을 배제한다. 일반적으로 생의 물음들은 소박한 방식

1 플로티노스, 《엔네아데스》, VI, 5, 7, 에밀 브레이에 번역, Les Belles Lettres.
2 〈의식과 생〉, 《정신적 에너지》, 2(10)쪽.

으로 던져진다. 그러나 베르그손이 철학에 이 물음들을 떠맡아 중심에 두도록 했을 때, 이 물음들은 도발적으로 변모한다. 실제로 "인격성의 문제를 철학의 중심 문제로 여길 수 있다".[3] 그렇지만 이 문제는 언제나 더 예리하게 제기되는 체계의 정신으로 인해 여백으로 밀려나, 실재적 개체성과 유효한 독립성이 전체의 가지성에서 벗어난다는 이유로 아주 오랫동안 배제되었다. 개체는 '왕국 속의 왕국'을 건설하려 한다는 혐의로 체계에서 추방된다. 하지만 그럼에도 개체는 이의를 제기하여 의지를 통해 자신의 존재를 확증하고, 주요 과업을 방기한 철학에게 철학이 단지 사변적 유희로 그치지 않음을 주기적으로 상기시킨다. 철학은 체계들의 품에 사로잡힐 때만 사변적 유희 — 호모로쿠악스 — 가 된다.

이 하나의 문제가 베르그손 철학에 무엇을 가져다줄 것인가? 실제로 베르그손이 이 문제를 중시하는 데에는 놀라운 면이 있다. 사실상 그의 저작들 가운데 어떤 저작도 이 문제를 다루지 않기 때문이다. 그리고 이 문제에 응답하는 요소들이 저작 속 여기저기에 흩어져 있다 해도, 성찰의 중심에 놓여 베르그손 사유의 최종 언명을 제시할 확고한 인격 개념을 발견하기란 여전히 어려운 일이다. 언제나, 저작마다, 다른 문제들이 인격의 동일성을 점진적으로 빼앗아 가고(자유, 심신 결합, 생적 인과성, 인간적 의지), 이 문제들로부터 인격의 윤곽을 결정적으로 확정할 만한 완전한 시각을 얻을 수도 없다. 그렇다면 인격의 문제가 중심적이라는 주장과 이 문제를 주제적으로 다루는 저작이 없다는 사실을 어떻게 화해시킬 수 있을 것인가? 인격의 자기인식을 위해서는 자기로부터 떨어져 나와 더 광대한 원리들(지속, 기억, 생의 약동)에 부착될 필요가 있기 때문에, 필연적으로 이 광대한 원리들까지 거슬러 올라가야 했다고 말해야 하는 것일까? 그러나 이는 피해야만 했던 연역의 함정에 다시 빠져서, 이 각각의 개

3 〈인격성의 문제〉, 에든버러 기포드 강연에서 이루어진 11회의 강연들, 1914년 4월 21일-5월 22일, 마르틴 로비네 번역, 《잡문집》, 1071쪽.

념에 베르그손이 부여하지 않으려 했던 원리의 지위를 부여하는 일이 될 것이다. 지속, 기억, 생의 약동은 먼저 자아 안에서 발견된다. 이것들은 자아 안에서 서로 매듭으로 결합되어 있다. 이 모두가 내 인격의 도가니 속으로 흘러들어 올 때, 내 인격은 이것들을 독특하게 경험하고 또 이를 통해 이것들의 영향하에 놓이게 된다. 이는 역으로 단계마다 자아를 만날 수 있다는 말이고, 또 어떠한 층위로부터도 자아를 고립시킬 수는 없기 때문에 각 문제가 또한 자아의 문제이기도 하다는 말이다. 따라서 각 저작이 제기하는 "모든 철학적 문제는 이 우월한 문제에서 수렴하고, 이 문제야말로 (…) 철학 전체가 공전하는 중심인 것처럼"[4] 보인다.

이에 반해 인격성의 문제를 다루는 베르그손의 연설, 강의, 논문, 강연은 많다.[5] 베르그손은 자신의 여정을 돌아보는 방식을 통해서만 인격성의 문제를 그 자체로 다루었기 때문이다. 여전히 산재되어 있던 결과들이 이 문제를 중심으로 다시 검토되어 요점을 추릴 수 있게 되었다. 이미 《시론》에서부터 "인과성에, 자유에 관련된 문제들"은 "한마디로" "인격성의" 문제로 요약되었으나,[6] 역으로 인격성의 문제는 인과성과 자유의 문제로 환원될 수 없었다. 인격성의 문제는 반복과 재개를 통해 해명되었다. 1903년 출간된 〈형이상학 입문〉이 처음으로 이 문제를 조명하지만, 이 저작은 여전히 《시론》과 《물질과 기억》에 의존하기 때문에 《창조적 진

4 같은 책, 1071쪽.
5 이에 관련된 텍스트들을 총망라할 수는 없기에 《잡문집》의 텍스트들을 언급하는 데서 그치도록 하자. 〈베르그손 자택에서의 한 시간〉, 조르주 에멜. 〈인격성〉에 대한 콜레주 드 프랑스 강의 총론, 1910년 12월 11일, 843-844쪽. 콜레주 드 프랑스 강의, 1911년, 845쪽, 1910-1911년(베르그손의 말을 빌리자면, 〈인격의 이론〉), 847-875쪽. 〈영혼의 본성에 관하여〉, 944-948, 951-959쪽, 앙드레 로비네 번역, 948-951쪽. 에든버러 기포드 강연에서 〈인격성〉에 대한 11회의 강연들, 1051-1086쪽. 인간 영혼에 대한 마드리드 강연, 1916년 5월 2일, 1200-1215쪽. 인격에 대한 마드리드 강연, 1916년 5월 6일, 1215-1236쪽. 이 목록에 두세 재단에서 온 다른 텍스트들을 덧붙이도록 하자. 심리학 강의(1898), IX-BGN IV-1 (10). 콜레주 드 프랑스 강의, 1910-1911년, 〈인격성〉, BGN 2998 (1), 노트 2권.
6 《시론》, 2장, 104쪽.

화》의 성과를 통해 〈인격성〉을 검토하는 1914년의 11회 강연만큼 심층적이지는 않다.

> 먼저 인격이 어떤 '요소'로 구성되었는지, 혹은 더 정확히 말하면 어떤 요소로 구성된 것처럼 보이는지 살펴보자. 우선 유기적 감각을 통해 이루어지는 우리의 고유한 신체에 대한 의식을 떠올려 보자. 다음으로는 과거 전체를 포함하는 기억이 존재한다. 그다음에는 미래에 대한 예감이 있다. 하지만 이 요소들 가운데 무엇도 인격성이 아니다. 물론 인격성은 이 각각의 요소와 특정한 관계를 맺고 있지만 말이다. 어떤 관계인가? 우리는 이 강의의 초반부에서 이러한 질문들을 제기하려 한다.[7]

"우선", "다음으로는", "그다음에는". 베르그손이 그의 저작을 인용하는 것은 아니지만, 여기서 베르그손의 주요 저작 세 편을 떠올리지 않기는 힘들다. 이 문제에 응답하는 상이한 요소들은 암묵적으로 베르그손의 저작들을 참조하여 현재(《시론》), 과거(《물질과 기억》), 미래(《창조적 진화》)라는 세 차원을 고찰하고 있다. 인격은 지속하기 때문에, 인격이란 이 세 차원이 절합되는 매듭이다. 베르그손은 인격이라는 특권적인 사례를 통해 자신의 저작을 다시 독해함으로써, 독자들에게 자신의 저작을 독해하는 방법을 가르쳐 준다. 상이한 질서의 사실들 속에서 저마다 다른 문제에 대해 획득했던 결과물들을 한데 모을 수 있도록, 그의 작품을 수직적으로 절단해야 한다. 이때 우리의 입장이 베르그손의 아주 유명한 논문에 등장하여 널리 퍼진 생각, 즉 한 사람의 철학자는 한 번에 전부 말할 수 없어서 평생 말해야 했던 하나의 직관을 품고 있다는 생각에 반하는 것이라고 말할 것인가? 그러나 하나의 직관이라는 말의 의미는 "사유된 사물이

7 《잡문집》, 1072쪽.

라기보다는 하나의 방향"[8]을 가리킨다. 직관이 이 방향에 접어들었을 때, 그것은 반복을 통해 소진되기는커녕 잇따르는 심화와 수정을 통해 계속해서 그 의미를 갱신한다. 인격성은 그의 **어떤** 저작에서도 다루어지지 않지만, **모든** 저작 속에서 점진적으로 드러난다. 베르그손은 언제나 전진하면서도 결코 자신의 입장을 취소하지 않는다. 각 저작은 이전의 저작들을 포함한다. 그에게 가해졌던 대부분의 비판은 이 진전의 한 시점을 추출하여 다른 순간들과 대립시킴으로써 베르그손이 자기모순적이라고 고발하는 것이었다. 이 비판들은 베르그손이 언제나 동일한 내용을 말한다고 믿었기 때문이다.

따라서 베르그손의 인격 관념은 전통적인 주체 개념을 파면시키고 인격을 옹호한다는 점에서만 독특한 것이 아니다. 그것은 세계 내에 실존하는 인격 전체, 인격의 모든 측면을 포착하여 사상 처음으로 인격을 시간으로 이해했다는 점에서 독특성을 지닌다. 그럼에도 인격에 시간적 형식을 부여한다면, 인격의 물음에 긴급성과 활기를 불어넣었던 것, 인간에게 그 물음에 응답하기를 촉구했던 것, 즉 인격에 요구되는 불멸성이 사라진다고 말할 것인가? 하지만 늘 인격의 물음을 둘러싸던 영원한 틀에 대한 포기는 물음의 쟁점에 대한 방기를 의미하는 것이 아니다. 게다가 독서를 이끄는 원리를 따라가다 보면, 지금껏 **선험적으로** 영혼에 기입되었던 영원성은 먼저 시간의 세 차원을 주파하고, 그 세 차원을 동반하는 여정의 종점에 도달하는 경우에만 되찾을 수 있는 것이었음을 알게 될 것이다. 《도덕과 종교의 두 원천》은 인격이 인격의 고유한 생성일 수 있기 위해 필요한 최종적 요소를 제시할 것이다. 인격은 자신이 유래한 생의 시간과 자신이 향해 가는 생의 영원성을 그 생성 작용 내에서 화해시킨다.

8 〈철학적 직관〉, 《사유와 운동》, 133(156)쪽.

인격의 다수적 통일성

베르그손에게 철학은 결코 문제를 (스스로) 창조하는 일이 아니었다. 철학이란 그저 문제가 해결될 수 있도록, 문제를 올바로 제기하는 용어를 창조하는 일이었다. 베르그손이 다루어야 했던 모든 문제가 그러하듯, 인격성의 문제 또한 형이상학사에서 길어온 문제다. 처음에 베르그손은 이 문제가 근대에 생겨났다고, 나중에는 고대에 출현했다고 생각하면서, 이 문제의 원천을 서로 다른 시대에 정위시키지만 말이다. 베르그손의 평가가 정당한가는 판단하지 않을 것이다. 분명히 그는 중세 시대가 이 주제에 상당한 기여를 했다는 점을 무시하고 있다. [하지만] 베르그손의 1910-1911년 콜레주 드 프랑스 강의에 대해 남아 있는 한 기록의 작성자가 말했던 것처럼, 베르그손이 아퀴나스Thomas Aquinas를 무시했다고 비난하는 일은 아무런 쓸모가 없다.[9] 베르그손은 3공화국의 인물이고, 베르그손이 제시하는 철학사는 그 자체로 사상사에 속하는 것이다.

처음에 베르그손은 인격성의 문제가 오직 근대적인 문제라고 생각했다. 앞서 자유의 문제나 심신 결합의 문제와 마찬가지로, 인격성의 문제는 베르그손이 계승하고자 했던 데카르트주의에 속하는 문제였기 때문에 선택된 것이다. 1894년 앙리 4세 고등학교에서 이루어진 영혼의 이론들에 대한 강의는 이 점을 근본적으로 확증한다. 인격이 자신과 다른 모든 것의 구분을 가능케 하는 어떤 개체성을 가정하는 것이라면, 의식의 내적 관점을 과감하게 채택하지 않았던 고대인들은 인격을 사유할 수 없었다. 누스νοῦς는 어떤 감성적 요소와도 분리된 것이기에 비인격적이고 만인에 대해 하나이자 불가분적인 것일 수밖에 없다. 바로 이 지점에서 "정신, 즉 요컨대 개체적인 형태의 활동성을 개념화하는 데서 고대인들이 겪는 극도의

9 두세 재단에서 동일한 강의를 들었던 다른 학생의 필기를 검토하는 일이 유익할 것이다. 글씨를 알아보기는 힘들지만, 강의를 충실히 전사하는 이 필기를 통해 《잡문집》(847-875쪽)에 수록된 귈 그리베의 다소 편파적인 보고를 보완할 수 있을 것이다.

어려움이 나타난다. 초창기 사상가들, 플라톤, 플로티노스, 심지어, 그리고 무엇보다도 스토아학파에서, 더 기이하게는 정신에서 물질적 실체를 발견했던 철학자들에게서도 문제되는 것은 세계의 영혼이다".[10] 아리스토텔레스 또한 영혼을 신체의 엔텔레키entéléchie로 삼는 유기조직화의 특성보다 더 우월한 특성을 영혼에 부여해야 할 때는 "그의 선배들이나 후배들과 마찬가지로 비인격적 누스의 힘을 빌려, 개체적 영혼들이 이 누스를 분유하고 누스가 개체적 영혼들의 우월한 형상을 실현한다고 말해야 했다".[11] 신체를 통해 개체화되는 영혼은 역설적으로 자기로부터 떨어져 나와 비인격화되는 경우에만 가장 고차적인 기능에 도달하는 것이다.

《창조적 진화》에 이르러서야 비로소 베르그손은 형이상학에 대해 통합적인 관점을 채택하여 고대인들까지도 범위에 넣는다. 고대인들에게서는 문제들의 맹아가, 아니면 적어도 문제들을 해결하지는 못하더라도 정식화하는 데 쓰일 수 있는 용어들이 발견된다. 〈인격성〉에 대한 1914년의 강연에서 베르그손은 플로티노스가 차지하는 독특한 위치를 집어낸다. 플로티노스는 그리스철학을 완성하는 한편, 처음으로 인간 영혼의 문제를 그리스철학이 향하는 새로운 중심 문제로 제기하여 그리스철학을 근대성의 방향으로 개방한다. 누스는 더 이상 일반을 위해 개체를 희생시키지 않는다. 누스 속에는 각 개체의 이데아가 영원히 담겨 있기 때문이다. 시간 속에 전개되는 경우, 이 이데아는 영혼이 된다. 따라서 소크라테스의 영혼은 정점에서 누스에 결부되어 있기에, 소크라테스의 신체를 떠나는 경우에도 그 동일성을 상실하지 않는다.

이렇게 해서 인격성의 문제를 진술하는 최초의 용어가 생겨난다. 하지만 이 용어들(통일성과 다수성)은 인격을 식별하는 즉시 인격을 문제적인 것으로 만든다. "어떻게 동일한 존재가 그 자체로 무한정한 다수의 상

10 《강의》, III, 216쪽.
11 같은 책.

태들로 나타나면서도 하나의 동일한 인격일 수 있는가?"[12] 이 문제를 제기하는 방식이 이미 잠재적으로 문제에 대한 응답의 가능성을 좁히고 있었다. 형이상학 전통은 오랜 시간을 들여 점진적으로 가능한 응답의 폭을 넓혔다. 하지만 플로티노스가 단번에 전부, 모두를 위해 선택했던 용어들을 [다음과 같이] 선험적으로 (재)구성하여 이 폭을 단번에 펼칠 수 있었을지도 모른다. "영혼의 '우월한 측면[통일성]은 이데아들의 세계에 결부되어 있고, 하위의 측면[다수성]은 신체에 결부되어 있다'."[13]

이 문제는 잘못 제기된 것이다. 문제의 정식화를 위해 도입되는 도해적 이미지가, 지속 속에서 펼쳐지기에 공간에 적합하지 않은 것을 표상 공간 속으로 이전시키기 때문이다. 자아의 통일성은 수학적 점 O의 통일성처럼 나타날 것이고, 의식 상태들의 다양성은 무한정한 직선을 따라 줄지어 놓인 다수의 점 X, Y, Z 등의 다양성처럼 보일 것이다. "인격성은 이 다발로 이루어질 것이다. 통일성은 모든 것이 수렴하는 중심에 놓일 것이고, 다양성은 중심에서 나와 분기하는 광선들에 결부될 것이다."[14] 분석의 기저에 놓인 수렴하는 다발의 이미지가 제공하는 형이상학적 캔버스 위에, 상이한 철학들이 각기 나름의 인격 개념을 수놓는다. 베르그손은 이 다양한 철학들(경험론, 합리론, 정신주의)의 논증 구조가 지닌 선험적 성격을 은폐하던 역사적 외투를 제거한 뒤에야 이 철학들 각각에 관심을 기울인다. 이때 인격의 문제는 언제나 다수성에서 통일성을 연역하거나 다수성을 통일성으로 환원함으로써 "이 중심, 이 종합적 통일성과 광선들이 도

12 《잡문집》, 1073쪽. 데카르트에 이어 플로티노스가 이 문제를 정식화하는 데 있어 각별한 지위를 차지한다 해도, 《두 원천》에서 베르그손은 플라톤적인 원천까지 거슬러 올라가, 단순하기에 분해 불가능하고, 불가분적이기에 변질되지 않으며, 본질적으로 불사라는, 선험적으로 제기된 영혼의 정의를 검토한다(279쪽). 처음에는 그저 근대적이라고 여겼던 문제의 뿌리로 거슬러 올라가려는 작업은, 잘못 제기되어 근대과학과 간섭을 일으키는 대부분의 철학적 문제가 그리스 형이상학에서 태어났다는 점점 더 강한 확신에 기인하는 것이다.

13 〈심리학에서 방법에 대하여〉, 심리학 강의, 1898, 1-2쪽.

14 같은 책, 〈의식과 인격성〉, 14쪽.

달하는 병치된 점들의 다수성을 연결하는 관계"[15]에 대한 설명으로 환원될 것이다.

(i) 다수성에 우위를 부여한다고 해보자. 그 경우 자아는 우선적으로 주어진다고 가정된 인상이나 관념들의 집합체로 규정된다. 이것이 바로 경험론(흄David Hume, 스튜어트 밀, 텐)이 채택한 입장이다. 이때 자아의 통일성은 하나의 혼잡한 형식에 불과한 것이 된다. 충분히 주의를 기울여 살펴보면 그것은 곧장 다수성으로 해소될 것이다. 그것은 "심리학에 대상을 제시했던 (…) 원초적인 직관을 상기시키는"[16] 단순한 기호에 불과하기 때문이다. 하지만 경험론적 심리학은 그 자신의 주장과는 달리 경험에서 출발하지 않는다. 그것은 "어쩌면 경험에 도달할지도 모르지만, 그럼에도 선험적으로 구성되어 있다".[17] (ii) 통일성에 우위를 부여한다고 해보자. 그 경우 자아는 자신이 주파하는 심리 상태들의 행렬과 무관하게 태연한 채 그 행렬을 목격하는 하나의 불변적 개체로 규정된다. 반대 관점에 놓인 이 입장은 통일성으로의 접근이 예외적으로나마 가능한지 여부에 따라 두 가지 형태(정신주의와 비판철학)로 나뉠 수 있다. 정신주의는 "의식이 모든 광선이 중심으로 수렴되도록 하는 내관의 노력에 몰두함으로써 현상과 구분되는 이러한 실체에 도달할 것"[18]이라 주장한다. 이 중심이 바로 인격의 진정한 실재성일 것이다. 멘드비랑은 이런 방식으로 "우리 의식이 외부의 힘들에 저항하고 대립할 수 있는 하나의 힘에 직접적으로 도달한다"고 주장한다. "우리의 자아 자체, 긴장 상태에 있는 자아인 이 힘을 우리는 근육 노력 현상 속에서 생생하게 포착한다." 그러나 이번에도 "정신주의 학파, 구체적으로 말하자면 멘드비랑은 자아와 자아의 감응 사이에 존재하는 이 거리, 심리학적 사실들의 기체와 이 사실들 자체

15 같은 책.
16 〈형이상학 입문〉, 《사유와 운동》, 193(222)쪽.
17 심리학 강의, 앞의 책, 15쪽.
18 같은 책.

사이에 놓인 거리를 과장하였다".[19] 그리고 노력감이 다른 감각들과 유사한 주변적 감각들 외에 다른 것에 다다른다고 가정한다면(베르그손과 제임스는 이 가정에 반대한다), 이런 식으로 고립된 자아의 통일성이 어떻게 다시 다수성을 만날 수 있을 것인가? (iii) 비판철학은 마찬가지로 자아를 따로 떼어내지만, 자아가 실체적 성질을 지닌다는 점을 부인하고 자아를 전적으로 형식적인 통일성, 초월론적 주체의 통일성으로 여긴다. 자아란 모든 종합이 이루어지는 장소다. 칸트는 도덕법칙을 실현해야 하는 자유와 주체의 활동성을 고귀한 이념으로 여겼기 때문에, 순수한 자발성인 자유를 순수한 수용성인 감성이 우리에 대해 경험적으로 인식할 것으로서 증여하는 질료 바깥으로 추방해야 했다. 나를 굴절시키는 시공간적인 틀 바깥에서 나 자신에 도달할 수 있는 지성적 직관이 존재하지 않기 때문에, 스스로에 대해 순수하게 포착할 수 있는 것은 하나의 형식뿐이고, 내 의식적 생의 통일성은 이 형식으로부터 유래한다.

요컨대 [형이상학] 전통은 플로티노스가 제시한 자아의 도해적 이미지를 변형시키면서도, 플로티노스가 이 이미지에 상응하도록 그 주변에 구축한 형이상학의 흔적들(특히 인격을 포착하기 위해서는 "시간 밖에 위치해야"[20] 한다는 생각)을 남겨두었다. 이러한 관점을 전복하지 않는다면, 형이상학은 그저 플로티노스를, 게다가 "대부분의 경우 덜 생기 있게" 반복할 뿐이다. 예컨대 흄은 무수한 심리 상태의 간격 속에서 인격을 놓쳐버림으로써 결핍을 통해 인격을 상실한다(형식 없는 질료). 이에 반해 칸트는 인격을 인격적이지 않은 어떤 주체와 동일시하여 과잉을 통해 인격을 상실한다(질료 없는 형식). 후에 독일 관념론자들은 칸트의 주체를 "인류 전체, 혹은 (…) 신, 혹은 (…) 실존 일반"[21]을 받아들일 수 있을 만한 공허

19 심리학 강의, 앙리 4세 고등학교, 1892-1893, 《강의》, II, 13강, 〈의식〉, 299-300쪽.
20 《잡문집》, 1076쪽.
21 〈형이상학 입문〉, 《사유와 운동》, 195(225)쪽.

한 수용체로 변형시킬 것이다.

이는 인격이 의식에 직접적으로 주어진 대로 받아들여지지 않고, 문제의 형태로 제기되었기 때문이다. 이로 인해 이 문제는 해결 불가능한 것이 되었다. 사실상 "처음으로 물어야 하는 것은 과연 여기에 문제가 있느냐 하는 점이다".[22] 문제를 제기한다면 필연적으로 우리는 소여로 주어진 총체성을 요소적인 두 수학적 항으로 분해하게 된다. 우리는 분할과 극한으로의 이행을 통해 한편으로는 순수 통일성을, 다른 한편으로는 순수 다수성을 얻어낸 뒤에, 어떻게 이 두 항이 다시 결합될 수 있는지를 찾으려 할 것이다. 의식에 주어진 인격은 이렇게 수렴하는 다발이라는 공간적 이미지로 대체되고, 이에 대해서는 다양한 응답이 제시될 수 있지만 어떤 대답도 만족스럽지 않을 것이다. 문제 자체가 막다른 길을 내포하는 것이다. [문제의 해결을 위해서는] 이 문제를 제기하는 데 사용되었던 용어들을 해소하고, 더는 하나와 다수라는 논리적 범주에 종속되지 않는 유형의 다수성으로, 그리고 "수와는 아무런 유사성이 없는"[23] 통일성과 동일성으로 돌아갈 필요가 있다.

오류는 무엇인가? 그리고 이 오류는 어디서 기인하는 것인가? 문제 제기 자체가 이항 대립을 예비하고, 인격 개념의 구성에서 두 용어 중 하나(통일성 혹은 다수성)가 되찾아야 하는 다른 하나보다 더 우위에 있다고 가정하는 데서 오류가 발생한다. 이러한 방법은 오직 물질적 세계에서 빌려온 이미지에만 적용될 수 있다. 물질적 세계에서는 통일성과 다수성이 실제로 잇따라 나타나는 것으로 지각된다. 감관이 집합체를 형성하거나 지성이 수를 형성하기에 앞서 다수의 대상이 주어진다. 이 대상들을 셈하는 작업이 다수성에 통일성을 덧붙인다. 이에 반해 의식에 주어진 인격은 통일성과 다수성 가운데 어느 한쪽에 우위를 부여하지 않

22 심리학 강의, 1898, 앞의 책, 17쪽.

23 《시론》, 89쪽.

고 동시에 제시한다는 주목할 만한 특징을 지니고 있다. "여기서 우리는 동시적으로 주어지는 통일성과 다수성을 직면한다. 그렇기 때문에 다수의 상태로 전개되지 않은 통일성을 사유할 수도 없고, 하나의 동일한 인격을 형성하는 응집력 없는 다수의 상태를 표상할 수도 없다. 여기 존재하는 것은 단일한 다수성, 혹은 다수적 통일성으로, 여기서 통일성과 다수성이라는 두 관점은 추상에 불과하다."[24] 따라서 자신이 가로지르는 상태들 바깥에서 이 상태들을 종합하는 주체는 없다. 주체는 상태들 속이 아니라면 다른 어떤 곳에서도 경험되지 않기 때문이다. 인격은 "이 상태들 자체다". 인격을 이루는 질료뿐만 아니라, 이 질료를 에워싸는 형식 또한 이 상태들 속에서 기술된다. 인격의 통일성은 상태들의 다수성 속에서 주어진다. 인격의 동일성은 상태들의 잇따름을 가로질러 존속한다. 인격의 지속은 상태들의 연속성 속에 놓여 있고, 인격의 자유는 상태들의 이질성을 통해 드러난다.

분명 "인격의 다수적 통일성"[25]이라는 주장은 《시론》에서 순수지속에 부여되었던 것과 동일한 속성들(이질성과 연속성)을 인격에 부여할 수 있게 한다. 그러나 지속하는 인격은 인격의 심층에서 발견되는 순수지속으로 환원되지 않는다. 적어도 인격은 신체를 통해 외부 세계로 연장되기 때문이다. 인격을 중심에서 주변까지, 그것을 둘러싸고 있는 신체의 혼잡한 이미지와 함께 사유해야 한다. 게다가 아이는 우선 세계에 몰두하여 "자신의 인격에 대해 갖는 관념 속에 다른 인격들을, 어쩌면 대상들까지도 포함시키는 것처럼 보인다". 아이가 자기 자신의 신체에 대한 안정적 이미지를 통해 점진적으로 자신과 자신 아닌 것들을 구분하는 법을 배우게 되더라도, "이 본원적 환상의 일면이 언제나 존속해 있다".[26] 그리고

24 심리학 강의, 앞의 책, 1898, 13쪽.
25 〈형이상학 입문〉, 《사유와 운동》, 197쪽.
26 심리학 강의, 앞의 책, 1898, 12쪽.

"내적 생에서 환상은 하나의 실재다".[27] 《물질과 기억》은 "오직 잠재적 작용들만 머무르며 끊임없이 변화하는 우리 자신의 부분들에 의한 것일지라도, 우리는 실제로 우리가 지각하는 모든 것 속에 존재한다"[28]는 사실을 가르쳐 주지 않았던가? 그렇기 때문에 "갑작스러운 환경의 변화는 인격성의 변질을, 혹은 적어도 방향 상실을 일으킨다. 우리는 더 이상 전적으로 우리 자신이라고 느끼지 않게 된다".[29] 인격성에 개입하는 모든 요소(우리의 일과 직업 등)를 나열하더라도 소용이 없을 것이다. 모든 것이 크고 작은 정도로 인격에 영향을 미치기 때문이다. 우리는 이렇게 확산된 총체성을 바탕으로 삼아 우리 자신을 이해한다.

같은 이유로 인격은 인격의 바탕에서 포착된 순수지속이 요구했던 주의, "격렬한 추상의 노력"[30]을 인격은 더 이상 필요로 하지 않는다. 오히려 반대로 인격은 거기에 부주의한 채로 남아있을 때에만 서로 응답하는 모든 상태들과 더불어 직접적으로 포착된다. 인격은 세계 속에서 행동하는 데 전념하느라 스스로를 관조할 수 없기 때문이다. 1910-1911년 콜레주 드 프랑스 강의에서 베르그손은 예외적으로 성 아우구스티누스를 인용한다. 그는 아우구스티누스의 유명한 표현("아무도 나에게 묻지 않는다면 나는 알고 있다. 하지만 누군가 설명을 요구한다면 나는 모르게 된다")을 변형시켜, 기묘하게도 이 표현을 지속이 아니라 인격성에 적용한다.[31] 우리 인격의 놀라운 통일성은 더 가지려 하면 사라지는 암묵적인 지

27 같은 책, 15쪽.
28 《도덕과 종교의 두 원천》, 3장, 275(380)쪽.
29 심리학 강의, 앞의 책, 1898, 12쪽.
30 《시론》, 2장, 96쪽.
31 〈인격성〉에 대한 콜레주 드 프랑스 강의, 1910-1911, 두세 재단, BGN-2998 (1), 1번 노트, 7쪽. 베르그손은 《고백록》, 11권, XIII, 16을 인용한다. 1914년 강연에서도 암묵적으로나마 동일한 텍스트가 참조된다(《잡문집》, 1077-1078쪽). "우리 인격의 통일성은 (…) 그것을 포착했다고 생각한 순간 우리의 손아귀를 벗어난다. 그것을 지각하는 데 아무런 노력을 기울이지 않으면, 우리는 인격이 거기 존재함을 느낀다. 하지만 의식적으로 인격을 관조한다고 생각하면, 그 즉시 의식은 서로 분리된 무한한 심적 상태들(다수성)을 대면하게 된다. 따라서 인격의 통일성은 지각되지 않는

식으로 알려진다. 사실상 요소들의 융합은 혼잡한 감정을 통해 전달될 때에만 포착된다. "난점은 대부분 인격의 구체성에 기인하는 것이다. 응시하지 않으면 우리는 보고 있다고 믿는다. 응시하는 즉시 더 이상 보지 못한다. 인격성은 이러한 역설을 실현한다."[32] 직관을 통하는 경우, 나는 알고 있다. 분석을 통하는 경우, 나는 더 이상 알지 못한다. 베르그손은 여기서 우리가 자기 자신에 대해 갖는 "혼잡한 본원적 직관"[33]에 대한 탈신비화를 완수한다. 이제 그것은 명백히 우리 의식과 감관이 정립적인 방식으로 인격과 관계 맺기를 삼갈 때 지각되는 내용과 동일시된다. 자신을 알고자 한다는 명목으로 자신으로 존재하기를 그치지 않고 다른 사물에 전념할 때, 행동을 방기한 채로 자기 관조를 추구하지 않을 때, 인격은 스스로에 대해 현전한다. 다시 한번 플로티노스와 그 후예들의 입장을 전복시키면서, 행동은 관조보다 **덜한** 것이 아니라 **더한** 것이라고 말해야 할 것이다. 따라서 우리는 이 세계 속에서, 타인들 속에서 행동할 때 진정으로 우리 자신이 된다. 인격은 "행동이고", "인격의 본질은 이 행동 자체이다".[34] 행동이 인격의 실존이라 말할 수도 있을 것이다. 자기 자신에게 되돌아가 스스로를 분석하는 일은 행동에 동반되는 어렴풋한 자기 현전을 사라지게 만든다. 이 자기 현전은 직관의 비스듬한 시선을 통해 흘긋 볼 수밖에 없다. 요컨대 직관이란 본질적으로 실천적인 정체성을 지닌 우리의 인격에 대해 가질 수 있는 유일한 **테오리아**다.

철학이 인격성을 하나의 문제로 고찰했다는 이유만으로 철학의 시선으로 대상화된 인격은 무수한 상태로 분해되었고, 혹은 적어도 인격 속에 내포되었던 통일성과 다수성이라는 항들을 전개시켰다. 그런 뒤에 철학은 이 문제에 다양한 응답을 제시할 수 있었으나, 인격을 대체한 수렴하는

한에서만 존재하는 것처럼 보인다."

32 같은 책, 4쪽.

33 〈형이상학 입문〉, 《사유와 운동》, 194(223)쪽.

34 〈변화의 지각〉, 《사유와 운동》, 163쪽, n. 1(189, 각주1).

다발의 도식은 이미 대립되는 항들을 응고시킴으로써 대립을 화해 불가능한 것으로 전환시켰다. 실제로 "어떻게 논리적으로 상호 배제적인 항들이 서로 합쳐질 수 있을 것인가?"[35] 하나는 논리적으로 여럿일 수 없고, 그 역도 마찬가지다. 되돌릴 수 없는 단절이 자아의 상징적 표상을 필연적으로 둘로 쪼갠다. 그렇기 때문에 간극을 해소할 수 없었던 형이상학 전통은 결국 "각각의 인격성 속에서 상이한 두 자아를 구분해야"[36] 했던 것이다. 칸트 자신과 그 이후의 경험적-초월론적 이중체 속에서도 이러한 자아의 분리scission, 자아분열*Ichspaltung*의 흔적이 재발견된다. 따라서 이러한 "충격적인 대문자 나Je의 분열증"[37]은 그저 이미 문제에 담겨 있던 원죄를 응답 속으로 옮겨놓은 것에 불과하다. 그것은 문제에 대한 해결책을 자처하는 대신, 인격의 통일성과 동일성을 사유하는 데 실패했음을 내보이는 징후로 여겨져야 했을 것이다.[38]

주체에 반하는 인격: 자아의 시간적 요소들

베르그손이 인격과 자아라는, 누군가는 낡았다고 말할 법한 개념들을 다시 사용하는 이유는 주체와 대상이라는 전통적인 분할이 품고 있는 난

35 심리학 강의, 앞의 책, 1898, 17쪽.
36 《잡문집》, 1078쪽.
37 장뤽 마리옹, 《데카르트적 물음들》, 1991, PUF, 157쪽.
38 베르그손 자신도 《시론》에서 심층 자아와 표면 자아를 구분하고 있다고 말할 것인가? 그러나 표면 자아는 경멸적인 의미를 조금도 담고 있지 않다. 그것은 단지 자아의 한 측면을 가리킬 뿐이다. 표면 자아란 단지 심층 자아와 동일한 자아가 "그 표면에서 외부 세계를 접촉하고"(93쪽), 외부 세계를 공간적으로 포착하는 경우를 말한다. 따라서 "여기서 우리가 인격을 둘로 나누어, 앞서 배제했던 수적 다수성을 다른 형태로 도입하고 있다고 비난해서는 안 될 것이다"(103쪽). "보다 심층적인 이 자아는 표면적인 자아와 하나의 동일한 인격을 이루기"(93쪽) 때문이다. 게다가 베르그손이 "상이한 두 자아"(173쪽)를 상정해야 할 때, 그는 오직 병치된 부분의 형태로 외부 세계를 이해하는 것처럼 인격을 이해할 때 인격을 대체하는 상징적인 분신에만 인격을 대립시킨다. 인격의 상징적 분신은 표면 자아가 아니라 자아의 비실재적 산물, 인위적 자아를 가리킨다. 경험적 자아와 초월론적 주체를 나누는 고전적인 분리는 오직 인위적 자아라는 이 환영적 개념에만 적용될 수 있다.

점들을 회피하기 위한 것이다. 차후에 아무리 공들여 개념화한다 해도, 이 분할은 필연적으로 언어의 자연적 재단이 남긴 흔적을 지니고 있다. 우리가 어떤 언어를 사용한다 해도 마찬가지다. 여기에 내재된 논리는 "아리스토텔레스에 의해 단번에 공식화"되었다. "주체는 **그것이 명명된다는 사실만으로** 불변하는 것이라 규정된다. 변화는 주체에 대해 차례로 긍정되는 상태들의 다양성 속에 놓일 것이다."[39] 인격은 인격성을 상실하는 경우에만 주체가 된다. 인격성을 상실한 인격은 안정적인 지지물로 전환되어, 이를 서술하는 질들이 거기에 덧붙는 것 이상으로 떨어져 나오기 때문이다. 어떤 주체성 이론을 통해 주체가 숭고화될 수 있다 해도, 처음에 주체를 규정했고 지금도 여전히 암암리에 주체를 규정하는 문법적 지시체가 계속해서 주체에 불변적 동일성을 부여할 것이다.

엄격히 말해, 주체가 가로지르는 심적 상태들에 앞서 선재하는 주체가 존재하지 않는 이유는, 인격이 이 상태들의 짜임을 통해 구성되어 상태들로부터 수용되어야 하는 것이기 때문이다. 따라서 의식 상태가 본질상 인격적 형식을 띠거나 인격적 형식을 띠려 할수록, 의식 상태는 어떤 주체 없이도 존재할 수 있게 된다. "어떤 심리적인 사실이 존재할 때, 이 상태가 향하는 잠재적 중심과도 같은 것이 동시에 존재한다. 그것은 이 상태와, 다른 실재적이거나 가능적인 상태들이 수렴하는 지점이다."[40] 달리 말하면, 우리가 인격이기 때문에 의식 상태들을 갖는 것이 아니다. 의식 상태들이 그 지속으로 인해 다른 상태들과 응집되는 경향이 있기 때문에 하나의 인격성이 형성되는 것이다. 베르그손은 이를 뒷받침하기 위해 병리

39 〈서문〉, II, 《사유와 운동》, 73(88)쪽(필자의 강조). cf. 장루이 비에이야르바롱, 〈베르그손과 후설에서 자아〉, in 장프랑수아 마테이 편, 《프랑스어로 철학하기》, PUF, 2001, 328쪽. "베르그손은 선재하는 주체와 대상의 이분법 속에 빠지지 않기 위해 주체라는 말을 회피하는 경향이 있다. 반면 후설은 심리주의에 빠지지 않기 위해 자아라는 말을 회피하는 경향이 있다. '일상적 의미에서 자아는 경험적 대상이기 때문이다.'"

40 심리학 강의, 앞의 책, 1898, 11쪽.

적인 사태를 인용한다. 어떤 관념이나 이미지가 평소에는 그 안에 용해되어 있던 흐름에서 실재적으로 떨어져 나와, 그 주변에 다른 의식 상태들을 병합시켜 두 번째 인격성을 형성하는 경우가 있다. 《시론》은 이미 "그 요소들이 서로 상호침투하면서도, 자아라는 밀집된 덩어리 속으로 결코 완전히 용해되지 않는 복잡한 (…) 계열들"을 언급한 바 있다.[41] 잘못 이해된 교육은 이런 식으로 자아의 연속성 속에 어떤 역동적인 배열séquence을 고립시킬 수 있다. 교육이 잘못 이해된 채로 남아 있는 한, 이 배열은 자아의 중심에서 벗어난 어떤 '기생적 자아'의 형태를 취할 것이다. 그리고 기생적인 자아들의 진정한 군락이라 부를 수 있을 법한 인격의 어두운 심층부에서 이러한 상태들 일부가 항상적으로 지속하는 것이 아니었더라면, 인격은 병리적 동요를 겪었을지도 모른다. 베르그손은 그의 말마따나 "자신이 평생을 바쳐 연구한 이 자아"[42]의 심화를 따라 점점 더 이러한 병리적 동요들을 고려에 넣게 된다.

이 모든 상태 속에 인격이 존재하기 때문에, 혹은 적어도 그런 경향이 있기 때문에, 인격의 세계 속 행동에 바탕이 되는 이 흩어진 총체성 없이는 인격의 개체성을 이해할 수 없다. 초월론적 지위를 지니고 조망하는 외적 주체의 외딴 삶과는 달리, 인격의 관여는 그 모든 상태에 있어 몸도 마음도 무릅쓰고 스스로를 완전하게 노출시킨다. 인격은 자신을 세계로 데려가는 이 신체에서 벗어나 자신의 가장 우월한 부분에 숨을 수도 없다. 기실 "자아를 채우고 있는 모든 것을 자아에서 비워낸다면, 자아가 무엇이 될 것인지 알 수 없다. 우리 존재의 단순성과 접촉하는 의식적 생의 몇몇 예외적 상태를 내세우는 것은 헛된 일이다".[43] 메를로퐁티처럼 베르그손에게서 "나*Je*를 어디서 찾아야 하는지"[44]를 묻고, 베르그손이 나를 신체

41 《시론》, 3장, 125쪽. 이 기생적 자아들의 이차적인 형성을 앞서 언급한 자아의 두 측면(심층 자아와 표면 자아)과 혼동해서는 안 된다.
42 앙토냉달마스 세르티양주, 《앙리 베르그손과 함께》, Gallimard, 1941, 37쪽.
43 앙리 베르그손, 심리학 강의, 앞의 책, 1898, 15쪽.

에 붙들어 매지 않았다고 비난해서는 안 된다. 오히려 베르그손에게 "자아가 없는 곳이 어디인지" 물어야 한다.

그렇지만 분석이 추상적으로 추출하는 객관적 규정들의 합계보다 우리의 인격성이 언제나 더 큰 것, 이 규정들의 합계와는 다른 것이라면, 그래서 인격성은 오직 곁눈으로만 직관적으로 포착될 수 있다면, 이 혼합된 덩어리에 무언가를 덧붙이는 즉시 동시에 무언가를 떼어내게 되는 것은 아닐까? 그렇다면 이에 대해 말하기를 포기해야 하는 것일까? 그 경우 우리는 유일하게 탐구의 시작점에 놓일 수 있는 것을 탐구의 종점에 두는 오류를 범할 것이다. 베르그손은 결코 직관을 위해 분석을 버려야 한다고 말하지 않았다. 그는 단지 분석이 진정한 분석이 되기 위해서는 직관에 선행하는 것이 아니라 후행해야 한다고 말했을 뿐이다. "직관에서 분석으로 나아갈 수는 있지만, 분석에서 직관으로 나아갈 수는 없다."[45] 엄밀히 말해 분석의 원천으로 기능하는 직관이 없다면, 분석은 분석이 아니라 그저 파편화에 불과할 것이다. 하지만 분석이 먼저 "전체에 대한", 즉 우리 인격성에 대한 "본원적 직관" 속으로 내려간다면, 인격을 **부분들***parties*로 파편화하는 대신 **요소들***éléments*로 분석하는 일이 가능해질 것이다.[46] 부분이란 배치를 통해 전체를 구성하는 실재적인 "**구성 요소**"다. 반면, 요소란 "**메모**", "**부분적 표현**", "**부분적 표기**", 요컨대 전체에 대해 취한 "**시각**"이다.[47] 따라서 인격은 전혀 형언할 수 없는 것이 아니다. 직관에 의해 제시

44 모리스 메를로퐁티, 《심신 결합》, 강의 노트(1947-1948), 장 드프룅 편, Vrin, 1978, 84쪽.

45 〈형이상학 입문〉, 《사유와 운동》, 202(233)쪽.

46 [역주] "이 고립된 심리 상태는 하나의 소묘이자 인위적 재구성의 시작점일 뿐이다. 사람들은 어떤 요소적인 측면에서 고찰된 전체에 특별히 관심을 갖고 유념하여 주목하였다. 그것은 부분이 아니라 요소다. 요소는 파편화가 아니라 분석을 통해 획득된다"(같은 책, 192(221)쪽). 이 구절은 일반적으로 전체의 실재적 부분을 인위적 요소로 대체하는 분석 작업에 대한 비판으로 읽히곤 했다. 하지만 저자는 여기서 직관의 소여에서는 드러나지 않는 절합 구조를 추출하는 분석의 역량을 재발견하려 한다.

47 같은 책, 192, 193, 203(221, 222, 234)쪽.

되었을 뿐 여전히 불분명한 인격의 흐름 속에서 절합적 구조의 스케치를 가능케 하는 요소들을 추출할 수 있다.

베르그손이 인격을 서술하는 데 사용하는 요소들의 목록이 강의와 해에 따라 변화하는 이유는 이런 식으로 설명될 수 있다. 이 목록이 확장되는 이유는 한편으로는 각 저작이 그것이 위치한 사실들의 질서에 따라 [인격의] 특정 측면을 조명하기 때문이고, 다른 한편으로는 인격의 실재성을 총망라하는 일이 불가능하기 때문이다. 그래도 두 가지 지적을 통해 인격에 접근하는 방식을 더 잘 한정할 수 있을 것이다. 먼저, 포착되어야 하는 전체는 구체적 지속 속에 잠겨 있는 것이기에 전체를 이루는 요소들은 본질적으로 시간적이어야 할 것이다. 전체를 공간 속에서 재구성하는 부분들이 지니는 정적인 성격은 시간의 세 차원(현재, 과거, 미래)을 결여할 수밖에 없으나, 인격은 이 차원들 속에서 구조적으로 굴절되어야 한다. 다음으로, 베르그손은 이전의 문제에 제시된 해결책 속에서 새로운 문제를 만나는 경우에만 그 문제를 다루기 때문에, 전체를 이루는 요소들이 열거될수록 이 요소들이 인격의 깊이 속에서 점점 더 서로 뒤얽힌다. 최종적으로 발견된 시간적 요소가 다른 모든 요소를 포함하면서도 더 심원한 통일성을 드러내 주는 것이다.

(i) 첫 번째 요소는 나의 현재에 대한 지각이다. 아이의 경우 인격성과 동일시되곤 하는 이 최초의 요소는 "내가 나의 신체에 대해 갖는 의식"[48]으로 요약된다. 《시론》에서 순수지속은 먼저 "지속하는 현재"[49] 속으로 집중되었다. 분명 베르그손은 일차적으로 나의 자유로운 인격성에 의한 지속의 능동적 인수보다는 자아 안에서 수동적으로 흘러가는 지속에 주의를 기울이려 했기 때문에, 인격성이 그저 살아가기를, 신체가 외부 세계와의 접촉 속으로 진입하지 않기를 관념적으로 요구하였다. 그러나 이 현

48 《물질과 기억》, 3장, 153쪽.
49 〈변화의 지각〉, 《사유와 운동》, 170(196)쪽.

재는 여전히 "우리 실존의 물질성 자체"[50]를 구성하고 있었다. 현재란 온갖 부류의 감응들 일선에 놓인 우리의 유기적 감각들, 즉 신체의 여러 지점(표면, 근육, 내부)으로부터 받아들인 모든 종류의 감각이다. 이를 통해 "감성의 일반적 기조"[51]가 구성된다. 이것이 우리 인격성의 주도적 요소라 할 수는 없다. 그럼에도 이 기조의 변형은 즉각적으로 우리 자아에 대한 감정을 변질시킨다. 인격은 세계에 스스로 **현전하는** 즉시, 신체를 부여받아 신체의 동요에 전적인 영향을 받게 된다. 심지어 정신이상을 통해 인격 자체가 상실될 위험도 있다. 표면뿐만 아니라 깊이에서도 지각되는 이 신체는 베르그손이 리보에게 빌려 온 표현에 따르면 "내 인격성의 물리적 기초"[52]가 머무는 자아의 이미지를 드러낸다. 인격은 자기 확신적 주체 위에 세워지는 것이 아니라 신체의 불확실한 첨점 위에서 일시적인 균형을 발견한다.

달리 말하면 신체는 고대인들이 생각했던 개체화의 원리가 아니지만, 마찬가지로 내 인격의 익명적 바탕도 아니다. 액자가 액자에 끼워진 그림에 부합하는 것처럼, "물리적 인격성은 끊임없이 정신적 인격성을 어느 정도 번역한다".[53] 물론 "다른 사람이 찍은 사진에서 자기 자신을 알아보기 어려운 것처럼, "우리가 자신의 생김새에 대해 갖는 이미지는 흐릿한 이미지로 그친다." 그럼에도 "인격성은 생김새와 신체를 통해 전적으로 표현되려 했을 것이다".[54] 게다가 "초상화보다 더 닮은 캐리커처"[55]가 존

50 《물질과 기억》, 3장, 154쪽.

51 심리학 강의, 앞의 책, 1892-1893, 285쪽. 베르그손은 리보를 인용한다. "먼저 호흡에 결부된 감각들, 예컨대 신선한 공기가 만들어내는 안락의 감정이 있다. 식도로부터 오는 감각, 그리고 영양 상태에 결부된 더 일반적인 감각들이 그다음에 있다. (…) 일반적이고 국소적인 혈액순환은 아마 심리적으로 가장 큰 영향력을 미치는 기능일 것이다. 여기에 더해 근육의 상태 등에서 유래하는 유기적 감각들을 떠올려 보자."(리보, 《인격성의 질병들》, Alcan, 1885, 1장, 25-26쪽).

52 《물질과 기억》, 1장, 63쪽.

53 〈인격성〉에 대한 마드리드 강연, 《잡문집》, 1216쪽.

54 〈인격성〉에 대한 콜레주 드 프랑스 강연, 앞의 책, 1번 노트.

55 《웃음》, 20(34)쪽.

재한다면, 그것은 캐리커처의 기예가 자연의 방향을 끝까지 밀고 나가 인격성을 순전한 물질성 속에 가두어두는 데 있기 때문이다. 이런 면에서 캐리커처는 초상화보다 우월성을 갖는다. 초상화가 존중해야 하는 얼굴의 운동이 현재의 물질성으로 환원되지 않는 자유로운 인격성을 드러내기 때문이다.

(ii) 두 번째 요소는 나의 과거에 대한 기억이다. 이 두 번째 요소는 나의 현재 상태에 밀착해 있지만, 여기서 정신은 넓게 펼쳐져 신체 밖으로 넘쳐 흐른다. 신체가 인격성의 물리적 기초라면, 기억은 인격성의 "지성적 질료"[56]다. 내 현행적 의식의 명료한 영역 주위를 둘러싼 모호한 후광과도 같은 정신은, 자신의 성긴 조직 속에 스스로를 반영함으로써 자기 자신을, 그리고 [자신이 마주하는] 사태들을 자신의 모든 개인적 역사로 물들인다. 《물질과 기억》은 물질로 환원될 수 없는 순수기억의 총괄적 존속을 주장함으로써 인격성에 본질적인 요소를 하나 덧붙인다. 베르그손은 병리학을 끌어들여 이 점을 한 번 더 실험적으로 증명한다. "인격성의 동요와 기억의 질병은 서로를 함축한다."[57] 따라서 인격이 기억과 동일시되는 것은 아니지만, 인격이 자신의 인격성에 대해 갖는 감정에는 기억이 포함된다.

실제로 인간의 인격은 "완전히 순수한 현재 속에서 살아가지" 않는다는 사실을 통해 "하등동물"[58]과 구분된다. 인간의 인격은 순간의 자극들에 즉각적으로 반응하지 않음으로써 미래를 가질 수 있다. 인격이 더 깊은 과거를 향해 탈자적으로 나아갈수록 미래는 점점 더 정확해진다. 과거와 현재라는 두 요소는 인격 속에서 절합되고, 이것이 바로 그 유명한 원뿔의 이미지가 드러내는 사태다. 기억의 총체는 다양한 기조로 반복되어

56 심리학 강의, 앞의 책, 1892-1893, 286쪽.
57 같은 책, 5쪽.
58 《물질과 기억》, 3장, 170쪽.

꼭짓점에 모여드는 경우 우리의 성격 속에 존재하고, 밑면 쪽으로 나아갈수록 점점 더 명시적인 표상들로 분산되어, 결국 밑면에 이르러서는 표상들을 서로 줄지어 늘어놓는 꿈속으로 흩어진다. 하지만 이 이미지가 지닌 암시적인 힘은 뒤집힌 원뿔을 그려내는 데 있다. 원뿔은 꼭짓점으로 선다. 이때 꼭짓점과 밑면은 그 이름을 교환한다. 아무리 단순하다 해도 아주 넓은 밑면에 견고하게 놓여 있던 주체와는 달리, 인격은 "자신이 지지하는 것에 비해 훨씬 좁은 밑면에"[59] 기대고 있다. 가장 큰 것이 가장 작은 것에 의존하는 것이다. 그렇기 때문에 인격은 꿈꾸기 위해 행동을 떠나야 하는 것이 아니라 인격의 물리적 첨점을 향해 나아갈 때만 통일성을 획득할 수 있다. 기억의 막대한 덩어리는 물리적 첨점의 좁은 통로를 지나기 위해 수축되어야 한다. 인격이라는 팽이가 세계라는 유동적 평면 위에서 균형을 유지하기 위해서는 그 덩어리의 분포를 끊임없이 변화시켜야 하는 것이다(수축과 회전).

> 의식을 통해 나 자신을 붙잡으려 할수록, 나는 내 과거의 총체화, 혹은 총괄 *Inbegriff*과 같은 것이라 여겨집니다. 이 과거가 행동을 위해 수축된 것이죠. 제가 보기에 철학자들이 말하는 '자아의 통일성'은 주의의 노력을 통해 나 자신이 수축되는 어떤 첨점, 혹은 꼭짓점의 통일성과 같은 것입니다. 이 노력이야말로 생 전체에 걸쳐 계속되는 것, 제가 보기에는 생의 본질 자체를 이루고 있는 것입니다.[60]

달리 말하면, 산다는 것은 적어도 이중의 경계警戒를 요구한다. 현재에 대해 깨어 있는 것에 더하여, 현재와 과거가 서로 상응하도록 "무의식적

59 〈의지의 이론들〉에 대한 콜레주 드 프랑스 강의, 《잡문집》, 720쪽.
60 〈윌리엄 제임스에게 보내는 편지, 1903년 3월 25일〉, 《잡문집》, 588쪽.

인 과거의 총체를" 꿈꾸는 대신 "감시해야*watching*"[61] 하기 때문이다. 기억 상실의 몇몇 사례는 그러한 자기 총체화를 위해 필요한 노력을 기울일 수 없었다는 사실을 통해 설명된다. 인격은 기억과 동일시되는 것이 아니라 행동 속에서 자기 자신을 의식함으로써 스스로를 현재와 과거로 시간화하는 것이다. 그렇기 때문에 자기인식이 언제나 우리를 과거의 자기 자신, 더 이상 자기가 아닌 자기로 대상화하는 반면, 오히려 자기 망각은 우리의 과거를 외부성에 결부시키는 현재적 행위를 통해 우리 자신을 붙잡게 해준다. 꿈속에서처럼 자기 자신을 관조하는 이는 모든 미래로부터 단절된다. 너무 빨리 자기를 알고자 하는 이는 생과 행동의 의지를 상실한다. 루소가 《고백》을 저술했던 이유는 심기증心氣症으로 인해 자신이 언제나 마지막 말을 하고 있다고 믿었기 때문이다. 베르그손 또한 죽음을 앞둔 이가 최종 순간에 보는 파노라마적 영상을 언급하지 않는가. 여기서 인격은 생의 총체를 단번에 목격한다. 하지만 물에 빠진 사람이나 목을 맨 사람에게 이러한 총괄적 자기인식이 펼쳐진다면, 그 이유는 이들이 이미 살고 행동하기를 멈추었기 때문이다. 그들은 죽어가면서 이미 자신의 죽음을 받아들인다. 그때 기억들은 사방으로 흩어지고, 인격이 총괄*Inbegriff*하여 포착하던 동일성은 기억들의 세부 내용을 살펴보는 와중에 망실되고 만다. 엄밀히 말해 인격성의 요소는 고유한 의미에서의 기억들(이 기억들은 "다른 것일 수도 있었다"[62])이라기보다는 이 기억들을 가로지르는 포괄적인 의미 속에 놓여 있다.

(iii) 더 본질적인 요소는 미래를 향한 약동이다. 앞선 두 요소의 결합을 가능케 하는 것이 바로 이 약동이기 때문이다. 《창조적 진화》는 생의 약동을 발견하고, 후에 베르그손은 생의 약동을 우리의 인격 속에 존재하

61 〈인격성의 문제〉, 《잡문집》, 1082쪽.
62 〈인격성〉에 대한 콜레주 드 프랑스 강의, 《잡문집》, 1번 노트. "우리의 기억들이 정확히 동일하지는 않아도, 인격성이 여전히 동일했을지도 모른다."

는 "내적 약동(추동력)"[63]으로 정교화한다. [이처럼] 생의 약동은 우리의 의지, 욕망, 극도로 다양한 경향들을 포함한다. 《물질과 기억》은 수행될 행위에 앞서 인격이 어떤 방식으로 행위를 준비하는지(지각과 기억) 설명했으나, 엄밀한 의미에서의 결단은 여전히 어둠 속에 남겨두었다. 그러나 결단이 없다면 행위로의 이행이 불가능할 것이다. 《물질과 기억》에서 인격은 기다림의 태도를 취하고 있었다. 하지만 인격이 도달해야 할 지점까지 나아갈 추진력을 이미 어떤 약동으로부터 얻은 것이 아니었다면, 실제로 인격이 행동해야만 할 이유는 전혀 없었을 것이다. 《물질과 기억》에서 《창조적 진화》로 나아감에 따라, 의식은 더 이상 주저만으로 규정되지 않는다. 그것은 "주저 또는 선택을 의미"[64]하게 된다. 책 쓰기의 사례를 떠올려 보자. "써야 할 다른 책을 발견하는 경우에만 책 쓰기를 끝맺을 수 있다. 이 사실이 보여주는 것처럼, 이론적으로는 어떤 행동이건 무한정한 시간을 들일 수 있다. 제한은 다른 것으로 넘어갈 필요를 통해, 즉 현재 순간을 넘어 아직 존재하지 않는 것에 자리 잡도록 만드는 인간 영혼의 내재적 운동을 통해 생겨난다."[65] 우리는 우리가 나아가려는 지점에 이미 도달해 있다. 우리는 이 미래로부터 현재로 되돌아와, 행동을 예비하는 근거들이 아무리 미흡하더라도 단호하게 현재 속에서 행동한다. 따라서 과거가 현재의 문을 두드리기 위해서는, 먼저 인격을 미래로 추진시키는 생의 약동이 과거를 실어가야 한다. 이것이 바로 "시간이 지닌 고유하게 시간적인 요소"[66]인 동시에, 앞선 두 요소를 포괄하는 우리 인격성의 심층적 요소다. "과거의 총체를 모아들이고 미래를 창조하는 연속적인 전진 운

63 〈인격성의 문제〉, 《잡문집》, 1083쪽.
64 《창조적 진화》, 145쪽.
65 〈인격성〉에 대한 콜레주 드 프랑스 강의, 앞의 책, 2번 노트, 43쪽. 또한 《잡문집》, 864쪽을 참조하라.
66 장프랑수아 마르케, 〈베르그손적 지속과 시간성〉, 앞의 책, 88쪽.

동, 이것이 바로 인격의 본질적 본성이다."[67]

《창조적 진화》의 초반부는 인격성을 주제로 앞선 저작들의 성과를 요약하면서도, 미래의 관점에서 그것을 재조명한다. 인격은 우선적으로 미래 쪽으로 던져지고, 미래에 대한 예감이 없다면 인격은 '자기에 의한 자기의 창조'가 아닐 것이다. "따라서 우리 행동이 우리의 존재에 의존한다는 사람들의 말은 옳다[이것이 바로 《시론》과 《물질과 기억》의 입장이다]. 하지만 우리의 존재가 또한 어느 정도는 우리의 행동임을, 우리가 우리 자신을 연속적으로 창조한다는 점을 덧붙여야 한다[이것이 바로 《창조적 진화》의 입장이다]."[68] (미래를 향한) 긴장의 의지적 노력으로 굴절되어 스스로를 앞지를 수 있게 해주는 약동이 없다면, 자기 자신을 만드는 장인인 인격은 (자기를) 창조할 수 없을지도 모른다. "우리는 하나의 이상을 따라 자신을 세공한다. 마땅히 따라야 하는 자아의 이미지가 실재적 자아의 표상에 혼합되는 것이다."[69] 예술가는 작품을 창조하는 것만큼이나 작품에 의해 창조된다. 어떤 의미에서는 예술가가 되어가는 것에 작품 자체가 결부되어, 예술가로부터 유래한다기보다는 예술가의 본질에 덧붙여지기 때문이다. 요컨대 예술가가 자신의 과거 속에 존재하는 것보다 더 많은 것을 끌어낼 수 있는 이유는, 자신을 이루는 예감의 약동이 과거의 순간들을 수축시켜 새로워진 과거의 순간들을, 혹은 오히려 [진정으로] 새로운 무언가를 현재의 좁은 첨점에 도입하기 때문이다.

그럼에도 우리의 인격이 내적으로 다시 취하는, 지성성에 스며든 약동을 개체들을 가로지르는 생의 약동과 대립시켜서는 안 된다. 오히려 인격은 생의 거대한 흐름 속에 기입되어 이 흐름을 의식적으로 연장한다. 이로부터 중대한 귀결들이 도출된다. 실제로 인격을 형성하고 의지할 힘을

67 〈인격성의 문제〉, 《잡문집》, 1081쪽.
68 《창조적 진화》, 1장, 7쪽.
69 심리학 강의, 앞의 책, 12쪽.

부여하는 것이 또한 인격을 넘어섬으로써 탄생과 죽음이라는 두 극단을 자신 안에 갈음할 수 있는 완벽하게 구분되어 닫힌 개체성의 형성을 막고 있다고 말해야 하지 않을까? 한편으로는 어떤 예측된 결말도, 죽음조차도 인격을 닫힌 것으로 만들 수 없다. 인격을 가로지르는 약동은 물론 유한한 것이지만, 최소한 인격은 약동이 지닌 초과분의 생을 통해 죽음 너머를 전망할 수 있게 된다. 다른 한편, 태고의 과거에서 쏘아진 미래의 화살이 과거와 함께 우리를 미래로 데려간다. 인격은 미래와 과거를 소유하지만, 부분적으로는 이 미래와 과거에 자기 자신을 빼앗긴다. 인격은 살짝 열린 총체성이기에 우리가 무엇인지[현재] 알기 위해서는 우리가 어디서 왔는지[과거], 우리가 어디로 가는지[미래]를 함께 물어야만 한다.

> 우리는 무엇인가? 우리의 성격이란 무엇인가? 우리가 탄생 이래로 살아낸 역사의 응축이 아니라면 말이다. **탄생 이전부터라고도 할 수 있을 것이다. 우리는 출생 이전의 기질들도 가지고 있으니까.** 물론 우리의 사유는 극히 일부의 과거에만 관계한다. 그러나 우리의 욕망, 의지, 행동은 **본원적 영혼의 굴곡까지 포함하는** 우리의 과거 전체를 통해 이루어진다.[70]

우리 안에는 오롯이 우리의 것만은 아닌 어떤 역사가 적어도 성향이라는 형태로 응축되어 있다. 우리는 무엇보다도 우리의 과거로 가득 찬 우주의 역사를 통해 늙어간다. 인격은 "본원적 영혼의 굴곡"을 지니고 있다. 그렇기 때문에 아버지가 살면서 배운 것은 본디 전혀 아들에게 전달되지 않는 반면, 아버지가 일시적으로 보유하던 "원초적인 약동",[71] 약동의 성향과 기질은 모두 아들에게 전달된다. 《빅토르마리, 위고 백작》에서 페기는 비장하게 고백한다. "내 뒤에 있는 너무 많은 노인이 평생 구부정하게

70 같은 책, 1장, 5쪽.
71 같은 책, 80-81쪽을 보라.

허리를 구부려 포도나무를 묶었다."[72] 40세의 페기는 선조들이 새겨 넣은 성향에 붙들려 농부가 되지 않을 수 없었다. 그는 젊었을 적에 바랐던 고고한 학문적 우아함을 갖는 대신, 선조들과 마찬가지로 땅에 닿을 때까지 허리를 구부려야 했다. 토마스주의자들이 한동안 베르그손에게 제기할 비판은 신과 인격 사이에 이러한 우주적 영혼을 개입시켜 우리 성격의 최심층부에 응축해 두었다는 것이었다. 베르그손에게는 이러한 태고의 과거, "현행적 생에 극도로 낯설고, 극도로 심층적인, 이 무한히 오랜 유전적 기억들"이 "우리 인격성의 비극적 요소"[73]를 이루고 있다. 극 예술의 과업은 이 비극적 요소를 드러내고, 더 나아가서는 연극적 표상을 통해 그러한 시간의 편린을 내비치는 데 있다. 요컨대 베르그손이 인격, 즉 우리 자신을 심화할수록, 그는 인격성이 두 극단으로 달아나고 있음을 발견한다. 인격은 총체화할 수 없는 총체성이기 때문에, 인격과의 절대적 합치는 포기해야 할 일이다. 점진적으로 나아갈 수밖에 없다. 기실 진정으로 자유로운 행동 중에도 "우리는 결코 자신을 온전히 장악하지 못한다".[74]

이처럼 인격은 어떤 잠재적인 총체성을 바탕 삼아 스스로를 의식한다. 이 잠재적 총체성은 실제로 과거와 미래를 향해 뻗어가면서도 이 종합의 보장을 위해 현재에 주어진 어떤 주체도, 어떤 기체도 필요로 하지 않는다. [이렇게] 인격의 최종적 요소를 드러내고 나면, 그것을 통일하는 원리는 인격을 미래로 추진시키고 과거를 붙잡아 현재를 구성하는 내적 약동에서 발견된다. 인격은 매 순간 변화하며, 모든 시간에 대해 굴절된다. 인격이란 현재 자신을 이루는 것(감응)이자 과거에 자신이었던 것(기억)이고, 미래에 자신이 될 것(의지)이다. 그러나 그것은 또한 자신이 될지도 모르는 것, 될 수도 있었을 것이기도 하다. "유아 시절의 인격성은 그 안에

72 샤를 페기, 《빅토르마리, 위고 백작》, La Pléiade, III권, 173쪽.
73 《웃음》, 3장, 123(162)쪽.
74 《창조적 진화》, 3장, 201쪽.

다양한 인격을 불가분적 형태로 통합하고 있었다."[75] 그것은 이 다양한 인격들의 전조다. "어머니는 아이에게서 아이의 미래를 볼 뿐만 아니라, 아이가 생의 매 순간 선택을, 따라서 배제를 강요받지 않았더라면 될 수도 있었을 그 모든 것을 함께 본다."[76] 그러니까 우리가 갖고 있는 인격성 말고도 "우리가 가질 수도 있었을 인격성들"이 모두 존재하는 것이다. 작가의 기예는 자신의 실제 인격의 이면에서 이 잠재적인 인격성들을 포착하는 데 있다. 셰익스피어의 인격성은 맥베스, 햄릿, 오셀로라는 인물들을 잠재적으로 포함하고 있었다. "그에게 단지 내적인 추동력에 불과했던 것이 상황이 잘 맞고 의지가 동하여 격렬하게 분출될 수 있었다면, (…) 셰익스피어는 이 인물들이 되었을지도 모른다."[77]

"인격으로 존재하는 것은 피곤한 일이다": 광기를 견디는 자아

> 사실을 말하자면, 경직적인 부동의 기체도 없고 무대 위의 배우들처럼 기체 위를 지나는 판명한 상태들도 없다. 단지 내적 생의 연속적 멜로디가 존재할 뿐이다. 이 멜로디는 의식적 실존의 시작부터 끝까지 불가분적으로 계속되고 있으며, 또 계속될 것이다. 우리의 인격성은 이 멜로디 자체다.[78]

칸트에서 후설에 이르기까지 초월론 철학은 비실체적 주체성을 사유하는 데 힘썼다. 반면 베르그손은 인격이 불가분적이고 연속적인 총체성으로서 내적으로 경험되는 방식 자체로 인해, 주체 없는 실체, 즉 "변화하

75 같은 책, 1장, 101쪽.
76 《도덕과 종교의 두 원천》, 1장, 41쪽, n. 1(63쪽 각주9).
77 《웃음》, 3장, 128(169)쪽. 또한 《잡문집》, 1217쪽과 844쪽을 보라. "어쩌면 발자크는 보트랭, 라스티냐크, 혹은 고디사르가 될 수 있었을지도 모릅니다. 다만 그는 그런 기회를 갖지 못했던 것이죠."
78 〈변화의 지각〉, 《사유와 운동》, 166(192)쪽.

는 것 없는 변화"[79]를 사유해야 했다. 이 실체는 자신이 가로지르는 모든 상태로 살찌워진다. 그러나 그것은 **어떤** 실체인가? 베르그손이 이를 더 상술하지 않고 그 소여를 긍정하는 데서 그쳤더라면, 이는 그저 존재로부터 박탈한 실체의 지위를 생성에 부여하고 주체에서 몰수한 실증성을 인격에 부여하는 일에 지나지 않았을 것이다. 그 경우 베르그손주의는 "형이상학에 대한 비판이라기보다는 주제의 변경에 불과"했을 것이다. "그저 존재의 내용이 바뀌었을 뿐이다."[80] 그러나 이 비판은 우리 인격성을 둘러싼 시간적 구조를 잊고 있다. 인격이 지속의 조직 자체로 이루어져 있다면, 역으로 지속의 차원들이 서로 절합되고 또 분해될 수도 있는 복잡한 장소는 인격 속에서 발견된다.

무엇보다도 "실체는 '기체'가 아닌 다른 방식으로 이해될 수 있고, 또 그렇게 이해되어야 한다".[81] 베르그손은 실체로부터 기저의 관념을 전부 벗겨내고, **아래로** 던져진 것*su*jet[주체]이나 **아래에서** 오는 것*sup*port[받침], **아래에** 펼쳐져 있는 것*sub*stratum[기체] 없이도 **존립**하는 것sub*stance*[실체]을 사유하는 어려운 과업을 떠맡는다. 주체나 받침, 기체는 실체가 똑바로 **존립**하기 위해 실체의 현상적 현현 아래에 던져진 것이었다. 이에 반해 실체성은 현상의 측면에서 아래sub가 없는 존립stance으로, 더 정확히 말하면 어떤 "**끈질긴** 존립*per*sistance",[82] "**항상적** 존립*con*stance",[83] 혹은 **내적** 존

79 같은 책, 164쪽.

80 제라르 르브룅Gérard Lebrun, 《개념의 끈기*La Patience du concept*》, 1972, Gallimard, 240쪽. 이 반론은 가외로 던져진 것이지만, 베르그손에게 제기될 수 있는 가장 근본적이고 중대한 반론이다. 르노 바르바라스는 〈경험의 전환점, 메를로퐁티와 베르그손〉(《경험의 전환점》, 46쪽 이하)에서 이 반론을 더 발전된 형태로 제시한다.

81 〈리오넬 도리악에게 보내는 편지, 1891년 7월 6일〉, 《서간집》, 20쪽. 또한 앙토냉달마스 세르티앙주, 《앙리 베르그손과 함께》, 37쪽을 보라. "저는 **사물**로서의 자아, 즉 부동적 자아에, 그리고 일반적으로 말하자면 타성적이고 정의 불가능한 **받침**으로서의 실체에 유감을 느낍니다."

82 〈변화의 지각〉, 《사유와 운동》, 164쪽, n. 1(189, 각주 1). 또한 〈형이상학 입문〉, 《사유와 운동》, 212쪽, n. 1(242, 각주 4)을 보라.

83 《도덕과 종교의 두 원천》, 1장, 8쪽.

립*in*sistance으로 주어진다. 즉 그것은 어떤 행위의 효과이자 어떤 긴장의 효과, 과거의 짐을 미래 쪽으로 밀어내는 이 내적 약동의 효과다. 현재의 유동성은 그저 인격이 가로지르는 투명한 매질일 뿐, 예감된 미래를 향해 나아가는 인격을 멈춰 세울 수 없다.[84] 요컨대 인격은 "능동적이지 않다고 가정될"[85] 때조차 결코 완전히 수동적인 것은 아니다. 항상적이기에 의식되지 않는 긴장이 인격에 스며들어 있기 때문이다. "인간 존재자로 존재하는 일은 그 자체로 하나의 긴장이다."[86] 의지가 수행하는 의식적 노력은 단지 고유한 의미에서 우리를 구성하는 이 최소의 노력을 강렬하게 만드는 것일 뿐이다. 인간의 고유한 능력이라 여겨지곤 했던 것들 중 상당수를 동물에게도 어느 정도 발견할 수 있다 해도, 연속적인 형태의 인격성에 요구되는 노력은 인간만이 기울일 수 있다. 이런 이유로 "인간만이 인격성을 갖고 있는"[87] 것이다.

달리 말하면, 우리 실체의 항상적 존립은 실체의 연속적 운동을 보장하는 요소들의 불안정한 균형을 은폐하고 있다. 이와 달리 질병은 아무것도 만들어내지 않고 더하지도 않지만, 그저 인격이 능력들의 상호 제한과 요소들의 절합을 통해 만든 균형을 제거하여 실체의 연속적 운동이 상실되도록 하고, 이를 통해 이 연속적 운동의 존재를 폭로한다. 우리를 통일하는 흐름은 사물과도 같은 충만한 실증성을 갖지 않는다. 질병을 통해 중단되거나 붕괴될 수 있기 때문이다. 병리학은 자기 존재의 고단한 노력을 **반대의 견지에서***sub specie contraria* 이해할 수 있게 만들어준다. "똑바로 서서 두 다리로 걷는 일이 아주 피곤한 것과 마찬가지로, 인격으로 존재하는 것

84 〈인격의 이론〉, 《잡문집》, 864쪽. "건강한 주체에게 현재란 유동적인 어떤 것, 주체를 멈춰 세울 수 없는 것이다." 더 정확히 말하면, 인격은 의지가 아직 도달하지 못한 저 너머를 향해 나아가는 데 필요한 저항을 신체와의 결합을 통해 현재에 부여한다 (871쪽).

85 〈형이상학 입문〉, 《사유와 운동》, 182(209)쪽.

86 〈인격성의 문제〉, 《잡문집》, 1082쪽.

87 〈인격성〉에 대한 마드리드 강연, 《잡문집》, 1224쪽.

은 피곤한 일이다."[88] 인격이 인격의 모든 상태 속에 존재하기 때문에, 질병은 인격 전체를 손상시키고 인격의 모든 상태에 영향을 미친다. 이것이 바로 인격의 동일성을 망가뜨리는 광기 발작이다. 이제 베르그손의 인격 이론은 자기 확신적 주체가 원리적으로 만날 수 없는 현상들까지 포괄하기에 이른다. 이제 광기가 자아와 주체를 판별하는 **쉽볼렛***schibboleth*[89]으로 제기된다.[90] 《창조적 진화》 이후, 인격성에 대한 베르그손의 강의와 강연들은 인격성의 장애를 둘러싸고 있다. 이론의 여지없이 인격성의 장애라는 주제가 인격의 문제에 대한 베르그손의 관심에 다시 불을 붙이고 있다. 인격성의 문제를 해소하는 것으로는 충분치 않다. 문제의 용어를 다시 벼리고 문제를 다른 방식으로 제기해야 한다. 베르그손은 《도덕과 종교의 두 원천》을 향해 나아간다. 이 저작은 오직 이 문제에 답하기 위해 작성된 것이다.

인격의 지위는 영속적인 노력을 통해 유지된다. 인격은 영속적 노력을 기울임으로써 생에 대한 주의가 데려가는 미래를 향해 자신을 투사한다. 인격의 탄생에는 이 노력이 일으키는 본질적인 피로가 동반되고, 어떤 이들에게 이 피로는 감당할 수 없는 것이다. [그럼에도] 병리적인 이상 현상은 인격의 붕괴가 아니라, 최초의 균형을 복원할 수 없는 경우 다른 균형을 재수립하기 위한 자연의 응답을 나타낸다. 미래를 향한 약동을 $\frac{1}{2}mv^2$이라는 식으로 표현되는 역학의 운동에너지에 비유해 보자. 자기 존재에 피로를 느끼는 인격은 자신을 구성하는 **추동***impetus*에 요구되는 노력을 경감시켜야 한다. 이때 인격은 미래로 던지는 과거의 **질량**을 감소시키거나(기억

88 같은 책, 1225쪽.

89 [역주] 집단의 구성원을 가르기 위해 사용되는 시험적 어구. 구약성경 〈사사기〉 12장 5-6절에서 길르앗 사람은 에브라임 방언에서 '쉽볼렛(שִׁבֹּלֶת, 시내 혹은 알곡)'의 'sh' 발음을 하지 못한다는 점을 이용하여 에브라임 사람을 구별한다.

90 후설은 인격을 주체라는 선험적 틀 속에서 사유했기 때문에 인격으로부터 "나라고 말할 수 있는 능력까지" 빼앗지는 못했다(에마뉘엘 우세Emmanuel Housset, 《후설의 관점에서 본 인격과 주체*Personne et sujet selon Husserl*》, 1997, PUF, 88쪽).

의 장애: 기억상실과 이중인격) 동일한 질량을 미래로 투사하는 추진의 속도를 감소시킨다(의지의 장애: 후에 분열증이라 불리는 정신쇠약).[91]

질병이란 치유의 시작이다. 인격성의 질병은 개체의 통일성에 반하는 특성을 전혀 드러내지 않는다. "인격성의 해리 증상이라고 여겨지는 것들은 대부분 그저 인격적 통일성이 '정신적 독성'에 저항하는 작용일 뿐이다."[92] 그렇기 때문에 잘못된 재인과 같은 몇몇 정상적 현상도 "정신적 삶의 총체 속으로 확장되고 용해되는 경우에는 정신쇠약이 될 수도 있었을 특정한 결핍을 특정 지점에 국재화시키기 (…) 위해 자연이 고안한 수단"[93]일지도 모른다. 데자뷔의 감정은 의식을 추동하는 약동의 약화, 의지의 감속에서 기인한다. 생에 대한 주의가 이완되는 경우, 의지는 미래를 향해 무한정 나아가는 대신 자기 자신을 향해 되돌아서려는 현재를 더 이상 막을 수 없다. 이 때문에 현재가 과거처럼 체험되고, 인식되는 동시에 재인되는 것이다. 데자뷔를 체험하는 사람은 "꿈"처럼 "견고함"이 없는 실재를 체험한다. 그것은 "자신이 자신을 보는 구경거리"[94]다. 이 경우 상황은 더 이상 실재에 들러붙지 않고, 우리는 실재와의 접촉을 상실한다. 데자뷔란 가장 해롭지 않은 생에 대한 부주의이지만, 데자뷔의 효과를 강조함으로써 생에 대한 주의의 기조를 꾸준히 감소시킨다면 정신쇠약의 병리적 장애들이 나타날 것이다. 베르그손은 그의 강의에서 이러한 장애의 증상들을 열거한다. 의심병, 전적인 자동성의 느낌, 행동에 대한 두려움, 편집증, 공포증 등.

이 증상들은 《도덕과 종교의 두 원천》에서 기술된 증상들(고독, 우

91 《잡문집》, 859쪽.
92 조셉 드세마르, 〈앙리 베르그손과의 대담〉 (1910년 12월 13일 화요일, 티욜가에 있는 그의 집에서), 두세 재단, BGN 2998 (1).
93 〈현재의 기억과 잘못된 재인〉, 《정신적 에너지》, 114(129)쪽.
94 같은 책, 149(168)쪽.

울, 미래에 대한 신뢰 상실 등[95])과 놀랄 만큼 유사하다. 이 증상들은 모두 생에 대한 주의의 이완을 통해 행동 능력을 손상시키고 미래를 닫아버린다는 공통점을 지닌다. 웃음이 개인적 주의의 감소에 대한 사회적 응답이라면, 도덕과 종교는 "병리적이고 비정상적인 사실들로 표현"되는 "종적인 주의의 약화"[96]에 대한 예방 수단을 제시한다. 인격이 그 자체로 스스로를 정초하는 것은 아니다. 인격은 안정된 주체로 존재하는 것이 아니라 인간 종이 타고난 불안정성 위에 놓여 있다. "우리는 불안정한 균형 상태로 살아간다. 그래서 신체나 정신의 평균적 건강을 정의하기가 곤란한 것이다."[97] 베르그손은 인격을 병리적이라 여기는 것이 아니다. 그저 몇몇 사람에게 병리적으로 나타나는 종적 나약함(의지의 결핍, 본질적 피로)에서 출발하여 인격을 고찰하려는 것이다. 게다가 이러한 종적 나약함을 치료하고 우리의 내적 약동이 미래로 향할 수 있도록 자연이 동원한 특별한 방책(의무 전체와 우화 기능)이 없었더라면, 이 종적 나약함이 모든 이에게 병리적으로 나타날 수 있었을지도 모른다. 종교religion와 의무obligation(베르그손은 당위devoir에 비해 이 말을 선호한다)라는 말의 어원에 '연결lien'의 의미가 분명히 드러난다는 점을 차치하더라도 [《두 원천》에는] '연결', '지탱', '밀착', '지지', '유발'과 같은 용어들이 반복적으로 출현한다.[98]

그러나 이 자기 결핍의 완화가 자연을 통해서만 이루어지는 것은 아니다. 우리 인격성의 취약함은 신비가의 건강과 대조를 이루고, 창조적 약동으로 돌아가는 신비가는 광기라는 인간의 구성적 가능성과 단절한다.

95 장크리스토프 고다르, 《신비주의와 광기》, 74쪽 이하를 보라.
96 〈현재의 기억과 잘못된 재인〉, 《정신적 에너지》, 146쪽.
97 《도덕과 종교의 두 원천》, 3장, 241(333-334)쪽.
98 예컨대, 《도덕과 종교의 두 원천》, 2장. 정적 종교는 "지성을 조명하기보다는 의지를 지탱하기 위해"(187쪽) 만들어진 것이다. 동적 종교는 "인간을 창조적 약동 속으로 되돌려 놓음으로써 인간에 새겨 넣은 운동 자체를 통해 인간을 지탱한다"(188쪽).

건강한 이sain(성인saint)는 신에 대한 "지칠 줄 모르는 사랑"[99]으로 불타오른다. 신비가의 호소는 우리에게 노력을 요구함으로써 우리를 지금보다 훨씬 더 피로하게 만들고, 심지어 심층적 감동을 유발함으로써 그 호소에 응답하게 만드는 경우에는 "우리를 기진맥진하게 만들지도"[100] 모른다. 기실 이러한 호소, 즉 사랑에는 스스로 하나의 인격이 되라는 부름이 존재한다. 마치 인격성은 그리스도를 필두로 한 신비가들 덕에 앞선 세 요소를 포괄하는 최종적 요소를 분유할 수 있는 것처럼 보인다. 그것은 "긴장되고 수축되어 점점 더 강렬해지는 지속", "생동하는, 결과적으로 운동하는 운동성"으로서의 지속이다.[101] 자신의 존재 자체로 영혼의 존속을 적어도 개연적인 것으로 만들 수 있는 이, 미래에 대한 신뢰를 이보다 더 잘 복원할 수 있는 이가 있을까?

철학은 인격성에 대한 물음을 필두로 하여 가장 생적인 물음들에 응답해야 하는 유일한 분과가 아니고, 가장 적합한 분과도 아니다. 그러나 적어도 베르그손의 철학은 이 물음들에 응답하려 한다. 우리는 어디서 왔는가? 우리는 생의 유일한 약동에서 왔고, 이 약동의 역사는 우리의 성격 속에 흔적으로 남아 있다. 본질적으로 유한한 이 약동은 소진을 막기 위해 그 자체로도 분할을 내포하지만, "판명한 다수성을 발생"시켜 "결과적으로 인격성을 촉발하는 물질"[102]과의 접촉을 통해 완전히 분할되었다. 우리는 무엇인가? 우리 자신은 흐름의 한 지류에서 생겨난 흐름이다. 창조적인 내적 약동이 우리 상태들의 절합적 시간 형식에 통일성을 부여하고 자연이 이 통일성을 불안정하게 유지하고 있기에, 우리는 우리의 모든 상태 속에 존재하면서도 구체적으로는 그중 어디에도 존재하지 않는다. 우

99 장루이 크레티앵, 《피로에 대하여*De la fatigue*》, 1996, Éd. de Minuit, 153쪽.
100 《도덕과 종교의 두 원천》, 3장, 226(312)쪽.
101 〈형이상학 입문〉, 《사유와 운동》, 210(242)쪽.
102 〈존 란드퀴스트에게 보내는 편지, 1911년 12월 18일〉, 《서간집》, 440쪽.

리는 어디로 가는가? 우리는 "신적인 것의 방향으로"[103] 나아간다. 기독교 신비주의는 이 방향을 가리키는 **이정표**일 것이다. 자연이 우리의 약동을 지탱하기 위해 만들어둔 이 일시적인 발판들로부터 벗어나려면 의지에 이 방향을 새겨 넣어야 한다. 인격으로 존재하는 데서 생겨나는 피로는 역설적으로 "우주, 즉 신들을 만드는 기계의 본질적인 기능이 우리의 반항적인 행성에서도 수행될 수 있도록"[104] 더 많은 노력을 기울여야만 해소될 수 있다.

103 《사유와 운동》, 64(78)쪽.
104 《도덕과 종교의 두 원천》, 4장, 338(468)쪽.

역자 후기

방법과 형이상학

> "저는 지속을 고대철학자들의 '영원'으로 데려가지 않습니다. 그 반대입니다. 저는 고대철학자들의 '영원'을 그것이 자리한 높이에서 내려오게 만들어 그것을 지속으로, 즉 무한정 부풀어오르고 풍부해지면서 자기 자신을 창조하는 무언가로 데려가려 했습니다."_앙리 베르그손[1]

이 책은 카미유 리키에의 저작《베르그손 고고학: 시간과 형이상학》을 완역한 것이다. 2007년 제출된 리키에의 박사학위 논문을 2009년 개정 출간한 이 책은 2000년대 이후 베르그손 연구에 주목할 만한 기여를 한 저작이다. 리키에는 베르그손의 충분히 주목되지 않은 편지들, 미간행 원고들, 심지어는 베르그손이 소장하던 책의 여백들까지 뒤져가면서 베르그손의 저작들을 독해하는 새로운 관점을 제시한다. 그의 독해는 베르그손의 저작들 가운데 어느 하나의 저작에 우위를 부여하지도, 저작들 간에 환원 불가능한 간극을 두지도 않고, 베르그손이 수행한 철학적 작업 전체에 내적 통일성을 부과한다. 그러나 또한 그는 이렇게 재발굴된 베르그손 철학의 통일성을 좁게는 현상학과, 넓게는 철학사 전체와 대면시킴으로써 베르그손 철학에 종종 결여되었던 철학사적 맥락을 풍부하게 재구성한다. 리

1 〈호레이스 칼렌Horace Meyer Kallen에게 보내는 편지, 1915년 10월 28일〉,《잡문집》, 1191쪽.

키에가 보기에 베르그손 철학은 기원을 특정할 수 없이 갑작스럽게 출현한 것도, 전통과 급격히 단절하며 완전히 새로운 철학을 개시하는 것도 아니고, 데카르트부터 이어지는 프랑스 철학의 연속적 맥락 속에서 형이상학의 갱신과 복권이라는 분명한 철학사적 의미를 지니는 것이다. 갓 졸업한 젊은 박사생의 학위논문이 곧장 프랑스대학출판의 에피메테 총서로 출간되었다는 사실은 리키에의 독해가 베르그손 연구에 미친 영향을 쉬이 짐작게 할 것이다. 이 짧은 글에서 저자가 수행한 작업의 전모를 샅샅이 밝힐 수는 없을 것이다. 여기서는 단지 이 책의 몇몇 주요한 논점들을 짚어보는 데서 그치고자 한다.

제일철학 없는 형이상학

이 책의 부제에서 우리는 이미 베르그손 철학을 이해하는 데 핵심적인 두 축을 발견한다: 시간과 형이상학. 베르그손 철학에서 이 두 관념은 어떤 관계를 맺는 것인가? 베르그손 철학에서 시간이란 무엇이며, 베르그손 철학은 어떤 의미에서 형이상학인가? 더 간단히 말하자면, '지속의 형이상학'이란 무엇인가? 리키에는 베르그손 연구사에서 계속적으로 반복되어 온 이 고전적인 질문에 고고학이라는 용어를 덧붙임으로써 전형적이지 않은 응답을 예고한다. 이 책의 제목, '베르그손 고고학'은 무엇을 의미하는가? 베르그손이 결코 사용하지 않았던 이 용어를 리키에는 어떻게 새기는 것일까?

'지속의 형이상학'은 주석가들의 관심과 의심을 동시에 유발했다. 베르그손의 주석가들은 베르그손이 영원하고 정적인 존재 위에 세워진 전통 형이상학을 기각하고 지속이라는 새로운 원리 위에 전적으로 새로운 철학을 세우고 있다고 주장했다. 그러나 이 새로운 철학에 여전히 형이상학이라는 이름을 남겨두었기에, 베르그손의 형이상학 비판은 충분히 철저하지 못한 것으로, 형이상학이라는 낡은 기획을 완전히 벗어던지지 못한 것으로 여겨졌다. 칸트가 형이상학적 원리들이 순수이성의 초월론적 환영으로부터 기인하는 이성의 변증임을 폭로한 이래, 우리 경험의 조건을 경험 독립적인 절대에 의탁하려는 시도는 우리의 유한성을 단번에 넘어서려는 독단적 월권처럼 보인다. 그렇기 때문에 사람들은 베르그손의 형이상학이 의식의 특권을 망각하고 다시 소박한 방식으로 의식을 사물화함으로써 '의식의 직접소여'를 배반하고 있다고 비판했다. 심지어 몇몇 철학자들은 베르그손이 결코 전통 형이상학을 기각한 적이 없다고, 베르그손의 철학은 그저 존재가 차지하던 자리를 지속으로 대체할 뿐 전통 형이상학의 고리타분한 구조를 그대로 반복하고 있다고 말하기도 했다.

리키에는 제일철학과 형이상학을 구분함으로써 베르그손의 형이상학 비판을 재구성한다. 제일철학의 정초fonder와 형이상학의 용해fondre, 이 두 기획은 두 프랑스어 동사가 동일한 삼인칭 복수형fondent을 공유하는 만큼이나 서로 구분하기 어려운 것이다. 전통적으로 형이상학은 여타의 학문들을 정초하는 제일철학으로 여겨져 왔다. 우리는 아리스토텔레스가 《형이상학》에서 존재로서의 존재에 대한 학문을 제일철학πρώτη φιλοσοφία으로 규정한 것을 알고 있다. 데카르트 또한 학문의 나무 전체를 떠받치는 뿌리의 자리에 형이상학을 둠으로써 그것을 제일철학*prima philosophia*으로 이해했다. 정초의 기획, 즉 제일철학은 형이상학에 항상적으로 결부되어, 궁극적이고 보편적인 정초에 대한 탐구를 형이상학의 과업으로 요구하였다. 그러나 형이상학은 제일철학과 동일한 것이 아니다. 형이상학에 가해졌던 비판이 이를 증언한다. 사람들은 형이상학이 더 이상 합법적인 정초를 제공할 수 없다는 데서, 즉 형이상학이 더 이상 제일철학일 수 없다는 데서 형이상학을 비판했던 것이 아닌가? 존재론을 인식론으로 대체하건, 윤리학으로 대체하건 간에, 형이상학에 대한 비판은 오로지 더 안정적이고 적법한 새로운 토대를 발견하려는 의지와 함께 이루어졌다. 이렇게 말해도 된다면 오늘날 사람들은 점점 더 형이상학 없는 제일철학을 향해 나아가고 있다고 할 수도 있다.

베르그손이 전통 형이상학을 비판하면서도 여전히 형이상학의 기획을 유지한다면, 그것은 형이상학으로부터 제일철학을 떼어낸 칸트 이후 철학의 경향이 오히려 제일철학에서 벗어난 형이상학의 가능성을 암시해 주었기 때문이다. 전통 형이상학의 문제는 우리의 한계를 넘어 절대를 향해 나아갔다는 데 있는 것이 아니다. 오히려 그것은 이 절대를 너무 빨리 정초의 원리로 삼았다는 데, 그리하여 제일철학이 존재 전체를 체계화할 수 있도록 해주는 총체적이고 지고하며 논리적인 존재에 결부시켰다는 데 있다. 정초의 기획은 우리의 사유가 안정적으로 거주할 수 있는 견고한 대지를 제시한다. 그러나 이러한 견고함은 우리의 경험이 적법하게 이루어질 수 있는 한계를 사전에 규정하는 한에서만 보장되는 것이 아닌가? 제일철학은 존재론과 신학, 논리학의 공모를 통해 시간을 체계적으로 배제하고, 모든 존재를 영원 속에서 단번에 포괄하는 하나의 개념, 원리, 형식, 구조를 제시하려 했다. 전통 형이상학은 제일원리 속에 모든 것을 포함시킴으로써 실제로는 어떠한 월경越境도 행하지 않았던 것이다.

베르그손의 독창성은 형이상학을 정초하는 새로운 토대를 제시한 데 있다기보다는 오랫동안 형이상학과 혼동되었던 정초의 기획 자체를 문제 삼은 데 있다. 베르그손은 형이상학의 토대 위에 세워진 안정된 구조물로서의 학문이라는 이미지를 거부한다. 그는 우리의 경험과 인식, 학문을 시간 속에서 포착함으로써 그것들의 시간적 변이를 추적하려 한다. 베르그손이 말하듯, 관건은 지속을 영원이 점유하던 자리에 올려놓는 것이 아니라 영원을 그 높이에서 내려오게 하는 것, 그리하여 사태를 지속 속에서 바라보는 것이다. 관건은 지속을 사유하는 것이 아니라 지속 안에서 사유하는 것이다. 철학적 건축물의 불안정성을 비판하면서 점점 더 심원하고 견고한 토대를 경쟁적으로 추구하기보다는 이미 모두가 너무 과도하게 성공해 버린 정초의 기획 자체를 거부해야 한다. 이런 의미에서 지속은 베르그손의 형이상학을 정초하는 원리가 아니다. 지속은 "어떤 관념도 원리로 수립될 수 없음을, 어떤 원리로부터도 사전에 모든 결론을 연역할 수 없음을 보증"[2]하는 것이다.

기실 베르그손 철학에 대한 수많은 오해들 또한 지속을 베르그손 철학의 정초적 원리로 이해한 데에서 기인하는 것이다. 사물들의 유동성 속으로 용해되어야 한다는 요구는 유동성 자체를 만물의 토대로 삼으려는 욕망과 너무 쉽게 혼동된다. 지속을 존재의 보편적 본질로 규정할 때, 사람들은 부지불식간에 베르그손 철학을 하나의 불변하는 건축물로 체계화하고 지속을 영원의 자리에 올려놓는다. 심지어 베르그손주의자들조차도 종종 지속을 존재의 충만함으로 해석하려 했다. 그러나 지속은 정초의 원리도 아니고, 더 나아가 탁월한 철학적 대상조차 아니다. 관건은 지속을 통해 모든 존재의 시간성을 단번에 규정하는 것이 아니다. 지속 속에 용해된 개별 존재의 변조 과정을 시간을 들여 추적해야 한다.

형이상학이 더 이상 제일철학일 수 없음을 폭로하는 칸트의 비판은 형이상학의 불가능성을 드러내기보다는 오히려 형이상학의 조건을 명시한다. 절대가 더 이상 제일원리로 여겨질 필요가 없다면, 절대에 우리 경험과 단적으로 분리된 특권적인 지위를 부여할 필요도 없다. 베르그손은 우리의 경험이 이미 부분적으로 절대에 접하고 있음을, 그리고 절대와의 이러한 부분적 접촉이 상이한 리듬의 지속들을 교차시킴으로써 점차 확장될 수 있는 것임을 반복적으로 강조한다. 이로부터 형이상학에 대한 베르그손의 새로운 정의가 나온다. 형이상학, 그것은 "총괄적 경험"[3]이다. 제일철학과 형이상학 사이의 오랜 결속을 끊어냈을 때, 더 이상 정초의 과업에 묶이지 않은 베르그손의 형이상학에는 오로지 하나의 의미만이 남게 된다. 제일철학 없는 형이상학métaphysique, 그것은 본성physis의 한계를 넘어서는méta 경험의 확장이다. 형이상학은 더 이상 초월적 원리 위에 세워진 너무 거대한 건축물이 아니다. 그것은 오히려 토대의 견고함을 의심하고 그 견고함을 액체적 유동성 속에 용해시킴으로써 안정된 경험 바깥

2 본문 121쪽.
3 《사유와 운동》, 227(259)쪽.

으로의 유영을 가능케 하는 자기 초월의 가능성이다.

리키에가 베르그손의 이 작업을 고고학이라 명명할 때, 이를 고고학에 대한 종래의 두 가지 이해 방식에서 떼어냄으로써 베르그손이 취하는 입장의 미묘함을 강조해야 할 것이다. 한편으로 고고학은 일반적으로 기원에 대한 탐구로 여겨지지만, 베르그손에게 고고학은 궁극적인 토대의 추구가 아니다. 만물을 정초하는 제일원리를 출발점으로 삼는 전통 형이상학과 달리, 베르그손의 출발점은 우리 존재의 유한한 실존, 우리에게 주어진 경험이다. 그러나 다른 한편으로 베르그손은 이 유한성의 한계 안에서 경험의 지층들을 집계하는 아카이브archives에 머물지 않는다. 그는 이 경험을 초월의 실마리로 삼아 우리의 실존을 가로지르는 개별적 절대들 속으로 나아가려 한다. 베르그손에게 고고학archéologie은 어디까지나 아카이브가 아닌 아르케arché에 대한 학문이다. 다만 아르케는 출발점에 놓인 제일원리가 아니라 시간적 깊이를 주파함으로써 획득되는 지층들의 유기적 통일성이다. 베르그손의 고고학은 모든 지층들을 떠받치는 가장 근원적인 지층으로 나아가지도, 상이한 지층들의 환원 불가능한 공존을 열람하는 데서 그치지도 않는다. 형이상학은 이 지층들의 시간적 유동성 속에 기거하며, 철학적 탐구는 경험의 깊이 속으로 용해되기를 요구한다. 여기서 드러나는 것은 《베르그손 고고학》을 가로지르는 주도적 이미지, 깊이의 이미지다. 베르그손의 고고학은 우리를 견고한 지반 아래로 데려가고, 우리는 외견상 명석한 문제들이 감싸고 있는 모호한 시간적 변이들을 목격할 것이다. 그 속에서 우리는 시간의 지층들이 드러내는 실재의 깊이 속으로 용해될 수 있다.

직관과 방법

리키에는 베르그손 철학의 통일성이 형이상학을 정초하는 원리가 아니라, 우리를 절대 속으로 용해시키는 방법에 있다는 점을 분명히 한다. 존재 일반을 정초하는 부담스러운 과업을 요구하지 않는다면, 절대는 우리 경험의 깊이 속에 존재한다. 베르그손의 형이상학은 철학적 체계를 건설할 견고한 토대 대신, 경험이 용해될 깊이를 암시한다. 이는 베르그손이 새로운 철학을 제시했다기보다는 철학을 보는 새로운 방법을 제시했다는 말이다. 이 책의 원고가 처음 장 뤽 마리옹의 지도 아래 박사논문으로 제출되었을 때, 그것은 〈베르그손 철학에서 시간과 방법〉이라는 제목을 달고 있었다. 저작의 제목은 〈시간과 방법〉에서 《시간과 형이상학》으로 변경되었으나, 방법에 대한 강조는 여전히 이 책을 가로지르는 중심축을 이루고 있다.

베르그손 철학에서 방법의 관념에 주목했던 것이 리키에가 처음은 아니다. 이미 들뢰즈가 그의 《베르그손주의》에서 직관을 베르그손주의의 방법으로 규정한 바 있다. 들뢰즈는 이 책의 1장 〈방법으로서의 직관〉에서 베르그손에게 직관이 단순히 막연하고 모호한 느낌이 아님을, 그것은 문제화, 차이화, 시간화를 규칙으로 갖는 엄밀하고 정확한 방법임을 주장한다. 분명 들뢰즈는 충분히 전개된 직관이 어떤 규칙에 따라 사용되어야 하는지를 명시적으로 보여준다. 그러나 이렇게 직관과 방법을 동일시함으로써 들뢰즈는 이러한 직관에 도달하기 위해 기울여야 하는 철학자의 노력을 무화하고 마는 것처럼 보인다. 리키에가 보기에 들뢰즈의 이러한 규정은 직관에 지성과 대립하는 전능한 역량을 부여함으로써 베르그손적 직관이 지니는 본질적인 허약함과 모호함을 은폐하는 것이다.

이에 반해 리키에는 베르그손에게 직관이 극도로 희미하고 모호한 출발점에 불과하다고 주장한다. 직관을 명증적이고 확실한 봄으로 규정하는 몇몇 철학자와는 달리, 베르그손에게 직관은 명석해지기를 요구할 뿐 그 자체로는 명석하지 않은 것이다. 물론 역사는 명석한 직관이 지성의 단단한 장막을 뚫고 솟아나 특권적인 결과물들로 피어나는 사례들을 증언한다. 그러나 베르그손에게 특권적인 개인들의 천재성에 기대는 직관의 분출은 아주 예외적인 것이다. 베르그손은 지성의 장벽이 더 낮거나 투명하여 실재를 더 용이하게 직관하는 이들을 예술가들이라 규정한 바 있다.

"만일 실재가 우리의 감관과 의식에 직접적으로 와닿았다면, 만일 우리가 사물들, 그리고 우리 자신과 직접적인 소통에 들어갈 수 있었다면, 내가 생각하기로 예술은 무용했을지도 모른다. 혹은 오히려 우리 모두가 예술가였을지도 모른다."[4] 조건법의 사용은 예술이 무용하지 않음을, 그러나 우리 모두가 예술가일 수도 없음을 증언한다. 우리에게는 예술가의 직관이 결여되어 있고, 우리의 직관은 실재를 직접적으로 포착하기에 부족한 것이기 때문이다. 직관을 막연한 느낌이 아니라 정교한 방법으로 규정했던 들뢰즈의 해석과는 달리, 우리에게 직관은 실로 막연한 느낌으로 주어진다. 그러나 바로 그렇기 때문에 직관은 강렬해짐으로써 우리를 실재 자체로 이끄는 출입구가 될 수 있는 것이다.

리키에는 베르그손 철학에서 방법의 관념을 직관으로부터 떼어냄으로써 철학에 완전히 예술로 환원되지 않는 고유한 역할을 부여한다. "자연의 실수를 통해 이따금 특권적인 개인에게 부여되는 무언가를, 철학은 다른 방향으로, 다른 방식으로, 즉 만인을 위해 시도할 수 있지 않을까?"[5] 철학과 예술은 모두 실재 자체와의 접촉을, "잃어버린 시간"의 탈환을 목표로 한다. 철학과 예술은 동일한 목표를 지향하며, 예술의 존재는 우리에게 여정의 종착점을, 그러니까 이 막연한 감정이 실재와의 직접적 접촉에 이를 정도로 강화될 수 있음을 암시한다. 그러나 예술가들이 그 천재성을 통해 직관을 방법으로 수립하는 곳에서, 철학은 예술가들의 천재성을 대신하여 만인의 허약한 직관을 강화하는 방법을 제시해야 한다. 그렇기에 철학은 언제나 예술을 동반할지라도 결코 그 자체로 예술적인 것이 될 수 없다. 예술이 포착하는 실재와의 이러한 접촉에 도달하기 위해서는 철학은 예술과는 철저히 다른 방법을 따라야 하기 때문이다.

이러한 방법은 무엇인가? 우리의 직관이 모호하고 불분명한 것, 그 자

4 《웃음》, 정연복 옮김, 문학과지성사, 2021, 153쪽
5 《사유와 운동》, 153(178)쪽.

체로는 명석하지 않지만 명석해지기를 요구하는 것이라면, 철학의 방법은 이 모호한 직관을 분명하고 정확하게 만드는 일을 수행해야 할 것이다. 이러한 정확성은 과학으로부터 철학에 전달되는 것이다.[6] 예술과 철학이 서로 동일한 목표를 지향하면서도 상이한 방법을 동원한다면, 과학과 철학은 서로 완전히 다른 목표를 지향하기 때문에 방법의 수준에서 끊임없이 협력할 수 있다. 베르그손의 저작들이 당대의 과학적 연구들을 끊임없이 참조하는 이유가 여기에 있다. 베르그손의 형이상학을 과학의 반대편에, 직관을 지성의 반대편에 놓으려는 사람들에 반하여, 리키에는 베르그손의 형이상학이 왜 과학과 긴밀하게 협업해야 하는지, 왜 베르그손의 직관이 지성을 단순히 배제하지 않는지를 해명한다. 지속의 직관은 과학에 반하여, 지성에 반하여 획득되는 것이 아니다. 그것은 과학이 정밀하게 포착하는 사실들 속에서 이 사실들이 정교하게 놓쳐버리는 여백으로서 우리에게 주어지는 것이다. 철학자의 과업은 과학이 내버려 두는 이 여백을 주제화하기 위해 과학이 제공하는 사실의 선을 교차시키고 중첩시키는 데 있다. 이런 의미에서 베르그손은 직관과 지성, 형이상학과 과학의 단순한 이항 대립을 넘어선다. 베르그손에게 철학의 방법이란 과학적 지성을 통해 허약한 직관을 정교화하고, 경직된 지성을 예술적 직관의 깊이로 데려가기 위한 일련의 노력이다.

* * *

2017년 박사과정을 막 시작할 무렵 이 책을 읽기 시작할 때, 저자가 제시하는 독특한 입장에 조금 당황했던 기억이 난다. 나는 박사과정 내내 이 책을 반복해서 읽으며 이러한 독특함이 그가 활용하는 자료의 폭과 다루는 논의의 깊이에서 기인하는 것임을 알게 되었다. 사실 이 책은 아주 어

6 《사유와 운동》, 44(56)쪽. 또한 본문 305-306쪽을 보라.

려운 작품이다. 교과서와 입문서 위주의 한국 출판 시장에서는 흔치 않은, 학위논문을 기반으로 한 전문 철학 연구서인 데다가, 오늘날에는 프랑스에서도 흔치 않을 정도로 밀도 있는 주해를 담고 있기 때문이다. 그러나 무엇보다도 이 책의 어려움은 베르그손 철학을 독해하는 저자의 독창적 관점에서 온다. 리키에는 베르그손의 미출간 원고들은 물론이거니와, 발표되지 않은 편지, 심지어는 베르그손이 소장하던 저작의 여백까지 뒤져서 베르그손 철학의 개념들이 이루는 그물망을 독특한 방식으로 전복시키려 한다. 그가 시도한 전복은 베르그손 철학의 울타리 안에서 멈추지 않고 철학사 전체로 뻗어나감으로써 결국 형이상학사 전체의 전복으로 이어진다. 이 책의 1부는 베르그손의 방법과 형이상학의 문제를 중심으로 전복의 과정을 아주 도발적으로 그리고 있다. 이 후기가 그의 도발적 몸짓을 조금이나마 흥미롭게 전달할 수 있었기를 바란다. 혹여 이 책을 소화하기가 너무 어려울 경우에는 베르그손의 저작들을 차례로 읽어나가는 2부를 먼저 읽는 편이 더 수월할지도 모른다. 베르그손 저작들의 시간적 흐름에 따라 2부를 주파한 뒤에 다시 1부로 되돌아와 본다면, 이 저작들을 관통하는 방법의 통일성이 더 분명하게 드러날 것이다.

번역 기간이 짧지 않았던 만큼 수많은 사람들의 도움을 받았다. 먼저 저자인 카미유 리키에에게 감사를 표하고 싶다. 그와 샤리바리Charivari에서 나누었던 주기적인 대화들은 유학 생활 가운데 가장 값진 기억들 중 하나다. 엘리 뒤링Élie During 선생님과 김상환 선생님의 가르침이 없었다면 이 책을 읽고 번역할 엄두도 내지 못했을 것이다. 빌쥐프에서부터 리키에의 글을 함께 읽고 사유의 여정을 함께해 주었던 김민호에게 우정 어린 감사를 보낸다. 종종 번역 원고를 읽고 의견을 내준 이호섭, 배세진에게도 고맙다는 말을 전하고 싶다. 한국 시장에는 너무 어려운 책이 아닐까 하는 걱정에 좋은 책이라면 기꺼이 내고 싶다고 말씀해 주신 인다의 김현우 대표님, 늘 지체되는 작업에도 싫은 말 하나 없이 묵묵히 고생해 주신 김보미, 최은지 편집자님께는 커다란 빚을 진 것 같은 기분이 든다. 파리에서 누구보다 가까운 시간을 보냈던 수잔 베니Suzanne Beny 여사, 멀리서 언제나 힘이 되어준 예정에게도 큰 힘을 받았다. 마지막으로 번역 출간 소식을 듣고 누구보다 기뻐해 주셨지만, 결국 실물을 받아보지 못하신 아버지 영전에 이 책을 바친다.

2024년 겨울

엄태연

베르그손 고고학: 시간과 형이상학

발행일 초판 1쇄 2024년 12월 18일

지은이 카미유 리키에
옮긴이 엄태연
기획 김현우
편집 김보미·최은지·이해임
표지 디자인 박서우
본문 디자인 남수빈
제작 영신사

발행 인다
등록 제2017-000046호. 2015년 3월 11일
주소 (04035) 서울시 마포구 양화로11길 68, 다솜빌딩 2층
전화 02-6494-2001
팩스 0303-3442-0305
홈페이지 itta.co.kr
이메일 itta@itta.co.kr

ISBN 979-11-93240-54-0 (93110)